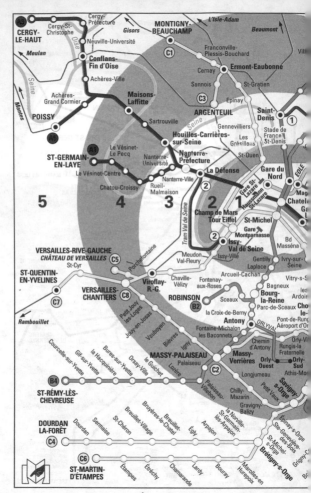

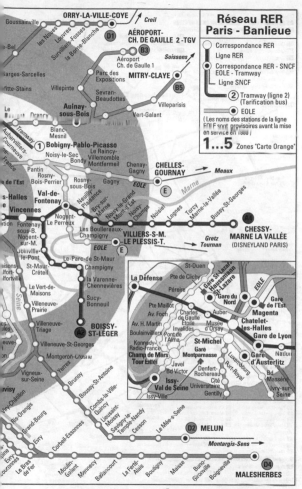

Réseau RER
Paris - Banlieue

○ Correspondance RER
● Ligne RER
◉ Correspondance RER - SNCF
   EOLE - Tramway
▬ Ligne SNCF

② Tramway (ligne 2)
   (Tarification bus)

◉ EOLE
(Les noms des stations de la ligne
  EOLE sont provisoires avant la mise
  en service en 1998)

1...5 Zones "Carte Orange"

ORRY-LA-VILLE-COYE — Creil

Goussainville
les Noues
Louvres
Survilliers-Fosses
la Borne-Blanche

AÉROPORT-
CH. DE GAULLE 2 -TGV (D1)

Aéroport
Ch. de Gaulle 1 (B3)

Soissons

Parc des
Expositions

MITRY-CLAYE

Villepinte
Sevran-
Beaudottes
Vert-Galant

Villeparisis (B5)

Aulnay-
sous-Bois

Blanc-
Mesnil

Chenay-
Gagny

CHELLES-
GOURNAY — Meaux

Tramway ①
Bobigny-Pablo-Picasso
Le Raincy-
Villemomble
Montfermeil

(E)

Marne

Pantin
Rosny-
Bois-Perrier
Rosny-
sous-Bois

Gagny

EOLE (E)

Val-de-
Fontenay

Neuilly-
Plaisance
Bry-sur-
Marne
Noisy-le-Grand
Mont-d'Est
Noisy-
Champs

Noisiel
Lognes
Torcy
Marne-la-Vallée
Bussy-St-Georges

CHESSY-
MARNE LA VALLÉE
(DISNEYLAND PARIS)

Nogent-
Le Perreux

Les Boullereaux-
Champigny

VILLIERS-S.-M.
LE PLESSIS-T.

EOLE (E)

Gretz
Tournan

Le Parc de St-Maur
Champigny
la Varenne-
Chennevières

Sucy-
Bonneuil

BOISSY-
ST-LÉGER

La Défense

St-Ouen
Pte de Clichy

Gare St-Lazare
Haussmann-
St-Lazare

EOLE

Péreire

Gare du
Nord

Gare
de l'Est

Magenta

Pte Maillot
Charles
de Gaulle
Étoile

Auber

Chatelet-
les-Halles

Av. Foch
Musée
d'Orsay

Gare de Lyon

Boulainvilliers
Pont de
l'Alma

St-Michel
Gare

Gare
d'Austerlitz

Kennedy-
Radio-France
Champ de Mars
Tour Eiffel

Montparnasse

Luxembourg
Port-Royal

Nation

Javel
Bd Victor

Bd
Masséna

Issy-
Val de Seine

Denfert-
Rochereau
Cité
Universitaire

Ivry-sur-
Seine

Issy-Ville
Gentilly

D2 MELUN

Montargis-Sens

D4 MALESHERBES

DIMANCHES ET FÊTES (de 7 h à 20 h 30 environ)
20 21 26 28 31 46 52 60 62 63 80 82 91 92 95 96
350 351 *Roissybus* *Orlybus* **PC** Montmartrobus

72 Concorde - Parc de St-Cloud
74 Pte de Clichy - Clichy Hôpital Beaujon
85 Mairie du XVIIIe - Mairie de St-Ouen
94 Gare St-Lazare - Levallois Eiffel

24 Gare d'Austerlitz - École vétérinaire de M. Alfort
26 Centre G.Pompidou - Pte de Montempoivre
38 Châtelet - Porte d'Orléans
43 Gare St-Lazare - Neuilly Pl. de Bagatelle
58 Pt-Neuf - Vanves Lycée Michelet
65 Gare de l'Est - Mairie d'Aubervilliers
68 Châtelet - Pte de Gentilly
68 Pte d'Orléans - Montrouge

Asnières-Gennevilliers
Gabriel Péri 54
Clichy-Hôpital Beaujon 74
Clichy-V. Hugo 74
Pte de St-Ouen

CLICHY

Pont de Levallois 53

Levallois-Eiffel 94

La Défense
73 BALABUS

PUTEAUX

Suresnes-De Gaulle 33

Neuilly Hôpital Américain 82

Porte de Champerret 92

Pl. Wagram

NEUILLY-S-SEINE

BALABUS
Dimanche et fêtes
de 12h à 21h du début
avril à fin septembre
Gare de Lyon -
Grande Arche de la Défense

Neuilly 43
Pl. de Bagatelle

Porte Maillot

Bois de Boulogne

Ch. de Gaulle Étoiles 31

Victor Hugo

Friedland Haussmann

Boissière

Mairie du XVIe

Rond-Point des Champs Elysées

Trocadéro

Alma Marceau

Porte de la Muette 63

Radio France 70

La Muette

Tour Eiffel

Champ de Mars 69 87

École Militaire

Invalides

A 13

Porte de St-Cloud 52

Porte d'Auteuil 52

PARC DES PRINCES

72 Parc de St-Cloud

Pte de St-Cloud

Michel Ange Auteuil

Mirabeau

Hôpital Européen 42
Georges Pompidou 88

Mairie du XVe

École Militaire

U.N.E.S.C.O.

Cambronne

Sèvres Babylone

Hôpital Necker

Hôpital Boucicaut

Hôpital Européen G. Pompidou

Balard

Convention

Parc G. Brassens

Gare Montparnasse

NOCTAMBUS (toutes les nuits de 1 h à 5 h environ)

Départ ou arrivée Châtelet

A Bezons-Grand Cerf
B Argenteuil RER
C Mairie d'Épinay-s.S.
D Pierrefitte-Stains RER
E Blanc-Mesnil Garonor
F Gare de Chelles SNCF
G Noisy-le-Gd-Mt d'Est RER

H Nogent-Le Perreux SNCF
J Massy-Palaiseau RER/SNCF
K Clamart-G. Pompidou
L Mairie d'Haÿ-les-Roses
M Sucy-Bonneuil RER
N Rungis M.IN.

Autres

P Pte d'Italie - Juvisy-Pyramide
R Pantin 4 Ch.- Gare Garges-Sarcelles
S Pte d'Orléans - Clamart-G. Pompidou

T Pt de Neuilly - Centre Bus Nanterre
V Mairie Pantin - Gare Sevran-Livry

Issy-Val de Seine

Pte de Versailles

VANVES

Pte de Vanves

Vanves-Lycée Michelet 88 89

MALAKOFF

Soirées **21 38 31 62 63 80 91 92** **PC** *Roissybus* *Orlybus*

58 Pt-Neuf - Porte de Vitry
52 Étoile - Pte d'Auteuil
72 Pte de St-Cloud - Parc de St-Cloud

74 Pte de Clichy - Clichy Hôpital Beaujon
85 Mairie du XVIIIe - Mairie de St-Ouen
96 Châtelet - Porte des Lilas

68 Montrouge
Cimetière de Bagneux

MONTROUGE

Sq. des Batignolles

La Fourche Mairie du XVIIe

Villiers

Courcelles

Parc Monceau

Gare St-Lazare

Miromesnil

Palais de l'Elysée

Opéra

Concorde

Musée d'Orsay

Rue du Bac

Pte de Gentilly

Pte d'Orléans

Alésia

Cimetière de Montrouge

6

PARIS
Plan-Bus

DE PARIS À...

PARC ASTÉRIX
TEL: 08 36 68 30 10
A1 sortie PARC ASTÉRIX
(36 km)

✈ **CHARLES-DE-GAULLE**
TEL: 01 48 62 22 80 (23 km)
RER ligne **B3** stations :
AÉROPORT CH. DE GAULLE 1
AÉROPORT CH. DE GAULLE 2 TGV
ou **BUS** RATP ligne **ROISSYBUS**
(liaison directe départ Place de l' OPÉRA)

A104 ➡ **PARIS NORD VILLEPINTE**
RER ligne **B3** station : PARC DES EXPOSITIONS

STADE DE FRANCE
Métro ligne **13** station : SAINT-DENIS
PORTE DE PARIS
RER ligne **D1** station : STADE DE FRANCE
ST-DENIS
ou **RER** ligne **B** station : LA PLAINE-
STADE DE FRANCE

GRANDE ARCHE DE LA DÉFENSE
RER ligne **A** ou **Métro** ligne **1**
station : GRANDE ARCHE
DE LA DÉFENSE

PARC DES PRINCES
Métro ligne **9**
station :
Porte de
St-Cloud

Porte de la Chapelle
Gare ST-LAZARE
Tel: 01 53 42 00 00
Gare du NORD
Tel: 01 55 31 10 00
Gare de l'EST
Tel: 01 40 18 20 00
Pl. de l'OPÉRA
Porte de Bagnolet
Gares MONTPARNASSE 1-2-3
Tel: 01 40 48 10 00
Gare de LYON
Tel: 01 53 33 60 00
Gare de BERCY
Tel: 01 53 33 60 11
Gare d'AUSTERLITZ
Tel: 01 53 60 70 00
PL. DENFERT-ROCHEREAU
Porte de Bercy
Porte d'Orléans
Porte d'Italie

Bd Périphérique
Porte Maillot
Porte d'Auteuil
Porte de St-Cloud
Porte de Versailles

PARIS EXPO
Métro ligne **12**
station : Porte de Versailles

CHÂTEAU DE VERSAILLES
Tel: 01 30 84 74 00 - 01 30 84 76 76
A13 sortie 5 puis **D182** (15 km)
ou **D910** (13 km)
ou **RER** ligne **C5** station : VERSAILLES-RIVE -GAUCHE
CHÂTEAU DE VERSAILLES
lignes **C7** **C8** station : VERSAILLES-CHANTIERS

DISNEYLAND-PARIS
Tel: 01 60 30 30 30 (40 km)
A4 sortie DISNEYLAND PARIS
ou **RER** ligne **A**
station : CHESSY-
MARNE LA VALLÉE

✈ **ORLY** (à 12 km)
Tel: 01 49 75 15 15
RER ligne **B4** station : ANTONY
puis **ORLYVAL** direct ORLY
ou **BUS** RATP ligne **ORLYBUS**
(liaison directe départ Place DENFERT-ROCHEREAU)

ℹ **OFFICE DE TOURISME DE PARIS**
PARIS TOURIST OFFICE
OFFICINA DE TOURISMO DE PARIS
127 Avenue des Champs Elysées 75008 PARIS
Métro GEORGE V Tel : 08 36 68 31 12

CHARLES-DE-GAULLE
PARIS NORD VILLEPINTE

Roissybus
Orlybus

8

A

Ar.	Plan	Rues / Streets	Commençant	Finissant	Métro
6	L17	**Abbaye** Rue de l'	18 R. de l'Échaudé	37 R. Bonaparte	St-Germain des Prés
18	E18	**Abbesses** Pass. des	20 R. des Abbesses	57 R. de 3 Frères	Abbesses
18	E18	**Abbesses** Pl. des	16 R. des Abbesses	R. de la Vieuville	Abbesses
18	E18	**Abbesses** Rue des	89 R. des Martyrs	34 R. Lepic	Blanche
9	G20	**Abbeville** Rue d'	1 Pl. Franz Liszt	82 R. Maubeuge	Poissonnière
10	G20	**Abbeville** Rue d'	1 Pl. Franz Liszt	82 R. Maubeuge	Poissonnière
18	A21	**Abeille** Al. Valentin	27 Impasse Marteau	en impasse	Pte de la Chapelle
12	M23	**Abel** Rue	25 Bd Diderot	88 R. de Charenton	Gare de Lyon
2	I19	**Aboukir** Rue d'	9 Pl. des Victoires	285 R. St-Denis	Strasbourg St-Denis
18	J8	**About** Rue Edmond	17 R. de Siam	45 Bd E. Augier	Av. Henri Martin
18	D18	**Abreuvoir** Rue de l'	9 R. des Saules	16 R. Girardon	Lamarck Caulainc.
8	G11	**Acacias** Pass. des	33 Av. Mac Mahon	56 R. des Acacias	Ch. de Gaulle Étoile
17	F11	**Acacias** Rue des	36 Av. G. Armée	35 Av. Mac Mahon	Ch. de Gaulle Étoile
6	L17	**Acadie** Pl. d'	R. du Four	Bd St-Germain	Mabillon
16	G7	**Acclimatation** J. d'	Av. Mahat. Gandhi	Bois de Boulogne	Les Sablons
19	H23	**Achard** Pl. Marcel	R. Rébeval	Bd de Villette	Belleville
4	K21	**Achille** Sq. Louis	R. du Parc Royal	en impasse	St-Paul
20	J27	**Achille** Rue	28 R. des Rondeaux	25 R. Ramus	Gambetta
7	L12	**Acollas** Av. Émile	R. J. Carriès	10 Pl. Joffre	La Motte Picquet
17	D12	**Adam** Av. Paul	148 Bd Berthier	9 E. et A. Massard	Péreire
4	K19	**Adam** Rue Adolphe	14 Q. de Gesvres	13 Av. Victoria	Châtelet
5	O20	**Adanson** Sq.	119 R. Monge	en impasse	Censier Daubenton
16	J5	**Adenauer** Pl. du Ch.	2 R. Spontini	4 R. Bugeaud	Pte Dauphine
16	L9	**Ader** Pl. Clément	2 R. Gros	Av. Pdt Kennedy	Av. Pdt Kennedy
16	O25	**Adour** Villa de l'	13 R. de la Villette	14 R. Mélingue	Jourdain-Pyrénées
20	K27	**Adrienne** Cité	82 R. de Bagnolet	en impasse	Gambetta-A. Dumas
17	Q17	**Adrienne** Villa	17 Av. Gal Leclerc	en impasse	Mouton Duvernet
18	E20	**Affre** Rue	18 R. de Jessaint	7 R. Myrha	La Chapelle
16	L8	**Agar** Rue	41 R. Gros	19 R. La Fontaine	Mirabeau-Jasmin
8	H15	**Aguesseau** Rue d'	60 R. Fbg St-Honor.	23 R. Surène	Madeleine
18	C17	**Agutte** Rue Georgette	36 R. Vauvenargues	151 R. Belliard	Pte de St-Ouen
11	I24	**Aicard** Av. Jean	R. Oberkampf	Pas. Ménilmontant	Ménilmontant
14	P16	**Aide Sociale** Sq. de l'	158 Av. du Maine		Gaîté-Pernety
19	E25	**Aigrettes** Villa des	16 R. David d'Angers		Danube
19	D24	**Aisne** Rue de l'	13 Q. de l'Oise	28 R. de l'Ourcq	Corentin Cariou
10	H22	**Aix** Rue d'	53 R. Fbg du Temple	8 R. Louvel Tessier	Goncourt
7	K14	**Ajaccio** Sq. d'	Bd des Invalides	R. de Grenelle	La Tour Maubourg
14	O15	**Alain** Rue	21 Pl. de Catalogne	76 R. Vercingétorix	Pernety
15	L12	**Alasseur** Rue	17 R. Dupleix	14 Av. Duquesne	La Motte Picquet
18	B17	**Albert** Pass. C.	70 R. Leibniz	2 R. Jules Cloquet	Pte de St-Ouen
5	L19-L20	**Albert** Rue Maître	73 Q. de la Tournelle	29 Pl. Maubert	Maubert Mutualité
13	R23	**Albert** Rue	R. Regnault	53 R. de Tolbiac	Pte d'Ivry
18	D19	**Albert** Rue Paul	24 R. A. del Sarte	25 R. Chev. de I. Bar.	Anvers
8	I13	**Albert Ier** Crs	Pl. du Canada	Pl. de l'Alma	Alma Marceau
16	J11	**Albert Ier de Monaco** Av.	R. de Varsovie	Palais de Chaillot	Trocadéro
12	N25	**Albinoni** Rue	50 Allée Vivaldi	34 R. J. Hillairet	Montgallet
16	K10	**Alboni** Sq. de l'	6 R. de l'Alboni	2 R. des Eaux	Passy
16	K10	**Alboni** Rue de l'	16 Av. Pdt Kennedy	23 Bd Delessert	Passy
14	Q17	**Alembert** Rue d'	17 R. Hallé	2 R. Bezout	Denfert Rochereau
15	N15	**Alençon** Rue d'	46 Bd du Montparn.	7 Av. du Maine	Montparn. Bienv.
14	Q16	**Alésia** Villa d'	111 R. d'Alésia	39 R. des Plantes	Alésia
14	P14-R18	**Alésia** Rue d'	106 R. de la Santé	R. de Vouillé	Alésia-Plaisance
14	Q14	**Alésia Ridder** Sq.	R. d'Alésia	R. R. Losserand	Plaisance
15	O14-O15	**Alexandre** Pass.	71 Bd Vaugirard	Bd Pasteur	Montparn. Bienv.
16	J8	**Alex. Ier de Youg.** Sq.	Pl. de Colombie	Pte de la Muette	Av. Henri Martin
7	I14-J14	**Alexandre III** Pont	Q. d'Orsay	Cours la Reine	Invalides
2	I20	**Alexandrie** Rue d'	241 R. St-Denis	104 R. d'Aboukir	Strasbourg St-Denis
11	K25	**Alexandrine** Pass.	44 R. Léon Frot	27 R. E. Lepeu	Charonne
12	M22	**Alger** Cr d'	245 R. de Bercy	en impasse	Quai de la Rapée
1	I17	**Alger** Rue d'	214 R. de Rivoli	219 R. St-Honoré	Tuileries

Ar.	Plan	Rues / Streets	Commençant	Finissant	Métro
16	K10	**Ankara** Rue d'	46 Av. Pdt Kennedy	18 R. Berton	Av. Pdt Kennedy
20	I26	**Annam** Rue d'	13 R. Villiers de l'Isle	7 R. du Retrait	Gambetta
19	F25	**Annelets** Rue des	17 R. des Solitaires	14 R. de l'Encheval	Botzaris
14	R17	**Annibal** Cité	85 R. la Tombe Iss.	En Impasse	Alésia
16	K9	**Annonciation** R. de l'	46 R. Raynouard	3 R. de Passy	La Muette
18	I8	**Anouilh** Rue Jean	R. E. Durkheim	R. de Chbjac	Biblio. F. Mitterrand
16	Q24	**Anselin** Jard. du Gal	Bd Lannes	Av. du Mal Fayolle	Avenue Foch
16	G9	**Anselin** Rue du Gal	Rte Pte des Sablons	Bd de Charonne	Pte Maillot
11	M27	**Antilles** Pl. des	7 Av. du Trône	Bd de Charonne	Nation
8	G17	**Antin** Cité d'	57 R. de Provence	R. La Fayette	Chaussée d'Antin
8	I13-I14	**Antin** Imp. d'	25 Av. F Roosevelt	en impasse	Franklin Roosevelt
2	H17	**Antin** Rue d'	12 R. D. Casanova	5 R. de Port Mahon	Opéra
14	P17	**Antoine** Sq. Jacques	Pl. Denf. Rochereau	Bd Raspail	Denfert Rochereau
18	E18	**Antoine** Rue André	24 Bd de Clichy	21 R. des Abbesses	Pigalle
9	E19	**Anvers** Pl. d'	15 Av. Trudaine	Bd de Rochech.	Anvers
9	F19	**Anvers** Sq. d'	Pl. d'Anvers		Anvers
17	C15	**Apennins** Rue des	118 Av. de Clichy	39 R. Davy	Brochant
6	L17	**Apollinaire** Rue G.	42 R. Bonaparte	11 R. St-Benoît	St-Germain des Prés
14	S16	**Appell** Av. Paul	R. Émile Faguet	7 Pl. d. 25 Août 1944	Pte d'Orléans
16	H9	**Appert** Rue du Gal	46 R. Spontini	72 Bd Flandrin	Avenue Foch
11	K22	**Appert** Rue Nicolas	Pas Ste-Anne Popin	Allée Verte	St-Séb. Froissart
10	F21	**Aqueduc** Rue de l'	159 R. La Fayette	149 Bd de la Villette	Gare du Nord
19	D26	**Aquitaine** Sq. d'	7 Av. Pte Chaumont	132 Bd Sérurier	Pte de Pantin
13	P18	**Arago** Bd	24 Av. des Gobelins	Pl. Denfert Roch.	Denfert Rochereau
14	P18	**Arago** Bd	24 Av. des Gobelins	Pl. Denfert Roch.	Denfert Rochereau
13	P19	**Arago** Sq.	44 Bd Arago		Les Gobelins
1	J19	**Aragon** Al. Louis	J. des Halles	Al Bl. Cendrars	Châtelet-Les Halles
5	O19	**Arbalète** Rue de l'	20 R. des Patriarches	11 R. Berthollet	Censier Daubenton
1	J18	**Arbre Sec** Rue de l'	Pl. de l'École	109 R. St-Honoré	Pont Neuf-Louvre
15	Q13-Q14	**Arbustes** Rue des	203 R. R. Losserand	en impasse	Pte de Vanves
13	Q22	**Arc** Pl. Jeanne d'	R. Jeanne d'Arc	R. Lahire	Nationale
13	P21	**Arc** Rue Jeanne d'	52 R. de Domrémy	41 Bd St-Marcel	Nationale
17	F11-G11	**Arc de Triomphe** Pl.	7 R.d. Gal Lanrezac	48 R. des Acacias	Ch. de Gaulle Étoile
8	G16	**Arcade** Rue de l'	4 Bd Malesherb.	14 Pl. Gabriel Péri	St-Lazare
19	C23	**Archereau** Rue	46 R. Riquet	89 R. de l'Ourcq	Riquet-Crimée
4	L20	**Archevêché** Pt de l'	Q. l'Archevêché	57 Q. de la Tournelle	Maubert Mutualité
5	L20	**Archevêché** Pt de l'	Q. l'Archevêché	57 Q. de la Tournelle	Maubert Mutualité
4	L20	**Archevêché** Q. de l'	Pt St-Louis	Pont l'Archevêché	Cité-M. Mutualité
12	O28	**Archinard** R. du Gal	6 Av. Gal Messimy	R. Nouv. Calédonie	Pte Dorée
3	J21	**Archives** Rue des	50 R. de Rivoli	51 R. de Bretagne	Hôtel de Ville
4	K20	**Arcole** Pt d'	Q. de l'Hôtel de Ville	23 Q. aux Fleurs	Hôtel de Ville
4	L19	**Arcole** Rue d'	23 Q. aux Fleurs	22 R. du Cloître N.-D.	St-Michel
14	S17	**Arcueil** Pte d'	Bd Jourdan	R. E. Deutsch M.	Cité Universitaire
14	S18	**Arcueil** Rue d'	78 R. Aml Mouchez	10 Bd Jourdan	Cité Universitaire
19	D25	**Ardennes** Rue des	159 Av. J. Jaurès	40 Q. de Marne	Ourcq
5	N20	**Arènes** Rue des	21 R. Linné	10 R. de Navarre	Jussieu
5	N20	**Arènes de Lutèce** Sq.	R. de Navarre	R. Monge	Place Monge
8	G16	**Argenson** Rue d'	14 R. La Boétie	109 Bd Haussmann	Miromesnil
1	I17	**Argenteuil** Rue d'	7 R. de l'Echelle	32 R. St-Roch	Pyramides
16	H10	**Argentine** Cité de l'	Av. Victor Hugo	En Impasse	Victor Hugo
16	G11	**Argentine** Rue d'	R. Chalgrin	25 Av. G. Armée	Argentine
19	C24	**Argonne** Place de l'	17 R. de l'Argonne	2 R. Dampierre	Corentin Cariou
19	C25	**Argonne** Rue de l'	39 Q. de l'Oise	154 R. de Flandre	Corentin Cariou
2	I19	**Argout** Rue d'	46 R. E. Marcel	63 R. Montmartre	Sentier
16	N6	**Arioste** Rue de l'	82 Bd Murat	12 R. Sgt Maginot	Pte de St-Cloud
17	D12	**Arlandes** R.du M. d'	19 Av. Brunetière	Bd de Reims	Péreire
17	F11	**Armaillé** Rue d'	29 R. des Acacias	3 Pl. T. Bernard	Ch. de Gaulle Étoile
12	N23	**Armand** Pl. Louis	Gare de Lyon		Gare de Lyon
18	C17	**Armand** Villa	96 R. J. de Maistre	en impasse	Guy Môquet
15	P9-O9	**Armand** Rue Louis	Av. Pte de Sèvres	Av. de la Pte d'Issy	Balard
18	D17	**Armée d'Orient** R. d. l'	68 R. Lepic	80 R. Lepic	Blanche-Abbesses
17	F9	**Armenonville** Rue de l'	14 R. G. Charpentier	R. de Chartres	Pte Maillot
15	O14	**Armorique** Rue de l'	68 Bd Pasteur	22 R. du Cotentin	Pasteur
13	P21	**Armstrong** Pl. Louis	R. Esquirol	R. Jenner	Campo Formio

11

Ar.	Plan	Rues / Streets	Commençant	Finissant	Métro
16	K8	**Arnauld** Sq. Antoine	3 R. A. Arnauld	en impasse	Ranelagh
16	K8	**Arnauld** Rue Antoine	4 R. G. Zédé	3 R. Davioud	Ranelagh
13	P23	**Aron** Rue Raymond	Quai de la Gare	Av. de France	Quai de la Gare
13	O23-P23	**Arp** Rue Jean	Bd Vincent Auriol	R. G. Balanchine	Quai de la Gare
3	J22	**Arquebusiers** R. des	89 Bd Beaumarch.	3 R. St-Charles	St-Séb. Froissart
5	M20	**Arras** Rue d'	7 R. des Écoles	en impasse	Card. Lemoine
15	N15	**Arrivée** Rue de l'	64 Bd du Montparn.	31 Av. du Maine	Montparn. Bienv.
4	M22	**Arsenal** Port de l'	Bd Bourdon	Bd de la Bastille	Bastille
4	M22	**Arsenal** Port de l'	Bd Bourdon	Bd de la Bastille	Bastille
4	L22	**Arsenal** Rue de l'	2 R. Mornay	1 R. de la Cerisaie	S. Morland-Bastille
7	O14	**Arsonval** Rue d'	63 R. Falguière	8 R. de l'Armorique	Pasteur
12	N25	**Artagnan** Rue d'	21 R. Col Rozanoff	en impasse	Reuilly Diderot
14	R17	**Artistes** Rue des	13 R. d'Alésia	2 R. St-Yves	Alésia
8	H13	**Artois** Rue d'	96 R. La Boétie	44 R. Washington	St-Philippe du R.
17	F10	**Arts** Av. des	5 Av. de Verzy	en impasse	Pte Maillot
18	M26	**Arts** Imp. des	3 R. du Pensionnat	en impasse	Nation
14	P15	**Arts** Pass. des	31 R. R. Losserand	14 R. E. Jacques	Pernety
1	K18	**Arts** Pt des	Q. du Louvre	Q. de Conti	Pont Neuf
6	K18	**Arts** Pt des	Q. du Louvre	Q. de Conti	Pont Neuf
12	N24	**Arts** Viaduc des	R. de Charenton	R. Moreau	Gare de Lyon
18	D16	**Arts** Villa des	15 R. H. Moreau	en impasse	La Fourche
11	J23	**Asile** Pass. de l'	2 Pas. Chemin Vert	51 R. Asile Pop.	Richard Lenoir
11	J23	**Asile Popincourt** R.	4 R. Moufle	57 R. Popincourt	Richard Lenoir
4	K21-L20	**Asnier** R. Geoffroy L'	Q. de l'Hôtel de Ville	48 R. F. Miron	Pont Marie
17	C12	**Asnières** Pte d'	Av. Pte d'Asnières	Av. Pte d'Asnières	Péreire
6	M16	**Assas** Rue d'	25 R. Cherche Midi	12 Av. l'Observator.	Vavin
14	P15	**Asseline** Rue	12 R. Maison Dieu	143 R. du Château	Edgar Quinet
18	E20	**Assommoir** Pl. de l'	9-11 R. des Islettes		Barbès Rochech.
16	K7	**Assomption** Rue de l'	17 R. Boulainvill.	1 Bd Montmorency	Ranelagh
8	G15	**Astorg** Rue d'	24 R. la V. l'Évêque	3 R. La Boétie	St-Augustin
15	N15	**Astrolabe** Imp. de l'	119 R. de Vaugirard	en impasse	Falguière
13	Q19	**Atget** Rue Eugène	59 Bd A. Blanqui	1 R. Jonas	Corvisart
9	F16	**Athènes** Rue d'	19 R. de Clichy	38 R. de Londres	Trinité-Liège
14	O15	**Atlantique** Jard.	Al. du Cap. Dronne	Al. C. E. Guilebon	Montparn. Bienv.
19	G23	**Atlas** Pass. de l'	10 R. de l'Atlas	14 R. de l'Atlas	Belleville
19	G23	**Atlas** Rue de l'	1 R. Rébeval	67 Av. S. Bolivar	Belleville
16	K8	**Aubé** Rue du Gal	2 R. G. Zédé	21 Av. Mozart	La Muette
9	G16-H17	**Auber** Rue	5 Pl. de l'Opéra	53 Bd Haussmann	Opéra-H. Caumartin
18	B22-E22	**Aubervilliers** Rue d'	2 Bd la Chapelle	1 Bd Ney	Pte de La Chapelle
19	B22-E22	**Aubervilliers** Rue d'	2 Bd la Chapelle	1 Bd Ney	Pte de La Chapelle
19	D22	**Aubervilliers** Imp. d'	48 R. d'Aubervilliers	en impasse	Stalingrad
19	A23	**Aubervilliers** Pte d'	Bd Périphérique		
4	M21	**Aubigné** R. Agrippa d'	40 Q. Henri IV	17 Bd Morland	Louv. Rivoli-S. Morl.
17	E11-E12	**Aublet** Villa	44 R. Laugier		Péreire
12	P25	**Aubrac** Rue de l'	R. de l'Ambroisie	R. du Baron Le Roy	Cour St-Émilion
4	K20-K21	**Aubriot** Rue	16 R. Ste-Croix la Br.	15 R. Blancs Mant.	Hôtel de Ville
20	K26	**Aubry** Cité	15 R. de Bagnolet	1 Villa Riberolle	Alexandre Dumas
4	J19-J20	**Aubry le Boucher** R.	109 R. St-Martin	22 Bd Sébastopol	Châtelet
14	R17	**Aude** Rue de l'	48 Av. René Coty	91 R. Tombe Issoire	Alésia
14	Q17	**Audiard** Pl. Michel		R. Hallé	Mouton Duvernet
17	E10	**Audiberti** Jard. J.	R. Cino Del Duca	Av. Pte de Villiers	Pte de Champerret
18	E14	**Audran** Rue	30 R. Véron	47 R. des Abbesses	Abbesses
12	M22-N22	**Audubon** Rue	5 Bd Diderot	225 R. de Bercy	Gare de Lyon
20	L27	**Auger** Rue	36 Bd de Charonne	14 R. d'Avron	Avron
7	K12-K13	**Augereau** Rue	139 R. St-Dominique	214 R. de Grenelle	École Militaire
16	J8-K8	**Augier** Bd Émile	10 Ch. de la Muette	3 Pl. Tattegrain	La Muette
19	F27	**Aulard** Rue Alphonse	52 Bd Sérurier	9 Bd d'Algérie	Pré St-Gervais
9	F17-F18	**Aumale** Rue d'	45 R. St-George	R. La Rochefouc.	St-Georges
13	R21	**Aumont** Rue	125 R. de Tolbiac	106 Av. d'Ivry	Tolbiac
18	E11	**Aumont Thièville** Rue	25 Bd Gouv. St-Cyr	11 R. Roger Bacon	Pte de Champerret
17	E9-F10	**Aurelle de Paladines** Bd	16 Av. Pte Ternes	Bd Victor Hugo	Pte Maillot
19	E25	**Auric** Rue Georges	47 R. d'Hautpoul	56 R. Petit	Ourcq
13	O23-Q20	**Auriol** Bd Vincent	153 Q. de la Gare	202 Av. de Choisy	Qu. la Gare-Pl. Italie
5	N21	**Austerlitz** Cité d'	1 R. Nicolas Houël		Gare d'Austerlitz

r.	Plan	Rues / Streets	Commençant	Finissant	Métro
12	N22	**Austerlitz** Pt d'	Pl. Mazas	Pl. Valhubert	Gare d'Austerlitz
13	O22-O23	**Austerlitz** Quai d'	Pt de Bercy	1 Pl. Valhubert	Gare d'Austerlitz
12	M22-M23	**Austerlitz** Rue d'	232 R. de Bercy	23 R. de Lyon	Gare de Lyon
16	N5	**Auteuil** Bd d'	Av. de la Pte Molitor	Limite Boulogne	Pte d'Auteuil
16	M6	**Auteuil** Pte d'	Pl. Pte d'Auteuil	Av. du Gal Sarrail	Pte d'Auteuil
16	M6-M7	**Auteuil** Rue d'	Bd Murat 1	Bd Murat	M-Ange Auteuil
16	L4	**Auteuil à Suresn.** Rte	Rte Seine à B. Mort.	Rte de l'Hippodrome	Pte d'Auteuil
16	L5-M5	**Auteuil aux Lacs** Rte	Pl. Pte d'Auteuil	Ch. Ceint. Lac Sup.	Pte d'Auteuil
4	L21	**Ave Maria** Rue de l'	3 R. St-Paul	4 R. du Fauconnier	Pont Marie
11	I24	**Avenir** Cité de l'	121 Bd de Ménilm.		Ménilmontant
20	H26	**Avenir** Rue de l'	30 R. Pixérécourt	en impasse	Télégraphe
16	G10	**Avenue du Bois** Sq.	9 R. Le Sueur	en impasse	Pte Maillot
16	G9	**Avenue Foch** Sq. de l'	80 Av. Foch		Pte Dauphine
17	D12	**Aveyron** Sq. de l'	10 R. Jules Bourdais	en impasse	Péreire
15	P9-Q8	**Avia** R. du Col. Pierre	R. L. Armand	R. Victor Hugo	Corentin Celton
15	M12	**Avre** Rue de l'	138 Bd de Grenelle	41 R. Letellier	La Motte Picquet
20	L27-L28	**Avron** Rue d'	44 Bd de Charonne	67 Bd Davout	Pte de Montreuil
18	D18	**Aymé** Pl. Marcel	2 Impasse Girardon	1 Av. Junot	Lamarck Caulaine.

B

18	A17	**Babinski** Rue du Dr	Av. Pte Montmartre	26 Av. Pte St-Ouen	Pte de St-Ouen
7	L14-L16	**Babylone** Rue de	46 Bd Raspail	35 Bd des Invalides	Sèvres Babylone
13	Q28-R29	**Bac** Rte du	Av. Gravelle (Ch. P.)	Ceint. Lac Daum.	Pte Dorée
7	K16-L16	**Bac** Rue du	35 Q. Voltaire	24 R. de Sèvres	Rue du Bac
13	Q22	**Bach** R. Jean-S.	58 R. Clisson	150 R. Nationale	Nationale
2	I19	**Bachaumont** Rue	63 R. Montorgueil	70 R. Montmartre	Sentier
14	R14	**Bachelard** Al. G.	97 Bd Brune	91 Bd Brune	Pte de Vanves
18	D13	**Bachelet** Rue	18 R. Nicolet	1 R. Becquerel	Jules Joffrin
17	E11	**Bacon** Rue Roger	36 R. Guersant	63 R. Bayen	Pte de Champerret
16	H4	**Bagatelle** Parc de	Bois de Boulogne		Pont de Neuilly
16	G5	**Bagatelle** Pte de	Bd Richard Wallace	Bois de Boulogne	Pont de Neuilly
14	S16	**Bagneux** Rue de	Pte d'Orléans	Bd R.Rolland	Pte d'Orléans
20	I29	**Bagnolet** Pte de	Bd Périphérique		Gallieni
20	I28-K26	**Bagnolet** Rue de	148 Bd de Charonne	229 Bd Davout	Pte de Bagnolet
13	Q25-R24	**Baïf** R. Jean-A. de	13 Q. de la Gare	4 R. la Croix Jarry	Bd Masséna
18	D19	**Baigneur** Rue du	51 R. Ramey	42 R. du Mont Cenis	Jules Joffrin
1	J18	**Baillet** Rue	21 R. de la Monnaie	22 R. de l'Arbre Sec	Pont Neuf
1	J18	**Bailleul** Rue	37 R. de l'Arbre Sec	10 R. du Louvre	Louvre Rivoli
14	Q15	**Baillou** Rue	52 R. des Plantes	7 R. Lecuirot	Alésia
9	F18	**Bailly** Rue de l'Agent	13 R. Rodier	22 R. Milton	Cadet-St-Georges
3	I20	**Bailly** Rue	27 R. Réaumur	98 R. Beaubourg	Arts et Métiers
7	K15	**Bainville** Pl. Jacques	229 Bd St-Germain	6 R. St-Dominique	Solférino
13	T21	**Bajac** Sq. Robert	Bd Kellermann	Av. Pte d'Italie	Pte d'Italie
7	P23	**Balanchine** Rue G.	Quai de la Gare	Av. de France	Quai de la Gare
15	P9	**Balard** Pl.	R. Balard	85 R. Leblanc	Balard
15	M9-O9	**Balard** Rue	7 Rd-Pt Pt Mirabeau	1 Pl. Balard	Javel-Balard
11	I23-I24	**Baleine** Imp. de la	90 R. J. P. Timbaud	en impasse	Parmentier
20	N6	**Balfourier** Av. du Gal	40 R. Erlanger	104 Bd Exelmans	Michel Ange Molitor
20	J28	**Balkans** Rue des	61 R. Vitruve	140 R. de Bagnolet	Pte de Bagnolet
12	M29	**Ballay** Rue Noël	2 Bd Davout	1 R. L. Delaporte	Pte de Vincennes
9	E16-F16	**Ballu** Villa	23 R. Ballu	en impasse	Place de Clichy
9	E16-F16	**Ballu** Rue	55 R. Blanche	72 R. de Clichy	Place de Clichy
17	E12	**Balny d'Avricourt** R.	51 R. P. Demours	82 Av. Niel	Péreire
1	J19	**Baltard** Rue	R. Berger	R. Rambuteau	Les Halles
8	G12-G13	**Balzac** Rue	124 Av. Ch. Élysées	193 R. Fbg St-Honor.	George V
2	H18-I18	**Banque** Rue de la	1 R. des Petits Pères	3 Pl. de la Bourse	Bourse
13	P20-P21	**Banquier** Rue du	20 R. Duméril	53 Av. des Gobelins	Les Gobelins
17	E12-F12	**Banville** Rue T. de	87 Av. de Wagram	80 R. P. Demours	Ternes-Courcelles
6	N17	**Bara** Rue Joseph	108 R. d'Assas	93 R. N.-D. Champs	Vavin-Port Royal
15	L12	**Baratier** Rue du Gal	9 Av. Champaubert	52 Av. La Motte P.	La Motte Picquet
19	C24-C25	**Barbanègre** Rue	14 R. de Nantes	7 Q. de la Gironde	Corentin Cariou

13

14

Ar.	Plan	Rues / Streets	Commençant	Finissant	Métro
17	D15-E16	**Batignolles** Rue des	32 Bld. Batignolles	67 R. Dr Lobligeois	Rome
12	M26-N25	**Bauchat** Rue du Sgt	93 R. de Reuilly	20 R. de Picpus	Montgallet
16	K8	**Bauches** Rue des	43 R. Boulainvilliers	3 R. G. Zédé	Boulainv.-La Muette
12	L24-M23	**Baudelaire** Rue C.	4 R. de Prague	118 R. Fbg St-Antoine	Ledru Rollin
18	C19	**Baudelique** Rue	64 R. Ordener	73 Bd Ornano	Simplon
13	O29	**Baudin** Rue	Av. Alphand	60 av. de la Guyane	Pte Dorée
11	J22-J23	**Baudin** Rue Alphonse	19 R. Pelée	30 R. St. Sébastien	Richard Lenoir
13	P22-Q22	**Baudoin** Rue	15 R. Clisson	42 R. Duméril	Chevaleret
4	K20	**Baudoyer** Pl.	14 R. Fr. Miron	42 R. de Rivoli	Hôtel de Ville
13	R20	**Baudran** Imp.	17 R. Damesme	en impasse	Tolbiac
13	R21	**Baudricourt** Imp.	66 R. Baudricourt	en impasse	Tolbiac
13	Q22-R21	**Baudricourt** Rue	107 R. Nationale	70 Av. de Choisy	Tolbiac
8	H13	**Baudry** Rue Paul	54 R. de Ponthieu	9 R. d'Artois	St-Philippe du R.
15	Q13	**Baudry** Rue Jacques	115 R. Castagnary	181 Bd Lefebvre	Pte de Vanves
14	Q15	**Bauer** Cité	36 R. Didot	15 R. Thermopyles	Pernety-Plaisance
12	O25	**Baulant** Rue	30 R. du Charolais	208 R. de Charenton	Dugommier
20	H28	**Baumann** Villa	35 R. A. Penaud	32 R. E. Marey	Pelleport
7	K12	**Baumont** Al. Maurice	Av. du Gal Ferrié	Av. G. Eiffel	École Militaire
15	O12	**Bausset** Rue	8 Pl. A. Chérioux	77 R. l'Abbé Groult	Vaugirard
8	I13	**Bayard** Rue	16 Cours Albert 1er	42 Av. Montaigne	Franklin Roosevelt
17	E11-F12	**Bayen** Rue	1 R. Poncelet	21 Bd Gouv. St-Cyr	Ternes
13	Q21	**Bayet** Rue A.	66 Av. Edison	Bd Vincent Auriol	Place d'Italie
13	K20	**Bayle** Rue Pierre	212 Bd de Charonne	R. du Repos	Philippe Auguste
5	O19-O20	**Bazeilles** Rue de	1 R. Pascal	118 R. Monge	Censier Daubenton
16	Q15	**Bazille** Sq.Frédéric	15bis rue Bardinet		Plaisance
16	L7	**Bazin** Rue René	17 R. de l'Yvette	24 R. Henri Heine	Jasmin
3	K22	**Béarn** Rue de	25 Pl. des Vosges	5 R. St-Gilles	Chemin Vert
3	I20-J20	**Beaubourg** Rue	14 R. S. le Franc	48 R. de Turbigo	Arts et Métiers
3	J20	**Beaubourg** Imp.	37 R. Beaubourg	en impasse	Rambuteau
3	J21	**Beauce** Rue de	8 R. Pastourelle	45 R. de Bretagne	Filles du Calvaire
8	F13-G12	**Beauce** Av.	248 R. Fbg St-Honor.	en impasse	Ternes
16	L7	**Beaudouin** Pass. E.	38 R. de l'Yvette	en impasse	Jasmin
20	L28	**Beaufils** Pass.	13 R. du Volga	82 R. d'Avron	Maraîchers
15	M10	**Beaugrenelle** Rue	61 R. Émeriau	74 R. St-Charles	Charles Michels
11	L25	**Beauharnais** Cité	6 R. Léon Frot	en impasse	Rue des Boulets
19	F23	**Beaujol** Al. Anne de	23 Av. Mat. Moreau	10 Pas. F. à Chaux	Bolivar
1	I18	**Beaujolais** Gal. de	Péris. Beaujolais	Péris. Joinville	Bourse-Palais Royal
1	I18	**Beaujolais** Pass. de	47 R. Montpensier	52 R. Richelieu	Bourse-Palais Royal
1	I18	**Beaujolais** Rue de	43 R. de Valois	48 R. Montpensier	Bourse-Palais Royal
8	G14	**Beaujon** Sq.	150 Bd Haussmann		Miromesnil
8	G12-G13	**Beaujon** Rue	Pl. G. Guillaumin	& Av. de Wagram	Ch. de Gaulle Étoile
3	K22	**Beaumarchais** Bd	Pl. de la Bastille	1 R. P* aux Choux	St-Séb. Froissart
11	K22	**Beaumarchais** Bd	Pl. de la Bastille	1 R. P* aux Choux	Filles du Calvaire
4	K22	**Beaumarchais** Bd	Pl. de la Bastille	1 R. P* aux Choux	Bastille
7	K16-K17	**Beaune** Rue de	27 Q. Voltaire	34 R. l'Université	Rue du Bac
16	R16-R17	**Beaunier** Rue	136 R. la Tombe Iss.	115 Av. Gal Leclerc	Pte d'Orléans
16	M8	**Beauregard** Pl. Paul	R. de Rémusat	Av. Th. Gautier	Église d'Auteuil
2	H19-H20	**Beauregard** Rue	14 R. Poissonnière	5 Bd Bonne Nouv.	Strasbourg St-Denis
2	I19	**Beaurepaire** Cité	48 R. Greneta	en impasse	Étienne Marcel
10	H21-H22	**Beaurepaire** Rue	Pl. République	71 Q. de Valmy	République
16	K7-K8	**Beauséjour** Bd	4 R. Largillière	102 R. l'Assomption	La Muette
16	K8	**Beauséjour** Villa de	7 V. de Beauséjour	en impasse	La Muette
4	K22-L22	**Beausire** Imp. Jean	19 R. J. Beausire	en impasse	Bastille
4	L22	**Beausire** Pass.Jean	11 R. Jean Beausire	12 R. d. Tournelles	Bastille
4	L22	**Beausire** Rue Jean	R. de la Bastille	13 Bd Beaumarch.	Bastille
4	L21-L22	**Beautreillis** Rue	2 R. d. Lions St-Paul	43 R. St-Antoine	Louv. Rivoli-S. Morl.
5	M19	**Beauvais** R. Jean de	51 Bd St-Germain	16 R. de Lanneau	Maubert Mutualité
4	H15	**Beauvau** Pl.	90 R. Fbg St-Honor.	R. Miromesnil	Miromesnil
6	K17	**Beaux Arts** Rue des	14 R. de Seine	11 R. Bonaparte	St-Germain des Prés
12	M24	**Beccaria** Rue	Av. Daumesnil	17 Pl. d'Aligre	Ledru Rollin
12	M24	**Béclère** Pl. du Dr A.	182 R. Fbg St-Ant.	R. Faidherbe	Faidherbe Chaligny
13	R18	**Becque** Rue Henri	43 R. Boussingault	13 R. Aml Mouchez	Glacière
18	D18-D19	**Becquerel** Rue	23 R. Bachelet	11 R. St-Vincent	Jules Joffrin
13	S23	**Bédier** Av. Joseph	15 R. M. Bastié	4 Pl. Dr Yersin	Pte d'Ivry

15

Ar.	Plan	Rues / Streets	Commençant	Finissant	Métro
16	K10	**Beethoven** Rue	2 Av. Pdt Kennedy	11 Bd Delessert	Passy
12	O27	**Béhagle** Rue F. de	68 Bd Poniatowski	Av. Pte Charenton	Pte de Charenton
12	M26-N27	**Bel Air** Av. du	15 Av. de St-Mandé	24 Pl. de la Nation	Nation
12	L23	**Bel Air** Cr du	56 R. Fbg St-Antoine	en impasse	Bastille
12	N28	**Bel Air** Villa du	102 Av. de St-Mandé	Sent. la Lieuten.	Pte de Vincennes
17	D11	**Belagny** Jard. A.	Av. Pte Champerret	R. Card. Peugeot	Pte de Champerret
11	K24-K25	**Belfort** Rue de	133 Bd Voltaire	69 R. Léon Frot	Voltaire-Charonne
7	K12-K13	**Belgrade** Rue de	56 Av. Bourdonnais	A. A. Lecouvreur	École Militaire
20	I27-I28	**Belgrand** Rue	4 Pl. Gambetta	Pl. Pte de Bagnolet	Gambetta
18	E19	**Belhomme** Rue	20 Bd de Rochech.	7 R. de Sofia	Barbès Rochech.
17	F10	**Belidor** Rue	93 Av. des Ternes	71 Bd Gouv. St-Cyr	Pte Maillot
2	I19	**Bellan** Rue Léopold	1 R. des P. Carreaux	82 R. Montmartre	Sentier
15	M13	**Bellart** Rue	11 R. Pérignon	155 Av. de Suffren	Ségur
17	E11	**Bellat** Sq. Jérôme	Bd Berthier	Pl. Stuart Merril	Pte de Champerret
1	J19	**Bellay** Pl. Joachim du	R. Berger	R. des Innocents	Châtelet-Les Halles
4	L20	**Bellay** Rue Jean-du	42 Q. d'Orléans	33 Q. de Bourbon	Pont Marie
19	E23-E24	**Belleau** Villa Rémi	69 Av. J. Jaurès	en impasse	Laumière
7	J16-K15	**Bellechasse** Rue de	9 Q. Anatole France	66 R. de Varenne	Solférino
9	F19	**Bellefond** Rue de	107 R. Fbg Poisson.	26 R. Rochechouart	Poissonnière
16	H9	**Belles Feuilles** Imp.	48 R. Belles Feuilles	en impasse	Victor Hugo
16	H9-H10	**Belles Feuilles** R. des	Pl. de Mexico	R. Spontini	Pte Dauphine
11	H23-H24	**Belleville** Bd de	1 Bd de Ménilm.	2 R. de Belleville	Belleville
20	H23-I24	**Belleville** Bd de	1 Bd de Ménilm.	2 R. de Belleville	Belleville
19	G28-H24	**Belleville** Rue de	2 Bd de la Villette	1 Bd Sérurier	Bellev.-Pte d. Lilas
20	G28-H24	**Belleville** Rue de	2 Bd de la Villette	1 Bd Sérurier	Bellev.-Pte d. Lilas
20	H24-H25	**Belleville** Parc de	R. Piat	R. des Couronnes	Pyrénées
19	F26	**Bellevue** Villa de	32 R. de Mouzaïa	15 R. de Bellevue	Danube
19	F26	**Bellevue** Rue de	72 R. Compans	31 R. des Lilas	Pré St-Gervais
18	B16-C16	**Belliard** Villa	12 Pas. Daunay	189 R. Belliard	Pte de St-Ouen
18	B16-B20	**Belliard** Rue	165 R. des Poisson.	126 Av. de St-Ouen	Pte de St-Ouen
13	R20	**Bellier Dedouvre** R.	61 R. de la Colonie	25 R. Ch. Fourier	Tolbiac
13	O23	**Bellièvre** Rue de	9 Q. d'Austerlitz	8 R. Ed. Flamand	Quai de la Gare
16	J10	**Bellini** Rue	21 R. Scheffer	30 Av. P. Doumer	Passy
19	D22-E22	**Bellot** Rue	17 R. de Tanger	40 R. d'Aubervilliers	Stalingrad
16	H11	**Belloy** Rue de	16 Pl. des États Unis	37 Av. Kléber	Boissière
12	O24-P25	**Belmondo** Rue Paul	R. Joseph Kessel	R. Michel Audiart	Cour St-Émilion
19	C25	**Belvédère** Al. du	Pl. d. Rd-Pt d. Canaux	Allée du Zénith	Pte de Pantin
19	F27-F28	**Belvédère** Av. du	25 av. René Fonck	av. du Belvédère	Pré-St-Gervais
10	F19-F20	**Belzunce** Rue de	109 Bd de Magenta	118 R. Fbg Poisson.	Poissonnière
2	I19	**Ben Aïad** Pass.	9 R. Léopold Bellan	8 R. Bachaumont	Sentier
12	N27-N28	**Bénard** Villa C.	49 Av. Dr Netter	en impasse	Picpus
14	Q15-Q16	**Bénard** Rue	22 R. des Plantes	37 R. Didot	Pernety
16	M5-N5	**Bennett** Rue Gordon	Bd d'Auteuil	Av. Pte d'Auteuil	Pte d'Auteuil
12	M26	**Benoist** Rue Marie	1 R. Dorian	en impasse	Nation
16	H9	**Benouville** Rue	32 R. Spontini	35 R. la Faisanderie	Pte Dauphine
16	L8	**Béranger** Hameau	16 R. La Fontaine	en impasse	Jasmin
3	I21-I22	**Béranger** Rue	83 R. Charlot	180 R. du Temple	République
4	L22	**Bérard** Cr	8 Imp. Guéménée	en impasse	Bastille
13	P19-P20	**Berbier du Mets** R.	26 R. Croulebarbe	17 Bd Arago	Les Gobelins
12	P24	**Bercy** Parc de	Quai de Bercy	R. François Truffaut	Cour St-Émilion
12	N14	**Bercy** Al.	13 Bd de Bercy	20 Bd Diderot	Cr St-Émil.-G. de Lyon
12	O23-O25	**Bercy** Bd de	Q. de Bercy	238 R. de Charenton	Cr St-Émil.-Dugomm.
12	O23	**Bercy** Pt de	Q. de Bercy	Q. d'Austerlitz	Quai de la Gare
12	O23	**Bercy** Pt de	Q. de Bercy	Q. d'Austerlitz	Quai de la Gare
12	O23-O25	**Bercy** Port de	Pont de Bercy	Pont National	Quai de la Gare
12	O26	**Bercy** Pte de	Bd Périph. Ext.		Pte de Charenton
12	O23-O25	**Bercy** Quai de	1 R. Escoffier	Bd de Bercy	Quai de la Gare
12	M22-P25	**Bercy** Rue de	5 R. de Dijon	16 Bd de la Bastille	Gare de Lyon
20	L27	**Bergame** Imp. de	26 R. des Vignoles	en impasse	Buzenval
13	J18-J19	**Berger** Rue	29 Bd Sébastopol	38 R. du Louvre	Louvre-Châtelet
17	E14-F14	**Berger** Rue Georges	2 Pl. la Rép. Domin.	131 Bd Malesherb.	Monceau
16	L8	**Bergerat** Av. Émile	13 Av. R. Poincaré	2 Av. Léopold II	Ranelagh-Jasmin
9	H18-H19	**Bergère** Rue	13 R. Fbg Poisson.	12 R. Fbg Montmar.	Grands Boulevards
9	H18-H19	**Bergère** Cité	6 R. Fbg Montmar.	23 R. Bergère	Grands Boulevards

Be

Ar.	Plan	Rues / Streets	Commençant	Finissant	Métro
15	N10	Bergers Rue des	60 R. de Javel	33 R. Cauchy	Lourmel
8	G15	Bergson Pl. Henri	R. de Vienne	Av. César Caire	St-Lazare
6	M16	Bérite Rue de	67 R. Cherche Midi	9 R. J. F. Gerbillon	Vaneau-St-Placide
13	P24-R25	Berlier Rue J.-B.	Q. d'Ivry	Bd Masséna	Bd Masséna
9	E17	Berlioz Sq.	Pl. A. Max	Blanche	
16	G10	Berne Rue	30 R. Pergolèse	7 R. Cdt Marchand	Pte Maillot
5	O18	Bernanos Av. G.	147 Bd St-Michel	100 Bd Port Royal	Port Royal
17	F11	Bernard Pl. Tristall	53 Av. des Ternes	1 R. Guersant	Argentine-Ternes
18	C18	Bernard Pl. C.	R. du Poteau	R. Duhesme	Jules Joffrin
5	O19-O20	Bernard Rue Claude	2 Av. des Arbelins	R. d'Ulm	Censier Daubenton
13	R19-R20	Bernard Rue Martin	38 R. Bobillot	12 R. la Providence	Corvisart
14	N5	Bernard Rue Joseph	R. Joseph Bernard	140 Nung. et Coli	Exelmans
5	L20-M19	Bernardins Rue des	57 Q. de la Tournelle	en impasse	Maubert Mutualité
8	E15-F16	Berne Rue de	5 R. St-Petersbourg	33 R. de Moscou	Europe-Rome
20	M27	Bernhardt Sq. Sarah	R. Lagny	R. Buzenval	Pte de Vincennes
8	F15	Bernouilli Rue	71 R. de Rome	1 R. Andrieux	Rome
12	O24	Bernstein Pl. L.	51 61 R. de Bercy		Cr St-Émilion
8	G13-H13	Berri Rue de	92 Av. Ch. Élysées	163 Bd Haussmann	St-Philippe du Roule
9	G16	Berry Pl. Georges	R. Joubert	R. Caumartin	St-Lazare
8	H15-H16	Berry Cité	25 R. Royale	24 R. B. d'Anglas	Madeleine
8	G13	Berryer Rue	4 Av. de Friedland	192 R. Fbg St-Honor.	Ch. de Gaulle Étoile
14	L25	Bert Rue Paul	10 R. Faidherbe	24 R. Chanzy	Faidherbe Chaligny
17	F10	Bertandeau Sq. G.	R. Labie	en impasse	Pte Maillot
20	I28	Berteaux Rue M.	56 Bd Mortier	15 R. Le Vau	Pte de Bagnolet
3	J20	Berthaud Imp.	22 R. Beaubourg	en impasse	Rambuteau
20	G25	Berthaut Rue C.	5 R. du Jourdain	132 R. de Belleville	Jourdain
18	E18	Berthe Rue	R. Drevet	16 Pl. E. Goudeau	Abbesses
13	S21-S22	Bertheau Rue C.	R. Simone Weil	44 Av. de Choisy	Maison Blanche
5	M19	Berthelot Pl. M.	33 R. J. de Beauvais	91 R. St-Jacques	Cluny La Sorbonne
8	G12	Berthie Albrecht Av.	14 R. Beaujon	29 Av. Hoche	Ch. de Gaulle Étoile
17	B15-E11	Berthier Bd	187 Av. de Clichy	4 Pl. Stuart Merrill	Pte de Clichy
17	E11	Berthier Villa	133 Av. de Villiers	en impasse	Pte de Champerret
5	O19	Berthollet Rue	43 R. Cl. Bernard	62 Bd Port Royal	Censier Daubenton
8	I12	Bertillon Imp. du Dr J.	32 Av. P. 1er Serbie	en impasse	Alma Marceau
5	P14	Bertillon Rue A.	96 R. la Procession	61 R. de Vouillé	Plaisance
18	R22	Bertin Rue Émile	44 Bd Ney	46 R. Ch. Hermite	Pte de La Chapelle
1	K19	Bertin Poirée Rue	12 Q. la Mégisserie	63 R. de Rivoli	Châtelet-Les Halles
16	K9	Berton Rue	17 R. d'Ankara	28 Av. Lamballe	Av. Pdt Kennedy
11	I24	Bertrand Cité	81 Av. de la Répub.		Rue St-Maur
7	M14	Bertrand Rue du Gal	13 R. Eblé	96 R. de Sèvres	Duroc
18	E18	Bervic Rue	3 Bd Barbès	4 R. Belhomme	Barbès Rochech.
17	C15	Berzélius Pass.	1 R. du Col Manhès	63 R. Pouchet	Brochant
17	C15	Berzélius Rue	168 Av. de Clichy	1 R. du Col Manhès	Brochant
11	I23-J23	Beslay Pass.	28 R. la F. Méricourt	65 Av. Parmentier	St-Ambroise
17	E12	Besnard Sq. A.	Pl. du Mal Juin	Av. de Villiers	Péreire
14	N16-O17	Besse Al. Georges	R. du Montparnasse	Bd Raspail	Edgar Quinet
17	B16-C14	Bessières Bd	153 Av. de St-Ouen	2 Av. Pte de Clichy	Pte de St-Ouen
17	C14	Bessières Rue	15 R. Fragonard	111 Bd Bessières	Pte de Clichy
15	Q13	Bessin Rue du	5 R. du Lieuvin	96 R. Castagnary	Pte de Vanves
4	L20-M21	Béthune Quai de	Pt de Sully	2 R. d. Deux Ponts	Louv. Rivoli-S. Morl.
17	E15	Beudant Rue	74 Bd d. Batignolles	R. des Dames	Rome
15	N13	Beuret Pl. du Gal	R. Cambronne	1 R. du Gal Beuret	Vaugirard
15	N13-O12	Beuret Rue du Gal	77 R. Blomet	250 R. de Vaugirard	Vaugirard
16	I12	Beyrouth Pl. de	Av. P. 1er de Serbie	Av. Marceau	George V
8	I12	Beyrouth Pl. de	Av. P. 1er de Serbie	Av. Marceau	George V
14	Q16-O17	Bezout Rue	68 R. la Tombe Iss.	65 Av. Gal Leclerc	Alésia
10	G21-H22	Bichat Rue	45 R. Fbg du Temple	106 Q. Jemmapes	Goncourt
12	I25-I26	Bidassoa Rue de la	53 Av. Gambetta	11 R. Sorbier	Gambetta
12	N24	Bidault Ruelle	158 R. de Charenton	123 Av. Daumesnil	Reuilly Diderot
18	B17	Bienaimé Cité	111 Bd Ney	en impasse	Pte de St-Ouen
8	G14-G15	Bienfaisance R. de la	29 R. du Rocher	Pl. de Narvik	St-Augustin
15	N15-O15	Bienvenue Pl.	24 Av. du Maine	R. de l'Arrivée	Montparn. Bienv.
5	L20-M19	Bièvre Rue de	65 Q. de la Tournelle	52 Bd St-Germain	Maubert Mutualité
12	O25	Bignon Rue	193 R. de Charenton	132 Av. Daumesnil	Dugommier

17

	Ar.	Plan	Rues / Streets	Commençant	Finissant	Métro
14	19	Q17	**Bigorre** Rue de	15 R. du Commander	28 R. d'Alésia	Alésia
19	19	A25	**Bigot** Ste à	13 Bd Commanderie	en impasse	Pte de la Villette
19	19	E24	**Binder** Pass.	9 Pas. du Sud	8 Pas. Dubois	Laumière
18	18	A18-B18	**Binet** Jard. René	R. René Binet		Pte de Clignancourt
18	18	B18-B19	**Binet** Rue René	14 Av. Pte Montmar.	15 Av. Pte Clignanc.	Pte de Clignancourt
17	17	E14	**Bingen** Rue Jacques	18 Pl. Malesherbes	17 R. Legendre	Malesherbes
17	17	E16	**Biot** Rue	9 Pl. de Clichy	9 R. des Dames	Place de Clichy
16	16	K10	**Bir Hakeim** Pt de	Av. Pdt Kennedy	Q. de Grenelle	Passy-Bir Hakeim
4	4	K22-L22	**Birague** Rue de	36 R. St-Antoine	1 Pl. des Vosges	Bastille
9	9	F18	**Biscarre** Sq. Alex	31 R. N.-D. de Lorette		St-Georges
12	12	L22-M22	**Biscornet** Rue	9 R. Lacuée	48 Bd de la Bastille	Bastille
20	20	K28	**Bissière** Rue Roger	7 Sq. la Salamandre	52 R. Vitruve	Maraîchers
20	20	H24	**Bisson** Rue	86 Bd de Belleville	27 R. des Couronnes	Couronnes
19	19	D24	**Bitche** Pl. de	Q. de l'Oise	160 R. de Crimée	Crimée
7	7	L14	**Bixio** Rue	1 Av. Lowendal	2 Av. de Ségur	École Militaire
17	17	E16	**Bizerte** Rue de	11 R. Nollet	16 R. Truffaut	Place de Clichy
16	16	I12	**Bizet** Rue Georges	Pl. P. Brisson	2 R. de Bassano	Alma Marceau
12	12	O27-Q26	**Bizot** Av. du Gal M.	R. de Charenton	36 R. du Sahel	Pte de Charenton
10	10	F22-G22	**Blache** Rue Robert	6 R. du Terrage	5 R. E. Varlin	Château Landon
5	5	N19	**Blainville** Rue de	10 R. Mouffetard	1 R. Tournefort	Place Monge
11	11	J24	**Blaise** Rue du Gal	R. Rochebrune	20 R. Lacharrière	St-Ambroise
17	17	A16-B16	**Blaisot** Rue Camille	4 R. A. Bréchet	en impasse	Pte de St-Ouen
10	10	E21-F22	**Blanc** Rue Louis	11 Pl. du Col Fabien	230 R. Fbg St-Denis	Louis Blanc
12	12	I28	**Blanc** Rue Irénée	4 R. Géo Chavez	22 R. J. Siegfried	Pte de Bagnolet
20	20	K28	**Blanchard** Rue	98 Bd Davout	5 R. F. Terrier	Pte de Montreuil
14	14	Q13	**Blanche** Cité	190 R. R. Losserand		Pte de Vanves
16	16	K7-L7	**Blanche** Rue du Dr	87 R. l'Assomption	34 R. Raffet	Jasmin
18	18	E17	**Blanche** Imp. Marie	9 R. Constance	en impasse	Blanche
9	9	E17	**Blanche** Pl.	Bd de Clichy	R. Blanche	Blanche
16	16	L7	**Blanche** Sq. du Dr	53 R. du Dr Blanche	en impasse	Jasmin
9	9	E17-G17	**Blanche** Rue	Pl. d'Est. d'Orves	5 Pl. Blanche	Trinité-Blanche
19	19	E25	**Blanche Antoinette** R.	4 R. Fr. Pinton	Imp. Grimaud	Botzaris
12	12	P28	**Blanchet** Sq. Paul	5 Av. du Gal Dodds	6 R. Marcel Dubois	Pte Dorée
4	4	J20-K21	**Blancs Manteaux** R.	51 R. V. du Temple	40 R. du Temple	Rambuteau
13	13	Q18-Q20	**Blanqui** Bd Auguste	Pl. d'Italie	77 R. de la Santé	Place d'Italie
13	13	Q22	**Blanqui** Villa A.	44 R. Jeanne d'Arc	en impasse	Nationale
12	12	P24	**Blaye** Rue de	Q. de Bercy	R. de Bercy	Cr St-Émil.-Q. la Gare
11	11	K23	**Blégny** Villa N. de	11 R. de Popincourt	en impasse	Votaire
18	18	C18	**Blémont** Rue Émile	38 R. du Poteau	7 R. A. Messager	Jules Joffrin
		M9-N8	**Blériot** Quai Louis	9 Av. Versailles	191 Bd Murat	Bd Victor Hugo
9	9	G19	**Bleue** Rue	67 R. du Fbg Poisson.	72 R. La Fayette	Cadet
7	7	J14	**Bleuet de France** Rd-Pt	Av. du Mal Gallieni		Invalides
20	20	L27	**Bloch** Pl.Marc	35 rue de la Réunion		Maraîchers
15	15	N13	**Blomet** Sq.	R. Blomet	Volontaires	
15	15	N13-P11	**Blomet** Rue	23 R. Lecourbe	35 R. St-Lambert	Vaugirard
2	2	H20	**Blondel** Rue	351 R. Fbg St-Martin	238 R. St-Denis	Strasbourg St-Denis
3	3	H20	**Blondel** Rue	351 R. Fbg St-Martin	238 R. St-Denis	Strasbourg St-Denis
20	20	J28	**Blondin** Sq.Antoine	126 rue Bagnolet		Pte de Bagnolet
11	11	I24-I25	**Bluets** Rue des	79 Av. de la Rép.	107 Bd de Ménilm.	Rue St-Maur
11	11	K24	**Blum** Pl. Léon	97 R. la Roquette	128 Bd Voltaire	Voltaire
13	13	R22	**Blumenthal** Sq.P.	R. de Tolbiac	R. Chât. des Rentiers	Tolbiac
15	15	M8-M9	**Blumenthal** Rue F.	30 Av. Versailles	9 R. Félicien David	Mirabeau
13	13	Q20-S19	**Bobillot** Rue	18 Pl. d'Italie	Pl. de Rungis	Place d'Italie
14	14	Q13	**Bocage** Rue du	9 R. du Lieuvin	en impasse	Pte de Vanves
8	8	I12-I13	**Boccador** Rue du	19 Av. Montaigne	22 Av. George V	Alma Marceau
9	9	E18-F18	**Bochart de Saron** Rue	52 R. Condorcet	47 Bd de Rochech.	Anvers
15	15	N11-O11	**Bocquillon** Rue H.	162 R. de Javel	119 R. Convention	Boucicaut
7	7	C15	**Bodin** Rue Paul	174 Av. de Clichy	3 R. ErneSt-Goüin	Pte de Clichy
16	16	J9	**Boegner** R. du Past. M.	43 Av. G. Mandel	46 R. Scheffer	Cité Universitaire
19	19	F25	**Boërs** Villa des	17 R. du Gal Brunet	12 R. M. Hidalgo	Botzaris
4	4	J20-K20	**Bœuf** Imp. du	10 R. St-Merri	en impasse	Rambuteau
5	5	M19	**Bœufs** Imp. des	20 R. de l'Éc. Polytec.	en impasse	Maubert Mutualité
2	2	H18	**Boïeldieu** Pl.	1 R. Favart	4 R. de Marivaux	Richelieu Drouot
16	16	N6-N7	**Boileau** Hameau	38 R. Boileau	en impasse	Michel Ange Molitor

	Plan	Rues / Streets	Commençant	Finissant	Métro
16	N7-N7	Boileau Villa	18 R. Molitor	en impasse	Michel Ange Molitor
16	M7-N7	Boileau Rue	31 R. d'Auteuil	188 Av. Versailles	Michel Ange Molitor
16	J7-K7	Boïeldieu Rue Louis	20 Av. Raphaël	19 Bd Suchet	La Muette
18	C19-C20	Boinod Rue	6 Bd Ornano	133 R. des Poissonn.	Marcadet Poissonn.
19	F26-F27	Bois Rue des	42 R. Pré St-Gerv.	71 Bd Sérurier	Pré St-Gervais
16	G10	Bois de Boulogne R.	R. Le Sueur	28 R. Duret	Argentine
17	A15-B15	Bois le Prêtre Bd du	2 R. Rebière	Bd du Gal Leclerc	Pte de St-Ouen
16	K8-K9	Bois le Vent Rue	17 R. Duban	7 Av. Mozart	La Muette
20	L28	Boissel et Bl. C. G. A.	129 R. d'Avron	5 R. des Rasselins	Pte de Montreuil
15	Q11	Boissier Rue Gaston	Bd Lefebvre	2 R. A. Bartholomé	Pte de Versailles
16	I11	Boissière Villa	29 R. Boicsière	en impasse	Boissière
16	H10-I11	Boissière Rue	6 Pl. d'Iéna	3 Pl. Victor Hugo	Boissière
18	E19	Boissieu Rue	3 Bd Barbès	8 R. Belhomme	Barbès Rochech.
16	O17	Boissonade Rue	156 Bd du Montparn.	255 Bd Raspail	Vospail-Port Royal
8	H15-I15	Boissy d'Anglas Rue	10 Pl. la Concorde	5 Bd Malesherb.	Madeleine-Concorde
13	R20	Boiton Pass.	11 R. la B. aux Cailles	8 R. M. Bernard	Corvisart
18	A23	Bolaert Rue Émile	11 Quai du Lot	Av. Pte Auberv.	Pte de la Chapelle
18	D25	Boléro Villa		en impasse	Ourcq
19	F23-G25	Bolivar Av. Simon	91 R. de Belleville	42 Av. Secrétan	Pyrénées-Bolivar
19	G24	Bolivar Sq.	36 Av. S. Bolivar	25 R. Clavel	Pyrénées
16	L10	Bolivie Pl. de	Rue d'Ankara	Av. Pdt Kennedy	Passy
13	S22-T21	Bollée Av. Léon	Pl. Port au Prince	Av. Pte d'Italie	Pte de Choisy
16	K9	Bologne Rue Jean	12 R. Annonciation	51 R. de Passy	Passy-La Muette
20	K28	Bombois Rue Camille	19 Bd Mortier	44 R. Irénée Blanc	Pte de Bagnolet
11	K24	Bon Secours Imp.	172 Bd Voltaire	en impasse	Charonne
6	K17-L17	Bonaparte Rue	7 Q. Malaquais	58 R. de Vaugirard	St-Germain des Prés
15	M13-M14	Bonheur Rue Rosa	78 Av. de Breteuil	157 Av. Suffren	Sèvres Lecourbe
20	J27-K27	Bonnard Rue Pierre	13 R. Galleron	28 R. Florian	Pte de Bagnolet
16	L8	Bonnat Rue Léon	R. Ribera	en impasse	Jasmin
18	D19	Bonne Rue de la	30 R. Ch. Barre	23 R. Lamarck	Lamarck Caulainc.
11	L23-L24	Bonne Graine Pass.	115 R. Fbg St-Ant.	7 Pas. Josset	Ledru Rollin
2	H19-H20	Bon. Nouvelle Bd de	291 R. St-Denis	2 R. Fbg Poissonn.	Strasbourg St-Denis
10	H19-H20	Bon. Nouvelle Bd de	291 R. St-Denis	2 R. Fbg Poissonn.	Strasbourg St-Denis
10	H20	Bon. Nouvelle Imp.	20 Bd de B. Nouvelle	en impasse	Strasbourg St-Denis
16	K9	Bonnet Av. du Col.	68 R. Raynouard	10 R. A. Bruneau	Av. Pdt Kennedy
11	H23	Bonnet Rue Louis	35 R. de l'Orillon	79 Bd de Belleville	Belleville
1	J18	Bons Enfants R. des	192 R. St-Honoré	13 R. Col Driant	Palais Royal-Louvre
9	H21	Bonsergent Pl. J.	Bd de Magenta	R. L. Sampaix	Jacques Bonsergent
15	M13-N13	Bonvin Rue François	11 R. Miollis	60 R. Lecourbe	Sèvres Lecourbe
3	J21	Borda Rue	33 R. Volta	10 R. Montgolfier	Arts et Métiers
1	J16-J17	Bords de l'Eau Terr.	J. des Tuileries		Tuileries
17	B16-A15	Borel Sq. Émile	R. Émile Borel		Pte de St-Ouen
17	A15-B15	Borel Rue Émile	9 Pl. Ar. Tzanck	18 Bd Bois Prêtre	Pte de St-Ouen
8	E13	Borel Rue Paul	126 Bd Malesherb.	9 R. Daubigny	Malesherbes
20	I25	Borey Rue Elisa	68 R. des Amandiers	26 R. Sorbier	Gambetta
18	J8	Bornier Rue Henri de	25 R. Octave Feuillet	14 R. Franqueville	Av. Henri Martin
20	G27	Borrégo Villa du	8 du Borrégo	en impasse	Télégraphe
20	G27-H26	Borrégo Rue du	154 R. Pelleport	77 R. Haxo	Télégraphe
15	N13-O13	Borromée Rue	57 R. Blomet	222 R. de Vaugirard	Volontaires
16	M7	Bosio Rue	6 R. Poussin	21 R. P. Guérin	Michel Ange Auteuil
7	J12-L13	Bosquet Av.	Pl. de la Résistance	2 Pl. Ec. Militaire	École Militaire
7	J12	Bosquet Villa	167 R. de l'Univers.	en impasse	Pont de l'Alma
7	K13	Bosquet Rue	46 R. Cler	69 Av. Bosquet	École Militaire
	O8	Bossoutrot Rue L.	Bd Gal M. Valin	R. du Gal Lucotte	Balard
7	F20	Bossuet Rue	11 R. La Fayette	3 R. de Belzunce	Gare du Nord
12	N24	Bossut Rue C.	74 R. du Charolais	98 Av. Daumesnil	Cr St-Émil.-Dugomm.
20	H25	Botha Rue	R. du Transvaal	En Impasse	Pyrénées
7	K16	Bottin Rue Sébastien	19 R. l'Université	en impasse	Rue du Bac
19	F25-G24	Botzaris Rue	15 R. Pradier	41 R. de Crimée	Buttes Chaumont
10	H20-H21	Bouchardon Rue	84 R. R. Boulanger	33 R. du Chât. d'Eau	Strasbourg St-Denis
13	T21	Boucher Sq. Hélène	R. Fernand Vidal	Av. Pte d'Italie	Pte d'Italie
1	J19	Boucher Rue	6 R. du Pt Neuf	21 R. Bourdonnais	Pont Neuf
14	R13-R14	Bouchor Rue M.	R. Prévost-Paradol	4 Av. Pte Didot	Pte de Vanves

19

Ar.	Plan	Rues / Streets	Commençant	Finissant	Métro
15	M14	**Bouchut** Rue	5 R. Pérignon	4 R. Barthélemy	Sèvres Lecourbe
7	L16	**Boucicaut** Sq.	R. de Sèvres	R. de Babylone	Sèvres Babylone
15	N10	**Boucicaut** Rue	111 R. de Lourmel	3 R. Sarasate	Boucicaut
18	C21	**Boucry** Rue	Pl. Hébert	66 R. de la Chapelle	Pte de La Chapelle
16	L8	**Boudart** Villa Patrice	25 R. La Fontaine	en impasse	Jasmin
20	H28	**Boudin** Pass.	38 R. Alp. Penaud	20 R. de la Justice	St-Fargeau
16	L8-M8	**Boudon** Av.	43 R. La Fontaine	12 R. George Sand	Église d'Auteuil
9	H16	**Boudreau** Rue	7 R. Auber	28 R. de Caumartin	Auber
16	L7-M7	**Boufflers** Av. de	12 Av. des Peupliers	5 Av. des Tilleuls	Michel Ange Auteuil
7	K13	**Bougainville** Rue	17 Av. La Motte P.	14 R. Chevert	École Militaire
15	O9	**Bouilloux Lafont** R.	139 Av. Félix Faure	89 R. Leblanc	Balard
16	K8	**Boulainvilliers** Ham.	45 R. du Ranelagh	61 R. du Ranelagh	Ranelagh
16	K9-L9	**Boulainvilliers** R. de	4 Pl. Clément Ader	101 R. de Passy	La Muette
9	F16	**Boulanger** Pl. Lili	5 R. Ballu	36 R. de Vintimille	Place de Clichy
10	H21	**Boulanger** Rue René	16 Pl. République	2 R. Fbg St-Martin	Strasbourg St-Denis
5	M20	**Boulangers** Rue des	39 R. Linné	29 R. Monge	Jussieu
14	P17-Q16	**Boulard** Rue	11 R. Froidevaux	28 R. Brézin	Denfert Rochereau
17	B15-C15	**Boulay** Pass.	102 R. La Jonquière	98 Bd Bessières	Pte de Clichy
17	C15	**Boulay** Rue	178 Av. de Clichy	79 R. La Jonquière	Pte de Clichy
17	C15	**Boulay Level** Sq.	R. BoulayR. Level	Pte de Clichy	
12	L23	**Boule Blanche** Pass.	47 R. de Charenton	50 R. Fbg St-Ant.	Bastille
9	G19	**Boule Rouge** Imp.	7 R. Geoffroy Marie	en impasse	Grands Boulevards
9	G19	**Boule Rouge** R. de la	4 R. de Montyon	1 R. G. Marie	Grands Boulevards
16	G6-O5	**Bouleaux** Al. des	Rte Pte des Sablons	Rte Longue Queue	Pte Maillot
19	E23-F23	**Bouleaux** Sq. des	64 R. de Meaux		Bolivar
11	L25-M26	**Boulets** Rue des	301 R. Fbg St-Ant.	228 Bd Voltaire	Rue des Boulets
14	Q15	**Boulitte** Rue	95 R. Didot	en impasse	Plaisance
11	K23	**Boulle** Rue	32 Bd R. Lenoir	5 R. Froment	Bréguet Sabin
17	F12	**Boulnois** Pl.	6 R. Bayen	en impasse	Ternes
16	L5-M4	**Boulogne à Passy** Rte	Butte Mortemart	Pte de Boulogne	Pte d'Auteuil
1	I18-J18	**Bouloi** Rue du	10 R. Croix Petits Ch.	27 R. Coquillière	Palais Royal-Louvre
16	I11	**Bouq.de Longch.** R.	26 R. de Longch.	25 R. Boissière	Boissière
4	L20-L21	**Bourbon** Quai de	39 R. d. Deux Ponts	1 R. J. du Bellay	Pont Marie
6	L17	**Bourbon le Château** R.	26 R. de Buci	19 R. de l'Échaudé	Mabillon
8	D12	**Bourdais** Rue Jules	130 Bd Berthier	1 Av. Massard	Péreire
9	G18	**Bourdaloue** Rue	20 R. Châteaudun	1 R. St-Lazare	N.-D. de Lorette
12	M25-M26	**Bourdan** Rue Pierre	15 R. Dorian	150 Bd Diderot	Nation
15	N15	**Bourdelle** R. Antoine	24 Av. du Maine	19 R. Falguière	Montparn. Bienv.
7	L9	**Bourdet** R. Maurice	Pte de Grenelle	Av. Pdt Kennedy	Av. Pdt Kennedy
8	I13	**Bourdin** Imp.	1 R. de Marignan	en impasse	Franklin Roosevelt
4	L22-M22	**Bourdon** Bd	Pt Morland	46 Bd Henri IV	Bastille
1	J19	**Bourdonnais** Imp. des	37 R. Bourdonnais	en impasse	Châtelet
1	J19-K19	**Bourdonnais** des	20 Q. la Mégisserie	R. des Halles	Pont Neuf
19	E23-F23	**Bouret** Rue	15 R. E. Pailleron	10 Av. J. Jaurès	Bolivar
2	I20	**Bourg l'Abbé** Pass. du	120 R. St-Denis	3 R. de Palestro	Étienne Marcel
3	I20-J20	**Bourg l'Abbé** Rue du	203 R. St-Martin	66 Bd Sébastopol	Étienne Marcel
4	K20	**Bourg Tibourg** R. du	42 R. de Rivoli	7 R. Ste Croix Bret.	Hôtel de Ville
7	K11	**Bourgeois** Al. Léon	67 Q. Branly	2 Av. O. Gréard	Bir Hakeim
20	L27	**Bourges** R. Michel de	42 R. des Vignoles	48 R. des Vignoles	Buzenval
7	T21	**Bourget** Rue Paul	5 R. Dr Bourneville	en impasse	Pte d'Italie
7	J15-K15	**Bourgogne** Rue de	8 Pl. Palais Bourbon	84 R. de Varenne	Ass. Nationale
13	R22	**Bourgoin** Imp.	31 R. Nationale	en impasse	Pte d'Ivry
13	R22	**Bourgoin** Pass.	41 R. Chât. Rentiers	32 R. Nationale	Pte d'Ivry
13	N24	**Bourgoin** Pl. du Col.	31 R. Rambouillet	157 R. de Charenton	Reuilly Diderot
13	S20-S21	**Bourgon** Rue	140 Av. d'Italie	41 R. Damesme	Maison Blanche
14	R14	**Bournazel** R. Henry de	64 Bd Brune	Av. Maur. d'Ocagne	Pte de Vanves
13	S21-T21	**Bourneville** R. du Dr	1 Bd Kellermann	2 Av. Pte d'Italie	Pte d'Italie
17	E15	**Boursault** Imp.	7 R. Boursault	2 Imp. Boursault	Rome
17	E15	**Boursault** Rue	62 Bd d. Batignolles	1 Pl. Ch. Fillion	Rome
2	H18	**Bourse** Pl. de la	19 R. N.-D. Victoires	24 R. Vivienne	Bourse
2	H18	**Bourse** Rue de la	29 R. Vivienne	78 R. de Richelieu	Bourse
15	O12-O13	**Bourseul** Rue	12 R. des Favorites	17 R. d'Alleray	Vaugirard
13	R18-S19	**Boussingault** Rue	12 Pl. de Rungis	1 R. Aml Mouchez	Glacière
4	L20	**Boutarel** Rue	34 Q. d'Orléans	75 R. St-Louis Ile	Pont Marie

.	Plan	Rues / Streets	Commençant	Finissant	Métro
5	L19	**Boutebrie** Rue	15 R. la Parchemin.	90 Bd St-Germain	Cluny La Sorbonne
17	018	**Boutin** Rue	116 R. la Glacière	121 R. de la Santé	Glacière
12	MZ-N20	**Bouton** Rue Jean	16 R. Hector Malot	R. P. H. Grauwin	Gare de Lyon
10	F21-G21	**Bouvard** Imp.	172 R. Fbg St-Martin	en impasse	Gare de l'Est
13	S23-S24	**Boutroux** Av.	15 Av. Pte de Vitry	13 Av. Cl. Regaud	Pte d'Ivry
7	K12	**Bouvard** Av. Joseph	Pl. du Gal Gouraud	35 Av. de Suffren	École Militaire
5	M19	**Bouvart** Imp.	2 R. de Lanneau	en impasse	Maubert Mutualité
11	L25	**Bouvier** Rue	45 R. du Repos	R. Chanzy	Rue des Boulets
11	L26-M26	**Bouvines** Av. de	9 Pl. de la Nation	100 R. de Montreuil	Nation-Avron
11	M26	**Bouvines** Rue de	4 R. de Tunis	1 Av. de Bouvines	Nation
10	F22-G22	**Boy Zelenski** Rue	R. l'Écluse St-Martin	R. Robert Desnos	Colonel Fabien
13	R25	**Boyer** Quai Marcel	Q. d'Ivry Q. M. Boyer	Bd Masséna	
20	H26-I26	**Boyer** Rue	42 R. de la Bidassoa	92 R. Ménilmontant	Gambetta
15	P15-O15	**Boyer Barret** Rue	93 R. R. Losserand	21 Cité Bauer	Pernety
16	K10	**Boylesve** Av. René	Av. Pdt Kennedy	Av. Marcel Proust	Passy
12	H20	**Brady** Pass.	43 R. Fbg St-Martin	46 R. Fbg St-Denis	Château d'Eau
12	O26	**Brahms** Rue	181 Av. Daumesnil	9 Allée Vivaldi	Daumesnil
12	O27	**Braille** Rue Louis	4 Bd de Picpus	113 Av. Gal Bizot	Bel Air
15	R12	**Brancion** Pte de	Bd Périphérique		Pte de Vanves
15	R12	**Brancion** Sq.	88 Av. A. Bartholo.	en impasse	Pte de Vanves
15	P13-O12	**Brancion** Rue	6 Pl. d'Alleray	167 Bd Lefebvre	Pte de Vanves
4	O15	**Brancusi** Pl. C.	R. de l'Ouest	R. Jules Guesde	Gaîté
15	J12-K11	**Branly** Quai	Pl. de la Résistance	1 Bd de Grenelle	Bir Hakeim
7	J12-K11	**Branly** Quai	Pl. de la Résistance	1 Bd de Grenelle	Bir Hakeim
3	J20	**Brantôme** Pass.	R. Brantôme	R. Rambuteau	Rambuteau
3	J20	**Brantôme** Rue	46 R. Rambuteau	11 R. Gr. St-Louis	Rambuteau
3	J20-J21	**Braque** Rue de	47 R. des Archives	68 R. du Temple	Rambuteau
14	S17	**Braque** Rue Georges	14 R. Nansouty	en impasse	Cité Universitaire
15	Q12	**Brassens** Parc G.	R. de Dantzig	R. Brancion	Pte de Vanves
13	P23	**Braudel** R. Fernand	Bd Vincent Auriol	R. Raymon Aron	Quai de la Gare
15	L10	**Brazzaville** Pl. de	41 Q. de Grenelle	26 R. Emeriau	Bir Hakeim
6	N16-N17	**Bréa** Rue	19 R. Vavin	143 Bd Raspail	Vavin
13	S23	**Bréal** Rue Michel	R. Dupuy de Lôme	80 R. Masséna	Pte d'Ivry
12	O26-P26	**Brèche aux Loups** R.	255 R. de Charenton	93 R. C. Decaen	Daumesnil
17	B16	**Bréchet** Rue André	11 Av. Pte St-Ouen	R. Pont à Mousson	Pte de St-Ouen
11	K23	**Bréguet** Rue	24 R. St-Sabin	29 R. Popincourt	Bréguet Sabin
11	K23	**Bréguet Sabin** Sq.	Bd Richard Lenoir		Bréguet Sabin
17	E13	**Brémontier** Rue	Pl. Mgr Loutil	Pl. d'Israël	Wagram
17	E13	**Brésil** Pl. du	62 Av. de Villiers	139 Av. Wagram	Wagram
16	O7	**Bresse** Sq. de la	140 Bd Murat	en impasse	Pte de St-Cloud
3	I21-J22	**Bretagne** Rue de	103 R. de Turenne	158 R. du Temple	Temple
7	L14-M14	**Breteuil** Av. de	7 Pl. Vauban	69 Bd Garibaldi	Sèvres Lecourbe
15	L14-M14	**Breteuil** Av. de	7 Pl. Vauban	69 Bd Garibaldi	Sèvres Lecourbe
7	M14	**Breteuil** Pl. de	74 Av. de Breteuil	50 Av. de Saxe	St-Franç. Xavier
15	M14	**Breteuil** Pl. de	74 Av. de Breteuil	50 Av. de Saxe	Sèvres Lecourbe
1	J19	**Breton** Al. André	R. Rambuteau	Pte du Pont Neuf	Châtelet-Les Halles
13	O21	**Breton** Rue Jules	166 R. Jeanne d'Arc	35 Bd St-Marcel	Campo Formio
20	I27	**Bretonneau** Rue	78 R. Pelleport	25 R. Le Bua	Pelleport
10	H23	**Bretons** Cr des	99 R. Fbg du Temple	en impasse	Goncourt-Belleville
4	L21	**Bretonvilliers** R. de	14 Q. de Béthune	7 R. St-Louis en l'Ile	Pont Marie
17	G11-G12	**Brey** Rue	19 Av. de Wagram	13 R. Montenotte	Rome
14	Q16	**Brézin** Rue	46 Av. Gal Leclerc	171 Av. du Maine	Mouton Duvernet
14	T16	**Briand** Av. Aristide	Av. Pte d'Orléans		Pte d'Orléans
7	J15	**Briand** Av. Aristide	243 Bd St-Germain	110 R. de l'Univers.	Ass.Nationale
9	G18-G19	**Briare** Imp.	7 R. Rochechouart	en impasse	Cadet
17	E15	**Bridaine** Rue	39 R. Truffaut	48 R. Boursault	Rome
19	F23	**Brie** Pass. de la	43 R. Meaux	9 R. de Chaumont	Bolivar
12	N27	**Briens** Stier	54 Bd de Picpus	39 R. Sibuet	Picpus
18	B16-C16	**Brière** Rue Arthur	117 Av. de St-Ouen	10 R. J. Leclaire	Guy Môquet
16	I12	**Brignole** Rue	16 Av. du Pdt Wilson	8 Av. P. Ier Serbie	Iéna
16	I12	**Brignole Galliera** Sq.	Av. du Pdt Wilson	R. Brignole	Iéna
13	R18-S20	**Brillat Savarin** Rue	42 R. des Peupliers	41 R. Boussingault	Maison Blanche
19	E23	**Brindeau** Al. du	11 R. de la Moselle	en impasse	Laumière
18	E19	**Briquet** Pass.	3 R. Seveste	2 R. Briquet	Anvers

21

Ar.	Plan	Rues / Streets	Commençant	Finissant	Métro
18	E19	**Briquet** Rue	66 Bd de Rochech.	27 R. d'Orsel	Anvers
14	Q13-R13	**Briqueterie** R. de la	223 R. Losserand	19 Bd Brune	Pte de Vanves
J20-K20		**Brisemiche** Rue	10 R. Cloître St-Mer.	Pl. G. Pompidou	Hôtel de Ville
4	M22	**Brissac** Rue de	10 Bd Morland	5 R. Crillon	Louv. Rivoli-S. Morl.
8	I12	**Brisson** Pl. Pierre	R. Goethe	19 Av. Marceau	Alma Marceau
18	B17	**Brisson** Rue Henri	156 Bd Ney	12 R. Arthur Roux	Pte de St-Ouen
20	H26	**Brizeux** Sq.	48 R. de la Chine	136 R. Ménilmon.	Pelleport
5	O19	**Broca** Rue	13 R. Cl. Bernard	34 Bd Arago	Censier Daubenton
13	O19	**Broca** Rue	13 R. Cl. Bernard	34 Bd Arago	Censier Daubenton
8	F13	**Brocard** Pl. du Gal	R. Courcelles	Av. Hoche	Courcelles
17	D15	**Brochant** Rue	16 Pl. Ch. Fillion	127 Av. de Clichy	Brochant
13	P22	**Broglie** R. M. et L. de	R. Louise Weiss	108 R. Chevaleret	Chevaleret
2	H18	**Brongniart** Rue	133 R. Montmartre	R. N.-D. de Victoires	Grands Boulevards
4	K20	**Brosse** Rue de	Q. de l'Hôtel de Ville	1 Pl. St-Gervais	Hôtel de Ville
5	N20	**Brosse** Rue Guy de la	11 R. Jussieu	R. Linné	Jussieu
5	N19	**Brossolette** R. Pierre	6 Pl. Lucien Herr	R. Rataud	Censier Daubenton
16	L8-M8	**Brottier** Rue du Père	R. La Fontaine	R. Th. Gautier	Église d'Auteuil
7	K12	**Brouardel** Av. du Dr	Allée Tomy Thierry	35 Av. de Suffren	Ch. de Mars-Tr Eiffel
2	D18	**Brouillards** Al. des	13 R. Girardon	4 R. S. Dereure	Lamarck Caulainc.
14	Q18-R18	**Broussais** Rue	29 R. Dareau	11 R. d'Alésia	Denfert Rochereau
20	B15-C15	**Brousse** R. du Dr Paul	94 R. La Jonquière	95 Bd Bessières	Pte de Clichy
15	N14-O15	**Brown Séquard** Rue	45 R. Falguière	48 Bd Vaugirard	Pasteur
13	P22	**Bruant** Rue	62 Bd V. Auriol	10 R. Jenner	Chevaleret
18	E17	**Bruant** Rue Aristide	38 R. Véron	59 R. des Abbesses	Abbesses
16	G10-H9	**Bruix** Bd de l'Aml	Pl. du Mal Tassigny	161 Av. Malakoff	Pte Maillot
14	Q17	**Bruller** Rue	22 R. St-Gothard	37 Av. René Coty	Alésia
12	M24	**Brulon** Pass.	37 R. de Cîteaux	64 R. Crozatier	Faidherbe Chaligny
14	R15	**Brune** Villa	72 R. des Plantes	en impasse	Pte d'Orléans
14	R13-S16	**Brune** Bd	185 Bd Lefebvre	Pl. d. 25 Août 1944	Pte de Vanves
16	K9	**Bruneau** Rue Alfred	24 R. des Vignes	3 Pl. Chopin	La Muette
17	F10-G11	**Brunel** Rue	40 Av. G. Armée	235 Bd Péreire	Pte Maillot
13	R24-R25	**Bruneseau** Rue	Q. d'Ivry	5 Bd Masséna	Bd Masséna
17	B16	**Brunet** Rue Frédéric	36 Bd Bessières	R. A. Bréchet	Pte de St-Ouen
19	E26-F25	**Brunet** Rue du Gal	42 R. de Crimée	125 Bd Sérurier	Danube-Botzaris
17	C13-D12	**Brunetière** Av.	15 Av. Pte d'Asnières	16 R. J. Bourdais	Péreire
14	R15	**Bruno** Rue Giordano	68 R. des Plantes	29 R. Ledion	Pte d'Orléans
13	P16	**Brunot** Pl. Ferdinand	R. Durouchoux	R. Saillard	Mouton Duvernet
7	P16	**Brunot** Sq. Ferdinand	R. Durouchoux	R. Saillard	Mouton Duvernet
12	N24	**Brunoy** Pass.	R. P. H. Grauwin	11 Pas. Raguinot	Gare de Lyon
9	E16-E17	**Bruxelles** Rue de	5 Pl. Blanche	78 R. de Clichy	Place de Clichy
8	F16	**Bucarest** Rue de	59 R. d'Amsterdam	20 R. Moscou	Liège
5	L19	**Bûcherie** Rue de la	2 R. Fréd. Sauton	1 R. du Pont	St-Michel
6	L18	**Buci** Carr. de	R. Dauphine	R. l'Anc. Comédie	Odéon
6	L17-L18	**Buci** Rue de	2 R. l'Anc. Comédie	160 Bd St-Germain	Mabillon
8	F16	**Budapest** Pl. de	R. d'Amsterdam	R. de Budapest	Liège-St-Lazare
8	G16	**Budapest** Rue de	96 R. St-Lazare	Pl. de Budapest	St-Lazare
4	L20	**Budé** Rue	10 Q. d'Orléans	45 R. St-L. en l'Île	Pont Marie
8	D20	**Budin** Rue Pierre	49 R. Léon	54 R. des Poisson.	Marcadet Poisson.
7	K11	**Buenos Aires** R. de	Av. Léon Bourgeois	3 Av. de Suffren	Ch. de Mars-Tr Eiffel
9	G18	**Buffault** Rue	46 R. Fbg Montmar.	11 R. Lamartine	Le Peletier
5	N22-O20	**Buffon** Rue	2 Bd de l'Hôpital	34 R. G. St-Hilaire	Gare d'Austerlitz
16	H10-H9	**Bugeaud** Av.	8 Pl. Victor Hugo	77 Av. Foch	Victor Hugo
16	M7-M8	**Buis** Rue du	R. Ch. Lagache	11 R. d'Auteuil	Église d'Auteuil
16	O5-P6	**Buisson** Av. F.	Av. G. Lafont	Av. Pte de St-Cloud	Pte de St-Cloud
18	D18	**Buisson** Sq.Suzanne	Rue Girardon	En Impasse	L.-Caulaincourt
10	H23	**Buiss. St-Louis** Pass.	5 R. Buiss. St-Louis	17 R. Buiss. St-Louis	Goncourt-Belleville
10	G23-H23	**Buisson St-Louis** R.	192 R. St-Maur	25 Bd de la Villette	Goncourt-Belleville
7	K13	**Bülher** Sq. Reners	R. de Grenelle		La Tour Maubourg
10	H21	**Bullet** Rue Pierre	52 R. du Chât. d'Eau	1 R. Hittorff	Château d'Eau
11	K24-L23	**Ballourde** Pass.	14 R. Keller	15 Pas. Ch. Dallery	Ledru Rollin
13	R19	**Buot** Rue	7 R. de l'Espérance	12 R. M. Bernard	Corvisart
12	L26	**Bureau** Imp. du	52 Pas. du Bureau	en impasse	Alexandre Dumas
11	K26	**Bureau** Pass. du	168 R. de Charonne	R. Et. Delaunay	Alexandre Dumas
19	G23	**Burnouf** Rue	66 Bd de la Villette	87 Av. S. Bolivar	Colonel Fabien

n.	Plan	Rues / Streets	Commençant	Finissant	Métro
18	D18-E17	**Burq** Rue	48 R. des Abbesses	en impasse	Abbesses
3	Q19-Q20	**Butte aux Cailles** R.	2 Pl. P. Verlaine	29 R. Barrault	Corvisart
19	E26-E27	**But. du Chap. Rouge** Sq.	Bd d'Algérie		Danube
16	L5	**Butte Mortemart** Rue	Rte Auteuil aux Lacs	Bois de Boulogne	Pte d'Auteuil
19	F25-G24	**Butt. Chaumont** Parc	2 Manin	R. Botzaris	Buttes Chaumont
19	F25	**Buttes Chaumont** V.	73 R. de la Villette	en impasse	Botzaris
18	C22-D22	**Buzelin** Rue	72 R. Riquet	13 R. de Torcy	Marx Dormoy
20	K27-L27	**Buzenval** Rue de	25 R. Lagny	94 R. A. Dumas	Buzenval
8	G12	**Byron** Rue Lord	11 R. Chateaubriand	7 R. A. Houssaye	Ch. de Gaulle Étoile

C

15	M12	**Cabanel** Rue A.	26 Av. Lowendal	1 Bd Garibaldi	Cambronne
14	Q18	**Cabanis** Rue	66 R. de la Santé	5 R. Broussais	Glacière
13	S19	**Cacheux** Rue	94 Bd Kellermann	41 R. des L. Raies	Cité Universitaire
13	P18-P19	**Cachot** Sq. Albin	141 R. Nordmann		Glacière
9	G18-G19	**Cadet** Rue	34 R. Fbg Montmartre	1 R. Lamartine	Cadet
13	P18	**Cadiou** Sq.Henri	69 Bd Arago		Glacière
15	P11	**Cadix** Rue de	17 R. du Hameau	372 R. de Vaugirard	Pte de Versailles
18	E19	**Cadran** Imp. du	52 Bd de Rochech.	en impasse	Anvers
3	I21-J21	**Caffarelli** Rue	44 R. de Bretagne	3 R. Perrée	Temple
13	S19-S20	**Caffieri** Av.	8 R. Pot. des Peupl.	7 R. Thomire	Maison Blanche
19	E26	**Cahors** Rue de	116 Bd Sérurier	Av. Amb. Rendu	Pte de Pantin
18	E21	**Cail** Rue	19 R. Ph. de Girard	R. Fbg St-Denis	La Chapelle
13	S21	**Cailloux** Rue	59 Av. de Choisy	111 Av. d'Italie	Maison Blanche
15	M10	**Caillavet** Rue G. de	65 Q. de Grenelle	51 R. Émeriau	Ch. Michels
12	N29	**Cailletet** Rue	27 R. Mangenot	R. P. Bert	St-Mandé Tourelle
18	E22	**Caillié** Rue	8 Bd la Chapelle	25 R. Département	Stalingrad
4	K21	**Cain** Rue Ste Georges	Rue Payenne	en impasse	St-Paul
14	R15	**Cain** Rue Auguste	56 Av. J. Moulin	67 R. des Plantes	Pte d'Orléans- Alésia
2	I19	**Caire** Pl. du	R. d'Aboukir	R. du Caire	Sentier
8	G15	**Caire** Av. César	Pl. St-Augustin	11 R. Bienfaisance	St-Augustin
2	I19-I20	**Caire** Pass. du	237 R. St-Denis	R. Ste Foy	Réaumur Sébastopol
2	I19-I20	**Caire** Rue du	111 Bd Sébastopol	6 R. de Damiette	Sentier
9	E17	**Calais** Rue de	65 R. Blanche	3 Pl. Adolphe Max	Place de Clichy
16	I12	**Callas** Pl. Maria	Av. de New York	Pl. de l'Alma	Alma Marceau
6	K18	**Callot** Rue Jacques	42 R. Mazarine	47 R. de Seine	Mabillon
18	C18	**Calmels** Imp.	12 R. du Pôle Nord	en impasse	Lamarck Caulainc.
18	C18	**Calmels** Rue	41 R. du Ruisseau	38 R. Montcalm	Lamarck Caulainc.
18	C18	**Calmels Prolongée** R.	3 R. du Pôle Nord	10 Cité Nollez	Lamarck Caulainc.
15	Q12	**Calmette** Sq. du Dr	80 Bd Lefebvre	Av. A. Bartholomé	Pte de Vanves
18	E18	**Calvaire** Pl. du	1 R. du Calvaire	13 R. Poulbot	Abbesses
18	D18-E18	**Calvaire** Rue du	20 R. Gabrielle	11 Pl. du Tertre	Abbesses
5	N19	**Calvin** Rue Jean	94 R. Mouffetard	Pl. Lucien Herr	Censier Daubenton
8	G15-H15	**Cambacérès** Rue	1 Pl. des Saussaies	15 R. La Boétie	Miromesnil
19	F26	**Cambo** Rue de	14 R. des Bois	en impasse	Pré St-Gervais
20	I26-I27	**Cambodge** Rue du	83 Av. Gambetta	58 R. Orfila	Gambetta
1	H16-I16	**Cambon** Rue	244 R. de Rivoli	23 R. d. Capucines	Madeleine-Concorde
19	B24-C23	**Cambrai** Rue de	68 R. de l'Ourcq	27 Q. de la Gironde	Crimée
15	M12	**Cambronne** Pl.	168 Bd de Grenelle	2 Bd Garibaldi	Cambronne
15	M12	**Cambronne** Sq.	Av. de Lowendal	Place Cambronne	Cambronne
15	M12-013	**Cambronne** Rue	4 Pl. Cambronne	230 R. de Vaugirard	Vaugirard
14	Q13	**Camélias** Rue des	197 R. R. Losserand	9 R. des Arbustes	Pte de Vanves
16	J10	**Camoëns** Av. de	4 Bd Delessert	14 R. B. Franklin	Passy
7	K12	**Camor** Rue du Gal	22 Av. Rapp	33 Av. La Bourdon.	Pont de l'Alma
14	O17	**Campagne** 1ère Imp.	146 Bd du Montparn.	237 Bd Raspail	Raspail
13	P21	**Campo Formio** R. de	2 Pl. Pinel	123 Bd de l'Hôpital	Campo Formio
15	Q13	**Camulogène** Rue	9 R. Chauvelot	en impasse	Pte de Vanves
19	F22	**Camus** Rue A.	Pl. du Col Fabien	Pl. Robert Desnos	Colonel Fabien
8	I14	**Canada** Pl. du	Cours la Reine	Cours Albert Ier	Ch. Élysées Clem.
18	D21	**Canada** Rue du	84 R. Riquet	5 R. Guadeloupe	Marx Dormoy
10	G21	**Canal** Al. du	Quai de Valmy	Av. de Verdun	Gare de l'Est

Ar.	Plan	Rues / Streets	Commençant	Finissant	Métro
16	K6	**Cascades** Carr. des	Rte de l'Hippodrome	Rte d. Lacs à Passy	La Muette
20	G25-H26	**Cascades** Rue des	101 R. de Ménilmon.	82 R. de la Mare	Jourdain
20	I28	**Casel** R. Émile-Pierre	71 R. Belgrand	13 R. Géo Chavez	Pte de Bagnolet
6	L17-M17	**Cassette** Rue	17 R. de Rennes	66 R. de Vaugirard	St-Sulpice
1	J19	**Cassini** Rue	R. Rambuteau	R. St-J. Perse	Les Halles
14	O17-P18	**Cassini** Rue	32 R. Fbg St-Jacques	Av. Denfert Rocher.	Denfert Rochereau
15	Q13	**Cassagnary** Sq.	R. J. Baydry	R. Castagnary	Pte de Vanves
15	P14-Q12	**Castagnary** Rue	91 R. Falguière	107 R. Brancion	Plaisance
20	L27	**Casteggio** Imp.	21 R. des Vignoles	en impasse	Buzenval
20	H25	**Castel** Villa	R. du Transvaal	en impasse	Pyrénées
12	M23	**Castelar** Rue Emilio	85 R. de Charenton	R. d'Aligre	Ledru Rollin
8	H16	**Castellane** Rue de	17 R. Tronchet	26 R. de l'Arcade	Madeleine
15	L12-M12	**Castelnau** R. duGal de	49 Av. La M. Picquet	167 R. du Laos	La Motte Picquet
4	L22	**Castex** Rue	35 Bd Henri IV	15 R. Schomberg	Bastille
1	I16	**Castiglione** Rue de	232 R. de Rivoli	R. Fbg St-Honoré	Tuileries
14	O15	**Catalogne** Pl. de	R. Vercingétorix	R. Cdt R. Mouchotte	Pernety
1	I18	**Catinat** Rue	4 R. La Vrillière	1 Pl. des Victoires	Bourse-Sentier
17	E13-E14	**Catroux** Pl. duGal	31 Av. de Villiers	108 Bd Malesherb.	Monceau-Malesh.
18	E17	**Cauchois** Rue	13 R. Lepic	7 R. Constance	Blanche
18	N9	**Cauchy** Rue	99 Q. A. Citroën	172 R. St-Charles	Lourmel-Javel
18	D17	**Caulaincourt** Sq.	63 R. Caulaincourt	83 R. Lamarck	Lamarck Caulainc.
18	D18-E17	**Caulaincourt** Rue	122 Bd de Clichy	47 R. du Mont Cenis	Place de Clichy
9	G16-H16	**Caumartin** Rue de	30 Bd d. Capucines	97 R. St-Lazare	Havre-Caumartin
3	I20	**Caus** R. Salomon de	323 R. Fbg St-Martin	52 Bd Sébastopol	Réaumur Sébastopol
11	K24-L24	**Cavaignac** Rue G.	8 R. de Charonne	130 R. la Roquette	Charonne-Voltaire
15	M12	**Cavalerie** Rue de la	53 Av. La M. Picquet	10 R. Gal Castelnau	La Motte Picquet
16	G8-H5	**Cav. des Bouleaux** Al.	Bois de Boulogne		Pte Dauphine
16	H8-I7	**Cavalière des Lacs** à la Pte Dauphine Al.	Rte Muette à Neuilly	Rte de Suresne	Pte Dauphine
16	H8	**Cav. des Poteaux** Al.	Al. Cav. Saint-Denis		Pte Dauphine
16	G9-H8	**Caval. Fortunée** Al.	Rte de Suresnes	Rte des Moulins	Pte Dauphine
16	G8-H7	**Caval. St-Denis** Al.	Rte Muette à Neuilly	Al. Cav. Fortunée	Pte Dauphine
18	D16-E16	**Cavallotti** Rue	16 R. Forest	18 R. Ganneron	Place de Clichy
18	D20	**Cavé** Rue	23 R. Stephenson	28 R. des Gardes	Château Rouge
6	N18	**Cavel. de la Salle** J.	J. de l'Observat.		Luxembourg
19	E24-F24	**Cavendish** Rue	63 R. Manin	84 R. de Meaux	Laumière
18	E19	**Cazotte** Rue	21 R. Ch. Nodier	2 R. Ronsard	Anvers
12	P28-R29	**Ceint. du Lac Daum.** Rte	Rte Dom Pérignon	Rte la Croix Rouge	Pte Dorée
16	I7-J6	**Ceint. du Lac Infér.** Ch.	Carref. Cascades	Carref. Bout Lacs	Ranelagh
16	K6	**Ceint. du Lac Sup.** Ch.	Ch. de Ceint. Lac Inf.	Rte Auteuil Bois L.	Ranelagh
4	L20-L21	**Célestins** Quai des	7 Bd Henri IV	2 R. Nonnains d'H.	Louv. Rivoli-S. Morl.
14	P16	**Cels** Imp.	7 R. Celsen impasse		Gaîté
14	O16-P16	**Cels** Rue	8 R. Fermat	5 R. Auguste Mie	Gaîté
1	J18-J19	**Cendrars** Al. Blaise	Allée A. Breton	R. de Viarmes	Les Halles
20	I25	**Cendriers** Rue des	100 Bd du Ménilm.	R. Duruis	Père Lachaise
5	O20	**Censier** Rue	33 R. G. St-Hilaire	1 R. de Bazeilles	Censier Daubenton
15	M13	**Cépré** Rue	20 R. Miollis	16 Bd Garibaldi	Cambronne
15	L11	**Cerdan** Pl.Marcel	Bd de Grenelle	Rue Viala	Dupleix
4	L22	**Cerisaie** Rue de la	31 Bd Bourdon	24 R. du Petit Musc	Bastille
8	H13	**Cerisoles** Rue de	24 R. Cl. Marot	41 R. François 1er	Franklin Roosevelt
17	D13-E13	**Cernuschi** Rue	148 Bd Malesherb.	79 R. Tocqueville	Wagram
12	M22-M23	**César** Rue Jules	22 Bd de la Bastille	43 R. de Lyon	Quai de la Rapée
11	L25	**Cesselin** Imp.	8 R.P. Bert	en impasse	Faidherbe Chaligny
15	N9	**Cévennes** Sq. des	R. Cauchy	Q. A. Citroën	Javel
15	N9-O10	**Cévennes** Rue des	83 Q. A. Citroën	146 R. Lourmel	Lourmel-Javel
8	G13-G14	**Cézanne** Rue Paul	168 R. Fbg St-Honor.	8 R. Courcelles	St-Philippe du R.
2	I18	**Chabanais** Rue	22 R. Petits Champs	9 R. Rameau	Pyramides
12	P24-P25	**Chablis** Rue de	8 R. Pommard	7 R. de Bercy	Cr St-Émilion
17	E14	**Chabrier** Sq. E.	4 Sq. F. Tombelle	en impasse	Malesherbes
15	P11	**Chabrières** Cité A.	22 R. A. Chabrières		Pte de Versailles
15	P11	**Chabrières** Rue A.	41 R. Desnouettes	R. de la Croix Nivert	Pte de Versailles
10	G20	**Chabrol** Cité de	16 Cr Ferme St-L.	25 R. Chabrol	Gare du Nord
10	G20	**Chabrol** Rue de	85 Bd de Magenta	98 R. La Fayette	Gare de l'Est
12	N29	**Chaffault** Rue du	Av. Courteline	R. de l'Aml Courbet	St-Mandé Tourelle

25

Ar.	Plan	Rues / Streets	Commençant	Finissant	Métro
13	S21	Chagall Al. Marc	42 R. Gandon		Pte d'Italie
16	K10	Chahu Rue Claude	16 R. de Passy	7 R. Gavarni	Passy
11	K24	Chaillet Pl. duPère	175 Av. Ledru Rollin	128 R. la Roquette	Voltaire
12	P27	Chailley Rue Joseph	92 Bd Poniatowski	5 Av. de Foucauld	Pte Dorée
16	H12-I12	Chaillot Sq. de	37 R. de Chaillot	en impasse	Alma Marceau
16	I12	Chaillot Rue de	16 R. Freycinet	37 Av. Marceau	Alma Marceau-Iéna
18	C20	Chaîne Rue Émile	99 R. des Poisson.	24 R. Boinod	Marcadet Poissonn.
7	L16	Chaise Rue de la	31 R. de Grenelle	37 Bd Raspail	Sèvres Babylone
7	L16	Chaise Récamier Sq.	R. Récamier		Sèvres Babylone
17	C15	Chalabre Imp.	163 Av. de Clichy	en impasse	Brochant
10	G23	Chalet Rue du	25 R. Buiss. St-Louis	32 R. Ste-Marthe	Belleville
16	K8	Chalets Av. des	101 R. du Ranelagh	64 R. de l'Assompt.	Ranelagh
16	G10-G11	Chalgrin Rue	20 Av. Foch	4 R. Le Sueur	Argentine
12	M25-N24	Chaligny Rue	2 R. Crozatier	198 R. Fbg St-Ant.	Reuilly Diderot
12	N23	Chalon Cr de	Gare de Lyon		Gare de Lyon
12	N23-N24	Chalon Rue de	3 R. de Rambouillet	22 Bd Diderot	Gare de Lyon
12	O24	Chambertin Rue de	118 R. Bercy	38 Bd Bercy	Cr St-Émilion
13	Q13	Chambéry Rue de	60 R. des Morillons	138 R. Castagnary	Pte de Vanves
8	I13	Chambiges Rue	10 R. Boccador	5 R. Cl. Marot	Alma Marceau
18	L7	Chamfort Rue	18 R. de la Source	105 Av. Mozart	Jasmin
18	B17	Champ à Loup Pass. du	72 R. de Leibnitz	5 R. Bernard Dimey	Pte de St-Ouen
16	G4-G6	Ch. d'Entrainem. Rte	Carref. Pte Madrid	Al. Bord d'Eau	Pte Dauphine
13	P19-Q19	Ch. de l'Alouette p.	2 R. Vulpian	59 R. de la Glacière	Glacière
7	K13	Ch. de Mars Rue du	18 R. Duvivier	91 Av. La Bourdon.	École Militaire
18	B18	Ch. Marie Pass. du	23 R. V. Compoint	121 R. Belliard	Pte de St-Ouen
16	K9	Champagnat Pl. Père M.	6 R. Annonciation	10 R. Annonciation	Passy
20	L27-L28	Champagne Cité	78 R. des Pyrénées	en impasse	Cour St-Émilion
13	Q25	Champagne Terr. de	Q. de Bercy	R. B. Le Roy	Cr St-Émilion
13	P20	Champagne Rue P. de	144 Bd de l'Hôpital	77 Av. des Gobelins	Place d'Italie
7	K15	Champagny Rue de	2 R. C. Périer	1 R. Martignac	Solférino-Varenne
15	L12	Champaubert Av. de	80 Av. de Suffren	15 R.Larminat	La Motte Picquet
17	E11	Champerret Pte de	Bd Périphérique.		Pte de Champerret
7	L12	Champfleury Rue	22 Al. Th. Thierry	45 Av. de Suffren	Dupleix
18	B19	Championnet Pass.	57 R. Championnet	13 R. Nve Chardon.	Simplon
18	C17	Championnet Villa	198 R. Championnet	en impasse	Guy Môquet
18	C16-C20	Championnet Rue	135 R. des Poisson.	90 Av. de St-Ouen	Pte de Clignancourt
13	S20	Championnière R. De L.	17 R. Dr Leray	44 R. Damesme	Pte d'Italie
20	J26	Champlain Sq. S. de	Av. Gambetta		Maison Blanche Gambetta
5	M18	Champollion Rue	51 R. des Écoles	6 Pl. de la Sorbonne	Cluny La Sorbonne
8	H13	Champs Gal. des	R. de Ponthieu	7 R. de Berri	George V
8	I14	Champs Élysées Port	Pont des Invalides	Pt de la Concorde	Invalides
8	G12-I15	Champs Élysées Av.	Pl. de la Concorde	Pl. Ch. de Gaulle	Ch. de Gaulle Étoile
8	H14-I14	Ch. El. M. Dassault Rd-Pt	Av. F.D. Roosevelt	22 Av. Ch. Elys.	Franklin Roosevelt
7	L15	Chanaleilles Rue de	24 R. Vaneau	17 R. Barbet de J.	St-Franç. Xavier
15	O10	Chandon Imp.	280 R. Lecourbe	en impasse	Boucicaut-Lourmel
16	M6	Chanez Villa	3 R. Chanez	en impasse	Pte d'Auteuil
16	M6-N6	Chanez Rue	77 R. d'Auteuil	50 R. Molitor	Pte d'Auteuil
12	N28-N29	Changarnier Rue	80 Bd Soult	7 Av. Lamoricière	Pte de Vincennes
1	K19	Change Pt au	Bd du Palais	Pl. du Châtelet	Châtelet
4	K19	Change Pt au	Bd du Palais	Pl. du Châtelet	Châtelet
18	L19-L20	Chanoinesse Rue	6 R. du Cloître N.-D.	9 R. d'Arcole	St-Michel-Cité
16	I8	Chantemesse Av.	40 Bd Lannes	47 Av. Mal Fayolle	Av. Henri Martin
12	L23	Chantier Pass. du	53 R. de Charenton	66 R. Fbg St-Ant.	Ledru Rollin
5	M20	Chantiers Rue des	6 R. F. St-Bernard	5 R. du Cal Lemoine	Jussieu
9	F19	Chantilly Rue de	22 R. Bellefond	60 R. de Maubeuge	Poissonnière
14	R15-R16	Chantin Rue Antoine	26 Av. J. Moulin	47 R. des Plantes	Alésia
4	L20	Chantres Rue des	1 R. des Ursins	10 R. Chanoinesse	St-Michel
20	I28	Chanute Pl. Octave	26 R. du Cap. Ferber	R. E. Marey	Pte de Bagnolet
13	Q23	Chanvin Pass.	147 R. Chevaleret	26 R. Dunois	Chevaleret
11	L24-L25	Chanzy Rue	26 R. St-Bernard	210 Av. Voltaire	Rue des Boulets
17	F10	Chapelle Av. de la	3 Av. de Verzy	en impasse	Pte Maillot
10	E19-E22	Chapelle Bd de la	43 R. Chât. Landon	170 Bd de Magenta	Stalingrad
18	E21	Chapelle Cité de la	37 R. Marx Dormoy		Marx Dormoy
18	C21	Chapelle Ham. de la	18 R. de la Chapelle	Ham. la Chapelle	Marx Dormoy

Ar.	Plan	Rues / Streets	Commençant	Finissant	Métro
18	C21	**Chapelle** Imp. de la	31 R. de la Chapelle	en impasse	Marx Dormoy
18	C21	**Chapelle** Pl. de la	34 Bd la Chapelle	38 Bd la Chapelle	La Chapelle
18	B21	**Chapelle** Pte de la	Bd Périphérique		Pte de La Chapelle
18	B21-C21	**Chapelle** Rue de la	2 R. Ordener	29 Bd Ney	Pte de La Chapelle
6	N17	**Chaplain** Rue Jules	60 R. N.-D.-Champs	21 R. Bréa	Vavin
3	I20-J21	**Chapon** Rue	113 R. du Temple	230 R. St-Martin	Arts et Métiers
18	E18	**Chappe** Rue	6 R. des Frères	5 R. St-Eleuthère	Anvers
9	F17	**Chaptal** Cité	20 R. Chaptal	en impasse	Blanche
9	F17	**Chaptal** Rue	49 R. Pigalle	66 R. Blanche	Pigalle-Blanche
16	O7	**Chapu** Rue	16 Bd Exelmans	163 Av. Versailles	Bd Victor
20	K28-K28	**Chapuis** R. Auguste	9 R. Mendelssohn	17 R. Drs Déjerine	Pte de Montreuil
3	S18-S19	**Charbonnel** Rue	61 R. Brillat Savarin	57 R. Aml Mouchez	Cité Universitaire
18	E20	**Charbonnière** R. de la	1 R. Goutte d'Or	100 Bd la Chapelle	Barbès Rocherch.
15	N14	**Charbonniers** Pass.	90 Bd Garibaldi	10 R. Lecourbe	Sèvres Lecourbe
16	F6-G6	**Charcot** Bd du Cdt	Pte de Neuilly	Carref. Pte Madrid	Pont de Neuilly
13	O22-O23	**Charcot** Rue	123 R. Chevaleret	26 Pl. Jeanne d'Arc	Chevaleret
16	K10	**Chardin** Rue	5 R. Le Nôtre	4 R. Beethoven	Passy
16	M8-O7	**Chardon Lagache** R.	Pl. d'Auteuil	170 Av. Versailles	Église d'Auteuil
19	B24-B25	**Charente** Quai de la	Canal de l'Ourcq	121 Bd Macdonald	Pte de la Villette
12	O27	**Charenton** Pte de	Bd Périphérique		Pte de Charenton
12	L23-P26	**Charenton** Rue de	2 R. Fbg St-Ant.	15 Bd Poniatowski	Bastille
4	K21-L21	**Charlemagne** Pass.	16 R. Charlemagne	119 R. St-Antoine	St-Paul
4	L21	**Charlemagne** Rue	31 R. St-Paul	14 R. Nonnains d'H.	St-Paul
20	L28-L29	**Charles et Robert** R.	66 Bd Davout	Pl. Pte de Montreuil	Pte de Montreuil
4	L21	**Charles V** Rue	17 R. du Petit Musc	18 R. St-Paul	Louv. Rivoli-S. Morl.
15	N14	**Charlet** Rue Nicolas	175 R. de Vaugirard	48 R. Falguière	Pasteur
3	I22-J21	**Charlot** Rue	12 R. des Quatre Fils	27 Bd du Temple	Oberkampf
15	P13	**Charmilles** Villa des	R. Castagnary	en impasse	Plaisance
12	O25	**Charolais** Pass. du	26 R. du Charolais	5 R. Baulant	Dugommier
12	N24-O25	**Charolais** Rue du	19 Bd de Bercy	25 R. Rambouil.	Dugommier
11	K25-M27	**Charonne** Bd de	7 Av. du Trône	2 R. P. Bayle	Philippe Auguste
11	K26-L23	**Charonne** Rue de	61 R. Fbg St-Ant.	111 Bd de Charonne	Ledru Rollin
13	R23	**Charpentier** R. M.-A.	5 R. F. Dudiné	4 R. de Patay	Bd Masséna
17	E10-E11	**Charpentier** Rue A.	20 Bd Gouv. St-Cyr	22 Bd de l'Yser	Pte de Champerret
17	E10-F9	**Charpentier** Rue G.	Bd d'Aurelle de P.	Pl. de Verdun	Pte Maillot
9	G16-G17	**Charras** Rue	54 Bd Haussmann	99 R. Provence	Havre-Caumartin
11	L24	**Charrière** Rue	26 R. Charonne	en impasse	Charonne
8	H12-H13	**Charron** Rue Pierre	30 Av. George V	55 Av. Ch. Élysées	Franklin Roosevelt
15	O11-O12	**Chartier** Rue Alain	149 R. Blomet	195 R. Convention	Convention
5	M19	**Chartière** Imp.	11 R. de Lanneau	en impasse	Maubert Mutualité
18	E20	**Chartres** Rue de	58 Bd la Chapelle	45 R. Goutte d'Or	Barbès Rocherch.
6	N17	**Chartreux** Rue des	8 Av. Observatoire	87 R. d'Assas	Port Royal
12	M23	**Chasles** Rue Michel	23 Bd Diderot	28 R. Traversière	Gare de Lyon
20	G29	**Chassagnolle** Villa	Villa Chassagnolle	21 R. F. Flavien	Pte des Lilas
8	G14-H14	**Chassaigne Goyon** Pl.	152 R. Fbg St-Honor.	69 R. la Boétie	St-Philippe du R.
15	M13	**Chasseloup Laubat** R.	128 Av. Suffren	46 Av. de Ségur	Cambronne
17	D13	**Chasseurs** Av. des	57 Bd Péreire	162 Bd Malesherb.	Wagram-Péreire
5	L19	**Chat qui Pêche** R. du	9 Q. St-Michel	12 R. de la Huchette	St-Michel
14	P15-P16	**Château** Rue du	Pl. de Catalogne	164 Av. du Maine	Pernety-Gaîté
10	G20-H21	**Château d'Eau** R. du	1 Bd de Magenta	68 R. Fbg St-Denis	République
13	Q21-S23	**Chât. des Rentiers** R. du	52 Bd Masséna	71 Bd V. Auriol	Place d'Italie
18	E22-F21	**Château Landon** R. du	185 R. Fbg St-Martin	173 Bd de la Villette	Stalingrad
18	D19	**Château Rouge** Pl. du	44 Bd Barbès	R. Custine	Château Rouge
8	G12-G13	**Chateaubriand** Rue	17 R. Washington	33 Av. Friedland	Ch. de Gaulle Étoile
9	G17-G18	**Châteaudun** Rue de	55 R. La Fayette	70 R. la Ch. d'Antin	Trinité-Cadet
17	B16	**Châtelet** Pass.	36 R. J. Kellner	35 Bd Bessières	Pte de St-Ouen
1	K19	**Châtelet** Pl. du	2 Q. Mégisserie	15 Av. Victoria	Châtelet
14	S14	**Châtillon** Pte de	Bd Périphérique		Pte d'Orléans
14	R16	**Châtillon** Sq. de	33 Av. J. Moulin	en impasse	Pte d'Orléans- Alésia
14	Q15-R16	**Châtillon** Rue de	18 Av. J. Moulin	43 R. des Plantes	Alésia
9	G18-H18	**Chauchat** Rue	4 Bd Haussmann	42 R. La Fayette	Richelieu Drouot
10	E22	**Chaudron** Rue	241 R. Fbg St-Martin	52 R. Chât. Landon	Stalingrad
19	F23	**Chaufourniers** R. des	16 R. de Meaux	en impasse	Colonel Fabien
19	E26	**Chaumont** Pte	Bd Périphérique	Av. Pte Chaumont	Danube

27

Ar.	Plan	Rues / Streets	Commençant	Finissant	Métro
19	F23	**Chaumont** Rue de	1 Av. Secrétan	11 Cité Lepage	Bolivar
20	I28	**Chauré** Rue du Lt	37 R. du Cap. Ferber	14 R. E. Marey	Pte de Bagnolet
20	I28	**Chauré** Sq.	17 R. du Lt Chauré	en impasse	Pte de Bagnolet
9	G17-H17	**Chaussée d'Antin** R.	8 Bd Italiens	59 R. Châteaudun	Trinité-Opéra
12	O27	**Chaussin** Pass.	99 R. de Picpus	21 R. de Toul	Bel Air-M. Bizot
10	G22	**Chausson** Imp.	31 R. Grange Belles	en impasse	Colonel Fabien
10	H21	**Chausson** Rue Pierre	24 R. du Chât. d'Eau	21 Bd de Magenta	Jacques Bonsergent
18	M12	**Chautard** Rue Paul	20 R. Cambronne	Sq. J. Thébaut	Cambronne
3	I20	**Chautemps** Sq. Émile	Bd Sébastopol	R. St-Martin	Réaumur Sébastopol
8	H15-H16	**Chauveau Lagarde** R.	8 Pl. la Madeleine	8 Bd Malesherb.	Madeleine
15	Q12-Q13	**Chauvelot** Rue	115 R. Brancion	32 R. J. Baudry	Pte de Vanves
20	N9	**Chauvière** Rue E.	13 R. Léontine	40 R. Gutenberg	Javel
20	I28	**Chavez** Sq.Géo	R. Géo Chavez	R. Irène Blanc	Pte de Bagnolet
20	I28	**Chavez** Rue Géo	Bd Mortier	6 Pl. O. Chanute	Pte de Bagnolet
17	F13	**Chazelles** Rue de	94 Bd de Courcelles	15 R. de Prony	Courcelles
18	A25-B26	**Chemin de Fer** R. du	Av. Pte de la Villette	R. Ch. de Fer	Pte de la Villette
11	J23-K23	**Chemin Vert** Pass. du	43 R. du Ch. Vert	8 R. Asile Popinc.	St-Ambroise
11	J25-K22	**Chemin Vert** Rue du	46 Bd Beaumarch.	32 Av. la République	Père Lachaise
19	D27	**Cheminets** Rue des	R. de la Marseillaise	R. Lamartine	Pte de Pantin
12	M23	**Chêne Vert** Cr du	48 R. de Charenton	en impasse	Ledru Rollin
2	H20	**Chénier** Rue	23 R. Ste-Foy	94 R. de Cléry	Strasbourg St-Denis
19	I27	**Cher** Rue du	26 R. Cour Noues	6 R. Belgrand	Gambetta
15	Q13	**Cherbourg** Rue de	62 R. des Morillons	9 R. Fizeau	Pte de Vanves
6	N15	**Cherche Midi** Rue du	25 R. Vieux Colomb.	144 R. de Vaugirard	Falguière
13	R20	**Chéreau** Rue	1 R. la B. aux Cailles	36 R. Bobillot	Corvisart
20	K28-K29	**Chéret** Sq. Jules	11 R. Mendels.	R. Drs Déjerine	Pte de Montreuil
18	O12	**Chérioux** Pl. Adolphe	93 R. Blomet	262 R. de Vaugirard	Vaugirard
16	K10-K9	**Chernoviz** Rue	24 R. Raynouard	35 R. de Passy	Passy
17	E15	**Chéroy** Rue de	78 Bd à. Batignolles	99 R. des Dames	Rome
2	I17-I18	**Chérubini** Rue	11 R. Chabanais	R. Ste Anne	Quatre Septembre
11	L23	**Cheval Blanc** Pass.	2 R. la Roquette	en impasse	Bastille
13	P22-R24	**Chevaleret** Rue du	16 R. Regnault	79 Bd V. Auriol	Chevaleret
6	M17	**Chevalier** R. Honoré	86 R. Bonaparte	21 R. Cassette	St-Sulpice
20	H25-I25	**Chevalier** Pl. M.	R. J. Lacroix	R. Et. Dolet	Ménilmontant
18	D19	**Cheval. de la Barre** R.	9 R. Ramey	8 R. du Mont Cenis	Château Rouge
20	H26	**Chevaliers** Imp. des	40 R. Pixérécourt	en impasse	Télégraphe
7	K14-L13	**Chevert** Rue	72 Bd La Tour Maub.	20 Av. Tourville	La Tour Maubourg
9	F17-G17	**Cheverus** Rue de	8 Pl. d'Est. d'Orves	R. de la Trinité	Trinité
20	H23	**Chevet** Rue du	1 R. Deguerry	2 R. Darboy	Goncourt
11	H25	**Chevreau** Rue Henri	83 R. de Ménilmont.	98 R. des Couronnes	Ménilmontant
11	M26	**Chevreul** Rue	303 R. Fbg St-Ant.	72 R. de Montreuil	Nation
12	N27-N28	**Chevreuil** Rue Victor	7 Av. du Dr Netter	12bis R. Sibuet	Bel Air
6	N17	**Chevreuse** Rue de	76 R. N.-D. Champs	125 Bd Montparn.	Vavin
7	L17	**Chevtchenko** Sq. T.	Bd St-Germain	R. des St-Pères	St-Germain des Prés
20	O6-O7	**Cheysson** Villa	84 R. Boileau	Villa E. Meyer	Exelmans
20	H26-I27	**Chine** Rue de la	20 R. Cour Noues	126 R. Ménilmont.	Gambetta
13	P24-Q24	**Choderlos de Lacl.** R.	R. E. Durkheim	R. de Tolbiac	Biblio. F. Mitterrand
2	H17-I17	**Choiseul** Pass.	40 R. Petits Champs	23 R. St-Augustin	Quatre Septembre
2	H17	**Choiseul** Rue de	16 R. St-Augustin	21 Bd des Italiens	Quatre Septembre
13	Q20-S22	**Choisy** Av. de	122 Bd Masséna	Bd Vincent Auriol	Tolbiac-Pl. d'Italie
13	R21	**Choisy** Parc de	Av. de Choisy	R. Ch. Moureu	Tolbiac
13	S21-S22	**Choisy** Pte de	Bd Masséna	Av. de Choisy	Pte de Choisy
7	L16	**Chomel** Rue	40 Bd Raspail	12 R. de Babylone	Sèvres Babylone
18	K9	**Chopin** Pl.	12 R. Lekain	R. Duban	La Muette
9	F18-G18	**Choron** Rue	3 R. Rodier	16 R. des Martyrs	N.-D. de Lorette
19	D24	**Chouraqui** R. Nicole	22 rue Tandou	en impasse	Laumière
12	N24	**Chrétien de Troyes** R.	Pl. Rutebeuf	68 Av. Daumesnil	Cr St-Émil.-G. d. Lyon
18	E19	**Christiani** Rue	17 Bd Barbès	89 R. Myrha	Château Rouge
6	L18	**Christine** Rue	12 R. Grands August.	33 R. Dauphine	Odéon-St-Michel
17	D13	**Chuquet** Rue Nicolas	199 Bd Malesherb.	14 R. Ph. Delorme	Wagram-Péreire
8	I14	**Churchill** Av. Winston	Cours la Reine	Pl. Clemenceau	Ch. Elysées Clem.
6	N16	**Cicé** Rue de	16 R. Stanislas	25 R. Montparnasse	Montparn. Bienv.
16	H11-I11	**Cimarosa** Rue	66 Av. Kléber	77 R. Lauriston	Boissière
12	R29	**Cimetière** Ch. du	Av. de Gravelle	En Impasse	Charenton-Écoles

28

29

Ar.	Plan	Rues / Streets	Commençant	Finissant	Métro
18	C17-C18	Cloÿs Pass. des	19 R. Marcadet	1 R. Montcalm	Lamarck Caulainc.
18	C17-C18	Cloÿs Rue des	5 R. Duhesme	173 R. Ordener	Jules Joffrin
5	L19	Cluny Rue de	Bd St-Germain	R. du Sommerard	Cluny La Sorbonne
19	D26-E26	Cochet Pl. du Gal	R. PetitBd Sérurier	Pte de Pantin	
7	L14	Cochin Pl. Denys	4 Av. de Tourville	2 Av. Lowendal	École Militaire
5	M20	Cochin Rue	R. de Poissy	R. de Pontoise	Maubert Mutualité
15	O9	Cocteau Sq. Jean	R. Modigliani	R. Jongkind	Lourmel
18	B19-B20	Cocteau Rue Jean	15 Av. Pte Poisson.	1 R. Fr. de Croisset	Pte de Clignancourt
7	K13-K14	Codet Rue Louis	88 Bd La Tour Maub.	19 R. Chevert	La Tour Maubourg
6	M16	Coëtlogon Rue	92 R. de Rennes	5 R. d'Assas	St-Sulpice
4	L22	Cœur Rue Jacques	4 R. de la Cerisaie	3 R. St-Antoine	Bastille
14	Q16	Coeur de Vey Villa	54 Av. Gal Leclerc	en impasse	Mouton Duvernet
8	J13	Cognacq Jay Rue	7 R. Malar	1 Pl. de la Résistance	Pont de l'Alma
17	F12	Cogniet Rue Léon	17 R. Médéric	14 R. Cardinet	Courcelles
15	O8	Cohen Pl. A.	R. Leblanc	Boulevard Victor	
12	N28	Cohl Sq. Émile	Bd Soult	R. J. Lemaitre	Bel Air
16	K8	Coin Rue Robert-Le	60 R. Ranelagh	en impasse	Ranelagh
2	I18	Colbert Gal.	6 R. des Pts Champs	2 R. Vivienne	Bourse
2	I18	Colbert Rue	11 R. Vivienne	58 R. Richelieu	Bourse
1	I17-J17	Colette Pl.	R. de Richelieu	206 R. St-Honoré	Palais Royal-Louvre
1	J18-K18	Coligny R. de l'Aml	36 Q. du Louvre	91 R. de Rivoli	Pont Neuf
8	H13-H14	Colisée Rue du	48 Av. Ch. Élysées	97 R. Fbg St-Honor.	St-Philippe du Roule
16	L8	Colledebœuf Rue A.	20 R. Ribera	en impasse	Jasmin
5	O20	Collégiale Rue de la	86 Bd St-Marcel	37 R. Fer à Moulin	Les Gobelins
14	R14	Collet Villa	119 R. Didot	en impasse	Plaisance
17	C16	Collette Rue	83 Av. de St-Ouen	6 R. J. Leclaire	Guy Môquet
16	J8-K8	Collignon R. du Cons.	3 R. Verdi	2 R. d'Andigné	La Muette
9	E17	Collin Pass.	18 R. Duperré	29 Bd de Clichy	Pigalle
3	Q22-R23	Colly Rue Jean	48 R. de Tolbiac	104 R. Château Rent.	Pte d'Ivry-Nationale
19	D24	Colmar Rue de	154 R. de Crimée	1 R. Evette	Laumière
8	I12	Colomb R. Christophe	41 Av. George V	54 Av. Marceau	George V
4	K20-L20	Colombe Rue de la	21 Q. aux Fleurs	26 R. Chanoinesse	Cité
16	J8	Colombie Pl. de	2 Bd Suchet	Av. H. Martin	Av. Pdt Kennedy
13	R19-R20	Colonie Rue de la	57 R. Vergniaud	8 Pl. G. Henocque	Tolbiac-Corvisart
17	N13	Col. d'Ornano R. du	2 R. Fr. Bonvin	12 Villa Poirier	Sèvres Lecourbe
1	K19	Colonne Rue Édouard	2 Q. la Mégisserie	1 R. St-Germain l'A.	Châtelet
2	H18	Colonnes Rue des	2 R. du 4 Septembre	23 R. Feydeau	Bourse
12	M27-N27	Col. du Trône R. des	19 Av. d. St-Mandé	79 Bd de Picpus	Nation-Picpus
12	P28	Comb. d'Indoch. Sq. des	Pl. E. Renard		Pte Dorée
12	N23	Comb. en A.F.N. Pl. des	Bd Diderot	R. de Lyon	Gare de Lyon
7	J13	Combes Rue du Col.	6 R. J. Nicot	5 R. Malar	Pont de l'Alma
7	J13-K14	Comète Rue de la	75 R. St-Dominique	160 R. de Grenelle	La Tour Maubourg
7	L16	Commaille Rue de	8 R. de La Planche	103 R. du Bac	Sèvres Babylone
19	A25	Commanderie Bd de la	Pl. A. Baron	Bd F. Faure	Pte de la Villette
14	Q16-Q17	Commandeur Rue du	11 R. Bezout	9 R. Montbrun	Alésia
15	M11-N11	Commerce Imp. du	70 R. du Commerce	en impasse	Commerce
15	O11	Commerce Pl. du	69 R. Violet	88 R. du Commerce	Commerce
15	M12-N11	Commerce Rue du	128 R. de Grenelle	99 R. Entrepreneurs	La Motte Picquet
6	L18	Commerce St-André Cr	59 R. St-A. des Arts	130 Bd St-Germain	Odéon
3	J20	Comm. St-Martin Pass.	176 R. St-Martin	5 R. Brantôme	Rambuteau
3	J22	Commines Rue	90 R. de Turenne	11 Bd F. Calvaire	St-Séb. Froissart
8	I13	Commun Pass.	Av. Montaigne	En Impasse	Alma Marceau
19	F25-E26	Compans Rue	213 R. de Belleville	18 R. d'Hautpoul	Place des Fêtes
18	F20	Compiègne Rue de	122 Bd de Magenta	25 R. Dunkerque	Gare du Nord
17	C16	Compoint Villa	38 R. Guy Môquet	en impasse	Guy Môquet
18	B17	Compoint Rue A.	6 Pas. St-Jules	113 Bd Ney	Pte de St-Ouen
18	B18-C18	Compoint Rue V.	20 R. du Pôle Nord	77 R. du Poteau	Jules Joffrin
15	N11	Comtat Venaissin Pl.	Rue de Javel	R. Frères Morane	Félix Faure
3	J20-J21	Comte Rue Michel Le	87 R. du Temple	54 R. Beaubourg	Rambuteau
3	J22	Comte Rue Auguste	8 Bd St-Michel	57 R. d'Assas	Luxembourg
8	F13-F14	Comtesse de Ségur Al.	Av. Van Dyck	Av. Velasquez	Monceau
8	I15	Concorde Pl. de la	J. des Tuileries	Av. Ch. Élysées	Concorde
7	J15-J15	Concorde Pt de la	Q. d'Orsay	Q. des Tuileries	Ass. Nationale
6	L18-M18	Condé Rue de	1 R. Quatre Vents	22 R. de Vaugirard	Odéon

30

Ar.	Plan	Rues / Streets	Commençant	Finissant	Métro
11	I24-J24	**Condillac** Rue	99 Av. la République	8 R. des Nanettes	Ménilmontant
9	F19	**Condorcet** Cité	27 R. Condorcet	en impasse	Anvers
9	F18-F19	**Condorcet** Rue	59 R. de Maubeuge	58 R. des Martyrs	Poissonnière
20	L27	**Confiance** Imp. de la	34 R. des Vignoles	en impasse	Buzenval
12	N25-O25	**Congo** Rue du	38 R. du Charolais	204 R. de Charenton	Dugommier
12	R29	**Conservation** Carr. de	Ceint./Lac Daum.	Av. Saint-Maurice	Pte Dorée
9	G19-H19	**Conservatoire** R. du	12 R. Bergère	5 R. Richer	Bonne Nouvelle
18	P17	**Considérant** R. Victor	4 Pl. Denfert Roch.	15 R. Schölcher	Denfert Rochereau
18	E17	**Constance** Rue	19 R. Lepic	11 R. de Maistre	Blanche
18	B24-C24	**Constant** R. Benjamin	7 Av. C. Cariou	30 R. de Cambrai	Corentin Cariou
7	I14-K14	**Constantine** Rue de	105 R. l'Université	144 R. de Grenelle	Invalides
8	F15	**Constantinople** R. de	28 R. de Madrid	Pl. P. Goubaux	Villiers-Europe
3	I20	**Conté** Rue	57 R. de Turbigo	4 R. Vaucanson	Arts et Métiers
12	O26	**Contenot** Sq. G.	75 R. Cl. Decaen	7 R. de Gravelle	Daumesnil
6	K18	**Conti** Imp. de	13 Q. de Conti	en impasse	Pont Neuf
6	K18	**Conti** Quai de	2 R. Dauphine	Pl. de l'Institut	Pont Neuf
5	N19	**Contrescarpe** Pl. de la	85 R. du Cal Lemoine	57 R. Lacépède	Place Monge
15	N9-P12	**Convention** R. de la	Pt Mirabeau	Pl. Ch. Vallin	Javel-Convention
13	S21-T21	**Convention.** Chiappe R.	121 Bd Masséna	10 Av. Léon Bollée	Pte de Choisy
6	L17	**Copeau** Pl. Jacques	141 Bd St-Germain	145 Bd St-Germain	St-Germain des Prés
8	F15	**Copenhague** Rue de	67 R. de Rome	10 R. Constantinople	Rome-Europe
16	H10	**Copernic** Villa	40 R. Copernic	en impasse	Victor Hugo
16	H10-H11	**Copernic** Rue	52 Av. Kléber	1 Pl. Victor Hugo	Victor Hugo
15	O10	**Coppée** R. François	47 Av. Félix Faure	en impasse	Boucicaut
15	N13-O13	**Copreaux** Rue	31 R. Blomet	202 R. de Vaugirard	Volontaires
9	G17	**Coq** Av. du	87 R. St-Lazare	en impasse	Auber-St-Lazare
11	J22-K22	**Coq** Cr du	60 R. St-Sabin	Allée Verte	Richard Lenoir
1	I18	**Coq Héron** Rue	24 R. la Coquillière	17 R. du Louvre	Louvre-Les Halles
7	M15	**Coquelin** Av. Constant	59 Bd des Invalides	en impasse	Duroc
1	I18-J19	**Coquillière** Rue	R. du Jour	R. Croix Petits Ch.	Louvre-Les Halles
12	M24-N24	**Corbera** Av. de	131 R. de Charenton	R. Crozatier	Reuilly Diderot
12	O24	**Corbineau** Rue	96 R. de Bercy	48 Bd de Bercy	Cr St-Emilion
15	P13	**Corbon** Rue	40 R. d'Alleray	Pl. Ch. Vallin	Vaugirard
13	P19	**Cordelières** Rue des	27 Bd Arago	R. Corvisart	Les Gobelins
3	I21	**Corderie** Rue de la	2 R. Franche Comté	8 R. Dupetit Thouars	Temple
20	I26	**Cordon Boussard** Imp.	247 R. des Pyrénées	en impasse	Gambetta
14	R16-R17	**Corentin** Rue du Père	92 R. la Tombe Iss.	100 Bd Jourdan	Pte d'Orléans
19	B25-C24	**Corentin Cariou** Av.	Pt de Flandre SNCF	87 Bd Macdonald	Pte de la Villette
12	O25-P26	**Coriolis** Rue	1 R. Nicolaï	26 R. de Bercy	Dugommier
17	D12-D13	**Cormon** Rue Fernand	1 R. Sisley	6 R. St-Marceaux	Wagram
16	N7	**Corneille** Imp.	Av. Despréaux	en impasse	Michel Ange Molitor
6	M18	**Corneille** Rue	7 Pl. de l'Odéon	Pl. P. C.I	Odéon
14	S18	**Corot** Villa	R. d'Arcueil	en impasse	Cité Universitaire
16	M8	**Corot** Rue	22 R. Wilhem	61 Av. Th. Gautier	Église d'Auteuil
19	E26	**Corrèze** Rue de la	100 Bd Sérurier	2 Av. A. Rendu	Danube
4	K19	**Corse** Quai de la	1 R. d'Arcole	Pont au Change	Cité
16	J9	**Cortambert** Rue	R. du P. M. Boegner	6 Pl. Possoz	La Muette
18	D18	**Cortot** Rue	19 R. du Mont Cenis	8 R. des Saules	Lamarck Caulainc.
8	F14-G14	**Corvetto** Rue	6 R. Treilhard	15 R. de Lisbonne	Miromesnil
13	P19-O19	**Corvisart** Rue	111 R. Nordmann	56 Bd A. Blanqui	Corvisart
17	E14	**Cosnard** Rue Léon	19 R. Legendre	40 R. Tocqueville	Malesherbes
1	J19	**Cossonnerie** R. de la	39 Bd Sébastopol	6 R. P. Lescot	Châtelet-Les Halles
16	K10	**Costa Rica** Pl. de	1 R. Raynouard	23 Bd Delessert	Passy
13	S22	**Costes** R. Dieudonné	43 Av. Pte d'Ivry	R. E. Levassor	Pte d'Ivry
15	O14-O15	**Cotentin** Rue du	94 Bd Pasteur	93 R. Falguière	Pasteur-Volontaires
18	C18-D18	**Cottages** Rue des	5 R. Duhesme	157 R. Marcadet	Lamarck Caulainc.
12	L24-M23	**Cotte** Rue de	91 R. de Charenton	R. Fbg St-Ant.	Ledru Rollin
18	D19	**Cottin** Pass.	17 R. Ramey	R. Chev. de la Barre	Château Rouge
18	C21	**Cottin** Rue Jean	22 R. des Roses	en impasse	Pte de La Chapelle
19	F26	**Cotton** Rue Eugénie	52 R. Compans	23 R. des Lilas	Pl. des Fêtes
14	P17-R17	**Coty** Av. René	5 Pl. Denfert Roch.	58 Av. Reille	Denfert Rochereau
13	S19-T19	**Coubertin** Av. P. de	Bd Jourdan	Bd Périphérique	Cité-Universitaire
14	R17	**Couche** Rue	57 R. d'Alésia	12 R. Sarrette	Alésia
16	H11-H12	**Couden. Kalergi** Pl. R.	Av. d'Iéna	R. A. Vacquerie	Kléber

31

	Ar.	Plan	Rues / Streets	Commençant	Finissant	Métro
14	Q16-Q17		Couédic Rue du	14 Av. René Coty	43 Av. Gal Leclerc	Mouton Duvernet
14	R15-R16		Coulmiers Rue de	124 Av. Gal Leclerc	41 Av. J. Moulin	Pte d'Orléans
20	I27-J27		Cr des Noues R. de la	31 R. Pelleport	198 R. des Pyrénées	Pte de Bagnolet
11	K28		Courat Rue	75 R. des Orteaux	46 R. St-Blaise	Maraîchers
16	H10		Courbet Rue de l'Aml	96 Av. Victor Hugo	150 R. de la Pompe	Victor Hugo
11	I10-I9		Courbet Rue Gustave	98 R. Longchamp	128 R. de la Pompe	Rue de la Pompe
8	F12-F14		Courcelles Bd de	5 Pl. P. Goubaux	4 Pl. des Ternes	Villiers-Monceau
17	D11		Courcelles Pte de	Bd Périphérique		Pte de Champeret
8	G14		Courcelles Rue de	66 R. La Boétie	R. Pdt Wilson	Péreire
7	K16		Courier Imp. Paul-L.	7 R. P. L. Courier	in impasse	Rue du Bac
7	K16		Courier Rue Paul-L.	62 R. du Bac	3 R. Saint-Simon	Rue du Bac
18	O11		Cournot Rue	13 R. Jules Simon	191 R. de Javel	Félix Faure
20	H24-H25		Couronnes Rue des	56 Bd de Belleville	69 R. de la Mare	Pyrénées-Couronnes
1	J19		Courtalon Rue	21 R. St-Denis	6 R. Ste Opportune	Châtelet-Les Halles
12	N28-N29		Courteline Av.	72 Bd Soult	Av. Victor Hugo	Pte de Vincennes
11	K25		Courtois Pass.	62 R. Léon Frot	16 R. la F. Regnault	Philippe Auguste
7	J15		Courty Rue de	237 Bd St-Germain	104 R. de l'Univers.	Ass. Nationale
5	L21		Cousin Rue Jules	15 Bd Henri IV	10 R. du Petit Musc	Louv. Rivoli-S. Morl.
4	M18		Cousin Rue Victor	1 R. de la Sorbonne	20 R. Soufflot	Luxembourg
18	E17		Coustou Rue	64 Bd de Clichy	12 R. Lepic	Blanche
18	D18		Couté Rue Gaston	R. P. Féval	45 R. Lamarck	Lamarck Caulainc.
4	K20		Coutellerie Rue de la	31 R. de Rivoli	6 Av. Victoria	Hôtel de Ville
3	J21		Coutures St-Gervais R.	5 R. de Thorigny	94 R. V. du Temple	St-Séb. Froissart
11	K24-L24		Couvent Cité du	99 R. de Charonne	en impasse	Charonne
13	P20		Coypel Rue	142 Bd de l'Hôpital	75 Av. des Gobelins	Place d'Italie
18	C17-D16		Coysevox Rue	6 R. Étex	235 R. Marcadet	Guy Môquet
12	O28		Crampel Rue Paul	39 R. du Sahel	8 R. Rambervillers	Michel Bizot
6	L18-M18		Crébillon Rue de	R. de Condé	2 Pl. de l'Odéon	Odéon
17	D13		Crèche Rue de la	142 R. de Saussure	en impasse	Péreire
13	S19		Crédit Lyonnais Imp.	91 R. Aml Mouchez	in impasse	Cité Universitaire
12	M22-M23		Crémieux Rue	228 R. de Bercy	19 R. de Lyon	Gare de Lyon
11	I24		Crespin du Gast Rue	148 R. Oberkampf	21 Pas. Ménilmont.	Ménilmontant
18	P16-Q17		Cresson Rue Ernest	18 Av. Gal Leclerc	33 R. Boulard	Mouton Duvernet
9	E18-F18		Cretet Rue	5 R. Boch. de Saron	8 R. Lallier	Anvers
16	H9		Crevaux Rue du	30 Av. Bugeaud	61 Av. Foch	Pte Dauphine
4	M22		Crillon Rue	4 Bd Morland	4 R. de l'Arsenal	Louvre Riv.-S. Morl.
19	C23		Crimée Pass. de	219 R. de Crimée	52 R. Curial	Crimée
19	C23-F26		Crimée Rue de	25 R. des Fêtes	182 R. d'Aubervill.	Pl. des Fêtes-Crimée
20	L27		Crins Imp. des	23 R. des Vignoles	en impasse	Buzenval
18	P15		Crocé Spinelli Rue	61 R. Vercingétorix	80 R. de l'Ouest	Pernety
15	N15		Croisic Sq. du	14 Bd du Montparn.	en impasse	Falguière-Duroc
2	H19		Croissant Rue du	13 R. du Sentier	144 R. Montmartre	Sentier
18	B19		Croisset R. Francis de	R. J. Cocteau	16 Av. Pte Clignanc.	Pte de Clignancourt
16	I6-J6		Croix Catelan Ch. la	Rte la Gde Cascade	Rte du Pré Catelan	Av. Henri Martin
1	I18-J18		Croix des Petits Ch. R.	170 R. St-Honoré	1 Pl. des Victoires	Louvre Rivoli
11	K25		Croix Faubin R. de la	7 R. Folie Regnault	166 R. la Roquette	Philippe Auguste
13	R24		Croix Jarry Rue de la	34 R. Watt	Ch. de Fer SNCF	Bd Masséna
18	B22		Croix Moreau Rue de la	20 R. Tristan Tzara	R. Tchaikovski	Pte de La Chapelle
15	M12-N12		Croix Nivert Villa	31 R. la Croix Nivert	34 R. Cambronne	Cambronne
15	M12-P11		Croix Nivert R. de la	2 Pl. Cambronne	370 R. de Vaugirard	Pte de Versailles
6	L17		Croix Rouge Carr.	25 R. Vieux Colom.	56 R. du Four	St-Sulpice
12	Q27-Q28		Croix Rouge Rte de la	Pte de Reuilly	Ceint. Lac Daum.	Pte Dorée
18	K28-L28		Croix St-Simon R. de la	76 R. Maraîchers	105 Bd Davout	Pte de Montreuil
19	F25-F26		Cronstadt Villa de	21 R. du Gal Brunet	18 R. M. Hidalgo	Botzaris
15	P12-P13		Cronstadt Rue de	60 R. Dombasle	51 R. des Morillons	Convention
20	G28		Cros Rue C.	164 Bd Mortier	R. des Glaïeuls	Pte des Lilas
7	P20-Q19		Croulebarbe Rue de	44 Av. des Gobelins	57 R. Corvisart	Corvisart
12	M24		Crozatier Imp.	45 R. Crozatier	en impasse	Reuilly Diderot
12	L24-N24		Crozatier Rue	153 R. de Charenton	128 R. Fbg St-Ant.	Reuilly Diderot
11	I22-J22		Crussol Cité de	7 R. Oberkampf	10 R. de Crussol	Oberkampf
11	I23-J22		Crussol Rue de	4 Bd du Temple	59 R. Folie Méricourt	Oberkampf
16	K8		Cruz Villa Oswaldo	12 R. Oswaldo Cruz	en impasse	Ranelagh
16	K8		Cruz Villa Oswaldo	12 R. Oswaldo Cruz	in impasse	Ranelagh
18	C22		Cugnot Rue	2 R. de Torcy	1 Pl. Hébert	Marx Dormoy

Ar.	Plan	Rues / Streets	Commençant	Finissant	Métro
5	M18-M19	**Cujas** Rue	12 Pl. du Panthéon	51 Bd St-Michel	Luxembourg
3	I20	**Cunin Gridaine** Rue	47 R. de Turbigo	252 R. St-Martin	Arts et Métiers
18	C21	**Curé** Imp. du	9 R. de la Chapelle	en impasse	Marx Dormoy
16	L7-N8	**Cure** Rue de la	64 Av. Mozart	2 R. de l'Yvette	Jasmin
19	C22-D23	**Curial** Villa	7 R. Curial	118 R. d'Aubervilliers	Riquet
19	C23-D23	**Curial** Rue	46 R. Riquet	5 R. de Cambrai	Riquet
13	O21	**Curie** Sq. Marie	Bd de l'Hôpital	Hôpital La Pitié	St-Marcel
5	N18-N19	**Curie** Rue P. et M.	14 R. d'Ulm	189 R. St-Jacques	Luxembourg
17	D11-C12	**Curnonsky** Rue	R. A. Ladwig (Leval.)	R. M. Ravel	Péreire
18	D19	**Custine** Rue	19 R. Poulet	34 R. du Mont Cenis	Château Rouge
5	M21-N20	**Cuvier** Rue	5 Q. St-Bernard	40 R. G. St-Hilaire	Jussieu
1	J19-J20	Pierre Rue du	59 Bd de Sébastopol	28 R. Mondétour	Étienne Marcel
15	K10-L9	**Cygnes** Al. des	Pt de Bir Hakeim	Pontde Grenelle	Bir Hakeim
18	C18-D18	**Cyrano de Berger.** R.	12 R. Francœur	115 R. Marcadet	Lamarck Caulainc.

D

Ar.	Plan	Rues / Streets	Commençant	Finissant	Métro
18	D18	**Dac** Rue Pierre	95 R. Caulaincourt	53 R. Lamarck	Lamarck
20	K27-K28	**Dagorno** Pass.	100 R. des Haies	101 R. des Pyrénées	Maraîchers
12	N27	**Dagorno** Rue	61 R. de Picpus	21 Bd de Picpus	Bel Air
14	P16-P17	**Daguerre** Rue	4 Av. Gal Leclerc	109 Av. du Maine	Denfert Rochereau
11	L24	**Dahomey** Rue du	10 R. St-Bernard	7 R. Faidherbe	Faidherbe Chaligny
2	I17	**Dalayrac** Rue	2 R. Méhul	2 R. Monsigny	Pyramides
18	D18	**Dalida** Pl.	Al. des Brouillards	R. de l'Abreuvoir	L.-Caulaincourt
11	K23-L24	**Dallery** Pass. C.	53 R. de Charonne	90 R. la Roquette	Ledru Rollin
13	S22-S23	**Dalloz** Rue	8 R. Dupuy de Lôme	71 Bd Masséna	Pte d'Ivry
15	N14	**Dalou** Rue	169 R. de Vaugirard	42 R. Falguière	Pasteur
16	J6-J7	**Dames** Al. des	Al. des Fortifications	Ch. Ceint. Lac Inf.	Av. Henri Martin
17	E14-E16	**Dames** Rue des	25 Av. de Clichy	12 R. de Lévis	Villiers
13	S20	**Damesme** Imp.	57 R. Damesme	en impasse	Maison Blanche
13	R20-S20	**Damesme** Rue	161 R. de Tolbiac	30 Bd Kellermann	Maison Blanche
2	I19	**Damiette** Rue de	1 R. des Forges	96 R. d'Aboukir	Sentier
11	L22-L23	**Damoye** Cr	12 Rue l'Aval	Pl. de Labart	Bastille
19	C24-C25	**Dampierre** Rue	Pl. de l'Argonne	15 Q. de la Gironde	Corentin Cariou
19	C25	**Dampierre Rouvet** Sq.	Q. de la Gironde		Corentin Cariou
18	C18	**Damrémont** Villa	110 R. Damrémont	en impasse	Lamarck Caulainc.
B18-D17		**Damrémont** Rue	11 R. Caulaincourt	99 R. Belliard	Lamarck Caulainc.
18	E18	**Dancourt** Villa	7 Pl. Ch. Dullin	104 Bd de Rochech.	Anvers
18	E18	**Dancourt** Rue	96 Bd de Rochech.	1 Villa Dancourt	Anvers
16	L8	**Dangeau** Rue	79 Av. Mozart	42 R. Ribera	Jasmin
19	D25-E25	**Danjon** Rue André	6 R. de Lorraine	128 Av. J. Jaurès	Ourcq
5	L19	**Dante** Rue	43 R. Galande	33 R. St-Jacques	Cluny La Sorbonne
6	L18	**Danton** Rue	Pl. St-André des Arts	116 Bd St-Germain	St-Michel-Odéon
15	P12-Q12	**Dantzig** Pass. de	50 R. de Dantzig	27 R. de la Saïda	Pte de Versailles
15	P12-Q12	**Dantzig** Rue de	R. Convention	91 Bd Lefebvre	Convention
19	F26	**Danube** Villa du	72 R. D. d'Angers	11 R. de l'Égalité	Danube
19	F25	**Danube** Hameau du	46 R. du Gal Brunet	en impasse	Danube
14	P16	**Danville** Rue	41 R. Daguerre	16 R. Liancourt	Denfert Rochereau
8	F15	**Dany** Imp.	44 R. du Rocher	en impasse	Europe
18	B22	**Darboux** Rue Gaston	3 Av. Pte Aubervill.	2 R. Ch. Lauth	Pte de La Chapelle
11	H23	**Darboy** Rue	132 Av. Parmentier	163 R. St-Maur	Goncourt
17	E16	**Darcet** Rue	18 Bd d. Batignolles	23 R. des Dames	Place de Clichy
18	H28	**Darcy** Rue	49 R. Surmelin	16 R. Haxo	St-Fargeau
17	F10	**Dardanelles** Rue des	6 Bd Pershing	9 Bd de Dixmude	Pte Maillot
14	Q17	**Dareau** Pass.	34 R. Dareau	41 R. la Tombe Iss.	St-Jacques
14	Q17-Q18	**Dareau** Rue	17 Bd St-Jacques	17 Av. René Coty	St-Jacques
13	S23	**Darmesteter** Rue	10 Av. Boutroux	84 Bd Masséna	Pte d'Ivry
8	F13-G12	**Daru** Rue	254 R. Fbg St-Honor.	75 R. Courcelles	Courcelles
18	D18	**Darwin** Rue	39 R. des Saules	6 R. Font. du Bul	Lamarck Caulainc.
5	N20-O19	**Daubenton** Rue	37 R. G. St-Hilaire	127 R. Mouffetard	Censier Daubenton
17	E13-E14	**Daubigny** Rue	7 R. Cardinet	6 R. Cernuschi	Malesherbes
14	R16	**Daudet** Rue Alphonse	30 R. Sarrette	89 Av. Gal Leclerc	Alésia

33

Ar.	Plan	Rues / Streets	Commençant	Finissant	Métro
15	M13-N13	**Daudin** Rue Jean	54 Bd Garibaldi	34 R. Lecourbe	Sèvres Lecourbe
12	M22-P28	**Daumesnil** Av.	32 R. de Lyon	Av. Daumesnil	Daumesnil
12	O27	**Daumesnil** Villa	218 Av. Daumesnil	59 R. de Fécamp	Michel Bizot
16	O7	**Daumier** Rue	179 Bd Murat	3 R. C. Terrasse	Exelmans
11	J25	**Daunay** Imp.	58 R. Folie Regnault	en impasse	Père Lachaise
18	C16	**Daunay** Pass.	122 Av. de St-Ouen	126 Av. de St-Ouen	Guy Môquet
2	H17	**Daunou** Rue	13 R. L. le Grand	35 Bd d. Capucines	Opéra
6	K8-L18	**Dauphine** Pass.	30 R. Dauphine	27 R. Mazarine	Odéon
1	K18	**Dauphine** Pl.	2 R. de Harlay	28 R. Henri Robert	Pont Neuf
16	H8	**Dauphine** Pte	Bd Périphérique		Avenue Foch
6	K18-L18	**Dauphine** Rue	57 Q. Grds August.	R. St-A. des Arts	Mabillon
17	D16	**Dautancourt** Rue	90 Av. de Clichy	5 R. Davy	La Fourche
15	N15-O15	**Dautry** Pl. Raoul	34 Av. du Maine	39 R. du Départ	Montparn. Bienv.
11	K22-L23	**Daval** Rue	14 Bd R. Lenoir	15 R. la Roquette	Bastille
12	G29	**David** Rue Jules	13 R. Fres Flavien	R. Jules David	Pte des Lilas
16	L9-M8	**David** Rue Félicien	19 R. Gros	4 R. de Rémusat	Mirabeau
16	F26	**David d'Angers** Rue	34 R. d'Hautpoul	121 Bd Sérurier	Danube
13	R19	**Daviel** Villa	7 R. Daviel	en impasse	Corvisart
13	Q18-R19	**Daviel** Rue	30 R. Barrault	97 R. de la Glacière	Glacière-Corvisart
16	K8-L8	**Davioud** Rue	23 Av. Mozart	48 R. l'Assomption	Ranelagh
12	M28-M28	**Davout** Bd	111 Crs Vincennes	2 Pl. Pte Bagnolet	Pte de Vincennes
17	C16-D16	**Davy** Rue	43 Av. de St-Ouen	28 R. Guy Môquet	Guy Môquet
18	A18-B18	**Dax** Rue du Lt-Col.	36 R. René Binet	R. J. Henri Fabre	Pte de Clignancourt
8	G11	**De Gaulle** Pt. Ch.	49 Av. de Friedland	Av. Ch. Élysées	Ch. de Gaulle Étoile
16	G11	**De Gaulle** Pt. Ch.	49 Av. de Friedland	Av. Kléber	Ch. de Gaulle Étoile
17	G11	**De Gaulle** Pt. Ch.	48 Av. de Friedland	Av. Mac Mahon	Ch. de Gaulle Étoile
12	O22	**De Gaulle** Pt. Ch.	Quai d'Austerlitz	R. Van Gogh	Gare d'Austerlitz
13	O22	**De Gaulle** Pt. Ch.	Quai d'Austerlitz	R. Van Gogh	Gare d'Austerlitz
17	F10	**Débarcadère** Rue du	34 Pl. St-Ferdinand	271 Bd Péreire	Pte Maillot
3	J21-J22	**Debelleyme** Rue	83 R. Turenne	111 R. Turenne	St-Séb. Froissart
19	N27	**Debergue** Cité	28 R. Rendez vous	en impasse	Picpus
19	F26	**Debidour** Avenue	66 Bd Sérurier	en impasse	Pré St-Gervais
11	K24	**Debille** Cr	162 Av. Ledru Rol.	en impasse	Voltaire
7	J12	**Debilly** Plle	Q. Branly	Av. de New York	Iéna
20	J28	**Debrousse** Jard.	R. de Bagnolet	R. des Balkans	Pte de Bagnolet
16	I12	**Debrousse** Rue	6 Av. de New York	5 Av. du Pdt Wilson	Alma Marceau
16	I8	**Debussy** Jard. Claude	Bd Lannes	Av. du Mal Fayolle	Av. Henri Martin
17	E14	**Debussy** Sq. Claude	24 R. Legendre	4 Sq. F. Tombelle	Villiers-Malesherbes
17	E11	**Debussy** Rue Claude	Pl. J. Renard	3 Bd de l'Yser	Pte de Champerret
12	O26-P27	**Decaen** Rue Claude	67 Bd Poniatowski	6 Pl. F. Éboué	Pte Dorée
16	I10-J9	**Decamps** Rue	5 Pl. de Mexico	110 R. de la Tour	Rue de la Pompe
1	J19	**Déchargeurs** Rue des	120 R. de Rivoli	15 R. des Halles	Châtelet
15	O11	**Deck** Rue Théodore	18, rue St-Lambert	en impasse	Convention
15	O11	**Deck** Villa Théodore	10 R. Th. Deck	en impasse	Convention
15	O11	**Deck Prolongée** R. T.	18, rue St-Lambert	en impasse	Convention
14	P14-O14	**Decrès** Rue	36 R. Gergovie	176 R. d'Alésia	Plaisance
18	E16	**Défense** Imp. de la	20 Av. de Clichy	en impasse	Place de Clichy
16	M8-M9	**Degas** Rue	40 Q. L. Blériot	23 R. F. David	Mirabeau
2	H20	**Degrès** Rue des	87 R. de Cléry	50 R. Beauregard	Strasbourg St-Denis
19	H23	**Deguerry** Rue	128 Av. Parmentier	161 R. St-Maur	Goncourt
19	D23-E24	**Dehaynin** R. Euryale	81 Av. J. Jaurès	64 Q. de la Loire	Laumière
16	J8	**Dehodencq** Sq. Alfred	9 R. Alf. Dehodencq		La Muette
16	J8	**Dehodencq** R. Alfred	19 R. Oct. Feuillet	en impasse	La Muette
18	D20	**Dejean** Rue	21 R. des Poissonn.	26 R. Poulet	Château Rouge
20	I28	**Dejeante** Rue Victor	40 Bd Mortier	11 R. Le Vau	Pte de Bagnolet
20	L28	**Déjérine** Rue des Drs	7 Av. Pte Montreuil	R. L. Lambeau	Pte de Montreuil
16	I9-J9	**Delacroix** R. Eugène	37 R. Decamps	100 R. de la Tour	Rue de la Pompe
16	P10	**Delagrange** Rue Léon	37 Bd Victor	en impasse	Pte de Versailles
20	I25	**Delaître** Rue	47 R. Panoyaux	42 R. Ménilmon.	Ménilmontant
17	E10-E19	**Delaizement** Rue	Bd d'A. de Paladines	en impasse	Pte Maillot
14	O16	**Delambre** Sq.	19 R. Delambre	32 Bd E. Quinet	Vavin-Edgar Quinet
14	N16-O16	**Delambre** Rue	202 Bd Raspail	54 Bd E. Quinet	Vavin-Edgar Quinet
10	F20-F21	**Delanos** Pass.	25 R. d'Alsace	R. Fbg St-Denis	Gare de l'Est
20	M29	**Delaporte** Rue Louis	7 R. N. Ballay	112 R. Lagny	Pte de Vincennes

34

	Plan	Rues / Streets	Commençant	Finissant	Métro
16	J9-K9	**Delaroche** Rue Paul	40 R. Vital	81 Av. P. Doumer	La Muette
11	K26	**Delaunay** Rue R. et S.	123 R. de Charonne	en impasse	Charonne
6	L18-M18	**Delavigne** R. Casimir	10 R. Mr le Prince	1 Pl. de l'Odéon	Odéon
15	O8	**Delbarre** R. du Prof. F.	R. E. Hemingway	R. Leblanc	Boulevard Victor
14	Q15	**Delbet** Rue	149 R. d'Alésia	32 R. L. Morard	Plaisance-Alésia
8	G14	**Delcasse** Av.	24 R. Penthièvre	37 R. La Boétie	Miromesnil
15	M11-N11	**Delcourt** Av.	63 R. Violet	en impasse	Commerce
11	L23	**Delépine** Cr	317 R. de Charonne	en impasse	Ledru Rollin
11	L25	**Delépine** Imp.	R. Léon Frot	16 Imp. Delépine	Rue des Boulets
11	L24	**Delescluze** Rue C.	48 R. Trousseau	31 R. St-Bernard	Ledru Rollin
16	J10-K10	**Delessert** Bd	R. Le Nôtre	Pl. Costa Rica	Passy
17	F22	**Delessert** Pass.	161 Q. de Valmy	8 R. J. Dupont	Château Landon
19	D25	**Delesseux** Rue	14 R. Ardennes	11 R. Ad. Mille	Ourcq
16	N6-O6	**Delestraint** R. du Gal	77 Bd Exelmans	97 Bd Murat	Pte de St-Cloud
20	I25	**Delgrès** Rue Louis	19 R. des Cendriers	16 R. des Panoyaux	Ménilmontant
15	O12	**Delhomme** Rue Léon	3 R. François Villon	4 R. Yvart	Vaugirard
16	I10-I11	**Delibes** Rue Léo	88 Av. Kléber	99 R. Lauriston	Boissière
17	B15-B16	**Deligny** Imp.	8 Pas. Pouchet	en impasse	Guy Môquet
15	P11	**Delmet** Rue Paul	13 R. Vaugelas	64 R. O. de Serres	Convention
13	S21	**Deloder** Villa	21 R. de la Vistule	en impasse	Maison Blanche
17	D12-D13	**Delorme** Rue Philibert	76 Bd Péreire	205 Bd Malesherb.	Wagram-Péreire
14	P17-Q16	**Delormel** Sq. Henri	5 R. Ernest-Cresson	en impasse	Mouton Duvernet
19	G25	**Delouvain** Rue	16 R. de la Villette	11 R. Lassus	Jourdain
14	O14	**Delpayrat** Sq. P.-A.	R. André Gide	R. M. Maignen	Pasteur
9	E19	**Delta** Rue du	179 R. Fbg Poisson.	82 R. Rochechouart	Barbès Rochech.
10	F21	**Demarquay** Rue	23 R. de l'Aqueduc	R. Fbg St-Denis	Gare du Nord
17	E12-F11	**Demours** Rue Pierre	4 Pl. Tr. Bernard	93 Av. de Villiers	Péreire
15	F20	**Denain** Bd de	114 Bd de Magenta	23 R. Dunkerque	Gare du Nord
15	L11	**Denain** Al. duGal	25 R. Desaix	18 Pl. Dupleix	Dupleix
14	O17-P17	**Denfert Rochereau** Av.	32 Av. Observatoire	Pl. Denfert Rocher.	Denfert Rochereau
14	P17	**Denfert Rochereau** Pl.	110 Av. Denfert Roc.	Av. Gal Leclerc	Denfert Rochereau
6	O18	**Denis** Pl. Ernest	Bd St-Michel	Av. de l'Observatoire	Port Royal
12	N24	**Denis** Rue Maurice	25 Pas. Gatbois	18 Pas. Raguinot	Gare de Lyon
20	H24	**Dénoyez** Rue	3 R. Ramponeau	8 R. de Belleville	Belleville
14	D14-E14	**Déodat de Séverac** R.	80 R. Tocqueville	19 R. Jouffroy	Malesherbes
18	D17	**Depaquit** Pass.	55 R. Lepic	30 R. Caulaincourt	Lamarck Caulainc.
18	P16	**Deparcieux** Rue	49 R. Froidevaux	en impasse	Gaîté
18	N15-N16	**Départ** Rue du	68 Bd du Montparn.	39 Av. du Maine	Montparn. Bienv.
18	D21-E22	**Département** Rue du	9 R. de Tanger	34 R. M. Dormoy	Stalingrad
16	O6	**Deport** Rue du Lt.-Col.	1 Pl. du Gal Stéfanik	4 Pl. Dr Michaux	Pte de St-Cloud
15	O28	**Derain** Rue André	14 R. Montempoivre	R. M. Lauroncin	Bel Air
17	C16	**Deraismes** Rue Maria	8 R. Facteur Collet.	1 R. A. Brière	Guy Môquet
18	D17-D18	**Dereure** Rue Simon	10 Al. Brouillards	24 Av. Junot	Lamarck Caulainc.
15	L12	**Déroulède** Av. Paul	Av. Champaubert	54 Av. La Motte P.	La Motte Picquet
15	L12-M12	**Derry** Rue de l'Abbé R.	11 R. du Laos	96 Av. de Suffren	La Motte Picquet
15	L11	**Desaix** Sq.	33 Bd de Grenelle	en impasse	Bir Hakeim
15	L11	**Desaix** Rue	38 Av. de Suffren	39 Bd de Grenelle	Dupleix
11	H23	**Desargues** Rue	20 R. de l'Orillon	R. Fontaine au Roi	Belleville
16	M7	**Desaugiers** Rue	9 R. d'Auteuil	6 R. du Buis	Église d'Auteuil
13	S24	**Desault** Rue P.-J.	Av. Porte de Vitry	R. Mirabeau	Pierre Curie
16	J9	**Desbordes Valmore** R.	9 R. de la Tour	6 R. Faustin Hélie	La Muette
5	M19-N19	**Descartes** Rue	41 R. M. Ste-Genev.	6 R. Thouin	Card. Lemoine
14	T17	**Descaves** Av. Lucien	Av. Vaillant Coutur.	Av. A. Rivoire	Gentilly
7	J11-K12	**Deschanel** Al. Paul	67 Q. Branly	Av. S. de Sacy	Ch. de Mars-Tr Eiffel
7	K12-K13	**Deschanel** Av. Émile	Av. Joseph Bouvard	R. Savorgnan de B.	École Militaire
17	E11	**Descombes** Rue	9 R. Guillaume Tell	145 Av. de Villiers	Pte de Champerret
12	O25	**Descos** Rue	187 R. de Charenton	132 Av. Daumesnil	Dugommier
7	J14	**Desgenettes** Rue	45 Q. d'Orsay	144 R. de l'Univers.	Invalides
2	M16-N16	**Desgoffe** Rue Blaise	139 R. de Rennes	79 R. de Vaugirard	St-Placide
19	C23	**Desgrais** Pass.	36 R. Curial	34 R. Mathis	Crimée
12	O24	**Desgrange** Rue Henri	R. de Bercy	Bd de Bercy	Cr St-Émilion
15	Q14-R15	**Deshayes** Villa	109 R. Didot	en impasse	Plaisance
10	G20-G21	**Désir** Pass. du	89 R. Fbg St-Martin	84 R. Fbg St-Denis	Château d'Eau
20	I26	**Désirée** Rue	31 Av. Gambetta	22 R. Partants	Gambetta

De

Ar.	Plan	Rues / Streets	Commençant	Finissant	Métro
13	P19-P20	**Deslandres** R. Émile	13 R. Berbier Mets	13 R. Cordelières	Les Gobelins
1	P8	**Desmoulins** R. Camille	10 Pl. Léon Blum	13 R. St-Maur	Pte de Sèvres
10	F22	**Desnos** Pl. Robert	R. Boy Zelensky	R. G. F. Haendel	Colonel Fabien
15	P10	**Desnouettes** Sq.	17 Bd Victor	88 R. Desnouettes	Balard
15	P10-P11	**Desnouettes** Rue	352 R. de Vaugirard	27 Bd Victor	Convention
5	N20	**Desplas** Rue Georges	12 R. Daubenton	1 Pl. Puits Ermite	Censier Daubenton
16	N7	**Despréaux** Av.	38 R. Boileau	Av. Molière	Michel Ange Molitor
14	P14-P15	**Desprez** Rue	81 R. Vercingétorix	98 R. de l'Ouest	Pernety
13	Q23-R23	**Dess. des Berges** R. du	50 R. Regnault	23 R. de Domrémy	Bd Masséna
13	T20	**Destrée** Rue Jacques	Av. G. Péri (Gentilly)	Av. Gallieni (Gentilly)	Pte d'Italie
19	F27-G27	**Desvaux** Rue Émile	17 R. de Romainville	22 R. des Bois	Télégraphe
17	E13	**Detaille** Rue Édouard	41 R. Cardinet	59 Av. de Villiers	Wagram
7	L12	**Détrie** Av. du Gal	Av. Thomy Thierry	53 Av. de Suffren	La Motte Picquet
18	O6	**Deubel** Pl. Léon	47 R. Le Marois	R. Gudin	Pte de St-Cloud
15	S17	**Deutsch d. l. Meurt.** R. É.	18 R. Nansouty	30 Bd Jourdan	Cité Universitaire
6	K17	**Deux Anges** Imp. des	6 R. St-Benoît	en impasse	St-Germain des Prés
13	Q21-R21	**Deux Avenues** R. des	157 Av. de Choisy	33 Av. d'Italie	Tolbiac
1	K19	**Deux Boules** R. des	17 R. Ste-Opportune	R. Bertin Poirée	Châtelet
17	E11	**Deux Cousins** Imp. des	11 R. d'Héliopolis	en impasse	Pte de Champerret
5	J18	**Deux Écus** Pl. des	22 R. J. J. Rousseau	13 R. du Louvre	Louvre Rivoli
10	F20-F21	**Deux Gares** Rue des	29 R. d'Alsace	R. Fbg St-Denis	Gare de l'Est
18	E16	**Deux Nèthes** Imp. des	30 Av. de Clichy	en impasse	Gaîté
1	I18	**Deux Pavillons** Pass.	6 R. de Beaujolais	R. des Pts Champs	Bourse
4	L20-L21	**Deux Ponts** Rue des	2 Q. d'Orléans	1 Q. de Bourbon	Pont Marie
20	K28	**Deux Portes** Pass.	R. Galleran	R. Saint-Blaise	Pte de Bagnolet
9	G18	**Deux Sœurs** Pass.	42 R. Fbg Poissre	56 R. La Fayette	Le Peletier
15	O15	**2ème D. B.** Al. de la	Gare Montparnasse		Montparn. Bienv.
20	H27	**Devéria** Rue	146 R. Pelleport	23 R. du Télégraphe	Télégraphe
6	L16	**Deville** Pl. Alphonse	43 Bd Raspail	1 R. d'Assas	Sèvres Babylone
12	M26	**Dewet** Rue Christian	35 R. du Sgt Bauchat	11 R. Dorian	Nation-Montgallet
20	H27-I28	**Dhuis** Rue de la	16 R. E. Maury	34 R. du Surmelin	Pelleport
20	H25	**Dhuit** All. du Père J.	9 R. Père J. Dhuit	33 R. des Envierges	Pyrénées
20	H25	**Dhuit** Rue du Père J.	36 R. Piat	Pyrénées	Pyrénées
9	G17	**Diaghilev** Pl.	41 Bd Haussmann	2 R. de Mogador	Chaussée d'Antin
19	D25	**Diapason** Sq.	6 R. Adolphe Mille		Pte de Pantin
18	C18-D18	**Diard** Rue	125 R. Marcadet	18 R. Francoeur	Lamarck Caulainc.
16	M8	**Diaz** Rue Narcisse	72 Av. Versailles	17 R. Mirabeau	Mirabeau
16	K10	**Dickens** Sq. C.	6 R. des Eaux	en impasse	Passy
16	K10	**Dickens** Rue C.	6 R. des Eaux	Av. René Boylesve	Passy
12	M26-N22	**Diderot** Bd	90 Q. de la Rapée	2 Pl. de la Nation	Reuilly Diderot
12	N23	**Diderot** Cr	R. de Bercy	Cour de Chalon	Gare de Lyon
14	R14	**Didot** Pte	Bd BruneR. Didot	Pte de Vanves	
15	P15-R14	**Didot** Rue	Pl. de Moro Giafferi	79 Bd Brune	Plaisance
15	Q12	**Dierx** Rue Léon	86 Bd Lefebvre	42 Av. A. Barthol.	Pte de Vanves
20	O6-O7	**Dietz Monnin** Villa	10 Villa Cheysson	6 R. Parent de R.	Exelmans
20	K27	**Dieu** Pass.	105 R. des Haies	50 R. des Orteaux	Maraîchers
10	H22	**Dieu** Rue	55 Q. de Valmy	55 Q. de Valmy	République
13	R20-S20	**Dieulafoy** Rue	4 R. du Dr Leray	17 R. Henri Pape	Maison Blanche
12	P25	**Dijon** Rue de	R. Joseph Kessel	1 R. de Bercy	Cour St-Émilion
18	C19	**Dijon** Rue Joseph	2 Bd Ornano	86 R. du Mont Cenis	Simplon
18	B17	**Dimey** Rue Bernard	1 R. Jules Cloquet	70 R. Vauvenargues	Pte de St-Ouen
13	R22	**Disque** Rue du	28 Av. d'Ivry	70 Av. d'Ivry	Pte d'Ivry
16	P16	**Divry** Rue C.	R. Boulard	29 R. Gassendi	Mouton Duvernet
6	N16	**Dix Huit Juin 1940** Pl.	171 R. de Rennes	61 Bd Montparn.	Montparn. Bienv.
17	E10	**Dixmude** Bd de	11 Av. Pte de Villiers	Av. de Salonique	Pte Maillot
17	E10	**Dobropol** Rue du	2 Bd Pershing	3 Bd de Dixmude	Pte Maillot
1	J18	**Dodat** Gal. Véro	19 R.Rousseau	2 R. du Bouloi	Palais Royal-Louvre
12	P28	**Dodds** Av. du Gal	94 Bd Poniatowski	1 Av. Gal Laperrine	Pte Dorée
18	P6	**Dode de la Brunerie** Av.	6 Av. Marcel Doret	104 Av. G. Lafont	Pte de St-Cloud
10	G22	**Dodu** Rue Juliette	3 Av. Cl. Vellefaux	20 R. la G. aux Belles	Colonel Fabien
17	F11	**Doisy** Pass.	55 Av. des Ternes	18 R. d'Armaillé	Ch. de Gaulle Étoile
14	P18	**Dolent** Rue Jean	44 R. de la Santé	R. Fbg St-Jacques	St-Jacques
20	I24-I25	**Dolet** Rue Étienne	6 Bd de Belleville	5 R. Julien Lacroix	Ménilmontant
18	B17	**Dollfus** Rue Jean	50 R. Leibniz	117 Bd Ney	Pte de St-Ouen

Ar.	Plan	Rues / Streets	Commençant	Finissant	Métro
5	N20	**Dolomieu** Rue	41 R. de la Clef	77 R. Monge	Place Monge
5	L19	**Domat** Rue	18 R. des Anglais	7 R. Dante	Maubert Mutualité
15	P12	**Dombasle** Imp.	58 R. Dombasle	en impasse	Convention
15	P12	**Dombasle** Pass.	126 R. l'Abbé Groult	223 R. Convention	Convention
15	P12	**Dombasle** Rue	353 R. de Vaugirard	Pl. Ch. Vallin	Convention
16	///	**Dôme** Rue du	24 R. Lauriston	27 Av. V. Hugo	Kléber
13	S20-121	**Domrémy** Rue du Col.	Av. d'Italie	Bd Kellermann	Pte d'Italie
13	Q22-Q23	**Domrémy** R. de	107 R. du Chevaleret	R. J. Colly	Biblio. F. Mitterrand
16	M7	**Donizetti** Rue	46 R. d'Auteuil	7 R. Poussin	Michel Ange Auteuil
16	I8	**Doornik** Jard.Jan	Bd Lannion	R. de Longchamp	Avenue Foch
15	N12	**Dorchain** R. Auguste	1 R. J. Ludwille	2 R. Quinault	Commerce
17	D12	**Dordogne** Sq. de la	122 Bd Berthier	en impasse	Péreire
17	D12-E13	**Doré** Rue Gustave	155 Av. de Wagram	75 Bd Péreire	Wagram-Péreire
12	P28	**Dorée** Rue	Av. Daumesnil		Pte Dorée
19	D26	**Dorées** Ste des	97 R. Petit	212 Av. J. Jaurès	Pte de Pantin
16	O6-P6	**Doret** Av. Marcel	126 Bd Murat	Périphérique	Pte de St Cloud
18	D18	**Dorgelès** Carr. R.	R. St-Vincent	15 R. des Saules	Lamarck Caulaincourt
12	M26	**Dorian** Av.	9 R. de Picpus	4 Pl. de la Nation	Nation
12	M26	**Dorian** Rue	12 R. de Picpus	1 R. P. Bourdan	Nation
18	D21-E21	**Dormoy** Rue Marx	20 Pl. de la Chapelle	1 R. Ordener	Marx Dormoy
16	H10-H9	**Dosne** Rue	159 R. de la Pompe	25 Av. Bugeaud	Victor Hugo
9	E16-F17	**Douai** Rue de	63 R. Pigalle	77 Bd de Clichy	Pigalle
14	R17	**Douanier Rousseau** R.	106 R. la Tombe Iss.	13 R. du P. Corentin	Alésia-Pte d'Orléans
17	C13	**Douaumont** Bd de	36 Av. Pte de Clichy	Bd Fort de Vaux	Pte de Clichy
4	L19	**Double** R. au	21 Q. de Montebello	R. d'Arcole	St-Michel
18	D19-D21	**Doudeauville** Rue	59 R. Marx Dormoy	58 R. de Clignanc.	Marx Dormoy
16	J10-K9	**Doumer** Av. Paul	Pl. du Trocadéro	82 R. de Passy	Troca.-La Muette
6	L17	**Dragon** Rue du	163 Bd St-Germain	56 R. du Four	St-Germain des Prés
11	I24	**Dranem** Rue	5 Impasse Gaudelet	15 Av. J. Aicard	Rue St-Maur
17	F9	**Dreux** Rue de	R. du Midi	Pte Maillot	Pte Maillot
18	E18	**Drevet** Rue	30 R. des 3 Frères	21 R. Gabrielle	Abbesses
13	R18-R19	**Dreyer** Sq. André	16 R. Wurtz		Glacière
12	M24	**Driancourt** Imp.	33 R. de Cîteaux	58 R. Crozatier	Faidherbe Chaligny
1	I18-J18	**Driant** Rue du Col.	29 R. J.J. Rousseau	8 R. de Valois	Palais Royal-Louvre
15	O15	**Dronne** Al. du Cap.	Gare Montparnasse		Montparn. Bienv.
9	G18-H18	**Drouot** Rue	2 Bd Haussmann	47 R. Fbg Montmar.	Richelieu Drouot
17	E15	**Droux** Rue Léon	78 Bd d. Batignolles	2 R. de Chéroy	Rome
12	M24	**Druinot** Imp.	41 R. de Cîteaux	en impasse	Faidherbe Chaligny
17	L8	**Dubail** Av. du Gal	23 R. l'Assomption	1 Pl. Rodin	Ranelagh-Jasmin
10	G21	**Dubail** Pass.	120 R. Fbg St-Martin	50 R. Vinaigriers	Gare de l'Est
9	K9	**Duban** Rue	Pl. Chopin	1 R. Bois le Vent	La Muette
8	F16	**Dublin** Pl. de	18 R. de Moscou	R. de Turin	Liège
6	L18	**Dubois** Rue Antoine	23 R. École de Méd.	21 R. Mr le Prince	Odéon
18	E18-E19	**Dubois** R. du Card.	1 R. Lamarck	11 R Foyatier	Abbesses
12	E24	**Dubois** Pass.	38 R. Petit	en impasse	Laumière
14	Q17-Q18	**Dubois** Rue Émile	16 R. Dareau	23 R. la Tombe Iss.	St-Jacques
3	I21	**Dubois** Rue Paul	18 R. Perrée	3 R. Dupetit Thouars	Temple
12	P28	**Dubois** Rue Marcel	98 Bd Poniatowski	5 Av. Gal Laperrine	Pte Dorée
19	E24	**Dubois** Rue André	8 Av. de Laumière	24 R. du Rhin	Laumière
20	G28-H27	**Dubouillon** Rue Henri	60 R. Haxo	199 Av. Gambetta	St-Fargeau
20	J27	**Dubourg** Cité	52 R. Stendhal	57 R. des Prairies	Gambetta
12	O25-O26	**Dubrunfaut** Rue	5 Bd de Reuilly	146 Av. Daumesnil	Dugommier
12	P25	**Dubuffet** Pass.	53 Av. Terroirs de Fr.	150 R. Pirog. Bercy	Cour St-Émilion
18	C18-C19	**Duc** Rue	29 R. Hermel	52 R. Duhesme	Jules Joffrin
13	R22	**Duchamp** R. Marcel	R. Chât. des Rentiers	40 R. Nationale	Pte d'Ivry
13	Q22	**Duchefdelaville** Imp.	20 R. Duchefdelaville	en impasse	Nationale
13	P23-Q22	**Duchefdelaville** Rue	153 R. du Chevaleret	30 R. Dunois	Chevaleret
14	P14	**Duchêne** Sq. H. et A.	R. Vercingétorix	R. d'Alésia	Plaisance
15	M11	**Duchêne** Rue Henri	32 R. Fondary	133 Av. E. Zola	Av. Émile Zola
19	B23	**Duchesne** R. Jacques	192 Bd Macdonald	55 rue E. Bolaert	Pte de la Chapelle
15	N13	**Duclaux** Rue Émile	13 R. Blomet	184 R. de Vaugirard	Volontaires
11	J24	**Dudouy** Pass.	48 R. St-Maur	59 R. Servan	Rue St-Maur
20	H26	**Duée** Rue de la	8 R. Pixérécourt	24 R. des Pavillons	Télégraphe
20	H26	**Duée** Pass. de la	15 R. de la Duée	26 R. Pixérécourt	Télégraphe

37

Ar.	Plan	Rues / Streets	Commençant	Finissant	Métro
16	I8-I9	**Dufrenoy** Rue	184 Av. Victor Hugo	37 Bd Lannes	Av. Henri Martin
16	O7	**Dufresne** Villa	151 Bd Murat	39 R. C. Terrasse	Pte de St-Cloud
20	I25-I26	**Dufy** Rue Raoul	15 R. des Partants	Pl. Henri Matisse	Gambetta
12	O25-O26	**Dugommier** Rue	2 R. Dubrunfaut	152 Av. Daumesnil	Dugommier
6	M17	**Duguay Trouin** Rue	56 R. d'Assas	19 R. de Fleurus	N.-D. des Champs
18	Q24	**Duhamel** Jard. G.	R. Ch. de Laclos	10 R. Jean Anouilh	Biblio. F. Mitterrand
18	B19-D18	**Duhesme** Rue	108 R. du Mont Cenis	42 R. Championnet	Pte de Clignancourt
18	B19	**Duhesme** Pass.	92 R. Lamarck	8 Pas. Duhesme	Pte de Clignancourt
12	O26	**Dukas** Rue Paul	177 Av. Daumesnil	15 Allée Vivaldi	Daumesnil
15	N14-N15	**Dulac** Rue	157 R. de Vaugirard	24 R. Falguière	Pasteur
20	J28	**Dulaure** Rue	36 Bd Mortier	9 R. Le Vau	Pte de Bagnolet
18	E18	**Dullin** Pl. C.	1 Villa Dancourt	R. D'Orsel	Anvers
17	D14-E15	**Dulong** Rue	86 R. des Dames	140 R. Cardinet	Rome
11	L25-L26	**Dumas** Pass.	199 Bd Voltaire	69 Pl. de la Réunion	Alexandre-Dumas
11	E11	**Dumas** Rue J.-B.	199 Bd Voltaire	69 Pl. de la Réunion	Rue des Boulets
11	K27-L25	**Dumas** R. Alexandre	213 Bd Voltaire	22 R. Voltaire	Rue des Boulets
11	K27-L25	**Dumas** R. Alexandre	213 Bd Voltaire	22 R. Voltaire	Rue des Boulets
20	G25	**Dumay** Rue J.-B.	44 R. Bayen	57 R. Laugier	Pte de Champerret
11	O20-P21	**Duméril** Rue	346 R. des Pyrénées	114 R. de Belleville	Jourdain-Pyrénées
15	L11	**Dumézil** R. Georges	41 Bd St-Marcel	102 Bd de l'Hôpital	Campo Formio
20	H27	**Dumien** Rue Jules	16 R. Edgar Faure	13 Al. M. Yourcenar	Dupleix
12	Q16-Q17	**Dumoncel** R. Remy	52 R. la Tombe Iss.	51 Av. Gal Leclerc	Mouton Duvernet
11	H11-H12	**Dumont d'Urville** R.	14 Pl. des États Unis	63 Av. d'Iéna	Kléber
4	Q16	**Dunand** Sq. de l'Aspt	R. Mouton Duvernet	R. Brézin	Alésia
13	S22	**Dunand** Rue Jean	R. de la Pointe d'Ivry	R. Ch. Bertheau	Pte de Choisy
8	H12	**Dunant** Pl. Henri	R. François Ier	40 Av. George V	George V
19	G24	**Dunes** Rue des	43 R. d'Alsace	39 Bd de Rochech.	G. du Nord-Anvers
9	E19-F21	**Dunkerque** Rue de	43 R. d'Alsace	39 Bd de Rochech.	G. du Nord-Anvers
13	P22-Q23	**Dunois** Rue	30 R. de Domrémy	82 Bd V. Auriol	Chevaleret
13	P22	**Dunois** Sq.	76 R. Dunois	en impasse	Chevaleret
17	E14	**Duparc** Sq. Henri	Sq. F. la Tombelle		Villiers
9	E17-E18	**Duperré** Rue	11 Pl. Pigalle	20 R. de Douai	Pigalle
3	I21	**Dupetit Thouars** Rue	14 R. Dupetit Thouars	en impasse	Temple
3	I21	**Dupetit Thouars** Cité	27 R. de Picardie	160 R. du Temple	Temple
1	H16-I16	**Duphot** Rue	382 R. St-Honoré	23 Bd la Madeleine	Madeleine
6	M16	**Dupin** Rue	47 R. de Sèvres	48 R. Cherche Midi	Sèvres Babylone
8	G10	**Duplan** Cité	12 R. Pergolèse		Pte Maillot
15	L12-M11	**Dupleix** Rue	26 R. Dupleix	28 R. Dupleix	Dupleix
15	L12	**Dupleix** Pl.	74 Av. de Suffren	83 Bd de Grenelle	Dupleix
18	D20	**Duployé** Rue Émile	53 R. Stephenson	3 R. Marcadet	Marx Dormoy
11	J24	**Dupont** Cité	50 R. St-Maur	en impasse	Rue St-Maur
16	G10-G9	**Dupont** Villa	48 R. Pergolèse	en impasse	Pte Maillot
19	F22	**Dupont** Rue Pierre	12 R. Eugène Varlin	11 R. A. Parodi	Louis Blanc
20	H27-I27	**Dupont de l'Eure** R.	115 Av. Gambetta	R. Villiers Isle A.	Pelleport
7	J12-K13	**Dupont des Loges** R.	1 R. Sédillot	R. St-Dominique	Pont de l'Alma
15	Q12	**Dupré** Rue Jules	4 R. des Périchaux	93 Bd Lefebvre	Pte de Versailles
3	I21-I22	**Dupuis** Rue	4 R. Dupetit Tho.	7 R. Béranger	Temple-République
18	D21	**Dupuy** Imp.	74 R. Ph. de Girard	en impasse	Marx Dormoy
16	M8	**Dupuy** Rue Paul	20 R. Félicien David	en impasse	Mirabeau
13	S23	**Dupuy de Lôme** Rue	3 R. Péan	44 Av. Pte d'Ivry	Pte d'Ivry
6	L18	**Dupuytren** Rue	29 R. École de Méd.	5 R. Mr le Prince	Odéon
7	L13-M14	**Duquesne** Av.	1 Pl. École Milit.	6 R. Eblé	St-Franç. Xavier
12	O26	**Durance** Rue de la	29 R. Brèche Loups	24 Bd de Reuilly	Daumesnil
14	Q13	**Durand Clayes** R. A.	198 R. R. Losserand	231 R. Vercingétorix	Pte de Vanves
11	J24-J25	**Duranti** Rue	20 R. St-Maur	59 R. Folie Regnault	Voltaire
18	D17-E18	**Durantin** Rue	1 R. Ravignan	62 R. Lepic	Abbesses
15	O10	**Duranton** Jard.	R. Duranton		Boucicaut
15	O10	**Duranton** Rue	135 R. de Lourmel	274 R. Lecourbe	Boucicaut
8	H15	**Duras** Rue de	76 R. Fbg St-Honor.	13 R. Montalivet	Miromesnil
16	G10	**Duret** Rue	48 Av. Foch	1 R. Pergolèse	Pte Maillot
20	I25	**Duris** Pass.	9 R. Duris	en impasse	Père Lachaise
20	I25	**Duris** Rue	R. des Amandiers	36 R. des Panoyaux	Père Lachaise
13	P24-Q23	**Durkheim** Rue Émile	Av. de France	Quai F. Mauriac	Biblio. F. Mitterrand
11	I24	**Durmar** Cité	154 R. Oberkampf	en impasse	Ménilmontant

Ar.	Plan	Rues / Streets	Commençant	Finissant	Métro
7	M14	**Duroc** Rue	52 Bd des Invalides	3 Pl. de Breteuil	Duroc
14	P16-Q16	**Durouchoux** Rue	3 R. Ch. Divry	178 Av. du Maine	Mouton Duvernet
15	O12-P12	**Duruy** Rue Victor	329 R. de Vaugirard	221 R. Convention	Convention
20	G27	**Dury Vasselon** Villa	292 R. de Belleville	7 Villa Gagliardini	Pte des Lilas
5	M11	**Dussane** Rue Béatrix	19 R. Viala	16 R. de Lourmel	Dupleix
2	I19	**Dussoubs** Rue	24 R. Tiquetonne	35 R. du Caire	Étienne Marcel
14	Q15-R15	**Duthy** Villa	99 R. Didot	en impasse	Plaisance
15	O14	**Dutot** Rue	52 R. des Volont.	5 Pl. d'Alleray	Volontaires
8	I14-I15	**Dutuit** Av.	Cours la Reine	Av. Ch. Élysées	Ch. Élysées Clem.
4	K21	**Duval** Rue Ferdinand	9 R. de Rivoli	7 R. des Rosiers	St-Paul
19	D23-D24	**Duvergier** Rue	79 Q. de la Seine	84 R. de Flandre	Crimée
20	J29	**Duvernois** Rue Henri	74 R. L. Lumière	25 R. Serpollet	Pte de Bagnolet
7	K13	**Duvivier** Rue	157 R. de Grenelle	20 Av. La Motte P.	École Militaire

E

13	Q21	**Eastman** Rue George	61 Av. Edison	162 Av. de Choisy	Place d'Italie
16	K10	**Eaux** Pass. des	R. Raynouard	8 R. Ch. Dickens	Passy
16	K10	**Eaux** Rue des	18 Av. Pdt Kennedy	9 R. Raynouard	Passy
11	J23	**Eaux Vives** Pass. des	69 Bd R. Lenoir	79 Bd R. Lenoir	Richard Lenoir
12	N25	**Ebelmen** Rue	19 R. Montgallet	4 R. Ste Cl. Deville	Montgallet
7	M14	**Eblé** Rue	46 Bd des Invalides	39 Av. Breteuil	St-Franç. Xavier
12	O26	**Eboué** Pl. Félix	Av. Daumesnil	Bd de Reuilly	Daumesnil
12	N25	**Eboué** Rue Eugénie	20 R. Érard	en impasse	Reuilly Diderot
6	L17-L18	**Echaudé** Rue de l'	40 R. de Seine	164 Bd St-Germain	Mabillon
1	I17-J17	**Echelle** Rue de l'	182 R. de Rivoli	3 Av. de l'Opéra	Palais Royal-Louvre
10	H19-H20	**Echiquier** Rue de l'	33 R. Fbg St-Denis	16 R. Fbg Poisson.	Strasbourg St-Denis
10	F22-G22	**Ecluses St-Martin** R.	47 R. Grange Belles	146 Q. de Jemmapes	Colonel Fabien
9	F18	**Ecole** Imp. de l'	5 R. de l'Agent Bailly	en impasse	St-Georges
1	K18	**Ecole** Pl. de l'	12 Q. du Louvre	R. Prêtres St-G. l'A.	Pont Neuf
6	L18	**Ec. de Médecine** R.	26 Bd St-Michel	85 Bd St-Germain	Odéon
7	L13	**Ecole Militaire** Pl. de	85 Av. Bosquet	Av. La Motte P.	École Militaire
5	M19	**Ec.Polytechn.** R. de l'	52 R. M. Ste-Genev.	1 R. Valette	Maubert Mutualité
20	I26	**Ecoles** Cité des	13 R. Orfila	R. Villiers Isle A.	Gambetta
5	M18-M20	**Ecoles** Rue des	30 R. du Cal Lemoine	25 Bd St-Michel	Maubert Mutualité
15	N11	**Ecoliers** Pass. des	75 R. Violet	3 Pas. Entrepren.	Commerce
5	M19	**Ecosse** Rue d'	3 R. de Lanneau	en impasse	Maubert Mutualité
4	K21	**Ecouffes** Rue des	26 R. de Rivoli	19 R. des Rosiers	St-Paul
16	J7	**Ecr. Comb. M. p. la F.** Sq.	22 Bd Suchet	21 Av. Mal Maun.	La Muette
20	L28	**Ecuyers** Stier des	9 R. la Croix St-Sim.	2 Av. Maraîchers	Maraîchers
8	F15	**Edimbourg** Rue d'	59 R. de Rome	70 R. du Rocher	Europe
13	Q21-R22	**Edison** Av.	70 R. Baudricourt	178 Av. Choisy	Place d'Italie
19	U24	**Edit de Nantes** Pl. de l'	Pl. de Bitche	R. Duvergier	Crimée
9	H16	**Edouard VII** Sq.	Pl. Edouard VII	R. Eduard VII	Opéra
9	H16	**Edouard VII** Pl.	5 R. Ed. VII	en impasse	Opéra
9	H16	**Edouard VII** Rue	16 Bd d. Capucines	18 R. Caumartin	Opéra-Auber
9	F26	**Egalité** Rue de l'	24 R. de la Liberté	55 R. Mouzaïa	Danube
4	L21	**Eginhard** Rue	31 R. St-Paul	4 R. Charlemagne	St-Paul
11	N11	**Eglise** Imp. de l'	83 R. de l'Église	en impasse	Félix Faure
15	N10-N11	**Eglise** Rue de l'	105 R. St-Charles	24 Pl. Ét. Pernet	Charles Michels
16	M7-M8	**Egl. d'Auteuil** Pl.	R. Chardon Lagache	Av. Th. Gautier	Église d'Auteuil
16	K7	**Egl. de l'Assomption** Pl.	90 R. l'Assomption		Ranelagh
19	C24	**Eiders** Al. des	10 R. de Cambrai	64 R. de l'Ourcq	Crimée
7	K11-K12	**Eiffel** Av. Gustave	Av. Silv. de Sacy	Av. Octave Gérard	Ch. de Mars-Tr Eiffel
8	I14	**Eisenhower** Av. Gal	Pl. Clemenceau	21 Av. F. D. Roosev.	Ch. Élysées Clem.
13	Q24	**El Greco** Rue	Q. Panhard Levassor	R. Olivier Messiaen	Biblio. F. Mitterrand
7	L14	**El Salvador** Pl.	42 Av. de Breteuil	Av. Duquesne	St-Franç. Xavier
18	D21	**Eluard** Pl. Paul	R. Marx Dormoy	R. Ph. de Girard	Marx Dormoy
8	H15	**Elysée** Rue de l'	Av. Gabriel	R. Fbg St-Honor.	Ch. Élysées Clem.
11	H25	**Elys. Ménilm.** Rue de l'	8 R. Julien Lacroix	en impasse	Ménilmontant
8	H13-H14	**Élysées 26** Gal.	23 R. de Ponthieu	Av. Ch. Élysées	Franklin Roosevelt
8	H13	**Élysées La Boétie** Gal.	52 Av. Ch. Élysées	109 R. La Boétie	Franklin Roosevelt

Ar.	Plan	Rues / Streets	Commençant	Finissant	Métro
16	G6-G8	**Étoile** Rte de l'	Al. Fortunée	Av. Mah. Gandhi	Pte Dauphine
17	F11-G12	**Étoile** Rue de l'	25 Av. de Wagram	20 Av. Mac Mahon	Ternes
11	L23	**Étoile d'Or** Cr de l'	75 R. Fbg St-Ant.	en impasse	Ledru Rollin
8	H12	**Euler** Rue	31 R. de Bassano	66 R. Galilée	George V
20	H25	**Eupatoria** Rue d'	2 R. Julien Lacroix	1 R. de la Mare	Ménilmontant
19	P15	**Eure** Rue de l'	14 R. H. Maindron	23 R. Didot	Pernety
8	—	**Europe** Pl. de l'	R. de Constantinople	58 R. de Londres	Europe
18	B23-C22	**Évangile** Rue de l'	44 R. de Torcy	R. d'Aubervilliers	Marx Dormoy
20	I27	**Éveillard** Imp.	36 R. Belgrand	en impasse	Pte de Bagnolet
19	D24	**Evette** Rue	9 R. de Thionville	10 Q. de la Marne	Crimée
16	M6-O7	**Exelmans** Bd	168 Q. L. Blériot	R. d'Auteuil	Exelm.-Pte Auteuil
16	N7	**Exelmans** Hameau	1 Hameau Boileau	66 Bd Exelmans	Exelmans
7	K13	**Exposition** Rue de l'	129 R. St-Dominique	200 R. de Grenelle	École Militaire
16	I10-J10	**Eylau** Av. d'	10 Pl. du Trocadéro	Pl. de Mexico	Trocadéro
16	H11	**Eylau** Villa d'	44 Av. Victor Hugo	en impasse	Kléber

F

Ar.	Plan	Rues / Streets	Commençant	Finissant	Métro
7	J14-K14	**Fabert** Rue	39 Q. d'Orsay	146 R. de Grenelle	La Tour Maubourg
10	F22	**Fabien** Pl. du Col.	82 Bd de la Villette	1 R. de Meaux	Colonel Fabien
10	O12	**Fabre** Rue Ferdinand	135 R. Blomet	302 R. de Vaugirard	Convention
18	A17-A19	**Fabre** R. Jean-Henri	Av. Pte Clignanc.	Av. Pte Montmartre	Pte de Clignancourt
12	M26-N26	**Fabre d'Églantine** R.	1 Av. st-Mandé	16 Pl. de la Nation	Nation
11	I23	**Fabriques** Cr des	70 R. J.P. Timbaud	en impasse	Parmentier
13	P20-Q21	**Fagon** Rue	28 Av. St. Pichon	163 Bd de l'Hôpital	Place d'Italie
14	S17	**Faguet** Rue Émile	63 Bd Jourdan	R. Prof. H. Vincent	Pte d'Orléans
10	L24	**Faidherbe** Rue	235 R. du Fbg St-A.	92 R. de Charonne	Faidherbe Chaligny
16	H9-I8	**Faisanderie** R. de la	59 Av. Bugeaud	198 Av. V. Hugo	Pte Dauphine
16	H9	**Faisanderie** V. de la	26 R. la Faisanderie	88 Bd Flandrin	Pte Dauphine
18	B17	**Falaise** Cité	36 R. Leibniz	8 R. J. Dollfus	Pte de St-Ouen
20	I27	**Falaises** Villa des	68 R. de la Py	en impasse	Pte de Bagnolet
19	F22	**Falck** Sq. Jean	115 Bd de la Villette	6 Pas. Cottin	Jaurès
18	D19	**Falconet** Rue	6 R. du Ch. Barrès	en impasse	Château Rouge
15	N15-P14	**Falguière** Rue	131 R. de Vaugirard	3 Pl. Falguière	Falguière-Pasteur
15	O14	**Falguière** Cité	72 R. Falguière	en impasse	Pasteur
15	P14	**Falguière** Pl.	R. la Procession	R. Falguière	Vaugirard-Pernety
15	M11	**Fallempin** Rue	15 R. de Lourmel	18 R. Violet	Dupleix
19	F25	**Fallières** V. Armand	6 R. Miguel Hidalgo	en impasse	Botzaris
16	P0	**Fanfan la Tulipe** R.	R. du Jour se lève	R. René Clair	Pte de St-Cloud
16	O7	**Fantin Latour** Rue	172 Q. L. Blériot	17 Bd Exelmans	Exelmans
17	E11-F11	**Faraday** Rue	8 R. Lebon	49 R. Laugier	Péreire
7	M15	**Fargue** Pl. Léon-Paul	Bd Montparnasse	R. de Sèvres	Duroc
15	P8-P9	**Farman** Rue Henry	Av. Porte de Sèvres	R. C. Desmoulins	Place Balard
16	N5	**Farrère** R. Claude	2 Av. Parc des Pr.	R. Nungesser et Coli	Pte de St-Cloud
10	H23-I22	**Fbg du Temple** R. du	10 Pl. de la Rép.	1 Bd de la Villette	République
9	G18-H18	**Fbg Montmartre** R. du	32 Bd Poissonnière	4 R. Fléchier	Grands Boulevards
10	E19-H19	**Fbg Poissonnière** R. du	2 Bd Poissonnière	153 Bd de Magenta	Bonne Nouvelle
11	L22-M26	**Fbg St-Antoine** R. du	2 R. la Roquette	1 Pl. de la Nation	Bastille-Nation
12	L22-M26	**Fbg St-Antoine** R. du	2 R. la Roquette	1 Pl. de la Nation	Bastille-Nation
10	E21-H20	**Fbg St-Denis** R. du	2 Bd Bon. Nouvelle	37 Pl. de la Chapelle	Gare Nord-Gare Est
8	F12-H16	**Fbg St-Honoré** R. du	15 R. Royale	46 Av. Wagram	Concorde-Ternes
14	O18-P17	**Fbg St-Jacques** R. du	117 Bd Port Royal	Pl. St-Jacques	Port Royal
10	E22-H20	**Fbg St-Martin** R. du	2 Bd St-Denis	147 Bd de Villette	G. de l'Est-L. Blanc
20	H25	**Faucheur** Villa	R. des Envierges	En Impasse	Pyrénées
4	L21	**Fauconnier** Rue du	38 Q. des Célestins	13 R. Charlemagne	Pont Marie
19	N11-O9	**Faure** Av. Félix	26 Pl. Et. Pernet	3 Pl. Balard	F. Faure-Balard
19	A24-A25	**Faure** Bd Félix	23 Bd Commanderie	Bd F. Faure	Pte de la Villette
15	F26	**Faure** Villa Félix	44 R. de Mouzaïa	25 R. de Bellevue	Danube
15	L11-L12	**Faure** Rue Edgar	R. de Presles	R. Desaix	Dupleix
17	E14	**Fauré** Sq. Gabriel	25 R. Legendre	en impasse	Malesherbes
12	M29-N29	**Faure** Rue Elie	21 R. du Chaffault	24 Av. Pte Vincennes	St-Mandé Tourelle
15	O10	**Faure** Rue Félix	85 Av. Félix Faure	5 R. F. Mistral	Lourmel

Ar.	Plan	Rues / Streets	Commençant	Finissant	Métro
13	R22-R23	**Fautrier** Rue Jean	47 R. Albert	42 R. Chât. Rentiers	Pte d'Ivry
18	D16	**Fauvet** Rue	51 R. Ganneron	36 Av. de St-Ouen	La Fourche
2	H18	**Favart** Rue	1 R. Grétry	9 Bd des Italiens	Richelieu Drouot
15	O13	**Favorites** Rue des	273 R. de Vaugirard	48 R. P. Barruel	Vaugirard
16	H8-I8	**Fayolle** Av. du Mal	Pl. Mal de Tassigny	Av. L. Barthou	Av. Henri Martin
12	P26-P27	**Fécamp** Rue de	20 R. des Meuniers	250 Av. Daumesnil	Pte de Charenton
15	K11-L12	**Fédération** Rue de la	103 Q. Branly	70 Av. de Suffren	Bir Hakeim
6	L17	**Félibien** Rue	1 R. Clément	2 R. Lobineau	Mabillon
17	D14	**Félicité** Rue de la	82 R. de Tocqueville	107 R. de Saussure	Malesherbes
10	F20	**Fénelon** Rue	2 R. d'Abbeville	5 R. de Belzunce	Poissonnière
9	F18	**Fénélon** Cité	32 R. Milton	en impasse	Cadet
15	O12	**Fenoux** Rue	6 R. Gerbert	67 R. l'Abbé Groult	Convention
5	O20	**Fer à Moulin** Rue du	2 Fossés St-Marcel	1 Av. des Gobelins	Censier Daubenton
20	I28	**Ferber** Rue du Cap.	15 R. Belgrand	59 Bd Mortier	Pte de Bagnolet
8	F14	**Ferdousi** Av.	Av. Ruysdaël	Bd de Courcelles	Monceau
17	F11	**Férembach** Cité	21 R. St-Ferdinand	en impasse	Argentine
14	O16-P16	**Fermat** Pass.	2 R. Fermat	69 R. Froidevaux	Gaîté
14	P16	**Fermat** Rue	57 R. Froidevaux	82 R. Daguerre	Gaîté
20	H24	**Ferme de Savy** R. de	27 R. Jouye Rouve	19 Pass. de Pékin	Pyrénées
10	G20	**Ferme St-Lazare** Cr	79 Bd de Magenta	en impasse	Gare de l'Est
10	G20	**Ferme St-Lazare** Pass.	15 R. de Chabrol	4 Cour Ferme St-L.	Gare de l'Est
1	J18	**Fermes** Crs des	15 R. du Louvre	2 R. du Bouloi	Louvre Rivoli
17	D14	**Fermiers** Rue des	16 R. Jouffroy	89 R. de Saussure	Malesherbes
6	M17	**Férou** Rue	3 R. du Canivet	48 R. de Vaugirard	St-Sulpice
9	M16	**Ferrandi** Rue Jean	83 R. Cherche Midi	100 R. de Vaugirard	Vaneau-St-Placide
7	K12	**Ferrié** Av. du Gal	Al. Adr. Lecouvreur	Allée Th. Thierry	Ch. de Mars-Tr Eiffel
1	J19	**Ferronnerie** R. de la	41 R. St-Denis	R. de la Lingerie	Châtelet
14	Q18	**Ferrus** Rue	3 Bd St-Jacques	6 R. Cabanis	Glacière
11	H22-I22	**Ferry** Bd Jules	13 Av. de la Rép.	28 R. Fbg du Temple	République
11	I22	**Ferry** Sq. Jules	Bd Jules Ferry		République
19	O6-P6	**Ferry** Rue Abel	3 R. de la P. Arche	128 Bd Murat	Pte de St-Cloud
19	F24-G25	**Fessart** Rue	1 R. de Palestine	26 R. Botzaris	Jourdain-Pyrénées
19	F26-G26	**Fêtes** Pl. des	21 R. des Fêtes	40 R. Compans	Pl. des Fêtes
19	G26	**Fêtes** Rue des	169 R. de Belleville	51 R. Compans	Pl. des Fêtes
5	N18	**Feuillantines** R. des	Pl. P. Lampué	7 R. P. Nicole	Luxembourg
1	I16-J17	**Feuillants** Terr. des	J. des Tuileries		Tuileries
16	J8	**Feuillet** Rue Octave	1 Bd Jules Sandeau	113 Av. H. Martin	La Muette
10	G23	**Feulard** Rue Henri	25 R. Sambre et M.	45 Bd de la Villette	Colonel Fabien
18	D19-E19	**Feutrier** Rue	8 R. A. del Sarte	10 R. P. Albert	Château Rouge
18	D18	**Féval** Rue Paul	35 R. du Mont Cenis	26 R. des Saules	Lamarck Caulainc.
2	H18	**Feydeau** Gal.	10 R. St-Marc	8 Gal. des Variétés	Bourse
2	H18	**Feydeau** Rue	27 R. N.-D. Victoires	80 R. de Richelieu	Bourse
10	G20-G21	**Fidélité** Rue de la	75 Bd de Strasbourg	94 R. Fbg St-Denis	Gare de l'Est
4	L21	**Figuier** Rue du	5 R. du Fauconnier	21 R. Charlemagne	St-Paul
3	J22	**Filles du Calvaire** Bd	R. St-Sébastien	R. Filles du Calvaire	Filles du Calvaire
3	J22	**Filles du Calvaire** R.	94 R. de Turenne	1 Bd du Temple	Filles du Calvaire
2	H18	**Filles St-Thomas** R.	1 R. du 4 Septembre	66 R. de Richelieu	Bourse
18	A22-B22	**Fillettes** Imp. des	46 R. Ch. Hermite	Imp. des Fillettes	Pte de La Chapelle
18	C21	**Fillettes** Rue des	8 R. Boucry	en impasse	Marx Dormoy
17	D15	**Fillion** Pl. C.	82 Pl. Dr Lobligeois	146 R. Cardinet	Brochant
7	J14	**Finlande** Pl. de	1 Bd La Tour Maub.	R. Fabert	Invalides
15	L10-L11	**Finlay** Rue du Dr	27 Q. de Grenelle	56 Bd de Grenelle	Dupleix
15	Q13	**Fizeau** Rue	85 R. Brancion	118 R. Castagnary	Pte de Vanves
17	D12	**Flachat** Rue Eugène	1 R. Alfred Roll	51 Bd Berthier	Péreire
13	O22-P23	**Flamand** Rue Edmond	18 Bd Vincent Auriol	R. Fulton	Quai de la Gare
4	K19	**Flamel** Rue Nicolas	88 R. de Rivoli	7 R. des Lombards	Châtelet
18	B18	**Flammarion** R. Camille	134 Bd Ney	36 R. René Binet	Pte de Clignancourt
19	C24-E22	**Flandre** Av. de	210 Bd de la Villette	Pontde Flandre	Stalingrad-Crimée
19	D23	**Flandre** Pass. de	48 R. de Flandre	47 Q. de la Seine	Riquet
16	H9-I8	**Flandrin** Bd	Pl. Tattegrain	83 Av. Foch	Pte Dauphine
5	O19	**Flatters** Rue	50 Bd Port Royal	25 R. Berthollet	Les Gobelins
17	E12-F12	**Flaubert** Rue Gustave	105 R. de Courcelles	14 R. Rennequin	Ternes-Péreire
9	G18	**Fléchier** Rue	18 R. de Châteaudun	67 R. Fbg Montmar.	N.-D. de Lorette

42

	Plan	Rues / Streets	Commençant	Finissant	Métro
19	E27-F28	**Fleming** R. Alexander	76 Av. du Belvédère	Av. Pte Pré St-Gerv.	Pré St-Gervais
15	L10-M10	**Flers** Rue Robert de	5 R. Rouelle	11 R. Linois	Charles Michels
19	F25	**Fleurie** Villa	147 Carducci	en impasse	Jourdain
17	C15	**Fleurs** Cité des	154 Av. de Clichy	59 R La Jonquière	Brochant
4	K20-L20	**Fleurs** Quai aux	2 R. d. Cloître N.-D.	1 R. d'Arcole	St-Michel
6	M16-M17	**Fleurus** Rue de	22 R. Guynemer	7 R. N.-D. Champs	St-Placide
8	E20	**Fleury** Rue	74 Bd la Chapelle	R. la Charbonn.	Barbès Rochech.
28	H28-H29	**Fleury** Sq. Emmanuel	R. Le Vau	St-Fargeau	
15	N12	**Fleury** Rue Robert	64 R. Cambronne	85 R. Mademoiselle	Vaugirard
13	N12	**Fleury** Rue Robert	64 R. Cambronne	85 R. Mademoiselle	Vaugirard
8	C19-D19	**Flocon** Rue Ferdinand	56 R. Ramey	99 R. Ordener	Jules Joffrin
7	K11-L12	**Floquet** Av. C.	3 Av. Octave Gréard	R. J. Carriès	Champ de Mars-Tr Eiffel
20	M7	**Flore** Villa	120 Av. Mozart	en impasse	Michel Ange Auteuil
17	A15	**Floréal** Rue	R. Arago (St-Ouen)	Bd du Bois le Prêtre	Pte de St-Ouen
8	E16	**Florence** Rue de	33 R. St-Petersbourg	28 R. de Turin	Place de Clichy
19	F25	**Florentine** Cité	84 R. de la Villette	en impasse	Botzaris
20	J27-K27	**Florian** Rue	37 R. Vitruve	104 R. de Bagnolet	Pte de Bagnolet
14	Q14-Q15	**Florimont** Imp.	150 R. d'Alésia	en impasse	Plaisance
17	B16	**Flourens** Pass.	19 Bd Bessières	39 R. J. Leclaire	Pte de St-Ouen
16	G11-H9	**Foch** Av.	Pl. Ch. de Gaulle	Bd Lannes	Ch. de Gaulle Étoile
14	R16	**Focillon** Rue Adolphe	26 R. Sarrette	11 R. Marguerin	Alésia
3	K22	**Foin** Rue du	3 R. de Béarn	30 R. de Turenne	Chemin Vert
11	H22-J23	**Folie Méricourt** R. de	1 R. St-Ambroise	2 R. Fontain. au Roi	St-Ambroise
1	J25	**Folie Regnault** Pass.	62 R. Folie Regnault	43 Bd de Ménilm.	Père Lachaise
1	K25	**Folie Regnault** Sq.	R. Folie Regnault	Pas. Courtois	Philippe Auguste
1	J25-K25	**Folie Regnault** Rue de la	70 R. Léon Frot	132 R. Chemin Vert	Père Lachaise
10	G21-G22	**Follereau** Pl. Raoul	Q. de Valmy	Av. de Verdun	Gare de l'Est
8	H28	**Foncin** Rue Pierre	100 Bd Mortier	5 R. des Fougères	St-Fargeau
19	F28	**Fonck** Av. R. René	5 Av. du Belvédère	Av. Ptes des Lilas	Pte des Lilas
15	M12	**Fondary** Villa	81 R. Fondary	en impasse	Émile Zola
15	M11-M12	**Fondary** Rue	23 R. de Lourmel	40 R. Croix Nivert	Émile Zola
1	I23	**Fonderie** Pass. de la	72 R. J. P. Timbaud	119 R. St-Maur	Parmentier
10	O25 O26	**Fonds Verts** Rue des	44 R. Proudhon	264 R. de Charenton	Dugommier
8	E17-F17	**Fontaine** Rue	R. Pigalle	1 Pl. Blanche	Blanche
13	R20-S19	**Fontaine à Mulard** R.	70 R. de la Colonie	2 Pl. de Rungis	Maison Blanche
11	H22-H24	**Fontaine au Roi** R.	32 R. Fbg du Temple	57 Bd de Belleville	Goncourt-Couronnes
19	D26	**Fontaine aux Lions** Pl.	219 Av. J. Jaurès	Gal. la Villette	Pte de Pantin
18	C18-D18	**Fontaine du But** Rue	95 R. Caulaincourt	26 R. Duhesme	Lamarck Caulainc.
19	E25-E26	**Fontainebleau** Al. de	98 R. Petit	118 R. Petit	Pte de Pantin
3	I21	**Fontain. du Temple** R.	181 R. du Temple	58 R. de Turbigo	Arts et Métiers
17	E10	**Fontanarosa** Jard. L.	Bd d'Aur. Paladines	R. Cino Del Duca	Louise Michel
20	K27	**Fontarabie** Rue de	98 R. de la Réunion	135 R. des Pyrénées	Alexandre Dumas
12	N25	**Fontenay** Pl. M. de	48 R. de Reuilly	56 R. de Reuilly	Montgallet
19	F26	**Fontenay** Villa de	32 R. du Gal Brunet	7 R. de la Liberté	Danube
7	L13	**Fontenoy** Pl. de	Av. de Lowendal	Av. de Saxe	Ségur
7	D12	**Forain** Rue J.-L.	12 R. Ab. Rousselot	Av. Bruneaux	Péreire
3	A26-B25	**Forceval** Rue	R. Berthier (Pantin)	R. Chemin de Fer	Pte de la Villette
15	M10-M9	**Forest** Pl. Fernand	Q. de Grenelle	R. Linois	Charles Michels
18	E16-E17	**Forest** Rue	126 Bd de Clichy	2 R. Cavallotti	Place de Clichy
1	S19	**Forestier** Sq. J.-C.-N.	Bd Kellermann	R. Thomire	Pte d'Italie
3	J21	**Forez** Rue du	57 R. Charlot	20 R. de Picardie	Temple
9	G11	**Forge** R. Anatole de la	16 Av. G. Armée	21 Av. Carnot	Argentine
11	L24	**Forge Royale** R. de la	165 R. Fbg St-Ant.	R. Ch. Delescluze	Ledru Rollin
2	I19	**Forges** Rue des	2 R. de Damiette	49 R. du Caire	Sentier
5	N12	**Formigé** Rue Jean	2 R. Léon Séché	21 R. Th. Renaudot	Vaugirard
14	R16-R17	**Fort** Rue Paul	R. la Tombe Iss.	84 R. du P. Corentin	Pte d'Orléans
17	B14-C13	**Fort de Douaumont** Bd	Bd Fort du Vau	Bd V. Hugo (Clichy)	Pte de Clichy
17	C12-C13	**Fort de Vaux** Bd du	R. du Chemin de Fer	32 Av. Pte d'Asnières	Péreire
16	J7-M6	**Fortifications** Al. des	Av. de St-Cloud	Pl. Pte d'Auteuil	Pte d'Auteuil
10	Q27	**Fortifications** Rte des	14 Av. Pte Charenton	Pte de Reuilly	Pte de Charenton
8	H13	**Fortin** Imp.	9 R. Fr. Bastiat	en impasse	St-Philippe du R.
13	Q21	**Fortin** Rue Nicolas	65 Av. Edison	164 Av. Choisy	Place d'Italie
8	E13	**Fortuny** Rue	38 R. de Prony	39 Av. de Villiers	Malesherbes
5	M20	**Fossés St-Bernard** R.	1 Bd St-Germain	R. Jussieu	Jussieu

43

Ar.	Plan	Rues / Streets	Commençant	Finissant	Métro
5	M18-N19	**Fossés St-Jacques** R.	161 R. St-Jacques	R. de l'Estrapade	Luxembourg
5	O20	**Fossés St-Marcel** R.	1 R. du Fer à Moulin	56 Bd St-Marcel	St-Marcel
5	L19	**Fouarre** Rue du	4 R. Lagrange	38 R. Galande	Maubert Mutualité
3	R20	**Foubert** Pass.	10 R. des Peupliers	175 R. de Tolbiac	Tolbiac
12	P28-Q27	**Foucauld** Av. C. de	9 R. Joseph Chailley	10 Av. du Gal Dodds	Pte Dorée
16	J11	**Foucault** Rue	30 Av. de New York	11 R. Fresnel	Iéna
20	G28-H28	**Fougères** Rue des	Av. Pte Ménilmont.	12 R. de Guébriant	St-Fargeau
13	S21-S22	**Fouillée** Rue Alfred	117 Bd Masséna	Av. Léon Bollée	Pte de Choisy
13	Q24	**Foujita** Rue Léonard	R. Watt	Biblio. F. Mitterrand	
6	L17	**Four** Rue du	133 Bd St-Germain	37 R. Dragon	St-Germain des Prés
15	N12	**Fourastié** Rue Jean	14 rue Aml Roussin	7 rue Meilhac	Av. Émile Zola
15	L11	**Fourcade** Pl. M.-M.	14 -16 Pl. Dupleix		Dupleix
15	O12	**Fourcade** Rue	331 R. de Vaugirard	4 R. O. de Serres	Convention
17	F12	**Fourcroy** Rue	14 Av. Niel	13 R. Rennequin	Ternes
4	K21-L21	**Fourcy** Rue de	2 R. de Jouy	86 R. F. Miron	St-Paul
12	M28-N29	**Foureau** Rue Fernand	84 Bd Soult	13 Av. Lamoricière	Pte de Vincennes
13	R20	**Fourier** Rue C.	4 Pl. G. Hénocque	193 R. de Tolbiac	Tolbiac
17	D15	**Fourneyron** Rue	43 R. des Moines	28 R. Brochant	Brochant
6	H22	**Fournier** Pl. du Dr A.	43 R. Bichat	Av. Richerand	Goncourt
14	Q13	**Fournier** Sq. Alain	1 Sq. Aug. Renoir	3 R. la Briqueterie	Pte de Vanves
16	J8	**Fournier** R. Édouard	19 Bd J. Sandeau	24 R. O. Feuillet	Av. Henri Martin
18	B18	**Fournière** R. Eugène	120 Bd Ney	17 R. René Binet	Pte de Clignancourt
19	F23	**Fours à Chaux** Pass.	117 Av. S. Bolivar	en impasse	Bolivar
8	F15-G15	**Foy** Rue du Gal	16 R. Bienfaisance	86 R. de Monceau	Villiers
18	E18	**Foyatier** Rue	Pl. Suzanne Valadon	5 R. St-Eleuthère	Anvers
17	C14-C15	**Fragonard** Rue	192 Av. de Clichy	R. de La Jonquière	Pte de Clichy
12	M23	**Fraisier** Ruelle	59 R. Daumesnil	en impasse	Bastille
13	S23	**Franc Nohain** Rue	18 Av. Boutroux	en impasse	Pte d'Ivry
1	I19-J19	**Française** Rue	3 R. de Turbigo	25 R. Tiquetonne	Étienne Marcel
7	K12	**France** Av. Anatole	Av. G. Eiffel	Pl. Joffre	École Militaire
13	P23-R24	**France** Av. de	Bd Vincent Auriol	Rue de Tolbiac	Quai de la Gare
7	J15-J16	**France** Quai Anatole	2 R. du Bac	288 Bd St-Germain	Ass. Nationale
3	I21-I22	**Franche Comté** R. de	32 R. de Picardie	3 R. Béranger	République
11	L24	**Franchemont** Imp.	14 R. J. Macé	en impasse	Charonne
16	K7-L6	**Fran. d'Espérey** Av. Mal	91 R. la Pte Passy	Sq. Tolstoï	Jasmin-Ranelagh
15	M13-M14	**Franck** Rue César	52 Av. de Saxe	5 R. Bellart	Sèvres Lecourbe
7	J12	**Franco Russe** Av.	8 Av. Rapp	195 R. de l'Univers.	Pont de l'Alma
18	C17-D18	**Francœur** Rue	49 R. du Mont Cenis	141 R. Marcadet	Lamarck Caulainc.
8	H12-I14	**François Premier** R.	Pl. du Canada	16 R. Q. Bauchart	Franklin Roosevelt
8	I13	**François Premier** R.	R. Bayard	R. J. Goujon	Franklin Roosevelt
3	J21-K22	**Francs Bourgeois** R.	19 Pl. des Vosges	56 R. des Archives	St-Paul
16	J10-K10	**Franklin** R. Benjamin	2 R. Vineuse	Pl. du Trocadéro	Passy-Trocadéro
15	P13	**Franquet** Rue	21 R. Santos Dumont	60 R. Labrouste	Pte de Vanves
16	J8	**Franqueville** Rue de	2 R. Maspéro	115 Av. H. Martin	La Muette
20	G28	**Frapié** Rue Léon	R. de Guébriant	5 R. Evariste Galois	Pte des Lilas
19	E26-F26	**Fraternité** Rue de la	31 R. de la Liberté	52 R. D. d'Angers	Danube
20	G24	**Fréhel** Pl.	Rue de Belleville	Rue Julien Lacroix	Pyrénées
15	M12	**Frémicourt** Rue	37 R. du Commerce	1 Pl. Cambronne	Cambronne
16	K10	**Frémiet** Av.	24 Av. Pdt Kennedy	5 R. Ch. Dickens	Passy
12	N23	**Frenay** Pl. Henri	Pl. Rutebeuf	10 R. Hector Malot	Gare de Lyon
20	K27	**Fréquel** Pass.	7 R. Vitruve	24 R. de Fontarabie	Maraîchers
13	R21	**Fr. d'Astier de Vigerie** R.	Av. de Choisy	Av. d'Ivry	Maison Blanche
20	G29	**Frères Flavien** R. des	R. Léon Frapié	Av. de la Pte Lilas	Pte des Lilas
19	N11-O11	**Frères Morane** R. des	21 Pl. Et. Pernet	165 R. de Javel	Félix Faure
16	I12	**Frères Périer** R. des	2 Av. de New York	1 Av. du Pdt Wilson	Alma Marceau
15	Q8	**Frères Voisin** Al. des	R. du Col Avia	13 Bd F. Voisin	Corentin Celton
15	Q8	**Frères Voisin** Bd des	Bd Gallieni	R. Victor Hugo	Corentin Celton
16	I12-J11	**Fresnel** Rue	7 R. Manutention	4 Av. A. de Mun	Iéna
19	E27	**Freud** Rue Sigmund	Av. Pte Pré St-Gerv.	Av. Pte Chaumont	Pré St-Gervais
16	I11-I12	**Freycinet** Rue	10 Av. du Pdt Wilson	46 Av. d'Iéna	Iéna
14	R16	**Friant** Rue	13 Av. J. Moulin	177 Bd Brune	Pte d'Orléans-Alésia
20	H26	**Friedel** Rue	18 R. Olivier Métra	43 R. Pixérécourt	Télégraphe
8	G12-G13	**Friedland** Av. de	177 R. Fbg St-Honor.	Pl. Ch. de Gaulle	Ch. de Gaulle Étoile
9	E18-F18	**Frochot** Av.	26 R. Victor Massé	3 Pl. Pigalle	Pigalle

Fr

Ar.	Plan	Rues / Streets	Commençant	Finissant	Métro
9	E18-F18	**Frochot** Rue	28 R. Victor Massé	7 Pl. Pigalle	Pigalle
14	O16-P17	**Froidevaux** Rue	6 Pl. Denfert Rocher.	89 Av. du Maine	Denfert Rochereau
3	J22	**Froissart** Rue	3 Bd F. du Calvaire	92 R. de Turenne	St-Séb. Froissart
11	V23	**Froment** Rue	23 R. Sedaine	18 R. Chemin Vert	Bréguet Sabin
18	C17	**Froment** Pl. Jacques	R. J. de Maistre	R. Lamarck	Guy Môquet
9	E17	**Fromentin** Rue	32 R. Duperré	39 Bd de Clichy	Blanche-Pigalle
11	K24-L25	**Frot** Rue Léon	195 Bd Voltaire	158 R. la Roquette	Rue des Boulets
17	A16	**Fructidor** Rue	R. J.a Font. (St-Ouen)	R. Vincent (St-Ouen)	Pte de St-Ouen
13	O23	**Fulton** Rue	13 Q. d'Austerlitz	18 R. Flamand	Quai de la Gare
6	K17-L17	**Furstenberg** Rue de	3 R. Jacob	4 R. l' Abbaye	St-Germain des Prés
14	Q15	**Furtado Heine** Rue	153 R. d'Alésia	R. Jacquier	Plaisance
5	O18	**Fustel de Coulanges** R.	41 R. P. Nicole	344 R. St-Jacques	Port Royal

G

Ar.	Plan	Rues / Streets	Commençant	Finissant	Métro
12	M28-N28	**Gabon** Rue du	101 Av. d. St-Mandé	52 R. de la Voûte	Pte de Vincennes
8	I14-I16	**Gabriel** Av.	Pl. de la Concorde	2 Av. Matignon	Concorde
15	N15	**Gabriel** Villa	2 R. Falguière	en impasse	Falguière
18	E18	**Gabrielle** Rue	7 R. Foyatier	24 R. Ravignan	Abbesses
15	O13	**Gager Gabillot** Rue	36 R. la Procession	45 R. des Favorites	Vaugirard
20	G27	**Gagliardini** Villa	100 R. Haxo	Vil. Dury Vasselon	Télégraphe
H8-H9		**Gaillard** Pass. sout. H.	Bd de l'Aml Bruix	Bd Lannes	Pte Dauphine
2	H17	**Gaillon** Pl.	1 R. La Michodière	18 R. Gaillon	Quatre Septembre
2	H17-I17	**Gaillon** Rue	28 Av. de l'Opéra	35 R. St-Augustin	Opéra
18	O16	**Gaîté** Imp. de la	3 R. de la Gaîté	en impasse	Edgar Quinet
14	O15-O16	**Gaîté** Rue de la	11 Bd Edgar Quinet	73 Av. du Maine	Gaîté-Edgar Quinet
5	L19	**Galande** Rue	10 R. Lagrange	17 R. du Petit Pont	St-Michel
16	H12-I11	**Galilée** Rue	53 Av. Kléber	111 Av. Ch. Élysées	Ch. de Gaulle Étoile
15	O13	**Galland** Rue Victor	22 R. Fizeau	130 R. Castagnary	Pte de Vanves
20	J28-K27	**Galleron** Rue	8 R. Florian	20 R. St-Blaise	Pte de Bagnolet
20	M29	**Gallieni** Av.	1 R. L'Hermier	Av. Gallieni	St-Mandé Tourelle
7	J14-K14	**Gallioni** Av. du Mal	Q. d'Orsay	Pl. des Invalides	Invalides
15	Q7	**Gallieni** Bd	R. C. Desmoul. (Issy)	1 Bd Frères Voisin	Mairie d'Issy
16	O5-P5	**Gallieni** Rue	37 Av. F. Buisson	Boul. Billancourt	Pte de St-Cloud
16	I12	**Galliera** Rue de	14 Av. du Pdt Wilson	12 Av. P. I er de Serbie	Iéna
20	G29	**Galois** Rue Evariste	R. de Noisy le Sec	R. Léon Frapié	Pte des Lilas
17	E11	**Galvani** Rue	65 R. Laugier	19 Bd Gouv. St-Cyr	Pte de Champerret
15	O9-P10	**Gama** Rue Vasco de	119 Av. Félix Faure	74 R. Desnouettes	Lourmel
20	G28-J25	**Gambetta** Av	6 Pl. A Métivier	Bd Mortier	Gamb.-Pte des Lilas
20	G27-H27	**Gambetta** Pass.	31 R. St-Fargeau	38 R. du Borrégo	St-Fargeau
20	I27	**Gambetta** Pl.	R. Belgrand	R. des Pyrénées	Gambetta
20	S13	**Gambetta** Rue	R. Gambetta	Bd Adolphe Pinard	Pte de Vanves
11	I23	**Gambey** Rue	53 R. Oberkampf	2 Av. de la Rép.	Parmentier
20	L28	**Gambon** R. Ferdinand	113 R. d'Avron	R. Croix St-Simon	Maraîchers
13	P23	**Gance** Rue Abel	Quai de la Gare	Av. de France	Quai de la Gare
17	F8-G6	**Gandhi** Av. du Mah.	Al. Bouleaux	Rte Pte des Sablons	Pte Maillot
13	S21	**Gandon** Rue	15 R. Caillaux	146 Bd Masséna	Pte Italie-Q. la Gare
20	J28	**Ganne** Rue Louis	162 Bd Davout	73 R. L. Lumière	Pte de Bagnolet
18	D16	**Ganneron** Pass.	42 Av. de St-Ouen	57 R. Ganneron	La Fourche
18	D16-E16	**Ganneron** Rue	38 Av. de Clichy	1 R. Étex	La Fourche
15	R12-R13	**Garamond** R. Claude	Pte Brancion	11 R. Julia Bartet	Malak.-Plat. Vanves
6	L17-M17	**Garancière** Rue	29 R. St-Sulpice	34 R. de Vaugirard	Mabillon
20	I28	**Garat** Rue Martin	8 R. de la Py	5 R. Géo Chavez	Pte de Bagnolet
20	M29	**Garcia** Rue Cristino	10 R. Maryse Hilsz	125 R. de Lagny	St-Mandé Tourelle
1	J19	**Garcia Lorca** Al. F.	R. Baltard	Allée A. Breton	Les Halles
18	D20-E20	**Gardes** Rue des	26 R. Goutte d'Or	43 R. Myrha	Château Rouge
13	P24	**Gare** Port de la	Pont de Bercy	Pont de Tolbiac	Quai de la Gare
13	O23-P23	**Gare** Quai de la	R. de Tolbiac	1 Bd V. Auriol	Bd Masséna
19	A23	**Gare** Rue de la	R. de la Haie du Coq	Q. Gambetta	Pte de la Villette
12	L28	**Gare de Charonne** J.	Bd Davout	R. du Volga	Pte de Montreuil
12	N26-O26	**Gare de Reuilly** R.	119 R. de Reuilly	62 R. de Picpus	Daumesnil
14	P15	**Garenne** Pl. de la	7 Imp. Ste-Léonie	15 R. M. des Lapins	Pernety

45

Ar.	Plan	Rues / Streets	Commençant	Finissant	Métro
15	M13-N14	**Garibaldi** Bd	7 Pl. Cambronne	2 R. Lecourbe	Sèvres Lecourbe
15	O7-O8	**Garigliano** Pt du	Q. A. Citroën	Q. L. Blériot	Bd Victor
8	F14	**Garnerin** Al. J.	Av. Vélasquez	Av. Ruysdaël	Monceau
9	H17	**Garnier** Pl. C.	1 R. Auber	2 R. Auber	Auber-Opéra
15	N15	**Garnier** Villa	1 R. Falguière	131 R. de Vaugirard	Falguière
17	B16	**Garnier** Rue Francis	22 Bd Bessières	21 R. A. Bréchet	Pte de St-Ouen
19	D25	**Garonne** Quai de la	Rue de Thionville		Ourcq
18	E18	**Garreau** Rue	9 R. Ravignan	18 R. Durantin	Abbesses
18	I28	**Garros** Sq. Roland	49 R. Cap. Ferbert	en impasse	Pte de Bagnolet
20	L28-L29	**Gascogne** Sq. de la	74 Bd Davout	1 R. Drs Déjerine	Pte de Montreuil
20	I26	**Gasnier Guy** Rue	28 R. des Partants	3 Pl. M. Nadaud	Gambetta
14	P16	**Gassendi** Rue	39 R. Froidevaux	165 Av. du Maine	Mouton Duvernet
12	N24	**Gatbois** Pass.	R. P. H. Grauwin	66 Av. Daumesnil	Gare de Lyon
20	I26-I27	**Gâtines** Rue des	75 Av. Gambetta	91 Av. Gambetta	Gambetta
11	I24	**Gaudelet** Villa	114 R. Oberkampf	en impasse	Rue St-Maur
14	R17	**Gauguet** Rue	36 R. des Artistes	en impasse	Alésia
17	D12	**Gauguin** Rue	2 R. de St-Marceaux	3 R. J. L. Forain	Péreire
18	D18	**Gaulard** Rue Lucien	Pl. C. Pecqueur	98 R. Caulaincourt	Lamarck Caulainc.
20	L29-M29	**Gaumont** Av. Léon	R. de Lagny	Av. Pte Montreuil	St-Mandé Tourelle
17	C15	**Gauthey** Rue	140 Av. de Clichy	53 R. La Jonquière	Brochant
19	G24	**Gauthier** Pass.	63 R. Rébeval	35 Av. S. Bolivar	Buttes Chaumont
18	D17	**Gauthier** R. Armand	14 R. Félix Zizm	11 R. E. Carrière	Lamarck Caulainc.
16	L9-M8	**Gautier** Av. Théophile	27 R. Gros	8 R. Corot	Mirabeau
16	M8	**Gautier** Sq. Théophile	57 Av. Théo. Gautier		Église d'Auteuil
16	K10	**Gavarni** Rue	12 R. de Passy	11 R. de la Tour	Passy
6	L19	**Gay** Rue Francisque	6 Bd St-Michel	3 Pl. St-A. des Arts	St-Michel
5	M18-O19	**Gay Lussac** Rue	65 Bd St-Michel	52 R. d'Ulm	Luxembourg
14	R18-S18	**Gazan** Rue	Av. Reille	R. Cité Universit.	Cité Universitaire
18	E19	**Gazotte** Rue	R. Ronsard	R. Ch. Nodier	Anvers
13	P20	**Geffroy** Rue Gustave	5 R. des Gobelins	R. Berbier du Mets	Les Gobelins
17	E15-F15	**Geffroy Didelot** Pass.	90 Bd d. Batignolles	117 R. des Dames	Villiers
11	I24	**Gelez** Rue Victor	8 Pas. Ménilmon.	9 R. des Nanettes	Ménilmontant
18	B17-C17	**Gémier** Rue Firmin	23 R. Laguille	R. Vauvenargues	Pte de St-Ouen
20	H24	**Gènes** Cité de	7 R. Vilin	38 R. de Pali Kao	Couronnes
18	C21	**Genevoix** R. Maurice	17 R. Boucry	56 R. de la Chapelle	Pte de La Chapelle
12	M25	**Génie** Pass. du	246 R. Fbg St-Ant.	95 Bd Diderot	Reuilly Diderot
12	P28	**Gentil** Sq. Louis	5 R. J. Chailley	6 Av. du Gal Dodds	Pte Dorée
14	T19	**Gentilly** Pte de	Bd Périphérique		Gentilly
8	H12-I12	**George V** Av.	5 Pl. de l'Alma	99 Av. Ch. Élysées	George V
20	H26-H27	**Georgina** Villa	9 R. Taclet	36 R. de la Duée	Télégraphe
9	E19-F19	**Gérando** Rue	2 Pl. d'Anvers	93 R. Rochechouart	Anvers
13	Q20	**Gérard** Rue	R. Moulin des Prés	11 R. Jonas	Corvisart
16	M8	**Gérard** Rue François	39 Av. Théo. Gautier	2 R. George Sand	Église d'Auteuil
15	O12	**Gerbert** Rue	111 R. Blomet	280 R. de Vaugirard	Vaugirard
11	K25	**Gerbier** Rue	15 R. Folie Regnault	168 R. la Roquette	Philippe Auguste
6	M16	**Gerbillon** Rue J.-F.	24 R. l'Abbé Grég.	4 R. de Bérite	St-Placide
14	P14	**Gergovie** Pass. de	10 R. de Gergovie	128 R. Vercingétorix	Plaisance-Pernety
15	P14-Q15	**Gergovie** Rue de	R. la Procession	134 R. d'Alésia	Plaisance-Pernety
17	E13	**Gerhardt** Rue C.	1 R. G. Doré	en impasse	Wagram-Péreire
16	M7	**Géricault** Rue	50 R. d'Auteuil	27 R. Poussin	Michel Ange Auteuil
14	Q17	**Germain** Rue Sophie	46 R. Hallé	23 Av. Gal Leclerc	Mouton Duvernet
12	P24	**Gershwin** R. George	R. de Pommard	R. P. Belmondo	Cour St-Émilion
13	Q19	**Gervais** Rue Paul	40 R. Corvisart	72 Bd A. Blanqui	Corvisart-Glacière
17	D12	**Gervex** Rue	7 R. Jules Bourdais	2 R. de Senlis	Péreire
4	K19-K20	**Gesvres** Quai de	1 Pl. Hôtel de Ville	2 Pl. du Châtelet	Hôtel de Ville
15	P11-P12	**Gibez** Rue Eugène	373 R. de Vaugirard	42 R. O. de Serres	Convention
15	O14-P14	**Gide** Rue André	19 R. du Cotentin	79 R. la Procession	Pernety
13	O23	**Giffard** Rue	3 Q. d'Austerlitz	8 Bd V. Auriol	Quai de la Gare
12	M23	**Gilbert** Rue Émile	21 Bd Diderot	4 R. Parrot	Gare de Lyon
18	E18	**Gill** Rue André	76 R. des Martyrs	en impasse	Pigalle
16	K9	**Gillet** Rue de l'Abbé	7 R. Lyautey	10 R. J. Bologne	Passy
15	P11-Q11	**Gillot** Rue Firmin	399 R. de Vaugirard	51 Bd Lefebvre	Pte de Versailles
15	N9	**Gilot** Sq. Paul	R. Séb. Mercier	40 R. Convention	Javel

.	Plan	Rues / Streets	Commençant	Finissant	Métro
18	D16	**Gillod** Villa Pierre	7 R. P. Ginier	R. H. Moreau	La Fourche
18	D16	**Ginier** Rue Pierre	50 Av. de Clichy	9 R. H. Moreau	La Fourche
17	O24	**Ginkgo** Cr du	16 Pl. Bat. Pacifique	11 Bd de Bercy	Cr St-Émilion
15	M10-M11	**Ginoux** Rue	53 R. Émeriau	52 R. de Lourmel	Charles Michels
13	P21	**Giono** Rue Jean	R. J.(?) Gance	R. Raymond Aron	Quai de la Gare
10	D21-E21	**Girard** R. Philippe de	191 R. La Fayette	76 R. M. Dormoy	La Chapelle
18	E24	**Girard** Rue Pierre	89 Av. J. Jaurès	12 R. Tandou	Laumière
18	D18	**Girardon** Imp.	R. Girardon	en impasse	Lamarck Caulainc.
18	D18	**Girardon** Rue	83 R. Lepic	Pl. Dauveur(?)	Lamarck Caulainc.
19	D24-D25	**Giraud** Rue Léon	144 R. de Crimée	19 R. d'(?)rcq	Ourcq
16	H12	**Giraudoux** Rue Jean	39 Av. Marceau	R. La Pérouse	Kléber
8	I14	**Girault** Av. C.	Av. Dutuit	Av. W. Churchill	Ch. Élysées Clem.
18	M7	**Girodet** Rue	48 R. d'Auteuil	11 R. Poussin	Michel-Ange Auteuil
19	B24-C25	**Gironde** Quai de la	43 Q. de l'Oise	129 Bd Macdonald	Corentin Cariou
6	L18	**Gît le Cœur** Rue	23 Q. Gds Augustins	28 R. St-A. des Arts	St-Michel
13	O19-R18	**Glacière** Rue de la	37 Bd Port Royal	137 R. de la Santé	Glacière
18	F28-G28	**Glaïeuls** Rue des	R. Ch. Cros	Av. Pte des Lilas	Pte des Lilas
20	F28-G29	**Gley** Av. du Dr	Av. de la Pte Lilas	R. Frères Flavien	Pte des Lilas
9	G17-H17	**Gluck** Rue	Pl. J. Rouché	Pl. Diaghilev	Chaussée d'Antin
13	S19	**Glycines** Rue des	17 R. des Orchidées	37 R. A. Lançon	Cité Universitaire
5	O20	**Gobelins** Av. des	123 R. Monge	1 Pl. d'Italie	Les Gobelins
13	O20	**Gobelins** Av. des	123 R. Monge	1 Pl. d'Italie	PL. d'Italie
13	P20	**Gobelins** Cité des	6 R. Rubens	59 Av. des Gobelins	Les Gobelins
13	P20	**Gobelins** Villa des	52 Av. des Gobelins	en impasse	Les Gobelins
13	P20	**Gobelins** Rue des	30 Av. des Gobelins	R. Berbier du M.	Les Gobelins
11	K24	**Gobert** Rue	24 R. R. Lenoir	158 Bd Voltaire	Voltaire-Charonne
12	P28	**Godard** Villa Jean	276 Av. Daumesnil	4 R. Ernest-Lacoste	Pte Dorée
16	I9	**Godard** R. Benjamin	2 R. Dufrénoy	12 R. de Lota	Av. Henri Martin
13	Q20-Q21	**Godefroy** Rue	3 Pl. des Alpes	7 Pl. d'Italie	Place d'Italie
20	J27-K27	**Godin** Villa	85 R. de Bagnolet	en impasse	Alexandre Dumas
9	F18	**Godon** Cité C.	25 R. Milton	41 R. La Tour d'Auv.	St-Georges
9	G16-H16	**Godot de Mauroy** R.	8 Bd la Madeleine	33 R. Mathurins	Havre-Caumartin
16	I12	**Goethe** Rue	Pl. P. Brisson	6 R. de Galliera	Alma Marceau
19	E22	**Goix** Pass.	16 R. d'Aubervilliers	11 R. Département	Stalingrad
2	I10	**Goldoni** Pl.	R. Mario Stuart	R. Greneta	Étienne Marcel
1	I17	**Gomboust** Imp.	31 Pl. M. St-Honoré	en impasse	Pyramides
1	I17	**Gomboust** Rue	57 R. St-Roch	38 Pl. M. St-Honoré	Pyramides
11	H23	**Goncourt** Rue du	3 R. Darboy	86 R. Fbg du Temple	Goncourt
13	Q19	**Gondinet** R. Edmond	54 R. Corvisart	70 Bd A. Blanqui	Corvisart
11	M25	**Gonnet** Rue	285 R. Fbg St Ant.	60 R. de Montreuil	Rue des Boulets
12	O27	**Gossec** Rue	223 Av. Daumesnil	104 R. de Picpus	Michel Bizot
18	A19-A20	**Gosset** Rue du Prof.	R. Pte Poissonniers	Av. Pte de Clignanc.	Pte de Clignancourt
20	M28	**Got** Sq.	65 Crs de Vincennes	3 R. Mounet Sully	Pte de Vincennes
8	F14-F15	**Goubaux** Pl. Prosper	R. de Lévis	Bd d. Batignolles	Villiers
19	E25	**Goubet** Rue	125 R. Manin	88 R. Petit	Danube-Ourcq
10	H20	**Goublier** R. Gustave	41 R. Fbg St-Martin	18 Bd Strasbourg	Château d'Eau
18	E18	**Goudeau** Pl. Émile	R. Ravignan	R. Berthe	Abbesses
17	C15	**Goüin** Rue Ernest	13 R. Émile Level	12 R. Boulay	Brochant
12	O26-O27	**Goujon** Rue du Dr	55 Bd de Reuilly	86 R. de Picpus	Daumesnil
8	I13-I14	**Goujon** Rue Jean	21 Av. F. Roosevelt	Av. Montaigne	Alma Marceau
17	E12	**Gounod** Rue	121 Av. de Wagram	79 R. de Prony	Péreire
7	K12	**Gouraud** Pl. du Gal	Av. Rapp	Av. La Bourdonnais	Pont de l'Alma
13	Q22-Q23	**Gourdault** Rue Pierre	139 R. du Chevaleret	22 R. Dunois	Chevaleret
17	D12-E12	**Gourgaud** Av.	6 Pl. du Mal Juin	51 Bd Berthier	Péreire
19	F23-F24	**Gourmont** R. Rémy de	R. Barrelet Ricou	R. G. Lardennois	Buttes Chaumont
13	S20	**Gourthière** Rue	63 Bd Kellermann	Av. Caffieri	Maison Blanche
18	E19-E20	**Goutte d'Or** Rue de la	2 R. la Charbonnière	22 Bd Barbès	Barbès Rochech.
17	E11-F10	**Gouvion St-Cyr** Bd	Pl. Pte Champerret	236 Bd Péreire	Pte Maillot
17	E10	**Gouvion St-Cyr** Sq.	43 Bd Gouv. St-Cyr	en impasse	Pte de Champerret
17	L17	**Gozlin** Rue	2 R. des Ciseaux	43 R. Bonaparte	St-Germain des Prés
5	H23	**Grâce de Dieu** Cr de la	129 R. Fbg du Temple	en impasse	Belleville
10	N20	**Gracieuse** Rue	2 R. l'Épée de Bois	25 R. Lacépède	Place Monge
17	E10	**Graisivaudan** Sq. du	13 R. A. Charpentier	Av. Pte de Villiers	Pte de Champerret
15	N11-N12	**Gramme** Rue	65 R. du Commerce	68 R. La Croix Nivert	É. Zola-Commerce

47

Ar.	Plan	Rues / Streets	Commençant	Finissant	Métro
2	H18	**Gramont** Rue de	12 R. St-Augustin	15 Bd des Italiens	Quatre Septembre
14	P17	**Grancey** Rue de	20 Pl. Denfert Roch.	8 R. Daguerre	Denfert Rochereau
2	I19	**Grand Cerf** Pass. du	146 R. St-Denis	8 R. Dussoubs	Étienne Marcel
15	O10	**Grand Pavois** Jard. du	R. de Lourmel	R. Lecourbe	Balard
11	I22	**Grand Prieuré** Rue du	27 R. de Crussol	18 Av. la République	Oberkampf
3	K22	**Grand Veneur** Rue du	2 R. des Arqueb.	Hôtel Grd Veneur	St-Séb. Froissart
16	F10-G11	**Grande Armée** Av.	Pl. Ch. de Gaulle	279 Bd Péreire	Pte Maillot
17	F10-G11	**Grande Armée** Av.	Pl. Ch. de Gaulle	279 Bd Péreire	Pte Maillot
16	G11	**Grande Armée** Villa	8 R. des Acacias	en impasse	Argentine
17	J4-J6	**Grande Cascade** Rte	Ch. Cein. du Lac Inf.	Bois de Boulogne	
6	N17	**Grande Chaumière** R.	72 R. N.-D. Champs	115 Bd Montparn.	Vavin
2	J19-J20	**Grande Truanderie** R.	55 Bd de Sébastopol	4 R. de Turbigo	Étienne Marcel
6	K18-L18	**Grands Augustins** R.	51 Q. Gds Augustins	R. St-A. des Arts	St-Michel
6	K18-L19	**Grands Augustins** Q.	2 Pl. St-Michel	1 R. Dauphine	St-Michel
20	L28-M27	**Grands Champs** R.	30 Bd de Charonne	48 R. du Volga	Maraîchers
5	L19-L20	**Grands Degrés** R. des	2 R. Maître Albert	3 R. du Haut Pavé	Maubert Mutualité
13	P19	**Grange** Sq.	22 R. de la Glacière	en impasse	Glacière-Gobelins
10	F22-G22	**Grange aux Belles** R.	96 Q. de Jemmapes	3 Pl. du Col Fabien	Colonel Fabien
9	G18	**Grange Batelière** R.	19 R. Fbg Montmar.	R. Drouot	Grands Boulevards
7	L13	**Granier** R. Joseph	3 R. L. Codet	8 Av. Tourville	École Militaire
8	I11-I12	**Grasse** Pl. de l'Aml de	39 Av. d'Iéna	Pl. des États Unis	Iéna
12	N24	**Grauwin** R. Paul-Henri	Pl. Rutebeuf	5 R. Guillaumot	Gare de Lyon
12	Q27-R30	**Gravelle** Av. de	Av. Pte Charenton	Charenton le P.	Pte de Charenton
12	P26-P27	**Gravelle** Rue de	49 R. de Wattignies	55 R. C. Decaen	Daumesnil
16	F6	**Graviers** Rue des	R. des Graviers	Bd Maurice Barrès	Pont de Neuilly
3	J20-J21	**Gravilliers** Pass. des	10 R. Chapon	R. des Gravilliers	Arts et Métiers
3	I20-J21	**Gravilliers** Rue des	119 R. du Temple	38 R. de Turbigo	Arts et Métiers
7	K11	**Gréard** Av. Octave	Av. G. Eiffel	15 Av. de Suffren	Ch. de Mars-Tr Eiffel
8	G16-H16	**Greffulhe** Rue	8 R. de Castellane	29 R. Mathurins	Madeleine
6	M16	**Grégoire** R. de l'Abbé	73 R. de Sèvres	90 R. de Vaugirard	St-Placide-Rennes
19	D27	**Grenade** Rue de la	R. des Sept Arpents	12 R. Marseillaise	Hoche
15	L11-M12	**Grenelle** Bd de	107 Q. Branly	1 Pl. Cambronne	La Motte Picquet
15	L9-M9	**Grenelle** Pt de	R. Maurice Bourdet	Pl. Fernand Forest	Av. Pdt Kennedy
15	K10-M9	**Grenelle** Port de	Pt de Bir Hakeim	Pontde Grenelle	Av. Pdt Kennedy
15	L11-M9	**Grenelle** Quai de	Bd de Grenelle	Pl. Forest	Av. Pdt Kennedy
15	M11	**Grenelle** Villa de	14 R. Violet	9 Villa Juge	Dupleix
6	K13	**Grenelle** Rue de	44 R. du Dragon	83 Av. La Bourdon.	École Militaire
2	I19-I20	**Greneta** Cr	163 R. St-Denis	32 R. Greneta	Étienne Marcel
2	I19-I20	**Greneta** Rue	241 R. St-Martin	78 R. Montorgueil	Réaumur Sébastopol
3	J20	**Grenier St-Lazare** R.	43 R. Beaubourg	186 R. St-Martin	Rambuteau
4	K20	**Grenier sur l'Eau** R.	6 R. G. l'Asnier	12 R. des Barres	Pont Marie
20	K28	**Grés** Pl. des	R. Vitruve	R. St-Blaise	Pte de Bagnolet
20	J28	**Grés** Sq. des	R. St-Blaise	R. Vitruve	Pte de Bagnolet
19	C24-D24	**Gresset** Rue	174 R. de Crimée	11 R. de Joinville	Crimée
2	H18	**Grétry** Rue	1 R. Favart	18 R. de Gramont	Richelieu Drouot
16	I9-J10	**Greuze** Rue	4 Av. G. Mandel	17 R. Decamps	Trocadéro
7	K16	**Gribeauval** Rue de	2 Pl. St-Th. d'Aquin	43 R. du Bac	Rue du Bac
5	N20-O20	**Gril** Rue du	8 R. Censier	9 R. Daubenton	Censier Daubenton
19	E25	**Grimaud** Imp.	24 R. d'Hautpoul	130 R. Compans	Botzaris
15	M13	**Grisel** Imp.	3 Bd Garibaldi	en impasse	Cambronne
11	I24	**Griset** Cité	125 R. Oberkampf	en impasse	Rue St-Maur
11	J22	**Gromaire** Rue Marcel	94 Bd Beaumarch.	83 R. Amelot	St-Séb. Froissart
20	K27	**Gros** Imp.	3 Pas. Dieu	en impasse	Maraîchers
16	L8-L9	**Gros** Rue	Pl. Clément Ader	15 R. La Fontaine	Av. Pdt Kennedy
7	K12-K13	**Gros Caillou** Rue du	11 R. Augereau	208 R. de Grenelle	École Militaire
18	B18-C18	**Grosse Bouteille** Imp.	67 R. du Poteau	en impasse	Pte de Clignancourt
18	O7	**Grossetti** Rue du Gal	1 R. Gal Malleterre	142 Bd Murat	Pte de St-Cloud
15	N11-P12	**Groult** Rue de l'Abbé	1 Pl. Et. Pernet	Pl. Ch. Vallin	Félix Faure
20	H27-H28	**Groupe Manouchian** R.	31 R. du Surmelin	100 Av. Gambetta	St-Fargeau
10	H22-H23	**Groussier** R. Arthur	168 Av. Parmentier	203 R. St-Maur	Goncourt
18	D21	**Guadeloupe** R. de la	65 R. Pajol	8 R. L'Olive	Marx Dormoy
8	G15	**Guatemala** Pl. du	Bd Malesherbes	R. Bienfaisance	St-Augustin
16	O6	**Gudin** Rue	123 Bd Murat	215 Av. Versailles	Pte de St-Cloud
18	B21	**Gué** Imp. du	79 R. de la Chapelle	en impasse	Pte de La Chapelle

48

Ar.	Plan	Rues / Streets	Commençant	Finissant	Métro
20	G28	**Guébriant** Rue de	116 Bd Mortier	29 R. Fougères	St-Fargeau
18	E18	**Guelma** Villa de	26 Bd de Clichy	en impasse	Pigalle
4	L22	**Guéménée** Imp.	26 R. St-Antoine	en impasse	Bastille
6	I19	**Guénégaud** Rue	5 Q. de Conti	15 R. Mazarine	Pont Neuf-Mabillon
11	L25-L26	**Guénot** Pass.	221 Bd Voltaire	15 R. Guénot	Rue des Boulets
11	L26	**Guénot** Rue	243 Bd Voltaire	Imp. Jardiniers	Rue des Boulets
13	Q20	**Guérin** Rue du Père	4 R. Bobillot	3 R. du M. des Prés	Place d'Italie
16	L7-M7	**Guérin** Rue Pierre	20 R. d'Auteuil	en impasse	Michel Ange Auteuil
2	I20	**Guérin Boisseau** Rue	31 R. St Palestro	183 R. St-Denis	Réaumur Sébastopol
17	E10-F11	**Guersant** Rue	6 Pl. Tr. Buffon	35 Bd Gouv. St-Cyr	Pte de Champerret
15	L12	**Guesclin** Pass. du	14 R. Dupleix	11 R. de Presles	La Motte Piquet
15	L12	**Guesclin** Rue du	15 R. de Presles	22 R. Dupleix	La Motte Piquet
14	O15-P15	**Guesde** Rue Jules	17 R. Vercingétorix	16 R. R. Losserand	Gaîté
11	J9	**Guibert** Villa	83 R. de la Tour	en impasse	Rue de la Pompe
18	D18-E18	**Guibert** Rue du Card.	Pl. Sacré Cœur	R. Chev. de l. Bar.	Abbesses
16	K9	**Guichard** Rue	70 R. de Passy	83 Av. P. Doumer	La Muette
20	H26	**Guignier** Pl. du	R. des Pyrénées	R. du Guignier	Jourdain
20	H26	**Guignier** Rue du	2 Pl. du Guignier	21 R. des Rigoles	Jourdain
16	N5-O5	**Guilbaud** Rue du Cdt	26 Av. Pte St-Cloud	21 R. C. Farrère	Pte de St-Cloud
11	J24	**Guilhem** Pass.	18 R. Gal Guillem	51 R. St-Maur	Rue St-Maur
11	J24	**Guilhem** Rue du Gal	95 R. Chemin Vert	24 R. St-Ambroise	St-Ambroise
5	Q11	**Guillaumat** R. du Gal	Av. A. Bartholomé	Pl. Insurgés de Vars.	Pte de Versailles
11	I24-J24	**Guillaume Bertrand** R.	58 R. St-Maur	71 R. Servan	Rue St-Maur
8	G12	**Guillaumin** Pl. G.	Av. de Friedland	R. Balzac	Ch. de Gaulle Étoile
12	M24-N23	**Guillaumot** Rue	42 Av. Daumesnil	R. J. Bouton	Gare de Lyon
14	O15	**Guillebon** Al. Ch. d'Esc.	Gare Montparnasse		Montparn. Bienv.
15	P9	**Guillemard** Pl. Robert	Rue Leblanc	Rue Lecourbe	Balard
14	P15	**Guilleminot** Rue	54 R. de l'Ouest	1 R. Crocé Spinelli	Pernety
4	K21	**Guillemites** Rue des	10 R. Ste-Croix I. Br.	9 R. Blancs Mant.	Hôtel de Ville
19	G23-G24	**Guillet** Al. Pernette du	8 R. de l'Atlas	Allée L. Labé	Belleville
15	P12	**Guillot** Sq. Léon	11 R. de Dantzig	en impasse	Convention
15	N14	**Guillout** Rue Edmond	10 R. Dalou	43 Bd Pasteur	Pasteur
19	G24-H23	**Guimard** Rue Hector	R. Jules Romains	Pl. J. Rostand	Belleville
6	L17	**Guisarde** Rue	12 R. Mabillon	19 R. des Canettes	Mabillon
20	M27	**Guitry** Rue L. et S.	47 Crs de Vincennes	48 R. de Lagny	Pte de Vincennes
17	F11-G11	**Guizot** Villa	21 R. des Acacias	en impasse	Argentine
16	J11	**Gustave V de Suède** Av.	Pl. de Varsovie	J. du Trocadéro	Trocadéro
16	N5	**Gutenberg** Sq.	Bd d'Auteuil	Sq. Gutenberg	Pte d'Auteuil
15	N10-O9	**Gutenberg** Rue	54 R. de Javel	63 R. Balard	Javel-Balard
17	C14	**Gutin** Rue	5 R. Fragonard	113 Bd Bessières	Pte de Clichy
12	N29-P28	**Guyane** Bd de la	Av. Daumesnil	Av. Courteline	Pte Dorée
20	K28	**Guyenne** Sq. de la	82 Bd Davout	R. Mendelssohn	Pte de Montreuil
6	M17-N17	**Guynemer** Rue	21 R. de Vaugirard	55 R. d'Assas	St-Sulpice

H

15	O12	**Hachette** Rue Jeanne	163 R. Lecourbe	112 R. Blomet	Vaugirard
16	F9	**Hackin** Rue J. et M.	2 Bd Maillot	23 Av. de Neuilly	Pte Maillot
10	F22	**Haendel** Rue G. F.	150 Q. de Jemmapes	Pl. Robert Desnos	Colonel Fabien
20	L29-M29	**Hahn** Rue Reynaldo	109 R. de Lagny	R. Paganini	Pte de Vincennes
19	A23	**Haie Coq** Rue de la	Pl. Skanderbeg	Q. L. Lefranc	Pte de la Villette
18	K27	**Haies** Rue des	4 R. Planchat	99 R. Maraîchers	Buzenval
19	D25-E25	**Hainaut** Rue du	75 R. Petit	174 Av. J. Jaurès	Ourcq
15	M10	**Hajje** Rue Antoine	93 R. St-Charles	en impasse	Charles Michels
9	G17-H17	**Halévy** Rue	8 Pl. de l'Opéra	25 Bd Haussmann	Opéra-Ch. d'Antin
14	Q17	**Hallé** Villa	36 R. Hallé	en impasse	Mouton Duvernet
14	Q17	**Hallé** Rue	40 R. la Tombe Iss.	10 R. Commandeur	Mouton Duvernet
13	S19	**Haller** Rue Albin	19 R. Fontaine à M.	24 R. Brillat Sav.	Corvisart-Tolbiac
1	J19-K19	**Halles** Rue des	104 R. de Rivoli	R. du Pont Neuf	Châtelet
5	O19-O20	**Halpern** Pl. Bernard	24 R. d. Patriarches	R. Marché Patriarc.	Censier Daubenton
15	P10-P11	**Hameau** Rue du	226 R. la Croix Nivert	51 Bd Victor	Pte de Versailles
16	H11-I11	**Hamelin** Rue	16 R. de Belloy	41 Av. Kléber	Iéna-Boissière

49

	Ar.	Plan	Rues / Streets	Commençant	Finissant	Métro
12	P26-P27	**Hamont** R. Théodore	327 R. de Charenton	27 R. des Meuniers	Pte de Charenton
10	F22	**Hampâté Bâ** Sq. A.	Rue Boy Zelenski		Colonel Fabien
2	H17	**Hanovre** Rue de	17 R. de Choiseul	26 R. L. le Grand	Quatre Septembre
20	J27	**Hardy** Villa	44 R. Stendhal	en impasse	Gambetta
9	E17	**Haret** Rue Pierre	54 R. de Douai	75 Bd de Clichy	Place de Clichy
17	K12	**Harispe** R. du Mal	26 Av. La Bourdon.	Allée A. Lecouvreur	Ch. de Mars-Tr Eiffel
1	K18-K19	**Harlay** Rue de	19 Q. de l'Horloge	42 Q. Orfèvres	Pont Neuf
15	P13-Q13	**Harmonie** Rue de l'	72 R. Castagnary	63 R. Labrouste	Pte de Vanves
5	L19	**Harpe** Rue de la	31 R. de la Huchette	98 Bd St-Germain	St-Michel
20	K28	**Harpignies** Rue	110 Bd Davout	R. L. Lumière	Pte de Montreuil
19	F24-F25	**Hassard** Rue	24 R. du Plateau	52 R. Botzaris	Buttes Chaumont
3	J21	**Haudriettes** Rue des	53 R. des Archives	84 R. du Temple	Rambuteau
8	G14	**Haussmann** Bd	2 Bd des Italiens	R. Fbg St-Honor.	Rich.-Drouot-Auber
5	L19	**Haut Pavé** Rue du	9 Q. de Montebello	10 R. Grands Degrés	Maubert Mutualité
6	L18-L19	**Hautefeuille** Imp.	3 R. Hautefeuille	en impasse	St-Michel
6	L18	**Hautefeuille** Rue	9 Pl. St-A. des Arts	R. de l'Éc. Médecine	St-Michel
19	F25-F26	**Hauterive** Villa d'	27 R. du Gal Brunet	30 R. M. Hidalgo	Danube
13	R22	**Hautes Formes** R. des	R. Baudricourt	R. Nationale	Tolbiac
10	G20	**Hauteville** Cité d'	82 R. d'Hauteville	51 R. de Chabrol	Poissonnière
10	F20-H19	**Hauteville** Rue d'	30 Bd Bon. Nouvelle	1 Pl. Franz Liszt	Strasbourg St-Denis
19	E25	**Hautpoul** Imp.	57 R. Petit	en impasse	Ourcq
19	D25-F25	**Hautpoul** Rue d'	56 R. de Crimée	140 Av. J. Jaurès	Ourcq-Botzaris
20	G27	**Hauts de Belleville** Villa	47 R. du Borrégo	en impasse	St-Fargeau
13	M13-M14	**Haüy** Rue Valentin	6 Pl. de Breteuil	7 R. Bellart	Ségur
8	G16	**Havre** Cr du	R. St-Lazare	R. d'Amsterdam	St-Lazare
9	G16	**Havre** Pass. du	19 R. Caumartin	12 R. du Havre	St-Lazare
8	G16	**Havre** Pl. du	R. St-Lazare	R. du Havre	St-Lazare
8	G16	**Havre** Rue du	70 Bd Haussmann	13 Pl. du Havre	Havre-Caumartin
19	F27-H28	**Haxo** Rue	39 R. du Surmelin	67 Bd Sérurier	Télégraphe
20	I28	**Haxo** Imp.	16 R. A. Penaud	en impasse	Pte de Bagnolet
16	L9	**Hayem** Pl. du Dr	2 R. La Fontaine	R. Boulainvilliers	Av. Pdt Kennedy
18	C21	**Hébert** Pl.	R. des Roses	R.Cugnot	Marx Dormoy
16	J7	**Hébert** Rue Ernest	10 Bd Suchet	11 Av. Mal Maunoury	Av. Henri Martin
16	L8	**Hébrard** Av. Adrien	4 Pl. Rodin	65 Av. Mozart	Ranelagh-Jasmin
10	G23-H23	**Hébrard** Pass.	202 R. St-Maur	5 R. du Chalet	Goncourt-Belleville
12	N24-N25	**Hébrard** Ruelle des	60 R. du Charolais	112 Av. Daumesnil	Montgallet
19	F23-F24	**Hecht** Rue Philippe	17 R. Barrelet R.	37 R. Lardennois	Buttes Chaumont
16	H17	**Heine** Rue Henri	R. de la Source	49 R. Dr Blanche	Jasmin
9	H17	**Helder** Rue du	36 Bd Italiens	13 Bd Haussmann	Chaussée d'Antin
17	D16-E16	**Hélène** Rue	41 Av. de Clichy	18 R. Lemercier	La Fourche
17	J9	**Hélie** Rue Faustin	6 Pl. Possoz	10 R. de la Pompe	Boulainvilliers
17	E11	**Héliopolis** Rue d'	19 R. Guil. Tell	131 Av. de Villiers	Pte de Champerret
18	Q22	**Héloïse et Abélard** Sq.	R. Duchefdelaville	R. de Vimoutiers	Chevaleret
3	O8-O9	**Hemingway** R. Ernest	R. Leblanc	Bd du Gal Valin	Balard
14	R17	**Hénaffe** Pl. Jules	R. la Tombe Iss.	Av. Reille	Pte d'Orléans
12	N25-N26	**Henard** Rue	159 Av. Daumesnil	78 R. de Reuilly	Montgallet
12	N24	**Hennel** Pass.	140 R. de Charenton	101 Av. Daumesnil	Reuilly Diderot
9	F17	**Henner** Rue	42 R. La Bruyère	15 R. Chaptal	Trinité-St-Georges
13	R20	**Henocque** Pl. l'Abbé G.	30 R. des Peupliers	R. de la Colonie	Tolbiac
1	K18	**Henri** Rue Robert	Pont Neuf	Pl. Dauphine	Pont Neuf
1	O8	**Henri de France** Espl.	Bd Martial Valin	Quai André Citroën	Bd Victor
4	L21-M21	**Henri IV** Bd	12 Q. Béthune	1 Pl. de la Bastille	Louv. Rivoli-S. Morl.
4	L21-M22	**Henri IV** Quai	1 Bd Morland	Ponts de Sully	Louv. Rivoli-S. Morl.
17	B16	**Henrys** Rue du Gal	33 R. J. Leclaire	27 Bd Bessières	Pte de St-Ouen
18	A15	**Hérault de Séchelles** R.	R. Floréal	R. Morel (Clichy)	Pte de St-Ouen
12	P29	**Herbillon** Av.	R. Jeanne d'Arc	Av. Daumesnil	Pte Dorée
7	M13	**Heredia** Rue J.-M. de	67 Av. de Ségur	16 R. Pérignon	Ségur
16	P6	**Hérelle** Av. Félix d'	Av. G. Lafont	R. du Point du Jour	Pte de St-Cloud
18	M10	**Héricart** Rue	49 R. Émeriau	56 Pl. St-Charles	Charles Michels
18	D19	**Hériçourt** Cité	12 R. Hermel	en impasse	Jules Joffrin
18	C19-D19	**Hermel** Rue	54 R. Custine	41 Bd Ornano	Lamarck Caulainc.
18	A22	**Hermite** Sq.C.	R. Ch. Hermite		Pte de La Chapelle
18	A22-B22	**Hermite** Rue C.	7 Av. Pte Aubervill.	52 Bd Ney	Pte de La Chapelle
1	I18	**Herold** Rue	42 R. la Coquillière	47 R. É. Marcel	Louvre Rivoli

Ar.	Plan	Rues / Streets	Commençant	Finissant	Métro
15	O15	**Hymans** Sq. Max	25 Bd de Vaugirard	87 Bd Pasteur	Montparn. Bienv.

I

Ar.	Plan	Rues / Streets	Commençant	Finissant	Métro
17	D10-D11	**Ibert** Rue Jacques	R. P. Wilson (Leval.)	Av. Pte Champerret	Louise Michel
20	K8	**Ibsen** Av.	Av. Cartellier	Av. Gambetta	Pte de Bagnolet
16	H12-J11	**Iéna** Av. d'	6 Av. Albert de Mun	Pl. Ch. de Gaulle	Kléber
17	D11	**Iéna** Pass. d'	9 R. J. Ibert	Pas. d'Iéna	Louise Michel
16	I11	**Iéna** Pl. d'	Av. du Pdt Wilson	Av. P. I er de Serbie	Iéna
7	J11-K11	**Iéna** Pt d'	Av. de New York	Q. Branly	Trocadéro
4	L20	**Ile de France** Sq. de l'	Q. de l'Archevêché		Pont Marie
12	M27	**Ile de la Réunion** Pl.	Av. du Trône	Bd de Picpus	Nation
14	P17-P18	**Ile de Sein** Pl. de l'	Bd Arago	R. Fbg St-Ant.	St-Jacques
11	M26	**Imm. Industriels** R.	307 R. Fbg St-Ant.	262 Bd Voltaire	Nation
19	D26-E26	**Indochine** Bd d'	15 Av. Pte Brunet	144 Bd Sérurier	Pte de Pantin
20	J27	**Indre** Rue de l'	32 R. des Prairies	25 R. Pelleport	Pte de Bagnolet
11	I24	**Industrie** Cité de l'	90 R. St-Maur	98 R. Oberkampf	Rue St-Maur
11	L25	**Industrie** Cr de l'	37 R. de Montreuil	en impasse	Faidherbe Chaligny
13	S21	**Industrie** Rue de l'	7 R. Bourgon	14 R. du Tage	Maison Blanche
10	H20	**Industrie** Pass. de l'	27 Bd de Strasbourg	42 R. Fbg St-Denis	Strasbourg St-Denis
11	J24-K24	**Industrielle** Cité	115 R. la Roquette	en impasse	Voltaire
12	N28-N29	**Ingénieur Av. Vincent-d'**	R. Jules Lemaître	6 Av. Courteline	Pte de Vincennes
1	J18	**Infante** Jard. de l'	Quai du Louvre	Cour Carrée	Louvre Rivoli
19	H23-H24	**Ingold** Pl. du Gal	Bd de la Villette	R. de Belleville	Belleville
16	K7-K8	**Ingres** Av.	Ch. de la Muette	35 Bd Suchet	Ranelagh-La Muette
1	J19	**Innocents** Rue des	43 R. St-Denis	2 R. de la Lingerie	Châtelet-Les Halles
6	K17-K18	**Institut** Pl. de l'	23 Q. de Conti	1 Q. Malaquais	Pont Neuf
15	Q11	**Ins. de Varsovie** Pl.	Av. Pte Plaine	R. L. Vicat	Pte de Versailles
7	L14	**Intendant** Jard. de l'	Av. de Tourville	Bd La Tour Maub.	La Tour Maubourg
8	G16	**Intérieure** Rue	Cour de Rome	Cour du Havre	St-Lazare
13	S20	**Interne Loëb** Rue de l'	2 R. Championnière	en impasse	Tolbiac
7	K14-M15	**Invalides** Bd des	127 R. de Grenelle	R. de Sèvres	Varenne-Duroc
7	J14	**Invalides** Espl. des	Q. d'Orsay	Hôtel des Invalides	Invalides
7	K14	**Invalides** Pl. des	Esplanade Invalides	R. de Grenelle	La Tour Maubourg
7	I14-J14	**Invalides** Pt des	Pl. du Canada	Q. d'Orsay	Invalides
19	F27	**Iris** Villa des	1 Pas. des Mauxins	en impasse	Pte des Lilas
13	S19	**Iris** Rue des	50 R. Brillat Sav.	45 R. des Glycines	Cité Universitaire
5	N19	**Irlandais** Rue des	15 R. de l'Estrapade	9 R. Lhomond	Card. Lemoine
16	M7	**Isabey** Rue	48 R. d'Auteuil	15 R. Poussin	Michel Ange Auteuil
18	E20	**Islettes** Rue des	112 Bd la Chapelle	57 R. Goutte d'Or	Barbès Rochech.
8	G16	**Isly** Rue de l'	7 R. du Havre	10 R. de Rome	St-Lazare
17	E13	**Israël** Pl. d'	130 Av. Wagram	41 R. Ampère	Wagram
15	P10	**Issy les Moulin.** Pte d'	Bd Victor	Balard	
15	O8-P7	**Issy les Moulin.** Q. d'	Pont du Garigliano	Q. Pdt Roosevelt	Bd Victor
13	Q20-S21	**Italie** Av. d'	20 Pl. d'Italie	2 Bd Kellermann	Pl. d'Italie-Pte Italie
13	Q20	**Italie** Pl. d'	R. des Gobelins	Bd A. Blanqui	Place d'Italie
13	T21	**Italie** Pte d'	Bd Périphérique		Pte d'Italie
13	R20	**Italie** Rue d'	24 R. Damesme	99 R. Moul. des Prés	Tolbiac-Pte d'Ivry
2	H17	**Italiens** Bd des	103 R. Richelieu	34 R. Louis le Grand	Opéra
9	H17	**Italiens** Bd des	103 R. Richelieu	34 R. Louis le Grand	Opéra
9	H17	**Italiens** Rue des	26 Bd des Italiens	3 R. Taitbout	Quatre Septembre
13	R21-S22	**Ivry** Av. d'	78 Bd Masséna	133 R. de Tolbiac	Tolbiac
13	S23	**Ivry** Pte d'	Bd Périphérique		Bd Masséna
13	R25	**Ivry** Quai d'	1 Bd Masséna	2 R. Bruneseau	Bd Masséna

J

Ar.	Plan	Rues / Streets	Commençant	Finissant	Métro
6	K17-L18	**Jacob** Rue	45 R. de Seine	29 R. des Sts Pères	St-Germain des Prés
13	S20	**Jacob** Rue Max	5 R. Pot. des Peupl.	R. Keufer	Maison Blanche
11	I23	**Jacquard** Rue	15 R. Ternaux	54 R. Oberkampf	Parmentier

Ar.	Plan	Rues / Streets	Commençant	Finissant	Métro
19	N12	**Jacquem. Clem.** R. Dr	36 R. Mademoiselle	1 R. Léon Séché	Commerce
17	D15	**Jacquemont** Villa	12 R. Jacquemont	en impasse	La Fourche
17	D15-D16	**Jacquemont** Rue	87 Av. de Clichy	50 R. Lemercier	La Fourche
14	D15	**Jacques R.** Édouard	23 R. R. Losserand	141 R. du Château	Gaîté
14	Q15	**Jacquier** Rue	37 R. L. Morard	17 R. Bardinet	Plaisance
17	F13	**Jadin** Rue	39 R. de Chazelles	34 R. Médéric	Courcelles
5	N20	**Jaillot** Pass.	3 R. Saint-Médard	10 R. Ortolan	Place Monge
20	H26-H27	**Jakubowicz** R. Hélène	144 R. Ménilmontant	Imp. V. de l'Isle Adam	St-Fargeau
13	S19	**Jambenoire** Al. M.	86 Bd Kellermann	en impasse	Cité Universitaire
10	F22	**Jammes** Rue Francis	R. G. F. Handel	11 R. Louis Blanc	Colonel Fabien
14	Q15-R15	**Jamot** Villa	105 R. Didot	en impasse	Plaisance
19	G24	**Jandelle** Cité	53 R. Rébeval	Butte Bergeyre	Buttes Chaumont
16	J9	**Janin** Av. Jules	12 R. de la Pompe	32 R. de la Pompe	La Muette
19	F26-F27	**Janssen** Rue	18 R. des Lilas	11 R. Insp. Allès	Pré St-Gervais
20	I27	**Japon** Rue du	1 R. Belgrand	48 Av. Gambetta	Gambetta
11	K24	**Japy** Rue	4 R. Neufchâteau	7 R. Gobert	Voltaire
5	N21	**Jardin des Plantes**	Pl. Valhubert	R. Buffon	Gare d'Austerlitz
6	L18	**Jardinet** Rue du	12 R. de l'Éperon	Cour de Rohan	Odéon
11	L26	**Jardiniers** Imp. des	215 Bd Voltaire	en impasse	Rue des Boulets
12	P26	**Jardiniers** Rue des	313 R. de Charenton	29 R. des Meuniers	Pte de Charenton
4	L21	**Jardins St-Paul** Rue des	28 Q. Célestins	7 R. Charlemagne	St-Paul
4	K21	**Jarente** Rue de	13 R. de Turenne	12 R. de Sévigné	St-Paul
10	G20	**Jarry** Rue	67 Bd de Strasbourg	90 R. Fbg St-Denis	Château d'Eau
16	L7	**Jasmin** Cr	16 R. Jasmin	en impasse	Jasmin
16	L7	**Jasmin** Sq.	8 R. Jasmin	en impasse	Jasmin
16	L7-L8	**Jasmin** Rue	78 Av. Mozart	14 R. Raffet	Jasmin
12	M26	**Jaucourt** Rue	17 R. de Picpus	8 Pl. de la Nation	Nation
19	D26-E22	**Jaurès** Av. Jean	2 Q. de la Loire	Pl. Pte de Pantin	Pte de Pantin-Jaurès
15	N8-M9	**Javel** Port de	Pont Garigliano	Pont de Grenelle	Mirabeau
15	M9-O11	**Javel** Rue de	37 Q. A. Citroën	152 R. Blomet	Javel-Convention
13	R22	**Javelot** Rue du	103 R. de Tolbiac	49 R. Baudricourt	Tolbiac
4	L20	**Jean XXIII** Sq.	Q. Archevêché		Cité
13	Q20	**Jégo** R. Jean-Marie	8 R. la B. aux Cailles	3 R. Samson	Corvisart
10	F22-H22	**Jemmapes** Quai de	29 R. Fbg du Temple	131 Bd de la Villette	Goncourt-Jaurès
13	P21-P22	**Jenner** Rue	80 Bd V. Auriol	140 R. J. d'Arc	Nationale
18	E20-E21	**Jessaint** Rue de	28 Pl. de la Chapelle	1 R. Charbonnière	La Chapelle
18	E21	**Jessaint** Sq.	Pl. de la Chapelle		La Chapelle
11	I22	**Jeu de Boules** Pass.	142 R. Amelot	45 R. de Malte	Oberkampf
2	H18-H19	**Jeûneurs** Rue des	5 R. Poissonnière	156 R. Montmartre	Sentier
14	Q15	**Joanès** Pass.	93 R. Didot	10 R. Joanès	Plaisance
14	Q15	**Joanès** Rue	54 R. l'Abbé Carton	7 R. Boulitte	Plaisance
15	P12	**Jobbé Duval** Rue	40 R. Dombasle	23 R. des Morillons	Convention
16	I9	**Jocelyn** Villa	1 Sq. Lamartine	en impasse	Rue de la Pompe
18	D16	**Jodelle** Rue Étienne	11 Villa P. Ginier	10 Av. de St-Ouen	La Fourche
7	L12-L13	**Joffre** Pl.	Av. La Bourdonnais		École Militaire
18	C19	**Joffrin** Pl. Jules	R. Ordener	R. du Mont Cenis	Jules Joffrin
19	C24-D25	**Joinville** Imp. de	106 R. de Flandre	en impasse	Crimée
19	D24	**Joinville** Pl. de	R. Jomard	Q. de l'Oise	Crimée
19	C24-D25	**Joinville** Rue de	3 Q. de l'Oise	102 R. de Flandre	Crimée
14	O16	**Jolivet** Rue	R. du Maine	R. Poinsot	Edgar Quinet
11	J24	**Joly** Cité	121 R.Chemin Vert	en impasse	Père Lachaise
19	D24	**Jomard** Rue	160 R. de Crimée	R. de Joinville	Crimée
13	Q19-Q20	**Jonas** Rue	R. E. Atget	28 R. Samson	Corvisart
15	O9	**Jongkind** Rue	R. St-Charles	R. Varet	Lourmel
14	Q13-Q14	**Jonquilles** Rue des	182 R. R. Losserand	211 R. Vercingétorix	Pte de Vanves
14	Q14-Q15	**Jonquoy** Rue	9 R. des Suisses	78 R. Didot	Plaisance
18	B18	**Joséphine** Rue	117 R. Damrémont	en impasse	Pte de Clignancourt
20	K27-L27	**Josseaume** Pass.	67 R. des Haies	72 R. des Vignoles	Buzenval
11	L23	**Josset** Pass.	38 R. de Charonne	en impasse	Ledru Rollin
17	F12-F13	**Jost** Rue Léon	1 R. de Chazelles	6 R. Cardinet	Courcelles
8	G16-G17	**Joubert** Rue	35 R. Ch. d'Antin	Pl. G. Berry	Chaussée d'Antin
11	DE98	**Joudrier** Imp.	87 Bd de Charonne	en impasse	Alexandre Dumas
9	G18-H18	**Jouffroy** Pass.	10 Bd Montmartre	9 R. G. Batelière	Grands Boulevards
17	D14-F12	**Jouffroy d'Abbans** R.	145 R. Cardinet	80 Av. de Wagram	Wagram

Ar.	Plan	Rues / Streets	Commençant	Finissant	Métro
10	H21-H22	**Jouhaux** Rue Léon	12 Pl. de la Rép.	43 Q. de Valmy	République
1	I19-J19	**Jour** Rue du	2 R. la Coquillière	9 R. Montmartre	Les Halles
16	P6	**Jour se lève** Rue du	15 Av. F. d'Hérelle	R. du Jour se lève	Pte de St-Cloud
20	G25	**Jourdain** Rue du	336 R. Pyrénées	134 R. de Belleville	Jourdain
14	S16-S19	**Jourdan** Bd	100 R. Aml Mouchez	1 Pl. 25 Août 1944	Pte d'Orléans
19	D25	**Jouve** Rue P.-J.	10 R. de l'Ourcq	23 R. Ardennes	Ourcq
6	L17-M17	**Jouvenel** R. Henry de	7 Pl. St-Sulpice	6 R. du Canivet	St-Sulpice
16	N7	**Jouvenet** Sq.	14 R. Jouvenet	en impasse	Chardon Lagache
16	N7-O7	**Jouvenet** Rue	150 Av. Versailles	49 R. Boileau	Chardon Lagache
4	K21-L21	**Jouy** Rue de	13 R. Nonnains d'H.	50 R. Fr. Miron	St-Paul
18	D18	**Jouy** Rue Jules	16 R. Francoeur	3 R. Cyrano de B.	Lamarck Caulainc.
20	G24-H24	**Jouye Rouve** Rue de	60 R. de Belleville	66 R. J. Lacroix	Pyrénées
13	P23	**Joyce** Jard. James	R. G. Balanchine	R. Abel Gance	Quai de la Gare
17	B16	**Joyeux** Cité	51 R. des Épinettes	en impasse	Pte de St-Ouen
15	M12	**Judlin** Sq. Théodore	28 R. du Laos		La Motte Picquet
12	N29	**Jugan** Rue Jeanne	29 Av. Courteline	22 Av. Pte Vincennes	St-Mandé Tourelle
15	M11	**Juge** Villa	20 R. Juge	4 Villa Grenelle	Dupleix
15	L11-M11	**Juge** Rue	9 R. Viala	6 R. Violet	Dupleix
4	K20	**Juges Consuls** R. des	68 R. de la Verrerie	R. du Cloît. St-Merri	Hôtel de Ville
20	I25-I26	**Juillet** Rue	44 R. de la Bidassoa	54 R. la Bidassoa	Gambetta
17	E12	**Juin** Pl. du Maréchal	107 Av. de Villiers	Bd Péreire	Péreire
13	P19	**Julienne** Rue de	62 R. Pascal	45 Bd Arago	Les Gobelins
8	O17-O18	**Jullian** Pl. Camille	R. N.-D. Champs	138 R. d'Assas	Port Royal
1	J18	**Jullien** Rue Adolphe	11 R. de Viarmes	40 R. du Louvre	Louvre-Les Halles
19	D26	**Jumin** Rue Eugène	95 R. Petit	198 Av. J. Jaurès	Pte de Pantin
18	D18	**Junot** Av.	3 R. Girardon	66 R. Caulaincourt	Lamarck Caulainc.
13	O20	**Jura** Rue du	49 Bd St-Marcel	14 R. Oudry	Campo Formio
2	I19	**Jussienne** Rue de la	40 R. É. Marcel	41 R. Montmartre	Sentier
5	M20	**Jussieu** Pl.	22 R. Jussieu	R. Linné	Jussieu
5	M20-N21	**Jussieu** Rue	12 R. Cuvier	35 R. Cal Lemoine	Jussieu
20	H28	**Justice** Rue de la	70 R. du Surmelin	61 Bd Mortier	St-Fargeau

K

Ar.	Plan	Rues / Streets	Commençant	Finissant	Métro
18	E21	**Kablé** Rue Jacques	33 R. Département	56 R. Ph. de Girard	La Chapelle
19	E22	**Kabylie** Rue de	216 Bd de la Villette	12 R. de Tanger	Stalingrad
13	O24	**Kafka** Rue Franz	Q. Panhard Levassor	R. Olivier Messiaen	Biblio. F. Mitterrand
18	B19	**Kahn** Pl. A.	Bd Ornano	R. Championnet	Pte de Clignancourt
15	O14	**Kandinsky** Pl. Wassily	56 R. Bargue	60 R. Bargue	Volontaires
20	J27	**Karcher** Sq. Henri	R. des Pyrénées		Gambetta
19	B24-C24	**Karr** Rue Alphonse	169 R. de Flandre	20 R. de Cambrai	Corentin Cariou
5	N19	**Kastler** Pl. Alfred	1 R. Érasme	4 R. Rataud	Place Monge
10	M10-M9	**Keller** R.de l'Ing. R.	11 Q. A. Citroën	67 R. Émile Zola	Charles Michels
11	K23-L23	**Keller** Rue	41 R. de Charonne	72 R. la Roquette	Ledru Rollin
13	S19-S21	**Kellermann** Bd	192 Av. d'Italie	99 R. Aml Mouchez	Pte d'Italie-Cité Univ.
13	T20	**Kellermann** Parc	R. Pot. des Peupl.	Bd Kellerman	Pte d'Italie
17	B16	**Kellner** Rue Jacques	125 Av. de St-Ouen	39 Bd Bessières	Pte de St-Ouen
16	K10-L9	**Kennedy** Av. du Pdt	1 R. Beethoven	Pl. Clément Ader	Passy
16	H12	**Kepler** Rue	19 R. de Bassano	40 R. Galilée	George V-Kléber
20	K28	**Kergomard** R. Pauline	13 R. Mouraud	R. P. Kergomard	Maraîchers
12	P24-P25	**Kessel** Rue Joseph	Quai de Bercy	Rue de Dijon	Cour St-Émilion
13	S20	**Keufer** Rue	31 Bd Kellermann	R. Max Jacob	Pte d'Italie
16	G11-J10	**Kléber** Av.	Pl. Ch. de Gaulle	Pl. du Trocadéro	Trocadéro-Kléber
16	H11	**Kléber** Imp.	11 Impasse Kléber	11 Imp. Kléber	Boissière
19	F27-G27	**Kock** Rue Paul de	4 R. Émile Desvaux	30 R.Émile Desvaux	Télégraphe
17	E10	**Koenig** Al. du Gal	Av. de Salonique	Bd A. de Paladines	Pte Maillot
17	F10	**Koenig** Pl. du Gal	Bd Gouv. St-Cyr	Av. Pte des Ternes	Pte Maillot
18	B22-C22	**Korsakov** Al. Rimski	10 R. Tristan Tzara	en impasse	Pte de La Chapelle
9	G18	**Kossuth** Pl.	R. de Maubeuge	R. de Châteaudun	N.-D. de Lorette
18	C19	**Kracher** Pass.	137 R. de Clignanc.	10 R. N. la Chardon.	Simplon
13	S20	**Küss** Rue	38 R. des Peupliers	R. Brillat Savarin	Maison Blanche

L

Plan	Rues / Streets	Commençant	Finissant	Métro
20	M29	**L'Hellulier** R. du Cdt	23 Av. Pte Vincennes	R. de Lagny	St-Mandé Tourelle
8	G14	**La Baume** Rue de	20 R. de Courcelles	11 Av. Percier	St-Philippe du Roule
8	G15-H13	**La Boétie** Rue	3 Pl. St-Augustin	60 Av. Ch. Élysées	St-Philippe du Roule
7	J12-L13	**La Bourdonnais** Av.	610 R. Branly	2 Pl. Éc. Militaire	École Militaire
9	F17	**La Bruyère** Sq.	19 R. Pigalle		Trinité-St-Georges
9	F17-F18	**La Bruyère** Rue	31 R. N.-D. de Lorette	48 R. Blanche	St-Georges
19	D25	**La Champmeslée** Sq.	10 Av. Jean Jaurès	en impasse	Pte de Pantin
17	D16-E15	**La Condamine** Rue	73 Av. de Clichy	12 R. d'Along	Rome-La Fourche
9	E22-E17	**La Fayette** Rue	38 R. Ch. d'Antin	1 Pl. de Stalingrad	Chaussée d'Antin
1	I18	**La Feuillade** Rue	4 Pl. des Victoires	2 R. Petits Pères	Bourse-Sentier
16	L8-L9	**La Fontaine** Hameau	8 R. La Fontaine	en impasse	Av. Pdt Kennedy
16	L8	**La Fontaine** Villa	33 R. La Fontaine	en impasse	Mirabeau Jasmin
16	L9-M7	**La Fontaine** Rue	1 Pl. du Dr Hayem	48 R. d'Auteuil	Michel Ange Auteuil
16	O6	**La Frilliere** Av. de	41 R. Cl. Lorrain	R. Parent de R.	Exelmans
17	C14-C15	**La Jonquière** Imp. de	101 R. La Jonquière	en impasse	Pte de Clichy
17	C15-C16	**La Jonquière** Rue de	81 Av. de St-Ouen	107 Bd Bessières	Pte de Clichy
2	H17	**La Michodière** R. de	28 R. St-Augustin	29 Bd des Italiens	Quatre Septembre
7	K13-M12	**La Motte Picquet** Av.	64 Bd La Tour Maub.	111 Bd de Grenelle	La Tour Maubourg
15	L12	**La Motte Picquet** Sq.	11 Pl. Cal Amette	5 R. d'Ouessant	La Motte Picquet
16	H11	**La Pérouse** Rue	4 R. de Belloy	5 R. de Presbourg	Kléber
7	L16	**La Planche** Rue de	15 R. Varenne	en impasse	Sèvres Babylone
15	O13	**La Quintinie** Rue	18 R. Bargue	31 R. d'Alleray	Volontaires
4	J19	**La Reynie** Rue de	89 R. St-Martin	32 R. St-Denis	Châtelet
9	F17-G17	**La Rochefoucauld** R.	38 R. St-Lazare	52 R. Pigalle	Trinité
7	L15-L16	**La Rochefoucauld** Sq.	108 R. du Bac	en impasse	Sèvres Babylone
12	P28	**La Ronc. Le Noury** R. Aml	4 Bd Soult	9 Av. Rousseau	Pte Dorée
1	I17	**La Sourdière** Rue de	306 R. St-Honoré	1 R. Gomboust	Tuileries
9	F18	**La Tour d'Auvergne** Imp.	34 R. La Tour d'Auv.	en impasse	Anvers
9	F18-F19	**La Tour d'Auvergne** R.	35 R. Maubeuge	52 R. des Martyrs	St-Georges
7	J14-L14	**La Tour Maubourg** Bd	43 Q. d'Orsay	2 Av. Lowendal	La Tour Maubourg
7	K13	**La Tour Maubourg** Sq.	143 R. de Grenelle	en impasse	La Tour Maubourg
8	I12-I13	**La Trémoille** Rue de	14 Av. George V	27 R. François Ier	Alma Marceau
20	K25	**La Vacquerie** Rue de	3 R. Folie Regn.	164 R. la Roquette	Charonne
16	P6-P7	**La Vaulx** R. Henry de	Q. Saint-Exupéry	Av. Dode Brunerie	Pte de St-Cloud
18	E18	**La Vieuville** Rue de	Pl. Abbesses	R. des 3 Frères	Abbesses
1	I18	**La Vrillière** Rue	41 R. Croix Petits Ch.	7 R. La Feuillade	Bourse
18	D19-D20	**Labat** Rue	61 R. des Poisson.	14 R. Bachelet	Marcadet Poisson.
20	H28	**Labbé** Rue du Dr	82 Bd Mortier	29 R. Le Vau	St-Fargeau
19	G24	**Labé** Al. Louise	19 R. Rébeval	61 Av. S. Bolivar	Belleville
16	J8	**Labiche** Rue Eugène	27 Bd J. Sandeau	28 R. O. Feuillet	Av. Henri Martin
17	F10-F11	**Labie** Rue	79 Av. des Ternes	44 R. Brunel	Pte Maillot
19	C22-C23	**Labois Rouillon** Rue	25 R. Curial	164 R. d'Aubervill.	Crimée
8	G15	**Laborde** Rue de	15 R. du Rocher	58 R. Miromesnil	St-Lazare
18	B18	**Labori** Rue Fernand	118 Bd Ney	9 R. René Binet	Pte de Clignancourt
7	L15	**Labrouré** Jard. C.	R. de Babylone		Sèvres Babylone
15	Q13	**Labrador** Imp. du	5 R. Camulogène	en impasse	Pte de Vanves
15	P14-Q13	**Labrousse** Rue	6 Pl. Falguière	9 R. Morillons	Volontaires
20	I25	**Labyrinthe** Cité du	24 R. Ménilmontant	35 R. des Panoyaux	Ménilmontant
14	R18-S18	**Lac** Al. du	Parc Montsouris		Cité Universitaire
17	C16	**Lacaille** Rue	51 R. Guy Môquet	19 R. La Jonquière	Guy Môquet
14	R17	**Lacaze** Rue	128 R. la Tombe Iss.	35 R. Père Corentin	Alésia-Pte d'Orléans
5	N19-N20	**Lacépède** Rue	59 R. G. St-Hilaire	1 Pl. Contrescarpe	Place Monge
12	P25	**Lachambeaudie** Pl.	R. de Dijon	R. Proudhon	Cour St-Émilion
18	C20	**Lachapelle** Rue	31 R. Boinod	19 R. des Amiraux	Simplon
11	J23-J24	**Lacharrière** Rue	73 Bd Voltaire	61 R. St-Maur	Rue St-Maur
13	S22	**Lachelier** Rue	Pl. Port au Pr.	107 Bd Masséna	Pte de Choisy
15	N10-N9	**Lacordaire** Rue	80 R. de Javel	177 R. St-Charles	Lourmel-Boucicaut
12	P27-P28	**Lacoste** Rue Ernest	107 Bd Poniatowski	151 R. de Picpus	Pte Dorée
15	P11	**Lacretelle** Rue	393 R. Vaugirard	47 R. Vaugelas	Pte de Versailles
17	C16-D15	**Lacroix** Rue	112 Av. de Clichy	29 R. Davy	Brochant

55

Ar.	Plan	Rues / Streets	Commençant	Finissant	Métro
20	G24-I25	Lacroix Rue Julien	49 R. Ménilmontant	56 R. de Belleville	Pyrénées
16	I5	Lacs à Bagatelle Rte	Car. Croix Catelan	Rte Longue Queue	
16	H8-I7	Lacs à Pte Dauph. Al. cav.	Al. Fortunée	Ceint. Lac Infér.	
16	G8-H8	Lacs à Pte Sablons Rte	Rte de Suresnes	Al. de Longchamp	
16	G6-H6	Lacs à Madrid Rte des	Rte de Longchamp	B.L.	Pte de Madrid
16	K6-K7	Lacs à Passy Rte des	Pte de Passy	Car. des Cascades	
12	M22-M23	Lacuée Rue	32 Bd de la Bastille	45 R. de Lyon	Bastille
17	D12	Ladwig Rue Arthur	1 R. Curnonsky	R. d'Alsace	Péreire
17	D11-C12	Lafay Prom. Bernard	Bd A. de Paladines	Av. Pte d'Asnières	Pte de Champerret
13	R13-R14	Lafenestre Av. G.	56 Bd Brune	Bd A. Pinard	Pte de Vanves
9	F18	Laferrière Rue	18 R. N.-D. Lorette	2 R. H. Monnier	St-Georges
9	G18-H18	Laffitte Rue	18 Bd des Italiens	19 R. Châteaudun	Richelieu Drouot
16	O6-P6	Lafont Av. Georges	Pl. de Pte St-Cloud	Av. F. Buisson	Pte de St-Cloud
19	F25	Laforgue Villa Jules	13 R. M. Hidalgo	en impasse	Botzaris
6	N16	Lafue Pl. Pierre	Bd Raspail	R. Stanislas	N.-D. des Champs
17	C16	Lagache Rue du Cap.	R. Legendre	R. Guy Môquet	Guy Môquet
5	O19	Lagarde Sq.	7 R. Lagarde	en impasse	Censier Daubenton
5	O19	Lagarde Rue	11 R. Vauquelin	16 R. de l'Arbalète	Censier Daubenton
18	D20	Laghouat Rue de	39 R. Stephenson	18 R. Léon	Marx Dormoy
18	C16-C17	Lagille Rue	116 Av. de St-Ouen	en impasse	Guy Môquet
20	L28-M28	Lagny Pass. de	87 R. de Lagny	18 R. Philidor	Pte de Vincennes
20	M27-M29	Lagny Rue de	10 Bd de Charonne	Av. L. Gaumont	Pte de Vincennes
5	L19	Lagrange Rue	21 Q. de Montebello	18 Pl. Maubert	Maubert Mutualité
13	Q22	Lahire Rue	33 Pl. Jeanne d'Arc	116 Pl. Nationale	Nationale
15	N11-N12	Lakanal Rue	85 R. du Commerce	88 R. la Croix Nivert	Commerce
14	P16	Lalande Rue	17 R. Froidevaux	8 R. Liancourt	Denfert Rochereau
9	F18	Lallier Rue	26 Av. Trudaine	53 Bd de Rochech.	Pigalle
16	G9	Lalo Rue	62 R. Pergolèse	32 Bd Marbeau	Pte Dauphine
17	D15-E15	Lamandé Rue	6 R. Bridaine	78 R. Legendre	Rome-La Fourche
18	C17-D17	Lamarck Sq.	102 R. Lamarck	106 R. Lamarck	Lamarck Caulainc.
18	C16-E19	Lamarck Rue	R. Cal Dubois	68 Av. de St-Ouen	Lamarck Caulainc.
14	P17	Lamarque Sq. G.	R. Froidevaux	R. de Grancey	Denfert Rochereau
18	I8-I9	Lamartine Sq.	189 Av. v. Hugo	70 Av. H. Martin	Rue de la Pompe
9	G18-G19	Lamartine Rue	1 R. Rochechouart	72 R. Fbg Montmar.	Cadet-N.-D.Lorette
19	D23	Lamaze Rue du Dr	36 R. Riquet	10 R. Archereau	Riquet
16	L10-L9	Lamballe Av. de	68 Av. du Pdt Kennedy	63 R. Raynouard	Av. Pdt Kennedy
20	K29	Lambeau Rue Lucien	R. des Drs Déjérine	Av. A. Lemierre	Pte de Montreuil
17	D13	Lamber Rue Juliette	36 Bd Péreire	190 Bd Malesherb.	Wagram-Péreire
18	D19	Lambert Rue	8 R. Nicolet	29 R. Custine	Château Rouge
7	K11	Lambert Rue du Gal	Allée Th. Thierry	23 Av. de Suffren	Ch. de Mars-Tr Eiffel
12	O26-O27	Lamblardie Rue	7 Pl. Félix Éboué	84 R. de Picpus	Daumesnil
12	P25	Lamé Rue Gabriel	R. Joseph Kessel	R. des P. de Bercy	Cour St-Émilion
8	G13	Lamennais Rue	27 R. Washington	19 Av. de Friedland	George V
11	K25	Lamier Imp.	8 R. Mont Louis	en impasse	Philippe Auguste
12	M28-N29	Lamoricière Av.	5 Av. Courteline	8 R. F. Foureau	Pte de Vincennes
17	H9	Lamoureux Rue C.	23 R. E. Ménier	25 R. Spontini	Pte Dauphine
5	O19	Lampué Pl. Pierre	R. Claude Bernard	R. Feuillantines	Luxembourg
11	K23	Lamy Rue du Cdt	45 R. la Roquette	30 R. Sedaine	Bréguet Sabin
13	G13-G14	Lanceraux Rue du Dr	5 Pl. de Narvik	22 R. Courcelles	St-Philippe du R.
12	O26-P26	Lancette Rue de la	2 R. Taine	35 R. Nicolaï	Dugommier
13	R19-S18	Lançon Rue Auguste	74 R. Barrault	34 R. de Rungis	Corvisart
7	N7	Lancret Rue	138 Av. Versailles	10 R. Jouvenet	Chardon Lagache
13	H21	Lancry Rue de	50 R. R. Boulanger	83 Q. de Valmy	Jacques Bonsergent
13	S20	Landouzy Rue du Dr	4 R. Interne Læb	39 R. des Peupliers	Maison Blanche
7	J13-K13	Landrieu Pass.	169 R. l'Université	R. St-Dominique	Pont de l'Alma
20	J27	Landrin Pl. Émile	R. Cour Noues	R. des Prairies	Gambetta
20	J27	Landrin Rue Émile	50 R. Rondeaux	235 R. des Pyrénées	Gambetta
15	P11	Langeac Rue de	11 R. Desnouettes	356 R. de Vaugirard	Convention
5	M20	Langevin Sq. Paul	R. des Écoles	R. Monge	Card. Lemoine
12	Q25-R26	Langle de Cary R. Gal	R. Escoffier	Bd Poniatowski	Pte de Charenton
4	K21	Langlois Ru de	R. Blancs Manteaux	en impasse	St-Paul
13	Q20	Langlois Pl. Henri	R. Bobillot	Av. d'Italie	Place d'Italie
16	J9	Langlois Rue du Gal	1 R. E. Delacroix	en impasse	Rue de la Pompe
5	M19	Lanneau Rue de	2 R. Valette	29 R. de Beauvais	Maubert Mutualité

56

.	Plan	Rues / Streets	Commençant	Finissant	Métro
14	S16-T17	Lannelongue Av. Dr	Av. A. Rivoire	R. E. Faguet	Cité Universitaire
16	H8	Lannes Bd	5 Pl. Mal Tassigny	98 Av. H. Martin	Av. Henri Martin
17	G11	Lanrezac Rue du Gal	12 Av. Carnot	17 Av. Mac Mahon	Ch. de Gaulle Étoile
1	K19	Lantier Rue Jean	1 R. St-Denis	R. Bertin Poirée	Châtelet
17	C16	Lantiez Villa	32 R. Lantiez	en impasse	Guy Môquet
17	B16	Lantiez Rue	50 R. la Jonquière	13 R. du Gal Henrys	Pte de St-Ouen
19	F27	Laonnais Sq. du	10 Bd Sérurier	en impasse	Pré St-Gervais
15	L12-M12	Laos Rue du	88 Av. d'Ivry	2 R. A. Cabanel	La Motte Picquet
12	P28	Laperrine Av. du Gal	9 Av. du Gal Landis	4 Pl. E. Renard	Pte Dorée
14	R14	Lapeyre Rue du Lt	46 Bd Brune	R. Séré Rivières	Pte de Vanves
18	C18-C19	Lapeyrère Rue	110 R. Marcadet	109 R. Ordener	Jules Joffrin
7	M19	Laplace Av. de	58 R. St. Ste-Genev.	11 R. Valette	Maubert Mutualité
7	M13	Lapparent Rue A. de	30 Av. de Saxe	7 R. de Heredia	Ségur
15	L23	Lappe de Rue	32 R. la Roquette	13 R. de Charonne	Bastille
13	P23	Larbaud Rue Valéry	32 R. Balanchine	R. Abel Gance	Quai de la Gare
19	F23-G24	Lardennois Rue G.	38 Av. M. Moreau	1 R. Barrelet de P.	Bolivar
16	M7	Largeau Rue du Gal	17 R. Perchamps	67 R. La Fontaine	Église d'Auteuil
16	K8	Largillière Rue	12 Av. Mozart	1 Bd de Beauséjour	La Muette
15	L12-M12	Larminat R. du Gal de	56 Av. La M. Picquet	15 R. d'Ouessant	La Motte Picquet
16	O16	Larochelle Rue	31 R. de la Gaîté	en impasse	Gaîté
7	N19	Laromiguière Rue	8 R. Estrapade	8 R. Amyot	Place Monge
14	Q14	Larousse Rue Pierre	92 R. Didot	161 R. R. Losserand	Plaisance
5	N20	Larrey Rue	18 R. Daubenton	7 R. Monge	Place Monge
8	F15	Larribe Rue	33 R. Constant.	86 R. du Rocher	Villiers
15	N12	Larroumet R. Gustave	24 R. Mademoiselle	9 R. L. Lhermitte	Commerce
15	O29	Lartet Rue Édouard	R. du Gal Archinard	Bd de la Guyane	Pte Dorée
5	M20	Lartigue Rue J.-H.	50 R. Card. Lemoine	24 R. Monge	Cardinal Lemoine
7	K15	Las Cases Rue	38 R. Bellechasse	13 R. Bourgogne	Solférino
19	G24	Lasalle Rue du Gal	70 R. Rébeval	Av. Simon Bolivar	Pyrénées
17	D10	Laskine Jard. Lily	R. Jacques Ibert	R. du Capo. Peugeot	Pte de Champerret
12	N28	Lasson Rue	34 Av. Dr. Netter	9 R. Marguettes	Picpus
19	G25	Lassus Rue	137 R. de Belleville	1 R. Fessart	Jourdain
18	H10	Lasteyrie Rue de	101 Av. R. Poincaré	180 R. de la Pompe	Victor Hugo
18	E16	Lathuille Pass.	12 Av. de Clichy	11 Pas. de Clichy	Place de Clichy
5	M19	Latran Rue de	8 R. de Beauvais	7 R. Thénard	Maubert Mutualité
16	H8	Lattre de Tassigny Pl.	Bd Lannes	Bd de Aml Bruix	Pte Dauphine
15	E11-F12	Laugier Villa	36 R. Laugier	en impasse	Pte de Champerret
17	E11-F12	Laugier Rue	23 R. Poncelet	7 Bd Gouv. St-Cyr	Ternes
10	G19-G20	Laumain Rue Gabriel	27 R. d'Hauteville	36 R. Fbg Poisson.	Bonne Nouvelle
19	E24	Laumière Av. de	2 R. du Sahel	94 Av. J. Jaurès	Laumière
19	O28	Laurencin Rue Marie	46 R. du Sahel	R. A. Derain	Bel Air
19	L8	Laurens Sq. J.-Paul	31 R. l'Assomption		Ranelagh
19	D22	Laurent Rue Paul	48 rue Aubervilliers	Rue du Maroc	Stalingrad
20	M27	Laurent Al. Marie	R. de Buzenval	15 R. Mounet Sully	Buzenval
12	N29-O28	Laurent Av. Émile	46 Bd Soult	40 Bd Carnot	Pte Dorée
12	N13	Laurent Sq. C.	71 R. Cambronne	102 R. Lecourbe	Cambronne
13	R20-R21	Laurent Rue du Dr	102 Av. d'Italie	5 R. Damesme	Tolbiac
1	K24	Laurent Rue Auguste	1 R. Mercoeur	140 R. la Roquette	Voltaire
14	R13	Laurier Rue Wilfrid	10 Bd Brune	Av. Marc Sangnier	Pte de Vanves
17	H11-I10	Lauriston Rue	9 R. de Presburg	70 R. de Longchamp	Trocadéro-Kléber
18	B22	Lauth Rue C.	18 Bd Ney	2 R. G. Tissandier	Pte de La Chapelle
1	J19	Lautréamont Terr.	Forum des Halles	Niveau +1	Châtelet-Les Halles
19	G24	Lauzin Rue	39 R. Rébeval	59 Av. S. Bolivar	Buttes Chaumont
1	J19-K19	Lav. Ste-Opportune R.	24 Av. Victoria	7 R. des Halles	Châtelet-Les Halles
5	O18	Laveran Pl. Alphonse	1 R. du Val de Grâce	314 R. St-Jacques	Port Royal
12	P27-Q27	Lavigerie Pl. Card.	90 Bd Poniatow.	Bois de Vincennes	Pte de Charenton
12	N28-O28	Lavisse Rue Ernest	5 R. Albert Malet	11 R. Albert Malet	Pte Dorée
1	D16	Lavoir Pass. du	40 Av. de St-Ouen	57 R. Ganneron	La Fourche
1	H21	Lavoir Villa du	68 R. R. Boulanger	en impasse	Strasbourg-St-Denis
8	C19	Lavoisier Rue	57 R. d'Anjou	22 R. d'Astorg	St-Augustin
18	C19	Lavy Rue Aimé	35 R. Hermel	74 R. du Mont Cenis	Jules Joffrin
1	I19-I20	Lazareff Rue Pierre	R. Petits Carreaux	R. Saint-Denis	Sentier
14	R15-S15	Le Bon Rue Gustave	1 R. Ch. Le Goffic	19 Av. E. Reyer	Pte d'Orléans
14	S16	Le Brix et Mesmin R.	107 Bd Jourdan	6 R. Porto Riche	Pte d'Orléans

Ar.	Plan	Rues / Streets	Commençant	Finissant	Métro
13	O20-P20	**Le Brun** Rue	55 Bd St-Marcel	47 Av. des Gobelins	Les Gobelins
20	I27	**Le Bua** Rue	56 R. Pelleport	24 R. du Surmelin	Pelleport
17	E12	**Le Châtelier** Rue	120 Av. de Villiers	183 R. Courcelles	Péreire
6	L16	**Le Corbusier** Pl.	R. de Sèvres	R. de Babylone	Sèvres Babylone
13	Q19	**Le Dantec** Rue	81 Bd A. Blanqui	12 R. Barrault	Corvisart
4	J20	**Le Franc** Rue Simon	45 R. du Temple	2 R. Beaubourg	Rambuteau
13	P19	**Le Gall** Sq. René	R. de Croulebarbe	R. Corvisart	Les Gobelins
5	M18	**Le Goff** Rue	15 R. Soufflot	9 R. Gay Lussac	Luxembourg
14	R15	**Le Goffic** Rue C.	2 R. G. Le Bon	11 Av. E. Reyer	Pte d'Orléans
15	N9	**Le Gramat** Pl.	R. A. Lefebvre	R. de Gutenberg	Javel
16	O6-O7	**Le Marois** Rue	195 Av. Versailles	117 Bd Murat	Pte de St-Cloud
16	J10-K11	**Le Nôtre** Rue	Av. de New York	1 Bd Delessert	Passy
9	G18-H18	**Le Peletier** Rue	16 Bd Italiens	Pl. Kossuth	Richelieu Drouot
4	L20	**Le Regrattier** Rue	22 Q. d'Orléans	19 Q. Bourbon	Pont Marie
12	P25-Q25	**Le Roy** Rue du Baron	Pl. Lachambeaudie	Cour du Levant	Cr St-Émilion
14	R14	**Le Roy** Rue Pierre	40 Bd Brune	7 R. M. Bouchor	Pte de Vanves
17	G10	**Le Sueur** Rue	32 Av. Foch	38 R. Duret	Argentine
18	E18	**Le Tac** Rue Yvonne	7 R. des 3 Frères	Pl. des Abbesses	Abbesses
16	J10	**Le Tasse** Rue	20 R. B. Franklin	en impasse	Passy-Trocadéro
20	H28-I29	**Le Vau** Rue	Av. Ibsen	Av. Pte Ménilmont.	Pte de Bagnolet
19	N17-O17	**Le Verrier** Rue	114 R. d'Assas	R. N.-D. Champs	Vavin-Port Royal
18	D17	**Léandre** Villa	23 Av. Junot		Lamarck Caulainc.
15	O11	**Léandri** Rue du Cdt	152 R. Convention	2 R. J. Mawas	Convention
17	D12	**Léautaud** Pl. Paul	142 Bd Berthier	51 Bd Berthier	Péreire
9	F18-G18	**Lebas** Rue Hippolyte	7 R. Maubeuge	10 R. des Martyrs	N.-D. de Lorette
14	P15	**Lebeuf** Pl. l'Abbé J.	R. de l'Ouest	R. du Château	Pernety
12	M24-N24	**Leblanc** Pass. Abel	127 R. de Charenton	19 R. Crozatier	Reuilly Diderot
19	F26	**Leblanc** Villa Eugène	24 R. de Mouzaïa	11 R. de Bellevue	Danube
15	O8-P9	**Leblanc** Rue	171 Q. A. Citroën	364 R. Lecourbe	Balard-Bd Victor
17	E11-F11	**Lebon** Rue	11 R. P. Demours	195 Bd Péreire	Péreire
14	O15-P15	**Lebouis** Imp.	5 R. Lebouis	en impasse	Gaîté
14	O15-P15	**Lebouis** Rue	21 R. de l'Ouest	10 R. R. Losserand	Gaîté
17	E14-E15	**Lebouteux** Rue	13 R. de Saussure	32 R. de Lévis	Villiers
12	M29-N29	**Lecache** R. Bernard	21 R. du Chaffault	en impasse	St-Mandé Tourelle
13	S20	**Lecène** Rue	16 R. Interne Loeb	5 R. Dr Landouzy	Maison Blanche
17	E16	**Lechapelais** Rue	33 Av. de Clichy	8 R. Lemercier	La Fourche
11	J23	**Léchevin** Rue	64 Av. Parmentier	9 Pas. St-Ambroise	Rue St-Maur
20	J28	**Leclaire** Cité	17 R. Riblette	en impasse	Pte de Bagnolet
17	B16	**Leclaire** Sq.Jean	R. Jean Leclaire	R. Lantiez	Pte de St-Ouen
17	B16-C16	**Leclaire** Rue Jean	20 R. La Jonquière	9 Bd Bessières	Pte de St-Ouen
15	O14	**Leclanché** Rue G.	R. Aristide Maillol	R. A. Gide	Volontaires-Pasteur
12	P17-R16	**Leclerc** Av. du Gal	13 Pl. Denfert Roch.	203 Bd Brune	Denfert Rochereau
14	P17	**Leclerc** Rue	72 R. Fbg St-Jacques	50 Bd St-Jacques	St-Jacques
17	E16	**Lécluse** Rue	14 Bd d. Batignolles	15 R. des Dames	Place de Clichy
15	N11-O11	**Lecocq** Rue C.	123 R. la Croix Nivert	204 R. Lecourbe	Félix Faure
19	F23	**Lecointe** Rue Sadi	40 R. de Meaux	119 Av. S. Bolivar	Bolivar
17	D15	**Lecomte** Rue	97 R. Legendre	15 R. Clairaut	Brochant
16	N6	**Lecomte du Noüy** R.	58 Bd Murat	41 Av. du Gal Sarrail	Pte de St-Cloud
16	M8	**Lecomte de Lisle** Villa	9 R. Leconte de L.	en impasse	Église d'Auteuil
16	M7-M8	**Leconte de Lisle** Rue	60 Av. Th. Gautier	8 R. P. Guérin	Église d'Auteuil
15	O10	**Lecourbe** Villa	295 R. Lecourbe	en impasse	Lourmel
15	N14-P10	**Lecourbe** Rue	2 Bd Pasteur	5 Bd Victor	Sèvres Lecourbe
7	K12-L13	**Lecouvreur** Al. A.	Av. S. de Sacy	Pl. Joffre	École Militaire
14	Q15	**Lecuirot** Rue	141 R. d'Alésia	18 R. L. Morard	Alésia
18	B18	**Lécuyer** Imp. A.	103 R. Ruisseau	48 R. Custine	Pte de Clignancourt
18	D19	**Lécuyer** Rue	41 R. Ramey	38 R. Custine	Jules Joffrin
14	R14-R15	**Ledion** Rue	115 R. Didot	28 R. G. Bruno	Plaisance
12	P17	**Ledoux** Sq. C.-N.	Pl. Denfert Roch.		Denfert Rochereau
12	K24	**Ledru Rollin** Av.	96 Q. de la Râpée	114 R. la Roquette	Voltaire
15	O28	**Lefébure** Rue Ernest	12 Bd Soult	2 Av. Gal Messimy	Pte Dorée
15	Q11-Q13	**Lefebvre** Bd	407 R. de Vaugirard	3 Bd Brune	Pte de Versailles
15	Q11	**Lefebvre** Rue	108 R. O. de Serres	35 R. Firmin Gillot	Pte de Versailles
8	F16	**Lefebvre** Rue Jules	49 R. de Clichy	66 R. d'Amsterdam	Liège
15	N9	**Lefebvre** Rue André	R. Balard	R. des Cévennes	Javel

Plan	Rues / Streets	Commençant	Finissant	Métro
3	J27	**Lefèvre** Rue Ernest	19 R. Surmelin	84 Av. Gambetta	Pelleport
17	L20	**Legendre** Pass.	59 Av. de St-Ouen	186 R. Legendre	Guy Môquet
17	C16-E14	**Legendre** Rue	Pl. du Gal Catroux	79 Av. de St-Ouen	Villiers-Guy Môquet
17	E14	**Léger** Imp.	57 R. Tocqueville	en impasse	Malesherbes
11	I25	**Léger** Rue Fernand	R. des Amandiers	R. des Mûriers	Père Lachaise
7	J16	**Légion d'Honneur** R.	Pl. Henry de Month.	Rue de Lille	Solférino
14	S16	**Légion Étrangère** R.	Av. Gal d'Orléans	Bd R. Rolland	Pte d'Orléans
10	H21	**Legouvé** Rue	57 R. de Lancry	24 R. L. Sampaix	Jacques Bonsergent
19	G23	**Legrand** Rue	12 R. Burnouf	83 Av. S. Bolivar	Bolivar-Col. Fabien
20	J27	**Legrand** Rue Eugénie	16 R. Rondeaux	17 R. Ramus	Gambetta
12	M23	**Legraverend** Rue	27 Bd Diderot	32 Av. Daumesnil	Gare de Lyon
18	B17	**Leibniz** Sq.	62 R. Leibniz	en impasse	Pte de St-Ouen
18	B16-B18	**Leibniz** Rue	91 R. du Poteau	132 Av. de St-Ouen	Pte de St-Ouen
16	K9	**Lekain** Rue	29 R. Annonciation	2 Pl. Chopin	La Muette
1	I18-I19	**Lelong** Rue Paul	89 R. Montmartre	14 R. de la Banque	Sentier
14	R18	**Lemaignan** Rue	26 R. Aml Mouchez	23 Av. Reille	Cité Universitaire
10	H22	**Lemaître** Sq. P.	R. Fbg du Temple	Q. Jemmapes et V.	République
18	G25-G26	**Lemaître** R. Frédérick	72 R. des Rigoles	188 R. de Belleville	Pl. des Fêtes
12	N28	**Lemaître** Rue Jules	62 Bd Soult	13 Av. M. Ravel	Pte de Vincennes
19	F28-G28	**Léman** Rue du	349 R. de Belleville	9 Bd Sérurier	Pte des Lilas
17	D16	**Lemercier** Cité	28 R. Lemercier	en impasse	La Fourche
17	D15-E16	**Lemercier** Rue	14 R. des Dames	168 R. Cardinet	Place de Clichy
20	K29-L29	**Lemierre** Av. Prof. A.	Av. Pte Montreuil	Av. Gallieni	Pte de Montreuil
14	P14	**Lemire** Rue S. de l'Abbé	R. Alain	Rue de Gergovie	Plaisance
5	M20	**Lemoine** Cité duCard.	18 R. Cal Lemoine	en impasse	Card. Lemoine
2	H20	**Lemoine** Pass.	135 Bd Sébastopol	232 R. St-Denis	Strasbourg St-Denis
5	M20	**Léone** Rue duCard.	17 Q. Tournelle	1 Pl. Contrescarpe	Card. Lemoine
20	H24	**Lémon** Rue	120 Bd de Belleville	9 R. Dénoyez	Belleville
1	J17	**Lemonnier** Av. duGal	2 des Tuileries	R. de Rivoli	Tuileries
19	O25	**Lemonnier** Rue Élisa	11 R. Dubrunfaut	136 Av. Daumesnil	Dugommier
16	R16	**Leneuvex** Rue	12 R. Marguerin	14 R. A. Daudet	Alésia
16	M5-N4	**Lenglon** Rue Suzanne	Av. Pte d'Auteuil	Bd d'Auteuil	Pte d'Auteuil
11	I22-L22	**Lenoir** Bd Richard	4 Pl. de la Bastille	22 Av. République	St-Ambroise
11	J23	**Lenoir** Sq. Richard	Bd R. Lenoir		Richard Lenoir
11	K24-L24	**Lenoir** Rue Richard	91 R. de Charonne	132 Bd Voltaire	Voltaire
9	F19	**Lentonnet** Rue	16 R. Condorcet	21 R. Pétrelle	Poissonnière
18	E2u	**Léon** Sq.	3 R. St-Luc		Château Rouge
18	D20-E20	**Léon** Rue	34 R. Cavé	33 R. Ordener	Marcadet Poissonn.
14	Q14-Q15	**Léone** Villa	16 R. Bardinet	en impasse	Plaisance
14	Q15-Q16	**Léonidas** Rue	32 R. des Plantes	31 R. H. Maindron	Alésia-Plaisance
15	N9	**Léontine** Rue	38 R. S. Mercier	29 R. des Cévennes	Javel
18	L8	**Léopold II** Av.	36 R. l a Fontaine	Pl. Rodin	Ranelagh-Jasmin
19	F23	**Lepage** Cité	31 R. de Meaux	108 Bd de la Villette	Bolivar-Jaurès
16	M7	**Lepage** Rue Bastien	11 R. P. Guérin	79 R. La Fontaine	Michel Ange Auteuil
11	K25	**Lepeu** Pass. Gustave	48 R. Léon Frot	73 R. E. Lepeu	Charonne
11	K25	**Lepeu** Rue Émile	40 R. Léon Frot	14 Imp. C. Mainguet	Charonne
18	E17	**Lepic** Pass.	16 R. Lepic	10 Pl. R. Planquette	Blanche
18	D17-D18	**Lepic** Rue	82 Bd de Clichy	7 R. J. B. Clément	Lamarck Caulainc.
4	K19	**Lépine** Pl. Louis	Q. de la Corse	R. de la Cité	Cité
18	E20-E21	**Lépine** Rue J.-F.	21 R. M. Dormoy	12 R. Stephenson	La Chapelle
13	R20-S20	**Leray** Rue du Dr	34 R. Damesme	13 R. G. Henocque	Maison Blanche
13	Q23	**Leredde** Rue	17 R. de Tolbiac	R. Dess. des Berges	Biblio. F. Mitterrand
15	P11	**Leriche** Rue	375 R. de Vaugirard	52 R. O. de Serres	Convention
15	L11	**Leroi Gourhan** Rue	13 R. Bernard Shaw	12 Al. Gal Denain	Dupleix
7	J14	**Lerolle** Rue P. et J.	Espl. Invalides	7 R. Fabert	Invalides
14	H10	**Leroux** Rue	54 Av. V. Hugo	33 Av. Foch	Victor Hugo
7	L15-M15	**Leroux** Rue Pierre	7 R. Oudinot	60 R. de Sèvres	Vaneau
20	H26	**Leroy** Cité	315 R. des Pyrénées	en impasse	Jourdain
13	T22	**Leroy** Rue C.	Av. de la Pte Choisy	R. des Châlets	Pte de Choisy
18	L8	**Leroy Beaulieu** Sq.	6 Av. A. Hébrard	en impasse	Ranelagh
18	N27	**Leroy Dupré** Rue	40 Bd de Picpus	25 R. Sibuet	Picpus
20	G24-H26	**Lesage** Rue	13 R. Lesage	46 R. de Belleville	Belleville-Pyrénées
11	M22	**Lesage** Sq. Georges	3 Av. Ledru Rollin	en impasse	Quai de la Rapée
20	H24	**Lesage** Rue	28 R. de Tourtille	16 R. Jouye Rouve	Pyrénées

59

Ar.	Plan	Rues / Streets	Commençant	Finissant	Métro
19	D25-E25	**Lunéville** Rue de	148 Av. J. Jaurès	65 R. Petit	Ourcq
20	H25	**Luquet** Sq. Alexandre	R. Piat	R. du Transvaal	Pyrénées
15	M10	**Luquet** Villa J.-B.	43 R. Entrepreneurs	86 Av. Émile Zola	Pl. Charles Michel
4	K19	**Lutèce** Rue de	Pl. L. Lépine	3 Bd du Palais	Cité
6	M17-N18	**Luxembourg** Jard. du	Bd St-Michel	R. de Vaugirard	Vavin
7	K16-L16	**Luynes** Sq. de	5 R. de Luynes	en impasse	Rue du Bac
7	K16	**Luynes** Rue de	199 Bd St-Germain	9 Bd Raspail	Rue du Bac
20	I28-J28	**Lyanes** Villa des	14 R. des Lyanes	en impasse	Pte de Bagnolet
20	I27-J28	**Lyanes** Rue des	147 R. de Bagnolet	32 R. Pelleport	Pte de Bagnolet
16	L6-M6	**Lyautey** Av. du Mal	1 Sq. Tolstoï	Pl. Pte d'Auteuil	Pte d'Auteuil
16	K10-K9	**Lyautey** Rue	30 R. Raynouard	1 R. de l'Abbé Gillet	Passy
12	L22-M23	**Lyon** Rue de	21 Bd Diderot	52 Bd de la Bastille	Gare de Lyon
13	O19	**Lyonnais** Rue des	40 R. Broca	19 R. Berthollet	Censier Daubenton

M

Ar.	Plan	Rues / Streets	Commençant	Finissant	Métro
6	L17	**Mabillon** Rue	13 R. du Four	30 R. St-Sulpice	Mabillon
17	F11-G11	**Mac Mahon** Av.	R. de Gaulle	33 Av. des Ternes	Ch. de Gaulle Étoile
18	B21	**Mac Orlan** Pl. Pierre	R. J. Cottin	R. Tristan Tzara	Pte de La Chapelle
18	B23-B26	**Macdonald** Bd	Bd Sérurier	R. d'Aubervilliers	Pte de la Villette
11	L24-L25	**Macé** Rue Jean	21 R. Chanzy	40 R. Faidherbe	Charonne
12	P25	**Maconnais** Rue des	R. du Baron Le Roy	Pl. des Vins de F.	Cour St-Émilion
12	P26	**Madagascar** Rue de	32 R. des Meuniers	56 R. de Wattignies	Pte de Charenton
6	L17-N17	**Madame** Rue	55 R. de Rennes	49 R. d'Assas	St-Sulpice
8	H16	**Madeleine** Bd de la	53 R. Cambon	10 Pl. Madeleine	Madeleine
8	H15-H16	**Madeleine** Gal. de la	9 Pl. de Madeleine	30 R. Boissy d'A.	Madeleine
8	H16	**Madeleine** March. de la	11 R. Castellane	12 R. Tronchet	Madeleine
8	H16	**Madeleine** Pass. de la	19 Pl. de Madeleine	4 R. de l'Arcade	Madeleine
8	H16	**Madeleine** Pl. de la	24 R. Royale	1 R. Tronchet	Madeleine
15	N11-N12	**Mademoiselle** Rue	105 R. Entrepreneurs	80 R. Cambronne	Comm.-Vaugirard
18	D16	**Madon** Rue du Cap.	50 Av. de St-Ouen	63 R. Ganneron	Guy Môquet
18	C21	**Madone** Sq. de la	R. de la Madone		Marx Dormoy
18	C21	**Madone** Rue de la	32 R. Marc Séguin	13 R. des Roses	Marx Dormoy
15	F13	**Madrid** Rue de	R. de l'Europe	16 R. du Gal Foy	Europe
16	F6-G6	**Madrid à Neuilly** P. cycl.	Carr. Pte de Madrid	Rte Muette à Neuilly	Pont de Neuilly
16	I11	**Magdebourg** Rue de	38 R. de Lübeck	79 Av. Kléber	Trocadéro
8	H12	**Magellan** Rue	15 R. Q. Bauchart	48 R. de Bassano	George V
13	P19	**Magendie** Rue	8 R. Corvisart	7 R. des Tanneries	Glacière
3	E20-H21	**Magenta** Bd de	Pl. République	1 Bd de Rochech.	Barbès Rochech.
10	H21	**Magenta** Cité de	33 Bd de Magenta	2 Cité Hittorff	Jacques Bonsergent
18	O6	**Maginot** Rue du Sgt	R. du Gal Roques	3 R. de l'Arioste	Pte de St-Cloud
15	N10-N11	**Magisson** R. Frédéric	142 R. de Javel	25 R. Oscar Roty	Boucicaut
13	R21	**Magnan** Rue du Dr	11 R. Ch. Moureu	120 Av. de Choisy	Tolbiac
16	J8	**Magnard** Rue Albéric	R. Oct. Feuillet	23 R. d'Andigné	La Muette
15	O14	**Maignen** R. Maurice	R. du Cotentin	R. Aristide Maillol	Pasteur-Volontaires
20	L27-M27	**Maigrot Delaunay** Pass.	36 R. des Ormeaux	15 R. de la Plaine	Buzenval
2	I18-I19	**Mail** Rue du	R. Vide Gousset	83 R. Montmartre	Sentier
17	F12	**Maillard** Pl. Aimé	Av. NielR. Laugier		Ternes-Péreire
11	K25	**Maillard** Rue	8 R. La Vacquerie	5 R. Gerbier	Philippe Auguste
19	F26-G26	**Maillet** Sq. Mgr	Pl. des Fêtes		Pl. des Fêtes
15	O14	**Maillol** Rue Aristide	99 R. Falguière	14 R. M. Maignen	Volontaires
16	F8-F9	**Maillot** Bd	Bd M. Barrès	Bd A. Maurois	Pte Maillot
17	F9	**Maillot** Pte	Av. G. Armée	Av. de Neuilly	Pte Maillot
16	F7	**Maillot** Villa			
11	L24	**Main d'Or** Pass. de la	131 R. Fbg St-Ant.	58 R. de Charonne	Ledru Rollin
11	L24	**Main d'Or** Rue de la	9 R. Trousseau	4 Pas. la Main d'Or	Ledru Rollin
13	P16-Q15	**Maindron** Rue H.	53 R. M. Ripoche	130 R. d'Alésia	Pernety-Plaisance
14	N15-O16	**Maine** Av. du	38 Bd Montparn.	Pl. V. Basch	Montparn. Bienv.
14	O15-O16	**Maine** Rue du	8 R. de la Gaîté	45 Av. du Maine	Montparn. Bienv.
6	M15-N15	**Maintenon** Al.	114 R. de Vaugirard	en impasse	Montparn. Bienv.
3	I20-I21	**Maire** Rue au	9 R. des Vertus	42 R. de Turbigo	Arts et Métiers
18	E18	**Mairie** Cité de la	20 R. La Vieuville	en impasse	Abbesses

Ar.	Plan	Rues / Streets	Commençant	Finissant	Métro
13	R21	Maison Blanche R.	63 Av. d'Italie	141 R. de Tolbiac	Tolbiac
11	J23	Maison Brûlée Cr	89 R. Fbg St-Ant.	en impasse	Ledru Rollin
14	P15	Maison Dieu Rue	21 R. Losserand	124 Av. du Maine	Gaîté
14	R14-R15	Maison Av. du Gal	R. H. de Bournazel	R. Gal de Maud'huy	Pte de Vanves
18	C17-E17	Maistre (r.), de	31 R. Lepic	217 R. Championnet	Guy Môquet
16	G10	Malakoff Av. du	50 Av. Foch	89 Av. G. Armée	Victor Hugo
16	G10	Malakoff Imp. de	2d Aml Bruix	en impasse	Pte Maillot
16	I10	Malakoff Villa	30 Av. P Poincaré	en impasse	Trocadéro
6	K17	Malaquais Quai	2 R. de Seine	1 R. des Sts Pères	St-Germain-des-Prés
7	J13	Malar Rue	71 Q. d'Orsay	88 R. St-Dominique	Pont de l'Alma
15	P11	Malassis Rue	23 R. Vaugelas	76 R. D de Serres	Convention
5	N20	Mâle Pl. Émile	R. des Arènes	1 R. de Navarre	Jussieu-Pl. Monge
5	M18	Malebranche R.	184 R. St-Jacques	1 R. Le Goff	Luxembourg
8	D13-H16	Malesherbes Bd	9 Pl. de la Madeleine	Bd Berthier	Villiers gram
9	F18	Malesherbes Cité	59 R. des Martyrs	20 R. Victor Massé	Pigalle
17	E13	Malesherbes Villa	112 Bd Malesherb.	en impasse	Malesherbes
17	N28-O28	Malet Rue A.	7 Av. E. Laurent	8 R. J. Lemaître	Pte de Vincennes
8	F14	Maleville Rue	7 R. Corvetto	4 R. Mollien	Miromesnil
4	K21	Malher Rue	6 R. de Rivoli	20 R. Pavée	St-Paul
16	M6	Malherbe Sq.	134 Bd Suchet	41 Av. Mal Lyautey	Pte d'Auteuil
17	D11-E11	Mallarmé Av. S.	191 R. Courcelles	4 Pl. Stuart Merrill	Pte de Champerret
14	U14-U15	Mallebay Villa	86 R. Didot	en impasse	Plaisance
16	K7-L7	Mallet Stevens Rue	9 R. Dr Blanche	en impasse	Jasmin-Ranelagh
16	O7-P7	Malleterre R. du Gal	1 R. du Gal Grossetti	1 R. Petite Arche	Pte de St-Cloud
13	S21	Malmaisons Rue des	29 Av. de Choisy	21 R. Gandon	Pte de Choisy
12	M24-N23	Malot Rue Hector	48 R. de Chalon	106 R. de Charenton	Gare de Lyon
1	J17	Malraux Pl. André	1 R. de Richelieu	2 Av. de l'Opéra	Palais-Royal-Louvre
11	I22	Malte Rue de	21 R. Oberkampf	14 R. Fbg du Temple	Oberkampf
20	I26-I27	Malte Brun Rue	17 R. E. Landrin	36 Av. Gambetta	Gambetta
5	N20	Malus Rue	45 R. de la Clef	75 R. Monge	Place Monge
2	I19	Mandar Rue	57 R. Montorgueil	66 R. Montmartre	Sentier
16	I9-J10	Mandel Av. Georges	Pl. du Trocadéro	82 R. de la Pompe	Trocadéro
13	P20-P21	Manet Rue Édouard	28 Av. St. Pichon	161 Bd de l'Hôpital	Place d'Italie
16	K10-L9	Mangin Av. du Gal	7 R. d'Ankara	14 R. Germain Sée	Av. Pdt Kennedy
16	B15-C15	Manhès Rue du Col.	7 R. Berzélius	3 Pas. des Épinettes	Pte de Clichy
19	E26	Manin Villa	8 R. Car.Amérique	25 R. de la Solidarité	Danube
19	E26-G24	Manin Rue	42 Av. S. Bolivar	124 R. Petit	Pte de Pantin
13	Q24	Mann Rue Thomas	Q. Panhard Levassor	46 R. du Chevaleret	Biblio. F. Mitterrand
17	E10-F10	Manoir Av. Yves-du	11bis Av. Verzy	19 Av. des Pavillons	Pte Maillot
9	E17	Mansart Rue	25 R. de Douai	80 R. Blanche	Blanche
13	J9-K9	Manuel VillaEugène	7 R. E. Manuel	en impasse	Passy
9	F18	Manuel Rue	13 R. Milton	26 R. des Martyrs	N.-D. de Lorette
16	J9-K10	Manuel Rue Eugène	7 R. Cl. Chahu	25 Av. P. Doumer	Passy
16	I12-J12	Manutention R. de la	24 Av. de New York	15 Av. du Pdt Wilson	Iéna
16	O7	Maquet Rue Auguste	5 Bd Exelmans	185 Bd Murat	Bd Victor
16	F28	Maquis du Vercors Pl.	Av. René Fonck	Av. Pte des Lilas	Pte des Lilas
20	F28	Maquis du Vercors Pl.	Av. René Fonck	Av. Pte des Lilas	Pte des Lilas
12	M28	Maraîchers Rue des	Crs de Vincennes	R. des Pyrénées	Maraîchers
10	H21	Marais Pass. des	R. Albert Thomas	R. Legouvé	Jacques Bonsergent
16	G9	Marbeau Bd	23 R. Marbeau	15 R. Lalo	Pte Dauphine
16	G9	Marbeau Rue	54 R. Pergolèse	Bd de l'Amiral Bruix	Pte Maillot
8	H13-H12	Marbeuf Rue	18 Av. George V	37 Av. Ch. Élysées	Franklin Roosevelt
18	C16-D20	Marcadet Rue	R. Ordener	86 Av. de St-Ouen	Marcadet Poissonn.
8	G12-H12	Marceau Av.	6 Av. du Pdt Wilson	Pl. Ch. de Gaulle	Alma Marceau
19	F26	Marceau Villa	28 R. du Gal Brunet	3 R. de la Liberté	Danube-Botzaris
1	I18-I19	Marcel Rue Étienne	65 Bd Sébastopol	7 Pl. des Victoires	Étienne-Marcel
11	K23	Marcès Villa	39 R. Popincourt	en impasse	St-Ambroise
19	E26-E27	Marchais Rue des	Bd d'Indochine	Av. Pte Brunet	Danube
20	I27-I28	Marchal Rue duCap.	1 R. Étienne Marey	32 R. Le Bua	Pelleport
13	G10	Marchand Rue du Cdt	Av de Malakoff	en impasse	Pte Maillot
13	Q18	Marchand Pass. V.	110 R. Glacière	111 R. de la Santé	Glacière
10	H21	Marché Rue du	19 R. Bouchardon	R. Fbg St-Martin	Château d'Eau
5	O20-O21	March. aux Chev. Imp.	5 R. G. St-Hilaire	en impasse	Les Gobelins
4	K21	M. des Bl. Manteaux R.	1 R. Hospital. St-G.	46 R. du Temple	St-Paul

Ar.	Plan	Rues / Streets	Commençant	Finissant	Métro
5	O20	**M. des Patriarches** R.	9 R. de Mirbel	7 R. des Patriarches	Censier Daubenton
4	L19	**Marché Neuf** Q. du	6 R. de la Cité	Pont St-Michel	St-Michel
18	C17	**Marché Ordener** R.	172 R. Ordener	175 R. Championnet	Guy Môquet
11	I23	**Marché Popincourt** R.	12 R. Ternaux	16 R. Ternaux	Parmentier
1	I17	**Marché St-Honoré** R.	326 R. St-Honoré	15 R. D. Casanova	Tuileries-Opéra
1	I17	**Marché St-Honoré** Pl.	13 R. Marché St-H.	R. Marché St-Hon.	Tuileries-Opéra
4	K21	**M. Ste-Catherine** Pl.	4 R. d'Ormesson	7 R. Caron	St-Paul
20	H25	**Mare** Imp. de la	14 R. de la Mare	en impasse	Pyrénées
20	G25-H25	**Mare** Rue de la	Pl. de Ménilmontant	383 R. des Pyrénées	Pyrénées
8	J18	**Marengo** Rue de	162 R. de Rivoli	149 R. St-Honoré	Louvre Rivoli
15	P12	**Marette** Pl. Jacques	R. de Cronstadt	R. des Morillons	Convention
20	I28	**Marey** Villa Étienne	16 R. Étienne Marey	en impasse	St-Fargeau
20	H28-I28	**Marey** Rue Étienne	5 Pl. Oct. Chanute	50 R. du Surmelin	Pelleport
14	R16	**Marguerin** Rue	71 R. d'Alésia	2 R. Leneveux	Alésia
7	K12	**Marguerite** Av. du Gal	Al. A. Lecouvreur	Al. Thomy Thierry	Ch. de Mars-Tr Eiffel
17	F12-F13	**Margueritte** Rue	104 Bd de Courcel.	76 Av. de Wagram	Courcelles
12	N28	**Marguettes** Rue des	R. Lasson	100 Av. d. St-Mandé	Pte de Vincennes
15	O10	**Maridor** Rue Jean	81 Av. Félix Faure	290 R. Lecourbe	Lourmel
12	B15	**Marie** Cité	91 Bd Bessières	en impasse	Pte de Clichy
4	L21	**Marie** Pt		Q. des Célestins	Q. d'Anjou	Pont Marie
9	G18-G19	**Marie** Rue Geoffroy	20 R. Fbg Montmar.	29 R. Richer	Grands Boulevards
14	R16-R17	**Marie Davy** Rue	R. Sarrette	R. Père Corentin	Alésia
10	H22	**Marie et Louise** Rue	33 R. Bichat	8 Av. Richerand	Goncourt
14	R17	**Marie Rose** Rue	23 R. Père Corentin	Rue Sarette	Alésia
1	M19	**Mariette** Sq. F.-A.	Pl. M. Berthelot		Cluny La Sorbonne
8	H13	**Marignan** Pass.	24 R. de Marignan	31 Av. Ch. Élysées	Franklin Roosevelt
8	H13-I13	**Marignan** Rue de	24 R. François Ier	33 Av. Ch. Élysées	Franklin Roosevelt
8	H15-I14	**Marigny** Av. de	34 Av. Gabriel	59 R. Fbg St-Honor.	Ch. Élysées Clem.
18	E21	**Marillac** Sq. L. de	R. Pajol	La Chapelle	
5	N18	**Marin** Pl. Louis	66 Bd St-Michel	1 R. H. Barbusse	Luxembourg
15	P10	**Marin La Meslée** Sq.	Bd Victor	Sq. Desnouettes	Pte de Versailles
14	R14	**Mariniers** Rue des	Sq. Lichtenberger	108 R. Didot	Pte de Vanves
7	K12	**Marinoni** Rue	48 Av. La Bourdon.	Allée A. Lecouvreur	École Militaire
17	E15	**Mariotte** Rue	54 R. des Dames	19 Av. Batignolles	Rome
2	H18	**Marivaux** Rue de	4 R. Grétry	11 Bd des Italiens	Richelieu Drouot
15	O12-P12	**Marmontel** Rue	10 R. Yvart	209 R. Convention	Vaugirard
13	P20	**Marmousets** Rue des	2 R. Gobelins	15 Bd Arago	Les Gobelins
19	C25-D24	**Marne** Quai de la	158 R. de Crimée	Q. de Metz	Ourcq-Crimée
19	D24	**Marne** Rue de la	17 R. de Thionville	28 Q. de la Marne	Ourcq
19	D22	**Maroc** Imp. du	6 Pl. du Maroc	en impasse	Stalingrad
19	D22	**Maroc** Pl. du	18 R. de Tanger	18 R. du Maroc	Stalingrad
19	D22-E22	**Maroc** Rue du	25 R. de Flandre	54 R. d'Aubervilliers	Stalingrad
19	H25-I24	**Maronites** Rue des	16 Bd de Belleville	17 R. J. Lacroix	Ménilmontant
8	H12-I13	**Marot** Rue Clément	29 Av. Montaigne	46 R. P. Charron	Alma Marceau
4	K28	**Marquet** Rue A.	15 R. Courat	44 R. Vitruve	Maraîchers
16	G7-G8	**Marronniers** Al. des	Rte Pte des Sablons	Bois de Boulogne	Pte Maillot
16	K9-L9	**Marronniers** Rue des	74 R. Raynouard	40 R. Boulainvilliers	La Muette
19	D26-E27	**Marseillaise** R. de la	Av. Pte Chaumont	2 R. Sept Arpents	Pte de Pantin
18	H21-H22	**Marseille** Rue de	4 R. Yves Toudic	33 R. Beaurepaire	Jacques Bonsergent
2	I17	**Marsollier** Rue	1 R. Méhul	1 R. Monsigny	Pyramides
12	M27-N27	**Marsoulan** Rue	45 Av. d. St-Mandé	48 Crs Vincennes	Picpus
18	A21	**Marteau** Imp.	Av. Pte Chapelle	en impasse	Pte de La Chapelle
18	G20	**Martel** Rue	14 R. Ptes Écuries	15 R. de Paradis	Château d'Eau
16	G9	**Martel** Bd Thierry de	Pte Maillot	Bd l'Amiral Bruix	Pte Maillot
16	J10	**Marti** Pl. José	R. Cdt Schloesing	Av. P. Doumer	Trocadéro
7	K15	**Martignac** Cité	111 R. de Grenelle	en impasse	Varenne
7	K15	**Martignac** Rue de	33 R. St-Dominique	130 R. de Grenelle	Varenne
16	I9-J8	**Martin** Av. Henri	77 R. de la Pompe	77 Bd Lannes	Rue de la Pompe
16	K8	**Martin** Rue Marietta	67 R. des Vignes	R. des Bauches	La Muette
18	C18	**Martinet** Rue Achille	178 R. Marcadet	30 R. Montcalm	Lamarck Caulainc.
10	H20	**Martini** Imp.	25 R. Fbg St-Martin	en impasse	Strasbourg St-Denis
18	C21	**Martinique** Rue de la	6 R. Guadeloupe	25 R. de Torcy	Marx Dormoy
17	B16	**Marty** Imp.	51 R. Lantiez	60 Pas. Châtelet	Pte de St-Ouen
9	E18-G18	**Martyrs** Rue des	2 R. N.-D. de Lorette	14 R. de La Vieuville	Abbesses

Ar.	Plan	Rues / Streets	Commençant	Finissant	Métro
15	K10-L11	**Mart. J. Vélodr. d'Hiv.** Pl.	Q. Branly	Q. de Grenelle	Bir Hakeim
16	J8	**Maspéro** Rue	2 R. Collignon	10 R. d'Andigné	La Muette
17	D12	**Massard** Av. É. et A.	7 R. J. Bourdais	20 Av. P. Adam	Péreire
14	T17	**Masse** Av. Pierre	Av. P. V. Couturier	R. Descaves	Gentilly
9	F17-F18	**Massé** Rue Victor	55 R. des Martyrs	58 R. Pigalle	Pigalle
13	R25-S21	**Masséna** Bd	27 Q. d'Ivry	163 Av. d'Italie	Pte d'Italie-Pte Ivry
13	R20-S23	**Masséna** Sq.	42 Bd Masséna		Pte d'Ivry
16	K9	**Massenet** Rue	42 R. de Passy	27 R. Vital	Passy
7	M14	**Masseran** Rue	5 R. Eblé6 R. Duroc	St-Franç. Xavier	
12	P27	**Massif Central** Sq. du	7 R. des Meuniers	37 Bd Poniatowski	Pte de Charenton
4	L20	**Massillon** Rue	5 R. Chanoinesse	6 R. du Cloître N.-D.	St-Michel-N.-D.
13	Q20-R20	**Masson** Pl. André	17 R. Vandrezanne		Tolbiac
18	B20	**Massonnet** Imp.	8 R. Championnet	en impasse	Simplon
15	N14-O14	**Mathieu** Imp.	56 R. Falguière	en impasse	Pasteur
19	C23-D23	**Mathis** Rue	107 R. de Flandre	30 R. Curial	Crimée
8	G15-G17	**Mathurins** Rue des	17 R. Scribe	30 Bd Malesherb.	St-Lazare
8	H14	**Matignon** Av.	Rd-Pt Ch. Élysées	31 R. de Penthièvre	Miromesnil
20	I26	**Matisse** Pl. Henri	2 R. Soleillet	R. Raoul Dufy	Gambetta
5	L19	**Maubert** Imp.	1 R. Fr. Sauton	en impasse	Maubert Mutualité
5	M19	**Maubert** Pl.	Bd St-Germain	R. Lagrange	Maubert Mutualité
8	E20-G18	**Maubeuge** Rue de	Pl. Kossuth	39 Bd la Chapelle	Gare du Nord
9	F19	**Maubeuge** Sq. de	56 R. de Maubeuge	en impasse	Poissonnière
15	O12	**Maublanc** Rue	97 R. Blomet	264 R. de Vaugirard	Vaugirard
1	I19	**Mauconseil** Rue	3 R. Française	36 R. Montorgueil	Châtelet-Les Halles
14	R15	**Maud'Huy** Rue Gal de	Bd Brune	Av. M. d'Ocagne	Pte de Vanves
16	J7-K7	**Maunoury** Av. du Mal	Pl. de Colombie	Pl. de la Pte Passy	Ranelagh
16	J8	**Maupassant** R. G. de	2 R. Ed. About	54 Bd E. Augier	Av. Henri Martin
3	J20	**Maure** Pass. du	33 R. Beaubourg	R. Brantôme	Rambuteau
5	N21	**Maurel** Pass.	8 Bd de l'Hôpital	7 R. Buffon	Gare d'Austerlitz
13	P23-P24	**Mauriac** Quai F.	Q. de la Gare	Q. Panhard	Quai de la Gare
16	F9	**Maurois** Bd André	Pl. de la Pte Maillot	Bd Maillot (Neuilly)	Pte Maillot
4	K20	**Mauvais Garçons** R.	44 R. de Rivoli	1 R. de la Verrerie	Hôtel de Ville
20	K28	**Mauves** Al. des	43 R. Mourad	72 R. St-Blaise	Pte de Montreuil
19	F28	**Mauxins** Pass. des	59 R. Romainville	11 Bd Sérurier	Pte des Lilas
15	O11	**Mawas** Rue Jacques	R. du Cdt Léandri	R. Fr. Mouthon	Convention
9	E17	**Max** Pl. Adolphe	22 R. de Douai	53 R. Vintimille	Place de Clichy
17	D12	**Mayenne** Sq. de la	29 Av. Brunetière	en impasse	Péreire
7	M15	**Mayet** Rue	131 R. de Sèvres	122 R. Cherche Midi	Duroc
9	F19-G19	**Mayran** Rue	26 R. de Montholon	12 R. Rochechouart	Cadet
14	T19	**Mazagran** Av. de	Av. Pte de Gentilly	Av. P. Vaillant Cout.	Gentilly
10	H20	**Mazagran** Rue de	16 Bd Bonne Nouv.	9 R. de l'Échiquier	Strasbourg St-Denis
6	K18-L18	**Mazarine** Rue	3 R. de Seine	52 R. Dauphine	Odéon
12	M22-N22	**Mazas** Pl.	Q. de la Rapée	Bd Diderot	Quai de la Rapée
12	M22-N22	**Mazas** Voie	Quai Henri IV	Quai de la Rapée	Quai de la Rapée
6	L18	**Mazet** Rue André	47 R. Dauphine	66 R. St-A. des Arts	Odéon
19	E24-F23	**Meaux** Rue de	8 Pl. du Col Fabien	108 Av. J. Jaures	Laumière-Bolivar
18	P18	**Méchain** Rue	32 R. de la Santé	R. Fbg St-Jacques	St-Jacques
17	F13	**Médéric** Rue	108 R. Courcelles	41 R. de Prony	Wagram-Courcelles
6	M18	**Médicis** Rue de	Pl. P. Claudel	6 Pl. Ed. Rostand	Luxembourg
1	K18-K19	**Mégisserie** Q. de la	1 Pl. du Châtelet	2 R. du Pont Neuf	Pont Neuf-Châtelet
2	I17	**Méhul** Rue	44 R. Petits Champs	1 R. Marsollier	Pyramides
15	N12	**Meilhac** Rue	53 R. Croix Nivert	1 R. Neuve du Th.	Commerce
17	E13	**Meissonnier** Rue	48 R. de Prony	77 R. Jouffroy	Wagram
16	K5	**Mélèzes** Rd des	Allée Cav. St-Denis	Bois de Boulogne	Ranelagh
12	O28	**Méliès** Sq. Georges	Bd Soult	Av. E. Laurent	Pte de Vincennes
19	G25	**Mélingue** Rue	101 R. de Belleville	29 R. Fessart	Pyrénées
19	E23	**Melun** Pass. de	60 Av. J. Jaurès	95 R. de Meaux	Laumière
19	F24	**Ménans** Rue Jean	42 R. E. Pailleron	47 R. Manin	Buttes Chaumont
15	M9-N9	**Ménard** Rue du Cap.	32 R. de Javel	25 R. Convention	Javel
2	H18	**Ménars** Rue	79 R. de Richelieu	10 R. du 4 Septembre	Bourse
20	K28-L29	**Mendelssohn** Rue	88 Bd Davout	3 R. Drs Déjerine	Pte de Montreuil
17	D11-E11	**Mendès** Rue Catulle	Av. O. S. Mallarmé	21 Bd de la Somme	Pte de Champerret
3	J20	**Ménétriers** Pass. des	31 R. Beaubourg	2 R. Brantôme	Rambuteau
16	H9	**Ménier** Rue Émile	21 R. de Pomereu	R. Belles Feuilles	Pte Dauphine

65

Ar.	Plan	Rues / Streets	Commençant	Finissant	Métro
11	I24-K25	**Ménilmontant** Bd de	19 R. de Mont L.	162 R. Oberkampf	Père Lachaise
11	I24-I25	**Ménilmontant** Pass.	4 Av. J. Aicard	113 Bd de Ménilm.	Ménilmontant
20	H25-I25	**Ménilmontant** Pl. de	R. de la Mare	67 R. Ménilmontant	Ménilmontant
20	H26	**Ménilmontant** Sq. de	R. de Ménilmontant	R. Pixérécourt	St-Fargeau
20	H27-I24	**Ménilmontant** Rue de	152 Bd de Ménilm.	105 R. Pelleport	St-Fargeau
15	Q12	**Mercié** Rue Antonin	9 Bd Lefebvre	49 Av. Bartholomé	Pte de Vanves
9	F16-F17	**Mercier** Rue du Card.	56 R. de Clichy	en impasse	Liège
5	N10-N9	**Mercier** Rue S.	67 Q. A. Citroën	146 R. St-Charles	Javel
11	K24-K25	**Mercœur** Rue	127 Bd Voltaire	5 R. La Vacquerie	Voltaire
16	H9	**Mérimée** Rue	59 R. Belles Feuilles	20 R. E. Ménier	Pte Dauphine
12	N28	**Merisiers** Stier des	101 Bd Soult	R. du Niger	Pte de Vincennes
11	J25-K25	**Merlin** Rue	151 R. la Roquette	126 R. Chemin Vert	Père Lachaise
8	H14	**Mermoz** Rue Jean	2 Rd-Pt Ch. Elysées	95 R. Fbg St-Honor.	St-Philippe du Roule
17	E11	**Merrill** Pl. Stuart	182 Bd Berthier	Av. S. Mallarmé	Pte de Champerret
13	Q20	**Méry** Rue Paulin	8 R. Bobillot	R. Moulin des Prés	Place d'Italie
16	N6	**Meryon** Rue	Bd Murat	31 Av. Gal Sarrail	Pte d'Auteuil
3	H21-I21	**Meslay** Pass.	32 R. Meslay	25 Bd St-Martin	République
3	H20-I21	**Meslay** Rue	205 R. du Temple	328 R. St-Martin	République
16	H10-I10	**Mesnil** Rue	7 Pl. Victor Hugo	52 R. St-Didier	Victor Hugo
18	B18-C18	**Messager** Rue André	R. Letort	93 R. Championnet	Pte de Clignancourt
10	G19-G20	**Messageries** Rue des	69 R. d'Hauteville	78 R. Fbg Poissonn.	Poissonnière
12	Q24	**Messiaen** Rue Olivier	R. Neuve Tolbiac	R. Thomas Mann	Biblio. F. Mitterrand
12	O27	**Messidor** Rue	36 R. de Toul	117 Av. Gal M. Bizot	Bel Air
12	P18	**Messier** Rue	77 Bd Arago	R. A. J. Dolent	St-Jacques
12	O28	**Messimy** Av. du Gal	9 R. E. Lefébure	R. Nouv. Calédonie	Pte Dorée
8	F14-G14	**Messine** Av. de	134 Bd Haussmann	1 Pl. Rio Janeiro	Miromesnil
8	G14	**Messine** Rue de	12 R. Dr Lancereaux	23 Av. de Messine	St-Philippe du Roule
13	P21	**Mesureur** Sq. G.	103 R. Jeanne d'Arc	6 Pl. Pinel	Nationale
20	G25	**Métairie** Cr de la	92 R. de Belleville	403 R. des Pyrénées	Pyrénées
11	J25	**Métivier** Pl. Auguste	R. des Amandiers	1 Av. Gambetta	Père Lachaise
18	D17	**Métivier** Rue Eugène	37 Av. Junot	56 R. Caulaincourt	Lamarck Caulainc.
20	G26	**Métra** Villa Olivier	28 R. Olivier Métra	en impasse	Jourdain
20	G26-H26	**Métra** Rue Olivier	29 R. Pixérécourt	169 R. de Belleville	Jourdain
19	C25-D25	**Metz** Quai de	R. de Thionville	Q. de la Marne	Ourcq-Pte de Pantin
10	H20	**Metz** Rue de	19 Bd de Strasbourg	24 R. Fbg St-Denis	Strasbourg St-Denis
18	H28-I28	**Meunier** Rue S.	3 R. M. Berteaux	4 R. V. de la Blache	Pte de Bagnolet
12	P26-P27	**Meunier** Rue des	33 Bd Poniatowski	10 R. Brêche Loups	Pte de Charenton
20	G28-G29	**Meurice** Rue Paul	10 R. Léon Frapié	en impasse	Pte des Lilas
19	D24	**Meurthe** Rue de la	39 R. de l'Ourcq	24 Q. de la Marne	Ourcq
4	I10	**Mexico** Pl. de	84 R. de Longchamp	R. Decamps	Rue de la Pompe
16	O6	**Meyer** Villa Émile	4 Villa Cheysson	14 R. Parent de R.	Exelmans
9	H17	**Meyerbeer** Rue	3 R. Chaus. d'Antin	Pl. J. Rouché	Chaussée d'Antin
19	E24-E25	**Meynadier** Rue	4 Pl. A. Carrel	97 R. de Crimée	Laumière
6	M17	**Mézières** Rue de	78 R. Bonaparte	79 R. de Rennes	St-Sulpice
13	R19	**Michal** Rue	3 R. Barrault	16 R. M. Bernard	Corvisart
16	O6	**Michaux** Pl. du Dr P.	Av. Pte de St-Cloud	Parc des Princes	Pte de St-Cloud
13	R20	**Michaux** Rue Henri	25 R. Vandrezanne	32 R. du Moulinet	Tolbiac
16	O6	**Michel Ange** Ham.	21 R. Parent de R.	en impasse	Exelmans
16	M7	**Michel Ange** Villa	3 R. Bastien Lepage	en impasse	Michel Ange Auteuil
16	M7-O6	**Michel Ange** Rue	53 R. d'Auteuil	8 Pl. Pte St-Cloud	Michel-Ange-Auteuil
4	J20	**Michelet** Pl. Edmond	107 R. St-Martin	1 R. Quincampoix	Rambuteau
6	N17-N18	**Michelet** Rue	82 Bd St-Michel	81 R. d'Assas	Luxembourg
15	M10	**Michels** Pl. C.	85 R. St-Charles	29 R. Entrepreneurs	Charles Michels
18	E17	**Midi** Cité du	48 Bd de Clichy	en impasse	Pigalle-Blanche
14	O16	**Mie** Rue Auguste	73 R. Froidevaux	97 Av. du Maine	Gaîté
18	I9-J8	**Mignard** Rue	83 Av. H. Martin	18 R. de Siam	Rue de la Pompe
4	K21	**Migne** Rue de l'Abbé	R. Francs Bourgeois	en impasse	Rambuteau
14	P17	**Migne** Sq. de l'Abbé	Av. Denfert Roch.	Bd St-Jacques	Denfert Rochereau
16	M8	**Mignet** Rue	9 R. George Sand	2 R. Leconte de L.	Église d'Auteuil
6	L18	**Mignon** Rue	7 R. Danton	110 Bd St-Germain	Odéon
16	J10	**Mignot** Sq.	20 R. Pétrarque	en impasse	Trocadéro
19	F26	**Mignottes** Rue des	86 R. Compans	14 R. de Mouzaïa	Botzaris
8	F16	**Milan** Rue de	31 R. de Clichy	46 R. d'Amsterdam	Liège
19	D26-E25	**Milhaud** Al. Darius	95 R. Manin	120 R. Petit	Pte de Pantin-Ourcq

Ar.	Plan	Rues / Streets	Commençant	Finissant	Métro
15	P11-Q11	**Mille** Rue Pierre	43 R. Vaugelas	98 R. O. de Serres	Pte de Versailles
19	D25	**Mille** Rue Adolphe	185 Av. J. Jaurès	en impasse	Ourcq-Pte de Pantin
16	L8	**Milleret de Brou** Av.	21 R. l'Assomption	22 Av. R. Poincaré	Ranelagh-Jasmin
16	L8	**Millet** Rue François	20 Av. Th. Gautier	29 R. La Fontaine	Mirabeau
15	O11	**Millon** Rue Eugène	172 R. Convention	23 R. St-Lambert	Convention
17	E11	**Milne Edwards** Rue	164 Bd Pereire	4 R. J.-B. Dumas	Pte de La Chapelle
18	B16-B17	**Milord** Imp.	140 Av. de St-Ouen	en impasse	Pte de St-Ouen
9	F18-G18	**Milton** Rue	46 R. Lamartine	29 R. La Tour d'Auvg.	N.-D. de Lorette
13	S19	**Mimosas** Sq. des	2 R. des Liserons	en impasse	Cité Universitaire
12	Q25	**Minervois** Cr du	R. de Libourne	Pl. Vins de France	Cour St-Émilion
3	K22	**Minimes** Rue des	33 R. Tournelles	34 R. de Turenne	Chemin Vert
15	M13-N12	**Miollis** Rue	48 Bd Garibaldi	33 P. Cambronne	Ségur
13	S19-T19	**Miomandre** Rue F. de	R. Thomire	R. L. Pergaud	Cité Universitaire
15	M8-M9	**Mirabeau** Pt	Q. L. Blériot	Q. A. Citroën	Mirabeau-Javel
16	M8-N7	**Mirabeau** Rue	Pl. de Barcelone	9 R. Chardon Lag.	Mirabeau
15	O20	**Mirbel** Rue de	20 R. Censier	7 R. Patriarches	Censier Daubenton
14	S18	**Mire** Al. de la	Parc Montsouris		Cité Universitaire
18	D18	**Mire** Rue de la	17 R. Ravignan	112 R. Lepic	Abbesses
20	K28	**Miribel** Pl. Marie de	Bd Davout	R. des Orteaux	Pte de Montreuil
13	S21	**Miro** Jard. Juan	R. Gandon Pas. R.	Pte d'Italie	
8	F14-H15	**Miromesnil** Rue de	100 R. Fbg St-Honor.	13 Bd de Courcelles	Villiers-Miromesnil
4	K20-K21	**Miron** Rue François	Pl. St-Gervais	11 R. de Fourcy	Hôtel de Ville
16	L7-M7	**Mission Marchand** R.	28 R. P. Guérin	25 R. de la Source	Michel Ange Auteuil
7	L16	**Missions Étrangères** Sq.	R. du Bac	Sèvres Babylone	
15	O10	**Mistral** Villa Frédéric	3 R. Fr. Mistral	296 R. Lecourbe	Lourmel
15	O10	**Mistral** Rue Frédéric	14 R. J. Maridor	13 R. F. Tessan	Lourmel
7	L14	**Mithouard** Pl. du Pdt	36 Bd des Invalides	25 Av. de Breteuil	St-Franç. Xavier
15	N14-O14	**Mizon** Rue	6 R. Brown Séquard	63 Bd Pasteur	Pasteur
19	E24	**Moderne** Av.	21 R. du Rhin	en impasse	Laumière
14	Q16	**Moderne** Villa	15 R. des Plantes	en impasse	Alésia
14	O15	**Modigliani** Terr.	26 R. Mouchotte	en impasse	Gaîté
15	O9	**Modigliani** Rue	R. Balard	R. St-Charles	Balard-Lourmel
9	G17	**Mogador** Rue de	46 Bd Haussmann	75 R. St-Lazare	Trinité-Ch. d'Antin
2	C16-D15	**Moines** Rue des	2 Pl. Ch. Fillion	41 R. La Jonquière	Brochant
10	G22-G23	**Moinon** Rue Jean	24 Av. C. Vellefaux	34 R. Sambre et M.	Goncourt
15	N15	**Moisant** Rue Armand	25 R. Falguière	20 Bd Vaugirard	Montparn. Bienv.
7	J13	**Moissan** Rue Henri	59 Q. d'Orsay	12 Av. R. Schuman	La Tour Maubourg
16	N7	**Molière** Av.	1 Av. Despréaux	Imp. Racine	Michel Ange Molitor
3	J20	**Molière** Pass.	157 R. St-Martin	80 R. Quincampoix	Rambuteau
1	I17	**Molière** Rue	6 Av. de l'Opéra	37 R. de Richelieu	Pyramides
18	D22	**Molin** Imp.	10 R. Buzelin	en impasse	Marx Dormoy
16	N6	**Molitor** Pte	Bd Périphérique	Pl. Pte de Molitor	Pte d'Auteuil
16	N7	**Molitor** Villa	7 R. Molitor	26 R. Jouvenet	Chardon Lagache
16	N6-N7	**Molitor** Rue	14 R. Chardon Lag.	25 Bd Murat	Michel Ange Molitor
17	F11-G11	**Moll** Rue du Col.	15 R. des Acacias	9 R. St-Ferdinand	Argentine
19	B23	**Mollaret** Al. Pierre	204 Bd Macdonald	69 R. Émile Bolaert	Pte de la Chapelle
8	F14-G14	**Mollien** Rue de	22 R. Treilhard	29 R. de Lisbonne	Miromesnil
17	D13	**Monbel** Rue de	102 R. Tocqueville	31 Bd Péreire	Malesherbes
17	F14	**Monceau** Parc de	Bd de Courcelles	Av. Van Dyck	Monceau
17	E15	**Monceau** Sq.	82 Bd d. Batignolles	en impasse	Villiers
17	E12	**Monceau** Villa	156 R. de Courcelles	en impasse	Péreire
8	F15-G13	**Monceau** Rue de	188 Bd Haussmann	89 R. du Rocher	Villiers
17	D16	**Moncey** Pass.	35 Av. de St-Ouen	28 R. Dautancourt	La Fourche
9	G17	**Moncey** Sq.	6 R. Moncey	en impasse	Liège
9	F16-F17	**Moncey** Rue	35 R. Blanche	46 R. de Clichy	Liège
15	P14	**Monclar** Pl. du Gal	R. de Vouillé	R. Saint-Amand	Plaisance
3	J19	**Mondétour** Rue	102 R. Rambuteau	10 R. de Turbigo	Les Halles
20	I28	**Mondonville** Rue	R. Irénée Blanc	R. Paul Strauss	Pte de Bagnolet
6	L18	**Mondor** Pl. Henri	87 Bd St-Germain	103 Bd St-Germain	Odéon
1	I16	**Mondovi** Rue de	252 R. de Rivoli	29 R. Mont Thabor	Concorde
20	G28-G29	**Monet** Al. Claude	R. Frères Flavien	en impasse	Pte des Lilas
19	E25-F25	**Monet** Villa Claude	19 R. M. Hidalgo	7 R. F. Pinton	Botzaris
5	N20	**Monge** Pl.	72 R. Monge	4 R. Gracieuse	Place Monge
5	M19-O20	**Monge** Rue	47 Bd St-Germain	5 R. de Bazeilles	Place Monge

Ar.	Plan	Rues / Streets	Commençant	Finissant	Métro
12	N29	**Mongenot** Rue	Av. de Guyane	Av. V. Hugo	St-Mandé Tourelle
19	G23	**Monjol** Rue	R. Burnouf	en impasse	Colonel Fabien
15	N12	**Monmarché** Pl. Henri	R. Péclet	R. Lecourbe	Vaugirard
1	J18-K18	**Monnaie** Rue de la	1 R. du Pont Neuf	75 R. de Rivoli	Pont Neuf
16	I9	**Monnet** Pl. Jean	Av. Victor Hugo	R. Belles Feuilles	Rue de la Pompe
9	F18	**Monnier** Rue Henri	38 R. N.-D. de Lorette	27 R. V. Massé	St-Georges
20	I25	**Monplaisir** Pass.	106 Bd de Ménilm.	en impasse	Ménilmontant
17	F27	**Monselet** Rue C.	50 Bd Sérurier	7 Bd d'Algérie	Pré St-Gervais
7	L15-M15	**Monsieur** Rue	59 R. de Babylone	14 R. Oudinot	St-Franç. Xavier
6	L18-M18	**Monsieur le Prince** R.	Av. E. Reyer	R.C. Le Goffic	Pte d'Orléans
2	H17-I17	**Monsigny** Rue	19 R. Marsollier	23 R. 4 Septembre	Quatre Septembre
20	K27	**Monsoreau** Sq. de	93 R. A. Dumas	17 R. Monte Cristo	Alexandre Dumas
15	N9	**Mont Aigoual** Rue du	12 R. Cauchy	R. Mont. l'Esperou	Javel-Bd Victor
16	M8	**Mont Blanc** Sq. du	25 Av. Perrichont	en impasse	Mirabeau
18	B19	**Mont Cenis** Pass. du	133 R. du Mont Cenis	80 Bd Ornano	Pte de Clignancourt
18	B19-D18	**Mont Cenis** Rue du	12 R. St-Eleuthère	37 R. Belliard	Simplon-J. Joffrin
17	E16	**Mont Doré** Rue du	38 Bd d. Batignolles	9 R. Batignolles	Rome
11	K25	**Mont Louis** Imp. du	4 R. de Mont L.	en impasse	Philippe Auguste
11	K25	**Mont Louis** Rue de	30 R. Folie Regnault	en impasse	Philippe Auguste
1	I16	**Mont Thabor** Rue du	5 R. d'Alger	7 R. de Mondovi	Tuileries-Concorde
15	N15	**Mont Tonnerre** Imp. du	127 R. Vaugirard	en impasse	Falguière
5	N20	**Montagne** Sq. Robert	Pl. Puits de l'Ermite		Place Monge
15	O9	**Montagne d'Aulas** R.	65 R. Balard	186 R. St-Charles	Lourmel
15	N9-O9	**Mont. de l'Espérou** R.	2 R. Cauchy	56 R. Balard	Javel-Bd Victor
15	O9	**Montagne de la Fage** R.	64 R. Balard	88 R. Balard	Lourmel
15	N9	**Montagne du Goulet** Pl.	R. Balard	R. C. Myionnet	Javel
5	M19	**Mont. Ste-Geneviève** R.	2 R. Monge	18 R. St-Et. du Mont	Maubert Mutualité
8	H14-I13	**Montaigne** Av.	7 Pl. de l'Alma	3 Rd-Pt Ch. Élysées	Franklin Roosevelt
7	K16	**Montalembert** Rue	2 R. S. Bontin	31 R. du Bac	Rue du Bac
8	H15	**Montalivet** Rue	13 R. d'Aguesseau	20 R. Saussaies	St-Augustin
15	P12	**Montauban** Rue	20 R. Robert Lindet	en impasse	Convention
14	Q16-Q17	**Montbrun** Pass.	41 R. R. Dumoncel	en impasse	Alésia
14	Q17	**Montbrun** Rue	39 R. R. Dumoncel	30 R. d'Alésia	Mouton Duvernet
18	C18	**Montcalm** Villa	17 R. Montcalm	55 R. des Cloys	Lamarck Caulainc.
18	C17-C18	**Montcalm** Rue	78 R. Damrémont	65 R. Ruisseau	Lamarck Caulainc.
20	K26-K27	**Monte Cristo** Rue	26 R. de Bagnolet	81 R. A. Dumas	Alexandre Dumas
15	Q13	**Montebello** Rue de	5 R. Chauvelot	en impasse	Pte de Vanves
5	L19-L20	**Montebello** Quai de	2 R. Grands Degrés	Pl. du Petit Pont	St-Michel
14	R13-R14	**Monteil** Rue du Col.	36 Bd Brune	3 R. M. Bouchor	Pte de Vanves
12	O28	**Montempoivre** Pte de	Bd Soult	Av. E. Laurent	Bel Air
12	O27	**Montempoivre** Stier	16 Bd de Picpus	37 R. de Toul	Bel Air
12	O27-O28	**Montempoivre** R. de	120 Av. du Gal Bizot	67 Bd Soult	Bel Air
19	E27	**Montenegro** Pass. du	26 R. de Romainville	125 R. Haxo	Télégraphe
17	F12-G11	**Montenotte** Rue de	21 Av. des Ternes	16 Av. Mac Mahon	Ternes
12	M28-N28	**Montéra** Rue	83 Av. d. St-Mandé	133 Bd Soult	Pte de Vincennes
16	I9	**Montespan** Av. de	177 Av. Victor Hugo	99 R. de la Pompe	Rue de la Pompe
1	J18	**Montesquieu** Rue	11 R. Croix Petits Ch.	14 R. Bons Enfants	Palais-Royal-Louvre
1	P28	**Montesq. Fezensac** R.	14 Av. A. Rousseau	en impasse	Pte Dorée
16	H8-I8	**Montevideo** Rue de	147 R. de Longch.	16 R. Dufrénoy	Av. Henri Martin
6	L17	**Montfaucon** Rue de	131 Bd St-Germain	8 R. Clément	Mabillon
12	N25	**Montgallet** Pass.	23 R. Montgallet	en impasse	Montgallet
12	N25	**Montgallet** Rue	187 R. de Charenton	26 R. de Reuilly	Montgallet
3	I21	**Montgolfier** Rue	2 R. Conté	21 R. du Vertbois	Arts et Métiers
13	R20	**Montgolfière** Jard. de	R. Henri Michaux	Pass. Vandrezanne	Tolbiac
7	J16	**Montherlant** Pl. H. de	Q. A. France		Solférino
9	F16	**Monthiers** Cité	55 R. de Clichy	72 Cour Amsterdam	Liège
9	G19	**Montholon** Rue de	85 R. Fbg Poisson.	42 R. Cadet	Poissonnière-Cadet
20	I27-I28	**Montibœufs** Rue des	19 R. Cap. Ferber	2 R. Le Bua	Pte de Bagnolet
14	S16	**Monticelli** Rue	95 Bd Jourdan	6 Av. P. Appell	Pte d'Orléans
1	H18-J19	**Montmartre** Rue	1 R. Montorgueil	1 Bd Montmartre	Sentier-Les Halles
2	H18	**Montmartre** Bd	169 R. Montmartre	112 R. de Richelieu	Grands Boulevards
2	I19	**Montmartre** Cité	55 R. Montmartre	en impasse	Sentier
2	H18	**Montmartre** Gal.	161 R. Montmartre	25 Pas. Panoramas	Grands Boulevards
18	B18	**Montmartre** Pte	Bd Ney	Av. Pte Montmartre	Pte de Clignancourt

68

Ar.	Plan	Rues / Streets	Commençant	Finissant	Métro
16	M7	**Montmorency** Villa de	12 R. Poussin	93 Bd Montmorency	Michel Ange Auteuil
16	M7	**Montmorency** Av. de	Av. des Peupliers	Av. du Sq.	Michel Ange Auteuil
16	K6-M6	**Montmorency** Bd de	93 R. l'Assomption	76 R. d'Auteuil	Pte d'Auteuil
3	J20-J21	**Montmorency** R. de	103 R. du Temple	212 R. St-Martin	Rambuteau
1	I19-J19	**Montorgueil** Rue	2 R. Montmartre	59 R. St-Sauveur	Les Halles
6	M15-018	**Montparnasse** Bd du	145 R. de Sèvres	20 Av. l'Observatoire	Vavin
14	M15-018	**Montparnasse** Bd du	145 R. de Sèvres	20 Av. l'Observatoire	Montparn. Bienv.
15	M15-018	**Montparnasse** Bd du	145 R. de Sèvres	20 Av. l'Observatoire	Duroc
6	N16	**Montparnasse** R. du	28 R. N.-D. Champs	38 R. Delambre	Edgar-Quinet
14	N16	**Montparnasse** Pass.	R. du Départ	12 R. d'Odessa	Montparn. Bienv.
1	I18	**Montpensier** Gal.	Périst. Montpensier		Palais-Royal-Louvre
1	J17	**Montpensier** Périst.	Galerie de Chartres	Gal. Montpensier	Palais-Royal-Louvre
1	I18	**Montpensier** Rue de	8 R. de Richelieu	21 R. de Beaujolais	Palais-Royal-Louvre
20	L29	**Montreuil** Pte de	Bd Périphérique		Pte de Montreuil
11	L24-L27	**Montreuil** Rue de	225 R. Fbg St-Ant.	33 Bd de Charonne	Avron Faidherbe-Ch.
14	R15	**Montrouge** Pte de	Bd Brune	Av. Pte Montrouge	Pte d'Orléans
14	R18-S17	**Montsouris** Al. de	Allée du Puits	R. E. Deutsch la M.	Pte d'Orléans
14	S18	**Montsouris** Parc de	Bd Jourdan	Av. Reille	Cité Universitaire
14	R17	**Montsouris** Sq. de	8 R. Nansouty	Av. Reille	Cité Universitaire
7	J12	**Monttessuy** Rue de	18 Av. Rapp	21 Av. La Bourdonnais	Pont de l'Alma
9	G19	**Montyon** Rue de	7 R. de Trévise	18 R. Fbg Montmar.	Grands Boulevards
16	I9	**Mony** Rue	68 R. Spontini	9 R. de Lota	Rue de la Pompe
7	C15-C16	**Môquet** Rue Guy	152 Av. de Clichy	1 R. La Jonquière	Guy Môquet
11	H23-I23	**Morand** Rue	79 R. J.-P. Timbaud	16 R. de l'Orillon	Couronnes
17	G11	**Morandat** Pl. Y. et C.	R. Brunel	9 R. des Acacias	Argentine
14	Q15	**Morard** Rue Louis	56 R. des Plantes	1 R. Jacquier	Alésia
17	D11	**Moréas** Rue Jean	4 Av. St. Mallarmé	13 Bd de la Somme	Pte de Champerret
19	F23-F24	**Moreau** Av. Mathurin	4 Pl. du Col Fabien	29 R. Manin	Colonel Fabien
12	L23-M23	**Moreau** Rue	7 Av. Daumesnil	38 R. de Charenton	Gare de Lyon
18	D16	**Moreau** R. Hégésippe	15 R. Ganneron	29 R. Ganneron	La Fourche
14	R15-R16	**Morère** Rue	40 R. Friant	45 Av. J. Moulin	Pte d'Orléans
11	I24	**Moret** Rue	133 R. Oberkampf	102 R. J.-P. Timbaud	Ménilmontant
15	I.11-L12	**Morieux** Cité	56 R. la Fédération	en impasse	Dupleix
15	P12-Q13	**Morillons** Rue des	45 R. O. de Serres	88 R. Castagnary	Pte de Vanves
12	O25	**Morin** Sq. Jean	Bd de Bercy	Bd de Reuilly	Dugommier
3	I20	**Morin** Sq. du Gal	R. Réaumur	R. Vaucanson	Arts et Métiers
4	I.21	**Morland** Bd	2 Q. Henri IV	6 Bd Henri IV	Louvre Riv.-S. Morl.
4	M22	**Morland** Pt	Bd Bourdon	Bd de la Bastille	Quai de la Rapée
4	M22	**Morland** Pt	Bd Bourdon	Bd de la Rapée	Quai de la Rapée
11	L26	**Morlet** Imp.	113 R. de Montreuil	en impasse	Avron
9	F17-G17	**Morlot** Rue	77 Pl. d'Est. d'Orves	3 R. de la Trinité	Trinité
4	M22	**Mornay** Rue	19 Bd Bourdon	2 R. de Sully	Louvre Riv.-S. Morl.
14	P15	**Moro Giafferi** Pl. de	141 R. du Château	2 R. Didot	Pernety
13	S19	**Morot** Rue Aimé	65 Bd Kellermann	Av. Caffieri	Corvisart
10	G21-G22	**Mortenol** Rue du Cdt	125 Q. de Valmy	en impasse	Gare de l'Est
20	G28-I28	**Mortier** Bd	49 R. Belgrand	201 Av. Gambetta	St-Fargeau
11	J24	**Morvan** Rue du	32 R. Pétion	23 R. St-Maur	Voltaire
13	R19	**Morveau** Rue G. de	76 R. Bobillot	43 R. de l'Espéranto	Corvisart
8	E15-F16	**Moscou** Rue de	20 R. de Liège	41 Bd d. Batignolles	Rome-Liège
19	E23-E24	**Moselle** Pass. de la	70 Av. J. Jaurès	102 R. de Meaux	Laumière
19	E23	**Moselle** Rue de la	63 Av. J. Jaurès	50 Q. de la Loire	Laumière
18	B17	**Moskova** Rue de la	24 R. Leibniz	12 R. J. Dollfus	Pte de St-Ouen
13	R18-S19	**Mouchez** R. de l'Aml	1 Av. Reille	108 Bd Kellermann	Cité Universitaire
14	R18-S19	**Mouchez** R. de l'Aml	1 Av. Reille	108 Bd Kellermann	Cité Universitaire
14	O15	**Mouchotte** R. du Cdt R.	58 Av. du Maine	R. J. Zay	Montparn. Bienv.
5	N19-019	**Mouffetard** Rue	3 R. Thouin	2 R. Censier	Place Monge
5	N19-N20	**Mouffetard Monge** Gal.	17 R. Gracieuse	76 R. Mouffetard	Place Monge
11	J23-K23	**Moufle** Rue	35 R. du Chemin Vert	62 Bd R. Lenoir	Richard Lenoir
20	I28	**Mouillard** Rue Pierre	41 Bd Mortier	54 R. Cap. Ferber	Pte de Bagnolet
14	R15-R16	**Moulin** Av. Jean	Pl. Victor Basch	143 Bd Brune	Pte d'Orléans-Alésia
14	R15	**Moulin** Sq. Jean	Bd Brune	Av. Pte Chatillon	Pte d'Orléans
13	R21-S20	**Moulin de la Pointe** R.	R. du Dr Laurent	22 Bd Kellermann	Tolbiac
13	S21	**Moulin de la Pointe** R.	R. M. de la Pointe	Av. d'Italie	Maison Blanche
14	P14	**Moulin de la Vierge** R.	110 R. R. Losserand	131 R. Vercingétorix	Plaisance

69

Ar.	Plan	Rues / Streets	Commençant	Finissant	Métro
14	P14	**Moulin de la Vierge** J.	R. Vercingétorix		Pernety
14	P15	**Moulin des Lapins** R.	138 R. du Château	Pl. de la Garenne	Pernety
13	Q20	**Moulin des Prés** Pass.	19 R. M. des Prés	22 R. Bobillot	Place d'Italie
13	Q20-R20	**Moulin des Prés** R.	25 Bd A. Blanqui	30 R. Damesme	Tolbiac Pl. d'Italie
11	H24	**Moulin Joly** Rue du	93 R. J. P. Timbaud	36 R. de l'Orillon	Couronnes
14	Q16	**Moulin Vert** Imp. du	27 R. des Plantes	en impasse	Alésia
14	Q15-Q16	**Moulin Vert** Rue du	218 Av. du Maine	69 R. Gergovie	Plaisance-Alésia
13	R20	**Moulinet** Pass. du	45 R. du Moulinet	154 R. de Tolbiac	Tolbiac
13	R20	**Moulinet** Rue du	58 Av. d'Italie	57 R. Bobillot	Tolbiac
16	I4	**Moulins** Rte des	Rte des Tribunes	Rte Sèvres à Neuilly	Av. Henri Martin
1	I17	**Moulins** Rue des	18 R. Thérèse	49 R. Petits Ch.	Pyramides
20	M27-M28	**Mounet Sully** Rue	3 R. des Pyrénées	50 R. de la Plaine	Pte de Vincennes
20	K28-L28	**Mouraud** Rue	19 R. Croix St-Sim.	80 R. St-Blaise	Pte de Montreuil
13	Q21-R21	**Moureu** Rue C.	98 R. de Tolbiac	53 Av. Edison	Tolbiac-Pl. d'Italie
19	F27	**Mourlon** R. Frédéric	50 Bd Sérurier	7 Bd d'Algérie	Pré St-Gervais
12	M26-N25	**Mousset** Imp.	81 R. de Reuilly	en impasse	Montgallet
12	N27-N28	**Mousset Robert** Rue	31 Av. Dr Netter	28 R. Sibuet	Picpus
18	B22-C22	**Moussorgsky** Rue	R. de l'Évangile	en impasse	Marx Dormoy
4	K20	**Moussy** Rue de	4 R. de la Verrerie	19 R. Ste Croix la B.	Hôtel de Ville
15	O11	**Mouthon** R. François	245 R. Lecourbe	6 R. J. Mawas	Convention
19	P16-Q19	**Mouton Duvernet** R.	36 Av. Gal Leclerc	Av. du Maine	Mouton Duvernet
19	F25-F27	**Mouzaïa** Rue de	8 R. du Gal Brunet	103 Bd Sérurier	Botzaris
12	N25	**Moynet** Cité	179 R. de Charenton	1 R. Ste Claire D.	Reuilly Diderot
16	K8-M7	**Mozart** Av.	1 Ch. de la Muette	24 R. P. Guérin	Ranelagh-La Muette
16	K8	**Mozart** Sq.	28 Av. Mozart	en impasse	Ranelagh
16	L8	**Mozart** Villa	71 Av. Mozart	en impasse	Jasmin
16	K8	**Muette** Chée de la	65 R. Boulainvill.	Av. Ingres	La Muette
16	J7-J8	**Muette** Pte de la	Bd Périphérique		Av. Henri Martin
16	F6-J7	**Muette à Neuilly** Rte	Pl. de Colombie	Pte de Neuilly	Av. H. M.-Les Sabl.
16	O7	**Mulhouse** Villa	R. Cl. Lorrain	R. Parent de R.	Exelmans
2	H19	**Mulhouse** Rue de	27 R. de Cléry	7 R. Jeûneurs	Sentier
18	D19	**Muller** Rue	49 R. de Clignanc.	8 R. P. Albert	Château Rouge
15	M14	**Mulot** Pl. Georges	R. Valentin Haüy	R. Bouchut	Sèvres Lecourbe
16	I11-J11	**Mun** Av. A. de	54 Av. de New York	43 Av. du Pdt Wilson	Trocadéro
16	M6-O6	**Murat** Bd	Pl. Pte d'Auteuil	182 Q. L. Blériot	Pte de St-Cloud
16	O7	**Murat** Villa	37 R. Cl. Terrasse	153 Bd Murat	Pte de St-Cloud
8	G13-G14	**Murat** Rue Louis	26 R. Dr Lanceraux	24 R. de Monceau	St-Philippe du Roule
19	F23	**Murger** Rue Henri	37 Av. M. Moreau	12 R. E. Pailleron	Bolivar
20	I26	**Mûriers** Rue des	27 Av. Gambetta	14 R. des Partants	Gambetta
20	I25	**Mûriers** Jard. des	R. des Mûriers		Gambetta
8	F13-F14	**Murillo** Rue	1 Av. Ruysdaël	66 R. Courcelles	Monceau-Courcelles
17	N7	**Musset** Rue	7 R. Jouvenet	67 R. Boileau	Chardon Lagache
5	M20	**Mutualité** Sq. de la	24 R. St-Victor	en impasse	Maubert Mutualité
15	N9	**Myionnet** R. Clément	Pl. Mont. du Goulet	14 R. Léontine	Javel
18	D20-E19	**Myrha** Rue	29 R. Stephenson	2 R. Poulet	Château Rouge

N

Ar.	Plan	Rues / Streets	Commençant	Finissant	Métro
17	C15	**Naboulet** Imp.	68 R. La Jonquière	en impasse	Brochant
20	I26	**Nadaud** Pl. Martin	Av. Gambetta	R. Sorbier	Gambetta
16	J8	**Nadaud** Rue Gustave	11 R. de la Pompe	12 Bd E. Augier	La Muette
10	H21	**Nancy** Rue de	35 Bd de Magenta	R. Fbg St-Martin	Jacques Bonsergent
11	I24-I25	**Nanettes** Rue des	91 Av. de la Rép.	101 Bd de Ménilm.	Père Lachaise
14	S17	**Nansouty** Imp.	14 R. Deutsch la M.	en impasse	Cité Universitaire
14	R17-S17	**Nansouty** Rue	25 Av. Reille	2 R. Deutsch la M.	Cité Universitaire
15	C24	**Nantes** Rue de	17 Q. de l'Oise	130 R. de Flandre	Corentin Cariou
15	P13	**Nanteuil** Rue	19 R. Brancion	R. St-Amand	Vaugirard
8	F14-F15	**Naples** Rue de	61 R. de Rome	72 Bd Malesherb.	Villiers-Europe
1	J17	**Napoléon** Cr	Palais du Louvre		Palais Royal-Louvre
10	F20	**Napoléon III** Pl.	R. de St-Quentin	R. de Compiègne	Gare du Nord
13	L16	**Narbonne** Rue de	4 R. de La Planche	en impasse	Sèvres Babylone
8	G14	**Narvik** Pl. de	12 R. de Téhéran	20 Av. de Messine	Miromesnil

Ar.	Plan	Rues / Streets	Commençant	Finissant	Métro
11	M26	**Nation** Pl. de la	R. Fbg St-Ant.	Av. du Trône	Nation
13	R22	**National** Pass.	25 R. Château Rent.	20 R. Nationale	Pte d'Ivry
13	R25	**National** Pt	Q. de la Gare	Bd Poniatowski	Bd Masséna
13	R22	**Nationale** Imp.	52 R. Nationale	en impasse	Pte d'Ivry
13	Q22	**Nationale** Pl.	R. Nationale	R. Chât. Rentiers	Nationale
13	P21-S22	**Nationale** Rue	76 Bd Masséna	Bd Vincent Auriol	Pte d'Ivry-Nationale
16	J10-I11	**Nations Unies** Av. de	Av. A. de Mun	Bd Delessert	Trocadéro
12	P25	**Naples** Rue de la	R. de Dijon	R. de l'Aubrac	Cour St-Émilion
18	D17	**Nattier** Pl.	R. Eugène Carrière	R. F. Ziem	Lamarck Caulainc.
9	F18	**Navarin** Rue de	27 R. des Martyrs	16 R. H. Monnier	St-Georges
5	N20	**Navarre** Rue de	10 R. Linné	57 R. Monge	Place Monge
1	J19	**Navarre** Pl. M. de	R. des Innocents	R. de la Lingerie	Châtelet-Les Halles
13	Q22	**Navarre** Pl. du Dr	1 R. Strhau	97 R. Nationale	Tolbiac-Nationale
18	B15-B16	**Navier** Rue	121 Av. de St-Ouen	66 R. Pouchet	Pte de St-Ouen
15	O13	**Necker** Sq.	R. La Quintinie	R. Tessier	Volontaires
4	K21	**Necker** Rue	2 R. d'Ormesson	1 R. de Jarente	St-Paul
7	K13	**Négrier** Cité	151 R. de Grenelle	6 R. E. Psichari	La Tour Maubourg
15	L10-L11	**Nélaton** Rue	4 Bd de Grenelle	7 R. Dr Finlay	Bir Hakeim
1	J17	**Nemours** Gal. de	R. St-Honoré	Gal. Théâtre Fr.	Palais Royal-Louvre
11	I23	**Nemours** Rue de	61 R. Oberkampf	44 R. J. P. Timbaud	Parmentier
18	A17-B17	**Nerval** Rue G. de	10 R. H. Huchard	31 Av. Pte Montmar.	Pte de St-Ouen
6	K18	**Nesle** Rue de	22 R. Dauphine	17 R. de Nevers	Odéon-St-Michel
12	M28-O28	**Netter** Av. du Dr A.	31 R. du Sahel	80 Crs de Vincennes	Pte de Vincennes
6	K18	**Neuf** Pt	Q. du Louvre	Q. de Conti	Pont Neuf
11	K24	**Neufchâteau** Rue F. de	34 R. R. Lenoir	152 Bd Voltaire	Voltaire
17	F9	**Neuilly** Av. de	Pl. de la Pte Maillot	Av. Ch. de Gaulle	Pte Maillot
16	F6	**Neuilly** Pte de	R. de Madrid	Bois de Boulogne	Pont de Neuilly
18	B19-C19	**Neuve Chardonnière** R.	50 R. du Simplon	41 R. Championnet	Simplon
11	L25	**Neuve des Boulets** R.	12 R. Léon Frot	1 R. de Nice	Rue des Boulets
11	I23-J23	**Neuve Popincourt** R.	58 R. Oberkampf	17 Pas. Beslay	Parmentier
4	L21-L22	**Neuve Saint-Pierre** R.	19 R. Beautreillis	32 R. St-P.	St-Paul
13	Q23-Q24	**Neuve Tolbiac** Rue	1 Q. F. Mauriac	114 Av. de France	Biblio. F. Mitterrand
17	D12-E13	**Neuville** Rue A. de	Pl. d'Israël	79 Bd Péreire	Wagram
8	F12	**Néva** Rue de	260 R. Fbg St-Honor.	75 Bd de Courcelles	Ternes
6	K18	**Nevers** Imp. de	22 R. de Nevers	en impasse	Odéon
6	K18	**Nevers** Rue de	1 Q. de Conti	R. de Nesle	Pont Neuf
18	A19-B19	**Neuve** Rue Ginetto	R. Fr. de Croisset	32 Av. Pte Clignanc.	Pte de Clignancourt
16	I12-K11	**New York** Av. de	Pont de l'Alma	2 R. Beethoven	Alma Marceau
16	H12	**Newton** Rue	73 Av. Marceau	82 Av. d'Iéna	Kléber
18	B17-B22	**Ney** Bd	215 R. Aubervil.	156 Av. de St-Ouen	Pte de St-Ouen
17	E13	**Nicaragua** Pl. du	Bd Malesherbes	R. Ampère	Wagram
11	K25-L25	**Nice** Rue de	29 R. Neuve Boulets	152 R. de Charonne	Rue des Boulets
20	P26	**Nicolaï** Rue	R. de Charenton	en impasse	Dugommier
20	K28	**Nicolas** Rue	130 Rd Davout	en impasse	Pte de Montreuil
17	D15	**Nicolay** Sq.	16 R. des Moines	77 R. Legendre	Brochant
5	N18-O18	**Nicole** Rue Pierre	27 R. Feuillantines	88 Bd Port Royal	Port Royal
18	D18	**Nicolet** Rue	21 R. Ramey	2 R. Bachelet	Château Rouge
12	N25	**Nicolle** Rue C.	173 R. de Charenton	11 Cité Moynet	Reuilly Diderot
16	K9	**Nicolo** Hameau	13 R. Nicolo		La Muette
16	J9-K9	**Nicolo** Rue	36 R. Passy	36 R. de la Pompe	La Muette
7	J13-K13	**Nicot** Pass. Jean	89 R. St-Dominique	170 R. de Grenelle	La Tour Maubourg
7	J13	**Nicot** Rue Jean	65 Q. d'Orsay	72 R. St-Dominique	La Tour Maubourg
17	E12-F11	**Niel** Av.	30 Av. des Ternes	5 Pl. du Mal Juin	Ternes-Péreire
17	F12	**Niel** Villa	30 Av. Niel		Ternes-Péreire
14	P15	**Niepce** Rue	79 R. de l'Ouest	56 R. R. Losserand	Pernety
20	M28	**Niessel** Rue du Gal	93 Crs de Vincennes	90 R. de Lagny	Pte de Vincennes
18	R23	**Nieuport** Villa	39 R. Terres Curé	en impasse	Pte d'Ivry
12	N28-N29	**Niger** Rue du	111 Bd Soult	92 Av. d. St-Mandé	Pte de Vincennes
4	K19	**Nijinski** Al.	Sq. Tour St-Jacques	R. St-Martin	Châtelet
18	M13	**Nikis** Rue Mario	112 Av. Suffren	8 R. Chasseloup L.	Cambronne
2	I19	**Nil** Rue du Gal	1 R. de Damiette	30 R. Petitts Carr.	Sentier
16	O7-P7	**Niox** Rue du Gal	Q. Point du Jour	130 Bd Murat	Pte de St-Cloud
16	G9	**Noailles** Sq. Anna de	Bd Thierry Martel	R. du Gal Anselin	Pte Maillot
18	D18	**Nobel** Rue	119 R. Caulaincourt	9 R. Francoeur	Lamarck Caulainc.

Ar.	Plan	Rues / Streets	Commençant	Finissant	Métro
15	L10	**Nocard** Rue	13 Q. Grenelle	8 R. Nélaton	Bir Hakeim
18	E19	**Nodier** Rue C.	R. Livingstone	R. Ronsard	Anvers
3	J20	**Noël** Cité	22 R. Rambuteau	en impasse	Rambuteau
14	R13	**Noguès** Sq. Maurice	R. Maurice Noguès	en impasse	Pte de Vanves
14	R13	**Noguès** Rue Maurice	4 Av. M. Sangnier	en impasse	Pte de Vanves
19	E23	**Nohain** Rue Jean	R. Clovis Hugues	en impasse	Jaurès
18	H9	**Noisiel** Rue de	41 R. Émile Ménier	23 R. Spontini	Pte Dauphine
20	G29-H28	**Noisy le Sec** Rue de	R. des Fougères	R. de Noisy le Sec	St-Fargeau
17	D15	**Nollet** Sq.	103 R. Nollet		Brochant
17	D15-E16	**Nollet** Rue	20 R. des Dames	164 R. Cardinet	Place de Clichy
18	C18	**Nollez** Cité	146 R. Ordener	38 R. Calmels	Lamarck Caulainc.
11	L23	**Nom de Jésus** Cr du	47 R. Fbg St-Ant.	en impasse	Bastille
4	L21	**Nonnains d'Hyères** R.	Q. Hôtel de Ville	1 R. de Jouy	Pont Marie-St-Paul
19	C24	**Nord** Pass. du	25 R. Petit31 R. Petit	Laumière	
18	C19-C20	**Nord** Rue du	97 R. des Poisson.	114 R. Clignanc.	Marcadet Poissonn.
13	P18-P19	**Nordmann** Rue L.-M.	45 Bd Arago	61 R. de la Santé	Glacière
3	I22-J22	**Normandie** Rue de	39 R. Debelleyme	62 R. Charlot	Filles du Calvaire
18	D18	**Norvins** Rue	Du Tertre	4 R. Girardon	Abbesses
4	K19	**Notre-Dame** Pt	Q. de Gesvres	Q. de la Corse	Cité-Châtelet
2	H19	**Notre-D. de B. Nouv.** R.	19 R. Beauregard	21 Bd Bonne Nouv.	Bonne Nouvelle
9	F17-G18	**Notre-D. de Lorette** R.	2 R. St-Lazare	R. Pigalle	St-Georges
3	I20-I21	**Notre-D. de Nazareth** R.	201 R. Temple	104 Bd Sébastopol	Temple
2	H19	**N.-D. de Recouvrance** R.	1 R. Beauregard	37 Bd Bonne Nouv.	Bonne Nouvelle
6	M16-O17	**N.-D. des Champs** R.	125 R. de Rennes	18 Av. l'Observatoir.	Vavin-St-Placide
2	H18-I18	**N.-D. des Victoires** R.	9 Pl. Petits Pères	141 R. Montmartre	Bourse
20	I24	**Nouveau Belleville** Sq.	32 Bd de Belleville	Sq. N. Belleville	Couronnes
19	D25	**Nouv. Conservatoire** R.	R. Ed. Varèse	Av. Jean Jaurès	Pte de Pantin
8	G12	**Nouvelle** Villa	20 Av. Wagram	en impasse	Ternes
18	O28	**Nouvelle Calédonie** R.	20 Bd Soult	R. du Gal Archinard	Pte Dorée
14	Q15-Q16	**Noyer** Rue Olivier	32 R. Léonidas	41 R. Didot	Plaisance-Alésia
19	D27-E27	**Noyer Durand** R.	59 Av. Pte Chaumont	R. du Progrès	Pte de Pantin
16	N5	**Nungesser et Coli** R.	Bd d'Auteuil	14 R. C. Farrère	Pte d'Auteuil
20	H28	**Nymphéas** Villa des	R. Surmelin	R. de la Justice	St-Fargeau

O

11	I24-J22	**Oberkampf** Rue	106 R. Amelot	143 Bd Ménilmont.	Ménilmontant
5	N18-O18	**Observatoire** Av. de l'	9 R. A. Comte	Observatoire	Port Royal
14	R14-R15	**Ocagne** Av. M. d'	Av. G. Lafenestre	Av. Pte de Châtillon	Pte de Vanves
6	N18	**Odéon** Carr. de l'	Bd St-Germain	R. Mr le Prince	Odéon
6	M19	**Odéon** Pl. de l'	R. de l'Odéon	R. Rotrou	Odéon
6	L18-M18	**Odéon** Rue de l'	16 Car. de l'Odéon	1 Pl. de l'Odéon	Odéon
14	O16	**Odessa** Rue d'	3 R. du Départ	56 Bd E. Quinet	Montparn. Bienv.
8	H13	**Odiot** Cité	15 R. de Berri	R. Washington	George V
17	E10-E11	**Oestreicher** Rue J.	Av. Pte Champerret	R. Cap. Peugeot	Pte de Champerret
16	K8	**Offenbach** Rue J.	3 R. du Gal Aubé	6 R. A. Arnauld	Ranelagh
19	C25-D24	**Oise** Quai de l'	Pl. de Bitche	1 Q. de la Gironde	Crimée
19	D24	**Oise** Rue de l'	9 Q. de l'Oise	47 R. de l'Ourcq	Crimée
3	J21	**Oiseaux** Rue des	Marché Enfants R.	16 R. de Beauce	Filles du Calvaire
16	M7	**Olchanski** R. du Cap.	126 Av. Mozart	2 R. M. Marchand	Michel Ange Auteuil
15	P11	**Olier** Rue	25 R. Desnouettes	364 R. de Vaugirard	Pte de Versailles
15	D21-C21	**Olive** Rue L'	92 R. Riquet	37 R. de Torcy	Marx Dormoy
7	M15	**Olivet** Rue d'	68 R. Vaneau	9 R. P. Leroux	Vaneau
3	R20	**Onfroy** Imp.	13 R. Damesme	en impasse	Tolbiac
10	G21	**11 Novembre 1918** Pl.	d'Alsace	Pl. du 8 Mai 1945	Gare de l'Est
1	H17-I17	**Opéra** Av. de l'	5 Pl. A. Malraux	1 Pl. de l'Opéra	Opéra
9	H17	**Opéra** Pl. de l'	Av. de l'Opéra	R. Auber	Opéra
9	H16	**Opéra L. Jouvet** Sq.	5 R. Boudreau	10 R. Édouard VII	Havre-Caumartin
15	Q10-Q9	**Oradour sur Glane** R. d'	R. Pte d'Issy	R. Ernest-Renan	Pte de Versailles
18	D20	**Oran** Rue d'	3 R. Ernestine	46 R. des Poissonn.	Marcadet Poissonn.
1	J18	**Oratoire** Rue de l'	158 R. de Rivoli	143 R. St-Honoré	Louvre Rivoli
18	D18-E18	**Orchampt** Rue d'	15 R. Ravignan	100 R. Lepic	Abbesses

Ar.	Plan	Rues / Streets	Commençant	Finissant	Métro
13	S19	**Orchidées** Rue des	36 R. Brillat Sav.	27 R. A. Lançon	Cité Universitaire
18	I20	**Ordener** Villa	R. Ordener	en impasse	Jules Joffrin
18	C17-D21	**Ordener** Rue	73 R. M. Dormoy	191 R. Championnet	Marx Dormoy
1	K18-L19	**Orfèvres** Quai des	Pont St-Michel	Pont Neuf	St-Michel
20	I26	**Orfèvres** Rue des	6 R. St-Germain l'A.	15 R. J. Lantier	Châtelet
20	K19	**Orfila** Imp.	26 R. Orfila	en impasse	Gambetta
20	H27-I26	**Orfila** Rue	4 Pl. M. Nadaud	69 R. Pelleport	Gambetta-Pelleport
3	H21-I21	**Orgues** Pass. des	36 R. Meslay	29 Bd St-Martin	République
19	D23	**Orgues de Flandre** Pl.	26 R. Riquet	11 R. Mathis	Riquet
11	H23-H24	**Orillon** Rue de l'	100 R. St-Maur	71 Bd de Belleville	Goncourt-Belleville
14	S16	**Orléans** Pte d'	Av. Pte Orléans	9 R. Légion Étrangère	Pte d'Orléans
14	Q16-O17	**Orléans** Portique d'	28 Av. Gal Leclerc	2 Sq. H. Delormel	Mouton Duvernet
4	L20	**Orléans** Quai d'	1 R. des Deux Ponts	2 R. J. du Bellay	Pont Marie
9	F17-F18	**Orléans** Sq. d'	80 R. Taitbout	en impasse	St-Georges
14	Q16	**Orléans** Villa d'	43 R. Bezout	Pas. Montbrun	Alésia
19	F27	**Orme** Rue de l'	25 R. Romainville	87 Bd Sérurier	Pré St-Gervais
20	L27	**Ormeaux** Sq. des	R. des Ormeaux	R. des Gds Champs	Buzenval
20	L27	**Ormeaux** Rue des	34 Bd de Charonne	22 R. d'Avron	Avron
4	K21	**Ormesson** Rue d'	3 R. de Turenne	6 R. de Sévigné	St-Paul
18	B19-C19	**Ornano** Bd	44 R. Ordener	33 Bd Ney	Marcadet Poisson.
18	C19	**Ornano** Sq.	14 Bd Ornano	en impasse	Marcadet Poisson.
18	B19	**Ornano** Villa	61 Bd Ornano	en impasse	Pte de Clignancourt
7	J13-J15	**Orsay** Quai d'	Av. A. Briand	Pl. de la Résistance	Invalides
18	E18	**Orsel** Cité d'	32 R. d'Orsel	19 Pl. St-Paul	Abbesses
18	E18-E19	**Orsel** Rue d'	3 R. de Clignanc.	88 R. Martyrs	Anvers
20	K27	**Orteaux** Imp. des	14 R. des Orteaux	Sq. Monsoreau	Alexandre Dumas
20	K26-K28	**Orteaux** Rue des	36 R. de Bagnolet	59 R. Croix St-S.	Alexandre Dumas
5	N20	**Ortolan** Sq.	R. St-Médard	R. Ortolan	Place Monge
5	N19-N20	**Ortolan** Rue	23 R. Gracieuse	55 R. Mouffetard	Place Monge
18	C16-C17	**Oslo** Rue d'	154 R. Lamarck	239 R. Marcadet	Guy Môquet
20	G22	**Otages** Villa des	85 R. Haxo	en impasse	Télégraphe
9	G17-H17	**Oudin** Pl. Adrien	26 Bd Haussmann	28 Bd Haussmann	Richelieu Drouot
13	R23-R24	**Oudiné** Rue Eugène	1 R. Cantagrel	30 R. Albert	Bd Masséna
7	L15	**Oudinot** Imp.	55 R. Vaneau	en impasse	Vaneau
7	L15-M14	**Oudinot** Rue	56 R. Vaneau	47 Bd des Invalides	Vaneau
12	O28-P28	**Oudot** Rue du Col.	271 Av. Daumesnil	25 Bd Soult	Pte Dorée
7	N20-P20	**Oudry** Rue	14 R. du Jura	3 R. Le Brun	Les Gobelins
15	M12	**Ouessant** Rue d'	7 R. Pondichéry	64 Av. La Motte P.	La Motte Picquet
14	O15-P14	**Ouest** Rue de l'	92 Av. du Maine	180 R. d'Alésia	Plaisance-Gaîté
19	C25	**Ourcq** Gal. de l'	Parc Villette		Pte de la Villette
19	C23-D25	**Ourcq** Rue de l'	143 Av. J. Jaurès	168 R. d'Aubervill.	Ourcq-Crimée
11	L23	**Ours** Cr de l'	95 R. Fbg St-Ant.	en impasse	Ledru Rollin
3	J20	**Ours** Rue aux	187 R. St-Martin	58 R. Sébastopol	Étienne Marcel
6	N16	**Ozanam** Pl.	R. de Cicé	Bd du Montparn.	Vavin
6	N16	**Ozanam** Sq.	R. de Cicé	Bd du Montparn.	Vavin

P

11	K24	**Pache** Rue	121 R. la Roquette	11 R. St-Maur	Voltaire
16	L6	**Padirac** Sq. de	108 Bd Suchet	17 Av. Mal Lyautey	Pte d'Auteuil
15	P11	**Pado** R. Dominique	R. de la Croix Nivert	R. Maryse Hilsz	Pte de Versailles
20	L28-L29	**Paganini** Rue	46 Bd Davout	en impasse	Pte de Montreuil
8	G15	**Pagnol** Sq. Marcel	R. Laborde	Av. C. Caire	St-Augustin
19	F23-F24	**Pailleron** R. Édouard	114 Av. S. Bolivar	59 R. Manin	Bolivar
5	M18	**Paillet** Rue	9 R. Soufflot	4 R. Malebranche	Luxembourg
5	M19	**Painlevé** Sq. Paul	1 R. de la Sorbonne	47 R. des Écoles	Cluny La Sorbonne
2	H17	**Paix** Rue de la	2 R. d. Capucines	1 Pl. de l'Opéra	Opéra
18	C21-E21	**Pajol** Rue	8 Pl. de la Chapelle	1 Pl. Hébert	La Chapelle
16	K8	**Pajou** Rue	77 R. des Vignes	8 R. du Gal Aubé	La Muette
1	K19-L19	**Palais** Bd du	1 Q. de l'Horloge	8 Q. Marché Neuf	Cité
7	J15	**Palais Bourbon** Pl. du	85 R. l'Université	4 R. de Bourgogne	Ass. Nationale
1	I18	**Palais Royal** Jard. du	Palais Royal		Palais Royal-Louvre

73

Ar.	Plan	Rues / Streets	Commençant	Finissant	Métro
1	J18	**Palais Royal** Pl. du	168 R. de Rivoli	155 R. St-Honoré	Palais Royal-Louvre
19	G25	**Pal. Roy. de Bellev.** Cité	38 R. des Solitaires	en impasse	Jourdain
6	L17	**Palatine** Rue	4 R. Garancière	1 Pl. St-Sulpice	Mabillon-St-Sulpice
19	G25	**Palestine** Rue de	139 R. de Belleville	26 R. des Solitaires	Jourdain
2	I20	**Palestro** Rue de	29 R. de Turbigo	7 R. du Caire	Réaumur Sébastopol
20	H24	**Pali Kao** Rue de	74 Bd de Belleville	73 R. J. Lacroix	Couronnes
6	L17	**Palissy** Rue Bernard	54 R. de Rennes	3 R. Dragon	St-Germain des Prés
18	D20	**Panama** Rue de	15 R. Léon	32 R. des Poisson.	Château Rouge
13	O21	**Panhard** Rue René	18 R. des Wallons	15 Bd St-Marcel	St-Marcel
13	Q24-R25	**Panhard et Levassor** Q.	Pont National	Pont de Tolbiac	Biblio. F. Mitterrand
11	L23	**Panier Fleuri** Cr du	17 R. de Charonne	en impasse	Bastille
2	H18	**Panoramas** Pass. des	10 R. St-Marc	11 Bd Montmartre	Grands Boulevards
2	H18	**Panoramas** Rue des	4 R. Feydeau	9 R. St-Marc	Bourse
20	I25	**Panoyaux** Imp. des	6 R. des Panoyaux	en impasse	Ménilmontant
20	I24-I25	**Panoyaux** Rue des	130 Bd de Ménilm.	R. des Plâtrières	Ménilmontant
5	M19	**Panthéon** Pl. du	R. Cujas	R. Clotaire	Card. Lemoine
19	D26	**Pantin** Pte de	Bd Sérurier	Pl. de la Pte Pantin	Pte de Pantin
13	R20	**Pape** Rue Henri	18 R. Damesme	Pl. Abbé Henocque	Tolbiac
6	L17	**Pape Carpentier** R. M.	20 R. Madame	1 R. Cassette	St-Sulpice
9	G19	**Papillon** Rue	2 R. Bleue	17 R. Montholon	Poissonnière-Cadet
3	I20	**Papin** Rue	259 R. St-Martin	98 Bd Sébastopol	Réaumur Sébastopol
20	H27	**Paquelin** Rue du Dr	76 Av. Gambetta	11 R. E. Lefèvre	Pelleport
10	G19-G20	**Paradis** Cité	43 R. de Paradis	en impasse	Poissonnière
10	G19-G20	**Paradis** Rue de	95 R. Fbg St-Denis	64 R. Fbg Poisson.	Poissonnière
16	H9	**Paraguay** Pl. du	85 Av. Foch	50 Av. Bugeaud	Pte Dauphine
17	D13	**Paray** Sq. Paul	R. de Saussure	en impasse	Péreire
12	R29	**Parc** Rte du	Av. de Gravelle	Av. St-Maurice	Charenton-Écoles
19	G24	**Parc** Villa du	21 R. Pradier	10 R. Botzaris	Buttes Chaumont
20	J27	**Parc de Charonne** Ch.	5 R. Prairies	2 R. Stendhal	Pte de Bagnolet
13	R21	**Parc de Choisy** Al. du	123 Av. Choisy	en impasse	Tolbiac
14	S17	**Parc de Montsouris** V.	8 R. Deutsch la M.	en impasse	Cité Universitaire
14	S17	**Parc de Montsouris** R.	4 R. Deutsch la M.	18 R. Nansouty	Cité Universitaire
16	K10	**Parc de Passy** R. du	34 Av. Pdt Kennedy	25 R. Raynouard	Passy
16	N6-O6	**Parc des Princes** Av.	1 R. Claude Farrère	Pl. Dr P. Michaux	Pte de St-Cloud
3	K21-K22	**Parc Royal** Rue du	49 R. Turenne	4 Pl. de Thorigny	Chemin Vert
11	L23	**Parchappe** Cité	21 R. Fbg St-Ant.	10 Pas. Cheval Blanc	Bastille
5	L19	**Parcheminerie** R. de la	28 R. St-Jacques	41 R. de la Harpe	Cluny La Sorbonne
10	E20-F20	**Paré** Rue Ambroise	95 R. Maubeuge	152 Bd de Magenta	Gare du Nord
16	O6-O7	**Parent de Rosan** Rue	98 R. Boileau	89 R. Michel Ange	Exelmans
7	F16	**Parme** Rue de	59 R. de Clichy	78 R. d'Amsterdam	Liège
11	H22-K24	**Parmentier** Av.	10 Pl. Léon Blum	24 R. Alibert	Parmentier
	N16	**Parnassiens** Gal. des	Bd du Montparn.	Vavin	
16	G9	**Parodi** Rue A. et R.	Bd de l'Amiral Bruix	Bd T. de Martel	Pte Maillot
10	F22	**Parodi** R. Alexandre	167 Q. Valmy	222 R. Fbg St-Martin	Louis Blanc
12	M23	**Parrot** Rue	4 R. de Lyon	30 Av. Daumesnil	Gare de Lyon
20	I25-I26	**Partants** Rue des	52 R. Amandiers	24 R. Soleillet	Père Lachaise
19	B25	**Parvis** Pl. du	Av. Corentin Cariou	Espl. de la Rotonde	Pte de la Villette
18	E19	**Parv. du Sacré Coeur** R.	Pl. du Parvis Basil.	R. du Card. Dubois	Abbesses-Anvers
4	L19	**Parvis Notre-Dame** Pl.	23 R. d'Arcole	6 R. de la Cité	St-Michel-N.-D.
3	K22	**Pas de la Mule** R. du	R. francs Bourgeois	Bd Beaumarch.	Chemin Vert
5	O20-P19	**Pascal** Rue	2 R. de Bazeilles	50 R. Cordelières	Censier Daubenton
16	J8	**Pascal** Rue André	23 R. Franqueville	en impasse	La Muette
11	J22	**Pasdeloup** Pl.	108 R. Amelot	Bd du Temple	Filles du Calvaire
12	P28	**Pasquier** Sq. Pierre	Bd SoultPte Dorée	Pte Dorée	
8	G16-H16	**Pasquier** Rue	6 Bd Malesherb.	20 R. de la Pépinière	St-Lazare
16	K9	**Passy** Rue de	67 R. de Passy	22 R. Duban	La Muette
16	K7	**Passy** Pte de	Pont d' Iéna	Pont de Grenelle	Passy
16	K10-K8	**Passy** Rue de	Pl. de Costa Rica	60 R. Boulainvill.	Passy-La Muette
15	N13-O15	**Pasteur** Bd	165 R. de Sèvres	Pont 5 Mart. Lyc. B.	Sèvres Lecourbe
15	N14	**Pasteur** Sq.	3 R. Lecourbe	en impasse	Sèvres Lecourbe
11	J23	**Pasteur** Rue	8 R. Folie Méricourt	41 Av. Parmentier	St-Ambroise
3	J21	**Pastourelle** Rue	17 R. Charlot	124 R. du Temple	Arts et Métiers
13	Q22-R20	**Patay** Rue de	12 Bd Masséna	49 R. de Domrémy	Pte d'Ivry
16	M8	**Paté** Sq. Henry	34 R. Félicien David	27 R. Fr. Gérard	Mirabeau

Ar.	Plan	Rues / Streets	Commençant	Finissant	Métro
20	M28	**Patenne** Sq.	3 R. Frédéric Loliée	66 R. de la Plaine	Maraîchers
10	E20	**Patin** Rue Guy	R. Ambroise Paré	45 Bd la Chapelle	Barbès Rochech.
5	O19-O20	**Patriarches** Pass. des	6 R. d. Patriarches	99 R. Mouffetard	Censier Daubenton
5	N20-O20	**Patriarches** Rue des	7 R. l'Épée de Bois	44 R. Daubenton	Censier Daubenton
16	G10	**Patton** Pl. du Gal	Av. Grande Armée	R. Duret	Pte Maillot
18	D18	**Patureau** R. de l'Abbé	7 R. P. Féval	116 R. Caulaincourt	Lamarck Caulainc.
16	M8-M9	**Pâtures** Rue des	40 Av. Versailles	19 R. Félicien David	Mirabeau
14	S19	**Patural** Rue	R. R. Losserand	235 R. Vercingétorix	Pte de Vanves
17	C13	**Paul** Rue Marcel	Bd F. Douaumont	R. Cailloux	Pte de Clichy
7	J11-K12	**Paulhan** Al. Jean	Q. Branly	Av. G. Eiffel	Ch. de Mars-Tr Eiffel
14	Q14	**Pauly** Rue	151 R. R. Losserand	16 R. Suisses	Plaisance
4	K21	**Pavée** Rue	10 R. Rivoli	R. Francs Bourgeois	St-Paul
16	G9	**Pav. d'Armenonville** Ch.	Al. Longchamp	impasse	Pte Maillot
17	E10	**Pavillons** Av. des	15 Av. Verzy	Av. P. Doumer	Pte de Champerret
18	B18	**Pavillons** Imp. des	4 R. Leibniz	en impasse	Pte de St-Ouen
20	H26	**Pavillons** Rue des	42 R. Pixérécourt	129 R. Belleville	Télégraphe
15	O14	**Payen** Rue Anselme	11 R. Vigée Lebrun	99 R. Falguière	Volontaires
3	K21	**Payenne** Rue	20 R. Frcs Bourgeois	15 R. du Parc Royal	St-Paul
13	S23	**Péan** Rue	55 Bd Masséna	10 Av. C. Regaud	Pte d'Ivry
17	C16	**Pécaut** Rue Félix	R. Maria Deraismes	R. J. Leclaire	Guy Môquot
15	N12-O12	**Péclet** Rue	42 R. Mademoiselle	102 R. Blomet	Vaugirard
4	J20	**Pecquay** Rue	34 R. Blancs Mant.	5 R. Rambuteau	Rambuteau
18	D18	**Pecqueur** Pl. C.	15 R. Girardon	2 R. Lucien Gaulard	Lamarck Caulainc.
15	P7	**Pégoud** Rue	9 Q. d'Issy les Moul.	Av. du Mal Gallieni	Bd Victor
12	O28	**Péguy** Sq. C.	R. Marie Laurencin		Michel Bizot
20	N16	**Péguy** Rue	11 R. Stanislas	93 Bd du Montparn.	Vavin
2	I20-J20	**Peintres** Imp. des	112 R. St-Denis	en impasse	Étienne Marcel
20	H24	**Pékin** Pass. de	62 R. J. Lacroix	56 R. J. Lacroix	Couronnes-Pyrénées
11	J22-J23	**Pelée** Rue	62 R. St-Sabin	63 Bd R. Lenoir	Richard Lenoir
17	C15	**Pèlerin** Imp. du	97 R. La Jonquière	en impasse	Pte de Clichy
1	J18	**Pélican** Rue du	11 R. J. J. Rousseau	8 R. Croix Petits Ch.	Louvre-Palais Royal
20	G26	**Pelleport** Villa	155 R. Pelleport	en impasse	Télégraphe
20	G27-J28	**Pelleport** Rue	143 R. de Bagnolet	234 R. de Belleville	Gambetta-Pelleport
14	P16	**Pelletan** Rue Eugène	13 R. Froidevaux	1 R. Lalande	Denfert Rochereau
18	B16	**Pelloutier** Rue F.	4 R. Pont à Mousson	13 R. L. Loucheur	Pte de St-Ouen
8	F15	**Pelouze** Rue	7 R. Andrieux	36 R. Constantinople	Villiers
19	H28-I28	**Penaud** Rue A.	39 R. Cap. Ferber	54 R. du Surmelin	Pelleport
18	D18	**Penel** Pass.	84 R. Championnet	92 R. du Ruisseau	Pte de Clignancourt
12	M26-M27	**Pensionnat** Rue du	Av. du Dél Air	R. Col Trône	Nation
8	C15-H14	**Penthièvre** Rue de	21 R. Cambacérès	124 R. Fbg St-Honoré	Miromesnil
8	G15-G16	**Pépinière** Rue de la	21 R. Gabriel Péri	4 Pl. St-Augustin	St-Lazare
14	O15	**Perceval** Rue de	9 R. Vercingétorix	24 R. de l'Ouest	Gaîté
16	M7-M8	**Perchamps** Rue des	20 R. d'Auteuil	59 R. La Fontaine	Église d'Auteuil
3	J21	**Perche** Rue de	107 R. V. du Temple	6 R. Charlot	St-Séb. Froissart
8	G14	**Percier** Av.	38 R. La Boétie	121 Bd Haussmann	Miromesnil
10	E21	**Perdonnet** Rue	214 R. Fbg St-Denis	33 R. Ph. de Girard	La Chapelle
20	I27-J26	**Père Lachaise** Av. du	56 R. des Rondeaux	3 Pl. Gambetta	Gambetta
20	I28	**Perec** Rue Georges	R. Jules Siegfried	R. Paul Strauss	Pte de Bagnolet
17	D14-F10	**Péreire Nord** Bd	Bd. Gouvion St-Cyr	R. de Saussure	Pte Maillot
17	D14-F10	**Péreire Sud** Bd	R. J. d'Abbans	Av. Grande Armée	Pte Maillot
13	T19	**Pergaud** Rue Louis	R. de Gentilly	Montrouge	Cité Universitaire
16	G10-G9	**Pergolèse** Rue	61 Av. G. Armée	66 Av. Foch	Pte Maillot
8	G16	**Péri** Pl. Gabriel	12 R. de Rome	R. St-Lazare	St-Lazare
15	Q12	**Périchaux** Sq. des	R. des Périchaux	Bd Lefèbvre	Pte de Vanves
15	Q12	**Périchaux** Rue des	49 R. de Dantzig	en impasse	Pte de Versailles
7	K15	**Périer** Rue Casimir	31 R. St-Dominique	124 R. de Grenelle	Solférino
7	M13-M14	**Pérignon** Rue	48 Av. de Saxe	35 Bd Garibaldi	Ségur
20	K28-L28	**Périgord** Sq. du	7 Sq. la Gascogne	4 Sq. la Guyenne	Pte de Montreuil
19	E26	**Périgueux** Rue de	106 Bd Sérurier	5 Bd d'Indochine	Danube
3	J21-K21	**Perle** Rue de la	1 Pl. de Thorigny	78 R. V. du Temple	St-Paul
4	K19	**Pernelle** Rue	7 R. St-Bon	4 Bd Sébastopol	Châtelet
11	N11	**Pernet** Rue Étienne	98 R. Entrepreneurs	2 R. F. Faure	Félix Faure
14	P14-P15	**Pernety** Rue	24 R. Didot	71 R. Vercingétorix	Pernety
8	G13	**Pérou** Pl. du	1 R. Rembrandt	47 R. de Courcelles	St-Philippe du R.

75

Ar.	Plan	Rues / Streets	Commençant	Finissant	Métro
1	J18	**Perrault** Rue	4 Pl. du Louvre	85 R. de Rivoli	Louvre Rivoli
3	I21	**Perrée** Rue	21 R. de Picardie	158 R. du Temple	Temple
13	R21	**Perret** Rue Auguste	105 Av. de Choisy	81 Av. d'Italie	Tolbiac
20	I27	**Perreur** Pass.	40 R. Cap. Marchal	en impasse	Pelleport
20	H28-I27	**Perreur** Villa	22 R. de la Dhuys	en impasse	Pelleport
17	M8	**Perrichont** Av.	31 Av. Th. Gautier	24 R. Félicien David	Mirabeau
17	D11	**Perrier** Rue	13 R. J. Ibert	R. J. Jaurès	Louise Michel
1	I18	**Perron** Pass. du	95 Gal. de Beaujolais	9 R. de Beaujolais	Palais-Royal-Louvre
7	K17	**Perronet** Rue	32 R. Sts Pères	15 R. du Pré Clercs	St-Germain des Prés
18	P16	**Perroy** Pl. Gilbert	R. Mouton Duvernet	Av. du Maine	Mouton Duvernet
17	D19	**Pers** Imp.	47 R. Ramey	en impasse	Marcadet Poissonn.
18	E10-F10	**Pershing** Bd	46 Bd Gouv. St-Cyr	Pl. de Verdun	Pte Maillot
5	N20	**Pestalozzi** Rue	80 R. Monge	6 R. Épée de Bois	Place Monge
13	N12-O12	**Petel** Rue	12 R. Péclet	106 R. Blomet	Vaugirard
13	O20-P20	**Peter** Rue Michel	79 Bd St-Marcel	22 R. Reine Blanche	Les Gobelins
17	E10	**Péterhof** Av. de	Av. des Pavillons	43 R. Guersant	Pte de Champerret
17	C16	**Petiet** Rue	101 Av. de St-Ouen	8 R. M. Deraismes	Guy Môquet
19	F27	**Petin** Imp.	24 R. des Bois	en impasse	Pré St-Gervais
11	J24-K24	**Pétion** Rue	119 R. la Roquette	86 R. Chemin Vert	Voltaire
11	L25	**Petit** Imp. C.	4 R.P. Bert	en impasse	Faidherbe Chaligny
19	D26-E24	**Petit** Rue	32 Av. Laumière	Bd Sérurier	Pte de Pantin
17	C15	**Petit Cerf** Pass.	184 Av. de Clichy	19 R. Boulay	Pte de Clichy
16	E10	**Petit de Julleville** Sq.	Bd d'A. de Paladines	R. G. Charpentier	Pte Maillot
13	P21	**Petit Modèle** Imp. du	19 Av. St. Pichon	en impasse	Place d'Italie
5	O20	**Petit Moine** Rue du	23 R. de la Collégiale	7 Av. des Gobelins	Les Gobelins
4	L21-L22	**Petit Musc** Rue du	2 Q. des Célestins	23 R. St-Antoine	Louvre Riv.-S. Morl.
5	L19	**Petit Pont** Pl. du	Q. du Marché Neuf	Q. de Montebello	St-Michel
5	L19	**Petit Pont** Rue du	45 R. de la Bûcherie	56 R. Galande	St-Michel
16	P6-P7	**Petite Arche** R. de la	21 R. Malleterre	R. Abel Ferry	Pte de St-Cloud
6	L17	**Petite Boucherie** Pass.	1 R. de l'Abbaye	166 Bd St-Germain	St-Germain des Prés
11	K25-L25	**Petite Pierre** R. de la	21 R. Neuve des J.	150 R. de Charonne	Rue des Boulets
1	J19	**Petite Truanderie** R.	16 R. Mondétour	11 R. P. Lescot	Les Halles
11	I23	**Petite Voirie** Pass. de	20 R. du Marché Pop.	4 R. N. Popincourt	Parmentier
10	G20-H20	**Petites Écuries** Cr des	61 R. Fbg St-Denis	1 Pas. Ptes Écuries	Château d'Eau
10	G19-G20	**Petites Écuries** R. des	71 R. Fbg St-Denis	42 R. Fbg Poissonn.	Château d'Eau
10	G20-H20	**Petites Écuries** Pass. d.	15 R. Petites Écuries	18 R. d'Enghien	Château d'Eau
19	G26	**Petitot** Rue	15 R. Pré St-Gerv.	14 R. des Fêtes	Pl. des Fêtes
2	H19-I19	**Petits Carreaux** R. des	36 R. St-Sauveur	44 R. de Cléry	Sentier
1	I17-I18	**Petits Champs** R. des	1 R. de la Banque	26 Av. de l'Opéra	Pyramides
10	F20-G20	**Petits Hôtels** R. des	87 Bd de Magenta	4 R. de la Banque	Gare du Nord
2	I18	**Petits Pères** Pl. des	R. de la Banque	Pl. Petits Pères	Bourse-Sentier
2	I18	**Petits Pères** R. des	R. des Petits Pères	R. du Mail	Bourse-Sentier
2	I18	**Petits Pères** Rue des	6 R. La Feuillade	1 R. Vide Gousset	Bourse-Sentier
19	C27-D26	**Petits Ponts** Rte de	Av. Pte de Pantin	Av. Gal Leclerc	Hoche
16	J10-J9	**Pétrarque** Sq.	31 R. Scheffer	en impasse	Trocadéro
16	J10	**Pétrarque** Rue	10 Av. P. Doumer	28 R. Scheffer	Trocadéro
9	F19	**Pétrelle** Sq.	4 R. Pétrelle	en impasse	Poissonnière
9	F19	**Pétrelle** Rue	155 R. Fbg Poissonn.	58 R. Rochechouart	Poissonnière
17	D11	**Peugeot** Rue du Capo.	58 Bd de la Somme	R. A. France	Pte de Champerret
16	M7	**Peupliers** Av. des	12 R. Poussin	2 Av. Sycomores	Michel Ange Auteuil
13	R20	**Peupliers** Sq. des	72 R. M. des Prés	en impasse	Tolbiac
13	R20-S20	**Peupliers** Rue des	74 R. M. des Prés	Bd Kellermann	Tolbiac
11	K25	**Phalsbourg** Cité de	49 Bd Voltaire	en impasse	Charonne
17	E13-F13	**Phalsbourg** Rue de	2 R. de Logelbach	30 R. H. Rochefort	Monceau
18	L28-M28	**Philidor** Rue	36 R. Maraîchers	17 Pas. de Lagny	Maraîchers
16	I8	**Philipe** Rue Gérard	50 Bd Lannes	63 Av. Mal Fayolle	Av. Henri Martin
11	K25-M26	**Philippe Auguste** Av.	5 Pl. de la Nation	149 Bd Charonne	Nation
11	L26	**Phil. Auguste** Pass.	12 Pas. Turquetil	35 Av. Ph. Auguste	Rue des Boulets
20	I27-I28	**Piaf** Pl. Édith	R. Belgrand	5 R. Cap. Ferber	Pte de Bagnolet
20	H25	**Piat** Pass.	63 R. des Couronnes	R. Piat	Pyrénées
20	G24-H25	**Piat** Rue	Pas. Piat	64 R. de Belleville	Pyrénées
15	N9	**Pic de Barette** R. du	30 R. Balard	R. Montagne l'E.	Javel
20	H24	**Picabia** Rue Francis	15 R. des Couronnes	R. de Tourtille	Couronnes
18	E19	**Picard** Rue Pierre	13 R. de Clignanc.	2 R. Ch. Nodier	Barbès Rochech.

Ar.	Plan	Rues / Streets	Commençant	Finissant	Métro
3	I21	**Picardie** Rue de	40 R. de Bretagne	2 R. Franche Comté	Temple
6	N16	**Picasso** Pl. Pablo	Bd Raspail	Bd du Montparn.	Vavin
16	G10	**Piccini** Rue	44 Av. Foch	134 Av. Malakoff	Victor Hugo
12	P26	**Pichard** Rue Jules	33 R. des Meuniers	en impasse	Pte de Charenton
16	G10	**Pichat** Rue Laurent	52 Av. Foch	49 R. Pergolèse	Victor Hugo
13	P21-Q21	**Pichon** Av. Stephen	15 R. Pinel	7 Pl. des Alpes	Place d'Italie
10	V10-H9	**Picot** Rue	24 Av. Bugeaud	49 Av. Foch	Victor Hugo
12	M21-Q21	**Picpus** Bd de	89 R. de Picpus	2 Crs de Vincennes	Picpus-Bel Air
12	M26-P27	**Picpus** Rue de	254 R. Fbg St-Ant.	97 Bd Poniatowski	Pte Dorée-M. Bizot
18	F18	**Piémontési** Rue	21 R. Houdon	10 R. A. Antoine	Abbesses
6	K18	**Pierné** Sq. Gabriel	Q. de Seine	R. Mazarine	Mabillon
4	J20	**Pierre au Lard** Rue	22 R. St Merri	R. du Renard	Rambuteau
8	H12-I11	**P. 1er de Serbie** Av.	Pl. d'Iéna	27 Av. George V	Alma Marceau
8	F12	**Pierre le Grand** Rue	21 R. Daru	73 Bd de Courcelles	Ternes
11	H22-I23	**Pierre Levée** R. de la	1 R. Trois Bornes	R. Fontain. du Roi	Oberkampf
15	N9	**Piet Mondrian** Rue	20 R. S. Mercier	Pl. Amenag. du G.	Montparnasse
9	F17	**Pigalle** Cité	41 R. Pigalle	en impasse	St-Georges
9	E18	**Pigalle** Pl.	15 Bd de Clichy	9 R. Frochot	Pigalle
9	E18-F17	**Pigalle** Rue J.-B.	18 R. Blanche	9 Pl. Pigalle	Trinité-Pigalle
11	J23	**Pihet** Rue	9 Pas. Beslay	10 R. du March. Pop.	Parmentier
16	J8-K8	**Pilâtre de Rozier** Al.	Av. Raphaël	Ch. de la Muette	La Muette
20	K25	**Pilier** Imp. du	8 Bd de Ménilm.	en impasse	Philippe Auguste
9	G17-G18	**Pillet Will** Rue	15 R. Laffitte	20 R. La Fayette	Richelieu Drouot
18	D16	**Pilleux** Cité	30 Av. de St-Ouen	45 R. Ganneron	La Fourche
18	E17-E18	**Pilon** Cité Germain	2 R. G. Pilon	en impasse	Abbesses
18	E17-E18	**Pilon** Rue Germain	36 Bd de Clichy	31 R. des Abbesses	Pigalle-Abbesses
14	R12-S14	**Pinard** Bd Adolphe	Pte de Châtillon	Av. P. Larousse	Malakoff-Pl. Vanves
13	P21	**Pinel** Pl.	Bd V. Auriol	R. Esquirol	Nationale
13	P21	**Pinel** Rue	9 Pl. Pinel	137 Bd de l'Hôpital	Nationale
19	E25-E26	**Pinot** Rue Gaston	13 R. David d'Angers	13 R. Alsace L.	Danube
16	J7	**Pins** Rte des	Al. Fortifications	Av. de St-Cloud	Ranelagh
16	N4	**Pins** Rue des	R. Pins (Boul. Bill.)	Bd d'Auteuil	Pte d'Auteuil
19	E25	**Pinton** Rue François	10 R. D. d'Angers	15 Villa C. Monet	Danube
14	Q15	**Piobetta** Pl. du Lt S.	Av. Villemain	R. d'Alésia	Plaisance
13	O21-P20	**Pirandello** Rue	15 R. Duméril	21 R. Le Brun	Campo Formio
12	P25-Q25	**Pirog. de Bercy** R. des	Q. de Bercy	R. Baron Le Roy	Cour St-Émilion
17	D13	**Pisan** Rue C. de	130 R. de Saussure	en impasse	Wagram
17	D12	**Pissarro** Rue	9 R. de St-Marceaux	8 R. J. L. Forain	Péreire
15	P14	**Pitard** Rue Georges	88 R. la Procession	57 R. de Vouillé	Plaisance
17	D12	**Pitet** Rue Raymond	26 Bd de Reims	13 R. Curnonsky	Péreire
11	H23	**Piver** Imp.	3 Pas. Piver	en impasse	Belleville-Goncourt
11	H23	**Piver** Pass.	15 R. de l'Orillon	92 R. Fbg du Temple	Belleville-Goncourt
20	H26	**Pixérécourt** Imp.	11 R. Ch. Friedel	en impasse	Télégraphe
20	G26-H26	**Pixérécourt** Rue	133 R. de Ménilm.	210 R. de Belleville	Télégraphe
15	Q14-R11	**Plaine** Pte de la	Pl. Insurrg. de Vars.		Pte de Versailles
12	R28-R30	**Plaine** Rte de la	Car. la Cons.	Av. Gravelle	Liberté
20	L28-M27	**Plaine** Rue de la	22 Bd de Charonne	31 R. Maraîchers	Avron-Maraîchers
15	Q11	**Plaisance** Pte de	Bd Lefebvre	R. G. Boissier	Pte de Versailles
14	P15-Q15	**Plaisance** Rue de	26 R. Didot	83 R. R. Losserand	Pernety
20	H27	**Planchart** Pass.	18 R. St-Fargeau	16 R. H. Poincaré	St-Fargeau
20	K26-L27	**Planchat** Rue	15 R. d'Avron	16 R. de Bagnolet	Avron-A. Dumas
3	H20-I20	**Planchette** Imp. de la	324 R. St-Martin	en impasse	Strasbourg St-Denis
12	O25	**Planchette** Relle de la	2 R. du Charolais	236 R. de Charenton	Dugommier
18	E17	**Planquette** Rue R.	R. Lepic	en impasse	Blanche
14	Q15-Q16	**Plantes** Villa des	32 R. des Plantes	en impasse	Alésia
14	Q16-R15	**Plantes** Rue des	176 Av. du Maine	135 Bd Brune	Mouton Duvernet
20	H25	**Plantin** Pas.	16 R. du Transvaal	81 R. des Couronn.	Pyrénées
1	J19-K19	**Plat d'Étain** Rue du	25 R. Lav. Ste-Opp.	4 R. des Déchargeurs	Châtelet
18	E17	**Platanes** Villa des	R. R. Planquette	Bd de Clichy	Pigalle
19	F25	**Plateau** Pass. du	10 R. du Plateau	11 R. du Tunnel	Buttes Chaumont
19	F24-F25	**Plateau** Rue du	31 R. des Alouettes	32 R. Botzaris	Buttes Chaumont
14	O14	**Platon** Rue	5 R. F. Guibert	49 R. Bargue	Volontaires
4	J20-K20	**Plâtre** Rue du	23 R. des Archives	32 R. du Temple	Rambuteau
20	I25	**Plâtrières** Rue des	104 R. Amandiers	16 R. Sorbier	Ménilmontant

Ar.	Plan	Rues / Streets	Commençant	Finissant	Métro
7	L13	**Play** Av. Frédéric Le	3 R. Savorgn. de B.	4 Pl. Joffre	École Militaire
15	O10	**Pléol** Rue de	114 R. Convention	19 R. Duranton	Boucicaut
12	O25-O26	**Pleyel** Rue	12 R. Dubrunfaut	17 R. Dugommier	Dugommier
11	J25	**Plichon** Rue de	139 R. du Ch. Vert	112 Av. de la Rép.	Père Lachaise
15	O13	**Plumet** Rue	50 R. des Volontaires	19 R. la Procession	Volontaires
14	P14	**Plumier** Sq. duPère	Rue Vercingétorix	Rue d'Alésia	Plaisance
19	F23-G23	**Poë** Rue Edgar	3 R. Barrelet Ricou	17 R. de Gourmont	Buttes Chaumont
16	M5	**Poètes** Jard. des	Av. Pte d'Auteuil		Pte d'Auteuil
16	H10-J10	**Poincaré** Av. R.	6 Pl. Trocadéro	39 Av. Foch	Victor Hugo
20	H27	**Poincaré** Rue Henri	141 Av. Gambetta	10 R. St-Fargeau	Pelleport
14	N16-O16	**Poinsot** Rue	25 Bd E. Quinet	10 R. du Maine	Edgar Quinet
8	I5-K5	**Pt du Jour à Bag.** Rte	Av. Pte d'Auteuil	Rte Long. Queue	Pte d'Auteuil
8	H13	**Point Show** Gal.	Av. Ch. Elysées	R. de Ponthieu	Franklin Roosevelt
18	K27	**Pointe** Stier de la	71 R. des Vignoles	60 Pl. de la Réunion	Buzenval
13	R22-S21	**Pointe d'Ivry** R. de la	49 Av. d'Ivry	30 Av. de Choisy	Pte de Choisy
15	N13	**Poirier** Villa	88 R. Lecourbe	R. Colonna d'O.	Volontaires
14	R16	**Poirier de Narçay** R.	130 Av. Gal Leclerc	25 R. Friant	Pte d'Orléans
17	F10-G10	**Poisson** Rue Denis	50 Av. G. Armée	33 Pl. St-Ferdinand	Pte Maillot
4	K21	**Poissonnerie** Imp.	2 R. de Jarente	en impasse	St-Paul
2	H19	**Poissonnière** Bd	35 R. Poissonnière	178 R. Montmartre	Bonne Nouvelle
18	E20	**Poissonnière** Villa	42 R. Goutte d'Or	8 R. Polonceau	Barbès Rochech.
2	H19	**Poissonnière** Rue de	29 R. de Cléry	39 Bd Bonne Nouv.	Sentier
18	B20	**Poissonniers** Pte des	Bd Ney	78 Bd Ney	Pte de Clignancourt
18	B20-E19	**Poissonniers** R. des	24 Bd Barbès	1 R. Belliard	Barbès Rochech.
5	M20	**Poissy** Rue de	29 Q. Tournelle	4 R. des Écoles	Card. Lemoine
6	L18	**Poitevins** Rue des	6 R. Hautefeuille	5 R. Danton	St-Michel
19	G24	**Poitiers** Al. Diane de	21 R. de Belleville	36 R. Rébeval	Belleville
7	K16	**Poitiers** Rue de	59 R. de Lille	66 R. l'Université	Solférino
3	J21-J22	**Poitou** Rue de	95 R. de Turenne	14 R. Charlot	St-Séb. Froissart
18	C18	**Pôle Nord** Rue du	37 R. Montcalm	1 R. V. Compoint	Lamarck Caulainc.
12	N25	**Politzer** Rue G. et M.	38 R. Hénard	1 R. V. Compoint	Montgallet
5	O21	**Poliveau** Rue	38 Bd de l'Hôpital	18 R. G. St-Hilaire	St-Marcel
6	N18	**Polo** Jard. Marco	Sq. Observatoire		Port Royal
18	H8	**Pologne** Av. de	Bd Lannes	Av. du Mal Fayolle	Avenue Foch
18	E20	**Polonceau** Rue	1 R. l'Ermite	8 R. des Poisson.	Château Rouge
16	H9-I9	**Pomereu** Rue de	132 R. Longchamp	20 R. E. Ménier	Rue de la Pompe
12	O24-P25	**Pommard** Rue de	R. Joseph Kessel	4 R. de Bercy	Dugommier
16	H10-K8	**Pompe** Rue de la	100 Av. P. Doumer	41 Av. Foch	La Muette-V. Hugo
4	J20	**Pompidou** Pl. G.	R. Rambuteau	R. St-Merri	Rambuteau
16	K10-O7	**Pompidou** Voie G.	Q. St-Exupéry		Bd Victor
2	I20	**Ponceau** Pass. du	119 Bd Sébastopol	212 R. St-Denis	Réaumur Sébastopol
2	I20	**Ponceau** Rue du	33 R. de Palestro	188 R. St-Denis	Réaumur Sébastopol
17	F12	**Poncelet** Pass.	27 R. Poncelet	12 R. Laugier	Ternes
17	F12	**Poncelet** Rue	10 Av. des Ternes	83 Av. Wagram	Ternes
15	L12-M12	**Pondichéry** Rue de	39 R. Dupleix	66 Av. La M. Picquet	La Motte Picquet
19	E26	**Ponge** Rue Francis	Pl. Rhin Danube	Bd Sérurier	Danube
12	P28-Q25	**Poniatowski** Bd	Q. de Bercy	282 Av. Daumesnil	Pte Dorée
16	J8-K8	**Ponsard** Rue F.	2 Ch. de la Muette	5 R. G. Nadaud	La Muette
13	R22	**Ponscarme** Rue	83 R. Chât. Rentiers	68 R. Nationale	Pte d'Ivry
18	B16	**Pont à Mousson** R. de	42 Bd Bessières	R. A. Bréchet	Pte de St-Ouen
3	I21	**Pt aux Biches** Pass.	38 R. N.-D. Nazareth	37 R. Meslay	Arts et Métiers
3	J22	**Pont aux Choux** R du	1 Bd des F. Calvaire	86 R. de Turenne	St-Séb. Froissart
6	K18-L18	**Pont de Lodi** Rue du	6 R. Gds Augustins	71 R. Dauphine	St-Michel
4	K20-L20	**Pt Louis Philippe** R.	Q. l'Hôtel de Ville	23 R. de Rivoli	Hôtel de Ville
15	M9	**Pt Mirabeau** Rd-Pt de	63 Q. A. Citroën	1 R. Convention	Javel
1	K18	**Pont Neuf** Pl. du	41 Q. de l'Horloge	76 Q. Orfèvres	Pont Neuf
1	J19-K18	**Pont Neuf** Rue du	22 Q. la Mégisserie	Pl. M. Quentin	Pont Neuf-Châtelet
8	H13-H14	**Ponthieu** Rue de	7 Av. Matignon	8 R. de Berri	St-Philippe du Roule
5	L20-M20	**Pontoise** Rue de	39 Q. d. la Tournelle	18 R. St-Victor	Card. Lemoine
11	J23	**Popincourt** Cité	14 R. Méricourt	en impasse	Voltaire
11	K23	**Popincourt** Imp.	34 R. Popincourt	en impasse	St-Ambroise
11	J23-K24	**Popincourt** Rue	79 R. la Roquette	90 Bd Voltaire	Voltaire
13	S22	**Port au Prince** Pl. de	Av. Pte de Choisy	R. Lachelier	Pte de Choisy
2	H17	**Port Mahon** Rue de	30 R. St-Augustin	31 R. 4 Septembre	4 Septembre

78

Ar.	Plan	Rues / Streets	Commençant	Finissant	Métro
13	O18-P20	**Port Royal** Bd de	22 Av. des Gobelins	49 Av. l'Observatoir.	Les Gob.-Port Royal
14	O18-P20	**Port Royal** Bd de	22 Av. des Gobelins	49 Av. l'Observatoir.	Port Royal
5	O18-P20	**Port Royal** Bd de	22 Av. des Gobelins	49 Av. l'Observatoir.	Les Gob.-Port Royal
13	O18-P19	**Port Royal** Sq. de	15 R. de la Santé	en impasse	Censier Daubenton
13	O19	**Port Royal** Villa de	49 Bd Port Royal	en impasse	Censier Daubenton
8	F15-G15	**Portalis** Rue	14 R. Bienfaisance	47 R. du Rocher	Europe
15	Q12-R12	**Porte Brancion** Av.	94 Bd Lefebvre	R. L. Vicat	Pte de Vanves
19	E26-E27	**Porte Brunet** Av.	94 Bd Sérurier	R. des Marchais	Danube
19	D26-E27	**Pte Chaumont** Av.	124 Bd Sérurier	R. Est. d'Orves	Pte de Pantin
17	C12-D13	**Pte d'Asnières** Av.	96 Bd Berthier	R. Victor Hugo	Wagram-Péreire
18	A22-B22	**Pte d'Aubervil.** Av.	4 Bd Ney	Pl. Skanderbeg	Pte de La Chapelle
18	A22-B22	**Pte d'Aubervil.** Av.	4 Bd Ney	Pl. Skanderbeg	Pte de La Chapelle
16	M4-M6	**Pte d'Auteuil** Av.	Pl. Pte d'Auteuil	Pte de Boulogne	Pte d'Auteuil
16	M6	**Pte d'Auteuil** Av.	Av. Pte d'Auteuil	Av. Mal Lyautey	Pte d'Auteuil
15	P10-Q9	**Porte d'Issy** R. de la	32 Bd Victor	R. Oradour sur G.	Balard
13	S21-T21	**Pte d'Italie** Av. de la	Bd Masséna	Av. Vaillant Cout	Pte d'Italie
13	S22-S23	**Pte d'Ivry** Av. de la	Bd de la Zone	75 Bd Masséna	Pte d'Ivry
14	S16	**Pte d'Orléans** Pte	Pl. du 25 août 1944	Rte d'Orléans	Pte d'Orléans
16	F8-H8	**Pte Dau. à Pte Sabl.** Rte	Pl. Mal de Tassigny	Rte Pte Sablons	Les Sablons
20	I28	**Pte de Bagnolet** Av.	6 Pl. Pte Bagnolet	Av. Ibsen	Pte de Bagnolet
20	I28	**Pte de Bagnolet** Pl.	227 Bd Davout	1 Bd Mortier	Pte de Bagnolet
17	D10-E11	**Pte de Champerret** Av.	8 Bd Gouv. St-Cyr	Bd Bineau	Pte de Champerret
17	E11	**Pte de Champerret** Pl.	8 Bd Gouv. St-Cyr	25 Bd de la Somme	Pte de Champerret
12	Q27	**Pte de Charenton** Av.	203 Av. de Paris	60 Bd Poniatowski	Pte de Charenton
14	R15-S14	**Pte de Châtillon** Av.	Pl. de Pte Châtillon	Bd R. Rolland	Pte d'Orléans
14	R15	**Porte de Châtillon** Pl.	104 Bd Brune	106 Bd Brune	Pte d'Orléans
13	S22-T22	**Porte de Choisy** Av.	R. Ch. Leroy	111 Bd Masséna	Pte de Choisy
17	B14-C14	**Porte de Clichy** Av.	2 Bd Berthier	Bd V. Hugo	Pte de Clichy
18	A19-B19	**Pte de Clignanc.** Av.	106 Bd Ney	Av. Michel. (St-Ouen)	Pte de Clignancourt
18	A21-B21	**Pte de la Chapelle** Av.	2 Bd Ney	21 Av. Pdt Wilson	Pte de La Chapelle
15	Q11	**Pte de la Plaine** Av.	38 Bd Lefebvre	Pl. Insur. de Vars.	Pte de Versailles
19	A25-B25	**Pte de la Villette** Av.	84 Bd Macdonald	R. E. Reynaud	Pte de la Villette
16	G6	**Pte de Madrid** Carr.	Al. Reine Marguer.	Car. Pte de Madrid	Pte Dauphine
20	H28	**Pte de Ménilmon.** Av.	94 Bd Mortier	1 R. des Fougères	St-Fargeau
18	A17-B18	**Pte de Montmartre** Av.	142 Bd Ney	R. du Dr Babinski	Pte de St-Ouen
20	I28-L29	**Pte de Montreuil** Av.	72 Bd Davout	Av. L. Gaumont	Pte de Montreuil
20	L29	**Pte de Montreuil** Pl.	6 Av. Pte Montreuil		Pte de Montreuil
14	R16-S15	**Pte de Montrouge** Av.	126 Bd Brune	Bd R. Rolland	Pte d'Orléans
19	D26-D27	**Pte de Pantin** Av.	Pl. Pte de Pantin	J. Lolive	Pte de Pantin-Hoche
19	D26	**Porte de Pantin** Pl.	148 Bd Sérurier	Bd d'Indochine	Pte de Pantin
16	K7	**Porte de Passy** Pl.	Bd Suchet	Av. Mal Maunoury	Ranelagh
15	Q12	**Pte de Plaisance** Av.	58 Bd Lefebvre	Av. A. Bartholomé	Pte de Versailles
16	O5	**Pte de St-Cloud** Av.	Pl. Pte de St-Cloud	47 Av. F. Buisson	Pte de St-Cloud
16	O6	**Pte de St Cloud** Pl.	111 Bd Murat	219 Av. Versailles	Pte de St-Cloud
16	G6-G7	**Pte de St-James** Rte	Rte de Madrid	Pte St-James	Les Sablons
17	A17-B16	**Pte de St-Ouen** Av.	2 Bd Bessière	Av. des Batignolles	Pte de St-Ouen
17	A17-B16	**Pte de St-Ouen** Av.	2 Bd Bessière	Av. des Batignolles	Pte de St-Ouen
15	P9	**Pte de Sèvres** Av.	8 Bd Victor	Héliport	Balard
14	R13	**Pte de Vanves** Av.	Pl. Pte de Vanves	Bd A. Pinard	Pte de Vanves
14	R13	**Pte de Vanves** Pl.	2 Bd Brune	Av. Pte de Vanves	Pte de Vanves
14	R13	**Pte de Vanves** Sq.	16 Av. Pte Vanves	en impasse	Pte de Vanves
15	P10	**Pte de Versailles** Pl.	Bd Victor	Av. E. Renan	Pte de Versailles
17	E10	**Pte de Villiers** Av.	30 Bd Gouv. St-Cyr	Bd de Villiers	Pte de Champerret
12	M28-M29	**Pte de Vincennes** Av.	Bd Davout	R. Elie Faure	Pte de Vincennes
20	M28-M29	**Pte de Vincennes** Av.	Bd Davout	R. Elie Faure	Pte de Vincennes
13	R23-S24	**Pte de Vitry** Av.	Av. P. Sémard	7 Bd Masséna	Bd Masséna
19	F29-G28	**Porte des Lilas** Av.	2 Bd Sérurier	R. de Paris (les Lilas)	Pte des Lilas
19	F29-G28	**Porte des Lilas** Av.	2 Bd Sérurier	R. de Paris (les Lilas)	Pte des Lilas
18	A20-B20	**Pte des Poisson.** Av.	100 Bd Ney	R. des Poissonn.	Pte de La Chapelle
16	F8-F9	**Pte Sabl. à Pte Maillot** Rte	Pte des Sablons	Pte Maillot	Les Sablons
17	E9-F10	**Pte des Ternes** Av.	Pl. du Gal Koenig	31 Av. du Roule	Pte Maillot
14	R14	**Pte Didot** Av. de la	42 Bd Brune	Av. M. Sangnier	Pte de Vanves
12	P27	**Pte Dorée** Villa de la	159 R. de Picpus	8 Villa Pte Dorée	Pte Dorée
19	F27	**Pte du Pré St-Gervais** Av.	6 Bd Sérurier	R. A. Fleming	Pré St-Gervais

Ar.	Plan	Rues / Streets	Commençant	Finissant	Métro
17	F10	**Porte Maillot** Pl.	Bd Pershing	Bd Gouv. St-Cyr	Pte Maillot
16	N5	**Porte Molitor** Av.	24 Av. du Gal Sarrail	R. Nungess. et Coli	Pte d'Auteuil
16	N6	**Porte Molitor** Pl.	27 Bd Murat	Av. du Gal Sarrail	Pte d'Auteuil
17	B16	**Porte Pouchet** Av.	44 Bd Bessières	Pl. A. Tzanck	Pte de St-Ouen
3	I21-J21	**Portefoin** Rue	81 R. des Archives	146 R. du Temple	Arts et Métiers
18	C19-C20	**Ptes Blanches** R. des	71 R. des Poissonn.	4 Bd Ornano	Marcadet Poisson.
14	S16	**Porto Riche** R. G. de	6 R. Monticelli	5 R. Henri Barboux	Pte d'Orléans
16	H11	**Portugais** Av. des	23 R. La Pérouse	17 Av. Kléber	Kléber
16	J9	**Possoz** Pl.	14 R. Guichard	2 R. Faustin Hélie	La Muette
7	O19	**Postes** Pass. des	104 R. Mouffetard	55 R. Lhomond	Censier Daubenton
5	N19	**Pot de Fer** Rue du	58 R. Mouffetard	33 R. Lhomond	Place Monge
19	F27-G27	**Potain** Rue du Dr	251 R. de Belleville	18 R. des Bois	Télégraphe
18	B17-B18	**Poteau** Pass. du	95 R. du Poteau	105 Bd Ney	Pte de St-Ouen
18	B18-C19	**Poteau** Rue du	82 R. Ordener	87 Bd Ney	J. Joffrin -Pte St-Ouen
16	H7-H8	**Poteaux** Al. des	Rte Pte Dauphine	Allée Cav. St-Denis	Pte Dauphine
14	S20	**Poterne des Peupliers** R. de la	R. des Peupliers	Av. Gallieni	Maison Blanche
1	I17-I18	**Potier** Pass.	23 R. Montpensier	26 R. Richelieu	Palais Royal-Louvre
19	C23	**Pottier** Cité	44 R. Curial	en impasse	Crimée
16	L9	**Poubelle** Rue Eugène	Port d'Auteuil	7 Q. L. Blériot	Kennedy Radio F.
17	B15-B16	**Pouchet** Pass.	41 R. des Épinettes	en impasse	Guy Môquet
18	B15	**Pouchet** Pte	Bd Bessières	Av. Pte Pouchet	Pte de St-Ouen
17	B15-B16	**Pouchet** Rue	162 Av. de Clichy	49 Bd Bessières	Brochant
18	E14	**Pouillet** Rue Claude	12 R. Lebouteux	34 R. Legendre	Villiers
18	D18-E18	**Poulbot** Rue	7 R. Norvins	5 Pl. du Calvaire	Abbesses
20	L27	**Poule** Imp.	24 R. des Vignoles	en impasse	Avron-Buzenval
19	E25	**Poulenc** Pl. Francis	R. Erick Satie	Al. Darius Milhaud	Ourcq
6	M18	**Poulenc** Sq. Francis	22 R. de Vaugirard	27 R. de Tournon	Odéon
18	D20-E19	**Poulet** Rue	36 R. de Clignanc.	33 R. des Poissonn.	Château Rouge
4	L21	**Pelletier** Rue	22 Q. de Béthune	19 Q. d'Anjou	Pont Marie
10	G21-H22	**Poulmarch** Rue Jean	73 Q. de Valmy	87 Q. de Valmy	Jacques Bonsergent
11	K24	**Poulot** Sq. Denis	Pl. Léon Blum	Bd Voltaire	Voltaire
18	O17	**Poussin** Cité Nicolas	240 Bd Raspail	en impasse	Raspail
16	M6-M7	**Poussin** Rue	17 R. P. Guérin	99 Bd Montmor.	Pte d'Auteuil
7	K12	**Pouvillon** Av. Émile	Pl. du Gal Gouraud	All. A. Lecouvreur	Ch. de Mars-Tr Eiffel
13	R20	**Pouy** Rue de	7 R. Butte Cailles	6 R. M. Bernard	Corvisart
6	L17	**Prache** Sq. Laurent	R. de l'Abbaye	R. Bonaparte	St-Germain des Prés
19	G24	**Pradier** Rue	69 R. Rébeval	51 R. Fessart	Buttes Chaumont
10	H20	**Prado** Pass. du	18 Bd St-Denis	12 R. Fbg St-Denis	Strasbourg St-Denis
12	M23	**Prague** Rue de	89 R. de Charenton	64 R. Traversière	Ledru Rollin
20	I27-J28	**Prairies** Rue des	125 R. de Bagnolet	2 Pl. E. Landrin	Pte de Bagnolet
18	B21	**Pré** Rue du	92 R. de la Chapelle	en impasse	Pte de la Chapelle
16	L9	**Pré aux Chevaux** Sq.	22 R. Gros	13 R. La Fontaine	Boulainvilliers
16	L9	**Pré aux Chevaux** R.	R. Boulainvill.	R. Gros	Boulainvilliers
7	K17	**Pré aux Clercs** R.	9 R. l'Université	14 R. St-Guillaume	St-Germain des Prés
16	I6	**Pré Catelan** Rte du	Ch. Ceint. du Lac Inf.	Ch. Croix Catelan	Av. Henri Martin
19	E27-F27	**Pré St-Gervais** Pte du	Av. Pte Pré St-Gerv.	Pte Pré St-Gervais	Pré St-Gervais
19	F26	**Pré St-Gervais** R. du	171 R. de Belleville	74 Bd Sérurier	Pré St-Gervais
19	F24	**Préault** Rue	54 R. Fessart	31 R. du Plateau	Buttes Chaumont
7	J19	**Prêcheurs** R. des	81 R. St-Denis	1 R. Pierre Lescot	Les Halles
8	G11-H12	**Presbourg** Rue de	133 Av. Ch. Élysées	1 Av. G. Armée	Ch. de Gaulle Étoile
16	G11-H12	**Presbourg** Rue de	133 Av. Ch. Élysées	1 Av. G. Armée	Kléber
11	H23-H24	**Présentation** R. de la	43 R. de l'Orillon	112 R. Fbg du Temple	Belleville
15	L12	**Presles** Imp. de	22 R. de Presles	en impasse	Dupleix
15	L12	**Presles** Rue de	58 Av. de Suffren	8 Pl. Dupleix	Dupleix
14	P15	**Pressensé** Rue F. de	99 R. de l'Ouest	82 R. R. Losserand	Pernety
20	H24-I24	**Pressoir** Rue du	19 R. des Maronites	26 R. des Couronnes	Ménilmontant
16	I10	**Prêtres** Imp. des	35 Av. d'Eylau	en impasse	Rue de la Pompe
1	J18-K18	**Prêtres St-Germ. l'A.** R.	R. de l'Arbre Sec	1 Pl. du Louvre	Pont Neuf
5	L19	**Prêtres St-Séverin** R.	5 R. St-Séverin	22 R. Parchemin.	St-Michel
20	I25	**Prévert** Rue Jacques	R. des Amandiers	18 R. de Tlemcen	Père Lachaise
14	R13	**Prévost Paradol** Rue	Bd Brune	R. M. Bouchort	Pte de Vanves
4	K21-L21	**Prévôt** Rue	8 R. Charlemagne	129 R. St-Antoine	St-Paul
19	E26	**Prévoyance** R. de la	25 R. D. d'Angers	127 Bd Sérurier	Danube
13	P20	**Primatice** Rue	14 R. Rubens	6 R. de Champagne	Pl. d'Italie-Gobelins

Ar.	Plan	Rues / Streets	Commençant	Finissant	Métro
11	K22	**Primevères** Imp. des	50 R. St-Sabin	en impasse	Chemin Vert
2	H18	**Princes** Pass. des	5 Bd des Italiens	97 R. de Richelieu	Richelieu Drouot
6	L17	**Princesse** Rue	17 R. du Four	6 R. Guisarde	St-Germain des Prés
13	D13-D14	**Printemps** Rue du	98 R. Tocqueville	27 Bd Péreire	Malesherbes
14	R16	**Prisse d'Avennes** R.	50 R. Père Corentin	43 R. Sarrette	Pte d'Orléans-Alésia
5	L19	**Privas** Rue Xavier	13 Q. St-Michel	24 R. St-Séverin	St-Michel
15	O13-P14	**Procession** R. de la	245 R. de Vaugirard	R. de Gergovie	Volontaires
19	F26	**Progrès** Villa du	37 R. de Mouzaïa	2 R. de l'Égalité	Danube
16	L7-L8	**Prokofiev** Rue Serge	64 Av. Mozart	en impasse	Ranelagh
17	E12-F12	**Prony** Rue de	6 Pl. Rép. Dominicaine	103 Av. de Villiers	Wagram-Monceau
11	L25	**Prost** Cité	28 R. de Chanzy	en impasse	Charonne
12	O25-P25	**Proudhon** Rue	Pl. Lachambeaudie	260 R. de Charenton	Dugommier
8	I14-I15	**Proust** Al. Marcel	Av. de Marigny	Pl. de la Concorde	Ch. Élysées Clem.
16	K10	**Proust** Av. Marcel	R. René Boylesve	18 R. Berton	Passy
1	J19	**Prouvaires** Rue des	48 R. St-Honoré	31 R. Darger	Châtelet
9	G16-G17	**Provence** Av. de	56 R. de Provence	en impasse	Ch. d'Antin-La Fayette
8	G16-G18	**Provence** Rue de	35 R. Fbg Montmar.	4 R. de Rome	Le Peletier
20	L27	**Providence** Pass.	70 R. des Haies	en impasse	Buzenval
13	R19	**Providence** Rue de la	62 R. Bobillot	51 R. Barrault	Corvisart
16	J8-K8	**Prudhon** Av.	Chaus. de la Muette	Av. Raphaël	La Muette
20	I25	**Pruniers** Rue des	10 Pas. des Mûriers	23 Av. Gambetta	Gambetta
7	K13	**Psichari** Rue Ernest	4 Cité Négrier	18 Av. La Motte P.	La Tour Maubourg
18	E17	**Puget** Rue	2 R. Lepic	11 R. Coustou	Blanche
14	S17-S18	**Puits** Al. du	Al. de Montsouris	Parc Montsouris	Cité Universitaire
5	N20	**Puits de l'Ermite** Pl.	1 R. de Quatrefages	10 R. Larrey	Place Monge
5	N20	**Puits de l'Ermite** R.	9 R. Larrey	83 R. Monge	Place Monge
17	D14	**Pusy** Cité de	23 Bd Péreire	8 Bd Péreire	Malesherbes
8	G16	**Puteaux** Pass.	28 R. Pasquier	31 R. de l'Arcade	St-Augustin
17	E15	**Puteaux** Rue	52 Bd d. Batignolles	59 R. des Dames	Rome
4	L20	**Putigneux** Imp.	15 R. G. l'Asnier	en impasse	Pont Marie
17	E12	**Puvis de Chavannes** R.	38 R. Ampère	97 Bd Péreire	Wagram-Péreire
20	I27-J28	**Py** Rue de la	169 R. de Bagnolet	8 R. Le Bua	Pte de Bagnolet
1	J17	**Pyramides** Pl. des	192 R. de Rivoli	1 R. des Pyramides	Tuileries
1	I17	**Pyramides** Rue des	3 Pl. des Pyramides	19 Av. de l'Opéra	Tuileries
20	L28	**Pyrénées** Villa des	75 R. des Pyrénées	en impasse	Maraîchers
20	G25-M28	**Pyrénées** Rue des	67 Crs de Vincennes	92 R. de Belleville	Pte de Vincennes
19	I29-I30	**Python** Rue Joseph	90 R. L. Lumière	en impasse	Pte de Bagnolet
19	G26	**Quarré** Rue Jean	12 R. Henri Ribière	21 R. du Dr Potain	Pl. des Fêtes
3	J21	**Quatre Fils** Rue des	93 R. Vieille Temple	60 R. des Archives	Rambuteau
15	M10	**Quatre Fr. Peignot** R.	36 R. Linois	45 R. de Javel	Charles Michels
2	H17-H18	**Quatre Septembre** R.	27 R. Vivienne	2 Pl. de l'Opéra	Bourse-Opéra
6	L18	**Quatre Vents** R. des	2 R. de Condé	95 R. de Seine	Odéon
5	N20	**Quatrefages** R. de	8 Pl. Puits de l'Ermite	3 R. Lacépède	Place Monge
6	L17	**Québec** Pl. du	Bd St-Germain	en impasse	St-Germain des Prés
11	L23	**Quellard** Cr	9 Pas. Thiéré	R. de Rennes	Ledru Rollin
18	B21	**Queneau** Imp.R.	8 R. R. Queneau	en impasse	Pte de La Chapelle
18	B21	**Queneau** Rue R.	Pl. P. Mac Orlan	70 R. de la Chapelle	Pte de La Chapelle
1	J19	**Quentin** Pl. Maurice	R. Berger	R. du Pont Neuf	Châtelet-Les Halles
8	H12-H13	**Quentin-Bauchart** R.	44 Av. Marceau	79 Av. Ch. Élysées	George V
5	O19	**Quénu** Rue Édouard	142 R. Mouffetard	6 R. C. Bernard	Censier Daubenton
20	L28-L29	**Quercy** Sq. du	1 R. Ch. et Robert	2 Av. Pte Montreuil	Pte de Montreuil
11	I24	**Questre** Imp.	19 Bd de Belleville	en impasse	Couronnes
15	N14	**Queuille** Pl. Henri	Av. de Breteuil	Bd Pasteur	Sèvres Lecourbe
20	I28	**Quillard** Rue Pierre	3 R. Dulaure	6 R. V. Dejeante	Pte de Bagnolet
15	N12	**Quinault** Rue	6 Av. A. Dorchain	55 R. Mademoiselle	É. Zola-Commerce
3	J20	**Quincampoix** Rue	16 R. des Lombards	17 R. aux Ours	Étienne Marcel
4	J20	**Quincampoix** Rue	16 R. des Lombards	17 R. aux Ours	Étienne Marcel
14	N16-O17	**Quinet** Bd Edgar	232 Bd Raspail	25 R. du Départ	Raspail-E. Quinet

R

Ar.	Plan	Rues / Streets	Commencant	Finissant	Métro
11	H23	**Rabaud** Rue Abel	140 Av. Parmentier	7 R. des Goncourt	Goncourt
8	H14	**Rabelais** Rue	17 Av. Matignon	26 R. J. Mermoz	St-Philippe du R.
16	M6	**Racan** Sq.	126 Bd Suchet	33 Av. Mal Lyautey	Pte d'Auteuil
18	E17	**Rachel** Av.	110 Bd de Clichy	Cimet. Montmartre	Blanche
18	C21-C22	**Rachmaninov** Jard.	R. Tristan Tzara	R. Croix Moreau	Marx Dormoy
16	N7	**Racine** Imp.	Av. Molière	en impasse	Exelmans
6	M18	**Racine** Rue	30 Bd St-Michel	3 Pl. de l'Odéon	Odéon
19	C22-C23	**Radiguet** Rue R.	17 R. Curial	R. d'Aubervilliers	Crimée
1	I18	**Radziwill** Rue	1 R. Petitts Champs	en impasse	Bourse
16	N6	**Raffaëlli** Rue	52 Bd Murat	35 Av. Gal Sarrail	Pte d'Auteuil
16	L7	**Raffet** Imp.	7 R. Raffet	en impasse	Jasmin
16	L7	**Raffet** Rue	34 R. de la Source	43 Bd Montmorency	Michel-Ange-Auteuil
12	N24	**Raguinot** Pass.	R. P. H. Grauwin	56 Av. Daumesnil	Gare de Lyon
11	K25	**Rajman** Sq. Marcel	R. la Roquette		Philippe-Auguste
12	N28-O28	**Rambervillers** R. de	6 Av. Dr Netter	53 R. du Sahel	Bel Air
12	N23	**Rambouillet** Rue de	144 R. de Bercy	160 R. Charenton	Gare de Lyon
1	J19-J20	**Rambuteau** Rue	41 R. des Archives	R. du Jour	Rambut.-Les Halles
3	J19-J20	**Rambuteau** Rue	41 R. des Archives	R. du Jour	Rambuteau
4	J19-J20	**Rambuteau** Rue	41 R. des Archives	R. du Jour	Rambuteau
2	I17-I18	**Rameau** Rue	69 R. de Richelieu	56 R. Ste Anne	Quatre Septembre
18	D19	**Ramey** Pass.	40 R. Ramey	73 R. Marcadet	Jules Joffrin
18	C19-D19	**Ramey** Rue	51 R. de Clignanc.	20 R. Hermel	Jules Joffrin
19	G24	**Rampal** Rue	35 R. de Belleville	48 R. Rébeval	Belleville
11	I22	**Rampon** Rue	9 Bd Voltaire	83 R. Folie Méricourt	Oberkampf
20	H24	**Ramponeau** Rue	108 Bd de Belleville	85 R. J. Lacroix	Couronnes-Pyrénées
20	J26-J27	**Ramus** Rue	5 R. Ch. Renouvier	4 Av. Père Lachaise	Gambetta
18	B17	**Ranc** Rue Arthur	166 Bd Ney	13 R. H. Huchard	Pte de St-Ouen
20	K27	**Rançon** Imp.	84 R. des Vignoles	en impasse	Buzenval
16	K7-K8	**Ranelagh** Av. du	Av. Ingres	Av. Raphaël	La Muette
16	J8-K8	**Ranelagh** Jard. du	Av. Raphaël		La Muette
16	K8	**Ranelagh** Sq. du	117 R. Ranelagh	en impasse	Ranelagh
16	K7-L9	**Ranelagh** Rue du	106 Av. Pdt Kennedy	59 Bd Beauséjour	Ranelagh
11	K25	**Ranvier** Rue Henri	16 R. Gerbier	39 R. Folie Regnault	Philippe Auguste
13	O26	**Raoul** Rue	92 R. Cl. Decaen	176 Av. Daumesnil	Daumesnil
12	N22-N23	**Rapée** Port de la	Pont de Bercy	Pont d'Austerlitz	Quai de la Rapée
12	N22-O23	**Rapée** Quai de la	Pont de Bercy	2 Bd de la Bastille	Quai de la Rapée
16	J7-K7	**Raphaël** Av.	1 Bd Suchet	2 Av. Ingres	Ranelagh-La Muette
7	J12-K12	**Rapp** Av.	Pl. de la Résistance	Pl. Gal Gouraud	Pont de l'Alma
7	K12	**Rapp** Sq.	33 Av. Rapp	en impasse	Pont de l'Alma
6	K16-P17	**Raspail** Bd	205 Bd St-Germain	Pl. Denfert Roch.	Sèvres Babylone
14	K16-P17	**Raspail** Bd	205 Bd St-Germain	Pl. Denfert Roch.	Denfert Rochereau
7	K16-P17	**Raspail** Bd	205 Bd St-Germain	Pl. Denfert Roch.	Rue du Bac
20	L28	**Rasselins** Rue des	135 R. d'Avron	84 R. des Orteaux	Pte de Montreuil
5	O19	**Rataud** Rue	32 R. Lhomond	78 R. C. Bernard	Place Monge
11	L24	**Rauch** Pass.	8 Pas. Ch. Dallery	9 R. Basfroi	Ledru Rollin
12	N28	**Ravel** Av. Maurice	15 Av. E. Laurent	10 R. J. Lemaître	Pte de Vincennes
18	E18	**Ravignan** Rue	26 R. des Abbesses	51 R. Gabrielle	Abbesses
15	N9	**Raynal** Al. duCdt	21 R. Cauchy	16 A. le Gramat	Javel
20	H26	**Raynaud** R. Fernand	R. de l'Hermitage	R. des Cascades	Pyrénées
16	K10	**Raynouard** Sq.	16 R. Raynouard	en impasse	Passy
16	K10-L9	**Raynouard** Rue	Pl. de Costa Rica	10 R. Boulainvill.	Passy
20	I28	**Réau** R. de l'Adjt	20 R. Cap. Marchal	1 R. de la Dhuis	Pte de Bagnolet
2	H18-I21	**Réaumur** Rue	163 R. du Temple	32 R. N.-D. Victoires	Sentier
3	H18-I21	**Réaumur** Rue	163 R. du Temple	32 R. N.-D. Victoires	Arts et Métiers
19	G24	**Rébeval** Sq. de	Pl. J. Rostand		Belleville
19	G23-G24	**Rébeval** Rue	42 Bd de la Villette	69 R. de Belleville	Belleville-Pyrénées
18	B14-B15	**Rebière** Rue Pierre	1 Bd Bois le Prêtre	1 R. Saint-Just	Pte de Clichy
19	E22	**Rébuffat** Rue Gaston	R. deTanger	Av. de Flandre	Stalingrad
6	L16	**Récamier** Rue	12 R. de Sèvres	en impasse	Sèvres Babylone
19	F23	**Recipion** Al. Georges	20 R. de Meaux	34 R. de Meaux	Colonel Fabien
7	K12	**Reclus** Av. Elisée	3 Av. Silvestre Sacy	Av. J. Bouvard	Ch. de Mars-Tr Eiffel

Ar.	Plan	Rues / Streets	Commençant	Finissant	Métro
10	G21	**Récollets** Pass. des	122 R. Fbg St-Martin	17 R. des Récollets	Gare de l'Est
10	G21-G22	**Récollets** Sq. des	R. Gr. aux Belles	Q. Jemmapes et V.	Gare de l'Est
10	G21	**Récollets** Rue des	97 Q. de Valmy	144 R. Fbg St-Martin	Gare de l'Est
13	Q19-Q20	**Recoulettes** Rue des	34 R. A. Hovelacque	47 R. Croulebarbe	Corvisart
17	D12-D13	**Redon** Rue	12 R. St-Senoch	7 R. Sisley	Péreire
7	K11	**Refuzniks** Al. des	Al. du Chps de Mars	Allée L. Bourgeois	Ch. de Mars-Tr Eiffel
6	M16	**Regard** Rue du	37 R. Cherche Midi	116 R. de Rennes	Rennes
19	G26	**Regard de la Lanterne** J.	R. Compans		Pl. des Fêtes
13	S23	**Regaud** Av. Claude	49 Bd Masséna	6 Pl. Dr Yersin	Pte d'Ivry
6	M19	**Regnard** Rue	24 R. l'Abbé Grégoire	3 R. de Bérite	St-Placide
20	K28-L28	**Réglises** Rue des	85 Bd Davout	36 R. Croix St-Simon	Pte de Montreuil
6	M18	**Regnard** Rue	4 Pl. de l'Odéon	25 R. de Condé	Odéon
13	R24-S22	**Regnault** Rue	S.N.C.F.	20 Av. d'Ivry	Pte d'Ivry
14	R16-R17	**Regnault** Rue Henri	132 R. la Tombe Iss.	45 R. Père Corentin	Pte d'Orléans
15	O13	**Régnier** R. Mathurin	235 R. de Vaugirard	47 R. Bargue	Volontaires
10	H20	**Reilhac** Pass.	54 R. Fbg St-Denis	39 Bd Strasbourg	Château d'Eau
14	R17-R18	**Reille** Av.	1 R. d'Alésia	121 R. la Tombe Iss.	Pte d'Orléans
14	R18	**Reille** Imp.	4 Av. Reille	en impasse	Glacière
17	C13-D13	**Reims** Bd de	35 Av. Pte d'Asnières	R. de Courcelles	Pte de Champerret
13	Q23	**Reims** Rue de	103 R. Des. d. Berges	108 R. de Patay	Biblio. F. Mitterrand
8	I14-I15	**Reine** Crs de la	Pl. de la Concorde	Pl. du Canada	Ch. Élysées Clem.
16	O5-O6	**Reine** Rte de la	Av. Pte du S-Cloud	Rte de la Reine	Pte de St-Cloud
8	I12	**Reine Astrid** Pl. de la	Av. Montaigne	Cours Albert Ier	Alma Marceau
13	O20-P20	**Reine Blanche** R.	4 R. Le Brun	33 Av. des Gobelins	Les Gobelins
1	I19-J19	**Reine de Hongrie** Pass.	17 R. Montorgueil	16 R. Montmartre	Les Halles
16	G6-K4	**Reine Margueritte** Al.	Pte de Boulogne	Pte de Madrid	Pont de Neuilly
20	K28	**Reisz** Rue Eugène	94 Bd Davout	R. des Drs Déjerine	Pte de Montreuil
20	M27	**Réjane** Sq. du	Crs de Vincennes		Pte de Vincennes
8	F13-G13	**Rembrandt** Rue	Pl. du Pérou	Parc de Monceau	Monceau
16	M8	**Rémusat** Rue de	4 Pl. de Barcelone	55 Av. Th. Gautier	Mirabeau
19	F26	**Renaissance** V. de la	43 R. de Mouzaïa	6 R. de l'Égalité	Danube
8	I13	**Renaissance** R. de la	9 R. de La Trémoille	8 R. Marbeuf	Alma Marceau
15	Q10	**Renan** Av. Ernest	Pl. Pte Versailles	35 R. Oradour sur G.	Pte de Versailles
15	N14	**Renan** Rue Ernest	17 R. Lecourbe	174 R. de Vaugirard	Sèvres Lecourbe
12	P28	**Renard** Pl. Édouard	Bd Soult	Av. A. Rousseau	Pte Dorée
8	E11	**Renard** Rue Jules	Bd Gouv. St-Cyr	R. A. Charpentier	Pte de Champerret
17	F11	**Renard** Rue des Col.	10 R. du Col Moll	15 R. d'Armaillé	Argentine
4	J20-K20	**Renard** Rue du	70 R. de Rivoli	15 R. le Franc	Hôtel de Ville
13	Q22	**Renard** Rue Baptiste	105 R. Chât. Rentiers	94 R. Nationale	Nationale
17	E12-F12	**Renaudes** Rue des	110 Bd de Courcelles	56 R. P. Demours	Ternes
15	N11-O12	**Renaudot** Rue T.	101 R. Croix Nivert	182 R. Lecourbe	Commerce
11	S20	**Renault** R. du Prof. L.	33 Bd Kellermann	12 R. Max Jacob	Maison Blanche
11	J24	**Renault** Rue du Bal	36 Av. Parmentier	5 R. du Gal Blaise	St-Ambroise
11	F11	**Renault** Rue Marcel	5 R. Villebois Mareuil	10 R. P. Demours	Ternes
12	M28-N27	**Rendez vous** Cité du	22 R. Rendez-vous	en impasse	Picpus
12	M27-N28	**Rendez vous** Rue du	67 Av. d. St-Mandé	96 Bd de Picpus	Picpus-Nation
19	D26-E26	**Rendu** Av. Ambroise	3 Av. Pte Brunet	6 Av. Pte Chaumont	Danube
17	E11-F12	**Rennequin** Rue	85 Av. de Wagram	22 R. Guillaume T.	Ternes-Péroire
6	L17-N16	**Rennes** Rue de	17 R. G. Apollinaire	1 Pl. 18 Juin 1940	St-Germain des Près
13	Q13-R13	**Renoir** Sq. Auguste	207 R. R. Losserand	Bd Brune	Pte de Vanves
12	O24-P24	**Renoir** Rue Jean	48 R. Paul Belmondo	47 R. de Pommard	Cr St-Émilion
20	J27	**Renouvier** Rue C.	10 R. des Rondeaux	21 R. Stendhal	Gambetta
20	J25-K26	**Repos** Rue du	194 Bd de Charonne	28 Bd de Ménilm.	Philippe Auguste
11	I22-J25	**République** Av. de la	8 Pl. République	71 Bd de Ménilm.	Père Lachaise
3	I22	**République** Pl. de la	Bd du Temple	Bd St-Martin	République
10	I22	**République** Pl. de la	Bd du Temple	Bd St-Martin	République
11	I22	**République** Pl. de la	Bd du Temple	Bd St-Martin	République
8	F13	**Rép. de l'Équateur** Pl.	Bd de Courcelles	R. de Chazelles	Courcelles
17	F13	**Rép. de l'Équateur** Pl.	Bd de Courcelles	R. de Chazelles	Courcelles
17	F13-F14	**Rép. Dominicaine** Pl.	Parc Monceau	50 Bd de Courcelles	Monceau
8	F13-F14	**Rép. Dominicaine** Pl.	Parc Monceau	50 Bd de Courcelles	Monceau
13	R23	**Résal** Rue	19 R. Cantagrel	44 R. Dess. d. Berges	Bd Masséna
7	J12	**Résistance** Pl. de la	Av. Bosquet	Av. Rapp	Pont de l'Alma
8	H15	**Retiro** Cité du	R. Fbg St-Honor.	35 R. B. d'Anglas	Madeleine

	Ar.	Plan	Rues / Streets	Commençant	Finissant	Métro
20	H26	**Retrait** Pass. du	34 R. du Retrait	295 R. des Pyrénées	Gambetta
20	H26-I26	**Retrait** Rue du	271 R. des Pyrénées	106 R. de Ménilm.	Gambetta
12	O25-O27	**Reuilly** Bd de	211 R. de Charenton	94 R. de Picpus	Daumesnil
12	N25	**Reuilly** Jard. de	Av. Daumesnil		Montgallet
12	P27	**Reuilly** Pte de	Rte d. Fortifications	Rte la Croix Rouge	Pte Dorée
12	Q27-Q28	**Reuilly** Rte de	Av. de Gravelle	Rte la Croix Rouge	Pte Dorée
12	M25-O26	**Reuilly** Rue de	202 R. Fbg St-Ant.	1 Pl. F. Éboué	Faidherbe Chaligny
20	K27	**Réunion** Pl. de la	105 R. A. Dumas	62 R. de la Réunion	Buzenval
20	K27-L27	**Réunion** Rue de la	73 R. d'Avron	Cimet. Père Lachais.	Maraîchers
19	E23-E24	**Reverdy** Rue Pierre	R. de la Moselle	R. E. Dehaynin	Laumière
7	K11	**Rey** Rue Jean	16 Av. de Suffren	101 Q. Branly	Bir Hakeim
19	R15-S16	**Reyer** Av. Ernest	Av. Pte de Châtillon	Pl. du 25 Août 1944	Pte d'Orléans
16	O6-O7	**Reynaud** Pl. Paul	195 Av. Versailles	R. Le Marois	Pte de St-Cloud
16	I12	**Reynaud** Rue Léonce	5 Av. Marceau	10 R. Freycinet	Alma Marceau
19	A25	**Reynaud** Rue Émile	Av. Pte de la Villette	Bd Commanderie	Pte de la Villette
19	E24	**Rhin** Rue du	104 Av. de Meaux	1 R. Meynadier	Laumière
19	E26	**Rhin et Danube** Pl. de	45 R. du Gal Brunet	37 R. D. d'Angers	Danube
17	D12	**Rhône** Sq. du	118 Bd Berthier		Péreire
16	L8	**Ribera** Rue	66 R. La Fontaine	83 Av. Mozart	Jasmin
20	K26	**Riberolle** Villa	35 R. de Bagnolet	en impasse	Alexandre Dumas
12	M12	**Ribet** Imp.	29 R. Croix Nivert	en impasse	Émile Zola
19	F26-G26	**Ribière** Rue Henri	12 R. Compans	2 R. des Bois	Pl. des Fêtes
20	J28	**Riblette** Rue	13 R.-Blaise	3 R. des Balkans	Pte de Bagnolet
19	F26	**Ribot** Villa Alexandre	74 R. D. d'Angers	17 R. de l'Égalité	Danube
17	F12	**Ribot** Rue Théodule	106 Bd Courcelles	72 Av. de Wagram	Courcelles
8	G19	**Riboutté** Rue	12 R. Bleue	82 R. La Fayette	Cadet
13	Q21	**Ricaut** Rue	167 R. Chât. Rentiers	50 Av. Edison	Nationale
15	P13	**Richard** Imp.	40 R. de Vouillé	en impasse	Convention
14	O17-P16	**Richard** Rue Émile	1 Bd Edgar Quinet	R. Froidevaux	Raspail
1	H18-I17	**Richelieu** Rue de	2 Pl. A. Malraux	1 Bd des Italiens	Palais Royal-Louvre
1	H18-I17	**Richelieu** Rue de	2 Pl. A. Malraux	8 R. des Italiens	Richelieu Drouot
1	I17-I18	**Richelieu** Pass. de	15 R. Montpensier	18 R. de Richelieu	Palais Royal-Louvre
13	Q22-R22	**Richemont** Rue de	53 R. de Domrémy	58 R. de Tolbiac	Pte d'Ivry
8	H16-I16	**Richepance** Rue	404 R. St-Honoré	21 R. Duphot	Madeleine
8	H16-I16	**Richepance** Rue	404 R. St-Honoré	21 R. Duphot	Madeleine
16	J8-J9	**Richepin** Rue Jean	39 R. de la Pompe	40 Bd E. Augier	La Muette
9	G18-G19	**Richer** Rue	41 R. Fbg Poissonn.	32 R. Fbg Montmar.	Cadet-Le Peletier
10	H22	**Richerand** Av.	74 Q. de Jemmapes	47 R. Bichat	Rép.-Goncourt
13	Q22	**Richet** Rue duDr C.	79 R. Jeanne d'Arc	160 R. Nationale	Nationale
18	D20-E20	**Richomme** Rue	25 R. des Gardes	10 R. des Poissonn.	Château Rouge
18	E18	**Rictus** Sq.Jehan	Pl. des Abbesses	en impasse	Abbesses
14	Q14	**Ridder** Rue de	150 R. R. Losserand	161 R. Vercingétorix	Plaisance
12	N25	**Riesener** Rue	21 R. Henard	40 R. J. Hillairet	Montgallet
19	G27	**Rigaunes** Imp. des	10 R. du Dr Potain		Télégraphe
8	G15	**Rigny** Rue de	7 Pl. St-Augustin	6 R. Roy	St-Augustin
20	G25-H26	**Rigoles** Rue des	23 R. Pixérécourt	2 R. du Jourdain	Jourdain
13	O23-P24	**Rimbaud** Al. Arthur	Pt de Bercy (R.G.)	Pt de Tolbiac (R.G.)	Quai de la Gare
19	F25	**Rimbaud** Villa	3 R. Miguel Hidalgo	en impasse	Botzaris
14	Q16	**Rimbaut** Pass.	72 Av. Gal Leclerc	197 Av. du Maine	Alésia
16	O5	**Rimet** Pl.Jules	Av. Parc des Princes		Pte de St-Cloud
8	F14	**Rio de Janeiro** Pl. de	41 R. de Monceau	28 R. de Lisbonne	Monceau
14	P15-P16	**Ripoche** R. Maurice	166 Av. du Maine	11 R. Didot	Pernety
18	D21	**Riquet** Rue	67 Q. de la Seine	Pl. P. Eluard	Marx Dormoy
19	D21	**Riquet** Rue	67 Q. de la Seine	Pl. P. Eluard	Riquet
7	K12-L12	**Risler** Av. C.	Al. A. Lecouvreur	Al. Th. Thierry	École Militaire
16	O7	**Risler** Av. Georges	19 Villa Cl. Lorrain	Villa Cheysson	Exelmans
16	H21	**Riverin** Cité	74 R. R. Boulanger	29 R. Château d'Eau	Jacques Bonsergent
18	M8	**Rivière** Pl. Théodore	R. Chardon Lagache	R. du Buis	Église d'Auteuil
8	G14-H13	**Rivière** Rue duCdt	71 Av. Fr. D. Roosevelt	10 R. d'Artois	St-Philippe du Roule
14	S17	**Rivière** Av. André	Av. P. Masse	15 Av. D. Weill	Cité Universitaire
1	I16-K18	**Rivoli** Rue de	45 R. F. Miron	Pl. de la Concorde	Concorde
4	I16-K18	**Rivoli** Rue de	45 R. F. Miron	Pl. de la Concorde	St-Paul
18	B18-C18	**Robert** Imp.	115 R. Championnet	en impasse	Pte de Clignancourt
1	K18	**Robert** Rue Henri	27 Pl. Dauphine	13 Pl. du Pont Neuf	Pont Neuf

Ar.	Plan	Rues / Streets	Commençant	Finissant	Métro
12	O27-P27	**Robert** Rue Édouard	39 R. de Fécamp	6 R. Tourneux	Michel Bizot
14	O17	**Robert** Rue Léopold	122 Bd Montparn.	213 Bd Raspail	Vavin-Raspail
18	D21	**Robert** Rue Jean	10 R. Doudeauville	9 R. Ordener	Marx Dormoy
17	C15	**Roberval** Rue	5 R. Baron	8 R. des Épinettes	Brochant-G. Môquet
7	K13	**Robiac** Sq. de	192 R. de Grenelle	en impasse	École Militaire
19	F25	**Robida** Villa A.	51 R. A. Rozier	36 R. de Crimée	Botzaris
10	F22-G22	**Robin** Rue C.	37 Av. C. Vellefaux	38 R. Gr. aux Belles	Colonel Fabien
20	I26	**Robineau** Rue	4 R. Désirée	1 Pl. M. Nadaud	Gambetta
8	N16	**Robiquet** Imp.	81 Bd Montparn.	en impasse	Montparn. Bienv.
16	L6	**Rocamadour** Sq. de	92 Bd Suchet	1 Av. Mal Lyautey	Pte d'Auteuil
16	I12	**Rochambeau** Pl.	Av. P. Ier de Serbie	R. Freycinet	Iéna
9	F19-G19	**Rochambeau** Rue	1 R. P. Semard	2 R. Mayran	Poissonnière-Cadet
17	B15	**Roche** Rue Ernest	2 R. du Dr Brousse	75 R. Pouchet	Pte de Clichy
11	J24	**Rochebrune** Pas. de	9 R. Rochebrune	Pas. Guilhem	Voltaire
11	J24	**Rochebrune** Rue	28 Av. Parmentier	41 R. St-Maur	Voltaire
8	E18-E19	**Rochechouart** Bd de	157 Bd de Magenta	72 R. des Martyrs	Pigalle
18	E18-E19	**Rochechouart** Bd de	157 Bd de Magenta	72 R. des Martyrs	Barbès Rochech.
9	E19-G19	**Rochechouart** Rue de	2 R. Lamartine	19 Bd de Rochech.	Cadet
17	F13	**Rochefort** Rue Henri	24 R. de Prony	17 R. Phalsbourg	Malesherbes
8	F15-G16	**Rocher** Rue du	15 R. de Rome	1 Pl. P. Goubaux	Europe-Villiers
5	S18	**Rockefeller** Av.	Cité Universitaire	en impasse	Cité Universitaire
10	F20	**Rocroy** Rue de	8 R. d'Abbeville	133 Bd de Magenta	Poissonnière
14	P18	**Rodenbach** Al.	25 R. J. Dolent	12 Al. Verhaeren	St-Jacques
10	G22	**Rodhain** Rue Mgr	Q. de Valmy	R. Robert Blache	Château Landon
9	F19-G18	**Rodier** Rue	9 R. de Maubeuge	17 Av. Trudaine	Cadet-Anvers
16	I8-J9	**Rodin** Av.	3 R. Mignard	122 R. de la Tour	Av. Henri Martin
16	L8	**Rodin** Pl.	Av. A. Hébrard	Av. du Gal Dubail	Ranelagh-Jasmin
14	P16	**Roger** Rue	43 R. Froidevaux	64 R. Daguerre	Raspail
11	N11	**Roger** Rue Edmond	62 R. Voltaire	65 R. Entrepreneurs	Commerce
6	L18	**Rohan** Cr de	R. du Jardinet	C. Com. St-André	Odéon
1	L14	**Rohan** Rue de	172 R. de Rivoli	157 R. St-Honoré	Palais Royal-Louvre
18	B19-C19	**Roi d'Alger** Pass. du	15 R. du Roi d'Alger	49 R. Championnet	Simplon
18	B19-C19	**Roi d'Alger** Rue du	54 Bd Ornano	9 R. N. de la Chard.	Simplon
4	K20-K21	**Roi de Sicile** Rue du	1 R. Malher	8 R. Bourg Tibourg	St-Paul
3	J22	**Roi Doré** Rue du	77 R. de Turenne	20 R. de Thorigny	St-Séb. Froissart
2	I20	**Roi François** Cr du	194 R. St-Denis	en impasse	Réaumur Sébastopol
17	S18	**Roli** Rue	14 R. d'Arcueil	9 R. Cité Universit.	Cité Universitaire
17	D12	**Roll** Rue Alfred	80 Bd Péreire	33 Bd Berthier	Péreire
14	S14-S16	**Rolland** Bd Romain	Av. Lannelongue	Bd Adolphe Pinard	Pte d'Orléans
20	L27	**Rolleboise** Imp.	20 R. des Vignoles	en impasse	Avron
15	P11	**Rollet** Pl.Henri	340 R. de Vaugirard	1 R. Desnouettes	Convention
5	N19-N20	**Rollin** Rue	56 R. Monge	79 R. du Cal Lem.	Place Monge
19	E25-F26	**Rollinat** Villa Maurice	29 R. M. Hidalgo	en impasse	Danube
19	G23-H24	**Romains** Rue Jules	R. de Belleville	R. Henri Ribière	Belleville
19	G27-G28	**Romainville** Rue de	263 R. de Belleville	337 R. de Belleville	Télégraphe
3	I21	**Rome** Cr de	24 R. des Gravilliers	9 R. des Vertus	Arts et Métiers
8	G16	**Rome** Cr de	Gare St-Lazare		St-Lazare
8	D14-G16	**Rome** Rue de	76 Bd Haussmann	142 R. Cardinet	St-Lazare
17	D14-G16	**Rome** Rue de	76 Bd Haussmann	142 R. Cardinet	Rome
19	C25	**Rd-Pt des Canaux** Pl.	Galerie de la Villette	Allée du Belvédère	Pte de Pantin
20	I26	**Rondeaux** Pass. des	88 R. des Rondeaux	26 Av. Gambetta	Gambetta
20	I26-J27	**Rondeaux** Rue des	R. Ch. Renouvier	24 Av. Gambetta	Gambetta
12	M25	**Rondelet** Rue	21 R. Érard	98 Bd Diderot	Reuilly Diderot
20	I27-J27	**Rondonneaux** R. des	227 R. des Pyrénées	16 R. E. Landrin	Gambetta
18	E19	**Ronsard** Rue	3 Pl. St-Pierre	R. P. Albert	Anvers
15	N14	**Ronsin** Imp.	152 R. de Vaugirard	en impasse	Pasteur
8	H14-I14	**Roosevelt** Av. F. D.	Pl. du Canada	123 R. Fbg St-Honor.	Ch. Élysées Clem.
13	P7-Q7	**Roosevelt** Q. du Pdt	Pont d'Issy	Q. d'Issy les Moulin.	Issy Val de Seine
13	S20	**Rops** Av. Félicien	R. d. la Pot. des Peup.	R. de Ste Hélène	Pte d'Italie
8	G15	**Roquépine** Rue	39 Bd Malesherb.	18 R. Cambacérès	St-Augustin
16	O6	**Roques** Rue du Gal	5 Pl. du Gal Stéfanik	Av. Parc des Princes	Pte de St-Cloud
11	K23-L23	**Roquette** Cité de la	58 R. la Roquette	en impasse	Bréguet Sabin
11	J25	**Roquette** Sq. de la	R. Servan	R. la Roquette	Voltaire
11	K24-L22	**Roquette** Rue de la	1 R. Fbg St-Ant.	21 Bd de Ménilm.	Bastille-Voltaire

	Ar.	Plan	Rues / Streets	Commençant	Finissant	Métro
13	P20	Roret Rue Nicolas	23 R. de la R. Blanche	30 R. Le Brun	Les Gobelins
15	P13-Q13	Rosenwald Rue	36 R. de Vouillé	99 R. des Morillons	Pte de Vanves
18	C21	Roses Rue des	5 Pl. Hébert	42 R. de la Chapelle	Marx Dormoy
18	C21	Roses Villa des	44 R. de la Chapelle	en impasse	Marx Dormoy
15	N10-N11	Rosière Rue de la	68 R. Entrepreneurs	51 R. de l'Église	F. Faure-Commerce
4	K21	Rosiers Rue des	131 R. Malher	40 R. V. du Temple	St-Paul
13	T21	Rosny Aîné Sq.	R. Dr Bourneville	en impasse	Pte d'Italie
5	M21	Rossi Jard. Tino	Pont de Sully	Pont d'Austerlitz	Gare d'Austerlitz
9	N25	Rossif Sq.Frederic	R. de Charenton	R. Charles Nicolle	Reuilly Diderot
9	G18	Rossini Rue	19 R. Gr. Batelière	26 R. Laffitte	Richelieu Drouot
6	M18	Rostand Pl. Edmond	Bd St-Michel	R. de Médicis	Luxembourg
19	G23	Rostand Pl. Jean	Bd de la Villette	R. H. Guimard	Belleville
18	D16	Rothschild Imp.	16 Av. de St-Ouen	en impasse	La Fourche
6	M18	Rotrou Rue	8 Pl. de l'Odéon	20 R. de Vaugirard	Odéon
12	O27-O28	Rottembourg Rue	94 Av. Gal M. Bizot	49 Bd Soult	Pte Dorée
15	N10	Roty Rue Oscar	109 R. de Lourmel	32 Av. F. Faure	Boucicaut
18	B18	Rouanet Rue Gustave	89 R. du Ruisseau	82 R. du Poteau	Pte de Clignancourt
18	H24-H25	Rouault Al. Georges	41 R. J. Lacroix	30 R. du Pressoir	Couronnes
10	F20	Roubaix Pl. de	Bd de Magenta	R. de Maubeuge	Gare du Nord
11	M25	Roubo Rue	261 R. Fbg St-Ant.	40 R. de Montreuil	Faidherbe Chaligny
8	H17	Rouché Pl. Jacques	R. Meyerbeer	R. Gluck	Ch. d'Antin-La Fayette
16	M8	Roucher Rue Antoine	14 R. Mirabeau	4 R. Corot	Mirabeau
15	L10-M11	Rouelle Rue	47 Q. de Grenelle	26 R. de Lourmel	Dupleix
19	D23	Rouen Rue de	55 Q. de la Seine	54 R. de Flandre	Riquet
14	R16	Rouet Imp. du	4 Av. J. Moulin	en impasse	Alésia
9	H19	Rougemont Cité	17 R. Bergère	5 R. Rougemont	Grands Boulevards
9	H19	Rougemont Rue de	16 Bd Poissonnière	13 R. Bergère	Bonne Nouvelle
1	I16	Rouget de l'Isle Rue	238 R. de Rivoli	19 R. du Mt Thabor	Concorde
8	G12	Roule Sq. du	223 R. Fbg St-Honor.	en impasse	Ternes
1	J19	Roule Rue du	136 R. de Rivoli	77 R. St-Honoré	Pont Neuf
14	S16	Rousse Rue Edmond	132 Bd Brune	39 Av. E. Reyer	Pte d'Orléans
1	O28	Rousseau Av. A.	3 Pl. E. Renard	1 R. Lefébure	Pte Dorée
16	L8	Rousseau Rue J.	2 Pl. Rodin	29 R. l'Assomption	Ranelagh-Jasmin
1	I19-J18	Rousseau Rue J.-J.	158 R. St-Honoré	21 R. Montmartre	Louvre Rivoli
16	L8-M8	Roussel Av. de l'Abbé	35 R. La Fontaine	30 Av. Th. Gautier	Jasmin
12	L23-M24	Roussel R. Théophile	17 R. de Cotte	10 R. de Prague	Ledru Rollin
7	M15	Rousselet Rue	R. R. Oudinot	68 R. de Sèvres	Vaneau
13	R20	Rousselle Sq. Henri	R. Bobillot	R. Butte aux Cailles	Tolbiac
13	R20	Rousselle Rue E. et H.	16 R. Damesme	69 R. Moulin d. Prés	Tolbiac
17	D12	Rousselot R. de l'Abbé	116 Bd Berthier	Av. Brunetière	Péreire
15	N12	Roussin Rue de l'Aml	39 R. la Croix Nivert	88 R. Blomet	Vaugirard-É. Zola
7	C24-C25	Rouvet Rue	3 Q. de la Gironde	2 Av. C. Cariou	Corentin Cariou
13	Q14	Rouvier Rue Maurice	166 R. R. Losserand	183 R. Vercingétorix	Plaisance
16	M7	Rouvray Av. de	20 R. Boileau	en impasse	Chardon Lagache
17	F12	Roux Pass.	19 R. Rennequin	42 R. des Renaudes	Péreire-Ternes
15	N14-O14	Roux Rue du Dr	34 Bd Pasteur	49 R. des Volontaires	Pasteur
8	G15	Roy Rue	4 R. La Boétie	39 R. de Laborde	St-Augustin
1	J16-J17	Royal Pt	Q. Voltaire	Q. des Tuileries	Musée d'Orsay
7	J16-J17	Royal Pt	Q. Voltaire	Q. des Tuileries	Musée d'Orsay
8	H16-I15	Royale Rue	2 Pl. de la Concorde	2 Pl. de la Madeleine	Madeleine-Concorde
1	J18	Royer Rue Clémence	29 R. de Viarmes	R. la Coquillière	Louvre-Rivoli
5	N18	Royer Collard Imp.	15 R. Royer Collard	en impasse	Luxembourg
5	M18-N18	Royer Collard Rue	202 R. St-Jacques	71 Bd St-Michel	Luxembourg
12	M25-N25	Rozanoff Rue du Col.	26 R. de Reuilly	32 R. de Reuilly	Reuilly Diderot
19	F26-G25	Rozier Rue Arthur	37 R. des Solitaires	67 R. Compans	Jourdain
13	P20	Rubens Rue	31 R. du Banquier	140 Bd de l'Hôpital	Les Gobelins
16	G11	Rude Rue	12 Av. Foch	11 Av. G. Armée	Ch. de Gaulle Étoile
7	K12	Rueff Pl. Jacques	Av. J. Bouvard	Av. J. Bouvard	Ch de Mars-Tr Eiffel
18	D21	Ruelle Pass.	29 R. M. Dormoy	Imp. Jessaint	La Chapelle
18	C17	Ruggieri Rue Désiré	16 R. Ordener	167 R. Championnet	Guy Môquet
17	E10-F10	Ruhmkorff Rue	47 Bd Gouv. St-Cyr	55 Bd Gouv. St-Cyr	Pte Maillot
18	B18-C18	Ruisseau Rue du	31 R. Duhesme	45 Bd Ney	Lamarck Caulainc.
20	H26	Ruiss. de Ménilm. Pass.	25 R. du Retrait	26 R. Boyer	Gambetta
13	S19	Rungis Pl. de	40 R. Brillat Savarin	100 R. Barrault	Corvisart

Ar.	Plan	Rues / Streets	Commençant	Finissant	Métro
13	S18-S19	**Rungis** Rue de	2 Pl. de Rungis	65 R. Aml Mouchez	Cité Universitaire
12	N24	**Rutebeuf** Pl.	Pas. Raguinot	Pas. Gatbois	Gare de Lyon
8	F14	**Ruysdaël** Av.	5 Pl. Rio de Janeiro	Parc de Monceau	Monceau

S

14	P15-Q16	**Sablière** Rue de la	186 Av. du Maine	35 R. Didot	Pernety
16	G7-H7	**Sablonneuse** Rte	Allée Fortunée	Rte de Madrid	Pte Dauphine
16	F8	**Sablons** Carr. des	Av. Mah. Gandhi	Bois de Boulogne	Les Sablons
16	F8	**Sablons** Rue des	Bd M. Barrès	Bd Maillot	Les Sablons
16	I10-J9	**Sablons** Rue des	33 R. St-Didier	32 Av. G. Mandel	Victor Hugo
6	L17	**Sabot** Rue du	11 R. B. Palissy	64 R. de Rennes	St-Germain des Prés
14	Q16	**Saché** Rue Georges	10 R. de la Sablière	11 R. Severo	Mouton Duvernet
18	D18	**Sacré Cœur** Cité du	38 R. Chev. de l. Bar.	en impasse	Abbesses
7	J12-K12	**Sacy** Av. Silvestre de	18 Av. La Bourdonnais	Av. G. Eiffel	Ch. de Mars Tr Eiffel
12	O28	**Sahel** Villa du	45 R. du Sahel	en impasse	Bel Air
12	O27-O28	**Sahel** Rue du	30 Bd de Picpus	69 Bd Soult	Bel Air
16	G9	**Saïd** Villa	68 R. Pergolèse	en impasse	Pte Dauphine
15	P11-Q12	**Saïda** Rue de la	75 R. O. de Serres	R. de Dantzig	Pte de Versailles
8	G11	**Saïgon** Rue de	3 R. Rude	4 R. d'Argentine	Ch. de Gaulle Étoile
14	P16-Q16	**Saillard** Rue	1 R. Ch. Divry	30 R. Brézin	Mouton Duvernet
3	J20	**Saint-Aignan** Jard.	Cité Noël	Rambuteau	
14	S16	**Saint-Alphonse** Imp.	77 R. du P. Corentin	en impasse	Pte d'Orléans
15	P13	**Saint-Amand** Rue	8 Pl. d'Alleray	53 R. de Vouillé	Plaisance
11	J23-J24	**Saint-Ambroise** Pass.	29 R. St-Ambroise	2 R. de Tourtille	Rue St-Maur
11	J23-J24	**Saint-Ambroise** Rue	2 R. Folie Méricourt	67 R. St-Maur	Rue St-Maur
6	L18	**St-André des Arts** Pl.	2 R. Hautefeuille	21 R. St-A. des Arts	St-Michel
6	L18	**St-André des Arts** Rue	Pl. St-A. des Arts	1 R. Anc. Comédie	St-Michel
17	B16	**Saint-Ange** Pass.	131 Av. de St-Ouen	20 R. J. Leclaire	Pte de St-Ouen
17	B16	**Saint-Ange** Villa	8 Pas. St-Ange	en impasse	Pte de St-Ouen
11	L23	**Saint-Antoine** Pass.	34 R. de Charonne	8 Pas. Josset	Ledru Rollin
4	K21-L22	**Saint-Antoine** Rue	3 Pl. de la Bastille	2 R. de Sévigné	St-Paul-Bastille
8	G15	**Saint-Augustin** Pl.	Bd Haussmann	Bd Malesherbes	St-Augustin
2	H17-H18	**Saint-Augustin** Rue	75 R. Richelieu	14 R. d'Antin	Quatre Septembre
6	K17-L17	**Saint-Benoît** Rue	31 R. Jacob	170 Bd St-Germain	St-Germain des Prés
11	L24	**Saint-Bernard** Rue	159 R. Fbg St-Ant.	8 R. Ch. Delescluze	Ledru Rollin
5	M21-N22	**Saint-Bernard** Port	Pont d'Austerlitz	Pont de Sully	Gare d'Austerlitz
5	M21-N22	**Saint-Bernard** Quai	21 Pl. Valhubert	Pont de Sully	Gare d'Austerlitz
11	L24	**Saint-Bernard** Rue	183 R. Fbg St-Ant.	78 R. de Charonne	Faidherbe Chaligny
20	J27	**Saint-Blaise** Pl.	119 R. de Bagnolet	R. Saint-Blaise	Pte de Bagnolet
20	J27-K28	**Saint-Blaise** Rue	Pl. Saint-Blaise	109 Bd Davout	Pte de Bagnolet
4	K20	**Saint-Bon** Rue	82 R. do Rivoli	91 R. de la Verrerie	Hôtel de Ville
18	E20	**Saint-Bruno** Rue	13 R. Stephenson	6 R. St-Luc	La Chapelle
15	M10	**Saint-Charles** Pl.	41 R. St-Charles	41 R. du Théâtre	Charles Michels
15	N9	**Saint-Charles** Rd-Pt	154 R. St-Charles	63 R. des Cévennes	Lourmel
12	M25	**Saint-Charles** Sq.	55 R. de Reuilly	17 R. P. Bourdan	Reuilly Diderot
15	M10-N10	**Saint-Charles** Villa	98 R. St-Charles	en impasse	Charles Michels
15	L11-O9	**Saint-Charles** Rue	32 Bd Grenelle	77 R. Leblanc	Balard-Bir Hakeim
19	G23	**Saint-Chaumont** Cité	50 Bd de la Villette	71 Av. S. Bolivar	Belleville
15	N9	**Saint-Christophe** R.	28 R. Convention	29 R. S. Mercier	Javel
3	J22	**Saint-Claude** Imp.	14 R. St-Claude	en impasse	St-Séb. Froissart
3	J22	**Saint-Claude** Rue	99 Bd Beaumarch.	70 R. de Turenne	St-Séb. Froissart
16	N1	**Saint-Cloud** Av. de	Pte de Boulogne	Pl. de Colombie	Av. Henri Martin
16	R1	**Saint-Cloud** Pte de	Bd Périphérique		Pte de St-Cloud
16	S5-S7	**Saint-Denis** Al.	Al. la R. Marguerite	All. de Longchamp	Pte Maillot
2	H20	**Saint-Denis** Bd	1 R. Fbg St-Martin	2 R. Fbg St-Denis	Strasbourg St-Denis
3	H20	**Saint-Denis** Bd	1 R. Fbg St-Martin	2 R. Fbg St-Denis	Strasbourg St-Denis
3	H20	**Saint-Denis** Bd	1 R. Fbg St-Martin	2 R. Fbg St-Denis	Strasbourg St-Denis
2	I19-I20	**Saint-Denis** Imp.	177 R. St-Denis	en impasse	Réaumur Sébastopol
1	I20	**Saint-Denis** Rue	12 Av. Victoria	1 Bd Bonne Nouv.	Châtelet-Les Halles
2	I20	**Saint-Denis** Rue	12 Av. Victoria	1 Bd Bonne Nouv.	Châtelet-Les Halles
16	I11-I9	**Saint-Didier** Rue	92 Av. Kléber	36 R. Belles Feuilles	Victor Hugo

	Ar.	Plan	Rues / Streets	Commençant	Finissant	Métro
	7	K12-K16	**Saint-Dominique** Rue	219 Bd St-Germain	Pl. du Gal Gouraud	Solférino-Invalides
	18	D18-E18	**Saint-Éleuthère** Rue	11 R. Foyatier	2 R. du Mont Cenis	Anvers-Abbesses
	12	M25	**Saint-Éloi** Cr	39 R. de Reuilly	134 Bd Diderot	Reuilly Diderot
	12	P25-Q25	**Saint-Émilion** Cr	Q. de Bercy	R. Gabriel Lamé	Cour St-Émilion
	11	L23-L24	**Saint-Esprit** Cr du	127 R. Fbg St-Antoine	en impasse	Ledru Rollin
	5	M19	**St-Étienne du Mont** R.	24 R. Descartes	Pl. Ste Geneviève	Card. Lemoine
	1	J19	**Saint-Eustache** Imp.	3 R. Montmartre	en impasse	Les Halles
	16	O7-P6	**Saint-Exupéry** Quai	Bd Murat	Q. du Point du Jour	Pte de St-Cloud
	20	H27	**Saint-Fargeau** Rue	108 Av. Gambetta	30 R. St-Fargeau	St-Fargeau
	20	H27	**Saint-Fargeau** Rue	130 R. Pelleport	125 Bd Mortier	St-Fargeau
	17	F10	**Saint-Ferdinand** Rue	21 R. Brunel	34 R. St-Ferdinand	Argentine
	17	F11-G10	**Saint-Ferdinand** Pl.	5 Pl. T. Bernard	64 Av. G. Armée	Pte Maillot
	2	J20	**Saint-Fiacre** Imp.	79 R. St-Martin	en impasse	Châtelet-Rambuteau
	2	H19	**Saint-Fiacre** Rue	26 R. des Jeûneurs	9 Bd Poissonnière	Bonne Nouvelle
	8	I16	**Saint-Florentin** Rue	2 Pl. de la Concorde	271 R. St-Honoré	Concorde
	1	I16	**Saint-Florentin** Rue	2 Pl. de la Concorde	271 R. St-Honoré	Concorde
	18	B19	**Saint-François** Imp.	48 R. Letort	en impasse	Pte de Clignancourt
	9	F18	**Saint-Georges** Pl.	51 R. Saint-Georges	30 R. N-D. Lorette	St-Georges
	9	F18-G18	**Saint-Georges** Rue	32 R. de Provence	25 R. N.-D. Lorette	St-Georges
	5	J15-M20	**Saint-Germain** Bd	1 Q. de la Tournelle	31 Q. A. France	Maubert Mutualité
	6	J15-M20	**Saint-Germain** Bd	1 Q. de la Tournelle	31 Q. A. France	St-Germain des Prés
	7	J15-M20	**Saint-Germain** Bd	1 Q. de la Tournelle	31 Q. A. France	Solférino
	6	K18-K19	**St-Germ. de l'Aux.** R.	1 R. Lav. Ste-Opp.	4 R. des Bourdon.	Pont Neuf
	6	L17	**St-Germ. des Prés** Pl.	R. Bonaparte	168 Bd Saint-Germ.	St-Germain des Prés
	4	K20	**Saint-Gervais** Pl.	4 R. de Lobau	10 R. de Brosse	Hôtel de Ville
	3	K22	**Saint-Gilles** Rue	63 Bd Beaumarch.	48 R. de Turenne	Chemin Vert
	14	Q17-R17	**Saint-Gothard** R. du	45 R. Dareau	6 R. d'Alésia	St-Jacques
	7	K17-L16	**Saint-Guillaume** Rue	18 R. Pré aux Clercs	32 R. de Grenelle	Rue du Bac
	5	Q17-R18	**St-Hilaire** R. Geoffroy	42 Bd St-Marcel	1 R. Lacépède	St-Marcel
	13	P19	**Saint-Hippolyte** Rue	42 R. Pascal	9 R. de la Glacière	Les Gobelins
	1	I16-J19	**Saint-Honoré** Rue	21 R. des Halles	14 R. Royale	Concorde-P. Royal
	8	I16-J19	**Saint-Honoré** Rue	21 R. des Halles	14 R. Royale	Concorde
	8	I10	**St-Honoré d'Eylau** Av.	58 Av. R. Poincaré	en impasse	Victor Hugo
	11	I24-J24	**Saint-Hubert** Rue	66 R. St-Maur	86 Av. République	Rue St-Maur
	1	I17	**Saint-Hyacinthe** Rue	13 R. La Sourdière	8 R. Marché St-Hon.	Pyramides
	11	J23	**Saint-Irénée** Sq.	R. Lacharrière	en impasse	St-Ambroise
	5	L19-O18	**Saint-Jacques** Rue	79 R. Galande	84 Bd Port Royal	St-Michel
	14	P17-Q18	**Saint-Jacques** Bd	50 R. de la Santé	3 Pl. Denfert Roch.	St-Jacques
	12	L23	**Saint-Jacques** Cr	8 Pas. L. Philippe	en impasse	Bastille
	14	P17	**Saint-Jacques** Rue	83 R. Fbg St-Jacques	48 Bd St-Jacques	St-Jacques
	14	P17-Q17	**Saint-Jacques** Villa	61 Bd St-Jacques	20 R. la Tombe Iss.	St-Jacques
	16	G6	**Saint-James** Pte	Bd du Cdt Charcot	R. de la Ferme	Pt de Neuilly
	17	D16	**Saint-Jean** Rue	R. Saint-Jean	Passage St-Michel	La Fourche
	17	D16	**Saint-Jean** Rue	80 Av. de Clichy	4 R. Dautancourt	La Fourche
	6	M15	**St-Jean-B. de la Salle** R.	117 R. de Sèvres	110 R. Cherche Midi	Vaneau
	18	D20-E20	**Saint-Jérôme** Rue	8 R. St-Mathieu	11 R. Cavé	Château Rouge
	1	J19	**Saint-John Perse** Al.	R. Berger	Pl. René Cassin	Les Halles
	11	L23	**Saint-Joseph** Cr	5 R. de Charonne	en impasse	Bastille
	2	H19-I19	**Saint-Joseph** Rue	7 R. du Sentier	140 R. Montmartre	Sentier
	18	B17	**Saint-Jules** Pass.	18 R. Leibniz	2 R.A. Compoint	Pte de St-Ouen
	5	L19	**St-Julien le Pauvre** R.	25 Q. de Montebello	52 R. Galande	St-Michel
	14	B14	**Saint-Just** Rue	88 R. P. Rebière	en impasse	Pte de Clichy
	15	N12	**Saint-Lambert** Sq.	R. L. Lhermitte	R. T. Renaudot	Commerce
	15	O11-P11	**Saint-Lambert** Rue	259 R. Lecourbe	4 R. Desnouettes	Convention
	10	G21	**Saint-Laurent** Sq.	Bd de Magenta		Gare de l'Est
	10	G21	**Saint-Laurent** Rue	127 R. Fbg St-Martin	72 Bd de Magenta	Gare de l'Est
	8	G16	**Saint-Lazare** Rue	9 R. Bourdaloue	14 Pl. Gabriel Péri	St-Lazare
	9	G16	**Saint-Lazare** Rue	9 R. Bourdaloue	14 Pl. Gabriel Péri	Trinité
	11	L23	**Saint-Louis** Cr	45 R. Fbg St-Ant.	26 R. de Lappe	Bastille
	4	L20	**Saint-Louis** Rue	Q. d'Orléans	Q. de Béthune	St-Michel
	4	L20-L21	**St-Louis en l'Île** Rue	1 Q. d'Anjou	4 R. J. du Bellay	S. Morland-Pt Marie
	18	D20-E20	**Saint-Luc** Rue	10 R. Polonceau	21 R. Cavé	Barbès Rochech.
	12	N26-N28	**Saint-Mandé** Av. de	29 R. de Picpus	115 Bd Soult	Picpus-Nation
	12	N29	**Saint-Mandé** Pte de	Av. Courteline	Av. Victor Hugo	St-Mandé Tourelle

Ar.	Plan	**Rues** / Streets	Commençant	Finissant	Métro
12	M27-N27	**Saint-Mandé** Villa de	29 Av. de St-Mandé	63 Bd de Picpus	Picpus
2	H18	**Saint-Marc** Gal.	8 R. St-Marc	23 Gal. des Variétés	Grands Boulevards
2	H18	**Saint-Marc** Rue	149 R. Montmartre	10 R. Favart	Grands Boulevards
17	D12	**St-Marceaux** R. de	110 Bd Berthier	Av. Brunetière	Péreire
13	O21-P20	**Saint-Marcel** Bd	42 Bd de l'Hôpital	23 Av. des Gobelins	St-Marcel-Les Gob.
5	O21-P20	**Saint-Marcel** Bd	42 Bd de l'Hôpital	23 Av. des Gobelins	St-Marcel-Les Gob.
3	H20-J20	**Saint-Martin** Rue	8 Q. de Gesvres	1 Bd Saint-Denis	Arts et Métiers
4	H20-J20	**Saint-Martin** Rue	8 Q. de Gesvres	1 Bd Saint-Denis	Châtelet-Les Halles
10	H20-I21	**Saint-Martin** Bd	16 Pl. République	332 R. St-Martin	République
3	H20-I21	**Saint-Martin** Bd	16 Pl. République	332 R. St-Martin	République
10	H21	**Saint-Martin** Cité	90 R. Fbg St-Martin	en impasse	Jacques Bonsergent
10	H21	**Saint-Mathieu** Rue	21 R. Stephenson	8 R. St-Luc	La Chapelle
10	G22-K24	**Saint-Maur** Rue	133 R. la Roquette	22 Av. C. Vellefaux	Goncourt
11	G22-K24	**Saint-Maur** Rue	133 R. la Roquette	22 Av. C. Vellefaux	Rue St-Maur
11	J24	**Saint-Maur** Pass.	81 R. St-Maur	9 Pas. St-Ambroise	Rue St-Maur
12	P29-S29	**Saint-Maurice** Av. de	Av. Daumesnil	Av. Daumesnil	Charenton-Écoles
5	N19-N20	**Saint-Médard** Rue	35 R. Gracieuse	33 R. Mouffetard	Place Monge
4	J20-K20	**Saint-Merri** Rue	23 R. du Temple	100 St-Martin	Rambuteau
5	L19-O18	**Saint-Michel** Bd	7 Pl. St-Michel	29 Av. G. Bernanos	St-Michel
6	L19-O18	**Saint-Michel** Bd	7 Pl. St-Michel	29 Av. G. Bernanos	Luxembourg
17	D16	**Saint-Michel** Pass.	15 Av. de St-Ouen	15 R. St-Jacques	La Fourche
6	L19	**Saint-Michel** Pl.	29 Q. St-Michel	1 Bd St-Michel	St-Michel
5	L19	**Saint-Michel** Pl.	29 Q. St-Michel	1 Bd St-Michel	St-Michel
6	L19	**Saint-Michel** Pt	Q. des Orfèvres	Q. St-Michel	St-Michel
6	L19	**Saint-Michel** Pt	Q. des Orfèvres	Q. St-Michel	St-Michel
5	L18-L19	**Saint-Michel** Quai	2 Pl. Petit Pont	Pont St-Michel	St-Michel
18	D16	**Saint-Michel** Villa	46 Av. de St-Ouen	61 R. Ganneron	Guy Môq.-La Fourche
12	L23-M23	**Saint-Nicolas** Rue	67 R. de Charenton	80 R. Fbg St-Ant.	Ledru Rollin
11	L25	**Saint-Nicolas** Cr	45 R. de Montreuil	en impasse	Rue des Boulets
8	B16-D16	**Saint-Ouen** Av. de	62 Av. de Clichy	Bd d. Batignolles	Pte de St-Ouen
18	B16-D16	**Saint-Ouen** Av. de	62 Av. de Clichy	Bd d. Batignolles	La Fourche
17	C16	**Saint-Ouen** Imp.	3 R. Petiet	en impasse	Guy Môquet
17	A16	**Saint-Ouen** Pte de	33 Av. de St-Ouen	Pte de St-Ouen	Pte de St-Ouen
18	A16	**Saint-Ouen** Pte de	33 Av. de St-Ouen	Pte de St-Ouen	Pte de St-Ouen
4	L21	**Saint-Paul** Village	R. Saint-Paul	R. des Jard. St-Paul	St-Paul
20	K27	**Saint-Paul** Imp.	5 Pas. Dieu	2 rue	Maraîchers
4	L21	**Saint-Paul** Pass.	43 R. St-Paul		St-Paul
4	L21	**Saint-Paul** Rue	22 Q. Célestins	85 R. St-Antoine	Louv. Rivoli-S. Morl.
16	I12	**Saint-Paul** R. Gaston	10 Av. de New York	9 Av. du Pdt Wilson	Alma Marceau
8	E16-F16	**St-Pétersbourg** R. de	Pl. de l'Europe	5 Bd d. Batignolles	Place de Clichy
2	H19	**Saint-Philippe** Rue	113 R. d'Aboukir	70 R. de Cléry	Strasbourg St-Denis
8	G13-G14	**St-Philippe du Roule** R.	129 R. Fbg St-Honor.	14 R. d'Artois	St-Philippe du R.
8	G14	**St-Philippe Roule** Pass.	152 R. Fbg St-Honor.	7 R. de Courcelles	St-Philippe du R.
17	D16	**Saint-Pierre** Cr	47bis Av. de Clichy	en impasse	La Fourche
20	K27-L27	**Saint-Pierre** Imp.	47 R. des Vignoles	en impasse	Buzenval
18	E18-E19	**Saint-Pierre** Pl.	7 R. Livingstone	1 R. Tardieu	Anvers
11	J22-J23	**St-Pierre Amelot** Pass.	90bis R. Amelot	54 Bd Voltaire	Filles du Calvaire
6	M16	**Saint-Placide** Rue	53 R. de Sèvres	88 R. de Vaugirard	Sèvres Babylone
10	F20-G20	**Saint-Quentin** Rue de	92 Bd de Magenta	17 R. Dunkerque	Gare du Nord
8	I17	**Saint-Roch** Cr	284 R. St-Honoré	15 R. des Pyramides	Pyramides
1	I17	**Saint-Roch** Rue	194 R. de Rivoli	29 Av. de l'Opéra	Tuileries-Pyramides
6	M15	**Saint-Romain** Sq.	9 R. St-Romain	en impasse	Vaneau
6	M15	**Saint-Romain** Rue	109 R. de Sèvres	102 R. Cherche Midi	Vaneau
18	D18	**Saint-Rustique** Rue	5 R. du Mont Cenis	24 R. des Saules	Abbesses
11	K23	**Saint-Sabin** Pass.	31 R. la Roquette	1 R. St-Sabin	Bastille-Brég. Sabin
11	J22-L22	**Saint-Sabin** Rue	17 R. la Roquette	86 Bd Beaumarch.	St-Séb. Froissart
15	L11	**Saint-Saëns** Rue	28 R. Fédération	27 Bd de Grenelle	Bir Hakeim
2	I19-I20	**Saint-Sauveur** Rue	181 R. St-Denis	2 R. Petits Carreaux	Réaumur Sébastopol
11	J22-J23	**Saint-Sébastien** Imp.	9 R. St-Sébastien	en impasse	Richard Lenoir
11	J22-J23	**Saint-Sébastien** Pass.	2 Bd F. du Calvaire	19 R. St-Sébastien	St-Séb. Froissart
11	J22-J23	**Saint-Sébastien** Rue	2 Bd F. du Calvaire	19 R. Folie Méricourt	St-Séb. Froissart
17	E11-F11	**Saint-Senoch** Rue de	32 R. Bayen	45 R. Laugier	Pte de Champerret
5	L19	**Saint-Séverin** Rue	18 R. du Petit Pont	3 Bd St-Michel	St-Michel
7	K16	**Saint-Simon** Rue de	215 Bd St-Germain	90 R. de Grenelle	Rue du Bac

Ar	Plan	Rues / Streets	Commençant	Finissant	Métro
20	H26	St-Simoniens Pass.	4 R. Pixérécourt	18 R. de la Duée	St-Fargeau
2	H20-I20	Saint-Spire Rue	14 R. d'Alexandrie	8 R. Ste Foy	Strasbourg St-Denis
6	L17	Saint-Sulpice Pl.	R. Bonaparte	R. St-Sulpice	St-Sulpice
6	L17-L18	Saint-Sulpice Rue	R. de Condé	2 Pl. St-Sulpice	Odéon-St-Sulpice
7	K16	St-Thomas d'Aquin Pl.	Église St-Th. d'Aq.	Bd St-Germain	Rue du Bac
7	K16	St-Thomas d'Aquin R.	5 Pl. St-Th. d'Aquin	230 Bd St-Germain	Rue du Bac
5	M20	Saint-Victor Rue	32 R. de Poissy	38 R. Bernardins	Maubert Mutualité
19	F25	Saint-Vincent Imp.	7 R. du Plateau	en impasse	Buttes Chaumont
18	D18	Saint-Vincent Rue	12 R. de la Bonne	R. Girardon	Lamarck Caulainc.
10	F20	St-Vincent de Paul Sq.	R. Lafayette		Poissonnière
10	F20	St-Vincent de Paul R.	10 R. Belzunce	5 R. A. Paré	Gare du Nord
14	R17	Saint-Yves Rue	Av. Reille	105 R. la Tombe Iss.	Alésia
3	J21-J22	Sainte-Anastase R.	69 R. de Turenne	12 R. de Thorigny	St-Séb. Froissart
1	H18-I17	Sainte-Anne Rue	12 Av. de l'Opéra	13 R. St-Augustin	Pyramides
2	H18-I17	Sainte-Anne Rue	12 Av. de l'Opéra	13 R. St-Augustin	Quatre Septembre
2	I17	Sainte-Anne Rue	59 R. Ste-Anne	52 Pas. Choiseul	Quatre Septembre
11	K22-K23	Ste-Anne Popinc. Pass.	42 R. St-Sabin	43 Bd R. Lenoir	Bréguet Sabin
2	H20	Sainte-Apolline Rue	357 R. St-Martin	248 R. St-Denis	Strasbourg St-Denis
3	J20	Sainte-Avoie Pass.	8 R. Rambuteau	62 R. du Temple	Rambuteau
6	N16-N17	Sainte-Beuve Rue	44 R. N.-D. Champs	131 Bd Raspail	N.-D. des Champs
9	G19	Sainte-Cécile Rue	29 R. Fbg Poissonn.	6 R. de Trévise	Bonne Nouvelle
12	N25	Ste-Claire Deville R.	21 Cité Moynet	9 Pas. Montgallet	Montgallet
4	C16	Sainte-Croix Villa	37 R. d. La Jonquière	15 Imp. Ste Croix	Guy Môquet
4	K20	Ste-Croix la Bretonn. Sq.	13 R. des Archives	8 R. Ste Croix la B.	Hôtel de Ville
3	K20-K21	Ste-Croix la Bretonn. R.	31 R. V. du Temple	24 R. du Temple	Hôtel de Ville
3	I21	Ste-Elisabeth Pass.	195 R. du Temple	72 R. de Turbigo	Temple
3	I21	Sainte-Elisabeth Rue	8 R. Fon. du Temple	70 R. de Turbigo	Temple
15	P12	Sainte-Eugénie Av.	30 R. Dombasle	en impasse	Convention
15	O13	Sainte-Félicité Rue	12 R. la Procession	17 R. des Favorites	Vaugirard
2	I20	Sainte-Foy Pass.	261 R. St-Denis	14 R. Ste Foy	Strasbourg St-Denis
2	H19-I19	Sainte-Foy Gal.	57 Pas. du Caire		Sentier
2	H20	Sainte-Foy Rue	33 R. d'Alexandrie	279 R. St-Denis	Strasbourg St-Denis
5	M19	Sainte-Geneviève Pl.	62 R. M. Ste-Genev.	Pl. du Panthéon	Maubert Mutualité
18	B18	Sainte-Hélène Sq.	R. Letort	R. Esclangon	Pte de Clignancourt
13	S20-T20	Sainte-Hélène R. de	Av. Caffieri	R. de la Pot. des P.	Maison Blanche
18	B18	Sainte-Henriette Imp.	51 R. Letort	en impasse	Pte de Clignancourt
18	C19	Sainte-Isaure Rue	4 R. du Poteau	7 R. Versigny	Jules Joffrin
14	P15	Sainte-Léonie Rue	22 R. Pernety	en impasse	Pernety
18	N10	Sainte-Lucie Rue	20 R. de l'Église	95 R. de Javel	Charles Michels
12	P28-P29	Sainte-Marie Av.	Bd de la Guyane	Jeanne d'Arc	Pte Dorée
20	H28	Sainte-Marie Villa	9 Pl. Adj. Vincenot	en impasse	St-Fargeau
18	G23	Sainte-Marthe Imp.	25 R. Ste-Marthe	en impasse	Colonel Fabien
10	G23	Sainte-Marthe Pl.	32 R. Ste-Marthe	R. du Chalet	Belleville
10	G22-G23	Sainte-Marthe Rue	214 R. St-Maur	38 R. Sambre Meuse	Goncourt-Belleville
18	C16	Sainte-Monique Imp.	15 R. des Tennis	en impasse	Pte de St-Ouen
17	D11	Sainte-Odile Sq.	Av. St. Mallarmé	R. de Courcelles	Pte de Champerret
1	J19	Sainte-Opportune Pl.	8 R. des Halles	1 R. Ste Opportune	Châtelet
1	J19	Sainte-Opportune R.	10 Pl. Ste-Opport.	19 R. la Ferronnerie	Châtelet
3	I22-J21	Saintonge Rue	80 R. du Perche	19 Bd du Temple	Filles du Calvaire
6	K17-L16	Saints-Pères R. des	1 Q. Voltaire	8 R. de Sèvres	St-Germain des Prés
7	K17-L16	Saints-Pères R. des	1 Q. Voltaire	8 R. de Sèvres	Sèvres Babylone
6	K18	Saints-Pères Port des	Pont des Arts	Pont Royal	Rue du Bac
7	K18	Saints-Pères Port des	Pont des Arts	Pont Royal	Rue du Bac
20	K28	Salamandre Sq. de la	R. P. J. Toulet		Maraîchers
11	K23	Salarnier Pass.	4 R. Froment	37 R. Sedaine	Bréguet Sabin
5	L19	Salembrière Imp.	4bis R. St-Séverin	en impasse	St-Michel
17	E14	Salneuve Rue	29 R. Legendre	67 R. de Saussure	Villiers
17	E10	Salonique Av. de	Pl. Pte des Ternes	Bd de Dixmude	Pte Maillot
17	D11	Samain Rue A.	168 Bd Berthier	5 Av. S. Mallarmé	Pte de Champerret
19	G22-G23	Sambre et Meuse R.	12 R. Juliette Dodu	33 Bd de la Villette	Colonel Fabien
10	G21-H21	Sampaix Rue Lucien	32 R. du Chât. d'Eau	R. des Récollets	Jacques Bonsergent
13	O20-R20	Samson Rue	8 R. Jonas	20 R. Butte aux Cailles	Corvisart
19	F24	San Martin Av. duGal	Rue Botzaris	Rue Manin	Buttes Chaumont
12	P27	Sancerrois Sq. du	2 R. des Meuniers	37 Bd Poniatowski	Pte de Charenton

Ar.	Plan	Rues / Streets	Commençant	Finissant	Métro
16	M8	Sand Villa George	24 R. George Sand	en impasse	Jasmin
16	L7-M8	Sand Rue George	24 R. F. Gérard	113 R. Mozart	Église d'Auteuil
16	J8	Sandeau Bd Jules	2 R. Oct. Feuillet	Av. H. Martin	La Muette
9	H16-H17	Sandrié Imp.	3 R. Auber	en impasse	Chaussée d'Antin
14	R13-R14	Sangnier Av. Marc	Av. Pte de Vanves	14 Av. G. Lafenes.	Pte de Vanves
8	G16	Sansbœuf Rue J.	6 R. de la Pépinière	5 R. du Rocher	St-Lazare
13	O18-R18	Santé Rue de la	R. Amiral Mouchez	Bd Port Royal	Glacière
13	O18-R18	Santé Rue de la	R. Amiral Mouchez	Bd Port Royal	Glacière
13	P18-P19	Santé Imp. de la	17 R. de la Santé	en impasse	Glacière-Port Royal
12	N26-N27	Santerre Rue	55 R. de Picpus	27 Bd de Picpus	Bel Air
5	O20	Santeuil Rue	12 R. Fer à Moulin	19 R. Censier	Censier Daubenton
7	K14	Santiago du Chili Pl.	Bd La Tour Maubourg	R. de Grenelle	La Tour Maubourg
7	I11	Santiago du Chili Sq.	Av. La Motte P.	Pl. Santiago du Chili	La Tour Maubourg
15	P13	Santos Dumont Villa	32 R. Santos Dumont	en impasse	Pte de Vanves
15	P13-O13	Santos Dumont Rue	20 R. du Vercors	79 R. des Morillons	Pte de Vanves
14	O17	Saône Rue de la	27 R. Commandeur	32 R. d'Alésia	Alésia
15	N10	Sarasate Rue	93 R. Convention	6 R. Oscar Roty	Boucicaut
16	J10-K9	Sarcey Rue F.	25 R. de la Tour	10 R. E. Manuel	Passy
16	N7	Sardou Sq. Victorien	93 Bd Port Royal	134 R. la Glacière	Chardon Lagache
16	N7	Sardou Villa Victorien	14 R. Vict. Sardou	en impasse	Chardon Lagache
16	N7-N8	Sardou Rue Victorien	116 Av. Versailles	1 Villa V. Sardou	Chardon Lagache
15	O8-P8	Sarrabezolles Rue C.	2 Bd Victor	Bd Périphérique	Balard-Bd Victor
16	M6-N6	Sarrail Av. du Gal	Pl. Pte d'Auteuil	8 R. Lecomte Nolly	Pte d'Auteuil
6	L18	Sarrazin Rue Pierre	24 Bd St-Michel	19 R. Hautefeuille	Cluny La Sorbonne
14	R16-R17	Sarrette Rue	88 R. la Tombe Iss.	109 Av. Gal Leclerc	Pte d'Orléans-Alésia
18	E19	Sarte Rue André del	29 R. de Clignancc.	14 R. Ch. Nodier	Barbès Rochech.
20	K27	Satan Imp.	92 R. des Vignoles	en impasse	Buzenval
19	E25	Satie Rue Erik	19 Al. D. Milhaud	R. G. Auric	Ourcq
10	G20	Satrange Sq. Alban	107 R. Fbg St-Denis		Gare de l'Est
17	C15-D15	Sauffroy Rue	132 Av. de Clichy	49 R. La Jonquière	Brochant
20	K26	Saulaie Villa de la	168 Bd de Charonne	en impasse	Philippe Auguste
18	C18-D18	Saules Rue des	20 R. Norvins	135 R. Marcadet	Lamarck Caulainc.
9	G19	Saulnier Rue	34 R. Richer	70 R. La Fayette	Cadet
16	J9-K9	Saunière Rue Paul	13 R. E. Manuel	20 R. Nicolo	Passy
8	H15	Saussaies Pl. des	1 R. Cambacérès	R. de la V. l'Évêque	Miromesnil
8	H15	Saussaies Rue des	92 Pl. Beauvau	1 Pl. des Saussaies	Miromesnil
17	F11-F12	Saussier Leroy Rue	15 R. Poncelet	22 Av. Niel	Ternes
17	D13-E15	Saussure Rue de	94 R. des Dames	Bd Berthier	Rome-Malesherbes
5	L19	Sauton Rue Frédéric	9 R. Grands Degrés	19 R. Lagrange	Maubert Mutualité
1	J18	Sauval Rue	96 R. St-Honoré	1 R. de Viarmes	Louvre Rivoli
15	L11	Sauvy Pl. Alfred	23 R. Desaix	8 Al. M. Yourcenar	Dupleix
20	K27	Savart Pass.	79 R. des Haies	82 R. des Vignoles	Buzenval
20	H26-I26	Savart Rue Laurence	16 R. Boyer	19 R. du Retrait	Gambetta
20	H25-H26	Savies Rue de	56 R. de la Mare	55 R. des Cascades	Jourdain
6	L18	Savoie Rue de	11 R. Grands August.	8 R. Séguier	St-Michel
7	K13-L13	Savorg de Brazza R.	68 Av. La Bourdonnais	Al A. Lecouvreur	École Militaire
15	L13-M14	Saxe Av. de	3 Pl. de Fontenoy	98 R. de Sèvres	Sèvres Lecourbe
7	L13-M14	Saxe Av. de	3 Pl. de Fontenoy	98 R. de Sèvres	Ségur
7	M14	Saxe Villa de	17 Av. de Saxe	en impasse	Ségur
9	F18	Say Rue	1bis R. Boch. de Saron	2 R. Lallier	Anvers-Pigalle
19	C26	Scandicci Rue de	Rte des Petits Ponts	R. de Scandicci	Hoche
11	K22	Scarron Rue	72 Bd Beaumarch.	61 R. Amelot	Chemin Vert
16	J9	Scheffer Villa	49 R. Scheffer	en impasse	Rue de la Pompe
16	I9-J10	Scheffer Rue	8 R. B. Franklin	59 Av. Mandel	Rue de la Pompe
16	J10	Schloesing R. du Cdt	1 Av. P. Doumer	6 R. Pétrarque	Trocadéro
18	B18	Schneider R. Frédéric	138 Bd Ney	44 R. R. Binet	Pte de Clignancourt
14	O17-P17	Schœlcher Rue	268 Bd Raspail	12 R. Froidevaux	Denfert Rochereau
4	M21-M22	Schomberg Rue de	30 Q. Henri IV	1 R. de Sully	Louvre Riv.-S. Morl.
20	L29	Schubert Rue	R. Paganini	R. Ch. et Robert	Pte de Montreuil
15	Q8	Schuman Rue du Pdt R.	Bd Gallieni	Bd des Fr. Voisin	Corentin Celton
7	J13-J14	Schuman Av. Robert	6 R. Surcouf	R. J. Nicot	La Tour Maubourg
16	H8	Schuman Sq.	Av. de Pologne	Av. du Mal Fayolle	Pte Dauphine
15	L10-L11	Schutzenberger Rue	20 R. Émeriau	16 R. S. Michel	Bir Hakeim-Dupleix
4	L21	Schweitzer Sq. A.	R. Hôtel de Ville	R. Nonn. d'Hyères	Pont Marie

Ar.	Plan	Rues / Streets	Commençant	Finissant	Métro
5	O20	**Scipion** Sq.	8 R. Scipion	19 R. Fer à Moulin	Censier Daubenton
5	O20	**Scipion** Rue	68 Bd St-Marcel	25 R. Fer à Moulin	Les Gobelins
15	L11	**Scott** Rue du Cap.	10 R. Desaix	37 R. la Fédération	Dupleix
19	E23	**Scotto** Rue Vincent	Q. de la Loire	R. P. Reverdy	Laumière
9	G17-H17	**Scribe** Rue	12 Bd d. Capucines	Pl. Diaghilev	Chaussée d'Antin
1	H20-K19	**Sébastopol** Bd de	12 Av. Victoria	9 Bd St-Denis	Châtelet-Les Halles
2	H20-K19	**Sébastopol** Bd de	12 Av. Victoria	9 Bd St-Denis	Réaumur Sébastopol
3	H20-K19	**Sébastopol** Bd de	12 Av. Victoria	9 Bd St-Denis	Réaumur Sébastopol
4	H20-K19	**Sébastopol** Bd de	12 Av. Victoria	9 Bd St-Denis	Châtelet-Les Halles
15	N12	**Séché** Rue Léon	21 R. Dr J. Clemenc.	2 R. Petel	Vaugirard
19	E23-F24	**Secrétan** Av.	198 Bd de la Villette	31 R. Manin	Jaurès-Bolivar
15	M12	**Sécurité** Pass.	112 Bd de Grenelle	19 R. Tiphaine	La Motte Picquet
11	K23	**Sedaine** Cr	40 R. Sedaine	en impasse	Bréguet Sabin
11	K22-K24	**Sedaine** Rue	18 Bd R. Lenoir	3 Av. Parmentier	Voltaire-Brég. Sabin
7	K12-K13	**Sédillot** Sq.	133 R. St-Dominique		École Militaire
7	J12-K12	**Sédillot** Rue	25 Av. Rapp	112 R. St-Dominique	Pont de l'Alma
16	L9	**Sée** Rue du Dr G.	104 Av. Pdt Kennedy	23 Av. Lamballe	Av. Pdt Kennedy
20	J28	**Ségalen** Rue Victor	R. Riblette	R. des Balkans	Pte de Bagnolet
20	H27	**Seghers** Sq. Pierre	R. H. Jakubowicz		St-Fargeau
6	L18	**Séguier** Rue	33 Q. Grds August.	36 R. St-A. des Arts	St-Michel
18	C21-C22	**Séguin** Rue Marc	7 R. Cugnot	24 R. de la Chapelle	Marx Dormoy
7	L14-M13	**Ségur** Av. de	Pl. Vauban	29 Bd Garibaldi	Ségur
15	L14-M13	**Ségur** Av. de	Pl. Vauban	29 Bd Garibaldi	St-Franç. Xavier
7	M14	**Ségur** Villa de	41 Av. de Ségur	en impasse	Ségur
16	G4	**Seine** Pte de la	Gal Koenig	All. du Bord d''Eau	Pont de Neuilly
19	D24-E22	**Seine** Quai de la	2 R. de Flandre	161 R. de Crimée	Stalingrad-Riquet
6	L18	**Seine** Rue de	3 Q. Malaquais	16 R. St-Sulpice	Mabillon
16	L4-L5	**Seine à B. Mortem.** Rte	Butte Mortemart	Grille de St-Cloud	Pte d'Auteuil
8	N17-O17	**Séjourné** Rue Paul	82 R. N.-D. Champs	129 Bd du Montparn.	Vavin
8	I14	**Selves** Av. de	Av. Ch. Élysées	Av. F. D. Roosevelt	Ch. Élysées Clem.
19	E27	**Semanaz** Rue J.-B.	R. Semanaz	Av. Belvédère	Danube
9	F19-G19	**Semard** Rue Pierre	81 R. La Fayette	80 R. Maubeuge	Poissonnière
18	B18	**Sembat** Rue Marcel	R. René Binet	R. Marcel Sembat	Pte de Clignancourt
18	B18	**Sembat** Rue Marcel	R. Fr. Schneider	R. René Binet	Pte de Clignancourt
6	L17-M17	**Séminaire** Al. du	Pl. St-Sulpice	58 R. de Vaugirard	St-Sulpice
19	F28	**Sénégal** Pl. Jules	11 Av. Pte des Lilas	en impasse	Pte des Lilas
20	H24	**Sénégal** Rue du	39 R. Bisson	75 R. Julien Lacroix	Couronnes
17	D12	**Senlis** Rue de	2 Av. P. Adam	1 av. E. et A. Massard	Péreire
14	H19-I19	**Sentier** Rue du	114 R. Réaumur	7 Bd Poissonnière	Sentier
14	P15	**Séoul** Pl. de	R. Guilleminot		Pernety
19	D27	**Sept Arpents** R. des	8 Av. Pte de Pantin	R. Sept Arpents	Pte de Pantin-Hoche
18	F21	**September** Pl.Dulcie	Rue La Fayette	R. Château Landon	Château Landon
14	R14	**Séré de Rivières** R. Gal	6 Av. de la Pte Didot	10 Av. Lafenestre	Pte de Vanves
14	S15-S16	**Serment de Koufra** Q.	Av. la Pte Montrouge	R. Légion Etrangère	Pte d'Orléans
6	L18	**Serpente** Rue	18 Bd St-Michel	9 R. de l'Éperon	Odéon
18	C18	**Serpollet** Sq. Léon	Imp. des Cloÿs		Jules Joffrin
20	J28-J29	**Serpollet** Rue	132 Bd Davout	en impasse	Pte de Bagnolet
15	P11-P12	**Serres** Pass. O. de	363 R. de Vaugirard	R. O. de Serres	Convention
15	O12-Q11	**Serres** Rue Olivier de	14 R. V. Duruy	57 Bd Lefebvre	Pte de Versailles
16	M5	**Serres d'Auteuil** Jard.	Av. G. Bennett		Pte d'Auteuil
15	N11-O11	**Serret** Rue	37 Av. F. Faure	20 R. Bocquillon	Boucicaut
19	D26-F28	**Sérurier** Bd	353 R. de Belleville	Bd Macdonald	Pte des Lilas
11	J24	**Servan** Sq.	31 R. Servan		Voltaire
11	J24-K25	**Servan** Rue	141 R. la Roquette	Av. République	Voltaire-R. St-Maur
6	L17-M17	**Servandoni** Rue	5 R. Palatine	40 R. de Vaugirard	Mabillon-St-Sulpice
14	R17	**Seurat** Villa	101 R. la Tombe Iss.	en impasse	Alésia
20	I28	**Séverine** Sq.	Bd Mortier	Av. Pte Bagnolet	Pte de Bagnolet
14	P16-Q16	**Séverine** Sq.	4 R. des Plantes	13 R. H. Maindron	Pernety
18	E19	**Seveste** Rue	56 Bd de Rochech.	Pl. St-Pierre	Anvers
3	K21-K22	**Sévigné** Rue de	2 R. de Rivoli	3 R. du Parc Royal	Bréguet Sabin
4	K21-K22	**Sévigné** Rue de	2 R. de Rivoli	3 R. du Parc Royal	St-Paul
15	L16-N16	**Sèvres** Rue de	2 Carr. Croix Rouge	1 Bd Pasteur	Sèvres Babylone
6	L16-N16	**Sèvres** Rue de	2 Carr. Croix Rouge	1 Bd Pasteur	Sèvres Lecourbe
15	L16-N14	**Sèvres** Rue de	2 Carr. Croix Rouge	1 Bd Pasteur	Duroc

Ar.	Plan	Rues / Streets	Commençant	Finissant	Métro
15	P9	**Sèvres** Pte de	Av. Pte de Sèvres	R. Louis Armand	Balard
	G5-I4	**Sèvres à Neuilly** Rte	Pte de l'Hippodrome	Pte de Bagatelle	Pont de Neuilly
6	M15	**Sevrien** Gal. le	R. de Sèvres	R. Cherche Midi	Vaneau
15	L11	**Sextius Michel** Rue	24 R. Dr Finlay	30 R. St-Charles	Bir Hakeim-Dupleix
8	H16	**Sèze** Rue de	2 Bd Madeleine	26 Pl. la Madeleine	Madeleine
16	H10	**Sfax** Rue de	95 Av. R. Poincaré	10 R. de Sontay	Victor Hugo
15	L11	**Shaw** Rue G.-B.	R. Desaix	R. D. Stern	Dupleix
16	J8-J9	**Siam** Rue de	43 R. de la Pompe	15 R. Mignard	Rue de la Pompe
10	G21	**Sibour** Rue	121 R. Fbg St-Martin	70 Bd de Strasbourg	Gare de l'Est
12	N27-O27	**Sibuet** Rue	9 R. du Sahel	58 Bd de Picpus	Picpus-Bel Air
15	Q12	**Sicard** Rue Jean	82 Bd Lefebvre	41 Av. A. Bartholomé	Pte de Vanves
12	O27	**Sidi Brahim** Rue	219 Av. Daumesnil	98 R. de Picpus	Daumesnil-M. Bizot
20	I28	**Siegfried** Rue Jules	1 R. Irénée Blanc	32 R. P. Strauss	Pte de Bagnolet
13	O19	**Sigaud** Pass.	13 R. Alphand	19 R. Barrault	Corvisart
13	I27	**Signac** Pl. Paul	121 Av. Gambetta	92 R. Pelleport	Pelleport
19	E23	**Signoret Montand** Prom.	Quai de Seine	99 R. Ordener	Riquet
18	C19-D19	**Simart** Rue	59 Bd Barbès		Jules Joffrin
14	P16	**Simon** Villa Adrienne	48 R. Daguerre	en impasse	Denfert Rochereau
15	O11	**Simon** Rue Jules	141 R. Croix Nivert	2 R. Cournot	Félix Faure
13	Q20	**Simonet** Rue	26 R. Moulin d. Prés	53 R. Gérard	Corvisart
18	C19-C20	**Simplon** Rue du	107 R. des Poissonn.	96 R. du Mont Cenis	Simplon
16	K9	**Singer** Pass.	29 R. Singer	36 R. des Vignes	Boulainvilliers
16	K8-K9	**Singer** Rue	64 R. Raynouard	64 R. des Vignes	La Muette
4	K21	**Singes** Pass. des	43 R. V. du Temple	6 R. des Guillemites	Hôtel de Ville
17	D13	**Sisley** Rue	106 Bd Berthier	5 Av. Pte d'Asnières	Péreire
8	P16	**Sivel** Rue	15 R. Liancourt	12 R. Ch. Divry	Denfert Rochereau
7	M14	**Sizeranne** R. M. de la	1 R. Duroc	90 R. de Sèvres	Duroc
19	E25	**Sizerins** Villa des	12 R. David d'Angers		Danube
13	A23	**Skanderbeg** Pl.	Av. Pte Aubervill.		Pte de La Chapelle
13	Q18-Q19	**Sœur Marie-Cat.** Rue	86 R. de la Glacière	98 R. de la Glacière	Glacière
13	Q20	**Sœur Rosalie** Av.	6 Pl. d'Italie	13 R. Hovelacque	Place d'Italie
18	E19	**Sofia** Rue de	5 Bd Barbès	16 R. de Clignanc.	Barbès Rochech.
19	E23	**Soissons** Rue de	25 Q. de la Seine	26 R. de Flandre	Stalingrad
20	G26	**Soleil** Rue du	190 R. de Belleville	69 R. Pixérécourt	Télégraphe
15	N13-O13	**Soleil d'Or** Ruelle du	61 R. Blomet	en impasse	Vaugirard
20	I26	**Soleillet** Rue	14 R. E. Borey	40 R. Sorbier	Gambetta
1	J16	**Solférino** Pt de	Q. des Tuileries	Q. A. France	Musée d'Orsay
7	J16	**Solférino** Pt de	Q. des Tuileries	Q. A. France	Musée d'Orsay
7	J15-K16	**Solférino** Port de	Pont Royal	Pt de la Concorde	Ass. Nationale
7	J16	**Solférino** Rue de	9bis Q. A. France	260 Bd St-Germain	Solférino
19	E25-E26	**Solidarité** Rue de la	9 R. D. d'Angers	135 Bd Sérurier	Danube
19	G25-G26	**Solitaires** Rue des	50 R. de la Villette	19 R. des Fêtes	Jourdain
17	D11	**Somme** Bd de la	R. de Courcelles	2 Av. Pte Champerret	Pte de Champerret
16	O7	**Sommeiller** Villa	149 Bd Murat	43 R. C. Terrasse	Pte de St-Cloud
5	L19-M19	**Sommerard** Rue du	6 R. des Carmes	25 Bd St-Michel	Maubert Mutualité
5	J16	**Sommet des Alpes** R.	18 R. Tizoau	134 R. Castagnary	Pte de Vanves
19	Q13	**Sontine** Villa		en impasse	Ourcq
16	H10	**Sontay** Rue de	0 Pl. Victor Hugo	174 R. de la Pompe	Victor Hugo
20	H25-I26	**Sorbier** Rue	68 R. de Ménilmon.	Pl. Martin Nadaud	Gambetta
5	M18	**Sorbonne** Pl. de la	22 R. de la Sorbonne	47 Bd St-Michel	Luxembourg
5	M18-M19	**Sorbonne** Rue de la	49 R. des Écoles	2 Pl. de la Sorbonne	Cluny La Sorbonne
14	R15-S15	**Sorel** Rue A.	122 Bd Brune	29 Av. E. Reyer	Pte d'Orléans
20	I27	**Souchet** Villa	105 Av. Gambetta	100 R. Orfila	Pelleport
16	J9	**Souchier** Villa	5 R. E. Delacroix	en impasse	Rue de la Pompe
15	M12	**Soudan** Rue du	10 R. Pondichéry	95 Bd de Grenelle	Dupleix
5	M18-M19	**Soufflot** Rue	21 Pl. Panthéon	63 Bd St-Michel	Luxembourg
20	L27	**Souhaits** Imp. des	31 R. des Vignoles	en impasse	Buzenval-Avron
13	Q22	**Souham** Pl.	21 R. Jeanne d'Arc	114 R. Chât. Rentiers	Chev.-Nationale
18	P15	**Soulange Bodin** R. l'Ab.	15 R. Guilleminot	75 R. de l'Ouest	Pernety
19	G29-H29	**Soulié** Rue Pierre	R. Hoche (Bagnolet)	R. de Noisy le Sec	St-Fargeau
12	M28-P28	**Soult** Bd	279 Av. Daumesnil	Crs de Vincennes	Pte Dorée
20	H26-I26	**Soupirs** Pass. des	244 R. des Pyrénées	49 R. de la Chine	Gambetta
18	C17	**Souplex** Sq. Raymond	182 R. Marcadet	R. Montcalm	Lamarck Caulainc.
16	L8-M7	**Source** Rue de la	29 R. Ribera	34 R. P. Guérin	Michel Ange Auteuil

	Ar.	Plan	Rues / Streets	Commençant	Finissant	Métro
	3	J21	**Sourdis** Ruelle	3 R. Charlot	15 R. Pastourelle	Arts et Métiers
	7	L14	**Souvenir Français** Espl.	Av. d'Estrées	Pl. Vauban	St-Franç. Xavier
	11	L25	**Souzy** Cité	39 R. des Boulets	en impasse	Rue des Boulets
	11	I25-J25	**Spinoza** Rue	103 Av. de la Républ.	81 Bd de Ménilm.	Père Lachaise
	16	H9-I9	**Spontini** Villa	37 R. Spontini	en impasse	Pte Dauphine
	16	H9-I9	**Spontini** Rue	73 Av. Foch	182 Av. V. Hugo	Rue de la Pompe
	3	I21	**Spuller** Rue Eugène	R. de Bretagne	R. Dupetit Thouars	Temple
	18	L7-M7	**Square** Av. du	27 R. P. Guérin	69 Bd Montmorency	Michel Ange Auteuil
	18	C17	**Square Carpeaux** R.	53 R. E. Carrière	228 R. Marcadet	Guy Môquet
	15	N14	**Staël** Rue de	11 R. Lecourbe	166 R. de Vaugirard	Pasteur
		N16	**Stanislas** Rue	42 R. N.-D. Champs	93 Bd du Montparn.	Vavin
	19	B24-C24	**Station** Stier de la	1 Av. Pont Flandre	en impasse	Corentin Cariou
	20	H25	**Station de Ménilm.** Pass.	79 R. de Ménilm.	12 R. de la Mare	Ménilmontant
	16	O6	**Stefanik** Pl. du Gal	99 Bd Murat	R. du Gal Roques	Pte de St-Cloud
	18	E18-E19	**Steinkerque** Rue de	70 Bd de Rochech.	13 Pl. St-Paul	Anvers
	18	D17	**Steinlen** Rue	17 R. Damrémont	4 R. E. Carrière	Blanche
	19	G23	**Stemler** Cité	56 Bd de la Villette		Belleville
	20	J27	**Stendhal** Pass.	19 R. Stendhal	6 R. Ch. Renouvier	Gambetta
	20	J27	**Stendhal** Villa	34 R. Stendhal	en impasse	Gambetta
	20	J27	**Stendhal** Rue	Pl. St-Blaise	190 R. des Pyrénées	Pte de Bagnolet
	18	D20-E20	**Stephenson** Rue	12 R. de Jessaint	21bis R. Ordener	Marx Dormoy
	15	L11	**Stern** Rue Daniel	20 Pl. Dupleix	59 Bd de Grenelle	Dupleix
	9	E18-F18	**Stevens** Pass. Alfred	10 R. A. Stevens	9 Bd de Clichy	Pigalle
	9	F18	**Stevens** Rue Alfred	65 R. Martyrs	Pas. A. Stevens	Pigalle
	13	Q22-R22	**Sthrau** Rue	72 R. du Chevaleret	100 R. Nationale	Pte d'Ivry-Tolbiac
	12	N25	**Stinville** Pass.	22 R. Montgallet	en impasse	Montgallet
	16	P6	**Stock** Pl. de l'Abbé F.	Av. D. de la Brunerie	Av. du Gal Clavery	Pte de St-Cloud
	8	G15-G16	**Stockholm** Rue de	33 R. de Rome	10 R. de Vienne	Europe-St-Lazare
	10	G21-H20	**Strasbourg** Bd de	10 Bd St-Denis	7 R. du 8 Mai 1945	Strasbourg St-Denis
	18	I21	**Strauss** Pl. Johann	R. R. Boulanger	Bd St-Martin	République
	20	I28	**Strauss** Rue Paul	R. Géo Chavez	5 R. P. Mouillard	Pte de Bagnolet
	4	J20	**Stravinsky** Pl. Igor	R. St-Merri	R. Brisemiche	Rambuteau
	2	I19	**Stuart** Rue Marie	1 R. Dussoubs	60 R. Montorgueil	Étienne Marcel
	17	C14	**Suarès** Rue André	16 Bd Berthier	9 Av. Pte de Clichy	Pte de Clichy
	16	J8-M6	**Suchet** Bd	1 Pl. de Colombie	Pl. Pte d'Auteuil	Jasmin-Ranelagh
	19	E24	**Sud** Pass. du	28 R. Petit	en impasse	Laumière
	18	C19-D19	**Süe** Rue Eugène	92 R. Marcadet	105 R. de Clignanc.	Marcadet Poissonn.
	18	D20	**Suez** Rue de	1 R. de Panama	24 R. des Poisson.	Château Rouge
	20	K27	**Suez** Imp.	77 R. de Bagnolet	en impasse	Alexandre Dumas
	7	K11-N13	**Suffren** Av. de	71 Q. Branly	59 Bd Garibaldi	Champ de Mars
	7	L10	**Suffren** Port de	Pont d'Iéna	Pont de Bir Hakeim	Bir Hakeim
	6	L18	**Suger** Rue	15 R. St-A. des Arts	3 R. de l'Éperon	St-Michel
	14	Q14	**Suisses** Rue des	197 R. d'Alésia	48 R. P. Larousse	Plaisance
	4-5	M22	**Sully** Pt de	Q. Henri IV	Q. d'Anjou	Louvre Riv.-S. Morl.
	4	L21-M22	**Sully** Rue de	6 R. Mornay	12 Bd Henri IV	Louvre Riv.-S. Morl.
	7	J13	**Sully-Prudhomme** Av.	55 Q. d'Orsay	150 R. l'Université	La Tour Maubourg
	1	J19	**Supervielle** Al. Jules	R. Berger	Pl. René Cassin	Les Halles
	7	J14	**Surcouf** Rue	49 Q. d'Orsay	2 R. St-Dominique	La Tour Maubourg
	8	H15	**Surène** Rue de	45 R. B. d'Anglas	2 Pl. des Saussaies	Madeleine
	7	H7-H8	**Suresnes** Rte de	Pont de Suresnes	Pte Dauphine	Pte Dauphine
	20	H28	**Surmelin** Pass. du	45 R. du Surmelin	12 R. Haxo	St-Fargeau
	20	H28-I27	**Surmelin** Rue du	90 R. Pelleport	1 Pl. Vincenot	St-Fargeau
	15	M9-N9	**Surville** Rue Laure	4 Av. Émile Zola	3 R. Convention	Javel
	18	L7-M6	**Sycomores** Av. des	93 Bd Montmoren.	25 Av. des Tilleuls	Pte d'Auteuil
	11	K22-K23	**Sylvia** Rue Gaby	4 R. Appert	51 Bd R. Lenoir	Richard Lenoir

T

	Ar.	Plan	Rues / Streets	Commençant	Finissant	Métro
	4	K19-K20	**Tacherie** Rue de la	6 Q. de Gesvres	35 R. de Rivoli	Châtelet
	20	H26-H27	**Taclet** Rue	26 R. de la Duée	121 R. Pelleport	Télégraphe
	13	S20-S21	**Tage** Rue du	152 Av. d'Italie	65 R. Damesme	Maison Blanche
	13	S21	**Tagore** Rue	28 R. Gandon	141 Av. d'Italie	Pte d'Italie

Ar.	Plan	Rues / Streets	Commençant	Finissant	Métro
19	F23	**Tagrine** Rue Michel	R. G. Lardennois	R. G. Lardennois	Colonel Fabien
18	D16	**Tahan** Rue Camille	10 R. Cavalletti	en impasse	Place de Clichy
20	G26	**Taillade** Av.	28 R. F. Lemaître	en impasse	Pl. des Fêtes
11	L23	**Taillandiers** Pass. des	8 Pas. Thiéré	7 R. des Taillandiers	Bastille
11	K23-L23	**Taillandiers** Rue des	29 R. de Charonne	66 R. la Roquette	Ledru Rollin
11	M26-M27	**Taillebourg** Av. de	11bis Pl. de la Nation	23 Bd de Charonne	Nation
12	O26	**Taine** Rue	237 R. de Charenton	44 Bd de Reuilly	Daumesnil
9	F17-H18	**Taitbout** Rue	22 Bd des Italiens	17 R. d'Aumale	Trinité-Rich. Drouot
12	O27	**Taïti** Rue de	83 R. de Picpus	5 Bd de Picpus	Bel Air
7	K14	**Talleyrand** Rue de	25 R. Constantine	144 R. de Grenelle	Varenne
16	K9	**Talma** Rue	11 R. Bois le Vent	40 R. Singer	La Muette
11	J24-J25	**Talon** Rue Omer	30 R. Servan	31 R. Merlin	Père Lachaise
18	B17	**Talus** Cité du	157 R. Belliard	en impasse	Pte de St-Ouen
18	B17	**Talus** Imp. du	56 R. Leibniz	en impasse	Pte de St-Ouen
18	M29	**Talus du Cours** R. du	9 R. Elie Faure	R. du Talus du Cours	St-Mandé Tourelle
19	D24-E24	**Tandou** Rue	10 R. F. Dehaynin	135 R. de Crimée	Laumière
19	D23-E22	**Tanger** Rue de	222 Bd de la Villette	41 R. Riquet	Stalingrad-Riquet
13	P19	**Tanneries** Rue des	117 R. Nordmann	6 R. Champ l'Al.	Glacière
13	D13	**Tapisseries** Rue des	Bd Péreire	131 R. de Saussure	Péreire
17	D14-E14	**Tarbé** Rue	74 R. de Saussure	138 R. Cardinet	Villiers
7	L14	**Tardieu** Pl. André	34 Bd des Invalides	33 R. Babylone	St-Franç. Xavier
18	E18	**Tardieu** Rue	19 Pl. St-Paul	2 R. Chappe	Anvers-Abbesses
17	D12	**Tarn** Sq. du	4 R. J. Bourdais		Péreire
20	I28	**Tarron** Rue du Cap.	2 R. Géo Chavez	1 Bd Mortier	Pte de Bagnolet
16	I8	**Tattegrain** Pl.	Bd Flandrin	Av. H. Martin	Rue de la Pompe
14	R15	**Taunay** Rue Nicolas	5 Pl. Pte de Châtillon	11 Av. E. Reyer	Pte d'Orléans
10	H21	**Taylor** Rue	62 R. R. Boulanger	25 R. du Chât. d'Eau	Jacques Bonsergent
18	B22-C22	**Tchaïkovski** Rue	R. Croix Moreau	R. de l'Evangile	Pte de La Chapelle
5	F14-G14	**Téhéran** Rue de	142 Bd Haussmann	58 R. de Monceau	Monceau
5	N19-O20	**Teilh. de Chardin** R. P.	6 R. d. Patriarches	15 R. Epée de Bois	Censier Daubenton
4	L21	**Teilh. de Chardin** Pl. P.	Bd Henri IV	R. de Mornay	Louvre Riv.-S. Morl.
20	G26-G27	**Télégraphe** Pass. du	39 R. Télégraphe	178 R. Pelleport	Télégraphe
20	G27-H27	**Télégraphe** Rue du	13 R. St-Fargeau	240 R. de Belleville	Télégraphe
17	E11-E12	**Tell** Rue Guillaume	60 R. Laugier	113 Av. de Villiers	Pte de Champerret
16	O7	**Tellier** Rue C.	157 Bd Murat	19 R. Le Marois	Pte de St-Cloud
3	I21	**Temple** Sq. du	R. du Temple	R. de Bretagne	Arts et Métiers
11	I22-J22	**Temple** Bd du	25 R. Filles Calv.	1 Pl. République	République
3	I22-J22	**Temple** Bd du	25 R. Filles Calv.	1 Pl. République	République
3	I21-K20	**Temple** Rue du	64 R. de Rivoli	13 Pl. République	Temple
4	I21-K20	**Temple** Rue du	64 R. de Rivoli	13 Pl. République	Hôtel de Ville
14	O15	**Templier** Parvis D.	Av. du Maine		Gaîté
14	P16	**Tenaille** Pass.	147 Av. du Maine	38 R. Gassendi	Gaîté
18	B17-C16	**Tennis** Rue des	13 R. Lagille	183 R. Belliard	Guy Môquet
11	I23	**Ternaux** Rue	48 R. la F. Méricourt	2bis R. N. Popincourt	Parmentier
17	F10-F12	**Ternes** Av. des	49 Av. de Wagram	59 Bd Gouv. St-Cyr	Ternes
8	F12	**Ternes** Pl. des	77? R. Fbg St-Honor.	50 Av. de Wagram	Ternes
17	F12	**Ternes** Pl. des	272 R. Fbg St-Honor.	50 Av. de Wagram	Ternes
17	F10	**Ternes** Villa des	96 Av. des Ternes	Av. de Verzy	Pte Maillot
17	F11	**Ternes** Rue des	200 Bd Péreire	27 R. Guersant	Pte Maillot
19	F21-G22	**Terrage** Rue du	137 Q. de Valmy	174 R. Fbg St-Martin	Château Landon
17	E14	**Terrasse** Villa de la	19 R. de la Terrasse	en impasse	Villiers
17	E14-F14	**Terrasse** Rue de la	96 Bd Malesherb.	33 R. de Lévis	Villiers
16	O6-O7	**Terrasse** Rue Claude	185 Av. Versailles	129 Bd Murat	Pte de St-Cloud
12	K27-L26	**Terre Neuve** R. de la	106 Bd de Charonne	Pl. de la Réunion	Avron
13	R23	**Terres au Curé** R. des	70 R. Regnault	45 R. Albert	Pte d'Ivry
20	K28	**Terrier** Rue Félix	R. Eugène Reisz	2 R. Harpignies	Pte de Montreuil
12	P25-O25	**Terroirs de France** Av.	Q. de Bercy	R. du Baron Le Roy	Cour St-Émilion
18	D18	**Tertre** Imp. du	3 R. Norvins	en impasse	Abbesses
18	D18	**Tertre** Pl. du	3 R. Norvins	R. St-Eleuthère	Abbesses
18	O13	**Tessier** Rue	16 R. Bargue	11bis R. Procession	Volontaires
19	B23	**Tessier** Rue Gaston	254 R. de Crimée	89 R. Curial	Crimée
20	L28	**Tess. de Marguerites** Pl.	Gal R. Tour du Pin	R. Henri Tomasi	Pte de Montreuil
11	H22-H23	**Tesson** Rue du	160 Av. Parmentier	187 R. St-Maur	Goncourt
14	O15-P15	**Texel** Rue du	25 R. Vercingétorix	22 R. R. Losserand	Gaîté

Ar.	Plan	Rues / Streets	Commençant	Finissant	Métro
17	E14-F13	**Thann** Rue de	2 R. de Phalsbourg	3 Pl. Malesherbes	Monceau
15	L10-N12	**Théâtre** Rue du	53 Q. de Grenelle	58 R. Croix Nivert	Av. Pdt Kennedy
1	J17	**Théâtre Français** Gal.	Gal. de Chartres	R. de Richelieu	Palais Royal-Louvre
15	M12	**Thébaud** Sq. Jean	2 R. P. Chautard	6 R. P. Chautard	Cambronne
5	L19-M19	**Thénard** Rue	61 Bd St-Germain	44 R. des Écoles	Maubert Mutualité
1	I17-I18	**Thérèse** Rue	39 R. Richelieu	24 Av. de l'Opéra	Pyramides
14	P15-Q15	**Thermopyles** R. des	2 R. Didot	87 R. R. Losserand	Pernety
15	Q12	**Theuriet** Rue André	11 Bd Lefebvre	42 Av. A. Bartholomé	Pte de Versailles
15	Q16	**Thibaud** Rue	66 Av. Gal Leclerc	191 Av. du Maine	Mouton Duvernet
15	P13	**Thiboumery** Rue	56 R. d'Alleray	9 R. de Vouillé	Vaugirard
11	L23	**Thiéré** Pass.	23 R. de Charonne	48 R. la Roquette	Bastille
19	G26	**Thierry** Rue Augustin	11 R. Compans	12 R. Pré St-Gervais	Pl. des Fêtes
16	I9	**Thiers** Sq.	155 Av. V. Hugo		Rue de la Pompe
16	I9	**Thiers** Rue	168 Av. V. Hugo	57 R. Spontini	Rue de la Pompe
18	D25	**Thill** Rue Georges	73 rue Petit	168 Av. J. Jaurès	Ourcq
17	D12	**Thimerais** Sq. du	R. de Senlis	212 R. Courcelles	Péreire
18	F19	**Thimonnier** Rue	3 R. Lentonnet	54 R. Rochechouart	Poissonnière
19	D24	**Thionville** Pass. de	1 R. Léon Giraud	12 R. de Thionville	Ourcq
19	C25-D24	**Thionville** Rue de	150 R. de Crimée	Q. de la Marne	Ourcq-Laumière
18	D17-E17	**Tholozé** Rue	56 R. des Abbesses	88 R. Lepic	Abbesses
9	G19	**Thomas** R. Ambroise	4 R. Richer	57 R. Fbg Poisson.	Poissonnière-Cadet
3	H21-H22	**Thomas** Rue A.	5 R. Léon Jouhaux	2 Pl. J. Bonsergent	République
13	S19	**Thomire** Rue	77 Bd Kellermann	Av. Caffieri	Cité Universitaire
7	K11-L12	**Thomy Thierry** Al.	Av. Oct. Gréard	Pl. Joffre	École Militaire
2	H19	**Thorel** Rue	9 R. Beauregard	31 Bd de B. Nouvelle	Bonne Nouvelle
15	O10	**Thoréton** Villa	324 R. Lecourbe	en impasse	Lourmel
3	J22-K21	**Thorigny** Rue de	2 R. de la Perle	3 R. Debelleyme	St-Séb. Froissart
3	K21	**Thorigny** Pl. de	R. Elzévir	16 R. du Parc Royal	St-Séb. Froissart
12	P25	**Thorins** Rue de	R. Baron Le Roy	Pl. Vins de France	Cour St-Émilion
5	N19	**Thouin** Rue	68 R. du Cal Lemoine	R. de l'Estrapade	Card. Lemoine
15	N18-N19	**Thuillier** Rue Louis	42 R. d'Ulm	41 R. Gay Lussac	Luxembourg
19	F26	**Thuliez** Rue Louise	130 R. du Théâtre	19 R. Henri Ribière	Pl. des Fêtes
15	N12	**Thuré** Cité	130 R. du Théâtre		É. Zola-Commerce
15	Q11	**Thureau Dangin** Rue	42 Bd Lefebvre	7 Av. Bartholomé	Pte de Versailles
18	S20	**Tibre** Rue du	58 R. M. de la Pointe	71 R. Damesme	Maison Blanche
16	L7-M7	**Tilleuls** Av. des	6 Av. du Sq.	53 Bd Montmorency	Michel Ange Auteuil
12	M25	**Tillier** Rue Claude	79 Bd Diderot	238 R. Fbg St-Ant.	Reuilly Diderot
8	G11-G12	**Tilsitt** Rue de	154 Av. Ch. Élysées	2 Av. G. Armée	Ch. de Gaulle Étoile
17	G11-G12	**Tilsitt** Rue de	154 Av. Ch. Élysées	2 Av. G. Armée	Ch. de Gaulle Étoile
11	I23-I24	**Timbaud** Sq. J.-P.	R. J. P. Timbaud	R. Trois Couronnes	Couronnes
11	I22	**Timbaud** Rue J.-P.	20 Bd du Temple	35 Bd de Belleville	Couronnes
15	M11-M12	**Tiphaine** Rue	11 R. Violet	6 R. du Commerce	Dupleix
2	I19-I20	**Tiquetonne** Rue	137 R. St-Denis	32 R. É. Marcel	Étienne Marcel
4	K21	**Tiron** Rue	27 R. Fr. Miron	13 R. de Rivoli	Pont Marie
1	J18	**Tison** Rue Jean	150 R. de Rivoli	11 R. Bailleul	Louvre Rivoli
18	B22	**Tissandier** R. Gaston	32 Bd Ney	R. Ch. Hermite	Pte de La Chapelle
15	O10	**Tisserand** Rue	141 R. Lourmel	72 Av. F. Faure	Lourmel-Boucicaut
13	P21	**Titien** Rue	104 Bd de l'Hôpital	1 R. du Banquier	Campo Formio
11	L25	**Titon** Rue	33 R. de Montreuil	34 R. Chanzy	Faidherbe Chaligny
20	I25	**Tlemcen** Rue de	76 Bd de Ménilm.	61 R. Amandiers	Père Lachaise
19	D25	**Toccata** Villa	en impasse		Ourcq
17	D13	**Tocqueville** Jard. de	R. de Tocqueville		Wagram
17	D13	**Tocqueville** Sq. de	120 R. Tocqueville		Wagram-Péreire
17	D13-F14	**Tocqueville** Rue de	12 Av. de Villiers	Bd Berthier	Malesherbes-Villiers
16	I12	**Tokyo** Pl. de	16 Av. du Pdt Wilson		Iéna
20	L27	**Tolain** Rue	61 R. Grds Champs	66 R. d'Avron	Maraîchers
12	P24	**Tolbiac** Pt de	Q. de Bercy	Q. de la Gare	Cour St-Émilion
13	Q24-R25	**Tolbiac** Port de	Pont National	Pont de Tolbiac	Biblio. F. Mitterrand
13	R22	**Tolbiac** Villa	65 R. de Tolbiac	en impasse	Pte d'Ivry-Tolbiac
13	Q23-R18	**Tolbiac** Rue de	93 Q. de la Gare	129 R. de la Glacière	Volontaires-Tolbiac
19	E23	**Tollendal** Rue Lally	71 R. de Meaux	38 Av. J. Jaurès	Bolivar-Jaurès
16	L6	**Tolstoï** Sq.	92 Bd Suchet	1 Av. Mal Lyautey	Jasmin
20	L28	**Tomasi** Rue Henri	Bd Davout		Pte de Montreuil
14	P17	**Tombe Issoire** R. de la	59 Bd St-Jacques	48 Bd Jourdan	Pte d'Orléans

Ar.	Plan	Rues / Streets	Commençant	Finissant	Métro
17	E14	**Tombelle** Sq. F. de la	Sq. Em. Chabrier	Sq. Gabriel Fauré	Malesherbes
18	E20	**Tombouctou** Rue de	56 Bd la Chapelle	11 R. de Jessaint	La Chapelle
18	C21	**Torcy** Pl. de	R. de Torcy	R. de l'Evangile	Marx Dormoy
18	C21-C22	**Torcy** Rue de	1 R. Cugnot	10 R. de la Chapelle	Marx Dormoy
17	F11	**Torricelli** Rue	10 R. Guersant	41 R. Bayen	Ternes
10	H21-I22	**Toudic** Rue Yves	R. Fbg du Temple	40 R. de Lancry	République
9	F18	**Toudouze** Pl. Gustave	R. Clauzel	R. Henri Monnier	St-Georges
12	O27	**Toul** Rue de	22 R. de Picpus	28 Bd de Picpus	M. Bizot-Bel Air
18	K28	**Toulet** Rue Paul-Jean	R. du Clos	Sq. la Salamandre	Maraîchers
5	M18	**Toullier** Rue	R. Cujas	14 R. Soufflot	Luxembourg
18	E26	**Toulouse** Rue de	110 Bd Sérurier	19 Bd d'Indochine	Danube
18	A17-A16	**Toulouse Lautrec** R.	47 Av. Pte St-Ouen	R. La Fontaine	Pte de St-Ouen
16	J9	**Tour** Villa de la	R. de la Tour	19 R. E. Delacroix	Rue de la Pompe
16	I8-K10	**Tour** Rue de la	Pl. Costa Rica	1 Pl. Tattegrain	Passy
14	P15-P16	**Tour de Vanves** Pass.	144 Av. du Maine	7 R. Asseline	Pernety-Gaîté
17	F17	**Tour des Dames** R. la	7 R. La Rochefouc.	12 R. Blanche	Trinité
20	L28-M28	**Tour du Pin** R. P. de la	33 Bd Davout	Pl. Tessier de Marg.	Pte de Montreuil
4	K19	**Tour St-Jacques** Sq.	R. de Rivoli	R. St-Martin	Châtelet
20	G27-G28	**Tourelles** Pass. des	11 R. Tourelles	15 R. des Tourelles	Pte des Lilas
20	G27-G28	**Tourelles** Rue des	86 R. Haxo	161 Bd Mortier	Télégr.-Pte des Lilas
18	D17	**Tourlaque** Pass.	27 R. Caulaincourt	18 R. Damrémont	Lamarck Caulainc.
18	D17	**Tourlaque** Rue	47 R. Lepic	42 R. J. de Maistre	Blanche-Abbesses
12	N22	**Tournaire** Sq.A.	Pl. Mazas	Quai de la Rapée	
5	N19	**Tournefort** Rue	11 R. Blainville	2 Pl. Lucien Herr	Place Monge
4	L20-M20	**Tournelle** Pt de la	Q. d'Orléans	Q. d. la Tournelle	Pont Marie
5	L20-M20	**Tournelle** Pt de la	Q. d'Orléans	Q. d. la Tournelle	Pont Marie
	M20	**Tournelle** Port de la	Pont de Sully	Pt de l'Archevêché	Maubert Mutuality
5	L20-M20	**Tournelle** Quai de la	2 Bd St-Germain	1 R. Maître Albert	Maubert Mutuality
3	K22-L22	**Tournelles** Rue des	8 R. St-Antoine	77 Bd Beaumarch.	Chemin Vert-Bastille
4	K22-L22	**Tournelles** Rue des	8 R. St-Antoine	77 Bd Beaumarch.	Chemin Vert-Bastille
17	E10	**Tournemire** Rue C.	Av. Pte Champerret	Av. Pte de Villiers	Pte de Champerret
12	O27-P27	**Tourneux** Imp.	4 R. Tourneux	en impasse	Michel Bizot
12	O27	**Tourneux** Rue	66 R. Cl. Decaen	206 Av. Daumesnil	Michel Bizot
6	L18-M18	**Tournon** Rue de	19 R. St-Sulpice	24 R. de Vaugirard	Mabillon-Odéon
15	M11	**Tournus** Rue de	38 R. Fondary	101 R. du Théâtre	Av. Émile Zola
6	L18	**Tours** R. Grégoire de	5 R. de Buci	18 R. Quatre Vents	Odéon-Mabillon
20	H24	**Tourtille** Rue de	27 R. de Pali Kao	32 R. de Belleville	Couronnes
7	L13-L14	**Tourville** Av. de	8 Bd des Invalides	3 Pl. École Militaire	École Militaire
15	P12	**Toussaint** Sq. Marcel	7 R. de Dantzig	en impasse	Convention
13	R21	**Toussaint-Féron** R.	139 Av. de Choisy	51 Av. d'Italie	Tolbiac
6	L18	**Toustain** Rue	74 R. de Seine	1 R. Félibien	Mabillon
1	I20	**Tracy** Rue de	127 Bd Sébastopol	222 R. St-Denis	Strasbourg St-Denis
2	C19-C20	**Traëger** Cité	17 R. Boinod	en impasse	Marcadet Poissons
16	G11-H11	**Traktir** Rue de	14 Av. V. Hugo	9 Av. Foch	Ch. de Gaulle Étoile
20	H25	**Transvaal** Rue du	R. Piat	93 R. des Couronnes	Pyrénées
12	N23-N22	**Traversière** Rue	84 Q. de la Rapée	100 R. Fbg St-Ant.	Ledru Rollin
15	N14	**Tréfouel** Pl. J. et T.	H. de Vaugirard	R. Dr Roux	Pasteur
8	G14	**Treilhard** Rue	40 R. Bienfaisance	R. de Narvik	Miromesnil
13	S22	**Trélat** Sq. Ulysse	100 R. Regnault	6 Pl. de Narvik	Pte d'Ivry
16	H9	**Trentinian** Pl. des G.	Avenue Foch		Pte Dauphine
4	K21	**Trésor** Rue du	9 R. des Écouffes	26 R. V. du Temple	St-Paul
18	C18	**Trétaigne** Rue de	112 R. Marcadet	117 R. Ordener	Jules Joffrin
9	G19	**Trévise** Cité de	14 R. Richer	R. Bleue	Cadet
9	G19-H19	**Trévise** Rue de	22 R. Bergère	76 R. La Fayette	Grands Boulevards
2	I20	**Trinité** Pass. de la	164 R. St-Denis	21 R. de Palestro	Réaumur Sébastopol
9	G17	**Trinité** Rue de la	Pl. d'Est. d'Orves		Trinité
9	F17	**Trinité** Rue de la	7 R. Blanche	8 R. de Clichy	Trinité
7	K12-L12	**Tripier** Av. du Gal	Al. Th. Thierry	Av. de Suffren	Ch. de Mars-Tr Eiffel
7	J10	**Trocadéro** Sq. du	38 R. Scheffer		Rue de la Pompe
16	J10	**Trocad. et 11 Nov.** Pl.	Av. du Pdt Wilson	39 R. Franklin	Trocadéro
11	I23	**Trois Bornes** Cité des	3 R. Trois Bornes	en impasse	Parmentier
11	I23	**Trois Bornes** Rue des	21 Av. de la Répub.	139 R. St-Maur	Parmentier
20	H24-I24	**Trois Couronnes** Villa	R. des Couronnes	R. de Pali Kao	Couronnes
11	I23	**Trois Couronnes** Rue	120 R. St-Maur	1 R. Morand	Parmentier

Ar.	Plan	Rues / Streets	Commençant	Finissant	Métro
11	L23	**Trois Frères** Cr des	81 R. Fbg St-Ant.	en impasse	Ledru Rollin
18	E18	**Trois Frères** Rue des	R. d'Orsel	10 R. Ravignan	Anvers
5	L19	**Trois Portes** Rue des	10 R. Fr. Sauton	13 R. l'Hôtel Colbert	Maubert Mutualité
11	K23-K24	**Trois Sœurs** Imp. des	26 R. Popincourt	en impasse	Voltaire
13	R23	**Trolley** de Prevaut R.	R. Albert	R. de Patay	Bd-Masséna
8	G16-H16	**Tronchet** Rue	35 Pl. la Madeleine	55 Bd Haussmann	Madeleine
11	M26-M27	**Trône** Av. du	19 Pl. de la Nation	1 Bd de Charonne	Nation
11	M27	**Trône** Pass. du	5 Bd de Charonne	8 Av. Taillebourg	Nation
8	G15-G16	**Tronson du Coudray** R.	25 R. Pasquier	52 R. d'Anjou	St-Augustin
11	L24	**Trousseau** Rue	R. Fbg St-Ant.	R. de Charonne	Ledru Rollin
17	G11-G12	**Troyon** Rue	9 Av. Wagram	12 Av. Mac Mahon	Ch. de Gaulle Étoile
13	R20	**Trubert Bellier** Pass.	21 R. Ch. Fourier	65 R. de la Colonie	Corvisart
17	E16	**Truchet** Rue Abel	30 Bd d. Batignolles	11 R. Caroline	Place de Clichy
9	E19-F18	**Trudaine** Av.	77 R. Rochechouart	64 R. Martyrs	Pigalle-Anvers
9	F18	**Trudaine** Sq.	52 R. Martyrs		St-Georges
12	P25-Q25	**Truffaut** Rue François	Q. de Bercy	R. Baron Le Roy	Cour St-Emilion
17	D15-E16	**Truffaut** Rue	34 R. des Dames	154 R. Cardinet	Place de Clichy
11	J23	**Truillot** Imp.	86 Bd Voltaire	en impasse	St-Ambroise
8	I14	**Tuck** Av. Edward	Cours la Reine	Av. Dutuit	Ch. Élysées Clem.
13	S20	**Tuffier** Rue du Dr	52 R. Damesme	43 R. des Peupliers	Maison Blanche
1	J15-K16	**Tuileries** Port des	Pont Royal	Q. des Tuileries	Ass. Nationale
1	J16	**Tuileries** Jard. des	Pl. de la Concorde	Av. du Gal Lemonier	Tuileries-Concorde
1	J15-J17	**Tuileries** Quai des	Q. du Louvre	Pont de la Concorde	Concorde
18	B18	**Tulipes** Villa des	101 R. Ruisseau	en impasse	Pte de Clignancourt
11	L26-M26	**Tunis** Rue de	7 Pl. de la Nation	92 R. de Montreuil	Nation
14	S17-S18	**Tunisie** Av. de la	Allée Montsouris	Parc Montsouris	Cité Universitaire
19	F25	**Tunnel** Rue du	43 R. des Alouettes	54 R. Botzaris	Buttes Chaumont
1	I21-J19	**Turbigo** Rue de	8 R. Montorgueil	199 R. du Temple	Arts et Métiers
3	I22-L21	**Turenne** Rue de	72 R. St-Antoine	70 R. Charlot	St-Séb. Froissart
4	I22-L21	**Turenne** Rue de	72 R. St-Antoine	70 R. Charlot	St-Séb. Froissart
9	F19	**Turgot** Rue	32 R. Condorcet	43 Av. Trudaine	Anvers
3	E16-F16	**Turin** Rue de	32 R. de Liège	25 Bd d. Batignolles	Place de Clichy
18	D19	**Turlure** Parc de la	Rue Lamarck		Château Rouge
19	G23	**Turot** Rue Henri	86 Bd de la Villette	93 Av. S. Bolivar	Colonel Fabien
16	L7	**Turquan** Rue Robert	13 R. de l'Yvette	en impasse	Jasmin
11	L26	**Turquetil** Pass.	93 R. de Montreuil	43 Av. Ph. Auguste	Nation
17	B16	**Tzanck** Pl. Arnault	Av. de la Pte Pouchet	31 R. A. Brechet	Pte de St-Ouen
18	B21-C22	**Tzara** Rue Tristan	35 R. de l'Evangile	Pl. P. Mac Orlan	Pte de La Chapelle

U - V

5	N19	**Ulm** Rue d'	9 Pl. Panthéon	51 R. Gay Lussac	Luxembourg
17	D12	**Ulmann** Jard. André	Bd de Reims	Av. Brunetière	Péreire
7	K13	**Union** Pass. de l'	175 R. de Grenelle	14 R. Champ de M.	École Militaire
16	I10	**Union** Sq. de l'	84 R. Lauriston		Boissière
7	J12-K17	**Université** Rue de l'	20 R. Sts Pères	11 Allée Deschanel	St-Germain des Prés
16	L6-M6	**Urfé** Sq. d'	118 Bd Suchet	33 Av. Mal Lyautey	Pte d'Auteuil
4	L20	**Ursins** Rue des	2 R. Chantres	1 R. de la Colombe	Cité
5	N18	**Ursulines** Rue des	52 R. Gay Lussac	245 R. St-Jacques	Luxembourg
16	H12	**Uruguay** Pl. de l'	Av. d'Iéna	R. J. Giraudoux	Kléber
18	D19-E19	**Utrillo** Rue Maurice	1 R. P. Albert	R. Cardinall Dubois	Anvers
2	H18-H19	**Uzès** Rue d'	15 R. St-Fiacre	170 R. Montmartre	Grands Boulevards
9	H11-H12	**Vacquerie** R. Auguste	3 R. Newton	12 R. Dumont d'Urv.	Kléber
16	O5-P6	**Vaillant** Av. Édouard	Av. Pte de-Cloud	Av. F. Buisson	Pte de-Cloud
14	T17-T18	**Vaill. Couturier** Av. P.	Av. Mazagran	Av. L. Descaves	Gentilly
5	N18-O18	**Val de Grâce** Rue du	Pl. Alph. Laveran	137 Bd St-Michel	Port Royal
13	T18-T20	**Val de Marne** Rue du	Av. Mazagran	R. Gallieni (Gentilly)	Gentilly
18	E18	**Valadon** Pl. Suzanne	R. Foyatier	R. Tardieu	Anvers-Abbesses
7	K13	**Valadon** Rue	167 R. de Grenelle	10 R. Chp de Mars	École Militaire
5	O19-O20	**Valence** Rue de	2 Av. des Gobelins	19 R. Pascal	Censier Daubenton
10	J20	**Valenciennes** Pl. de	112 Bd de Magenta	134 R. La Fayette	Gare du Nord
10	F20	**Valenciennes** Rue de	141 R. Fbg St-Denis	110 Bd de Magenta	Gare du Nord

Ar.	Plan	Rues / Streets	Commençant	Finissant	Métro
7	J12-J13	**Valentin** R. Edmond	14 Av. Bosquet	23 Av. Rapp	Pont de l'Alma
16	H10-H11	**Valéry** Rue Paul	50 A. Kléber	27 A. Foch	Victor Hugo
5	M19	**Valette** Rue	1 R. Lanneau	8 Pl. du Panthéon	Maubert Mutualité
13	N22	**Valhubert** Pl.	57 Q. Austerlitz	1 Bd de l'Hôpital	Gare d'Austerlitz
13	N22	**Valhubert** Pl.	57 Q. Austerlitz	1 Bd de l'Hôpital	Gare d'Austerlitz
15	O8-P9	**Valin** Bd du Gal M.	Q. Issy les Mlx	Bd Victor	Balard
12	P27	**Vallée de Fécamp** Imp.	18 R. de Fécamp	en impasse	Pte de Charenton
18	A17	**Vallery Radot** R. L. P.	13 R. G. de Nerval	36 Av. de St-Ouen	Pte de St-Ouen
11	L25	**Vallès** Rue Jules	23 R. Chanzy	102 R. de Charonne	Charonne
13	P21	**Vallet** Pass.	11 R. Pinel	11 Av. St. Pichon	Nationale
15	P13	**Vallin** Pl. C.	139 R. l'Abbé Groult	60 R. Dombasle	Convention
15	P13	**Vallois** Sq. Frédéric	3 R. de Vouillé	en impasse	Convention
7	K16	**Valmy** Imp. de	40 R. du Bac	en impasse	Rue du Bac
10	E22-H22	**Valmy** Quai de	27 R. Fbg du Temple	230 R. La Fayette	République-Jaurès
8	F14	**Valois** Av. de	115 Bd Malesherb.	en impasse	Villiers
1	I10	**Valois** Gal. de	Péristyle de Valois	Péristyle de Beauj.	Palais Royal-Louvre
1	J18	**Valois** Pl. de	4 Pl. de Valois	Pas Vérité	Palais Royal-Louvre
1	I18-J18	**Valois** Rue de	202 R. St-Honoré	1 R. de Beaujolais	Palais Royal-Louvre
13	R24	**Van Dongen** R. Kees	Rue Watt	en impasse	Tolbiac
8	F13	**Van Dyck** Av.	Pl. du Gal Brocard	Parc de Monceau	Courcelles
12	N23	**Van Gogh** Rue	62 Q. Rapée	197 R. de Bercy	Gare de Lyon
16	N7-O7	**Van Loo** Rue	Q. L. Blériot	154 Av. Versailles	Exelmans-Bd Victor
12	P28	**Van Vollenhoven** Sq.	Bd Poniatowski		Pte Dorée
14	R13	**Vandal** Imp.	27 Bd Brune	en impasse	Pte de Vanves
14	O15-O16	**Vandamme** Rue	22 R. de la Gaîté	66 Av. du Maine	Gaîté
13	R20	**Vandrezanne** Pass.	37 R. Vandrezanne	57 R. Moul. des Prés	Tolbiac
13	O20-R20	**Vandrezanne** Rue	42 Av. d'Italie	39 R. Moul. des Prés	Tolbiac
7	L15	**Vaneau** Cité	63 R. Varenne	12 R. Vaneau	Varenne
7	K15-M15	**Vaneau** Rue	61 R. Varenne	44 R. de Sèvres	Vaneau-Varenne
14	R18	**Vanne** Al. de la	Allée du Lac	Parc Montsouris	Cité Universitaire
14	R13	**Vanves** Pte de	Bd Périphérique		Pte de Vanves
20	M29	**Var** Sq. du	7 R. Noël Ballay	8 R. Lippmann	Pte de Vincennes
7	L15	**Varenne** Cité de	51 R. de Varenne	en impasse	Rue du Bac
7	K15-L16	**Varenne** Rue de	14 R. de la Chaise	17 Bd des Invalides	Varenne
18	B17	**Varenne** Rue Jean	154 Bd Ney	11 Av. Pte Montmar.	Pte de St-Ouen
19	D25	**Varèse** Rue Edgar	12 R. A. Mille	Gal. la Villette	Pte de Pantin
5	O10-O9	**Varet** Rue	197bis R. St-Ch.	164 R. de Lourmel	Lourmel
2	H18	**Variétés** Gal. des	38 R. Vivienne	28 Galerie St-Marc	Grands Boulevards
20	G28	**Variot** Sq. du Dr	Av. Gambetta	Bd Mortier	Pte des Lilas
16	N6-O6	**Varize** Rue de	104 R. Michel Ange	63 Bd Murat	Pte de St-Cloud
19	F21-F22	**Varlin** Rue Eugène	145 Q. de Valmy	196 R. Fbg St-Martin	Château Landon
16	J11	**Varsovie** Pl. de	Bd Delessert	Pont d'Iéna	Trocadéro
12	M28	**Vassou** Imp.	37 R. de la Voûte	en impasse	Pte de Vincennes
7	L14	**Vauban** Pl.	5 Av. de Tourville	1 Av. de Breteuil	St-Franç. Xavier
3	I20	**Vaucanson** Rue	53 R. de Turbigo	29 R. du Vertbois	Arts et Métiers
17	D12	**Vaulouse** Sq. de	23 Av. Brunetière		Péreire
11	H23-I24	**Vaucouleurs** Rue de	83 R. Timbaud	28 R. de l'Orillon	Couronnes
7	M13	**Vaudoyer** Rue Léon	40 Av. de Saxe	21 R. Pérignon	Ségur
20	J28	**Vaudrey** Pl. Pierre	19 R. des Balkans	1 Cité Leclaire	Pte de Bagnolet
15	P11	**Vaugelas** Rue	58 R. O. de Serres	23 R. Lacretelle	Pte de Versailles
15	N15-O14	**Vaugirard** Bd de	2 Pl. Raoul Dautry	71 Bd Pasteur	Montparn. Bienv.
6	M18-P11	**Vaugirard** Rue de	44 Bd St-Michel	1 Bd Lefebvre	St-Sulpice
15	M18-P11	**Vaugirard** Rue de	44 Bd St-Michel	1 Bd Lefebvre	Convention
15	O14-O15	**Vaugirard** Gal.	R. Falguière	Bd Vaugirard	Montparn. Bienv.
5	N19-O19	**Vauquelin** Rue	48 R. Lhomond	70 R. C. Bernard	Censier Daubenton
18	B3	**Vauvenargues** Villa	82 R. Lebkniz	en impasse	Pte de St-Ouen
18	B16-C17	**Vauvenargues** Rue	65 R. Damrémont	153 Bd Ney	Lamarck Caulainc.
1	J18-J19	**Vauvilliers** Rue	76 R. St-Honoré	R. Berger	Louvre Rivoli
11	K22	**Vaux** Rue Clotilde de	56 Bd Beaumarch.	47 R. Amelot	Chemin Vert
6	N17	**Vavin** Av.	84 R. d'Assas	en impasse	Vavin
6	N16-N17	**Vavin** Rue	76 R. d'Assas	99 Bd du Montparn.	Vavin
20	J28	**Veber** Rue Jean	154 Bd Davout	76 R. L. Lumière	Pte de Bagnolet
12	O27-P27	**Véga** Rue de la	257 Av. Daumesnil	118 Av. Gal M. Bizot	Pte Dorée-M. Bizot
8	F14	**Velasquez** Av.	Bd Malesherbes	Parc de Monceau	Monceau

99

Ar.	Plan	Rues / Streets	Commençant	Finissant	Métro
15	O8	**Victor** Sq.	Bd Gal M. Valin	R. C. Sarrabezol.	Bd Victor
20	K19-K20	**Victoria** Av.	5 Pl. l'Hôtel de Ville	2 R. Ste Opportune	Hôtel de Ville
20	H28	**Vidal de la Blache** R.	78 Bd Mortier	25 R. Le Vau	Pte de Bagnolet
2	I18	**Vide Gousset** R.	12 Pl. Victoires	2 R. du Mail	Sentier
3	J22-K21	**Vieille du Temple** R.	36 R. de Rivoli	1 R. de Bretagne	Filles du Calvaire
4	J22-K21	**Vieille du Temple** R.	36 R. de Rivoli	1 R. de Bretagne	St-Paul-Hôtel de Ville
7	F16-G15	**Vienne** Rue de	8 Pl. H. Bergson	Pl. de l'Europe	Europe
13	K13	**Vierge** Pass. de la	54 R. Cler	75 Av. Bosquet	École Militaire
16	J4-K5	**Vierge aux Berceaux** Rte	Rte de l'Hippodrome	Car. de Longchamp	Av. Henri Martin
17	D11	**Vierne** Rue Louis	R. J. Ibert	en impasse	Louise Michel
17	E13	**Viète** Rue	66 Av. de Villiers	145 Bd Malesherb.	Wagram
16	L5	**Vieux Chênes** Ch. des	Rte d'Aut. aux Lacs	Rte Seine B. à Mort.	Pte d'Auteuil
6	L17	**Vieux Colombier** R. du	74 R. Bonaparte	1 R. Cherche Midi	St-Sulpice
15	O14	**Vigée Lebrun** Rue	41 R. Dr Roux	106 R. Falguière	Volontaires
16	K8-L9	**Vignes** Rue des	72 R. Raynouard	4 Av. Mozart	La Muette
20	K27	**Vignoles** Imp. des	78 R. Vignoles	en impasse	Buzenval
20	K27-L26	**Vignoles** Rue des	91 Bd de Charonne	44 R. des Orteaux	Buzenval-Avron
8	G16-H16	**Vignon** Rue	Bd Madeleine	26 R. Tronchet	Madeleine
17	F13	**Vigny** Rue Alfred de	Pl. du Gal Brocard	10 R. Chazelles	Courcelles
8	F13	**Vigny** Rue Alfred de	Pl. du Gal Brocard	10 R. Chazelles	Courcelles
11	L23	**Viguès** Cr	R. du Fbg St-Antoine	en impasse	Bastille
11	L23	**Viguès** Cr Jacques	3 Cour St-Joseph	en impasse	Ledru Rollin
13	P23	**Vilar** Pl. Jean	R. Fernand Braudel		Quai de la Gare
20	H24	**Vilin** Rue	29 R. des Couronnes	19 R. Piat	Couronnes
16	N7	**Vill. de la Réunion** Gde av.	122 Av. Versailles	47 R. Chard. Lagache	Chardon Lagache
15	Q13	**Villafranca** Rue de	54 R. des Morillons	R. Fizeau	Pte de Vanves
17	E13	**Villarceau** Rue Yvon	37 R. Copernic	64 R. Boissière	Victor Hugo
17	F11-G11	**Villaret de Joyeuse** Sq.	7 R. Villaret de J.		Argentine
17	G11	**Villaret de Joyeuse** R.	1 R. des Acacias	8 R. des Acacias	Argentine
7	L14	**Villars** Av. de	3 Pl. Vauban	2 R. d'Estrées	St-Franç. Xavier
16	H10-H11	**Ville** Rue Georges	61 Av. Victor Hugo	17 R. P. Valéry	Victor Hugo
8	H15	**Ville l'Évêque** R. de la	9 Bd Malesherb.	Pl. Saussaies	St-Augustin
2	H19	**Ville Neuve** Rue de la	5 R. Beauregard	35 Bd Bonne Nouv.	Bonne Nouvelle
8	F11	**Villebois Mareuil** R.	40 Av. des Ternes	25 R. Bayen	Ternes
1	I17-I18	**Villedo** Rue	41 R. Richelieu	32 R. Ste Anne	Pyramides
20	G29	**Villegranges** Rue des	R. Villegranges	15 R. L. Frapié	Pte des Lilas
3	K22	**Villehardouin** Rue	24 R. St-Gilles	56 R. Turenne	Chemin Vert
14	P14-Q15	**Villemain** Av.	115 R. R. Losserand	148 R. d'Alésia	Plaisance-Pernety
11	J25	**Villermé** Rue René	70 R. Folie Regnault	138 R. Chemin Vert	Père Lachaise
7	K16	**Villersexel** Rue de	53 R. l'Université	Bd St-Germain	Solférino
19	E22-H23	**Villette** Bd de la	137 R. Fbg du Temple	56 R. Chât. Landon	Belleville-Jaurès
19	C25-D26	**Villette** Gal. de la	Av. J. Jaurès	Av. C. Cariou	Pte de la Villette
19	C25	**Villette** Parc de la	Bd Macdonald	Bd Sérurier	Pte de la Villette
19	A25	**Villette** Pte de la	Av. Pte de la Villette	Pl. A. Baron	Pte de la Villette
19	F25-G25	**Villette** Rue de la	115 R. de Belleville	72 R. Botzaris	Jourdain-Botzaris
7	J13-K13	**Villey** Rue Pierre	92 R. St-Dominique	en impasse	École Militaire
17	E11-F14	**Villiers** Av. de	2 Bd de Courcelles	1 Bd Gouv. St-Cyr	Villiers-Péreire
20	H27-I26	**Vill. de l'Isle Adam** R.	21 R. Sorbier	81 R. Pelleport	Pelleport-Gambetta
20	H27-I26	**Vill. de l'Isle Adam** Imp.	97 R. Villiers Isle A.	en impasse	Pelleport
12	N23-O23	**Villiot** Rue	28 Q. de la Râpée	155 R. de Dorcy	Gare de Lyon
15	O12	**Villon** Rue François	2 R. d'Alleray	5 R. Victor Duruy	Vaugirard
13	Q22-Q23	**Vimoutiers** Rue de	14 R. Charcot	R. Chef La Ville	Chevaleret
10	G21	**Vinaigriers** Rue des	89 Q. de Valmy	100 R. Fbg St-Martin	Jacques Bonsergent
12	M29	**Vincennes** Pte de	Av. Pte Vincennes	Bd Davout	Pte de Vincennes
12	M27-M28	**Vincennes** Crs de	Bd de Picpus	141 Bd Soult	Pte de Vincennes
20	M27-M28	**Vincennes** Crs de	Bd de Picpus	141 Bd Soult	Pte de Vincennes
20	H28	**Vincenot** Pl.Adjudant	80 R. du Surmelin	96 Bd Mortier	St-Fargeau
14	S17	**Vincent** R. du Prof. H.	R. Émile Faguet	Av. Dr Lannelongue	Pte d'Orléans
16	H10	**Vinci** Rue Léonard de	37 R. P. Valéry	2 Pl. Victor Hugo	Victor Hugo
13	J10-K10	**Vineuse** Rue	1 R. Franklin	35 R. Franklin	Passy-Trocadéro
14	S16	**25 Août 1944** Pl. du	203 Bd Brune	142 Av. Gal Leclerc	Pte d'Orléans
1	I17	**29 Juillet** R. du	208 R. de Rivoli	213 R. St-Honoré	Tuileries
12	P25-Q25	**Vins de France** Pl. d.	Av. Terroirs de Fr.	R. Pirogues de Bercy	Cour St-Émilion
9	E17-F16	**Vintimille** Rue de	64 R. de Clichy	5 Pl. Adolphe Max	Place de Clichy

Ar.	Plan	Rues / Streets	Commençant	Finissant	Métro
15	N11	**Violet** Pl.	R. de Violet	R. Entrepreneurs	Commerce
15	N11	**Violet** Sq.	R. de l'Église	Villa Violet	Commerce
15	N11	**Violet** Villa	80 R. Entrepreneurs	en impasse	Commerce
15	M11-N11	**Violet** Rue	92 Bd Grenelle	5 Pl. Violet	Commerce
9	E18-F18	**Viollet le Duc** Rue	1 R. Lallier	63 Bd de Rochech.	Pigalle
16	K8	**Vion Whitcomb** Av.	86 R. Ranelagh	27 Bd Beauséjour	Ranelagh
14	R16	**Virginie** Villa	66 R. P. Corentin	115 Av. Gal Leclerc	Pte d'Orléans
15	N12	**Viroflay** Rue de	64 R. Aml Roussin	23 R. Péclet	Vaugirard
6	K17	**Visconti** Rue	24 R. de Seine	19 R. Bonaparte	Mabillon
7	J17	**Visitation** Pass. de la	6 R. Saint-Simon		Rue du Bac
13	R21-S21	**Vistule** Rue de la	73 Av. Choisy	103 Av. d'Italie	Maison Blanche
16	J9-K9	**Vital** Rue	51 R. de la Tour	66 R. de Passy	R. de la Pom.-La Muet.
20	J28-K28	**Vitruve** Sq.	80 R. Vitruve	147 Bd Davout	Pte de Bagnolet
20	J28-K28	**Vitruve** Rue	68 Pl. de la Réunion	81 Bd Davout	Pte de Bagnolet
13	R24	**Vitry** Pte de	Bd Masséna	Av. Pte de Vitry	Bd Masséna
15	M9-N9	**Vitu** Rue Auguste	14 Av. E. Zola	13 R. S. Mercier	Javel
12	N25-O26	**Vivaldi** Al.	104 R. de Reuilly	en impasse	Montgallet
17	E10	**Vivarais** Sq. du	24 Bd Gouv.-St-Cyr	5 Sq. Graisivaudan	Pte de Champerret
5	L19	**Viviani** Sq.	R. du Fouarre	Quai de Montebello	St-Michel
2	I18	**Vivienne** Gal.	4 R. Pts Champs	6 R. Vivienne	Bourse
2	I18-I19	**Vivienne** Rue	14 R. Beaujolais	13 Bd Montmartre	Richelieu Drouot
13	S23	**Voguet** Rue André	R. René Villars	R. du Vieux Chemin	Pte de d'Ivry
11	K25	**Voisin** Rue Félix	6 R. Gerbier	27 R. Folie Regnault	Philippe Auguste
20	L27-L28	**Volga** Rue du	70 R. d'Avron	65 Bd Davout	Pte de Montreuil
12	L23-M23	**Vollon** Rue Antoine	8 R. T. Roussel	106 R. Fbg St-Antoine	Ledru Rollin
2	H16-H17	**Volney** Rue	10 R. d. Capucines	19 R. Daunou	Opéra
3	O13-O14	**Volontaires** Rue des	59 R. Lecourbe	44 R. Dr Roux	Volontaires
3	I20-I21	**Volta** Rue	8 R. au Maire	31 R. N.-D. Nazareth	Arts et Métiers
11	I22-M26	**Voltaire** Bd	4 Pl. de la Rép.	3 Pl. de la Nation	Nation-Voltaire
11	L25-L26	**Voltaire** Cité	207 Bd Voltaire	en impasse	Rues des Boulets
11	N6-N7	**Voltaire** Imp.	Impasse Racine	en impasse	Exelmans
7	J16-K17	**Voltaire** Quai	2 R. des Sts-Pères	R. du Bac	Musée d'Orsay
11	L25-L26	**Voltaire** Rue	211 Bd Voltaire	55 Av. Ph. Auguste	Rues des Boulets
13	S19	**Volubilis** Rue des	1 R. des Iris	1 R. des Glycines	Cité Universitaire
3	K22	**Vosges** Pl. des	11bis R. Birague	1 R. de Béarn	Chemin Vert
15	P13	**Vouillé** Rue de	Pl. Ch. Vallin	R. d'Alésia	Plaisance
20	I26	**Voulzie** Rue de la	2 R. Westermann	10 R. Villiers l'Isle A.	Madeleine
12	M28	**Voûte** Pass. de la	45 R. de la Voûte	100 C. Vincennes	Pte de Vincennes
12	M28-N28	**Voûte** Rue de la	54 Av. Dr Netter	139 Bd Soult	Pte de Vincennes
13	P19-Q19	**Vulpian** Rue	3 R. Champ de l'A.	84 Bd A. Blanqui	Glacière

W

11	K22	**Wagner** Rue du Past.	26 Bd Beaumarch.	7 Bd R. Lenoir	Chemin Vert
17	D13-G12	**Wagram** Av. de	Pl. Ch. de Gaulle	1 Pl. de Wagram	Wagram
8	D13	**Wagram** Pl. de	181 Bd Malesherb.	Bd Péreire	Wagram
17	G12	**Wagram St-Honoré** V.	233 R. Fg St-Honoré	Bd Péreire	Ternes
17	F10	**Waldeck Rousseau** R.	Bd Péreire	91 Av. des Ternes	Pte Maillot
16	G4-G6	**Wallace** Bd Richard	Car.Pte Madrid	Pont de Puteaux	Pont de Neuilly
13	O21	**Wallons** Rue des	48 Bd de l'Hôpital	R. Jules Breton	St-Marcel
8	G13-H12	**Washington** Rue	114 Av. Ch. Élysées	179 Bd Haussmann	George V
13	Q24-R24	**Watt** Rue	31 Q. de la Gare	24 R. Chevaleret	Bd Masséna
19	P20-P21	**Watteau** Rue	114 Bd de l'Hôpital	en impasse	Campo Formio
19	C23	**Wattieaux** Pass.	74 R. de l'Ourcq	78 R. Curial	Crimée
12	P27	**Wattignies** Imp. de	76 R. Wattignies	en impasse	Pte de Charenton
12	O26-P27	**Wattignies** Rue de	243 R. de Charenton	19 R. C. Decaen	Pte de Charenton
10	H21	**Wauxhall** Cité du	4 Bd de Magenta	27 R. A. tThomas	République
16	G10-G9	**Weber** Rue	38 R. Pergolèse	Bd Aml Bruix	Pte Maillot
13	R21-R22	**Weil** Rue Simone	108 Av. d'Ivry	R. Beaudricourt	Pte de Choisy
14	S17	**Weill** Av. David	32 Bd Jourdan	Av. A. Rivoire	Cité Universitaire
13	P22-P23	**Weiss** Rue Louise	108 R. Chevaleret	57 Bd V. Auriol	Chevaleret
15	P13	**Weiss** Rue C.	45 R. Labrouste	52 R. Castagnary	Plaisance

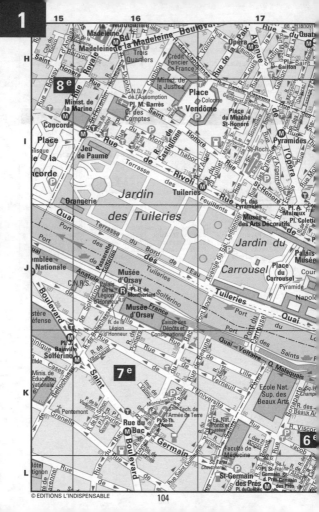

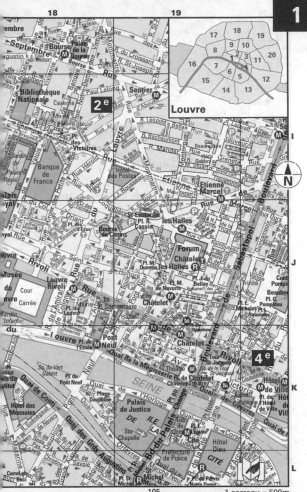

18   19

Bourse de la Bourse
Palais de la Bourse
Bibliothèque Nationale
2e

Louvre

17 18 19
9 10
8 3
16 7 1 20
6 2 11
15 5 12
14 13

Banque de France

St-Eustache
Bourse de Comm.
les Halles

Forum Châtelet

Musée du Louvre
Cour Carrée
Louvre Rivoli

Châtelet

Pont Neuf
Châtelet

Rivoli

Tour St-Jacques
4e

SEINE

Palais de Justice
DE
Sq. du Vert Galant
Pont Neuf
Place Dauphine
ILE
Ste-Chapelle
Hôtel des Monnaies
Cité
LA
Hôtel Dieu
Préfecture de Police
CITÉ
Hôtel de Ville

1 carreau = 500m

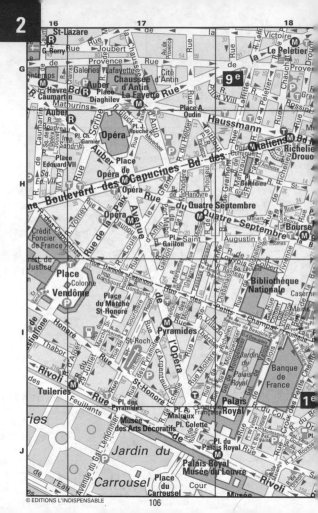

1 carreau = 500m

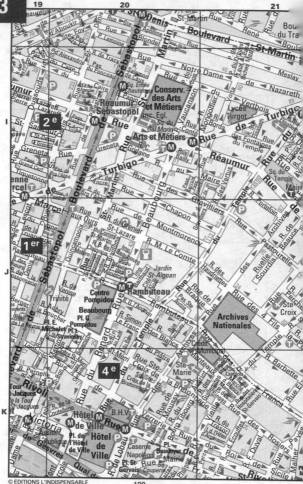

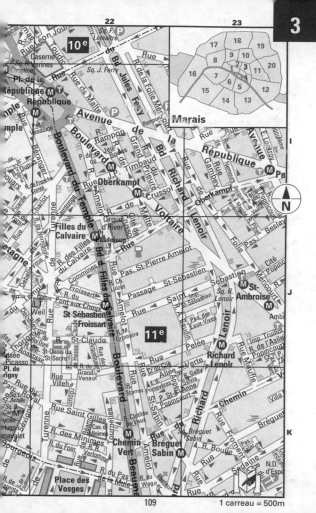

1 carreau = 500m

19 20

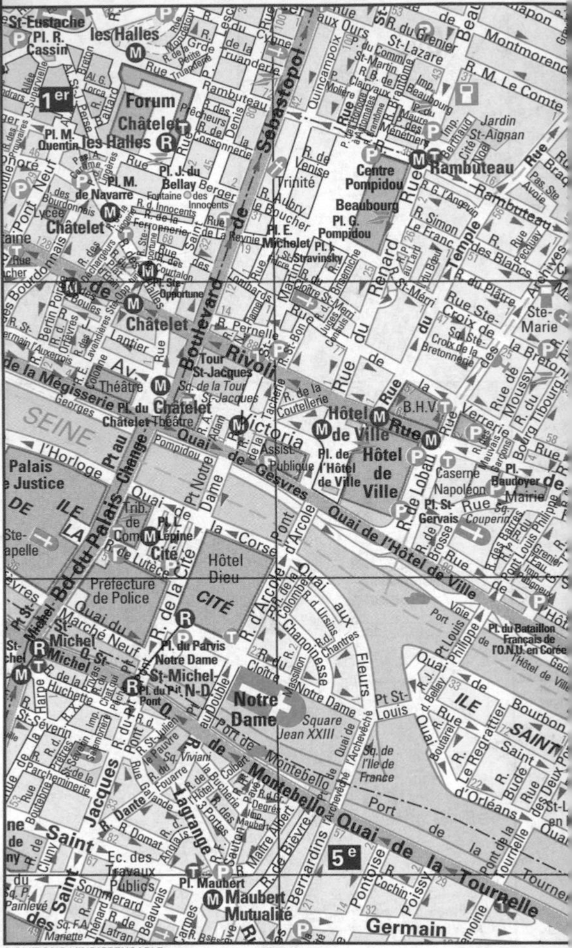
J
K
L
M
St-Eustache
Pl. R. Cassin
les Halles
1er
Forum
Châtelet
Les Halles
Pl. M. Quentin
Rue Rambuteau
Boulevard de Sébastopol
Quincampoix
Centre Pompidou
Beaubourg
Pl. G. Pompidou
Rambuteau
Jardin St-Aignan
Rue du Temple
Rue du Renard
Pl. J. du Bellay
Fontaine des Innocents
Pl. M. de Navarre
Châtelet
Pl. Ste-Opportune
Pl. I. Stravinsky
Pl. E. Michelet
Rue de Rivoli
Tour St-Jacques
Sq. de la Tour St-Jacques
Av. Victoria
Théâtre
Quai de la Mégisserie
Pl. du Châtelet
Châtelet Théâtre
SEINE
Quai de l'Horloge
Pt au Change
Quai de Gesvres
Hôtel de Ville
B.H.V.
Pl. de l'Hôtel de Ville
Caserne Napoléon
Pl. Baudoyer
Mairie
Pl. St-Gervais
Quai de l'Hôtel de Ville
Palais de Justice
ILE DE LA CITÉ
Ste-Chapelle
Bd du Palais
Trib. de Comm.
Pl. L. Lépine
Cité
Quai de la Corse
Pt Notre Dame
Pont d'Arcole
Hôtel Dieu
Préfecture de Police
CITÉ
Quai du Marché Neuf
Pl. du Parvis Notre Dame
St-Michel-N-D.
St-Michel
Pl. du Pt St-Michel
Notre Dame
Square Jean XXIII
Quai aux Fleurs
Pt St-Louis
Sq. de l'Ile de France
Pl. du Bataillon Français de l'O.N.U. en Corée
ILE SAINT
Quai de Bourbon
Quai d'Orléans
Pt Louis Philippe
Sq. Viviani
Rue Galande
Quai de Montebello
Port de la Tournelle
Quai de la Tournelle
Rue St-Jacques
Bd Saint Germain
Ec. des Travaux Publics
Pl. Maubert
Maubert Mutualité
5e
Sq. P. Painlevé

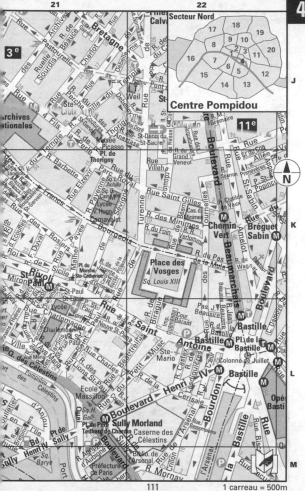

3e

Rue de Bretagne

Secteur Nord

17 18 19
9 10
16 7 2 3 11 20
6 5 4
15 8 12
14 13

J

Centre Pompidou

Archives nationales

Musée Picasso

Pl. de Thorigny

11e

Boulevard

Rue Villeha

Rue Saint Gilles

Parc Royal

Carnavalet

Rue des Minimes

Rue des Francs

Bourgeois

Chemin Vert M

Bréguet Sabin M

K

R. du Pas de la Mule

Place des Vosges
Sq. Louis XIII

Boulevard

St-Paul M

St-Paul

Rue

Saint

Rue Charlemagne

Bastille T

Bastille

Antoine

Pl. de la **Bastille**

Ste-Marie

Colonne de Juillet

Bastille M

Rue

Henri M **Bastille**

Bourdon

L

Opé Basti

Ecole Massillon

Sully Morland M
Teilhard de Chardin

Caserne des Célestins

Boulevard

Biblio. de l'Arsenal

Préfecture de Paris

Henri IV

Bd

Sq. Barye

M

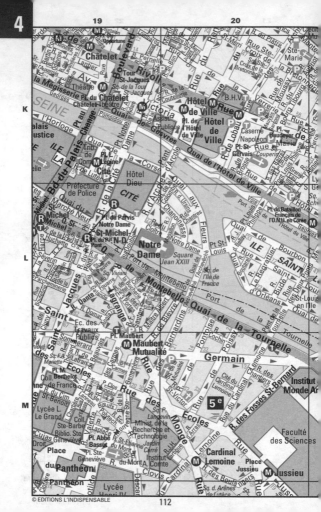

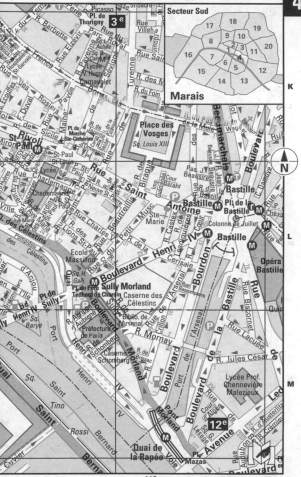

21   22   **4**

Picasso
Pl. de
Thorigny **3e**
Rue
Villeha

Secteur Sud

17   18
8   9 10 19
2 3
16   7 11 20
6 5
15   14 13 12

Marais

K

Place des Vosges
Sq. Louis XIII

Bastille

St-Paul M

Pl. de la Bastille M

Colonne de Juillet

Bastille M

L

Bastille

Opéra Bastille

Boulevard **Henri** IV

Sully Morland
Teilhard de Chardin **Caserne des Célestins**

Biblio. de
l'Arsenal
Préfecture
de Paris

R. Mornay

Caserne
Schomberg

Lycée Prof.
Chennevière
Malezieux

M

12e

Quai de la Rapée M

Pl.
Mazas

Avenue

113   1 carreau = 500m

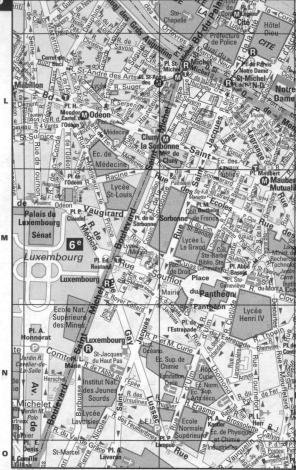

Secteur Nord

17 18 19
9 10
8 2 3
1
16 20
7 4 11
6 5
15 14 13 12

Panthéon

4e

Quai de l'Hôtel de Ville

St-Gervais-Couperin

Rue Miron

Lycée

Sq. Albert Schweitzer

St Germain

Pt. du Bataillon Français de l'O.N.U. en Corée

Hôtel de Ville

Mie Marie

ILE SAINT LOUIS

Quai de Bourbon

Sq. de l'Ile de France

Pont St-Louis

Port

Pont de la Tournelle

Quai d'Orléans

St-Louis en l'Ile

Quai d'Anjou

Pl. de Sully

Pont Marie

Pompidou

Célestins

Quai de Béthune

Ecole Massillon

Mie Sully Morland

Pl. du Père Teilhard de Chardin

Caserne des Célestins

R. Agrippa d'Aubigné

Préfecture de Paris

Biblio. de l'Arsenal

Quai de la Tournelle

Quai Henri IV

Sq. Barye

Port

Boulevard Henri

Caserne Schomberg

R. Schomberg

R. Mornay

Germain

Pont de Sully

Institut du Monde Arabe

Sq. Tino Rossi

Quai Saint Bernard

M Cardinal Lemoine

Faculté des Sciences

M Jussieu

Place Jussieu

Rue des Fossés St-Bernard

Rue Cuvier

Ménagerie

Quai de la Rapée

Fac. des Sciences

Sq. d. Arènes de Lutèce

Arènes de Lutèce

Pl. E. Mâle

Rue Linné

Jardin des Plantes

Place Valhubert

N

M Monge

Lacépède

Muséum National d'Histoire Naturelle

Mosquée de Paris

Rue Buffon

Gare d'Austerlitz

Sq. R. Montagne

Rue Daubenton

Quai d'Austerlitz

M Censier

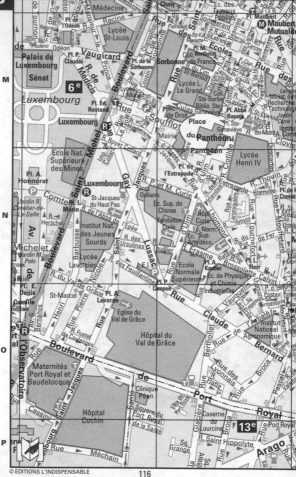

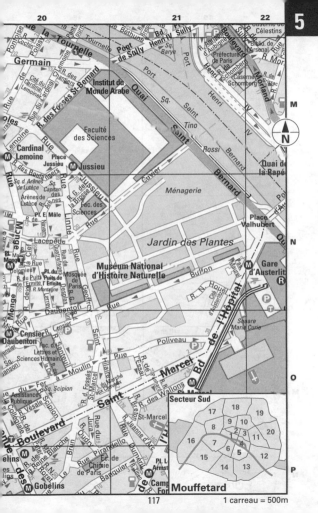

Caserne des Célestins

Pont de la Tournelle

Bd Henri IV Sully

Quai de Béthune

Pont de Sully

Sq. Barye

R. Aubriot Boulevard

d'Aubigné Sully

R. Mor

Biblio. de l'Arsenal

R. de

Germain

Cité du Cardinal Lemoine

R. du Cardinal Lemoine

Cité du Cardinal Lemoine

R. des Chantiers

R. des Fossés St-Bernard

Institut du Monde Arabe

Quai Saint

Port

Préfecture de Paris

R. de Schomberg

Caserne de Schomberg

R. de Crussol

Henri

M

Cardinal Lemoine

M

Place Jussieu

Faculté des Sciences

Quai

Saint

Tino

Rossi

Bernard

Henri IV

Quai de la Râpée

M

Lemoine

Rue

Jussieu

M Jussieu

Cuvier

Sq. d. Arènes de Lutèce

Rue des Boulangers

R. G. de la Brosse

Sq. Capitan des Arènes

Ménagerie

Arènes de Lutèce

Fac. des Sciences

Rue

Linné

Bernard

Pont

d'A

Place Valhubert

N

Pl. E Mâle

Lacepède

R. de

R. Navarre

Rue de Quatrefages

Rue

Geoffroy

Jardin des Plantes

M

Monge

R. Monge

Rue

Rollin

R. Ortolan

Pl. Monge

R. du Puits de l'Ermite

Puits de l'Ermite

Sq. R. Montagne

Mosquée de Paris

Daubenton

St Hilaire

Rue

Buffon

Rue

Muséum National d'Histoire Naturelle

R. N. Houel

Cité Jussienne

M Gare d'Austerlitz

R

P

T

Monge

M Censier Daubenton

Fac. de Lettres et Sciences Humaine

Rue Censier

Rue Daubenton

Rue

Poliveau

P

Bd de l'Hôpital

Square Marie Curie

O

Sq. Jeanson

R. du Moulin

R. Fossés St-Marcel

R. de l'Essai

Marché aux Chevaux

Saint

Marcel

M Marcel

R. du Fer à Moulin

Sq. Scipion

Rue du Marché aux Chevaux

Rue des Wallons

P

Secteur Sud

Rue de l'Assistance Publique

R. du Collégiale

R. Vésale

Saint

Jura

Rue

Rue Jeanne d'Arc

Boulevard

R. de la Reine Blanche

Rue Pirandello

Rue

Hôtel

Fac. de Chimie de Paris

Rue Dunfert

R. Dumeril

Banquier

Pl. L. Armst

P

M

Gobelins

des

elins

lins

R. de Campo Formio

M Camp For

Mouffetard

1 carreau = 500m

Secteur Sud map: 17, 18, 19, 8, 9, 10, 2, 3, 11, 20, 16, 7, 6, 4, 5, 12, 15, 14, 13

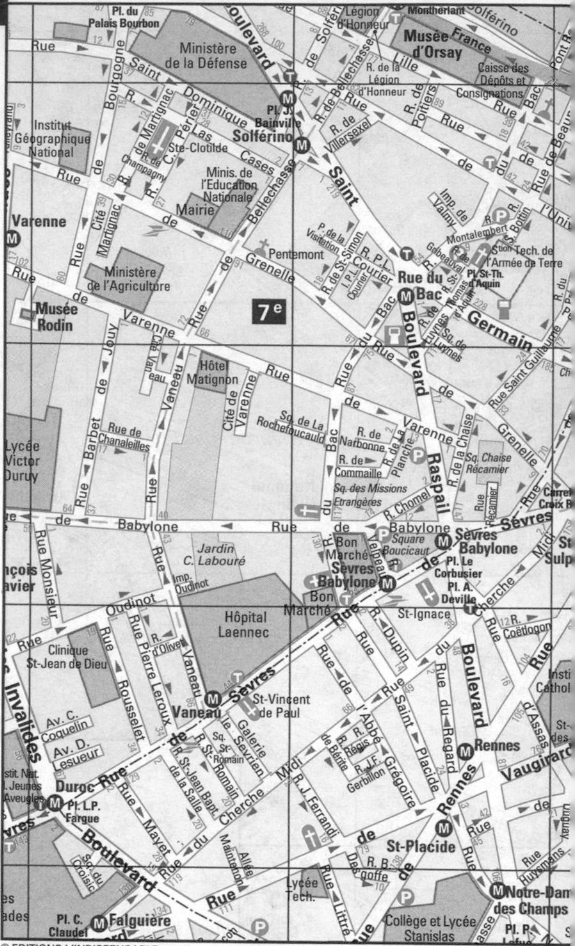

15 **16**

Pl. du
Palais Bourbon

Boulevard

Rue
Saint

Ministère
de la Défense

Légion
d'Honneur

Montalembert

Musée France
d'Orsay

Caisse des
Dépôts et
Consignations

R. de la
Légion
d'Honneur

R. de
Poitiers

Institut
Géographique
National

Rue

Dominique
Pl.
Bainville
Solférino

M

M

R. de
Bellechasse

R. de
Villersexel

Perras

Pelas

Ste-Clotilde

Cités

Champage

Cases

Minis. de
l'Education
Nationale

Bellechasse

Imp. de
Valmy

Montalembert

Sion Tech. de
l'Armée de Terre
Pl. St-Th.
d'Aquin

P

K **Varenne**

M

Rue

Mairie

P. de la
Visitation

Pl.
St-Courier

St-Simon

Rue du
Bac

Pentemont

Germain

M

Ministère
de l'Agriculture

Grenelle

T

Saint

**Musée
Rodin**

Rue

de

Varenne

Cité
Martignac

7ᵉ

P

Boulevard

de

Barbet

Rue de Jouy

Hôtel
Matignon

Rue

de

Varenne

R. de
Narbonne

Raspail

Sq. Chaise
Récamier

L

Lycée
Victor
Duruy

Rue

Vaneau

Rue de Chanaleilles

Cité de
Varenne

Sq. de La
Rochefoucauld

R. de
Commaille

Sq. des Missions
Etrangères

R. Chomel

P

Rue Récamier

Grenelle

de

Carre
Croix R

çois
avier

Rue

de

Rue

Babylone

Rue

de

Babylone

Bon
Marché

Bon
Marché

Sèvres

Square
Boucicaut

M

Sèvres
Babylone

Sèvres

Rue de Babylone

M

Pl. Le
Corbusier

Pl. A.
Deville

St-
Sulp

Jardin
C. Labouré

Invalides

Rue

Rue

Oudinot

Imp.
Oudinot

Hôpital
Laennec

St-Ignace

M

Clinique
St-Jean de Dieu

Av. C.
Coquelin

Av. D.
Lesueur

Rue

Rousselot

Rue Pierre Leroux

Rue

d'Olivet

Vaneau

M

Sèvres

St-Vincent
de Paul

Sq. Galerie
St-Jean
St-Romain

Rue

de

Midi

Rue

du

Dupin

Rue

Saint

R. Abbé
Grégoire

R. de
Regard

R.J.F.
Gerbillon

Boulevard

Rue

de

Rue

Coëtlogon

Assas

Insti
Cathol

des-

M

Rennes

M

Vaugirard

Instit. Nat.
J. Jeunes
Aveugles

Sèvres

M

Duroc

Pl. LP.
Fargue

Rue

Mayet

Rue

St-Jean Bap
de la Salle

Pl. St
Romain

Rue

Rue

de

Cherche

R.J. Ferrandi

Rennes

de

Rue

St-Placide

R.R.B.
goffe

Rue

Rue

Huysmans

Rue

Vavin

N

es
ades

M

Falguière

Pl. C.
Claudel

Boulevard

Rue

P

Pl. C.
Oudin

Rue

Littré

Lycée
Tech.

Collège et Lycée
Stanislas

P

Notre-Dam
des Champs

Pl. R.

© EDITIONS L'INDISPENSABLE

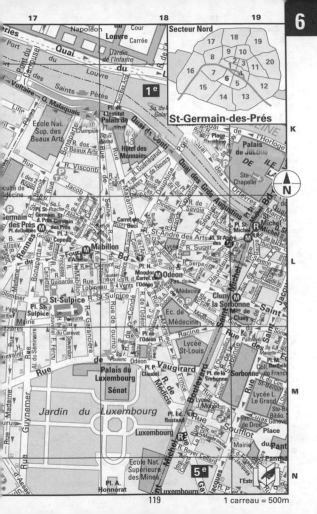

Napoléon
du Cour
Louvre
Carrée

Quai
du
Louvre

Port
Pont du Carrousel
Voltaire
Q. Malaquais
Lille

1e

Saints Pères
Pl. de l'Institut
Palais de l'Institut
Quai de Conti

Sq. du Galant

Secteur Nord

17   18   19
8   9 10
16   2 3   11   20
7   6   4   5
15   14   13   12

St-Germain-des-Prés

École Nat. Sup. des Beaux Arts
R. des Beaux Arts
Champion
Sq. G. Pierné
Hôtel des Monnaies

Quai de Conti
R. Guénégaud
Pont des Arts

SEINE
Place Dauphine
Palais de Justice
ÎLE
DE LA CITÉ
Ste-Chapelle
l'Horloge

K

R. Visconti
R. Jacob
R. des Sts Pères

Rue Bonaparte
Faculté de Médecine
I. des 2...

R. de Nevers
Seine
Quai des Grands Augustins
R. Dauphine
R. Christine
R. des Gds Augustins
R. St-André des Arts

R. de Savoie
R. Hirondelle
Pl. St Michel
Pl. St-André des Arts
R. Suger
R. Serpente
R. de la Harpe
Rue de la Huchette
Michel St
Bd St Michel

N

Germain des Prés
Pl. du Québec
Pl. St-Germain des Prés
R. de l'Abbaye
Pl. Furstemberg
St-Germain des Prés **M**

Rennes
Gozlin
Copeau
R. Princesse
R. Guisarde
R. des Canettes

Mabillon **M**
Bd St Germain
R. du Four
R. Clément
Carr. de l'Odéon
Mabillon **M**
Marché St-Germain
Pl. H. Mondor
R. de l'Odéon
Odéon **M**
Carr. de l'Odéon
R. Dupuytren
R. de Médicine
Pas. de l'Odéon
Éc. de Médecine
R. de l'Éc. de Médecine
Cluny la Sorbonne
Mée de Cluny

St Germain
St Michel
Rue Jacob

L

Pl. St Sulpice
St-Sulpice
R. St-Sulpice
R. Lobineau
R. des 4 Vents
R. de Condé
R. de Tournon

Palatine
Mairie

R. Garancière
Rue de Vaugirard
Éc. de Médecine
Racine
Lycée St-Louis
Rue Monsieur le Prince
Sorbonne
Pl. de la Sorbonne
Sorbonne
Coll. de France
Lycée L. Le Grand
Ste-Geneviève Biblio.

Rue de Médicis
Palais du Luxembourg
Sénat
Pl. Ed. Rostand

Rue Soufflot
Place du Panthéon
Panthéon
Mairie

M

Jardin du Luxembourg

Luxembourg **R**
R. Royer Collard
École Nat. Supérieure des Mines
Pl. A. Honnorat

5e

Bd St Michel
Rue Gay-Lussac
l'Estr...

N

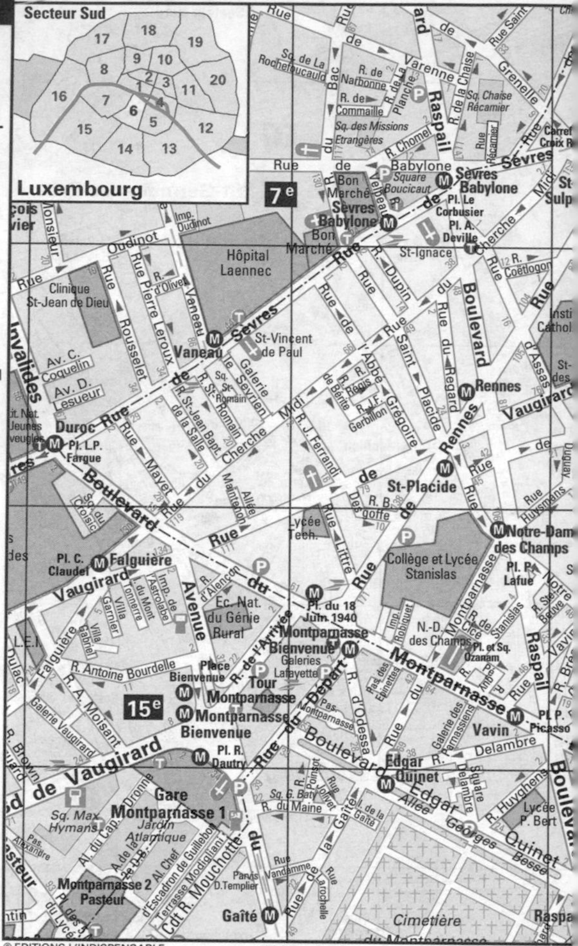

Secteur Sud

15   16

17   18   19
8   9   10
2 3
16   7   1   11   20
6 5 4
15   14   13   12

Luxembourg

7ᵉ

Rue de La Rochefoucauld
Rue de Varenne
Raspail
Sq. Chaise Récamier
R. de Narbonne
R. de Commaille
Sq. des Missions Étrangères
Rue de Babylone
Square Boucicaud
Sèvres Babylone
Bon Marché
Sèvres Babylone
Bon Marché
Pl. Le Corbusier
Pl. A. Deville
St-Ignace

Hôpital Laennec
Clinique St-Jean de Dieu
Av. C. Coquelin
Av. D. Lesueur
St-Vincent de Paul
Vaneau
Sèvres
Rennes
Rennes
Vaugirard
Duroc
Pl. L.P. Farque
St-Placide
R. Dupin

Boulevard
Notre-Dame des Champs
Pl. C. Claudel
Falguière
Vaugirard
Collège et Lycée Stanislas
Pl. Pasteur Lafue

Ec. Nat. du Génie Rural
Pl. du 18 Juin 1940
Montparnasse Bienvenüe
N.-D. des Champs
Pl. et Sq. Ozanam
Galeries Lafayette
Tour Montparnasse
Montparnasse Bienvenüe
Pl. R. Dautry
Vavin
Edgar Quinet
Pl. P. Picasso

15ᵉ

de Vaugirard
Gare Montparnasse 1
Sq. Max Hymans
Jardin Atlantique
Boulevard Edgar Quinet
Lycée P. Bert

Montparnasse 2 Pasteur
Gaîté
Cimetière du Montparnasse

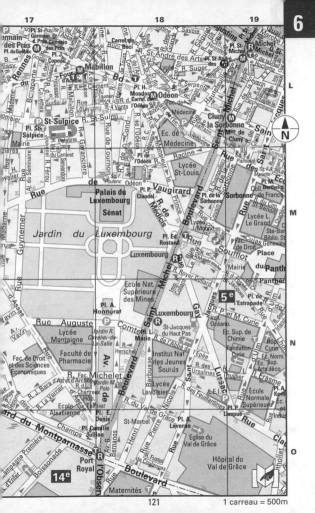

Invalides

1er

6e

1 carreau = 500m

1 carreau = 500m

Opéra

8e

Gare Saint Lazare

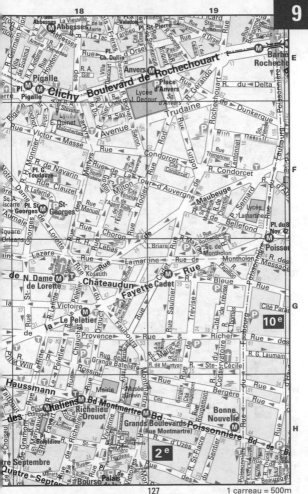

1 carreau = 500m

belle ≢ Stalingrad
≢ **Boulevard**

22   23

17 18 19
9 10
16 7 1 3 20
6 5 11
15 14 13
12

Magenta

E

Rotonde de
la Villette
Place de
la Bataille
de Stalingrad

Jaurès

Louis
Blane

St-Joseph
Artisan

M Bolivar

Secrétan

Sq. E.
Falck

St-Joseph
Artisan

F

Mathurin

Moreau
Fondation
Ophtalmologique
Rothschild

N

Pl. Robert
Desnos

Place du
Colonel
Camus Fabien

Colonel
Fabien

19e

Bolivar

Écluses St-Martin

d'Azyr

R. Vicq

de la Villette

G

Hôpital
St-Louis

Pl. Ste-
Marthe

Pl. M.
Achard

Rebeval

Belleville Ingelb

20e

Pl. du Dr
A. Fournier

Goncourt

Temple

H

Hôtel des
Douanes

St-Joseph

Caserne du
Château

11e

Sq. Bd Jules Ferry

I

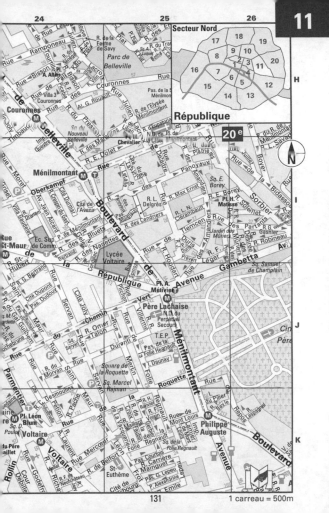

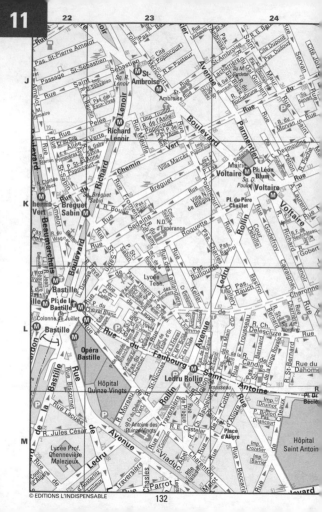

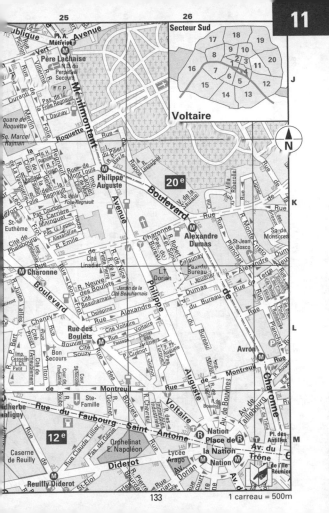

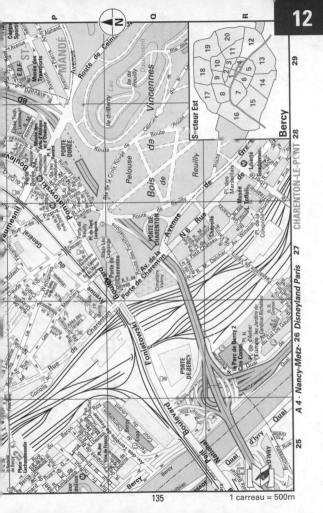

1 carreau = 500m

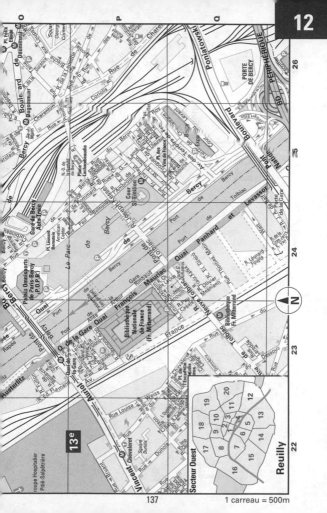

PORTE DE BERCY

Ponlatowski

PORTE DE BERCY

Boulevard

Périphérique

N

Quai de Bercy

Port de Bercy

Quai Panhard et Levassor

Gare de Bercy Auto-Train

Pl. Léonard Bernstein

Palais Omnisports de Paris-Bercy (P.O.P.B.)

Le Parc de Bercy

Quai François Mauriac

Bibliothèque Nationale de France (F. Mitterrand)

Bibliothèque (F. Mitterrand)

Quai de la Gare

Austerlitz

13e

Groupe Hospitalier Pitié-Salpêtrière

Vincent Chevalaret

Reuilly

Secteur Ouest

19 20
18 10 11 12
9 3 1 4
17 8 2 6 5 13
7 14
16 15

137

1 carreau = 500m

Secteur Est

Bibliothèque Nationale
de France (Fr. Mitterrand)

1 carreau = 500m

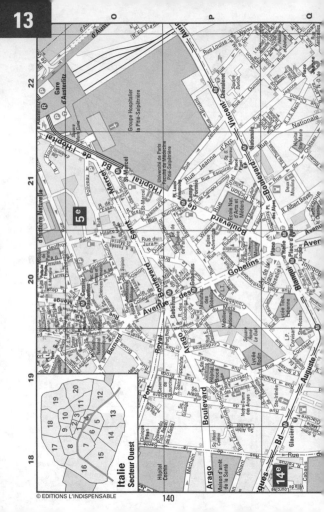

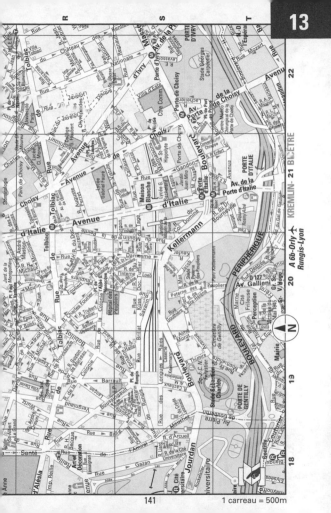

1 carreau = 500m

KREMLIN- 21 BICÊTRE

A 6b-Orly
Rungis-Lyon

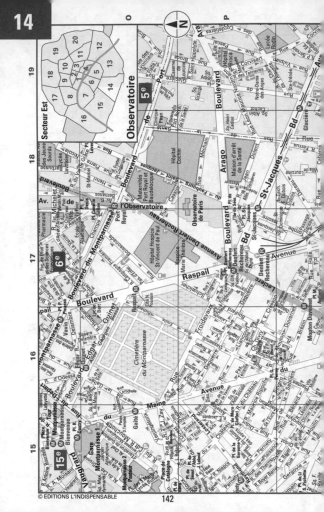

1 carreau = 500m

GENTILLY 19

A 6a - Orly
Rungis - Lyon

MONTROUGE

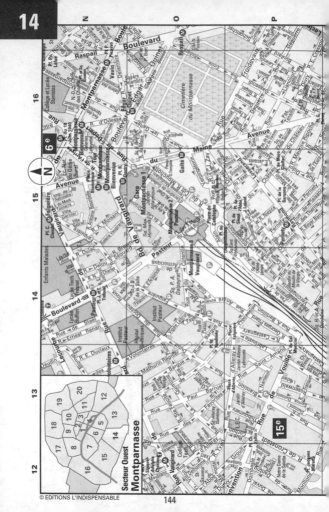

MONTROUGE

MALAKOFF

145

1 carreau = 500m

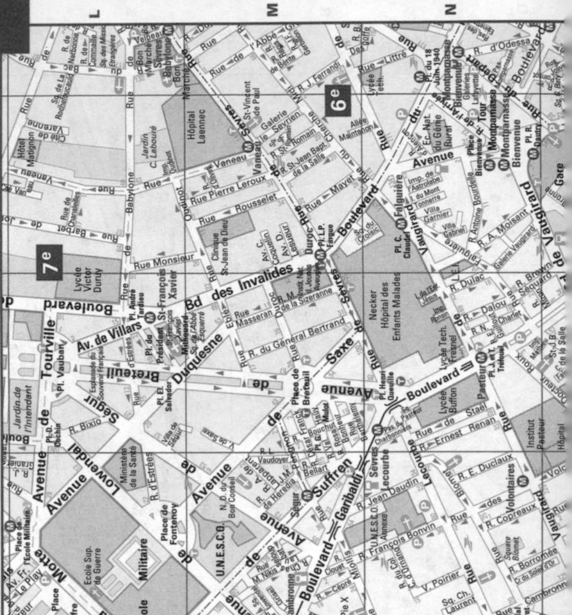

L
M
N
11
12
13
14
15
7e
6e
Ecole Militaire
Ecole Sup. de Guerre
U.N.E.S.C.O.
Ministère de la Santé
Lycée Victor Duruy
Hôpital Laennec
Necker Hôpital des Enfants Malades
Institut Pasteur
Lycée Buffon
Bd des Invalides
Boulevard de Grenelle
Boulevard Garibaldi
Boulevard Pasteur
Avenue de Saxe
Avenue de Ségur
Avenue de Suffren
Avenue Duquesne
Avenue de Tourville
Avenue Lowendal
Avenue Emile Zola
Rue de Vaugirard
Rue de Sèvres
Rue Lecourbe
Rue Cambronne
Rue du Commerce
Rue Blomet
Rue Babylone

14e

Vaugirard

secteur Est

VANVES

1 carreau = 500m

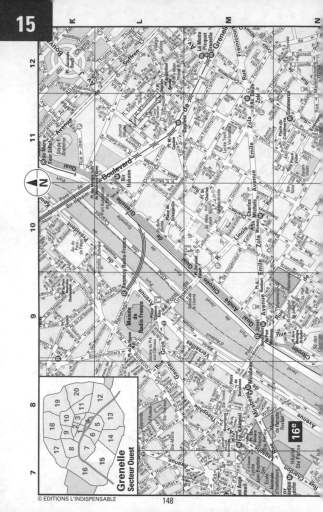

16e

Grenelle
Secteur Ouest

1 carreau = 500m

151

1 carreau = 500m

Secteur Sud

Auteuil

NEUILLY- SUR-SEINE

1 carreau = 500m

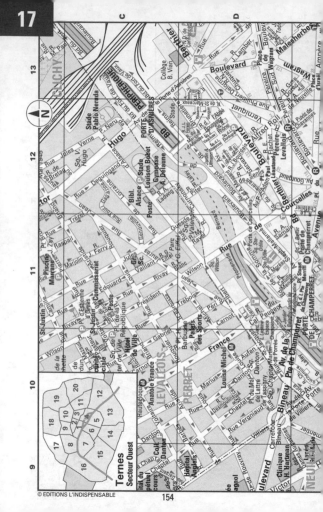

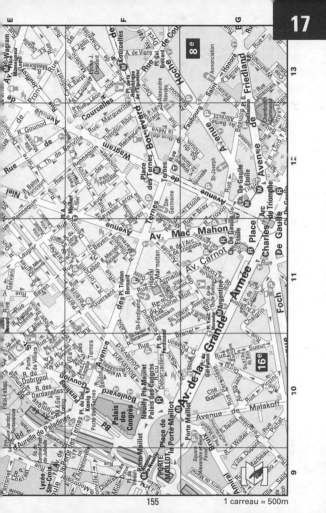

1 carreau = 500m

1 carreau = 500m

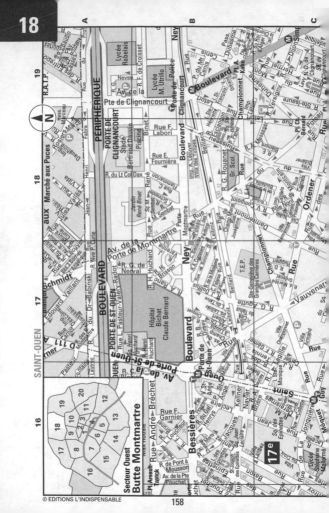

18

© EDITIONS L'INDISPENSABLE

Secteur Ouest
Butte Montmartre

17e

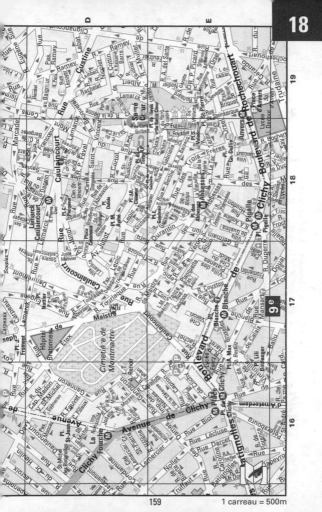

1 carreau = 500m

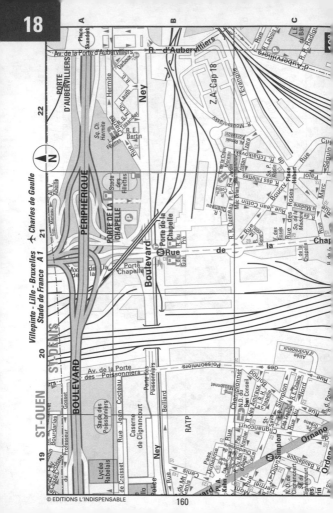

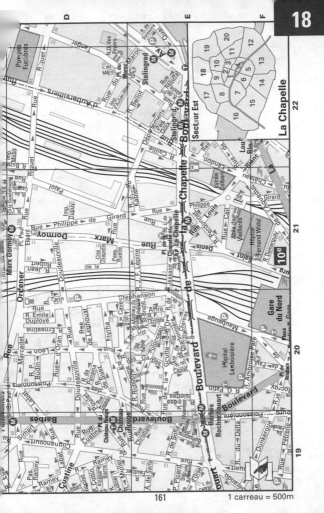

La Chapelle

1 carreau = 500m

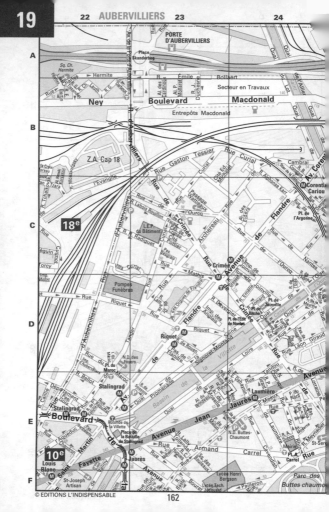

25   26   27

Secteur Nord

17 18
9 10 19
8 4 2 3 20
16 7 1 11
6 5
15 14 13 12

La Villette

PORTE DE
LA VILLETTE

PARC DE LA VILLETTE

Cité des
Sciences et
de l'Industrie

Géode   Argonaute

Zénith

PANTIN

Z.A.C.
Hoche

Stade
Jules
Ladoumegue

LA VILLETTE

Grande
Halle

Cité de la
Musique

PORTE
PANTIN

Porte de
Pantin

LE PRÉ
ST-GERVAIS

Cimetière de
la Villette

Piscine

Mairie

PORTE DU
PRÉ ST-GERVAIS

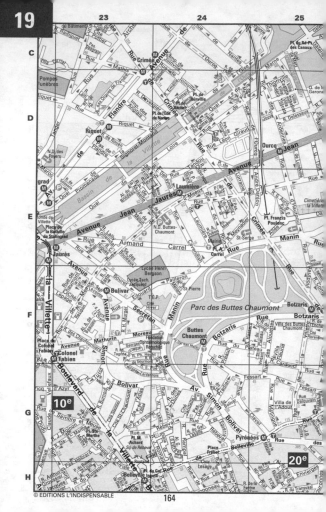

1 carreau = 500m

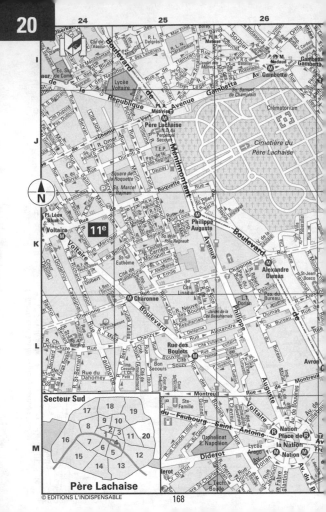

11e

Secteur Sud

Père Lachaise

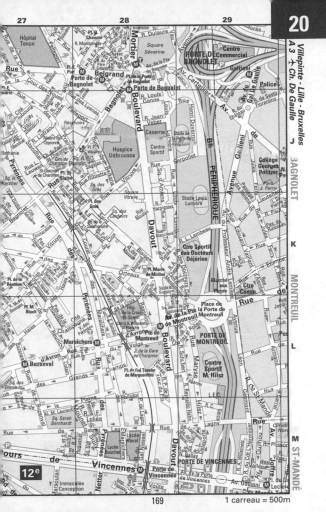

Villepinte - Lille - Bruxelles
A 3 ✈ Ch. De Gaulle

BAGNOLET

MONTREUIL

ST-MANDÉ

J

K

L

M

Hôpital
Tenon

PORTE DE
BAGNOLET

Centre
Commercial

Belgrand

Porte de
Bagnolet

Porte de Bagnolet

Boulevard

Hospice
Debrousse

Centre
Sportif

Caserne

Collège
Georges
Politzer

PÉRIPHÉRIQUE

Stade Louis
Lumière

Davout

Ctre Sportif
des Docteurs
Déjérine

Pl. Marie
de Miribel

Marché
aux
Puces

Orteaux

Place de
la Pte de
Montreuil

PORTE DE
MONTREUIL

de Montreuil

Maraichers

Pte de
Montreuil

Buzenval

Boulevard

Centre
Sportif
M. Hilsz

Lycée
Ravel

Davout

PORTE DE
VINCENNES

12e

Vincennes

Porte de
Vincennes

Immaculée
Conception

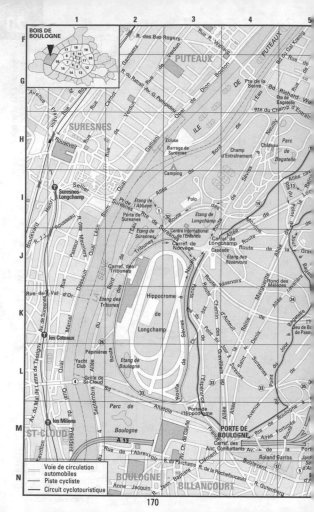

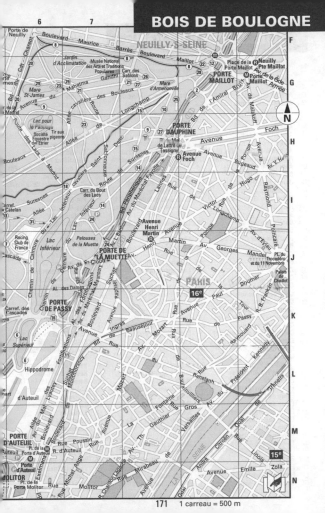

Métro : Pont de Neuilly - Porte d'Auteuil
RER :   C - Neuilly-Pte Maillot - Avenue Foch - Avenue Henri Martin
Bus :   43-123-144-157-176-241-244-344-460

Métro : Château de Vincennes - Charenton Écoles - Joinville le Pont
RER : A - Vincennes - Fontenay sous Bois - Nogent sur Marne -Joinville le Pont
Bus : 46-48-56-86-103-106 AB-108 AB- 108 N111-112-115-118-124-180-281-
313 AB- 318-325

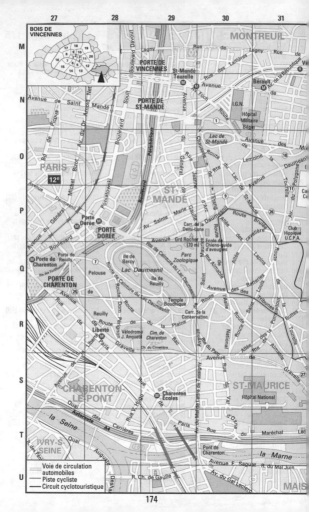

1 carreau = 500 m

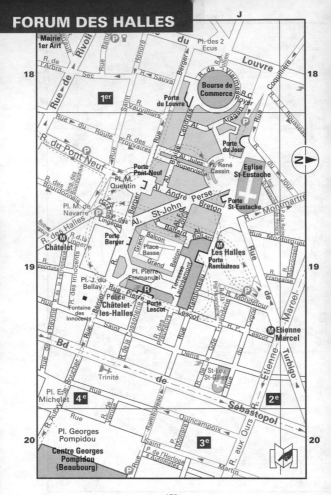

FORUM DES HALLES

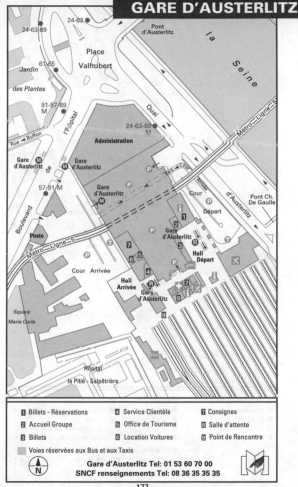

GARE D'AUSTERLITZ

Pont
d'Austerlitz

24-63

24-63-89

Place
Valhubert

la

Seine

61-65

Jardin

des Plantes

91-57-89
M

Quai

Métro - Ligne-5

24-63-89

Administration

Gare
d'Austerlitz

M

Rue - Buffon

Gare
d'Austerlitz

M

Gare
d'Austerlitz

de

57-91 M

Gare
d'Austerlitz

M

Vers - Cour

P

Cour

Pont Ch.
De Gaulle

d'Austerlitz

Départ

P

Poste

Métro - Ligne-5

Boulevard

P

T

Gare
d'Austerlitz

1

2

3

R

Hall
Départ

T

7

5

6

4

Cour   Arrivée

P

Hall
Arrivée

R

Gare
d'Austerlitz

7

8

9

Square
Marie Curie

Hôpital

la Pitié - Salpêtrière

---

1 Billets - Réservations	**4** Service Clientèle	**7** Consignes
2 Accueil Groupe	**5** Office de Tourisme	**8** Salle d'attente
3 Billets	**6** Location Voitures	**9** Point de Rencontre

Voies réservées aux Bus et aux Taxis

N

Gare d'Austerlitz Tel : 01 53 60 70 00
SNCF renseignements Tel : 08 36 35 35 35

GARE DE L'EST

Rue des Deux Gares
Rue d'Alsace
Rue d'Alsace

Hall Grandes Lignes

Gare de l'Est

Alsace

WC

WC

Hall Banlieue

Place du 11 Novembre 1918

Gare de l'Est

Gare de l'Est

Pol

St-Martin

46-E

46-E

Rue du Faubourg St-Martin

Rue du 8 Mai 1945

46-54 56-65

Gare de l'Est

350

Gare de l'Est

Gare de l'Est

39

31

38

Rue du 8 Mai 1945

Rue St-Laurent

47-E

65-E

de Strasbourg

Boulevard

Rue Sibour

38-39-47-54-56-65-E

Rue des Récollets

Rue du Faubourg St-Martin

Square Villemin

1 Billets Grandes Lignes	**6** Billets Groupes	**11** Service Clientèle - Urgences	
2 Réservations	**7** Point Rencontre	**12** Office du Tourisme - Location Voitures	
3 Consignes	**8** Salle d'Attente	**13** Change	
4 Objets trouvés	**9** Accès Parking	Zones Réservées au Trafic Banlieue	
5 Billets Banlieue	**10** Accès Parking	Voies réservées aux Bus et aux Taxis	

Gare de l'Est Tel: 01 40 18 20 00
SNCF renseignements Tel: 08 36 35 35 35

GARE DE LYON

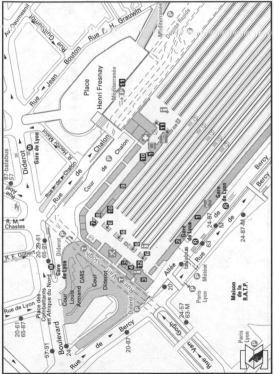

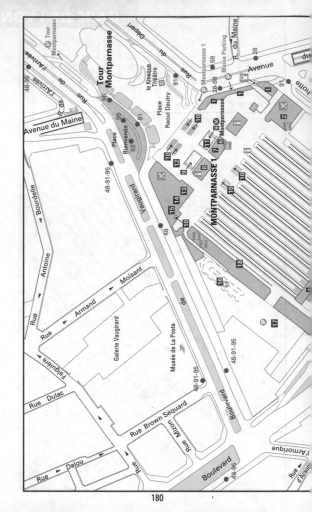

GARE MONTPARNASSE

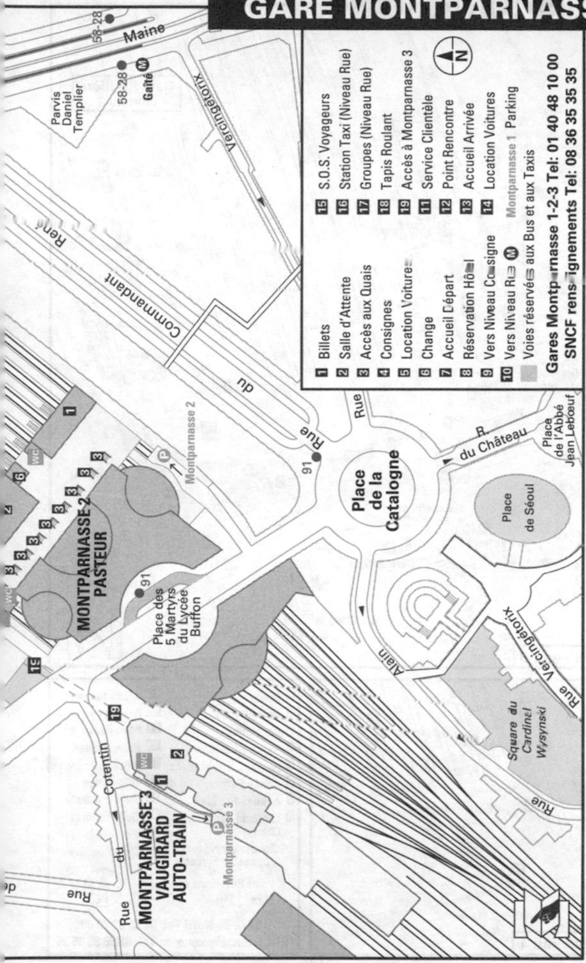

Parvis Daniel Templier
58-28
Gaîté
Maine
Vercingétorix
René
Commandant
du
Rue
91
Montparnasse 2
MONTPARNASSE 2 PASTEUR
WC
Place des 5 Martyrs du Lycée Buffon
Place de la Catalogne
R. du Château
Place de l'Abbé Jean Lebœuf
Place de Séoul
Rue Vercingétorix
Alain
Rue
Square du Cardinal Wysynski
Cotentin
du
Rue
de
MONTPARNASSE 3 VAUGIRARD AUTO-TRAIN
Montparnasse 3
1 Billets
2 Salle d'Attente
3 Accès aux Quais
4 Consignes
5 Location Voitures
6 Change
7 Accueil Départ
8 Réservation Hôtel
9 Vers Niveau Consigne
10 Vers Niveau Rue
15 S.O.S. Voyageurs
16 Station Taxi (Niveau Rue)
17 Groupes (Niveau Rue)
18 Tapis Roulant
19 Accès à Montparnasse 3
11 Service Clientèle
12 Point Rencontre
13 Accueil Arrivée
14 Location Voitures
Montparnasse 1 Parking
Voies réservées aux Bus et aux Taxis
Gares Montparnasse 1-2-3 Tel: 01 40 48 10 00
SNCF renseignements Tel: 08 36 35 35 35

GARE DU NORD

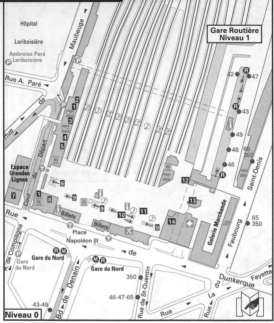

Hôpital

Lariboisière

Ambroise Paré
Lariboisière

Rue A. Paré

Maubeuge

Gare Routière
Niveau 1

Espace
Grandes
Lignes

Cour du Départ

Rue de

Rue

Billets

Billets

Place
Napoléon III

Rue de Compiègne

Gare
du Nord

Gare du Nord

Bd de Denain

Gare du Nord

Rue de St-Quentin

Galerie Marchande

Saint-Denis

Faubourg

de

Dunkerque

La

Rue

Fayette

350

46-47-65

350

65
350

43-49

Niveau 0

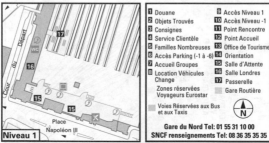

Cour du Départ

Place
Napoléon III

Niveau 1

1 Douane	**9**	Accès Niveau 1
2 Objets Trouvés	**10**	Accès Niveau -1
3 Consignes	**11**	Point Rencontre
4 Service Clientèle	**12**	Point Accueil
5 Familles Nombreuses	**13**	Office de Tourisme
6 Accès Parking (-1 à -6)	**14**	Orientation
7 Accueil Groupes	**15**	Salle d'Attente
8 Location Véhicules	**16**	Salle Londres
Change	**17**	Passerelle
Zones réservées		Gare Routière
Voyageurs Eurostar		
Voies Réservées aux Bus		
et aux Taxis		

Gare du Nord Tel: 01 55 31 10 00
SNCF renseignements Tel: 08 36 35 35 35

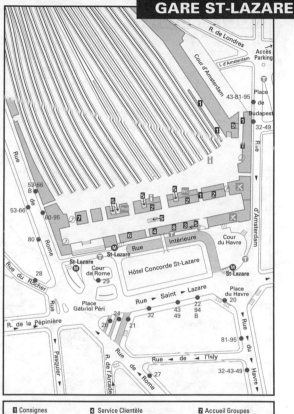

GARE ST-LAZARE

R. de Londres

Cour d'Amsterdam

I. d'Amsterdam

Accès Parking

Place de Budapest

43-81-95

32-49

Rue

d'Amsterdam

R. de Londres

Rue

de

Rome

53-66 B

53-66

80-95

80

28

Rue du Rocher

Rue

Pasquier

R. de la Pépinière

Cour du Havre

Cour du Havre

Place du Havre

20

St-Lazare

St-Lazare

Cour de Rome

29

Hôtel Concorde St-Lazare

Rue   Intérieure

Place Gabriel Péri

24

26

21

32

43
49

22
94
B

Rue ► Saint ► Lazare

81-95

Rue du Havre

Rue de l'Arcade

Rue de Rome

27

Rue ► de ◄ l'Isly

32-43-49

---

1 Consignes	**4** Service Clientèle	**7** Accueil Groupes
2 Billets	**5** Galerie Marchande Ⓜ	**8** Service International
3 Change	**6** Agence de Voyage	**9** Accès Parking

Voies Réservées aux Bus et aux Taxis

N

Gare St-Lazare Tel: 01 53 42 00 00
SNCF renseignements Tel: 08 36 35 35 35

NOCTAMBUS

Toutes les Nuits
de 1h à 5h environ

Mair
d'Épinay-s-
C

Gare d'Argenteuil
RER B

ARGENTEUIL

GENNEVILLIE

Bezons
Grand Cerf A

COLOMBES

Centre Bus
de Nanterre T

NANTERRE

LA
DÉFENSE

CHATOU

Pont de Neuilly
PUTEAUX **Métro** T

RUEIL-
MALMAISON

BOULOGNE-
B.

Porte d'Orléa
Mé

SÈVRES

MEUDON

FONTENA
AUX-R.

K S
Clamart
Georges Pompidou

SCEAUX

ANTONY

J
Massy-Palaisea
RER - SNCF

A Châtelet - Bezons-Grand Cerf

B Châtelet - Gare d'Argenteuil RER

C Châtelet - Mairie d'Épinay-s-Seine

D Châtelet - Pierrefitte-Stains RER

E Châtelet - Blanc-Mesnil Garonor

F Châtelet - Gare de Chelles RER

G Châtelet - Noisy-le-Grand Mont d'Est RER

H Châtelet - Nogent-Le Perreux SNCF

M Châtelet - Sucy-Bonneuil RER

R Châtelet - Rungis MIN

J Châtelet - Massy-Palaiseau RER SNCF

L Châtelet - Mairie de l'Haÿ-les-Roses

N Châtelet - Clamart-Georges Pompidou

T Pont de Neuilly Métro - Centre de Bus de Nanterre

P Pantin 4 chemins Métro - Gare de Garges-Sarcelles

V Mairie de Pantin - Gare de Sevran-Livry

I Porte d'Italie Métro - Juvisy Pyramide

S Porte d'Orléans Métro - Clamart-Georges Pompidou

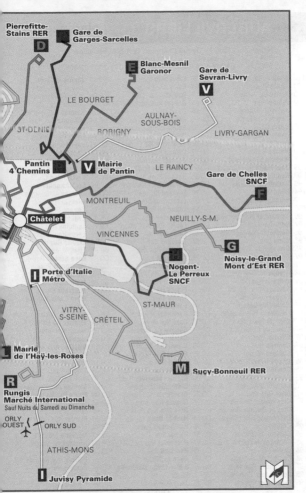

Pierrefitte-
Stains RER
D

Gare de
Garges-Sarcelles

Blanc-Mesnil
E Garonor

Gare de
Sevran-Livry
V

LE BOURGET

AULNAY-
SOUS-BOIS

ST-DENIS

BOBIGNY

LIVRY-GARGAN

Pantin
4 Chemins
P

V Mairie
de Pantin

LE RAINCY

Gare de Chelles
SNCF
F

MONTREUIL

NEUILLY-S-M.

Châtelet

VINCENNES

G

H

Noisy-le-Grand
Mont d'Est RER

Nogent-
Le Perreux
SNCF

I Porte d'Italie
Métro

ST-MAUR

VITRY-
S-SEINE

CRÉTEIL

L Mairie
de l'Haÿ-les-Roses

M Suçy-Bonneuil RER

R

Rungis
Marché International
Sauf Nuits du Samedi au Dimanche

ORLY
OUEST   ORLY SUD

ATHIS-MONS

I Juvisy Pyramide

185

Métro : Ligne 7 - Quatre Chemins - Fort d'Aubervilliers
RER : B Aubervilliers - La Courneuve
Bus : 65-134-139-150-152-170-173-234-249-250-302-609 C

CQ 98 **Abeille** Rue de l'	CP 96 **Crèvecœur** Imp. de	CQ 99 **Jaurès** Av. Jean
CQ 94 **Agnès** Quai Adrien	CO 94 **Curie** Rue Pierre	CQ 99 **Jaurès** Imp. Jean
CQ 95 **Agnès** Sq. Adrien	CQ 99 **Daquin** Pass. Louis	CP 99 **Jouis** Al. Alphonse
CQ 94 **Albinet** Rue Jules	CP 94 **Daudet** Rue Alphonse	CQ 94 **Justice** Pass. de la
CQ 98 **Aubry** Rue Jules	CQ 96 **David** Rue	CS 97 **Karman** Rue André
CQ 94 **Augier** Rue Emile	CP 96 **Défense** Imp. de la	CP 94 **Lafargue** Rue Paul
CT 97 **Auvry** Rue	CR 97 **Delalain** Rue Guyard	CP 99 **Lamartine** Rue
CQ 95 **Avenir** Pass. de l'	CT 97 **Démars** Pass.	CQ 94 **Lamy** Rue Gaëtan
CQ 98 **Avettes** Allée des	CQ 97 **Domart** Rue Achille	CQ 95 **Landy** Rue du
CQ 98 **Balzac** Rue	CQ 97 **Doumer** Rue Paul	CQ 95 **Landy** Pont du
CR 98 **Barbusse** Rue Henri	CQ 99 **Dubois** Rue Emile	CS 96 **Larousse** Rue Pierre
CP 99 **Baudelaire** Rue Charles	CQ 95 **Dudouy** Rue	CP 95 **Latéral Nord** Ch.
CP 96 **Beaufils** Imp.	CP 99 **Dumas** Rue Alexandre	CP 95 **Latéral Sud** Ch.
CQ 99 **Becker** Al. Jacques	CQ 95 **Echange** Ch. de l'	CP 99 **Lautréamont** Rue
CQ 94 **Bengali** Rue	CS 97 **Ecoles** Rue des	CQ 99 **Leblanc** Al. Georges
CQ 99 **Béranger** Rue	CP 99 **Eluard** Al. Paul	CS 98 **Lécuyer** Rue
CQ 95 **Bernard** Rue Claude	CR 99 **Espérance** Imp. de l'	CR 96 **Lefranc** Quai Lucien
CR 96 **Bernard et Mazoyer** Rue	CQ 95 **Fabien** Rue du Colonel	CR 96 **Legendre** Imp.
CR 97 **Bert** Rue Paul	CR 95 **Faure** Bd Félix	CQ 100 **Lemoine** Rue Désiré
CR 98 **Berthelot** Rue Marcelin	CQ 96 **Ferragus** Rue	CR 97 **Leroy** Imp. Désiré
CS 97 **Binet** Imp.	CR 94 **Fillettes** Rue des	CQ 99 **Liberté** Rue de la
CP 95 **Bisson** Rue	CR 95 **Florentine** Imp.	CR 98 **Lilas** Al. des
CT 97 **Bordier** Rue	CR 98 **Fort** Imp. du	CQ 98 **Long Sentier** Rue du
CT 97 **Bordier** Imp.	CS 97 **Fontainebleau** Al. de	CQ 95 **Machouart** Pass.
CQ 98 **Braque** Al. Georges	CR 96 **Fourrier** Rue Louis	CQ 98 **Maladrerie** Rue de la
CQ 99 **Buisson** Rue du	CP 96 **France** Bd Anatole	CQ 98 **Maladrerie** Sq. de la
CQ 99 **Buisson** Imp. du	CP 96 **Francs Tireurs** Pass. des	CP 95 **Marceux** Ch. du
CS 97 **Carnot** Rue Sadi	CT 96 **Gambetta** Quai	CQ 99 **Mare Cadet** Imp. de la
CR 97 **Carré** Rue Gaston	CS 95 **Gardinoux** Rue des	CS 97 **Marin** Rue
CQ 99 **Casanova** Rue Danielle	CS 95 **Gare** Rue de la	CR 99 **Martin** R. Lopez et Jules
CR 96 **Chalets** Pass. des	CQ 99 **Gargam** Av. Marcel	CQ 99 **Matisse** Al. Henri
CS 97 **Chantilly** Al. de	CP 98 **Gargam** Av. Marcel	CQ 95 **Maumelat** Imp.
CQ 97 **Chapon** Rue	CS 96 **Gemier** Rue Firmin	CQ 99 **Mazier** Imp.
CQ 97 **Charron** Rue	CR 99 **Girard** Rue Albert	CR 98 **Mélèzes** Al. des
CQ 97 **Château** Al. du	CQ 95 **Gosset** Rue Régine	CP 99 **Meynier** Pass.
CP 95 **Chemin Vert** Rue du	CR 96 **Goulet** Rue	CQ 99 **Michaux** Av. du Docteur
CP 95 **Chemin Vert** Imp. du	CQ 97 **Grande Cour** Relle de la	CR 95 **Moglia** Pass.
CS 96 **Chouveroux** Rue	CP 96 **Grandes Murailles** R. des	CP 100 **Molière** Rue
CQ 98 **Cimetière** Av. du	CQ 99 **Grémillon** Al. Jean	CQ 0 **Moreau** Rue Hegesippe
CS 97 **Cités** Rue des	CP 99 **Grosperrin** Al. Charles	CR 98 **Motte** Rue de la
CS 97 **Clos Bénard** Rue du	CQ 98 **Guesde** Rue Jules	CR 98 **Motte** Imp. de la
CO 94 **Clos St-Quentin** Rue du	CS 95 **Haie Coq** Rue de la	CQ 96 **Moutier** Rue
CQ 99 **Cochennec** Rue Hélène	CO 94 **Haut-St-Denis** Ch. du	CR 98 **Murger** Rue Henri
CP 98 **Colbert** Rue	CT 96 **Hautbertois** Pass.	CR 98 **Myosotis** Al. des
CP 96 **Commerce** Imp. du	CQ 97 **Hemet** Rue	CR 98 **Nouvelle France** R. de la
CR 96 **Commune de Paris** R. de la	CQ 97 **Herminier** Rue du Cdt l'	CP 96 **Nouvian** Al. Marcel
CQ 98 **Cottin** Pl.	CQ 95 **Heurtault** Rue	CR 99 **Noyers** Rue des
CR 98 **Courbet** Al. Gustave	CS 95 **Hugo** Av. Victor	CQ 94 **Palissy** Rue Bernard
CP 97 **Courneuve** Rue de la	CR 97 **8-Mai-1945 - De Gaulle**	CQ 96 **Pasteur** Rue
CQ 95 **Cousin** Imp. Charles	Pl. du	CS 97 **Péping** Imp.
CP 96 **Crèvecœur** Rue de	CP 99 **Jarry** Rue Alfred	CS 96 **Péricat** Imp.

186

CQ 96	**Pesque** Rue du Docteur	CQ 96	**Roquedat** Ruelle
CQ 96	**Pesque** Sq. du Docteur	CR 98	**Roses** Pass. des
CR 95	**Pilier** Rue du	CR 98	**Roses** Sq. des
CR 96	**Poisson** Rue Edouard	CQ 97	**Rosso** Imp.
CP 98	**Ponceaux** Av. des	CQ 96	**Rousseau** R. Waldeck
CQ 98	**Pont Blanc** Imp. du	CQ 97	**Saint-Christophe** Pass.
CP 98	**Pont Blanc** Ch. du	CP 96	**Saint-Denis** Rue de
CP 98	**Pont Blanc** Rés. du	CR 94	**Saint-Gobain** Rue de
CP 98	**Pont-Blanc** Rue du	CP 96	**Schaeffer** Rue
CQ 95	**Port** Rue du	CP 95	**Sivault** Imp.
CP 95	**Port Prolongée** Rue du	CT 97	**Solférino** Rue
CT 97	**Postes** Rue des	CQ 98	**Staël** Al. Nicolas de
CP 97	**Prés Clos** Ch. des	CS 98	**Stains** Pont de
CS 98	**Presles** Rue de	CR 96	**Stalingrad** Cq. de
CP 94	**Pressensé** Rue F. de	CQ 100	**Thierry** Rue Ernest
CQ 97	**Pressin** Imp. du	CR 98	**Tilleuls** Av. des
CT 97	**Prévost** Rue Ernest	CR 95	**Tournant** Rue du
CP 0	**Prévoyants** Rue des	CS 98	**Trevet** Rue
CQ 99	**Prual** Al. Pierre	CT 97	**Union** Rue de l'
CP 98	**Puits Civot** Imp. du	CP 100	**Vaillant** Bd Edouard
CT 97	**Quatre Chemins** R. des	CQ 99	**Verlaine** Rue Paul
CR 98	**Quentin** Rue	CP 97	**Verne** Pl. Jules
CQ 96	**Quinet** Rue Edgar	CR 95	**Villebois Mareuil** Rue
CQ 99	**Rabot** Al. Gabriel	CR 98	**Vivier** Rue du
CP 95	**Rayer** Rue Nicolas	CQ 99	**Voltaire** Rue
CR 99	**Rechossière** Rue L.	CO 94	**Walter** Rue Albert
CQ 99	**Reclus** Rue Elysée		
CQ 98	**Renoir** Pl. Jean		
CS 97	**République** Av. de la		
CT 97	**Reynaud** Rue Emile		
CP 99	**Rimbaud** Rue Arthur		
CP 98	**Robespierre** Cité		
CQ 96	**Roosevelt** Av. du Pdt		

Bâtiments

CS95	A.N.P.E.
CQ96	Bourse du Travail
CR96	Centre Administratif
CQ98	Cimetière
CQ96	Clinique de l'Orangeraie
CS97	Clinique la Roseraie
CQ96	Gendarmerie
CR96	Gymnase
CS98	Gymnase
CQ97	Gymnase
CR97	Lycée H. Wallon
CQ97	Lycée Professionnel Le Corbusier
CS97	Lycée Professionnel Timbaud
CQ96	Mairie
CQ96	Perception
CR96	Piscine
CR96	Police
CR96	Pompiers
CQ96	Poste
CT97	Poste
CQ99	Poste
CS97	Sécurité Sociale
CP98	Sécurité Sociale
CS96	Stade André Karman
CQ99	Stade Auguste Delaune
CR97	Stade Dr Pieyre
CR96	Théâtre
CR96	Tribunal d'Instance

BAGNOLET plan page 233

Métro : Ligne **3** - Gallieni
Bus : 76-102-115-115(N)-122-221-318-351-556(G)

DA102	**Acacias** Av. des	DB102	**Bellevue** Av. de
CZ 102	**Alazard** Rue René	CZ 102	**Béranger** Rd-Pt
CZ 104	**Alembert** Rue d'	CZ 102	**Béranger** Rue
DA101	**Allende** Pl. Salvador	DD102	**Bert** Rue Paul
DA103	**Anna** Rue	CZ 104	**Bertin** Imp. Honoré
DA102	**Arts** Av. des	DB101	**Berton** Rue Raoul
DD102	**Avenir** Rue de l'	DC102	**Blanche** Rue
DD102	**Avenir** Imp. de l'	DC102	**Blancs Champs** R. des
DA103	**Babeuf** Rue	CZ 103	**Blanqui** Rue Auguste
CY 104	**Bac** Rue du	DA103	**Brossolette** Rue Pierre
DA102	**Bachelet** Rue	DB102	**Camélias** Av. des
DC102	**Bain** Rue	DB103	**Camélinat** Rue
DC102	**Baldaquins** Pass. des	DC102	**Capsulerie** Rue de la
DA102	**Barre Nouvelle** R. de la	DA102	**Carnot** Rue Sadi

DB102	**Centre Ville** Pl. du
DB101	**Champeaux** Rue des
DC101	**Château** Rue du
CZ 101	**Clément** Rue J.-Baptiste
DA101	**Colombier** Rue M.-Anne
DC102	**Comtois** Rue
DA103	**Condorcet** Rue
DA103	**Croizat** Rue Ambroise
CZ 102	**Curie** R. Pierre et Marie
DA101	**Danton** Rue
DA103	**Daumier** Rue
DC101	**De Gaulle** Av. du Gal
DB102	**Degeyter** Rue
DB103	**Delescluze** Rue Charles

BAGNOLET suite (plan page 233)

DA103 **Descartes** Rue
CZ 102 **Dhuys** Av. de la
CZ 101 **Diderot** Rue
DA102 **19-Mars-1962** Sq. du
DD102 **Dolet** Rue Etienne
CZ 102 **Dupont** Rue Pierre
DB102 **Echanges** Pl. des
DD102 **Egalité** Rue de l'
DC102 **Epine** Rue de l'
DB102 **Epine** Imp. de l'
DC103 **Epine Prolongée** R. de l'
DA103 **Estienne d'Orves** R. d'
DA102 **Ferrer** Rue Francisco
DC101 **Ferry** Rue Jules
CZ 104 **Fleuri** Pass.
CZ 103 **Fleurs** Av. des
DA103 **Floralies** Rés. les
CY 103 **Floréal** Rue
DA103 **Fontenelle** Rue
DB102 **Fosse aux Fraises** Stier de
DB102 **Fossillons** Rue des
CZ 104 **France** Rue Anatole
CZ 103 **Franklin** Rue
DD102 **Fraternité** Rue de la
DC102 **Fraternité** Pass. de la
DA101 **Fructidor** Rue
DC101 **Gallieni** Av.
DA101 **Gambetta** Av.
CZ 103 **Girardot** Rue
DA101 **Graindorge** R. Charles
CZ 103 **Grands Champs** Al. des
DA103 **Grimau** Imp. Julien
DA102 **Grimau** Rue Julien
DC102 **Guilands** Sentier des
DA103 **Helvétius** Rue
DB102 **Henriette** Rue
DA101 **Hoche** Rue
DA103 **Holbach** Rue d'
CZ 103 **Hornet** Rue Jeanne
DD102 **Hugo** Pass. Victor
DD102 **Hugo** Rue Victor
DA103 **Huit-Mai-1945** Sq. du
DA101 **Hure** Rue Benoît
DC101 **Italiens** Pass. des
DB101 **Jaurès** Rue Jean
DB101 **Lahaye** Rue Adélaïde

DC102 **Lebreton** Pass.
DB102 **Leclerc** Rue du Général
DA103 **Lefebvre** Rue Raymond
DA103 **Léger** Rue Fernand
CZ 102 **Lejeune** Rue Adrien
DA102 **Lénine** Rue
DA101 **Levallois** Imp.
DC102 **Liberté** Rue de la
CZ 101 **Lilas** Imp. des
DB103 **Lolive** Rue Jean
DA102 **Loriettes** Rue des
CZ 101 **Louis-David** Rue
DA102 **Malmaison** Rue
DA101 **Marceau** Rue
DD102 **Marcel-Etienne** Rue
DB103 **Marx** Rue Karl
CY 104 **Michel** Rue Louise
CZ 102 **Michelet** Rue
CZ 102 **Molière** Rue
DA102 **Moulin** Rue de
DD102 **Nicklès** Rue Gustave
CY 102 **Noisy le Sec** Rue de
DB103 **Noue** Rue de la
DC102 **Nouvelle** Rue
CY 104 **Noyers** Rue des
DA102 **11-Nov.-1918** Pl. du
DA102 **Panier** Rue Antoine
CY 102 **Pantin** Rue de
CZ 103 **Papin** Rue Denis
DA101 **Parmentier** Rue
CZ 102 **Pasteur** Av.
DA101 **Pernelles** Rue des
DA101 **Pinacle** Rue du
DB102 **Plateau** Av. du
CZ 103 **Raspail** Av.
DC102 **Ravins** Sentier des
DC102 **République** Av. de la
DA103 **Résistance** Pl. de la
CZ 104 **Rigondes** Rue des
DC102 **Robespierre** Rue
DB102 **Roses** Av. des
DD101 **Ruisseau** Pass. du
DC102 **Saint-Ange** Imp.
DC102 **Saint-Pierre** Imp.
CZ 103 **Saint-Simon** Rue
DA103 **Sampaix** Rue Lucien

DA103 **Sampaix** Pl. Lucien
DB102 **Schnarbach** Sq.
DC101 **Sesto Fiorentino** R. de
CY 102 **Socrate** Rue
DC102 **Stalingrad** Av. de
DC102 **Thérèse** Imp.
DC102 **Thérèse** Rue
DC102 **Thomas** Rue du Lt
DA102 **Thorez** Pl. Maurice
CZ 103 **Tranchée** Sentier de la
DD101 **Vaillant** Rue Edouard
DB101 **Vaillant Couturier** R. P.
DD101 **Varlin** Rue Eugène
DB102 **Vercruysse** Av. Jules
DC102 **Viénot** Rue Désiré
DC102 **Viénot** Imp. Désiré
CZ 102 **Voltaire** Rue

Bâtiments

CY 102 Ancien Cimetière
DA101 Bibliothèque Centrale
DA102 Clinique de la Dhuys
DA102 Gendarmerie
CZ 103 Lycée Professionnel
Eugène Hénaff
DA101 Mairie
CZ 103 Nouveau Cimetière
DB101 Police
CZ 103 Poste Annexe
DB101 Poste Principale
DA102 Sécurité Sociale
CZ 104 Stade des Rigondes
DA102 Stades Malassis
DA102 Trésor Public

BOULOGNE-BILLANCOURT plan page 235

Métro : Ligne 9 - Marcel Sembat - Billancourt - Pont de Sèvres
Ligne 10 - Jean Jaurès - Pont de Saint-Cloud
Bus : 14-15-52-72-123-126-136-160-169-171-175-179-241-420-460-467

DF 74 **Abondances** Rue des
DF 74 **Abreuvoir** Rue de l'
DG 76 **Adam** Imp.
DG 75 **Aguesseau** Rue d'
DI 75 **Ailes** Pl. des
DK 76 **Alexandre** Villa
DF 75 **Alexandrine** Villa
DF 75 **Alsace-Lorraine** Rue d'
DH 75 **Ancienne Mairie** R. de l'
DF 76 **Anciens Combattants** Car. des
DJ 74 **Aquitaine** Pass.
DJ 74 **Aquitaine** Cours
DJ 75 **Arnould** Pass. du Col
DI 78 **Arroseur Arrosé** Pass. de l'
DF 76 **Arts** Rue des
DG 76 **Auteuil** Bd d'
DG 77 **Avre** Sq. de l'
DE 73 **Avre** Passerelle de l'
DF 75 **Bac** Rue du
DI 77 **Badauds** Sente des
DJ 75 **Barbusse** Sq. Henri
DG 76 **Bartholdi** Rue
DI 75 **Beaux Arts** Villa des
DH 76 **Belle Feuille** Rue de la
DH 76 **Belle Feuille** R. de la
DI 76 **Belle-Feuille** Pass.
DI 74 **Bellevue** Rue de
DI 74 **Bellevue** Imp.
DI 74 **Bellevue** Villa
DH 77 **Belvédère** Rue du
DH 73 **Béranger** Rue
DF 76 **Béranger** Cour
DG 77 **Bernard** Rue Joseph
DI 75 **Bert** Rue Paul
DG 74 **Berthelot** Al. Marcelin
DI 77 **Bertrand** Villa
DK 77 **Billancourt** Pont de
DG 75 **Billancourt** Rue de
DJ 75 **Bir-Hakeim** Pl.
DJ 76 **Blanchisseuses** Al. des
DI 75 **Blériot** Rue Louis
DG 76 **Blondat** Rue Max
DI 77 **Blondeau** Rue
DH 75 **Blum** Sq. Léon
DI 75 **Bouvier** Rue Jean
DJ 74 **Bretagne** Pass. de
DJ 75 **Brunhes** Pass. Jean
DI 77 **Buisson** Av. Ferdinand
DG 74 **Buzenval** Villa de

DI 75 **Cacheux** Rue
DI 75 **Carnot** Rue
DG 74 **Carpeaux** Al. J.-Baptiste
DI 78 **Casque d'Or** Rue du
DJ 75 **Casteja** Rue
DJ 75 **Chagall** Al. Marc
DG 76 **Château** Rue du
DH 75 **Châteaudun** Rue de
DI 76 **Chemin Vert** Rue du
DH 75 **Cinq-Juin-1944** Rue du
DI 78 **Clair** Pl. René
DJ 76 **Clamart** Rue de
DF 75 **Clément** Av. J.-Baptiste
DI 75 **Constans** Rue Paul
DJ 77 **Corneille** Pl.
DJ 74 **Couchot** Rue
DK 76 **Damiens** Rue
DI 77 **Danjou** Rue
DG 77 **Darcel** Rue
DI 77 **Dassault** Rue Marcel
DF 75 **De Gaulle** Av. Charles
DG 75 **Delafosse** Rue Maurice
DG 76 **Denfert Rochereau** Rue
DG 76 **Denfert Rochereau** Pl.
DK 76 **Deschandelliers** Pass.
DI 76 **Deschandelliers** Sente
DI 76 **Desfeux** Av.
DH 77 **Detaille** Rue Edouard
DI 75 **Diaz** Rue
DI 77 **Dôme** Rue du
DI 76 **Dominicaines** Al. des
DI 75 **Ducellier** Rue Paul
DI 77 **Duclaux** Rue Emile
DG 74 **Dumas** Al. Jean-Baptiste
DG 76 **Dunois** Rue Emile
DF 76 **Durvie** Imp.
DG 75 **Ecoles** Rue des
DG 75 **Ecoles** Pl. des
DF 75 **Eglise** Rue de l'
DI 78 **Enfants du Paradis** Pass.
DI 78 **Enfants du Paradis** R. des
DG 75 **Escudier** Rue
DJ 74 **Esnault Pelterie** Rue
DH 76 **Est** Rue de l'
DG 77 **Europe** Pl. de l'
DI 78 **Fanfan La Tulipe** Rue
DI 76 **Fayères** Villa des
DJ 75 **Ferme** Rue de la
DK 76 **Ferry** Rue Jules
DG 75 **Fessart** Rue
DF 75 **Fessart** Rd-Pt

DJ 78 **Fief** Rue du
DI 77 **Fief** Pass. du
DJ 76 **Fleurs** Villa des
DJ 75 **Forum** Al. du
DH 76 **Forum Cent-Trois** Pass. du
DF 74 **Fossés Saint-Denis** R. des
DI 74 **Fougères** Av. des
DJ 77 **Fourquemain** Imp.
DF 75 **France** Rue d'Anatole
DG 76 **France Mutualiste** R. de la
DH 74 **Frères Farman** Sq. des
DG 76 **Gallieni** Rue
DG 76 **Gambetta** Rue
DI 78 **Gance** Pl. Abel
DG 76 **Garros** Rue Rolland
DI 78 **Grande Illusion** R. de la
DI 77 **Grenier** Av. Pierre
DJ 76 **Griffuelhes** Rue Victor
DK 76 **Guesde** Pl. Jules
DH 77 **Guilbaut** Rue du Cdt
DG 77 **Gutenberg** Rue
DG 77 **Gutenberg** Sq.
DJ 75 **Hameau Fleuri** Rue du
DJ 75 **Haute** Pl.
DK 76 **Heinrich** Rue
DJ 75 **Hemmen** Pass. Jean
DI 75 **Henripré** Rue Jules
DI 78 **Hérelle** Rue Félix
DJ 75 **Heyrault** Rue
DJ 75 **Hoche** Rue Lazare
DH 76 **Hugo** Av. Victor
DI 76 **Hugo** Pass. Victor
DJ 75 **Ile de France** Pass. de l'
DJ 76 **Issy** Rue d'
DJ 76 **Issy** Pont d'
DG 76 **Jacqueline** Rue
DG 74 **Jacquin** Rue Anna
DH 76 **Jaurès** Bd Jean
DI 76 **Jeanne** Villa
DI 76 **Johannot** Pass.
DF 75 **Joséphine** Av.
DI 78 **Jour se Lève** Av. le
DI 76 **Juin** Av. du Maréchal
DK 76 **Kermen** Rue Yves
DH 74 **Koufra** Rue de
DF 76 **La Rochefoucauld** R. de
DG 76 **Landowski** Pass.
DI 76 **Landrin** Rue Emile
DH 73 **Lattre de Tassigny** Av. Mal
DG 75 **Laurant** Rue Alfred
DG 76 **Laurenson** Rue Albert

BOULOGNE BILLANCOURT suite (plan page 235)

DH 76 **Lauriers** Al. des
DG 74 **Lavandières** Al. des
DI 76 **Le Gallo** Quai Alphonse
DI 76 **Leclerc** Av. du Général
DI 76 **Legrand** Pass.
DG 75 **Lemoine** Rue
DJ 76 **Liot** Rue
DF 75 **Longchamp** Al. de
DJ 76 **Longs Prés** Rue des
DJ 76 **Longs-Prés** Rue des
DJ 77 **Longs-Prés** Cours des
DG 77 **Loyau** Rue Marcel
DI 76 **Lumière** Al. Louis
DF 75 **Mahias** Rue
DI 76 **Maillasson** Rue
DH 74 **Mairie** Villa de la
DH 76 **Maître-Jacques** Sente
DH 76 **Maître-Jacques** Rue
DH 77 **Malraux** Rd-Pt André
DJ 76 **Marché** Rue du
DJ 76 **Marché** Pl. du
DG 76 **Marguerite** Av.
DH 76 **Marie Justine** Villa
DH 77 **Martin** Rue Henri
DH 77 **Martinique** Villa de la
DF 75 **Menus** Rue des
DK 76 **Meudon** Rue de
DJ 76 **Meudon** Rue de
DI 74 **Michelet** Rue
DI 74 **Mimosas** Av. des
DJ 76 **Molière** Rue
DF 75 **Mollien** Rue
DF 76 **Monet** Rue Claude
DF 74 **Montmorency** Rue de
DG 77 **Moreau** Imp.
DG 76 **Moreau Vauthier** Rue
DI 76 **Morizet** Av. André
DJ 77 **Moulineaux** Sq. des
DJ 76 **Nationale** Rue
DJ 76 **Neuve Saint-Germain** R.
DJ 74 **Normandie** Pass. de
DG 77 **Nungesser et Coli** Rue
DH 76 **Ouest** Rue de l'
DI 78 **Pagnol** Pl. Marcel
DG 75 **Paix** Rue de la
DG 74 **Palissy** Pl. Bernard
DH 77 **Parc** Rue du
DF 75 **Parchamp** Pl. du
DF 75 **Parchamp** Rue du
DG 74 **Paris** Rue de
DG 76 **Pasteur** Rue Louis
DH 77 **Pauline** Villa
DG 77 **Pavillon** Rue du
DI 75 **Pelloutier** Rue Fernand
DJ 76 **Peltier** Rue
DF 76 **Persane** Villa
DG 74 **Petibon** Rue

DJ 78 **Peupliers** Rue des
DI 77 **Peupliers** Villa des
DF 76 **Pins** Rue des
DF 76 **Pins** Al. des
DI 74 **Platanes** Villa des
DJ 78 **Point du Jour** Quai du
DJ 77 **Point du Jour** Rue du
DK 76 **Pont de Billancourt** Pl. du
DJ 74 **Pont de Sèvres** Sq. du
DJ 74 **Pont de Sèvres** Rd-Pt du
DJ 77 **Pont du Jour** Imp. du
DG 74 **Port** Rue du
DG 77 **Porte d'Auteuil** Av. de la
DJ 76 **Pouget** Al. Emile
DH 77 **Princes** Rue des
DI 76 **Princes** Villa des
DJ 76 **Provinces** Pass. des
DF 75 **Puits** Cour du
DI 75 **Pyramide** Rue de la
DI 75 **Pyramide** Sente de la
DI 76 **Quatre Cheminées** R. des
DF 74 **Quatre Septembre** Q. du
DJ 77 **Racine** Pl.
DG 76 **Reinach** Rue Salomon
DH 77 **Reine** Rte de la
DI 75 **Reinhardt** Rue
DJ 78 **République** Bd de la
DH 74 **Rhin et Danube** Sq.
DH 74 **Rhin et Danube** Rd-Pt
DI 76 **Rieux** Rue
DJ 76 **Ronsard** Villa
DG 76 **Rosendaël** Villa
DI 75 **Rouget de Lisle** Rue
DI 75 **Royale** Rue
DG 73 **Saint-Cloud** Pont de
DG 74 **Saint-Denis** Rue
DG 74 **Saint-Denis** Pass.
DK 77 **Saint-Germain des**
Longs Prés Pl.
DH 77 **Samarcq** Rue
DJ 76 **Saussière** Rue de la
DG 77 **Schuman** Av. Robert
DJ 77 **Seine** Rue de
DI 76 **Sembat** Pl.
DI 76 **Sembat** Rue Marcel
DJ 74 **Sèvres** Rue de
DJ 74 **Sèvres** Pont de
DH 74 **Silly** Rue de
DG 76 **Simon** Rue Jules
DJ 76 **Solférino** Rue de
DJ 76 **Solférino** Pl. de
DJ 76 **Solférino** Sq. de
DJ 76 **Sorel** Rue Georges
DI 78 **Stade de Coubertin** Av. du
DK 75 **Stalingrad** Quai de
DF 74 **Sycomores** Al. des

DH 77 **Thiers** Rue
DI 75 **Tilleuls** Villa des
DG 76 **Tilleuls** Rue des
DF 75 **Tisserant** Rue
DF 75 **Tourelle** Rue de la
DF 75 **Trancard** Imp.
DF 75 **Transvaal** Rue du
DK 76 **Traversière** Rue
DJ 75 **Vaillant** Av. Edouard
DF 74 **Vanves** Rue de
DG 76 **Vauthier** Rue
DF 76 **Verdun** Rue de
DJ 75 **Verlaine** Pl. Paul
DF 74 **Victoires** Rue des
DJ 75 **Vieux Pont de Sèvres**
Rue du
DJ 74 **Vieux Pont de Sèvres**
Pass. du
DJ 74 **Vieux Pont de Sèvres**
Al. du
DI 74 **25-Août-1944** Rue du
DI 78 **Voie de la Lactée** Av.
DJ 75 **Voisin** Rue G. et Charles
DH 75 **Wallace** Pl.
DJ 75 **Zola** Av. Emile

Bâtiments

DH 76 Centre Culturel
DJ 77 Cimetière de Billancourt
DH 76 Cimetière de Boulogne
DI 75 Commissariat
DH 77 D.D.E.
DJ 74 Gendarmerie
DI 75 Gymnase
DH 74 Gymnase
DI 76 Gymnase
DI 74 Gymnase
DF 75 Hôpital Ambroise Paré
DI 75 Hôtel de Ville
DH 76 Hôtel des Impôts
DI 75 Hôtel des Postes
DI 75 Lycée Jacques Prévert
DI 74 Lycée Professionnel et
Commercial E. Jules Marey
DJ 75 Piscine
DJ 76 Poste
DJ 76 Poste
DJ 74 Poste
DG 75 Poste
DJ 77 Salle Omnisports
DJ 74 Sous- Préfecture
DH 73 Stade Alphonse Le Gallo
DI 76 Théâtre

Métro : Ligne 8 - Liberté - Charenton Ecoles
Bus : 24-103-111-180-325

Métro : Ligne 13 - Mairie de Clichy
Bus : 54-66-74-138 A-165-173-174-334-374-552

CT 84 **Abreuvoir** Rue de l'
CT 86 **Adam** Rue Achille
CT 86 **Alsace** Rue d'
CS 85 **Ancienne Mairie** Rue de l'
CT 83 **Antonini** Rue Alexandre
CT 83 **Asnières** Route d'
CT 85 **Asnières** Rue Jeanne d'
CS 84 **Asnières** Pont d'
CU 87 **Auboin** Rue
CT 85 **Auffray** R. Charles et René
CT 86 **Avenir** Rue de l'
CT 83 **Bac d'Asnières** Rue du
CT 86 **Barbier** Imp.
CU 85 **Barbusse** Rue Henri
CR 86 **Bardin** Rue
CS 85 **Bateliers** Rue des
CT 87 **Belfort** Rue de
CT 86 **Bérégovoy** Rue Pierre
CT 85 **Berthelot** Rue Marcelin
CT 83 **Berthier** Pass.
CS 85 **Bigot** Villa Simone
CR 86 **Bloch** Rue Marc
CS 85 **Blum** Rue Léon
CT 87 **Boisseau** Rue Georges
CR 85 **Bonamy** Pl. des Drs
CU 86 **Bonnet** Rue
CS 86 **Brandt** Rue Willy
CT 87 **Bréchet** Al. M.
CU 86 **Briqueterie** Imp. de la
CT 84 **Buisson** Rue Ferdinand
CU 85 **Cailloux** Pass. des
CU 85 **Cailloux** Rue des
CU 85 **Calmette** R. du Dr Albert
CT 84 **Casanova** Pl. Danièle
CS 85 **Castères** Rue
CU 85 **Chance-Milly** Rue
CT 84 **Chasses** Pass. des
CS 84 **Chemin Vert** Rue du
CS 87 **Citroën** Rue André
CR 84 **Clichy** Quai de
CR 84 **Clichy** Pont de
CS 85 **Couillard** Rue Alfred
CS 86 **Courteline** Rue Georges
CT 86 **Curie** Rue Pierre
CU 86 **Curton** Rue
CR 85 **Dac** Rue Pierre
CT 85 **Dagobert** Rue
CR 86 **Debussy** Rue Claude
CS 85 **Dhalenne** Al. Albert
CS 85 **18-Juin-1940** Rue du
CU 86 **19-Mars-1962** Rue du
CT 87 **Dreyfus** Rue Pierre
CS 84 **Droits de l'Homme** R. des
CS 86 **Dumur** Imp.
CT 83 **Eiffel** Rue Gustave

CT 84 **Emile** Villa
CS 85 **Estienne d'Orves** Rue d'
CU 86 **Fanny** Rue
CU 85 **Fort de Douaumont** Bd du
CT 86 **Foucault** Rue
CT 85 **Fouquet** Rue
CS 84 **Fournier** Rue
CU 85 **France** Av. Anatole
CR 85 **Frères Lumière** Rue des
CT 86 **Gambetta** Al. Léon
CT 85 **Gennevilliers** Pont de
CT 84 **Gesnouin** Rue
CT 84 **Geulin** Rue
CT 86 **Guichet** Rue du
CT 87 **Hugo** Bd Victor
CU 86 **Huit-Mai-1945** Rue du
CT 85 **Huntziger** Rue
CU 85 **Jaurès** Bd Jean
CS 84 **Jaurès** Villa Jean
CU 85 **Jouffroy-Renault** Cité
CT 86 **Klock** Rue
CS 85 **Landy** Rue du
CR 85 **Lattre de Tassigny** Rue
du Mal Jean de
CT 87 **Leclerc** Bd du Mal
CS 85 **Leriche** R. du Prof. René
CS 84 **Leroy** Rue
CT 85 **Maes** Pl. L.-J.
CT 86 **Mairie** Pl. de la
CT 85 **Marché** Rue du
CT 86 **Martissot** Rue
CT 85 **Martre** Rue
CT 85 **Martyrs de l'Occupation**
Pl. des
CS 84 **Médéric** Rue
CT 85 **Méric** Rue Victor
CT 87 **Morel** Rue
CT 86 **Morice** Rue
CT 86 **Morillon** Rue
CS 87 **Mozart** Rue
CT 84 **Neuilly** Rue de
CT 87 **Nivert** Pass.
CU 85 **Nouvelle** Cité
CS 85 **11-Nov.-1918** Rue du
CT 85 **Paille** Pass.
CT 86 **Palloy** Rue
CS 87 **Palme** Rue Olof
CT 86 **Paradinas** Rue Charles
CT 85 **Paris** Rue de
CT 84 **Passoir** Imp.
CT 86 **Pasteur** Rue
CU 85 **Paul** Rue Marcel
CT 86 **Paymal** Rue Gaston
CT 84 **Pelloutier** Rue Fernand
CS 85 **Péri** Rue Gabriel

CT 84 **Petit** Rue
CS 85 **Petits Marais** Al. des
CR 86 **Pierre** Rue
CT 86 **Poillot** Rue Lucien
CT 86 **Poincaré** Rue Henri
CS 84 **Port** Rue du
CR 86 **Port de Gennevilliers**
Route du
CT 86 **Poyer** Rue
CS 87 **Prouvé** Al. Jean
CT 83 **Puits Bertin** Pass. du
CS 84 **Quiclet** Rue Georges
CS 87 **Rabin** Rue Y.
CS 85 **Reflut** Pass.
CT 86 **République François**
Mitterrand Pl. de la
CR 86 **Roguet** Rue du Gal
CU 86 **Rouget de Lisle** Rue
CU 86 **Roux** Rue du Dr Emile
CS 85 **Sangnier** Rue Marc
CT 87 **Sanzillon** R. Madame de
CT 86 **Seurat** Rue Georges
CR 86 **Signac** Al. Paul
CT 86 **Simonneau** Rue
CU 85 **Sincholle** Rue B.
CT 86 **Soret** Rue Georges
CT 86 **Souchal** Rue
CT 86 **Staël** Rue Madame de
CR 85 **Stepney** Rue de
CS 84 **Teinturiers** Rue des
CT 87 **Touzet-Gaillard** Pass.
CR 86 **Trois Pavillons** Rue des
CT 86 **Trouillet** Rue
CT 84 **Valiton** Rue
CS 87 **Van Gogh** Al.
CU 87 **Varet** Pass. Abel
CS 85 **Verne** Pl. Jules
CS 85 **Véziel** Rue René
CR 86 **Villeneuve** Rue
CR 86 **Walter** Rue Jean

Bâtiments

CT85 **Centre Admnistratif**
CS86 **Centre Culturel**
CS86 **Cimetière Nord**
CU84 **Cimetière Sud**
CT86 **Ecole Hôtelière** R. Aufray
CT86 **Gendarmerie**
CT84 **Gymnase**
CS84 **Gymnase**
CR86 **Gymnase Léo Lagrange**
CS86 **Hôpital Beaujon**
CT86 **Hôpital Gouin**

CLICHY suite (plan page 239)

FONTENAY-SOUS-BOIS   plan page 241

RER : A4 : Val de Fontenay - A2 : Fontenay-sous-Bois
Bus : 118-122-124-127-301

193

FONTENAY-SOUS-BOIS suite (plan page 241)

DE 108 **Héricourt** Rue Eugène
DF 112 **Hoche** Rue
DC 109 **Honoré** Rue Camille
DF 110 **Hôtel de Ville** Al. de l'
DD 109 **Hugo** Av. Victor
DF 108 **Huit-Mai-1945** Pl. du
DD 109 **Jaurès** Rue Jean
DE 110 **Joffre** Av. du Maréchal
DG 109 **Joinville** Rue de
DD 110 **La Fontaine** Rue
DF 111 **Lacassagne** Rue G.
DD 110 **Lamartine** Rue
DE 111 **Langevin** Rue Paul
DG 109 **Lapie** Villa
DG 110 **Larousse** Rue Pierre
DD 110 **Larris** Pl. des
DD 112 **Lattre de Tassigny** Av.
    du Maréchal de
DE 107 **Laurent** Rue André
DD 109 **Lavoisier** Rue
DE 106 **Le Brix** Rue
DE 106 **Le Tiec** Rue Georges
DF 109 **Leclerc** Pl. du Général
DF 112 **Léger** Rue Fernand
DG 110 **Legrand** Rue
DE 107 **Legry** Imp. de
DF 108 **Lepetit** Rue Jules
DF 110 **Leroux** Rue Guérin
DE 110 **Lesage** Rue
DE 108 **Lespagne** Rue Victor
DE 109 **Letourneur** Villa
DE 109 **Libération** Pl. de la
DC 109 **Lilas** Villa des
DG 110 **Louis Xavier de**
    Richard Rue
DE 106 **Luat** Rue de
DD 110 **Luther-King** Av. du
    Pasteur Martin
DD 111 **Macé** Rue Jean
DG 109 **Madeleine** Villa
DF 108 **Maison Rouge** R. de la
DG 108 **Mallier** Rue
DE 106 **Malot** Rue Hector
DF 109 **Mandel** Rue Georges
DD 111 **Mandela** Pl. Nelson
DE 108 **Marais** Ch. des
DD 112 **Marais** Rue des
DF 110 **Marceau** Rue
DE 111 **Mare à Guillaume** R. de
DG 111 **Margerie** Rue Gaston
DF 109 **Marguerite** Rue
DH 109 **Marronniers** Av. des
DE 108 **Martin** Rue Eugène
DD 111 **Martinie** Rue J.-Pierre
DF 110 **Martyrs de la**
    Résistance Pl. des

DF 107 **Massenet** Rue Jules
DE 109 **Matène** Rue de la
DF 109 **Mauconseil** Rue
DF 110 **Maury** Rue Edouard
DE 106 **Médéric** Rue
DE 109 **Mémoris** Villa
DE 110 **Mendès France** Rue
DF 110 **Michel** Rue Louise
DE 110 **Michelet** Rue
DE 109 **Michelet** Pl.
DE 108 **Mirabeau** Rue
DF 108 **Mocards** Rue des
DG 110 **Molière** Rue
DF 111 **Montesquieu** Rue
DF 109 **Mot** Rue
DD 111 **Moulin** Av. Jean
DE 109 **Moulin** Sentier du
DE 108 **Moulin** Villa du
DE 108 **Moulin des Rosettes**
    Imp. du
DE 108 **Moulins** Rue des
DG 110 **Mussault** Rue Victor
DF 110 **Musset** Rue Alfred de
DE 109 **Naclières** Rue des
DF 112 **Neuilly** Av. de
DE 110 **Neuilly** Rue de
DF 110 **Nord** Rue du
DE 109 **Notre-Dame** Rue
DE 106 **Nungesser** Rue
DH 109 **Odette** Av.
DD 112 **Olympiades** Av. des
DG 110 **Orléans** Villa d'
DE 108 **Ormes** Rue des
DE 108 **Ormes** Villa des
DE 108 **Ouest** Villa de l'
DE 108 **Paix** Villa de la
DC 110 **Palissy** Rue Bernard
DE 109 **Papin** Rue Denis
DE 109 **Parapluies** Car. des
DE 107 **Parmentier** Rue de
DE 106 **Passeleu** Rue du
DE 110 **Pasteur** Rue
DF 110 **Paul** Sq. Marcel
DF 109 **Pauline** Rue
DE 109 **Péché** Villa
DG 106 **Pépinière** Av. de la
DE 106 **Péri** Rue Gabriel
DE 109 **Philippe** Rue Gérard
DD 111 **Picasso** Av. Pablo
DF 110 **Planche** Rue de la
DE 108 **Plateau** Villa du
DG 109 **Poil** Rue François
DE 109 **Pommiers** Rue des
DF 112 **Porte du Grand**
    chemin Rue de la
DG 107 **Porte Jaune** Av. de la

DC 109 **Poussin** Rue
DD 113 **Prairie** Rue de la
DD 113 **Prairie** Sentier de la
DE 107 **Prés Lorets** Rue des
DE 107 **Prés Lorets** Villa des
DE 108 **Prestinari** Villa
DF 112 **Priets** Rue des
DF 112 **Progrès** Villa du
DD 107 **Quatre Ruelles** R. des
DE 107 **Quatre Ruelles** V. des
DE 110 **Rabelais** Av.
DD 109 **Racine** Rue
DF 109 **Raspail** Rue
DG 110 **Regard** Rue du
DE 108 **Renan** Av. Ernest
DE 107 **Renardière** Rue de la
DE 107 **Renardière** Imp. de la
DE 110 **République** Av. de la
DF 110 **Résistance** Rue de la
DE 109 **Réunion** Rue de la
DD 109 **Ribatto** Rue Gilbert
DG 110 **Ricard** Rue L.-X. de
DG 110 **Richebois** Rue Désiré
DE 109 **Rieux** Rue des
DF 107 **Rigollots** Car. des
DE 111 **Robespierre** Rue M.
DE 110 **Roosevelt** Av. du Pdt
DD 110 **Rosenberg** Rue
DE 108 **Rosettes** Rue des
DF 109 **Rosettes** Pl. des
DE 108 **Rosettes** Villa des
DF 110 **Rosny** Rue de
DE 107 **Roublot** Rue
DF 107 **Rousseau** Rue J.-J.
DE 108 **Roux** Rue Emile
DG 109 **Ruel** Bd Henri
DF 108 **Ruisseau** Rue du
DE 108 **Saint-Germain** Rue
DF 108 **Saint-Germain** Villa
DG 109 **Saint-Louis** Villa
DF 110 **Saint-Maur** Sentier
DG 109 **Saint-Vincent** Rue
DF 112 **Salengro** Rue Roger
DE 106 **Santé** Rue de la
DG 108 **Sémard** Rue Pierre
DE 110 **Seyert** Rue
DF 109 **Simone** Villa
DG 106 **Solidarité** Rue de la
DE 108 **Sources** Ch. des
DG 110 **Squéville** Rue
DG 107 **Stalingrad** Av. de
DF 110 **Sud** Imp. du
DE 109 **Terres St-Victor** R. des
DE 109 **Tessier** Rue André
DF 107 **Thérèse** Rue
DD 110 **Timbaud** Rue J.-Pierre

194

FONTENAY-SOUS-BOIS suite (plan page 241)

DD 112 **Tranquille** Al.
DE 106 **Trois Térritoires** R. des
DE 110 **Trontais** Imp. des
DE 107 **Trucy** Rue de
DE 106 **Turpin** Rue
DF 111 **Vaillant** Rue Edouard
DE 109 **Val Tidone** Al. du
DG 110 **Vauban** Rue
DD 108 **Védrines** Rue
DE 110 **Verdun** Bd de
DG 108 **Vincennes** Bd de
DG 110 **25-Août-1945** Bd du
DG 109 **Vitry** Villa
DD 111 **Wallon** Rue Henri
DF 108 **Weber** Pass. Pierre
DF 107 **Yvonne** Rue
DD 111 **Zay** Rue Jean
DD 109 **Zola** Rue Emile

Bâtiments

DF110 Bourse du Travail
DG111 Caserne
DF111 Cimetière de Fontenay
DC111 Cimetière de Vincennes
DF109 Gendarmerie
DE107 Gymnase
DF108 Gymnase
DD109 Gymnase Léo Lagrange
DG106 Hôpital Dame Blanche
DF108 Hospice Intercommunal
DG109 Impôt
DE109 Lycée d'Enseignement
Professionnel Michelet
DD112 Lycée Pablo Picasso
DG108 Lycée R. Ravel
DF112 Lycée Technique Louis A.
DF110 Mairie
DE106 Mairie Annexe

DE113 Mairie Annexe
DF110 Police
DE111 Police
DF107 Poste
DE109 Poste
DF110 Poste
DF110 Sécurité Sociale
DG109 Stade A. Laurent
DF111 Stade Georges Le Tiec
DE110 Télécom
DD112 Zone d'Activités Péripole

GENTILLY
plan page 249

RER : B - Gentilly
Bus : 57-125-184-186

DN 91 **Allende** Rue du Pdt
DM91 **Amélie** Villa
DM90 **Anjoiry** Rue René
DN 90 **Arcueil** Rue d'
DN91 **Barbusse** Pl. Henri
DN 91 **Bathilde** Rue
DO 91 **Bel Ecu** Rue du
DN 91 **Bensérade** Rue
DN 92 **Berthelot** Rue Marcelin
DN 92 **Bièvre** Rue de la
DM90 **Blanqui** Rue Auguste
DN 90 **Blanqui** Imp. Auguste
DO 91 **Bonnot** Rue Julien
DN 90 **Bougard** Rue Emile
DO 90 **Boulineau** Rue
DN 91 **Bout Durang** Rue du
DN 91 **Bouvery** Imp.
DN 92 **Briand** Rue Aristide
DM92 **Calmus** Rue Charles
DM92 **Cassin** Al. René
DN 91 **Chamoiserie** Rue de la
DM90 **Champs Elysées** R. des
DM90 **Clément** Rue Jean-B.
DN 91 **Condorcet** Rue
DN 91 **Couturier** Av. Paul V.
DN 91 **Croizat** Sq.
DN 91 **Debray** Rue Nicolas
DM89 **Dedouvre** Rue

DN 90 **Demand** Villa
DN 89 **Deuxième Avenue**
DN 92 **Ferry** Rue Jules
DN 89 **Foubert** Rue
DN 91 **Fraysse** Rue
DM92 **Frérot** Rue Charles
DM92 **Frileuse** Cité
DN 92 **Gabrielio** Rue
DN 90 **Gaillet** Rue Louis
DM92 **Galliéni** Av.
DN 92 **Galloy** Sq.
DO 90 **Gandilhon** Rue
DM91 **Gauhtherot** Rue Henri
DM90 **Gentilly** Rue
DN 91 **Glaisières** Ruelle des
DM91 **Guilpin** Rue Albert
DN 92 **Hugo** Rue Victor
DO 91 **Jaurès** Av. Jean
DO 91 **Jean-Louis** Rue
DN 90 **Joséphine** Imp.
DM90 **Kleynoff** Rue Henri
DN 91 **Labourse** Rue
DM90 **Lafouge** Rue
DM92 **Leclerc** R. de la Div. du Gal
DM91 **Lecocq** Rue
DM91 **Lefebvre** Rue Raymond
DM92 **Léger** Al. Fernand
DM89 **Lénine** Av.
DM90 **Malon** Rue Benoît

DM90 **Marcel** Rue Pierre
DM91 **Marchand** Rue R.
DM91 **Marquigny** Rue Victor
DO 91 **Moulin de la Roche** R. du
DO 91 **Moulin de la Roche**
Pass. du
DN 90 **Paix** Rue de la
DN 92 **Paroy** Rue du
DN 92 **Paroy** Imp. du
DN 91 **Pascal** Rue
DN 90 **Pasteur** Av.
DO 91 **Péri** Rue Gabriel
DM92 **Platanes** Al. des
DN 91 **Poste** Rue de la
DN 89 **Première Avenue**
DM92 **Prévert** Al. Jacques
DM92 **Qautre Tours** Rue des
DN 89 **Quatrième Avenue**
DN 91 **Raspail** Av.
DN 90 **Reims** Rue de
DM89 **Rémond** Villa
DM92 **République** Av. de la
DM90 **Rolland** Rue Romain
DN 91 **Saint-Eloi** Rue
DO 91 **Soleil Levant** Rue du
DN 91 **Soleil Levant** Pl. du
DN 91 **Souvenir** Rue du
DM92 **Tanneurs** Al. des

GENTILLY suite (plan page 249)

DN91 **Ténine** Rue du Docteur
DN91 **Thiberville** Rue
DM89 **Troisième Avenue**
DM90 **Vaillant Couturier** Av. P.
DM92 **Val de Marne** Rue du
DM92 **Verdun** Rue de
DN 90 **Verte** Cité la
DM92 **Victoire du 8-Mai-1945**
     Pl. de la
DN 91 **Wilson** Av. du Pdt

Bâtiments

DN91 Clinique
DM91 Gendarmerie
DN91 Gymnase M. Cerdan
DN91 Hôpital Fondation Vallée
DN91 Lycée Professionnel
    Val de Bièvre
DM91 Mairie
DM92 Perception

DM91 Poste
DM90 RER B Gentilly
DN90 Sécurité Sociale
DO91 Stade G. André
DN91 Stade M. Baquet

ISSY-LES-MOULINEAUX plan page 243

Métro :   Ligne 12 - Corentin Celton - Mairie d'Issy
Bus :   15-123-126-136-169-189-190-290-323-369
RER :   C - Issy Val de Seine - Issy Ville
Tramway T2 : Issy-Val de Seine - Jacques-Henri Lartigue - Les Moulineaux

DK 79 **Acacias** Rue des
DL 79 **Accès à la Gare** Ch. d'
DL 81 **Alembert** Rue d'
DL 81 **Alembert** Pl. d'
DJ 81 **Arc** Rue Jeanne d'
DI 78 **Armand** Rue Louis
DL 78 **Asile** Sentier de l'
DK 78 **Atget** Rue E.
DJ 81 **Avia** Rue du Col Pierre
DL 79 **Bachaga Boualam** Pl.
DI 79 **Bara** Rue
DM80 **Barbès** Rue d'
DL 76 **Bas Meudon** Av. du
DM81 **Baudin** Imp.
DL 81 **Baudin** Rue
DK 82 **Baudoin** Rue Eugène
DM80 **Bernard** Rue Claude
DL 78 **Bert** Rue Paul
DJ 79 **Berteaux** Rue Maurice
DJ 80 **Berthelot** Rue Marcelin
DM77 **Besnard** Rue Paul
DL 76 **Billancourt** Al. de
DX 77 **Billancourt** Pont de
DK 80 **Biscuiterie** Rue de la
DJ 81 **Blandan** Rue du Sergent
DJ 79 **Blériot** Sq. Louis
DL 78 **Blum** Pl. Léon
DK 81 **Bois Vert** Ch. du
DK 77 **Bonnier** Al. Louis
DL 76 **Boucher** Mail Alfred
DK 79 **Bouin** Av. Jean
DL 79 **Bourgain** Av.
DL 80 **Branly** Rue Edouard
DL 77 **Brasserie** Al. de la
DL 80 **Breton** Rue Marius
DL 78 **Briand** Rue Aristide
DL 80 **Brossolette** Rue Pierre
DM79 **Buisson** Rue Ferdinand
DL 81 **Burgun** Rue Georges-M.

DL 81 **Buvier** Sentier du
DL 80 **Calmette** Av. du Prof.
DL 78 **Carrières** Al. des
DJ 79 **Caudron** Rue G. et R.
DL 78 **Cerisiers** Villa des
DL 76 **Chabanne** Pl. A.
DK 80 **Charlot** Rue
DL 79 **Chemin de Fer** Stier du
DM80 **Chemin Vert** Rue du
DL 80 **Chénier** Rue André
DK 80 **Chérioux** Rue Adolphe
DK 81 **Chevalier de la Barre**
    Rue du
DL 81 **Chevreuse** Villa
DL 79 **Citeaux** Al. des
DL 81 **Cloquet** Imp.
DL 77 **Clos** Al. du
DL 80 **Clotilde** Rue
DM78 **Courbarien** Rue Antoine
DJ 81 **Courteline** Rue
DL 80 **Coutures** Al. des
DL 80 **Cresson** Av. Victor
DL 80 **Curie** Rue Pierre
DL 80 **Danton** Rue
DL 81 **De Gaulle** Av. du Gal
DL 79 **Défense** Rue de la
DK 80 **Delahaye** Rue
DL 81 **Derry** Rue de l'Abbé
DJ 79 **Desmoulins** Rue Camille
DL 80 **Diderot** Rue
DM 77 **19 Mars 1962** Pl. du
DL 79 **Dolet** Rue Etienne
DM79 **Duployé** Rue Emile
DK 80 **Eboué** Rue du
    Gouverneur Gal Félix
DL 79 **Ecoles** Al. des
DL 80 **Egalité** Rue de l'
DL 80 **Eglise** Pl. de l'
DJ 79 **Eiffel** Al. Gustave

DM 79 **Epinettes** Sentier des
DL 79 **Erevan** Rue d'
DK 79 **Estienne d'Orves** Rue d'
DM78 **Etroites** Sentier des
DL 79 **Ferber** Rue du Capitaine
DM77 **Ferme** Al. de la
DL 81 **Ferrer** Villa Francisco
DK 79 **Feury** Rue Jules
DL 77 **Fleury** Al. de
DL 77 **Flore** Al. de
DL 79 **Follereau** Esplace R.
DK 79 **Fontaine** Al. de la
DL 81 **Fontaine** Pl. de la
DL 80 **Fort** Rue du
DJ 82 **Foucher-Lepelletier** Rue
DJ 82 **Fournier** Sq. Marcel
DM78 **Fragonard** Rue Honoré
DL 79 **France** Rue Anatole
DL 79 **Fraternité** Rue de la
DJ 80 **Frères Voisin** Bd des
DL 79 **Fréret** Imp.
-DL 80 **Galerie** Rue de la
DJ 79 **Galliéni** Bd
DK 81 **Gambetta** Bd
DL 78 **Gare** Rue de la
DJ 79 **Garibaldi** Bd
DJ 82 **Georges-Marie** Rue
DN 78 **Georget** Pass. Jean
DL 78 **Gervais** Rue Auguste
DL 77 **Gévelot** Pl. J.
DL 80 **Glacière** Rue de la
DL 79 **Godet** Rue Jacques
DL 81 **Grégoire** Rue de l'Abbé
DL 79 **Grenelle** Al. de
DL 81 **Guesde** Rue Jules
DM78 **Guignard** Rd-Pt Hector
DJ 81 **Guynemer** Rue
DL 76 **Hameau Normand** Al. du
DK 82 **Hartmann** Rue Maurice

ISSY-LES-MOULINEAUX suite (plan page 243)

DM 80 **Moydamilles** Cité des
DK 80 **Hoche** M)
DK 80 **Hoche** Rue
DJ 80 **Hugo** Rd-Pt Victor
DK 81 **Hugo** Rue Victor
DL 80 **Huit-Mai-1945** Pl. du
DL 77 **Iles** Bd des
DL 80 **Industrie** Pass. de l'
DL 77 **Issy** Al. d'
DJ 78 **Issy** Pont d'
DK 78 **Jacques** Rue P.
DL 81 **Jarland** Al. du Père
DK 81 **Jassède** Rue Prudent
DK 80 **Jaurès** Av. Jean
DK 79 **Juin** Pl. du Maréchal
DL 79 **Kennedy** Pl. du Pdt J.-F.
DL 81 **Kléber** Villa
DK 80 **Kléber** Rue
DJ 79 **Lacour** Imp.
DK 80 **Lamartine** Rue
DK 78 **Lartigue** Rue J.-H
DL 80 **Lasserre** Rue
DJ 79 **Latéral** Ch.
DK 80 **Lattre de Tassigny** Pl. de
DL 81 **Lazare Carnot** Rue
DK 80 **Leca** Pl. Bonaventure
DL 80 **Lecache** Al. Henri
DK 81 **Leclerc** Rue du Gal
DL 80 **Liberté** Rue de la
DM 78 **Loges** Sentier des
DL 77 **Lombard** Rue du Dr
DL 76 **Luce** Al. Maximilien
DK 80 **Lumières** Parvis des
DM 78 **Madame** Al de
DK 78 **Madaule** Pl. J.
DM 78 **Mademoiselle** Rue
DJ 79 **Malet** Rue
DM 79 **Malon** Rue Benoît
DK 79 **Maraîchers** Al. des
DK 80 **Marceau** Rue
DL 80 **Marcettes** Sentier des
DJ 82 **Marguerite** Villa
DL 79 **Martelle** Rue de la
DM 78 **Matisse** Al. Henri
DJ 82 **Matrat** Rue Claude
DL 81 **Mayer** Rue Henri
DK 80 **Menand** Mail Raymond
DL 77 **Meudon** Rue du Dr
DJ 82 **Michelet** Rue
DK 81 **Minard** Rue
DL 77 **Miquel** Rue Marcel
DL 77 **Monnet** Av. Jean
DL 80 **Montézy** Sentier de la
DM 77 **Montquartiers** Ch. des
DM 78 **Monts** Villa des
DM 80 **Moreau** Rue Madeleine
DM 80 **Moulin** Ch. du
DL 80 **Moulin** Rue du
DL 76 **Moulineaux** Al. des
DJ 82 **Munufacture** Espl. de la
DL 77 **Natter** Rue du Père

DL 79 **Naud** Rue Edouard
DM 78 **Négrier** Rue du Gal de
DJ 82 **Nicot** Al. Jean
DJ 79 **Nieuport** Rue E.
DL 79 **Nouvelle** Imp.
DK 79 **Nouvelle** Rue
DL 80 **11-Nov.-1918** Pl. du
DJ 81 **Oradour sur Glane** R. d'
DM 80 **Paix** Av. de la
DL 80 **Paix** Villa de la
DM 78 **Panorama** Al. du
DL 76 **Pape** Prom. Constant
DL 80 **Parc** Villa du
DJ 81 **Parmentier** Rue
DL 79 **Pasteur** Av.
DM 78 **Pastorale d'Issy** R. de la
DM 81 **Pensards** Sentier des
DL 80 **Péri** Rue Gabriel
DL 80 **Petit Buvier** Sentier du
DK 79 **Peupliers** Rue des
DL 77 **Poli** Rue Pierre
DL 76 **Ponceau** Rue du
DL 77 **Ponts** Al. des
DK 80 **Popielusko** Al. du Père
DL 82 **Potin** Rue Jean-Baptiste
DM 77 **Pucelles** Sentier des
DJ 82 **Quatre Septembre** R. du
DM 79 **Rabelais** Rue
DJ 82 **Renan** Rue Ernest
DK 80 **République** Av. de la
DL 77 **Résistance** Pl. de la
DL 80 **Robespierre** Rue M.
DK 76 **Robinson** Prom.
DM 78 **Rodin** Bd
DI 79 **Roosevelt** Quai du Pdt
DK 79 **Rouget de Lisle** Rue
DK 79 **Rousseau** Rue Jean-J.
DK 79 **Rousseau** Villa Jean-J.
DL 80 **3ahlons** Al. des
DM 77 **Saint-Cloud** Ch. de
DJ 79 **Saint-Germain** Pl.
DL 80 **Saint Jean** Pass.
DL 76 **Sainte-Eudoxie** Al.
DL 80 **Sainte-Lucie** Al.
DJ 79 **Salengro** Rue Roger
DJ 79 **Schuman** Pl. du Pdt R.
DM 79 **Sembat** Rue Marcel
DM 79 **Sergent** Villa
DM 79 **Sergent** Rue
DJ 81 **Séverine** Rue
DL 77 **Souvenir Français** Pl. du
DK 78 **Stalingrad** Quai de
DL 80 **Tariel** Rue Henri
DL 80 **Telles de la Poterie** Villa
DL 80 **Telles de la Poterie** Rue
DL 80 **Tilleuls** Pl. des
DL 80 **Tilleuls** Villa des
DL 77 **Timbaud** Rue Jean-P.
DM 78 **Tir** Villa du
DM 79 **Tolstoï** Rue
DL 79 **Travailleurs** Rue des

DM 81 **Tricots** Imp. des
DL 81 **Tricots** Sentier des
DM 81 **Trois Beaux Frères**
Imp. des
DM 78 **Union** Al. de l'
DK 82 **Université** Al. de l'
DK 81 **Vaillant Couturier** Pl. P.
DM 80 **Vanves** Rue de
DJ 82 **Varennes** Sq. des
DM 80 **Vauban** Rue
DK 81 **Vaudétard** Rue
DL 76 **Vaugirard** Rue de
DM 79 **Verdi** Rue
DM 77 **Verdun** Av. de
DK 80 **Vernet** Rue Horace
DL 77 **Viaduc** Rue du
DM 78 **Vignes** Ch. des
DJ 82 **Voisembert** Rue Jules-E.
DK 81 **Voltaire** Bd
DK 81 **Voltaire** Rue
DL 76 **Vuillième** Rue du Dr
DL 80 **Wagner** Imp.
DL 80 **Weiden** Rue Car. de
DM 79 **Zamenhoff** Rue du Dr
DL 80 **Zola** Rue Emile

Bâtiments

DL 81 Bibliothèque
DM 80 Caserne de Gardes Mobiles
DK 80 Centre Administratif
DK 78 Cimetière d'Issy-les-M.
DK 80 Clinique
DL 81 Clinique
DK 80 Gendarmerie
DJ 81 Gymnase
DK 81 Gymnase
DJ 81 Hôpital Corentin Celton
DK 81 Hôpital Suisse de Paris
DL 81 Hôtel des Impôts
DL 79 Lycée Prof. I. H. Farman
DK 80 Mairie
DM 78 Mairie Annexe
DL 80 Musée
DK 79 Piscine
DK 80 Police
DJ 82 Police
DK 79 Pompiers
DL 80 Poste
DJ 81 Poste
DL 77 Poste-Police
DL 80 Sécurité Sociale
DM 79 Stade A. Mimoun
DL 76 Stade de l'Ile de Billancourt
DK 80 Stade G. Voisin
DK 79 Stade Jean Bouin
DK 78 Tri Postal

197

Métro : Ligne 7 - Mairie d'Ivry - Pierre Curie
RER : C - Ivry-sur-Seine
Bus : 125-132-180-182-183-323-325

DN 96 **Malicots** Stier des
DL 99 **Mandela** Pont Nelson
DN 96 **Marat** Prom.
DO 97 **Marat** Rue
DM96 **Marceau** Rue
DM94 **Marchal** Rue Louis
DM99 **Marne** Al. de la
DL 95 **Marqués** Bd Hippolyte
DN 97 **Marrane** Espl. Georges
DN 96 **Marronniers** Ch. des
DO 95 **Martin** Rue Henri
DO 95 **Martin** Imp. Henri
DN 100 **Mazet** Rue Jean
DM97 **Mazy** Rue Paul
DM94 **Meunier** Rue Albert
DO 95 **Michelet** Imp.
DO 95 **Michelet** Rue
DM96 **Mirabeau** Rue
DL 97 **Mitterrand** Rue F.
DM99 **Moïse** Rue
DM97 **Molière** Rue
DP 96 **Monmousseau** Rue G.
DM96 **Moulie** Rue Pierre
DO 96 **Moulin à Vent** Stier du
DM94 **Mozart** Rue
DP 92 **Nadaire** Rue Lucien
DO 99 **Nouvelle** Rue
DM99 **Orme au Chat** Pl. de l'
DP 99 **Oussekime** Pl. Malik
DO 94 **Paix** Rue de la
DO 94 **Paix** Imp. de la
DN 96 **Palissy** Rue Bernard
DN 98 **Papin** Rue Denis
DN 97 **Parc** Al. du
DM97 **Parc** Rés. de
DO 97 **Parmentier** Pl.
DM99 **Parson** Imp.
DM96 **Pasteur** Rue
DM99 **Péniches** Rue des
DN 96 **Péri** Rue Gabriel
DN 95 **Perrin** Rue Jean
DM96 **Petit Bois** Prom. du
DN 99 **Petits Hôtels** Rue des
DO 95 **Peupliers** Halte des
DO 95 **Peupliers** Imp. des
DN 97 **Philipe** Pl. Gérard
DN 97 **Philipe** Prom. Gérard
DN 95 **Picard** Rue Gaston
DN 97 **Pioline** Cité Auguste
DN99 **Postillon** Al. de
DM95 **Poulmarch** Rue Jean-M.
DN 100 **Pourchasse** Quai Henri
DN 99 **Prudhon** Imp.
DO 95 **Quartier Parisien** Cité du
DO 95 **Quartier Parisien** R. du

DO 97 **Raspail** Rue
DO 99 **Renan** Rue Ernest
DP 98 **Renoult** Rue Jean-B.
DP 98 **République** Av. de la
DN 96 **République** Pl. de la
DN 98 **Révolution** Rue de la
DN 99 **Rigaud** Rue Pierre
DN 96 **Rivoli** Pass.
DO 97 **Robespierre** Rue
DN 96 **Robin** Rue René
DO 96 **Rostaing** Rue Georgette
DM98 **Rousseau** Rue Jean-J.
DN 96 **Rousseau** Rue Louis
DN 96 **Roussel** Rue Ferdinand
DO 97 **Saint-Frambourg** Stier
DN 98 **Saint-Just** Rue
DM100 **Sallnave** Rue Marcel
DM99 **Seine** Al. de la
DN 97 **Selva** Rue Lucien
DM96 **Sémard** Av. Pierre
DN 96 **Simonet** Rue Gustave
DO 99 **Surbiers** Villa des
DN 97 **Spinoza** Av.
DP 96 **Stalingrad** Bd de
DN 97 **Supérieur** Prom.
DO 95 **Tellier** Imp.
DN 97 **Terrasses** Prom. des
DN 97 **Théâtre** Ch. du
DM96 **Thomas** Rue Antoine
DM95 **Thorez** Av. Maurice
DP 98 **Trémoulet** Rue Jean
DO 96 **Trudin** Rue Georges
DN 98 **Truillot** Rue
DM99 **Vaillant Couturier** Bd P.
DL 98 **Vanzuppe** Rue Jules
DM95 **Vasseur** Rue Edouard
DN 95 **Verdun** Av. de
DO 94 **Vérollet** Rue
DO 94 **Vérollot** Imp.
DL 95 **Vieux chemin** Rue du
DM95 **Vieux Moulin** Rés. du
DM95 **Vieux Moulin** Rue
DL 95 **Vieux Moulin** Halte du
DN 97 **Villars** Rue René
DN 99 **Volta** Pass.
DN 97 **Voltaire** Pl.
DN 96 **Voltaire** Rue
DM98 **Westernmeyer** Rue
DO 99 **Witchitz** Rue Robert
DM98 **Zola** Rue Emile

Bâtiments

DN97 Centre des Impôts
DN94 Cimetière Parisien d'Ivry
DO97 Cité Administrative et Technique
DM96 Clinique Chirurgicale d'Ivry
DN97 Commissariat de Police et Tribunal
DO97 Gymnase A. Delaune
DO98 Hôpital Charles Foix
DN96 Hôpital J. Rostand
DP98 Lycée Professionnel d'Ivry-Vitry
DP98 Lycée R. Rolland
DO96 Lycée Technologique
DN97 Mairie
DO96 Nouveau Cimetière
DO97 Piscine
DO97 Pompiers
DM95 Poste
DO95 Poste
DM98 Poste
DN96 Poste
DM96 Service Social Départemental
DO95 Stade
DP98 Stade A. Pillaudin
DO95 Stade de Gournay
DO96 Stade des Lilas
DO97 Stade E. Clerville
DM98 Stade Lénine
DM98 Stade S.C.P.O
DN97 Télécom
DN97 Théâtre
DM98 Z.A.C Bords de Seine
DL97 Z.A.C Port d'Ivry

RER : A2 - Joinville-le-Pont
Bus : 106 A-106 B-108 A-108 B-108 N-111-112-281

DM110 **Alfred** Av.	DM109 **Grotte** Villa de la	DL 109 **Pathé** Rue Charles
DJ 109 **Alger** Av. d'	DJ 110 **Guinguettes** Al. des	DL 110 **Pauline** Av.
DL 110 **Allaire** Av. Pierre	DM108 **Halifax** Rue	DL 109 **Pégon** Rue Etienne
DK 110 **Alliés** Bd des	DJ 110 **Hameau** Rue du	DM110 **Péri** Quai Gabriel
DK 109 **Anjou** Quai d'	DL 111 **Henri** Av.	DN 111 **Peupliers** Av. des
DK 110 **Arago** Av.	DL 109 **Hugéde** Rue	DL 111 **Philipe** Sq. Gérard
DM109 **Arc** Av. Jeanne d'	DM108 **Huit-Mai-1945** Pl. du	DM108 **Pinson** Rue Hippolyte
DN 109 **Barbusse** Rue Henri	DL 109 **Ile de Fanac** Ch. de l'	DL 110 **Plage** Av. de la
DM109 **Barrage** Quai du	DL 110 **Jamin** Av.	DL 110 **Platanes** Av. des
DM109 **Beaubourg** Rue	DL 108 **Jaurès** Av. Jean	DL 111 **Polangis** Bd de
DM109 **Bernier** Rue	DN 109 **Joinville** Al. de	DK 109 **Polangis** Quai de
DK 109 **Béthune** Quai de	DL 109 **Joinville** Pont de	DL 109 **Port** Rue du
DK 110 **Bizet** Av.	DL 109 **Joinville** Av. de	DM108 **Pourtour des Ecoles**
DJ 110 **Blois** Rue de	DL 110 **Jougla** Av. Joseph	Rue du
DL 111 **Bourvil** Av.	DL 110 **Joyeuse** Av.	DM108 **Presles** Sq. de
DM110 **Brétigny** Imp.	DM108 **Kennedy** Av. du Pdt J.-F.	DM111 **Quarante Deuxième**
DL 108 **Briand** Rue Aristide	DM111 **Lagrange** Sq. Léo	**de Ligne** Rue du
DM109 **Brossolette** Quai P.	DK 108 **Lapointe** Villa	DK 110 **Racine** Av.
DK 109 **Calais** Av. de	DN 109 **Leclerc** Bd du Mal	DK 110 **Raspail** Rue
DM108 **Canadiens** Pl. des	DM110 **Lefèvre** Av.	DK 110 **Ratel** Av.
DL 108 **Canadiens** Av. des	DM108 **Lheureux** Al. Edmé	DM109 **République** Av. de la
DJ 110 **Canrobert** Rue	DM109 **Liberté** Rue de la	DM108 **Réservoirs** Rue des
DL 110 **Carné** Rue Marcel	DK 110 **Mabilleau** Rue	DN 110 **Robard** Rue
DL 108 **Chapsal** Rue	DK 109 **Madrid** Av. de	DN 110 **Robard** Sq.
DN 108 **Chemin Creux** Rue du	DL 111 **Marceau** Av.	DN 108 **Roseraie** Sq. de la
DK 110 **Colbert** Av.	DK 109 **Marie Rose** Rue	DM108 **Rousseau** Villa
DM110 **Commune** Pl. de la	DK 108 **Marne** Pass. de la	DM109 **Rousseau** Imp. Jules
DM110 **Coursault** Av.	DJ 109 **Marne** Quai de la	DN 111 **Saint-Maur** Pont de
DL 109 **Courtin** Av.	DM109 **Marne** Av. de la	DL 111 **Sartre** Al. Jean-Paul
DM110 **Dagoty** Av.	DN 108 **Mendès France** Av. P.	DN 109 **Sévigné** Av. de
DL 111 **De Gaulle** Sq. Charles	DL 108 **Mermoz** Rue Jean	DN 108 **Théodore** Av.
DJ 109 **Diane** Av.	DJ 109 **Mésange** Av. de la	DL 110 **Tilleuls** Av. des
DL 111 **Egalité** Rue de l'	DL 111 **Michel** Al. Louise	DM109 **Tilleuls** Villa des
DL 109 **Eglise** Rue de l'	DM109 **Molette** Av.	DM109 **Transversale** Av.
DJ 110 **Elysée** Rue de l'	DK 110 **Môquet** Av. Guy	DM108 **Uriane** Pl.
DK 109 **Estienne d'Orves** Av. J. d'	DK 110 **Moret** Rue	DK 110 **Vauban** Av.
DJ 109 **Etoile** Villa de l'	DM111 **Moulin** Al. Jean	DM109 **Vautier** Rue
DJ 109 **Etoile** Av. de l'	DM108 **Moutier** Rue Emile	DM108 **Vel Durand** Rue Henri
DN 108 **Europe** Bd de l'	DK 110 **Mozart** Pl.	DL 109 **Verdun** Pl. de
DL 110 **Familles** Av. des	DM110 **Naast** Av.	DL 109 **Vergnon** Av.
DM111 **Floquet** Imp. Charles	DK 109 **Nantes** Av. de	DM108 **Viaduc** Rue du
DL 111 **Floquet** Av. Charles	DL 111 **Nègre** Av. Raymond	DM109 **Voisin** Rue Eugène
DK 110 **Foch** Av.	DK 108 **Nouvelle** Rue	DM111 **Wilson** Av. du Pdt
DM109 **Fraternité** Rue de la	DL 110 **11-Novembre** Av. du	DL 111 **Zola** Al. Emile
DL 110 **Frères Lumière** R. des	DL 109 **Oudinot** Av.	
DK 110 **Gabrielle** Rue	DL 108 **Paix** Rue de la	
DL 111 **Gallieni** Av. du Gal	DM110 **Palissy** Av.	
DM110 **Gilles** Av.	DM110 **Palissy** Sq.	
DL 110 **Gisèle** Villa	DL 110 **Parc** Av. du	
DK 109 **Gounod** Av.	DM109 **Paris** Rue de	
	DN 109 **Pasteur** Av.	

Bâtiments

DM108	ANPE	DM108	Poste
DM110	Cimetière	DL110	Poste
DL108	Gendarmerie	DL108	R.E.R A4
DM109	Mairie		Joinville le Pont
DM109	Police	DM108	Sécurité Sociale
DL110	Police Municipale	DL110	Z.A.C. des Studios
DL108	Pompiers		

LE KREMLIN-BICÊTRE   plan page 249

Métro :   Ligne 7 - Le Kremlin Bicêtre
Bus :   47-125-131-185-186-323-559 R

DO 91	**Avenir** Rue de l'	DM 93	**Guesde** Sq. Jules	DM 94	**Robin** Rue I.
DO 94	**Babeuf** Rue	DP 93	**Herriot** Pl. Edouard	DN 93	**Rossel** Rue
DO 91	**Bellevue** Pass.	DO 91	**Horizon** Rue de l'	DP 92	**St-Exupéry** Rue A. de
DP 92	**Bergonié** Rue du Prof.	DO 91	**Hugo** Pl. Victor	DM 93	**Salengro** Rue Roger
DO 93	**Berthelot** Rue Marcelin	DO 91	**Huit-Mai** Rue du	DP 92	**Sangnier** Rue Marc
DO 92	**Blum** Rue Léon	DN 93	**Jaurès** Pl. Jean	DO 91	**Schuman** Rue Robert
DM 94	**Bouldrome** Av. du	DO 92	**Kennedy** Rue John-F.	DP 91	**Sémard** Rue Pierre
DM 93	**Brossolette** Rue Pierre	DM 94	**Lacroix** Av. du Dr A.	DO 92	**Sembat** Rue Marcel
DP 91	**Candiotti** Pass.	DO 93	**Lafargue** Rue Paul	DO 92	**Sévrine** Rue
DO 94	**Carnot** Pass.	DO 93	**Lafargue** Sq. Paul	DO 92	**Stratégique** Rte
DN 93	**Carnot** Rue	DP 91	**Lagrange** Rue Léo	DN 93	**Thomas** Av. Eugène
DO 94	**Cassin** Rue René	DP 91	**Laurenson** Rue Albert	DN 92	**Vaillant** Rue Edouard
DM 94	**Chalets** Rue des	DN 93	**Leclerc** Rue du Gal	DO 93	**Verdun** Rue de
DP 93	**Chastenet de Géry** Bd	DO 91	**Liberté** Rue de la	DM 93	**Voltaire** Rue
DN 93	**Cimetière Communale**	DN 93	**Malassis** Sq.	DO 94	**Walesa** Rue Lech
	Av. du	DO 92	**Malon** Rue Benoît	DO 94	**Walesa** Sq. Lech
DN 93	**Clément** Rue Jean-B.	DN 93	**Martinets** Rue des	DO 91	**Walt-Disney** Sq.
DN 94	**Combattant** Pl. du	DN 93	**Martinets** Imp. des	DM 94	**Zola** Rue Emile
DN 93	**Convention** Rue de la	DP 92	**Mermoz** Rue Jean	DM 93	**Zola** Imp. Emile
DN 92	**Courteix** Imp	DN 94	**Michelet** Rue Edmond		
DM 93	**Curie** Rue	DO 92	**Monnet** Rue Jean		
DN 93	**Danton** Rue	DP 93	**Morinet** Rue du Cap.		**Bâtiments**
DM 93	**De Gaulle** Bd du Gal	DO 92	**Moulin** Sq. Jean		
DN 93	**Delescluze** Rue	DP 91	**Pascal** Rue Blaise	DN93	Centre Administratif
DO 93	**Deparis** Sq. du Prof.	DM 93	**Pasteur** Rue	DN92	Centre Hospitalier
DO 93	**19 Mars 1962** Rue du	DN 91	**Péri** Rue Gabriel		Universitaire Bicêtre
DN 93	**Dolet** Rue Etienne	DO 91	**Piaf** Sq. Edith	DN94	Cimetière
DN 93	**Dolet** Imp. Etienne	DO 91	**Pinel** Rue P.	DP91	Lycée D. Milhaud
DP 91	**Egalité** Rue de l'	DM 93	**Plantes** Pass. des	DM93	Lycée Professionnel
DP 91	**Einstein** Rue du Prof.	DM 93	**Plateau** Imp. du		Pierre Brosselette
DO 93	**Fontainebleau** Av. de	DO 94	**Pompidou** Rue G.	DN92	Mairie
DO 93	**Fort** Rue du	DN 93	**14 Juillet** Rue du	DO92	Piscine
DO 93	**France** Rue Anatole	DO 93	**Rabin** Rue Ytzhak	DP91	Police
DP 91	**Fraternité** Rue de la	DN 93	**Reclus** Rue Elisée	DN93	Poste
DP 91	**Fualdès** Imp.	DN 93	**Repos** Rue du	DO91	Sécurité Sociale
DN 92	**Gambetta** Pass.	DN 93	**République** Pl. de la	DO93	Théâtre André Malraux
DN 92	**Gambetta** Rue	DO 91	**Réunion** Rue de la		
DO 92	**Gide** Av. Charles	DO 91	**Richet** Rue Charles		

Métro :   Ligne 11 - Mairie des Lilas
Bus :   105-115-115 N-129-170-249-555 F

CX 103 **Aigle** Stier de l'	CX 102 **Hortensias** Al. des	CY 101 **14 Juillet** Rue du
CX 101 **Anglemont** Rue d'	CX 101 **Houdart** Pass. Félix	CX 101 **Regard** Rue du
CX 101 **Barbusse** Rue Henri	CZ 101 **Hubert** Villa Eve	CY 101 **Renault** Rue Léon
CX 101 **Bellevue** Rue de	CX 102 **Huit-Mai-1945** Rue du	CY 101 **République** Rue de la
CX 101 **Bellevue** Imp.	CX 101 **Indy** Al. Vincent d'	CY 101 **Résistance** Rue de la
CX 102 **Bernard** Rue	CY 102 **Juin** Av. du Mal	CX 101 **Rivoire** Rue André
CX 102 **Bois** Rue du	CX 102 **Kistemakers** Al.	CY 101 **Rolland** Rue Romain
CX 101 **Bois** Imp. des	CX 101 **Kock** Av. Paul de	CY 102 **Romainville** Rue de
CY 101 **Bruyères** Rue des	CX 103 **Kœnig** Rue du Mal	CY 101 **Rouget de Lisle** Rue
CZ 101 **Bruyères** Villa des	CX 101 **La Rochefoucault** R. de	CY 101 **Rousseau** Rue Waldeck
CY 102 **Calmette** Al. du Dr	CX 102 **Langevin** Rue Paul	CX 101 **Sablons** Pass. des
CX 101 **Capus** Al. Alfred	CY 103 **Lattre de Tassigny**	CX 101 **Sablons** Rue des
CX 102 **Catric** Rue Jacques	Av. du Mal de	CX 101 **Saint-Germain** Cité
CY 102 **Centre** Rue du		CX 103 **Saint-Germain** Rue
CZ 101 **Chassagnolle** Rue	CY 101 **Lavigerie** Al. du Card.	CY 101 **Saint-Paul** Cour
CZ 101 **Chassagnolle** Villa	CY 103 **Leclerc** Bd du Gal	CY 101 **Salez** Rue Raymond
CX 101 **Château** Rue du	CX 102 **Lecocq** Al. Charles	CX 103 **Sangnier** Pl. Marc
CX 102 **Clemenceau** Al. du	CZ 101 **Lecomte** Imp.	CW102 **Schuman** Av. du Pdt R.
CY 102 **Combattants de l'A.F.N.**	CX 101 **Lecouteux** Rue	CY 101 **Sources du Nord** Pl.
Av. des	CY 102 **Liberté** Bd de la	CX 101 **Tapis Vert** Rue du
CX 101 **Convention** Rue de la	CX 103 **Liberté** Rue de la	CX 101 **Terrasse** Al. C.
CY 101 **Coq Français** Rue du	CY 101 **Lilas** Pass. des	CZ 101 **Villegranges** Rue des
CX 102 **Courcoux** Sq. du Dr	CY 101 **Mairie** Pass. de la	CZ 101 **Villegranges** Imp. des
CY 102 **Croix de l'Epinette** R.	CX 101 **Marcelle** Rue	CY 102 **Völklingen** Pl. de
CX 101 **Cuvier** Rue Esther	CX 101 **Marius** Imp.	CY 101 **Weymiller** Imp.
CX 102 **David** Rue Jules	CX 102 **Meissonnier** Rue	CY 101 **Yvonne** Rue
CX 102 **De Gaulle** Pl. Charles	CY 101 **Monnet** Al. Jean	
CX 101 **Decros** Bd Eugène	CY 101 **Moulin** Rue Jean	**Bâtiments**
CY 102 **Dépinay** Al. Joseph	CX 101 **Myosotis** Pl. des	
CW102 **Déportation** Voie de la	CY 101 **Noël** Rue Jean	CX101 Centre Culturel
CX 103 **Doumer** Av. Paul	CZ 101 **Noisy le Sec** Rue de	CY103 Centre Culturel H. Dunant
CX 101 **Duda** Al. Jean	CX 103 **Normandie Niemen** R.	CY101 Centre Sportif Floréal
CX 103 **Dumont** Av. Louis	CX 103 **Oies** Stier des	CX101 Cimetière des Lilas
CX 101 **Dunant** Sq. Henri	CX 102 **11 Nov. 1918** Rue du	CY102 Gendarmerie
CY 101 **Egalité** Rue de l'	CX 101 **Paix** Rue de la	CX102 Lycée P. Robert
CY 102 **Est** Rue de l'	CX 102 **Panoramas** Pass. des	CY101 Mairie
CY 101 **Fabien** Pl. du Colonel	CX 102 **Paris** Rue de	CZ101 Mairie Annexe
CY 101 **Faidherbe** Rue	CY 101 **Pasteur** Av.	CY101 Perception
CY 102 **Faidherbe** Av.	CY 103 **Patigny** Stier	CY103 Piscine
CY 102 **Floréal** Pass.	CX 102 **Péguy** Rue Charles	CX101 Police
CX 100 **Fontaine Saint-Pierre**	CY 101 **Pelletier** Imp.	CX101 Poste
Pass. de la	CY 101 **Piquet** Al. du Chanoine	CY102 Sécurité Sociale
CX 102 **Fort** Rue du	CZ 101 **Ponsard** Pass.	
CX 103 **Fraternité** Rue de la	CY 100 **Porte des Lilas** R. de la	
CY 101 **Fromond** Rue Francine	CX 101 **Poulmarch** Rue Jean	
CY 102 **Garde de Chasse** R. du	CY 101 **Pré-St-Gervais** R. du	
CX 103 **Guynemer** Rue	CX 101 **Prévoyance** Rue de la	
CY 102 **Hortensia** Pass. de l'	CY 101 **Progrès** Rue du	

202

Métro : Ligne 3 - Louise Michel - Anatole France - Pont de Levallois - Bécon
Bus : 53-93-94-135-160-164-165-167-174-275-551 B

Bâtiments

Métro : Ligne 13 - Plateau de Vanves - Etienne Dolet
Bus : 126-189-191-194-195-323

DM 83 **Adnot** Villa
DL 85 **Allende** Rue Salvador
DL 84 **Ampère** Rue
DM 83 **Arblade** Av.
DM 85 **Archin** Imp.
DM 85 **Arcole** Pass. d'
DN 84 **Arcueil** Villa d'
DM 83 **Avaulée** Rue
DN 82 **Barbusse** Bd Henri
DN 82 **Barbusse** Rd-Pt Henri
DN 81 **Bas Garmants** Stier des
DN 82 **Baudelaire** Rue Charles
DM 83 **Bel-Air** Villa
DL 85 **Bellœuvre** R. François
DL 85 **Béranger** Rue
DM 84 **Bert** Rue Paul
DM 85 **Berthelot** Imp.
DL 85 **Blanc** Rue Louis
DN 82 **Bouchor** Rue Maurice
DM 83 **Bourgeois** Villa
DN 81 **Brassens** Rue Georges
DN 81 **Brel** Al. Jacques
DM 86 **Brosselette** Av. Pierre
DM 83 **Cacheux** Villa
DM 84 **Camelinat** Bd
DM 84 **Carnot** Imp.
DN 81 **Carnot** Rue
DM 85 **Caron** Rue
DN 81 **Cerisiers** Stier des
DM 84 **Césaire** Imp.
DM 85 **Châtillon** Imp. de
DL 85 **Chauvelot** Rue
DM 84 **Chemin de Fer** Villa du
DM 84 **Christiane** Imp.
DM 82 **Clos** Imp. du
DN 81 **Clos Montholon** Pl. du
DL 84 **Coin** Rue André
DN 82 **Commune de Paris**
Rd-Pt de la
DM 85 **Coppée** Rue François
DM 83 **Crié** Rue Gabriel
DM 83 **Croix** Stier de la
DM 83 **Curie** Imp. Pierre
DL 85 **Dalou** Rue Jules
DL 85 **Danicourt** Rue
DL 84 **Danton** Rue
DM 83 **David** Rue Raymond
DM 83 **De Gaulle** Bd Charles
DL 85 **Depinoy** Pl.
DN 83 **19 Mars 1962** Rue du
DM 84 **Dolet** Rue Etienne
DL 85 **12 Février 1934** Av. du
DM 83 **Drouet** Villa
DN 81 **Drouet Peupion** Rue

DM 85 **Dumont** Av. Augustin
DL 84 **Ecoles** Villa des
DN 84 **Econonnes** Villa des
DN 81 **Eluard** Rue Paul
DN 82 **Espérance** Al. de l'
DN 82 **Fabié** Rue François
DN 81 **Fabien** Bd du Colonel
DN 81 **Fabien** Car. du Colonel
DN 83 **Fassin** Rue Raymond
DL 84 **Ferry** Av. Jules
DM 84 **Fosses Rouges** Allée des
DN 84 **Fosses Rouges** Imp. des
DM 85 **Fournier** Rue Frédéric
DN 81 **France** Av. Anatole
DN 81 **Frères Vigouroux** Bd des
DN 83 **Gagarine** Rd-Pt Youri
DM 84 **Gallieni** Rue
DL 85 **Gambetta** Rue
DN 81 **Garmants** Stier des
DN 81 **Garmants** Rue des
DN 81 **Geneviève** Villa
DL 85 **Gérault** Imp. Maria
DL 86 **Gerber** Rue Lucien et E.
DL 85 **Germaine** Rue
DN 82 **Girard** Rue Louis
DN 82 **Groux** Imp. des
DN 82 **Guesde** Rue Jules
DL 85 **Hébécourt** Rue d'
DN 81 **Henri** Rue Georges
DM 82 **Hoche** Al.
DN 83 **Hoche** Rue
DL 85 **Hugo** Rue Victor
DM 84 **8 Mai 1945** Pl. du
DM 84 **Iris** Villa des
DN 81 **Issy** Voie d'
DN 81 **Jaurès** Cité Jean
DL 85 **Jaurès** Av. Jean
DM 82 **Jeanne** Al.
DM 84 **Joliot Curie** Av. I. et F.
DM 84 **Labrousse** Villa
DL 84 **Laforest** Villa
DN 83 **Lahy-Hollebecque** R. M.
DL 84 **Lanvin** Sq. Marie
DL 85 **Larousse** Av. Pierre
DL 85 **Larousse** Pass.
DL 85 **Lavoir** Rue du
DM 86 **Leclerc** Av. du Mal
DL 84 **Ledru Rollin** Rue
DL 85 **Léger** Villa
DL 86 **Legrand** Rue
DM 85 **Leroyer** Imp.
DL 86 **Loret** Villa
DM 84 **Lurçat** Rue Jean
DN 82 **Mallerei-Joinville** R. Gal

DM 84 **Marceau** Imp.
DM 83 **Marguerite** Al.
DM 83 **Marie** Imp. Albert
DM 83 **Marie-Antoinette** Villa
DM 83 **Marie-Jeanne** Al.
DM 83 **Marie-Louise** Al.
DM 84 **Marotte** Villa
DN 83 **Martin** Rue Alexis
DL 85 **Martin** Rue Henri
DN 81 **Mathilde** Villa
DM 83 **Ménard** Rue du Dr
DO 83 **Mercier** Rue Louis
DN 83 **Mermoz** Rue Jean
DL 85 **Michelin** Pass.
DM 83 **Mirabeau** Villa
DM 84 **Môquet** Rue Guy
DL 85 **Moris** Rue Vincent
DN 84 **Moulin** Rue Jean
DL 85 **Musset** Rue Alfred de
DN 83 **Négriers** Imp. des
DN 81 **Neuve Montolon** Rue
DL 84 **Nicomédès-Pascual** R.
DL 84 **Nord** Pass. du
DM 82 **Nouzeaux** Stier des
DM 84 **11 Nov. 1918** Pl. du
DM 85 **Pasteur** Rue
DL 83 **Paulette** Villa
DL 85 **Péri** Bd Gabriel
DL 86 **Perrot** Rue
DL 86 **Petit Vanves** Pass. du
DL 85 **Pierres Plates** Rue des
DO 82 **Pierrier** Pass. du
DL 85 **Pinard** Bd Adolphe
DM 84 **Ponscame** Rue Hubert
DM 84 **Ponscarme** Imp.
DL 86 **Prévert** Rue Jacques
DL 85 **Puzin** Imp.
DM 82 **Quatorze-Juillet** Pl. du
DK 84 **Quinet** Rue Edgar
DL 85 **Raffin** Rue
DN 85 **Raspail** Rue Benjamin
DM 85 **Renan** Rue Ernest
DM 85 **Renault** Rue
DK 85 **République** Pl. de la
DM 84 **Ressort** Imp.
DM 85 **Richard** Pass.
DN 82 **Rimbaud** Rue Arthur
DN 83 **Rivoire** Rue André
DN 83 **Robespierre** Rue M. de
DN 81 **Roissys** Rue des
DM 84 **Rose** Villa
DK 85 **Rouget de Lisle** Rue
DL 84 **Rousseau** Rue Jean-J.
DN 82 **Sabatier** Stier André

MONTREUIL plan page 253

Métro : Ligne 9 - Porte de Montreuil - Croix de Chavaux
Mairie de Montreuil
Bus : 102-115-118-121-122-124-127-129-229-301-318-322-556 G

205

MONTREUIL suite (plan page 253)

DB 110 **Martin** Al. Roland
DC 110 **Martorell** Al. Suzanne
CZ 107 **Mélies** *Rue* Georges
DA 104 **Mélin** Rue *René*
DE 105 **Mélin** Rue Victor
DC 104 **Mériel** Rue
DE 105 **Merlet** Rue
DC 107 **Messager** Imp. André
DC 103 **Messiers** Rue des
DC 103 **Messiers** Stier de
DE 104 **Meuniers** Rue de
DB 109 **Michel** Rue Louise
DE 104 **Michelet** Rue
DA 105 **Midi** Imp. du
DA 105 **Midi** Rue du
DB 106 **Mirabeau** Rue
DB 105 **Mitterrand** Pl. F.
DD 105 **Molière** Rue
DC 107 **Monmousseau** Rue G.
CZ 106 **Montagne Pierreuse** Rue de la
DC 108 **Montaigne** Al.
DC 108 **Montreuil** Rue de
DB 108 **Montreuil** Rue P. de
DE 102 **Moreau** Imp.
DC 107 **Moulin** Av. Jean
DA 104 **Moulin à Vent** Rue du
DA 108 **Moulins** Imp. du
CZ 108 **Mutualité** Rue de la
CZ 108 **Nanteuil** Rue de
DE 103 **Navoiseau** Rue
DB 107 **Néfliers** Rue des
CZ 108 **Normandie** Rue de
DB 103 **Moue** Rue de la
DC 108 **Nouvelle France** R. de la
DA 109 **Nungesser** *Rue*
DD 106 **Ormes** Rue des
CZ 107 **Oseraies** Rue des
DA 109 **Paix** Rue de la
DC 110 **Paix** Rue de la
DA 104 **Papillons** Rue des
DD 102 **Paris** Rue de
DC 104 **Parmentier** Rue
DE 106 **Passeleu** Rue de
DB 105 **Pasteur** Av.
DC 109 **Patte d'Oie** Imp. de la
DC 109 **Patte d'Oie** Rue de la
DA 107 **Pavillons** Rue des
DD 108 **Pêchers** Al. des
DC 106 **Pépin** Rue
DD 105 **Péri** Av. Gabriel
DA 107 **Peron** Rue Auguste
DC 104 **Pesnon** Rue Alexis
CY 109 **Petit Bois** Rue du
CZ 107 **Pinsons** Villa des
DB 109 **Pivoines** Imp. des
DA 105 **Plateau** Rue du
DE 106 **Plâtrières** Rue des

DA 105 **Pointe** Rue de la
DA 105 **Pointe** Stier de la
DC 109 **Poitou** Rue du
DC 109 **Port-Royal** Al. de
DA 105 **Poulin** Rue
DC 109 **Poussin** Rue
DD 103 **Préau** Rue Désiré
DA 108 **Préaux** *Rue* Léontine
CY 108 **Printemps** Al. du
CY 108 **Processions** Ch. des
CY 108 **Processions** Rue des
DE 102 **Progrès** Imp. du
DE 102 **Progrès** Rue du
DE 106 **Quatre Juillet** Pl. du
DE 106 **Quatre Ruelles** Imp. des
DD 107 **Quatre Ruelles** Rue des
DC 104 **Rabelais** Rue
CZ 104 **Racine** Rue
DD 105 **Ramenas** Rue des
DE 103 **Rapatel** Rue
DE 103 **Raspail** Rue
DC 102 **Ravins** Rue des
DC 102 **Ravins** Stier des
DD 104 **Raynal** Rue du Col
DB 105 **Raynaud** Rue Emile
CZ 108 **Redoutes** Ch. des
DA 108 **Remblais** Rue du
CZ 106 **Renardière** Rue de la
DC 109 **Renoult** Rue Daniel
DE 102 **République** Pl. de la
DE 102 **République** Rue de la
DC 104 **Résistance** Av. de la
DD 103 **Révolution** Rue de la
DA 104 **Ricochets** Rue des
CZ 104 **Rigondes** Rue des
DE 102 **Robespierre** Rue
DB 107 **Rochebrune** Rue
DA 108 **Roches** Rue des
DB 110 **Rolland** Al. Romain
CZ 106 **Romainville** Rte de
DA 106 **Romainville** Rue de
DE 106 **Roseraie** Imp. de la
CZ 104 **Rosiers** Rue des
DA 109 **Rosny** Rue de
DC 106 **Rosny** Rue de
DC 104 **Rouget de Lisle** Bd
DC 104 **Roulettes** Rue des
DC 103 **Rousseau** Rue Jean-J.
DB 105 **Roux** Rue du Dr
DC 109 **Ruffins** Pass. des
DC 109 **Ruffins** Rue des
DB 111 **Ruines** Rue des
DA 105 **Ruisseau** Rue du
DC 109 **Sacy** Al. de
DE 105 **Saigne** Rue
DB 107 **Saint-Antoine** Rue de
DB 107 **Saint-Antoine** Villa de

CZ 106 **Saint-Denis** Pass.
CZ 107 **Saint-Denis** Rue de
DA 109 **Saint-Exupéry** Cité
DA 109 **Saint-Exupéry** Rue de
DB 107 **Saint-Just** Rue
DE 101 **Saint-Mandé** Rue de
DA 107 **Saint-Victor** Rue de
CZ 106 **Saules Clouet** Villa de la
CZ 107 **Saules Clouet** Rue des
DA 104 **Savart** Rue Ernest
DA 104 **Savarts** Imp. des
DC 107 **Schmitt** Rue Henri
DB 103 **Sémard** Pl. Paum
DC 104 **Sembat** Rue *Marcel*
DB 107 **Signac** Av. Paul
DE 105 **Solidarité** Rue de la
DC 106 **Solitaire** Rue
DD 103 **Sorins** Rue des
DD 103 **Sorins** Stier des
DC 102 **Souchet** Villa
DC 106 **Soucis** Rue des
DC 106 **Soupirs** Rue des
DD 109 **Source** Rue de la
DD 109 **Stalingrad** Rue de
DB 109 **Sueur** Bd Théophile
DA 104 **Sureaux** Stier des
DC 106 **Terrasse** Rue de la
DD 108 **Tillemont** Nouv. cité de
DD 106 **Tilleuls** Rue des
DB 108 **Tilliers** Al. des
DB 103 **Timbaud** Pl. Jean-P.
DB 105 **Tortueux** Stier
DC 104 **Tourelle** Villa de la
DC 104 **Tourniquet** Stier du
DC 110 **Tranchée** Rue de la
DC 103 **Traverse** Rue de la
CZ 106 **Traversière** Rue
DE 105 **Trois Territoires** R. des
DE 104 **Union** Rue de l'
DD 108 **Union** Villa de l'
DA 104 **Vaillant** Rue Edouard
DB 105 **Vaillant Couturier** Bd P.
DD 102 **Valette** Rue
DC 111 **Vallès** Rue Jules
DE 106 **Valmy** Rue de
DF 103 **Varennes** Pass. des
DC 106 **Varlin** Rue Eugène
VE 104 **Verne** Rue Jules
DA 104 **Vert Bois** Rue du
DA 106 **Vignes** Rue des
DD 104 **Village de l'Amitié** Pl. du
DD 104 **Villiers** Rue de
DD 104 **Vincennes** Rue de
DE 102 **Vitry** Rue de
DE 102 **Voltaire** Rue
DD 108 **Wallon** Rue Henri
DC 105 **Walwein** Av.

207

MONTREUIL suite (plan page 253)

DC 105 **Wilson** Av. du Pdt
CZ 106 **Woljung** Rue Maurice
DB 103 **Zay** Pl. Jean
DE 102 **Zola** Rue Emile

Bâtiments

DD104 **A.N.P.E.**
DD104 **Assedic**
DC110 **Centre de Sécurité Sociale**
DD105 **Centre Médical**
DC107 **Cimetière**
DD107 **Commissariat de Police**
DC107 **Funérarium**
DC104 **Gendarmerie**
DD102 **Gendarmerie**
DD107 **Gymnase**

DC105 **Gymnase**
DD106 **Gymnase**
DB110 **Gymnase**
DC109 **Gymnase**
DC104 **Hôtel des Impôts**
DC111 **Iken**
DC110 **Lycée Ch. Péguy**
DC107 **Lycée d'Enseignement Professionnel d'Horticulture**
DD103 **Lycée Professionnel**
DD105 **Lycée Professionnel Condorcet**
DB104 **Lycée Professionnel Eugénie Cotton**
DC105 **Mairie**
DB109 **Musée de l'Histoire Vivante**
DD104 **Piscine**

DB105 **Police**
DB105 **Polyclinique**
DB104 **Pompiers**
DB108 **Poste**
DE102 **Poste**
DA106 **Poste**
DC104 **Poste**
CZ106 **Poste**
DD105 **Sécurité Sociale**
DD103 **Stade A. Blain**
DC108 **Stade des Grands Pêchers**
CZ109 **Stade Wighisoff**
DC105 **Théâtre**
DD104 **Trésorerie Principale**
DC105 **URSAFF**

Métro : Ligne 13 - Châtillon - Montrouge
Bus : 68-125-126-128-187-188-194-194(1)-195-197-297-323

DN 88 **Arcueil** Rue d'
DL 86 **Arnoux** Rue Maurice
DM 88 **Arpajon** Voie d'
DN 86 **Auber** Rue
DM 85 **Auger** Rue Arthur
DM 89 **Barbès** Rue
DM 86 **Barbusse** Rue Henri
DM 87 **Barthélémy** Rue René
DM 87 **Basch** Rue Victor
DM 87 **Beer** Rue Myrtille
DM 86 **Bert** Rue Paul
DM 87 **Berthelot** Rue Marcelin
DM 87 **Blanche** Rue
DN 87 **Boileau** Rue
DM 86 **Boillaud** Rue Pierre
DM 86 **Bossuet** Rue
DL 87 **Boutroux** Av. Emile
DL 88 **Bouzerait** Rue Georges
DN 88 **Briand** Av. Aristide
DM 87 **Brossolette** Av. Pierre
DM 87 **Candas** Rue Sylvine
DM 87 **Carnot** Rue Sadi
DN 88 **Carvès** Rue
DN 87 **Chaintron** Rue
DM 87 **Champeaud** Rue E.
DN 85 **Chateaubriand** Rue de
DN 85 **Chéret** Rue Jules
DN 84 **Chopin** Rue
DM 86 **Corneille** Rue
DM 86 **Couprie** Rue
DL 86 **Curie** Rue Pierre

DM 89 **Danton** Rue
DN 85 **Dardan** Rue Germain
DN 88 **De Gaulle** Bd du Gal
DL 86 **Debos** Rue Marie
DL 87 **Delerue** Rue
DN 87 **Descartes** Rue
DN 84 **Dormoy** Av. Marx
DL 87 **Draeger** Pass.
DM 87 **Duval** Rue Amaury
DN 86 **Eglise** Imp. de l'
DM 88 **Estienne d'Orves** R. d'
DM 88 **Etats-Unis** Pl. des
DN 86 **Fénélon** Rue
DN 88 **Ferry** Pl. Jules
DM 88 **Fleurs** Villa des
DN 87 **Floquet** Rue Charles
DN 86 **Fort** Av. du
DN 87 **Frères Henry** Rue des
DM 89 **Gambetta** Av. Léon
DM 88 **Gauthier** Rue Théophile
DM 89 **Gentilly** Rue de
DL 87 **Gillon** Rue du Col
DM 87 **Ginoux** Rue Henri
DL 88 **Gossin** Rue
DN 85 **Guesde** Rue Jules
DM 86 **Gueudin** Rue
DM 86 **Guillot** Rue
DM 87 **Gutenberg** Rue
DM 87 **Hugo** Rue Victor
DN 86 **Huit-Mai-1945** Rue du
DN 85 **Isabelle** Villa

DM 87 **Jardins** Imp. des
DM 87 **Jaurès** Av. Jean
DM 86 **Jaurès** Pl. Jean
DM 86 **Joséphine** Villa
DM 86 **Juif** Rue Constant
DN 86 **La Bruyère** Rue
DN 87 **La Fontaine** Rue
DM 89 **Lannelongue** Av. du Dr
DM 87 **Leblanc** Villa
DL 87 **Leclerc** Pl. du Gal
DN 87 **Léger** Villa
DM 88 **Lejeune** Rue Louis
DN 87 **Libération** Pl. de la
DN 87 **Logeais** Villa Agenor
DM 86 **Manège** Pass. du
DM 85 **Marne** Av. de la
DN 86 **Molière** Rue
DN 86 **Montplaisir** Villa
DN 86 **Morel** Rue
DM 88 **Moulin** Sq. Jean
DN 86 **Mulin** Rue Hippolyte
DL 87 **Onze-Novembre** Rue du
DM 87 **Ory** Rue François
DN 87 **Paix** Av. de la
DN 87 **Parmentier** Villa
DN 86 **Pascal** Rue
DL 86 **Pasteur** Rue
DM 88 **Pelletan** Rue Camille
DM 86 **Péri** Rue Gabriel
DM 86 **Perier** Rue
DN 85 **Poitou** Rue du

MONTROUGE suite (plan page 257)

3/4 87 **Prévost** Villa	DM 85 **Sembat** Rue Marcel	DM86 **Gymnase**
DN 86 **Prono** Rue Raoul	DN 86 **Sévigné** Rue de	DN87 **Gymnase**
DL 87 **Quinet** Rue Edgar	DM 87 **Solidarité** Rue de la	DN88 **Lycée** M. Genevoix
DL 87 **Rabelais** Rue	DN 88 **Thalheimer** Rue	DN85 **Lycée Professionnel**
DN 87 **Racine** Rue	DM 87 **Vallet** Rue Jean	Jean Monnet
DM 87 **Radiguey** Rue	DM 88 **Vanne** Rue de la	DL87 **Mairie**
DN 87 **Raymond** Pass.	DM 87 **Verdier** Av.	DM87 **Piscine**
DN 85 **Renaudel** Sq. Pierre	DN 87 **Verdun** Av. de	DN88 **Pompiers**
DN 86 **République** Villa de la	DL 87 **Vergers** Villa des	DN88 **Poste**
DL 87 **République** Av. de la		DM87 **Poste**
DM 88 **Rolland** Rue Louis		DM85 **Poste**
DL 87 **Rolland** Bd Romain	**Bâtiments**	DM87 **Sécurité Sociale**
DM 87 **Rondelet** Cité		DM86 **Stade Municipal**
DL 87 **Ruelles** Villa des	DL87 **Centre Administratif-**	
DL 88 **Saint-Albin** Rue	**Commissariat**	
DM 86 **Saisset** Rue de	DL86 **Ecole Normale**	
DN 85 **Salengro** Rue Roger	**Supétieure**	
DM 86 **Schlumberger** Rue	DL86 **Faculté Dentaire**	
DM 87 **Schumann** Sq. Robert	DL87 **Gendarmerie**	

NEUILLY-SUR-SEINE   plan page 259

Métro : Ligne 1 - Sablon - Pont de Neuilly
Bus :   43-71-73-82-93-144-157-163-164-174-176-244-376-550 A

CX 80 **Acacia** Villa de l'	CY 78 **Centre** Rue du	CW 78 **Eau Albienne** Sq. de l'
CY 80 **Ancelle** Rue	CX 79 **Chalons** Al. Pierre	CX 81 **Ecole de Mars** R. de l'
CW79 **Argenson** Bd d'	CV 79 **Chanton** Sq.	CY 79 **Eglise** Rue de l'
CY 81 **Armenonville** Rue d'	CX 78 **Charcot** Rue	CY 79 **Fénelon** Rue Salignac
CZ 77 **Bagatelle** Rue de	CY 78 **Charcot** Bd du Cdt	CZ 78 **Ferme** Rue de la
CZ 77 **Bagatelle** Pl. de la	CW79 **Chartran** Rue	CX 80 **Ferrand** Al.
CW78 **Dailly** Rue	CY 81 **Chartres** Rue de	CX 80 **Fournier** Rue de l'Aml
CY 79 **Barrès** Sq. du Cap.	CV 80 **Château** Rue du	CX 80 **Gally** Villa
CY 80 **Barrès** Bd Maurice	CW79 **Château** Bd du	CW78 **Garnier** Rue
CW78 **Beffroy** Rue	CW79 **Château** Av. du	CX 78 **Gautier** Rue Théophile
CY 80 **Bellanger** Rue	CW80 **Chatrousse** Rue Paul	CV 79 **Grande Jatte** Pl. de la
CW80 **Beloeil** Sq.	CW80 **Chauveau** Rue de	CY 79 **Graviers** Rue des
CY 77 **Berd Metman** Rue C.	CX 81 **Cherost** Rue Pierre	CX 79 **Hôtel de Ville** R. de l'
CY 80 **Bergerat** Villa Emile	CY 80 **Chézy** Rue de	CX 78 **Houssay** Villa
CX 81 **Berteaux Dumas** Rue	CW80 **Chézy** Sq. de	CV 81 **Hugo** Bd Victor
CY 78 **Berteraeu** Rue A.	CX 80 **Churchill** Pl. Winston	CX 79 **Huissiers** Rue des
CX 78 **Bertier** Rue du Gal H.	CV 79 **Constant** Rue B.	CW81 **Inkermann** Bd d'
CY 80 **Bineau** Bd	CX 80 **Cordonnier** R. du Gal	CW79 **Joinville** R. de l'Aml de
CW82 **Bineau** Car.	CX 77 **Daix** Rue Victor	CX 77 **Kœnig** Bd du Gal
CX 81 **Blanche** Villa	CX 81 **Dames Augustines**	CY 80 **Laffitte** Rue Charles
CX 80 **Bloud** Rue Edmond	R. des	CX 78 **Lanrezac** Rue du Gal
CY 78 **Bois de Boulogne** R. du	CY 80 **De Gaulle** Av. Charles	CZ 77 **Lattre de Tassigny**
CY 79 **Boncour** Rue du Lt	CY 78 **Delabordère** Rue	Rue du Mal de
CX 81 **Borghèse** Rue	CX 78 **Delanne** Rue du Gal	CX 81 **Le Boucher** Av. P.
CW80 **Borghèse** Al.	CY 79 **Deleau** Rue	CY 79 **Leclerc** Bd du Gal
CU 80 **Bourdon** Bd	CZ 77 **Deloison** Rue Ernest	CY 77 **Léonard de Vinci** Rue
CX 78 **Boutard** Rue	CY 80 **Déroulède** Rue Paul	CW81 **Lesseps** Rue de
CZ 77 **Bretteville** Av. de	CX 80 **Devès** Rue	CV 81 **Libération** Pl. de la
CW79 **Céline** Av.	CY 80 **Dulud** Rue Jacques	CV 80 **Lille** Rue de

NEUILLY-SUR-SEINE suite (plan page 259)

CY 77 **Longchamp** Rue de
CX 79 **Longpont** Rue du
CX 80 **Louis Philippe** Rue
CX 78 **Madrid** Av. de
CX 78 **Madrid** Villa de
CY 79 **Maillot** Villa
CY 81 **Maillot** Bd
CY 81 **Marché** Pl. du
CU 80 **Marine** Rue de la
CW 79 **Massiani** Sq. M.
CX 81 **Méquillet** Villa
CX 80 **Mermoz** Bd Jean
CX 81 **Michelis** Rue M.
CY 81 **Midi** Rue du
CU 80 **Monet** Rd-Pt Claude
CY 81 **Montrosier** Rue de
CX 77 **Musset** Rue Alfred de
CX 77 **Neufchâteau** Villa
CW 78 **Neuilly** Pont de
CX 79 **Noir** Rue Victor
CY 81 **Nordling** Rue Raoul
CW 80 **Nortier** Rue Edouard
CW 81 **Orléans** Pl. du Duc d'
CX 80 **Orléans** Rue d'
CX 80 **Orléans** Pass. d'
CV 79 **Parc** Bd du
CY 78 **Parc St-James** Av. du
CX 82 **Parmentier** Rue
CY 81 **Parmentier** Pl.
CX 78 **Pascal** Rue Blaise
CW 78 **Pascal** Villa Blaise
CX 77 **Passy** Rue Frédéric
CW 80 **Pasteur** Villa
CV 79 **Paul Emile Victor** Bd
CX 80 **Peretti** Av. Achille

CX 79 **Peretti** Pl. Achille
CX 81 **Perronet** Sq.
CX 81 **Perronet** Rue
CW 79 **Perronet** Av.
CY 77 **Peupliers** Villa des
CX 80 **Pierrard** Rue
CX 78 **Pierret** Rue
CY 81 **Pilot** Rue du Cdt
CX 78 **Pinel** Rue Casimir
CY 80 **Poincaré** Pl. Raymond
CX 79 **Poissonniers** Rue des
CW 78 **Pont** Rue du
CZ 77 **Potin** Bd Julien
CW 80 **Puvis de Chavannes** R.
CX 79 **Rigaud** Rue
CW 81 **Rops** Sq. Daniel
CX 81 **Roule** Av. du
CX 81 **Roule** Villa du
CX 81 **Roule** Sq. du
CW 81 **Rouvray** Rue de
CY 80 **Sablons** Bd des
CX 80 **Sablons** Villa des
CY 81 **Sablonville** Rue de
CX 78 **Saint-Ferdinand** Pass.
CX 78 **Saint-James** Rue
CX 77 **Saint-James** Rd-Pt
CY 81 **Saint-Paul** Rue
CX 79 **Sainte-Foy** Av.
CX 79 **Sainte-Foy** Villa
CV 80 **Saussaye** Bd de la
CW 79 **Saussaye** Rue de la
CU 80 **Seurat** Bd Georges
CW 79 **Soyer** Rue
CW 79 **Sylvie** Rue
CV 79 **Terrier** Imp.

CW 80 **Thézillat** Rue M. de
CX 80 **Tilleuls** Villa des
CX 80 **Vérien** Rue Angélique
CW 82 **Villers** Rue de
CV 81 **Villers** Sq. de
CV 80 **Villiers** Villa de
CU 80 **Vital Bouhot** Bd
CZ 77 **Wallace** Bd Richard
CY 77 **Windsor** Rue
CW 78 **Ybry** Rue

Bâtiments

CY 79 Ancien Cimetière de Neuilly
CW 81 Clinique H. Hartman
CW 78 Commissariat
CX 77 Complexe Sportif
CW 78 Gendarmerie
CV 80 Hôpital Américain
CW 80 Hôpital Communal de Neuilly
CX 78 Lycée de la Folie St-James
CW 81 Lycée Espagnol
CW 80 Lycée Pasteur
CX 80 Mairie
CW 80 Piscine
CX 78 Poste
CY 80 Poste
CW 80 Poste
CV 78 Stade du Gal Monclar

NOGENT-SUR-MARNE   plan page 261

RER :   A2 - Nogent-sur-Marne - EOLE - Nogent-le-Perreux
Bus :   113 B-114-116-120 A-120 B-120 C-313 A-313 B-317

DH 113 **Albert Premier** Bd
DH 111 **Ancellet** Rue A.
DI 111 **Ancien Marché** Pl. de l'
DH 109 **André** Villa
DG 112 **Anquetil** Rue
DI 112 **Arboust** Rue de l'
DG 112 **Ardillière** Rue de l'
DH 112 **Armistice** Rue de l'
DH 110 **Aunier** Rue

DI 111 **Baïyn de Perreuse** R.
DH 110 **Bapaume** Rue de
DH 110 **Basch** Rue Victor
DJ 109 **Beauséjour** Av.
DI 110 **Beauté** Rue de
DI 111 **Beauté** Villa de
DI 109 **Belle Gabrielle** Av. de la
DI 112 **Bellevue** Imp.
DI 112 **Bellevue** Stier de

DH 112 **Bellivier** Rue Lucien
DH 111 **Berger** Imp. du
DH 111 **Bert** Rue Paul
DH 111 **Brillet** Rue
DH 110 **Brisson** Rue Emile
DI 111 **Brossolette** Rue P.
DH 112 **Cabit** Imp.
DI 111 **Carnot** Rue
DH 110 **Chanzy** Rue du Gal
DJ 110 **Charles V** Av.

NOGENT-SUR-MARNE suite (plan page 261)

211

NOGENT-SUR-MARNE suite (plan page 261)

Bâtiments

		DJ108 Lycée Professionnel	DJ112 Piscine
		DI111 Lycée Professionnel	DI111 Police
DH112	Gendarmerie	DI111 Lycée Professionnel	DH111 Pompiers
DI111	Gymnase	DF112 Lycée Professionnel	DH110 Poste
DH111	Gymnase		Jean Rostand	DI112 Poste
DH111	Gymnase	DH112 Mairie	DH111 Poste
DJ110	I.N.C.	DH112 Mairie Annexe	DI111 Sous-Préfecture
DH110	Impôt	DH111 Musée	DI111 Stade F. Rolland
DI111	Justice	DH112 Musée	DI112 Stade Sous-la-Lune
DH109	Lycée Albert De Mun	DI110 Pavillon Baltard	

PANTIN plan page 263

Métro : Ligne 5 - Hoche - Porte de Pantin
RER : EOLE - Pantin
Bus : 134-145-147-150-151-152-170-173-234-247-249-318-554 E

CV 100 **Aisne** Quai de l'	CS 98 **Condorcet** Rue	CS 98 **Foyers** Cité des
CU 99 **Allende** Pl. Salvador	CV 99 **Congo** Rue du	CV 102 **France** Rue Anatole
CV 102 **Arago** Rue François	CX 100 **Convention** Rue de la	CW 99 **Franklin** Rue
CT 98 **Aubervilliers** Imp. d'	CQ 100 **Copernic** Al.	CV 99 **Gambetta** Rue
CW 100 **Auffret** Rue Jules	CV 100 **Cornet** Rue E. et M.-L.	CX 100 **Ganne** Al. Louis
CV 99 **Auger** Rue	CT 99 **Cottin** Rue Jacques	CU 99 **Gare** Av. de la
CW 101 **Auray** Rue Charles	CV 100 **Courteline** Al. G.	CU 98 **Gare de Marchandises**
CX 100 **Auteurs** Cité des	CQ 100 **Courtillières** Av. des	Pl. de la
CV 102 **Balzac** Rue de	CV 101 **Courtois** Rue	CX 100 **Giraudoux** Al. Jean
CW 100 **Beaurepaire** Rue	CU 99 **Danton** Rue	CV 102 **Gobault** Rue Roger
CX 100 **Bel Air** Rue du	CS 99 **David** Imp.	CW 100 **Grilles** Imp. des
CW 102 **Béranger** Rue	CT 98 **Davoust** Rue	CW 100 **Grilles** Rue des
CV 101 **Berges** Rue des	CV 101 **De Gaulle** Mail C.	CW 100 **Gutenberg** Rue
CX 100 **Bernard** Al. Tristan	CW 98 **Debarcadère** Rue du	CX 100 **Hahn** Al. Rénaldo
CW 101 **Bert** Rue Paul	CX 100 **Debussy** Al. Claude	CV 99 **Hoche** Rue
CT 98 **Berthier** Rue	CW 102 **Delessert** Rue B.	CT 98 **Honoré** Rue
CV 102 **Boieldieu** Rue	CV 99 **Delizy** Rue	CU 99 **Hôtel de Ville** R. de l'
CQ 100 **Boileau** Rue	CW 101 **Déportation** Voie de la	CV 100 **Hugo** Rue Victor
CX 100 **Bois** Rue du	CT 100 **Diderot** Imp.	CV 101 **Huit-Mai-1945** Av. du
CV 101 **Borreau** Rue Maurice	CT 99 **Diderot** Rue	CV 102 **Jacquart** Rue
CU 99 **Bresson** Rue Cartier	CV 100 **Distillerie** Rue de la	CS 98 **Jardins** Villa des
CV 103 **Bretagnes** Av. des	CR 101 **Division Leclerc**	CS 98 **Jaslin** Rue Jules
CX 100 **Brieux** Al. Eugène	Av. de la	CS 98 **Jaurès** Av. Jean
CV 102 **Brossolette** Rue P.	CX 100 **Donnay** Al. Maurice	CV 100 **Josserand** Rue G.
CV 102 **Buttes** Rue des	CW 101 **Doré** Rue Alix	CW 101 **Kléber** Rue
CW 101 **Candale** Rue de	CX 100 **Durkas** Al. Paul	CQ 100 **La Fontaine** Al.
CX 100 **Candale Prolongée** R.	CV 101 **Eglise** Pl. de l'	CT 98 **La Pérouse** Rue
CX 100 **Capu** Al. Alfred	CW 100 **Estienne d'Orves**	CV 100 **Lakanal** Rue
CU 99 **Carnot** Rue Sadi	Rue Honoré d'	CR 100 **Lamartine** Rue
CV 103 **Carrière** Ch. de la	CW 102 **Faguet** Rue Cécile	CQ 100 **Laplace** Sq.
CU 98 **Chemin de Fer** R. du	CV 100 **Faure** Al. Gabriel	CU 101 **Latéral au Chemin de**
CU 101 **Cheval Blanc** Rue du	CW 100 **Ferry** Rue Jules	**Fer** Ch.
CX 100 **Chevreul** Rue	CX 100 **Flers et Caillayet**	CW 101 **Lavoisier** Rue
CR 99 **Cimetière Parisien**	Al. des	CT 101 **Leclerc** Av. du Gal
Av. du	CV 99 **Florian** Rue	CV 101 **Leducq** Rue Théophile
CU 99 **Compans** Rue du Gal	CV 102 **Formagne** Rue	CV 102 **Lépine** Rue

CW 100	**Lesault** Rue
CS 98	**Lesieur** Av. Alfred
CV 99	**Liberté** Rue de la
CV 100	**Lolive** Av. Jean
CT 98	**Magenta** Rue
CU 99	**Mairie** Pl. de la
CV 100	**Marcel** Rue Etienne
CX 100	**Marcelle** Rue
CQ 101	**Marché** Pl. du
CT 99	**Marie-Louise** Rue
CV 102	**Marie-Thérèse** Rue
CU 99	**Marine** Rue de la
CW 101	**Méhul** Sq.
CW 100	**Méhul** Rue
CW 101	**Meissonnier** Rue
CX 100	**Messager** Al. André
CW 100	**Michelet** Rue
CX 100	**Mirbeau** Al. Octave
CV 99	**Montgolfier** Rue
CW 100	**Montigny** Rue
CW 100	**Moscou** Rue de
CR 101	**Musset** Rue Alfred de
CU 101	**Nadot** Rue Louis
CT 99	**Neuve** Rue
CT 98	**Neuve Berthier** Rue
CQ 100	**Newton** Al.
CV 101	**Nicot** Rue Jean
CW 99	**Nodier** Rue Charles
CV 103	**Noisy** Rte de
CT 101	**Noue** Ch. de la
CU 102	**Nouvelle** Rue
CV 100	**11 Nov. 1918** Rue du
CU 100	**Ourcq** Quai de l'
CV 101	**Paix** Rue de la
CV 101	**Palestro** Rue de
CT 99	**Papin** Rue Denis
CV 102	**Parmentier** Rue
CT 90	**Pasteur** Rue
CV 101	**Pellat** Rue du Dr
CV 102	**Petit Pantin** Imp. de

CX 100	**Pommiers** Rue des
CQ 100	**Pont de Pierre** Rue du
CW 99	**Pré-St-Gervais** R. du
CR 101	**Racine** Rue
CX 100	**Ravel** Al. Maurice
CW 101	**Regnault** Av.
CV 102	**Renan** Rue Ernest
CQ 101	**Renard** Av. Edouard
CW 102	**Résistance** Voie de la
CV 99	**Roche** Pass.
CW 101	**Romainville** Imp. de
CX 100	**Rostand** Al. Edmond
CW 100	**Rouget de Lisle** Rue
CV 101	**Saint-Louis** Rue
CW 100	**Saint-Simon** Al.
CT 98	**Sainte-Marguerite** R.
CR 101	**Sand** Rue George
CX 100	**Sardou** Al. Victorien
CV 102	**Scandicci** Rue de
CW 99	**Sept Arpents** Imp. des
CW 99	**Sept Arpents** Rue des
CR 100	**Stendhal** Rue
CW 102	**Tell** Rue Guillaume
CX 100	**Terrasse** Al. Claude
CX 100	**Thalie** Av.
CU 100	**Timisoara** Rue de
CT 99	**Toffier-Decaux** Rue
CU 99	**Vaillant** Av. Edouard
CW 100	**Vaucanson** Rue
CR 101	**Vigny** Rue Alfred de
CT 98	**Weber** Av.
CV 102	**Westermann** Rue

Bâtiments

CS 98	Bibliothèque Jules Verne
CV 102	Bobigny-Pantin Raymond Queneau
CU 100	Caserne
CU 99	Centre Administratif
CX 101	Cimetière de Pantin
CV 100	Clinique
CT 101	Gare de Triage
CU 99	Gendarmerie
CQ 100	Gymnase
CW 100	Gymnase Léo Lagrange
CS 98	Lycée Marcelin Berthelot
CV 100	Lycée Professionnel Félix Faure
CV 100	Lycée Professionnel Simone Weil
CQ 100	Mairie Annexe
CU 99	Piscine
CU 99	Piscine
CU 99	Piscine
CU 99	Piscine
CV 99	Police
CV 100	Pompiers
CV 100	Poste
CV 102	Poste
CT 98	Poste
CT 98	Salle des Fêtes Jacques Brel
CQ 100	Stade A.S.P.T.T.
CW 101	Stade Charles Auray
CR 99	Stade Marcel Cerdan
CW 101	Stade Méhul
CW 99	Syndicat d'Initiative
CU 100	Z.A.C. de l'Ourcq
CV 99	Z.A.C. Hoche
CT 100	Zone Industrielle

LE PRÉ-SAINT-GERVAIS plan page 267

Bus : 61-170-249-361

CX 100	**Acacias** Av. des
CX 100	**Aigle** Av. de l'
CX 100	**Audry** Rue Colette
CX 99	**Augier** Rue Emile
CX 100	**Avenir** Villa de l'
CW 100	**Baudin** Rue
CX 100	**Beau Soleil** Av. du
CX 100	**Bellevue** Av. de

CX 100	**Belvédère** Av. du
CW 99	**Béranger** Rue
CX 100	**Blanc** Rue Louis
CW 100	**Blanqui** Al. Auguste
CX 100	**Brossolette** Rue Pierre
CX 100	**Cabet** Al. Etienne
CW 99	**Carnot** Rue
CX 99	**Chardanne** Rue

CX 99	**Chaumont** Route
CW 100	**Chevreul** Rue
CW 99	**Clément** Rue Jean-B.
CX 99	**Clos Lamotte** Sente du
CY 100	**Cornettes** Stier des
CX 100	**Danton** Rue
CX 99	**Deltéral** Rue
CW 99	**Dormoy** Rue Marx

LE PRÉ-SAINT-GERVAIS suite (plan page 267)

PUTEAUX

plan page 269

Métro : Ligne 1 - Esplanade de la Défense - Grande Arche de la Défense
RER : A - Grande Arche de la Défense
Bus : 71-73-141-144-157-158-159-161-174-175-176-178-258-262-272-275-278-341-344-360-378-550 A
Tramway T2 : La Défense-Puteaux

214

CX 77 **Hassuar** Voie Georges
CW74 **Hoche** Rue
CW74* **Hoche** Rue
CW75* **Horlogerie** Voie de l'
CX 75 **Hugo** Rue Victor
CY 76 **Huit-Mai-1945** Rue du
CY 75 **Huit-Mai-1945** Pl. du
CX 76 **Jacotot** Rue Marius
CY 75 **Jaurès** Rue Jean
CX 75 **Joumel** Sq. Marcel
CZ 75 **Keighley** Pl.
CV 74 **Kupka** Bd Franck
CX 76 **Lafargue** Rue Paul
CX 75 **Lavoisier** Rue
CY 76 **Leclerc** Rue André
CZ 75 **Legagneux** Rue
CX 74 **Lorrilleux** Rue Charles
CY 76 **Malon** Rue Benoît
CY 76 **Manissier** Rue
CW74 **Marées** Sq. des
CX 75 **Mars et Roty** Rue
CY 75 **Martin** Rue Henri
CY 76 **Martin** Sq. Henri
CX 74 **Martyrs de la
Résistance** Sq. des
CW77 **Michelet** Cours
CW76 **Michelet** Rue
CW75 **Michets Petray** R. des
CX 76 **Monge** Sq.
CX 75 **Monge** Rue
CX 75 **Montaigne** Rue
CW76* **Moulin** Av. Jean
CX 74 **Moulin** Rue du
CW74 **Nélaton** Rue
CW77 **Neuilly** Pont de
CX 76 **Oasis** Rue de l'
CX 74 **Palissy** Rue Bernard

CW76* **Paradis** Rue
CY 75 **Parmentier** Rue
CV 74 **Parvis** Rue du
CX 73 **Pasteur** Rue
CX 76 **Pavillons** Rue des
CX 75 **Pelloutier** Rue Fernand
CV 75* **Perronet** Nord Av.
CV 77* **Perronet** Sud Av.
CY 75 **Pitois** Rue
CZ 75 **Pomidou** Av. Georges
CW75 **Pouey** Rue Louis
CY 74 **Prony** Rue
CY 74 **Puits** Rue du
CZ 76 **Puteaux** Pont de
CY 74 **Pyat** Rue Félix
CW76 **Pyramide** Pl. de la
CW74 **Quinet** Rue Edgar
CY 76 **Rabelais** Rue
CX 74 **République** Rue de la
CX 76 **Roque de Fillol** Rue
CW74 **Rosiers** Rue des
CX 74 **Rouget de Lisle** Rue
CX 76 **Rousselle** Rue
CY 75 **Saint-Ferdinand** Pass.
CY 75 **Saulnier** Sq.
CY 75 **Saulnier** Rue
CW76* **Sculpteurs** Voie des
CX 77 **Soljenitsyme** Bd A.
CW76 **Stalingrad** Pl. de
CX 73 **Sud** Pl. du
CW75 **Tilleuls** Av. des
CW75 **Turpin** Sq. André
CW76 **Vaillant** Rue Edouard
CV 74* **Valmy** Cours
CV 75* **Valmy** Rue de
CY 75 **Verdun** Rue de

CW74 **Verne** Rue Jules
CW74 **Villes Jumelées** Al. des
CW76* **Villon** Rue Jacques
CX 75 **Voilin** Rue Lucien
CZ 75 **Volta** Rue
CY 75 **Voltaire** Pass.
CY 75 **Voltaire** Rue
CY 76 **Wallace** Bd Richard
CW75 **Wilson** Av. du Pdt
CX 73 **Wilson** Sq.

Bâtiments

CX76 Bourse du Travail
CY76 Centre Hospitalier
CY74 Cimetière de Puteaux
CX74 Conserv. de Musique
CX75 Gendarmerie
CX75 Hôtel de Ville
CY75 Lycée Professionnel
CY75 Lycée Prof. L. Voilin
CY75 Lycée Techn. et Informat.
CX75 Musée P. Gauguin
CX75 Palais de Justice
CX75 Palais des Congrès
CX74 Piscine
CY76 Piscine
CX77 Police
CZ74 Pompiers
CY75 Poste
CX75 Poste
CW74 Poste
CX74 Sécurité Sociale
CY75 Théâtre

SAINT-CLOUD   plan page 271

Métro :   Ligne 10 - Boulogne - Pont de Saint-Cloud
Tramway T2 :   Parc de St Cloud-Les Milons-Les Côteaux
Bus :   52-72-160-175-260-360-460-467

DE 73 **Albert Ier** Rue
DC 71 **Antonat** Al.
DE 73 **Aqueduc** Av. de l'
DG72 **Arcade** Rue de l'
DG72 **Arcade (1)** Rue de l'
DF 72 **Armengaud** Rue
DE 72 **Arnex** Rue Bory d'
DG73 **Audé** Rue

DE 71 **Avre** Rue de l'
DE 73 **Avre** Passerelle de l'
DF 72 **Bad-Godesberg** Al. de
DF 73 **Béarn** Rue de
DE 71 **Beausoleil** Rés.
DD71 **Bel-Air** Sq.
DD72 **Belmontet** Av. Alfred
DD73 **Blum** Rue Charles

DE 72 **Bois de Boulogne** R. du
DF 72 **Bonaparte** Rue Marie
DE 72 **Bonaparte** Sq. Marie
DF 71 **Bucourt** Rue
DF 71 **Buzenval** Rue
DF 72 **Calvaire** Rue du
DD71 **Camp Canadien** Rue du
DF 73 **Carnot** Quai du Pdt

215

SAINT-CLOUD suite (plan page 271)

DE 71 **Caroline** Av.
DG72 **Centre** Av. du
DG72 **Cerisiers** Pl. des
DG71 **Chalets** Av. des
DF 70 **Chanioux** Al. des
DF 70 **Chartier** Rue Ferdinand
DC71 **Chaveton** Av. Francis
DG71 **Chemin de Fer** Av. du
DF 72 **Chevrillon** Av. André
DF 71 **Chrétien** Pl. Henri
DD72 **Cicerone** Av.
DG73 **Clemenceau** Pl. G.
DG72 **Clodoald** Av. du
DE 72 **Coteaux** Al. des
DF 71 **Cottage Picard** Al. du
DF 72 **Coutureau** Rue A.
DG72 **Crillon** Rue de
DC71 **Croix du Roy** Car. de la
DG73 **Dailly** Rue
DG73 **Dantan** Rue
DC73 **Dassault** Quai Marcel
DH69 **De Gaulle** Bd du Gal
DG72 **De Gaulle** Pl. Charles
DG72 **De Gaulle (2)** Pl. C.
DG72 **Desfossez** Rue du Dr
DF 73 **18 Juin** Rue du
DD72 **Duva Le Camus** Rd-Pt
DD72 **Duval Le Camus** Av.
DG72 **Ecoles** Rue des
DH71 **Edeline** Rue
DF 70 **Eglise** Rue de l'
DF 71 **Eglise** Pl. de l'
DG72 **Eglise St-Cloadald (3)** R.
DF 73 **Eugénie** Av.
DG72 **Faïencerie** Rue de la
DF 73 **Feudon** Rue
DD72 **Flore** Av. de
DF 70 **Foch** Al. du Mal
DF 71 **Foch** Av. du Mal
DC71 **Fouilleuse** Av. de la
DE 73 **Franay** Rue Marius
DG72 **Frascati** Av. de
DG70 **Frênes** Al. des
DF 70 **Gaillons** Rue des
DG70 **Garches** Rue de
DH68 **Gare** Pl. de la
DG70 **Garenne** Rue de la
DE 72 **Gâte-Ceps** Al. des
DF 72 **Gâtine** Sq. de la
DE 71 **Girondins** Rue des
DG72 **Gounod** Sq.
DG72 **Gounod** Rue
DE 70 **Grands Champs** Imp. des
DC71 **Guinard** Sq.
DC71 **Gymnases** Al. des

DG72 **Hébert** Rue Anatole
DG72 **Ile de France (4)** Sq. de l'
DF 71 **Jacoulet** Rue
DG72 **Jeanne** Rue
DF 71 **Joséphine** Rue
DF 71 **Kelly** Sq.
DG72 **Lareinty** Rue du Cdt de
DG72 **Latouche** Rue Gaston
DE 72 **Lattre de Tassigny**
          Av. du Mal de
DG72 **Lauer** Rue Charles
DD72 **Le Camus** Av. du
DG70 **Leclerc** Av. du Gal
DF 70 **Leguay** Rue Joseph
DG72 **Lelégard** Rue
DG72 **Lessay** Pl. de
DG72 **Libération** Rue de la
DD73 **Longchamp** Av. de
DD72 **Longchamp** Rd-Pt de
DG72 **Longchamps** Al. des
DC71 **Loucheur** Bd Louis
DG70 **Magenta** Pl.
DG72 **Maïdenhead** Al. de
DG72 **Marbeau** Rue
DG72 **Maréchaux** Al. des
DG72 **Marronniers** Av. des
DG70 **Médicis** Villa
DF 73 **Milons** Rue des
DF 72 **Milons** Sente des
DF 73 **Milons** Sq.
DG72 **Moguez** Av. Alphonse
DE 72 **Mont Valérien** Rue du
DG72 **Montesquiou** Rue de
DG72 **Montretout** Rue de
DG72 **Moustier** Pl. du
DG71 **Nancy** Av. de
DD73 **Nicoli** Rue du Dr
DG72 **Nogent** Rue de
DF 71 **Ollendorf** Rue Paul
DG72 **Orléans** Rue d'
DG72 **Palais** Rue
DD73 **Palissy** Av. Bernard
DD71 **Parc de la Bérangère**
          Rés. du
DG72 **Paris** Av. de
DG72 **Pas de St-Cloud** Pl. du
DG72 **Pas de Saint-Cloud (5)**
          Pl. du
DG72 **Passerelle** Av. de la
DG70 **Pasteur** Villa
DG70 **Pasteur** Rue
DE 73 **Pâtures** Av. des
DG72 **Pavée (6)** Rue
DF 73 **Peltier** Bd Jules
DF 70 **Petits Clos** Pass. des
DD72 **Pierrier** Rue du

DF 71 **Pigache** Rue
DE 72 **Pommeraie** Av. de la
DE 72 **Pommeraie** Pass. de la
DF 70 **Porte Jaune** Rue de la
DG72 **Pozzo di Borgo** Av.
DG71 **Preschez** Villa
DF 71 **Preschez** Rue
DG71 **Ravel** Av. Maurice
DE 71 **Redoute** Rue de la
DE 71 **Régnault** Rue Henri
DF 70 **René** Av.
DE 71 **République** Bd de la
DH70 **Rollin** Rue Gaston
DD72 **Romand** Av.
DD72 **Romand** Rd-Pt
DG70 **Roses** Al. des
DG72 **Rouen** Rue de
DG72 **Royale** Rue
DG73 **Saint-Cloud** Pont de
DG72 **Saint-Cloud Floride (7)**
          Pass. de
DG72 **St-Cloud Minnesota (8)**
          Pass. de
DG72 **Sainte-Clothilde** Sq.
DD72 **Salles** Rue Michel
DD72 **Santos- Dumont** Pl.
DE 72 **Schmitt** Al. Florent
DE 73 **Sénard** Bd
DG70 **Sevin** Rue Vincent
DG72 **Silly** Pl.
DG70 **Source** Rue de la
DC71 **Square de**
          l'Hippodrome Pl. du
DD69 **Suisses** Ch. des
DD73 **Suresnes** Av. de
DF 70 **Tahère** Rue
DF 70 **Tennerolles** Rue des
DG71 **Terres Fortes** Rue des
DF 71 **Tissot** Rue Ernest
DE 72 **Traversière** Rue
DC72 **Treille** Al. de la
DE 72 **Trois Pierrots** Ch. des
DE 72 **Trois Pierrots** Pont de
DC72 **Val d'Or** Rue du
DG73 **Vauguyon** Pl.
DG73 **Vauguyon** Rue
DG71 **Verhaeren** Rue Emile
DD73 **Verrerie** Rue de la
DD72 **Vignes** Rue des
DE 72 **Villarmains** Rue des
DF 71 **Villes Jumelées** Av. des
DD73 **Viris** Rue de
DF 71 **Weil** Rue René
DG72 **Wittenheim (9)** Sq. de
DE 73 **Yser** Rue de l'

Parc de Saint-Cloud

DJ72	Balustrade Al. de la
DJ72	Balustrade Rond de la
DH72	Bassin des Carpes Rue
DH72	Bassin des Cascades R.
DH72	Bassin du Fer à Cheval R.
DJ71	Brancas Porte
DJ68	Brosse Al. de la
DI67	Brosse Ch. de la
DJ71	Broussaille Al. de la
DJ72	Broussaille Rond de la
DH72	Carrière Al. de la
DJ69	Cerfs Al. des
DJ69	Chamillard Al. de la
DI72	Chartres Al. de
DJ69	Chasse Rond de la
DK73	Coq d'Or Pl. du
DJ72	Croix St-André Rd de la
DJ72	Etang Vieux Al. de l'
DH72	Fer à Cheval Al. du
DJ71	Gardes Rond des
DH71	Glacière Al. de la
DI71	Grand Jet Al. du
DI70	Grande Gerbe Al. de la
DH72	Grille d'Honneur Av. de la
DK72	Grille de Mail Rue
DJ73	Grille de Sèvres Rue
DJ69	Grille de Ville d'Avray R.
DJ70	Grille du Point de Vue R.
DJ71	Guet Porte du
DH73	Juin Quai du Mal
DH70	Lambert Rue Joseph
DJ72	Lanterne Al. de la
DH71	Lareinty Rue du Cdt de
DH70	Laval Rue
DH71	Les 24 Jets Rue
DH71	Les 3 Bouillons Rue
DH71	Les Petites Gerbes Rue
DH72	Lilas Al. des
DJ72	Mail Al. du
DI69	Marne Grande Allée de la
DJ67	Murs de Ville d'Avray Al. des
DH70	Paris à Versailles Rte de
DJ72	Pavillon de Breteuil R.
DJ71	Porte du Parc Ch. de la
DI69	Porte Jaune Al. de la
DH68	Retz Al. de
DJ69	Rond Carrée Rue
DI73	Sèvres Al. de
DH72	Thillet Al. du
DJ72	Tranche Montagne Al. de
DI71	Versailles Al. de
DJ73	Verte Al.
DJ69	Vignes Porte des

Bâtiments

DF71	Caserne de Pompiers
DF70	Cimetière
DG70	Clinique du Val d'Or
DG70	Ecole Allemande
DH69	Ec. Américaine de Paris
DH72	Ec. Normale Supérieure
DD70	Hippodrome de St-Cloud
DG72	Hôpital de Saint-Cloud
DG72	Lycée F. Schmitt
DH69	Lycée Professionnel Santos Dumont
DG72	Mairie
DH72	Musée du Parc de St-Cloud
DH72	Poste
DF73	Stade Carnot
DF73	Stade des Côteaux
DI69	Stade Français la Faisanderie
DH70	Stade Intercommunal du Pré Saint-Jean

Métro : Ligne 13 - Carrefour Pleyel - Porte de Pantin St-Denis Basilique
Tramway T1 : St-Denis-Th. G Philipe-Marché de St-Denis-St Denis Basilique-Cimetière de St-Denis-Hôpital De la fontaine Cosmonautes
Bus : 139-153-154 A-154 B-154 C-168-170-173-174-177-178-253-254-255-256-268 A-268 B-268 D-302-354

CL 93	Abélard Pass.
CL 94	Acacias Al. des
CO 93	Aiguilles Mail des
CI 92	Albâtre Rés.
CM 96	Alembert Rue d'
CJ 92	Alexandre Al. J.
CJ 94	Allende Cité Salvador
CL 93	Alouette Pl. de l'
CQ 91	Amélie Pass.
CJ 93	Amiens Ch. d'
CO 90	Ampère Rue
CM 93	Ancien Hôtel-Dieu (1) Pl. de l'
CL 93	Ancienne Tannerie (2)

	Pass. de l'
CK 93	Andilly Rue d'
CL 96	Apollinaire Rue G.
CL 93	Aqueduc Rue de l'
CL 93	Arbalétriers (3) Cr des
CL 93	Arbalétriers (4) Pass. des
CN 94	Arc Rue Jeanne d'
CK 94	Argenteuil Rue d'
CM 93	Arnouville Rue d'
CM 93	Arquebusiers Pass. d'
CQ 93	Arts et Métiers Av. des
CL 93	Asturias Al. M.-Angel
CN 92	Aubert Rue
CO 95	Aubervilliers Ch. d'

CM 94	Audin Rue Maurice
CK 96	Aulnay Rue d'
CK 96	Aulnes Al. des
CR 92	Bailly Rue de
CL 95	Barbusse Cité Henri
CL 95	Barbusse Rue Henri
CL 94	Bas Prés Ch. des
CK 97	Basilique Prom. de la
CL 91	Basse du Port Rue
CK 93	Baudelaire Rue C.
CN 93	Baudet Rue
CM 94	Baum Sentier Joseph
CO 91	Beaumonts Rue des
CN 94	Bec à Loué Rue du

SAINT-DENIS suite (plan page 275)

CN 94 **Bel Air** Pl.
CN 94 **Bel Air** Villa du
CJ 91 **Bernard** Rue C.
CK 93 **Berne** Rue
CL 95 **Berthelot** Rue
CL 96 **Bizet** Rue Georges
CL 95 **Blanqui** Rue Auguste
CR 93 **Blés** Rue des
CK 95 **Bleuets** Rue des
CL 95 **Bloch** Al. Jean Richard
CN 93 **Bobillot** Rue du Sgt
CQ 93 **Boise** Imp.
CQ 93 **Boise** Pass.
CK 95 **Bonneuil** Rue de
CL 93 **Bonnevide** Rue
CK 97 **Borodine** Rue
CK 92 **Boucher** Pass. Henri
CM 92 **Boucheries** Rue des
CM 92 **Boucheries** Imp. des
CO 93 **Boughera el Ouafi** Rue Ahmede
CM 93 **Boulangerie** Rue de la
CK 94 **Boulogne** Rue de
CL 95 **Bourget** Rue du
CM 91 **Boursier** Cité
CO 91 **Bréchon** Pass.
CO 93 **Brennus** Rue de
CP 93 **Bretons** Rue des
CK 90 **Briche** Rue de la
CL 94 **Brise-Echalas** Rue
CN 94 **Brisson** Al. Denise
CK 91 **Brossolette** Rue Pierre
CL 94 **Cachin** Av. Marcel
CL 94 **Cachin** Cité M.
CN 93 **Caillard** Rue de l'Aml
CO 91 **Calon** Rue
CJ 92 **Camelinat** Rue
CN 93 **Canal** Rue du
CN 92 **Canal** Pass. du
CN 94 **Canal de Saint-Denis** Quai du
CL 93 **Caquet** Pl. du
CK 96 **Carémé** Rue Léon
CM 92 **Carmélites** Rue des
CL 92 **Carnot** Bd
CO 94 **Casanova** Rue Danielle
CJ 91 **Catelas** Al. Jean
CM 92 **Catulienne** Rue
CN 93 **Cayeux** Rue
CK 97 **Cézanne** Rue Paul
CK 93 **Chantilly** Cité
CL 93 **Chantilly** Rue de
CL 91 **Chanut** Imp.
CM 94 **Charles** Imp.

CL 92 **Charronnerie** R. de la
CM 91 **Châteaudun** Imp.
CS 93 **Chaudron** Imp.
CL 92 **Chaumettes** Rue des
CJ 94 **Che Guevara** Al. C.
CQ 93 **Chef de la Ville** Imp. du
CK 96 **Chemin Vert** Rue du
CL 93 **Cheminots** Rue des
CS 92 **Chevalier** Imp.
CK 95 **Chevalier de la Barre** Rue du
CP 93 **Chimie** Rue de la
CL 93 **Choisy** Rue de
CK 96 **Chopin** Rue
CN 92 **Christ** Pass. du
CT 93 **Cimetière** Av. du
CL 94 **Clément** Rue J.-B.
CO 94 **Clos Saint-Quentin** Rue du
CL 95 **Coatanroch** Rue R.
CK 94 **Cocteau** Rue Jean
CM 91 **Coignet** Imp.
CJ 93 **Collerais** Rue L.
CL 91 **Colmar** Rue T. de
CL 91 **Colombe** Pass. de la
CL 93 **Commune de Paris** Bd de la
CK 94 **Compiègne** Rue de
CN 92 **Compoint** Pass.
CM 92 **Connoy** Rue Emile
CL 92 **Corbillon** Rue du
CP 94 **Cornillon** Ch. du
CP 94 **Cornillon** Rue du
CK 93 **Cornillon** Pl. du
CK 96 **Corot** Rue
CM 96 **Cosmonautes** Cité des
CQ 90 **Cotrel** Pass.
CM 93 **Cotte (5)** Pl. R. de
CN 96 **Courneuve** Rte de la
CL 96 **Courses** Rue des
CL 92 **Courte** Rue
CK 96 **Courtille** Cité la
CO 93 **Couture Saint-Quentin** Rue de la
CN 95 **Crèvecœur** Ch. de
CR 93 **Croix Faron** Rue de
CL 91 **Croizat** Rue Ambroise
CN 94 **Cros** Rue Charles
CM 93 **Croult** Ch. du
CK 95 **Croxo** Rue Marcel
CM 96 **Curie** Rue Pierre
CM 93 **Cygne** Rue du
CM 93 **Dagobert (6)** Pl.

CL 91 **Dalmas** Rue de
CM 91 **Danré** Villa
CQ 90 **Daunay** Imp. Jules
CL 95 **Delafontaine** R. du Dr
CO 93 **Delaunay** Rue Henri
CL 91 **Delaune** Rue Auguste
CJ 92 **Delaune** Cité Auguste
CO 91 **Deleuze** Rue Martin
CM 92 **Denfert-Rochereau** Rue
CL 94 **Desnos** Rue Robert
CK 95 **Deuil** Rue de
CL 93 **Deux Pichets (7)** Pl. des
CL 95 **Dezobry** Rue
CL 95 **Diderot** Rue
Ck 94 **Digue du Croult** Cité la
CJ 92 **19 Mars 1962** Rue du
CN 93 **Dohis** Rue
CO 95 **Dolto** Al.
CK 95 **Dourdin** Rue Gaston
CK 92 **Dourdin** Pl. Gaston
CR 93 **Drapiers** Rue des
CP 93 **Droits de l'Homme** Pl. des
CN 93 **Dubois** Rue Marie
CQ 93 **Duchefdelaville** Pl.
CK 91 **Duclos** Cité J.
CK 91 **Duclos** Rue Jacquis
CQ 94 **Dupont** Pass.
CL 93 **Dupont** Rue Pierre
CL 91 **Duval** Imp.
CJ 95 **Eaubonne** Rue d'
CN 93 **Ecluse** Espl. de l'
CN 93 **Ecluse** Passerelle de l'
CL 95 **Ecoles** Rue des
CK 95 **Ecouen** Rue d'
CM 94 **Einstein** Rue Albert
CO 93 **Ellipse** Mail de l'
CK 93 **Eluard** Cité Paul
CL 91 **Eluard** Rue Paul
CK 91 **Eluard** Pl. Paul
CL 93 **Emaillerie** Rue de l'
CL 95 **Enghien** Rue d'
CL 92 **Equerre d'Argent** Pass. de l'
CK 91 **Ermitage** Pl. de l'
CK 91 **Ermitage** Rés. de l'
CL 92 **Ermont** Rue d'
CK 91 **Etoffes** Pass. des
CL 95 **Etuves** Pass. des
CK 92 **Ezanville** Rue d'
CK 92 **Fabien** Av. du Colonel
CJ 93 **Fabre** Rue Ernest
CK 97 **Falla** Rue de
CL 93 **Faure** Bd Félix

218

SAINT-DENIS suite (plan page 275)

CJ 93 Fédérés (8) Pl. des
CL 95 Ferme Rue de la
CL 95 Ferme Imp. de la
CK 95 Ferrer Rue
CO 90 Féry Al. Daniel
CL 96 Feuillade Rue Louis
CP 90 Finot Rue du Docteur
CK 96 Floréal Cité
CQ 93 Foire du Lendit
 (Pl. du Marché)
 Pl. de la
CL 95 Folie Brais Rue de la
CM 94 Fontaine Rue Arthur
CL 92 Fontaine Rue
CN 94 Fort de l'Est Rue du
CJ 90 Fort de la Briche
 Ch. du
CK 90 Fort de la Briche R. du
CM 93 Four Bécart Rue du
CK 92 Fournière Rue Eugène
CQ 92 Fraizier Rue
CN 95 Franc Moisin Av. du
CP 90 France Bd Anatole
CQ 90 France Villa Anatole
CM 92 Franciade Rue
CO 94 Francs Moisins
 Cité les
CM 92 Franklin Imp.
CM 92 Franklin Rue
CK 96 Frênes Al. des
CN 92 Frontier Imp.
CK 92 Fructidor Pass.
CL 93 Frühling Al. du Prof.
CQ 92 Fruitiers Ch. des
CN 94 Gabriel Villa
CM 96 Gagarine Pl. Youri
CM 96 Gagarine Rue Youri
CN 94 Gallieni Rue du Gal
CN 94 Gallieni Pass.
CL 91 Gambon Rue F.
CQ 94 Garcia Rue Cristino
CM 91 Gare Pl. de la
CK 97 Garenne Rue de la
CQ 93 Gauguières Pass. des
CQ 94 Gaz Imp. du
CQ 94 Gaz Pass. du
CP 93 Gazomètres Rue des
CN 92 Genin Rue
CO 91 Génovési Rue Jules
CK 92 Germinal Rue
CL 91 Gesse Rue de
CM 92 Gibault Rue
CL 93 Giffard Rue Pierre
CL 91 Gisquet Rue

CJ 97 Gorki Bd Maxime
CK 97 Granados Rue
CP 94 Grenier Rue Fernand
CJ 91 Grimau Pl. Julian
CM 95 Grisom Rue Virgil
CK 92 Guernica Al.
CL 92 Guesde Bd Jules
CM 94 Gutenberg II
CJ 93 Guynemer Cité
CK 93 Guynemer Rue
CL 92 Haguette Pass.
CN 93 Haguette Rue de la
CT 93 Hainguerlot Pont
CL 93 Halle Pl. de la
CP 91 Harpe Pass. de la
CJ 93 Haut des Tartres
 Ch. le
CK 96 Haydn Rue
CJ 92 Héloïse (9) Pass.
CM 94 Hénaff Rue Eugène
CQ 90 Hotchkiss Rue B.
CQ 91 Hotchkiss Rue
CM 93 Hugo Pl. Victor
CK 95 Hugues Rue Clovis
CK 95 Hugues Pl. Clovis
CL 92 Huit-Mai-1945 Pl. du
CK 96 Ile de France Sq. de l'
CL 90 Ile Saint-Denis Pt de l'
CR 93 Imprimerie Rue de l'
CO 91 Industrie Rue de l'
CK 92 Jacob Rue Max
CM 92 Jambon Rue du
CS 93 Jamin Rue
CO 95 Jardins-Ouvriers
 AI. des
CL 92 Jaurès Rue Jean
CL 92 Jaurès Pl. Jean
CR 93 Jeunmont Rue
CL 92 Joffrin Rue Jules
CM 94 Joinville R. du Général
CM 94 Joliot-Curie Av. I. et F.
CM 94 Joliot-Curie Cité
CL 93 Jouy Pass. du
CM 96 Komarov Rue Vladimir
CL 93 Lacroix Pass.
CP 94 Lafargue Rue Paul
CM 95 Lamaze Av. du Dr
CQ 91 Landy Rue du
CQ 90 Landy Sq. du
CJ 93 Langevin Al. Paul
CL 93 Langevin Pl. Paul
CQ 92 Langlier-Renaud Rue
CO 95 Languedoc Al. du

CM 92 Lanne Rue
CK 94 Larivière Rue Louis
CJ 95 Las Casas Al.
CL 93 Lautréamont Pl.
CN 94 Le Roy Barres R. des
CM 92 Leblanc Rue Nicolas
CK 92 Leclerc Pl. du Général
CM 93 Légion d'Honneur
 Rue de la
CM 93 Légion d'Honneur (10)
 Pl. de la
CM 92 Lelay Rue Désiré
CL 94 Lénine Av.
CQ 94 Léon Imp.
CM 94 Léonard de Vinci Al.
CM 96 Léonov Rue Alexis
CR 93 Les Jardins Wilson Al.
CN 94 Lesne Rue
CM 90 Libération Bd de la
CK 92 Liberté Rue de la
CK 95 Livry Rue de
CN 92 Lorget Rue
CK 95 Lormier Rue
CO 95 Lorraine Rue de
CJ 93 Loubet Rue
CQ 90 Louis Imp.
CK 91 Lurçat Rue Jean
CN 95 Lyautey Rue du Mal
CN 93 Macé Rue Jean
CL 92 Mallarmé Al. Stéphane
CL 93 Mallarmé Pl. Stéphane
CQ 94 Maraîchers Rue des
CQ 94 Marcenac Rue Jean
CK 97 Marialles Sq. des
CK 96 Marnaudes Rue des
CL 94 Marronniers Rue des
CT 93 Marteau Imp.
CJ 91 Marti Al. G.
CJ 91 Martyrs de
 Chateaubriant R. des
CK 97 Marville Ch. de
CL 96 Massenet Rue
CO 91 Mauriac Rue François
CL 94 Ménand Rue
CK 94 Mériel Rue de
CK 92 Mermoz Rue Jean
CK 92 Messidor Pl.
CL 92 Métairie Ch. de la
CK 94 Métairie Rue de la
CR 93 Métallurgie Av. de la
CK 94 Métairie Cité la
CL 96 Metz Imp. de la
CN 92 Meunier Pass.

219

SAINT-DENIS suite (plan page 275)

SAINT-DENIS suite (plan page 275)

CH 92 **Square Pierre de**
Coyter Pl. du
CP 93 **Stade de France**
Av. du
CK 93 **Stalingrad Cité**
CJ 94 **Stalingrad Av. de**
CL 94 **Strasbourg Rue de**
CN 94 **Suger Cité**
CL 91 **Suger Rue**
CK 94 **Suresnes Rue de**
CN 93 **Taittinger Rue**
CK 94 **Tartres Rue des**
CL 93 **Temps des Cerises**
(15) Pl. du
CM 96 **Terechkova Rue V.**
CN 94 **Thierry Villa**
CM 92 **Thiers Imp.**
CK 92 **Thorez Rue Maurice**
CL 95 **Tilleuls Villa des**
CJ 92 **Timbaud Rue J.-Pierre**
CQ 90 **Torpédo Rue de la**
CM 93 **Toul Rue de**
CM 94 **Tournelle Saint-Louis**
Résidence
CO 93 **Tournoi des Cinq**
Nations Rue du
CL 93 **Tramway (16)** Pass. du
CM 93 **Traverse Rue**
CP 93 **Trémies Rue des**
CO 93 **Trémies Rue des**
CS 92 **Trézol Imp.**
CL 91 **Triolet Rue Elsa**
CQ 91 **Tunic Rue de**
CM 92 **Ursulines Rue des**
CL 96 **Vaché Rue Jacques**
CM 94 **Vachette Rue Rolland**

CL 93 **Vaillant Rue Edouard**
CM 94 **Vaillant-Couturier**
Av. Paul
CJ 91 **Vanhollebehe** Al. F.
CK 96 **Vanniers Pl. des**
CU 93 **Védrines Rue Jules**
CK 92 **Vendémiaire Rue**
CK 94 **Verdun Av. de**
CL 93 **Verlaine Rue Paul**
CJ 93 **Vert Galant Cité du**
CL 92 **Verte Al.**
CM 94 **Victimes du**
Franquisme Rue des
CL 95 **Vieille Mer Rue de la**
CK 95 **Villiers Rue des**
CL 91 **Viollet Le Duc Rue**
CN 93 **Voisine Rue**
CM 96 **Voltaire Rue**
CM 95 **Voltaire Rue**
CL 93 **Walter Rue Albert**
CL 93 **Walter Prolongée**
Rue Albert
CM 96 **White Rue Edouard**
CQ 93 **Wilson Av. du Pdt**
CL 93 **Woog Rue Jacques**
CJ 90 **Yser Rue de l'**
CL 94 **Zola Rue Emile**

Bâtiments

CK93 Centre Technique
Municipal
CL94 Cimetière Communal
CT93 Cimetière Parisien de
la Chapelle

CP93 D.D.E.
CM91 Gendarmerie
CL91 Gymnase
CK93 Gymnase
CK96 Gymnase
CK96 Gymnase Pasteur
CN93 Hôpital D. Casanova
CM95 Hôpital Intercommunal
Delafontaine
CL92 I.U.T. Paris XIII
CM92 Impôts
CK93 Lycée Paul Eluard
CL92 Lycée Professionnel
CK94 Lycée Professionnel
E. J. Marey
CL92 Lycée Professionnel
ENNA
CL93 Mairie
CR93 Mairie Annexe
CM92 Musée
CM92 Musée-Justice
CJ92 Palais des Sports
CL96 Piscine
CK92 Police
CR93 Poste
CL95 Poste
CL92 Poste
CM92 Sécurité Sociale
CN90 Sécurité Sociale
CK94 Sécurité Sociale
CJ92 Stade Auguste Delaune
CO93 Stade de France
CJ93 Stade de Pierrefitte
CL91 Théâtre
CJ93 Université Paris VIII
CK93 Université Paris VIII

SAINT-MANDÉ   plan page 279

Métro : Ligne 1 -Saint Mandé - Tourelles
Bus : 46-56-86-325

DG 102 **Acacias** Al. des
DH 101 **Allard Rue**
DH 101 **Alouette Rue de l'**
DH 101 **Alphand Av.**
DI 102 **Arc Rue Jeanne d'**
DH 101 **Baudin Rue**
DH 101 **Bert Rue Paul**
DG 101 **Bérulle Rue de**

DH 101 **Bière de Boismont**
R. de
DG 101 **Cailletet Rue**
DI 101 **Carnot Villa**
DG 102 **Cart Rue**
DG 102 **Catalpas Sq. des**
DG 101 **Courbet Rue de l'Aml**
DI 102 **Daumesnil Av.**

DH 101 **De Gaulle Av. du Gal**
DH 101 **Delahaye Pl. Lucien**
DG 101 **Digeon Pl. Charles**
DH 101 **Durget Rue**
DH 101 **Epinette Rue de l'**
DI 102 **Etang Chaussée de l'**
DG 101 **Etang Villa de l'**
DH 102 **Faidherbe Pass.**

221

SAINT-MANDÉ suite (plan page 279)

DH 102 Faidherbe Rue
DF 102 Faÿs Rue
DG 102 Foch Av.
DF 101 Gallieni Av.
DG 102 Gambetta Av.
DH 101 Grandville Rue
DH 101 Guynemer Rue
DI 101 Hamelin Rue
DH 101 Herbillon Av.
DG 101 Hirtz Villa
DG 101 Hugo Av. Victor
DF 101 Joffre Av.
DH 101 Jolly Rue
DH 102 Lac Rue du
DF 102 Lagny Rue de
DF 102 Leclerc Pl. du Gal
DH 102 Lévy Rue Benoît
DH 101 Libération Pl. de la
DG 102 Liège Av. de
DH 101 Marcès Villa
DH 101 Mermoz Rue Jean
DG 103 Minimes Av. des
DH 101 Mongenot Rue
DH 101 Mouchotte R. du Cdt R.
DH 101 Nungesser Sq.
DG 101 11 Nov. Sq. du

DG 102 Ormes Sq. des
DG 102 Parc Rue du
DG 103 Paris Av. de
DG 102 Pasteur Av.
DI 102 Pelouse Av. de la
DG 102 Platanes Al. des
DF 101 Plisson Rue
DG 102 Poirier Rue
DH 101 Pouchard R. de l'Abbé
DH 101 1ère Division Française
　　　　 Libre R. de la
DF 101 Quilhou Av.
DH 102 Renault Rue
DH 101 Ringuet Rue Eugène
DH 101 Sacrot Rue
DI 101 Sainte-Marie Av.
DG 102 Sorbiers Sq. des
DG 101 Suzanne Villa
DF 101 Talus du Cours Rue du
DG 102 Tourelle Rte de
DG 102 Tourelle Villa de la
DH 101 Vallées Rue des
DH 101 Verdun Rue de
DF 101 Viteau Rue
DI 101 Vivien Av. Pierre-A.

Bâtiments

DI101 Centre Sportif
DF101 Cimetière Nord
DH101 Gendarmerie
DG101 Gymnase A. Benzoni
DG103 Hôpital Militaire Bégin
DG102 I.G.N.
DG101 Institut Départemental
　　　 des Aveugles
DG102 Mairie
DI101 Musée des Transports
DG102 Perception
DH101 Piscine
DH101 Police
DH101 Poste
DG102 Sécurté Sociale
DG103 Stade des Minimes

SAINT-MAURICE   plan page 281

Métro :　　Ligne 8 - Charenton Ecoles
Bus :　　　24-103-111-281-325

DM 104 Abreuvoir Pelle de l'
DM 108 Acacias Al. des
DL 102 Amandiers Rue des
DN 107 Bateaux Lavoirs Al. des
DL 102 Béclard Rue Jules
DM 107 Belbeoch Av. Jean-F.
DM 107 Biguet Rue Jean
DN 108 Bir Hakeim Quai de la
DM 104 Bois Ruelle du
DM 108 Briand Rue Aristide
DM 108 Canadiens Al. des
DM 107 Canadiens Car. des
DN 107 Canal Prom. du
DM 107 Canotiers Al. des
DM 102 Charenton Pont de
DM 105 Charentonnais Pelle de
DM 108 Chemin de Presles
　　　　 Av. du
DL 102 Chenal Rue Marthe

DL 104 Cimetière Rue du
DL 102 Cuif Rue
DM 107 Curtarolo Rue
DN 107 Damalix Rue Adrien
DL 103 Decorse Rue du Dr
DM 107 Delacroix Rue Eugène
DN 108 Dufy Sq. Raoul
DM 107 Ecluse Pl. de l'
DM 103 Eglise Sq. de l'
DM 108 Epinettes Rue des
DM 108 Epinettes Villa des
DL 102 Erables Rue des
DM 107 Fragonard Rue
DM 108 Frères Lumière Al. des
DL 102 Gabin Rue Jean
DL 104 Gravelle Av. de
DM 103 Gredat Rue Maurice
DM 107 Guinguettes Al. des
DM 107 Île des Corbeaux Al. de l'

DM 102 Jaurès Pl. Jean
DM 103 Junot Imp.
DM 108 Karine Rés.
DM 108 Kennedy Av. Pdt J.-F.
DL 102 Lattre de Tassigny
　　　　 Av. du Mal de
DM 113 Leclerc Rue du Mal
DM 107 Martinets Belvédère des
DM 107 Montgolfier Pl.
DM 107 Moulin des Corbeaux
　　　　 Al. du
DN 108 Navigation Sq. de la
DL 102 Nocard Rue Edmond
DM 102 Petit Bras Al. du
DN 108 Pirelli Rue G.-Batista
DN 108 Platanes Al. des
DL 102 Pompe Rue de la
DM 102 Pont Rue du
DM 107 Renoir Rue Jean

222

DM 102 **République** Quai de la
DM 108 **Réservoirs** Rue des
DN 107 **Saint-Louis** Rue
DM 103 **St-Maurice** Pelle de
DM 108 **Saint-Maurice du Valais** Av.
DL 102 **Saules** Rue des
DL 102 **Sureaux** Rue des
DL 104 **Terrasse** Rte de la
DK 103 **Tilleuls** Sq. des
DM 108 **Turenne** Pl. de
DL 103 **Vacassy** Al.
DL 102 **Val d'Osne** Rue du
DL 102 **Val d'Osne** Imp. du
DL 102 **Verdun** Av. de

DM 108 **Verlaine** Rue Paul
DM 107 **Viacroze** Pass. Jean
DM 108 **Viacroze** Rue Jean
DM 107 **Villa Antony** Al. de la
DM 107 **Villa Antony** Av. de la

Bâtiments

DM 102 **Bibliothêque**
DL 104 **Cimetière**
DL 103 **Ecole Nationale de Kinésiterapie et de Rééducation**
DM 104 **Gendarmerie**

DM 107 **Gymnase**
DL 103 **Hôpital Esquirol**
DL 103 **Hôpital National de Saint-Maurice**
DL 103 **Institut National de Réadaptation**
DM 103 **Mairie**
DM 102 **Poste**
DM 107 **Poste**
DM 103 **Théâtre**

SAINT-OUEN   plan page 283

plan page 283

Métro : Ligne 13 - Garilbadi - Mairie de Saint-Ouen
Bus : 85-137-137 N-139-166-173-174-255-334-337-553 D

CS 90 **Achille** Rue
CT 91 **Adrien** Rue
CR 89 **Alembert** Rue d'
CQ 90 **Allende** Rue Salvador
CR 89 **Alliance** Rue de l'
CQ 91 **Amélie** Pass.
CR 89 **Ampère** Rue
CT 89 **Angélique** Imp.
CR 89 **Anselme** Rue
CT 88 **Arago** Rue
CT 91 **Arc** Pass. Jeanne d'
CR 88 **Ardouin** Rue
CQ 89 **Armes** Pl. d'
CR 90 **Aubert** Imp.
CR 90 **Auguste** Imp. Jacques
CT 89 **Babinsky** Rue du Dr
CS 89 **Bachelet** Rue Alexandre
CS 89 **Barbusse** Rue Henri
CQ 89 **Basset** Rue du Dr L.
CR 88 **Bateliers** Rue des
CT 91 **Baudin** Rue
CT 91 **Bauer** Rue
CS 90 **Bauer** Rue du Dr
CS 90 **Beer** Rue Myrtille
CT 90 **Bert** Rue Paul
CS 90 **Berthe** Rue
CS 91 **Berthoud** Rue Eugène
CS 90 **Biron** Bd
CT 91 **Biron** Villa
CT 90 **Biron** Rue

CS 89 **Blanc** Rue Louis
CS 90 **Blanqui** Rue
CR 90 **Bonnafous** Pass.
CT 89 **Bons Enfants** Rue des
CT 91 **Bourdarias** Rue Marcel
CT 90 **Boutes en Train** Pass. des
CQ 90 **Cachin** Rue Marcel
CP 89 **Cagé** Rue
CT 89 **Carnot** Rue
CT 91 **Casses** Rue
CR 88 **Cendrier** Villa
CS 89 **Centre** Villa du
CQ 89 **Cerisiers** Villa des
CQ 89 **Chantiers** Rue des
CP 89 **Châteaux** Rue des
CT 88 **Chéradame** Imp.
CQ 91 **Chevalier** Imp.
CT 92 **Cimetière Parisien** Av. du
CQ 89 **Cipriani** Rue Amilcar
CS 89 **Clément** Rue Jean-B.
CS 88 **Clichy** Rue de
CR 90 **Clotilde** Villa
CS 89 **Compoint** Imp.
CT 91 **Condorcet** Rue
CR 90 **Cordon** Rue Emile
CT 90 **Croizat** Rue Ambroise
CT 90 **Curie** Rue Marie
CT 90 **Curie** Rue Neuce Pierre
CS 90 **Curie** Rue Pierre
CT 90 **Dain** Rue Louis

CT 90 **Dauphiné** Imp.
CT 92 **Debain** Rue
CT 89 **Descoins** Imp.
CT 91 **Desportes** Rue
CT 89 **Deux Sœurs** Imp. des
CQ 89 **Dhalenne** Rue Albert
CR 89 **Diderot** Rue
CS 90 **Dieumegard** Rue
CR 90 **19 Mars 1962** Pl. du
CS 88 **Docks** Rue des
CS 90 **Dolet** Rue Etienne
CS 88 **Dumas** Rue Alexandre
CR 89 **Ecoles** Rue des
CP 89 **Egalité** Rue de l'
CT 88 **Elisabeth** Pass.
CT 91 **Entrepots** Rue des
CS 90 **Entrepreneurs** Rue des
CR 90 **Ernestine** Villa
CS 89 **Estienne d'Orves** R. d'
CT 91 **Eugène** Rue
CT 90 **Fabre** Rue Jean-Henri
CS 89 **Farcot** Rue
CS 90 **Ferry** Rue Jules
CT 87 **Floréal** Rue
CS 90 **Frayce** Av.
CT 88 **Fructidor** Rue
CS 89 **Gaîté** Rue de la
CS 87 **Galien** Rue
CS 89 **Gambetta** Rue
CS 89 **Garibaldi** Rue

SAINT-OUEN suite (plan page 283)

CS 90 **Garnier** Rue Charles
CQ 89 **Gendarmerie** Imp. de la
CS 91 **Germaine** Imp.
CT 88 **Glarner** Av. du Cap.
CS 88 **Glarner** Imp. du Cap.
CR 90 **Goddefroy** Rue
CR 90 **Godillot** Rue
CT 92 **Gosset** Rue du Prof.
CT 92 **Graviers** Rue des
CP 89 **Grégoire** Pl. de l'Abbé
CR 89 **Guesde** Rue Jules
CS 91 **Guinot** Rue Claude
CS 91 **Guinot** Imp. Claude
CP 89 **Hainaut** Rue Fernand
CR 90 **Helbronner** Rue A.
CR 90 **Helbronner** Sq. A.
CS 89 **Hermet** Rue de l'
CR 89 **Hugo** Bd Victor
CR 89 **Huit-Mai-1945** Pl. du
CT 89 **Industrie** Rue de l'
CT 90 **Jardy** Pass.
CQ 90 **Jaurès** Bd Jean
CR 89 **Jaurès** Pl. Jean
CR 89 **Jean** Rue
CT 88 **Juif** Imp.
CR 90 **Juliette** Villa
CT 89 **Kléber** Rue
CT 88 **La Fontaine** Rue
CT 88 **Lacour** Pass.
CR 89 **Laffargue** Rue Paul
CQ 87 **Lamonta** Imp. Henri de
CQ 89 **Landy** Rue du
CP 89 **Landy Prolongée** R. du
CQ 89 **Langevin** Rue Paul
CT 87 **Latérale** Rue
CT 92 **Leclerc** Rue du Mal
CT 89 **Lécuyer** Rue
CS 92 **Lesesne** Rue
CT 88 **Levasseur** Rue Martin
CR 90 **Louise** Villa
CS 89 **Lumeau** Rue Eugène
CS 90 **Madeleine** Rue
CT 90 **Marceau** Rue
CR 90 **Marcelle** Villa
CS 90 **Marguerite** Villa
CS 89 **Marie** Pass.
CS 90 **Mariton** Rue
CS 89 **Marmottan** Sq.
CR 90 **Marronniers** Av. des
CP 89 **Martin** Rue Jacques
CS 89 **Martyrs de la
        Déportation** Rue des
CT 88 **Massenet** Rue
CS 89 **Mathieu** Rue

CR 89 **Meslier** Rue Adrien
CR 91 **Michelet** Av.
CR 90 **Miston** Rue René
CT 91 **Molière** Pass.
CT 90 **Monet** Rue Claude
CT 91 **Morand** Rue
CT 90 **Mousseau** Imp.
CP 89 **Moutier** Rue du
CP 89 **Nicolau** Rue Pierre
CT 91 **Nicolet** Rue
CT 91 **Odette** Villa
CS 89 **Ottino** Rue Alfred
CT 91 **Paix et de l'Amitié
        entre les Peuples**
        Pl. de la
CS 88 **Palaric** Rue Vincent
CS 88 **Palouzié** Rue
CQ 90 **Parc** Rue du
CT 88 **Parmentier** Rue
CT 88 **Pasteur** Rue
CT 88 **Payret** Pl.
CS 89 **Péri** Av. Gabriel
CS 91 **Pernin** Rue Jean
CT 88 **Pierre** Pass.
CT 87 **Pierre** Rue
CT 89 **Plaisir** Rue du
CP 89 **Planty** Rue
CR 91 **Poissonniers** Ch. des
CT 92 **Poissonniers** Rue des
CP 89 **Premier Mai** Al. du
CP 89 **Préssensé** Rue F. de
CS 89 **Prévoyance** Villa
CT 90 **Progrès** Rue du
CS 90 **Quinet** Rue Edgar
CQ 89 **Quinet** Villa Edgar
CQ 89 **Rabelais** Rue
CS 89 **Raspail** Rue
CT 90 **Réant** Villa
CR 89 **Renan** Rue Ernest
CR 89 **République** Pl. de la
CT 89 **Rioux** Al. R.
CT 89 **Robespierre** Pass.
CT 90 **Rodin** Rue Auguste
CR 90 **Roger** Villa
CR 91 **Roiland** Rue
CS 90 **Rosiers** Rue des
CS 90 **Rosiers** Villa des
CP 89 **Rousseau** Rue Jean-J.
CP 89 **Saint-Denis** Rue de
CT 88 **Saint-Ouen** Pont de
CT 89 **Sainte-Sophie** Imp.
CT 88 **Schmidt** Rue Charles
CQ 87 **Seine** Quai de
CS 90 **Sembat** Rue Marcel

CR 91 **Séverine** Rue
CT 90 **Simon** Imp.
CQ 88 **Soubise** Rue
CP 89 **Ternaux** Rue
CT 88 **Toulouse Lautrec** Rue
CT 87 **Touzet-Gaillard** Pass.
CT 89 **Trois Bornes** Imp. des
CS 90 **Trois Entrepreneurs**
       Rue des
CS 91 **Trubert** Imp.
CR 90 **Union** Rue de l'
CT 89 **Vaillant** Rue Edouard
CR 90 **Valentine** Villa
CT 90 **Vallès** Rue Jules
CT 88 **Verne** Rue Jules
CT 91 **Voltaire** Rue
CT 88 **Zola** Rue Emile

Bâtiments

CR91 Cimetière Parisien de
     Saint-Ouen
CT91 Cimetière Parisien de
     Saint-Ouen
CQ89 Clinique du Landy
CS91 Gendarmerie
CT89 Lycée A. Blanqui
CR89 Lycée Jean Jaurès
CP90 Lycée Professionnel
CT90 Mairie
CT90 Marché aux Puces
CR90 Patinoire
CR89 Piscine
CR89 Police
CS90 Pompiers
CS91 Poste
CS88 Poste
CR89 Poste
CP89 Poste
CS90 Stade Bauer Red Star 93
CR88 Zone Industrielle

SURESNES

plan page 285

Bus : 141-144-157-160-175-241-244-344-357-360
Tramway T2 : Suresnes-Longchamp- Belvédère

DB 73 **Abbaye (1)** Prom. de l'	DA 72 **Cluseret** Rue	DA 73 **Gare de Suresnes-**
DC 71 **Acacias** Al. des	CY 73 **Collin** Rue Emilien	**Longchamp** Rue de la
DB 71 **Acquevilles** Rue des	DC 70 **Concorde** Sq. de la	DA 72 **Gare de Suresnes-**
DB 74 **Ancien Pont (2)** Al. de l'	DA 74 **Conférences de**	**Longchamp** Pl. de la
DC 73 **Appay** Rue Georges	**Suresnes** Av. des	DC 72 **Garibaldi** Rue
DA 74 **Bac** Rue du	DB 70 **Coquelicots** Rue des	DA 73 **Gauchère** Rue de la
CZ 73 **Bartoux** Rue des	DC 73 **Cosson** Rue Raymond	DC 72 **Genteur** Rue Arthème
CY 73 **Bas Rogers** Rue des	CY 72 **Cottages** Rue des	DC 71 **Gras Buissons** Al. des
DB 74 **Basse du Village**	DA 73 **Courtieux** Esplace des	DC 70 **Grotius** Rue
Anglais (3) Al.	DC 72 **Couvaloux** Rue des	DA 74 **Haute du Village**
DA 73 **Baudin** Rue	DC 72 **Criolla** Av. de la	**Anglais (7)** Al. du
DC 72 **Beau Site** Al. du	DC 71 **Croix du Roy** Car. de la	DA 74 **Henri IV** Pl.
CY 73 **Beauséjour** Rue	CY 74 **Curie** Rue	DC 72 **Hippodrome** Rue de l'
CZ 72 **Bel-Air** Rue du	DA 74 **Cygne (5)** Imp. du	DB 72 **Hocquettes** Ch. des
LZ 73 **Bel-Air** Pass. du	DA 73 **Cytisses** Al. des	CZ 73 **Huche** Rue
DA 74 **Belle Gabrielle** Av. de la	CY 73 **Danton** Rue	DA 73 **Huchette (8)** Pl. de la
CZ 73 **Bellevue** Rue de	DA 73 **Darracq** Rue Alexandre	CZ 73 **Hugo** Rue Victor
CZ 73 **Bellevue** Av. de	DA 73 **Dassault** Quai Marcel	DA 73 **Huit-Mai-1945** Al. du
DA 72 **Bernard** Av. du Prof. L.	DA 74 **De Dion Bouton** Quai	DA 73 **Huit-Mai-1945** Pl. du
CY 73 **Bert** Rue Paul	DA 73 **De Gaulle** Av. Charles	DC 71 **Jaurès** Av. Jean
DA 73 **Berthelot** Rue	CZ 73 **Décour** Rue Jacques	DC 71 **Jaurès** Pl. Jean
DB 74 **Blum** Quai Léon	CZ 72 **Delestrée** Av. du Col H.	DB 73 **Juin** Av. du Mal
CY 73 **Bochoux** Rue des	DA 74 **Diderot** Rue	DC 70 **Kant** Av. Emmanuel
DC 71 **Bombiger** Rue du Dr M.	DC 72 **Diederich** Rue Victor	LZ 74 **Keighley** Pl. de
DB 71 **Bons Raisins** Rue des	DA 73 **Dolet** Rue Etienne	DC 70 **Kellog** Rue
DA 74 **Bourets** Rue des	DA 75 **Duclaux** Rue Emile	DB 71 **Lakanal** Rue
DA 73 **Bourets (4)** Imp. des	DB 73 **Dupont** Rue Pierre	DA 72 **Landes** Av. des
DB 70 **Bourgeois** Av. Léon	DB 74 **Ecluse** Al. de l'	DB 72 **Lattre de Tassigny** Bd Mal
DC 70 **Bourgeois** Sq. Léon	DA 73 **Estienne d'Orves** R. H. d'	DA 73 **Leclerc (9)** Pl. du Gal
DC 70 **Briand** Bd Aristide	DC 70 **Estournelles de**	DA 74 **Ledru Rollin** Rue
CY 73 **Burgod** Rue Claude	**Constant** Av. d'	CZ 73 **Legras** Pl. Marcel
DA 73 **Calvaire** Rue du	CZ 72 **Fauscart** Rue G.	DA 73 **Lenoir** Rue Guillaume
DA 72 **Calvaire** Imp. du	CZ 72 **Fécheray** Rue du	CZ 73 **Leroy** Rue
DA 73 **Carnot** Rue	CY 73 **Ferbor** Rue du Cap.	CZ 73 **Liberté** Rue de la
DB 71 **Caron** Rue Albert	DA 73 **Ferry** Al. Jules	CY 72 **Liberté** Ch. de la
DB 72 **Carrières** Rue des	DA 73 **Ferry** Rue Jules	DB 72 **Lilas** Al. des
DA 73 **Ceriseraie** Rue de la	DA 73 **Fizeau** Rue	DC 70 **Locarno** Rue de
CY 72 **Charpentier** Rue Hubert	DB 71 **Fleurs** Rue des	DB 73 **Longchamp** Al. de
DB 73 **Chemin Vert** Rue du	DA 74 **Flourens** Rue Gustave	DB 72 **Loti** Pas. Pierre
CY 73 **Chênes** Rue des	DA 72 **Fontaine du Tertre** Av.	DC 71 **Loucheur** Bd Louis
CY 73 **Chercheveis** Rue des	DC 72 **Forest** Rue Fernand	CZ 74 **Macé** Rue Jean
CY 73 **Chercheveis** Imp. des	DC 71 **Fouilleuse** Av. de	DA 73 **Madeleine** Cours
CY 73 **Chevalier de la Barre**	DA 74 **Four** Imp. du	DC 73 **Magnan** Rue du Dr
Rue du	DA 73 **Fournier** Al. Edgar	DA 73 **Maistrasse** Av. A.
CY 72 **Chèvremonts** Rue des	DA 74 **Fournier (6)** Pl. Edgar	DA 74 **Malon** Rue Benoît
DB 73 **Chevreul** Rue	CY 72 **Fusillés de la Résistance**	DC 71 **Maraîchers (10)** Al. des
DC 73 **Clavel** Rue Frédéric	**1940-1944** Rte des	DC 71 **Marronniers** Al. des
DA 73 **Clos des Ermites** R. du	DA 74 **Gallieni** Quai	DC 70 **Masaryk** Pl. Jean
DA 73 **Clos des Seigneurs** Imp.	CZ 73 **Gambetta** Rue	DA 73 **Melin (11)** Al.
DB 72 **Closeaux** Pass.	CZ 73 **Gardenat Lapostol** Rue	DA 73 **Merlin de Thionville** R.

225

SURESNES suite (plan page 285)

Bâtiments

Métro :   Ligne 13 Plateau de Vanves
Bus :   58-89-126-189

DK 83 **Alexandre** Imp.
DM 83 **Arcueil** Villa d'
DM 81 **Arnaud** Av. du Dr F.
DM 81 **Avenir** Rue de l'
DM 82 **Bagneux** Imp. de
DL 83 **Barbès** Rue
DL 83 **Basch** Av. Victor
DK 82 **Baudoin** Rue Eugène
DL 82 **Berthelot** Rue Marcelin
DL 83 **Besseyre** Rue Mary
DL 82 **Blanc** Rue Louis
DK 84 **Bleuzen** Rue Jean
DM 83 **Briand** Rue Aristide
DL 82 **Cabourg** Rue Jacques
DK 84 **Carnot** Rue Sadi
DL 82 **Carnot** Imp. Sadi
DM 82 **Châtillon** Rue de
DL 81 **Chevalier de la Barre**
Rue du
DM 82 **Clemenceau** Rue G.
DM 80 **Clos Montholon** R. du
DM 81 **Clos Montolon** Imp. du
DM 83 **Coche** Rue René
DL 83 **Colsenet** Villa
DL 03 **Combattants d'Afrique**
du Nord Sq. des
DK 83 **Comte** Rue Auguste
DM 83 **Culot** Pl. Albert
DK 84 **Danton** Rue
DL 82 **Dardenne** Rue Louis
DL 83 **De Gaulle** Sq. Charles
DL 81 **De Gaulle** Av. du Gal
DM 82 **Diderot** Rue
DL 83 **Drouet** Villa Eugène
DL 83 **Dupont** Villa
DL 82 **Ecoles** Pass. des
DL 83 **Eglise** Rue de l'
DK 82 **Estrées** Rue G. d'
DM 82 **Eugénie** Villa
DL 82 **Falret** Rue
DL 83 **Ferme** Al. de la
DM 82 **Franco Russe** Villa
DL 83 **François Ier** Rue
DL 83 **Fratacci** Rue Antoine
DM 82 **Frères Chapelle** R. des
DK 84 **Gambetta** Rue
DL 83 **Gare** Villa de la
DL 82 **Gaudray** Rue

DM 81 **Gresset** Rue
DM 81 **Hoche** Rue
DK 83 **Hugo** Av. Victor
DK 84 **Huit-Mai 1945** Car. du
DL 83 **Insurrection** Sq. de l'
DL 83 **Insurrection Orillard**
Car. de l'
DK 81 **Issy** Rue d'
DL 82 **Jacquet** Rue Valentine
DK 83 **Jaurès** Rue Jean
DM 81 **Jeanne** Villa
DL 83 **Jézéquel** Av. Jacques
DK 82 **Jullien** Rue
DL 82 **Kennedy** Pl. du Pdt
DL 82 **Kléber** Rue
DM 82 **Lafosse** Rue du Dr G.
DL 82 **Lamartine** Rue
DL 82 **Larmeroux** Imp.
DM 82 **Larmeroux** Rue
DL 82 **Lattre de Tassigny**
Pl. du Mal de
DL 83 **Laval** Rue Ernest
DK 83 **Leclerc** Pl. du Gal
DK 83 **Lefèvre** Rue Paul
DL 83 **Léger** Villa
DK 83 **Legris** Car. Albert
DL 83 **Lucien** Villa
DK 82 **Lycée** Bd du
DK 81 **Lycée** Villa du
DK 83 **Mailfaire** Rue du Dr
DM 81 **Mansard** Rue
DK 83 **Marceau** Rue
DL 83 **Marcheron** Rue R.
DK 83 **Martin** Rue Henri
DL 83 **Martinie** Av. Marcel
DM 82 **Matrais** Stier des
DM 82 **Matrais** Villa des
DK 83 **Michel-Ange** Rue
DL 83 **Michelet** Rue Jules
DM 82 **Minard** Imp.
DK 82 **Monge** Rue
DL 82 **Monnet** Sq. Jean
DL 83 **Môquet** Av. Guy
DK 83 **Moulin** Rue du
DK 83 **Murillo** Rue
DM 82 **Nouzeaux** Villa des
DK 84 **Onze-Novembre** Sq. du
DM 81 **Paix** Av. de la

DL 82 **Parc** Av. du
DK 83 **Pasteur** Av.
DL 81 **Platane** Al. du
DM 83 **Progrès** Al. du
DL 82 **Potin** Rue Jean-B.
DK 83 **Provinces** Pl. des
DL 82 **Pruvot** Rue
DL 82 **Quinmy** Villa
DK 84 **Rabelais** Rue
DK 84 **Rabelais** Villa
DK 83 **Raphaël** Rue
DL 82 **République** Rue de la
DL 82 **République** Pl. de la
DL 83 **Sahors** Rue René
DK 83 **Sangnier** Rue Marc
DK 83 **Solférino** Rue
DL 83 **Verdun** Av. de
DM 81 **Verne** Al.
DK 84 **Vicat** Rue Louis
DL 82 **Vieille Forge** Rue
DL 83 **Wills** Villa Juliette de
DK 83 **Yol** Rue Marcel

Bâtiments

DL83 Centre Administratif
DL83 Cimetière de Vanves
DM83 D.D.E.
DL82 Gendarmerie
DK84 Gymnase
DL83 Impôt
DL82 L.E.P.
DK82 Lycée Michelet
DL83 Mairie
DK82 Parc des Expositions
DM81 Piscine
DL83 Police
DK83 Police
DK83 Police Municipale
DL83 Poste
DM82 Sécurité Sociale
DL82 Tribunal

Métro :   Ligne 1 - St-Mandé Tourelles - Bérault - Château de Vincennes
RER :   A - Vincennes
Bus :   56-115-118-124-318-325-557 H

DF 103 **Aubert** Av.	DF 105 **Fontenay** Rue de	DF 103 **Monmory** Rue de
DF 103 **Aubert** Al.	DG 103 **France** Rue Anatole	DF 104 **Montreuil** Rue de
DF 107 **Bainville** Al. Jacques	DF 104 **Fraternité** Rue de la	DG 104 **Moulin** Rue Jean
DF 103 **Basch** Rue Victor	DF 104 **Frères Hautier** Sq. des	DE 106 **Mowat** Rue du Cdt
DF 103 **Beauséjour** Villa	DF 105 **Gaillard** Rue Joseph	DG 103 **Nadar** Al. F.Félix
DF 103 **Belfort** Rue de	DF 104 **Gérard** Rue Eugène	DF 103 **Nadar** Sq. Félix
DF 103 **Bérault** Pl.	DF 104 **Giraudineau** Rue R.	DG 103 **Niepce** Al. Nicéphore
DG 104 **Besquel** Rue Louis	DF 107 **Gounod** Rue	DG 105 **Nogent** Av. de
DF 106 **Bienfaisance** R. de la	DF 106 **Guynemer** Rue	DF 105 **11 Novembre** Sq. du
DF 102 **Blot** Rue Eugène	DG 103 **Heitz** Rue du Lt	DF 104 **Paix** Rue de la
DF 107 **Boutrais** Rue Emile	DF 102 **Huchon** Rue Georges	DG 104 **Paris** Av. de
DF 105 **Brossolette** Av. Pierre	DF 104 **Huit-Mai-1945** Mail du	DF 107 **Pasteur** Rue
DG 104 **Carnot** Av.	DG 105 **Idalie** Rue d'	DF 104 **Pathé** Rue Charles
DF 104 **Charles V** Al.	DG 105 **Idalie** Villa d'	DF 106 **Péri** Av. Gabriel
DG 105 **Charmes** Av. des	DF 106 **Industrie** Rue de l'	DG 103 **Petit Parc** Rue du
DF 104 **Château** Av. du	DF 106 **Jarry** Rue de la	DF 107 **Pommiers** Rue des
DF 102 **Clemenceau** Av. G.	DG 105 **Jaurès** Rue Jean	DF 102 **Pompidou** Al. Georges
DE 103 **Clerfayt** Rue Gilbert	DF 103 **Lagny** Rue de	DF 102 **Prévoyance** Rue de la
DG 103 **Colmar** Rue de	DF 102 **Laitières** Rue des	DF 102 **Prévoyance** Pl. de la
DF 105 **Condé-sur-Noireau**	DF 104 **Lamarre** Villa	DE 105 **Quennehen** Rue du Lt
Rue de	DF 104 **Lamartine** Av.	DF 103 **Quinson** Av. Antoine
DE 105 **Crébillon** Rue	DF 104 **Lamouret** Rue G.	DF 107 **Quinson** Rés. Antoine
DF 104 **Daguerre** Al. Jacques	DG 103 **Landucci** Rue	DF 106 **Renardière** Rue de la
DG 107 **Dame Blanche** Av. de la	DF 104 **Lattre de Tassigny**	DF 105 **Renault** Rue Eugène
DF 104 **Daumesnil** Rue	Sq. du Mal de	DF 102 **Renon** Rue
DF 104 **Daumesnil** Sq.	DF 103 **Lebel** Rue du Dr	DF 102 **Renon** Pl.
DE 104 **David** Villa	DF 104 **Leclerc** Pl. du Gal	DF 104 **République** Av. de la
DG 104 **De Gaulle** Av. du Gal	DF 103 **Lejemptel** Rue	DF 107 **Rigollots** Car. des
DF 105 **Defrance** Rue	DF 102 **Lenain** Imp.	DF 102 **Robert** Rue Céline
DF 106 **Deloncle** Al. Charles	DF 104 **Leroyer** Rue	DG 104 **Roosevelt** Av. Franklin
DF 107 **Déroulède** Av. Paul	DF 106 **Libération** Bd de la	DF 106 **Sabotiers** Rue des
DF 103 **Deux Communes** R. des	DF 105 **Liberté** Rue de la	DF 106 **Sabotiers** Sq. des
DE 105 **Diderot** Rue	DF 103 **Lœuil** Rue Eugène	DF 103 **Saint-Joseph** Villa
DF 106 **Diderot** Pl.	DG 103 **Lumière** Cour Louis	DF 103 **Saint-Louis** Sq.
DF 102 **Dohis** Rue	DF 106 **Lyautey** Pl. du Mal	DF 103 **Saint-Méry** Pass.
DG 104 **Donjon** Rue du	DF 104 **Maladrerie** Stier de la	DF 105 **Saulpic** Rue
DF 107 **Dunant** Rue Henri	DH 104 **Malraux** Sq. André	DF 107 **Schweitzer** Al. du Dr
DF 103 **Egalité** Rue de l'	DF 105 **Marigny** Cours	DG 103 **Segond** Rue
DF 104 **Eglise** Rue de l'	DF 104 **Marinier** Rue Charles	DF 104 **Sémard** Pl. Pierre
DG 104 **Estienne d'Orves**	DF 105 **Marseillaise** Rue de la	DF 106 **Serre** V. du Dr L.-G.
Rue d'	DF 104 **Massenet** Rue Jules	DE 105 **Silvestri** Rue Charles
DE 105 **Faie-Felix** Villa	DF 102 **Massue** Rue	DE 106 **Solidarité** Rue de la
DE 105 **Faie Félix** Rue	DG 103 **Maunoury** Rue du Mal	DE 104 **Strasbourg** Rue de
DF 107 **Faure** Rue Félix	DG 103 **Méliès** Al. Georges	DF 104 **Temple** Rue du
DF 106 **Fayolle** Av.	DE 104 **Meuniers** Rue des	DE 105 **Trois Territoires** R. des
DF 102 **Fays** Rue	DE 104 **Midi** Rue du	DE 104 **Union** Rue de l'
DG 105 **Foch** Av.	DH 104 **Minimes** Av. des	DE 103 **Varennes** Pass. des
	DE 104 **Mirabeau** Rue	DE 105 **Verdun** Rue de

VINCENNES suite (plan page 279)

DF 106 **Viénot** Rue Clément
DG 103 **Vignerons** Rue des
DG 103 **Vignerons** Imp. des
DG 103 **Vignerons** Pass. des
DF 104 **Villebois-Mareuil** Rue
DF 105 **Vorges** Av. de

Bâtiments

DF105	Ancien Cimetière	DF105	Mairie
DG104	Château de Vincennes	DF104	Police
DE103	Ecole du Bâtiment Public	DF104	Pompiers
DF106	Hôtel des Impôts	DF104	Poste
DC103	Lycée H. Berlioz	DF106	Poste
DF103	Lycée Professionnel	DF104	Sécurité Sociale
	Jean Moulin	DF104	Théâtre Daniel Sorano
DF104	Lycée Professionnel	DG104	Tribunal d'Instance
	M. Perret		

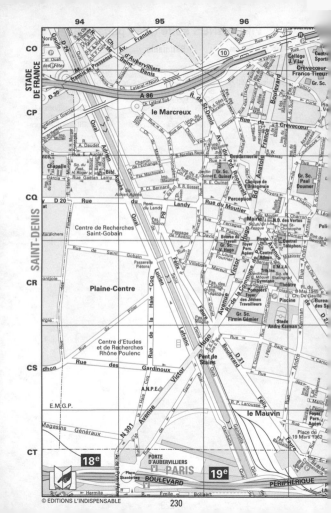

© EDITIONS L'INDISPENSABLE

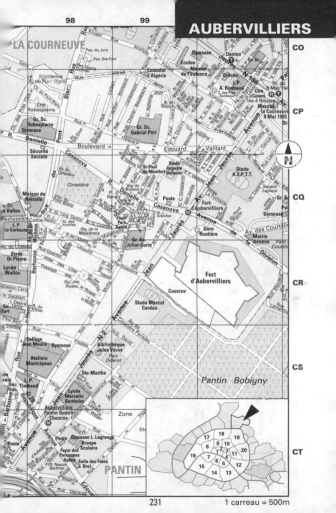

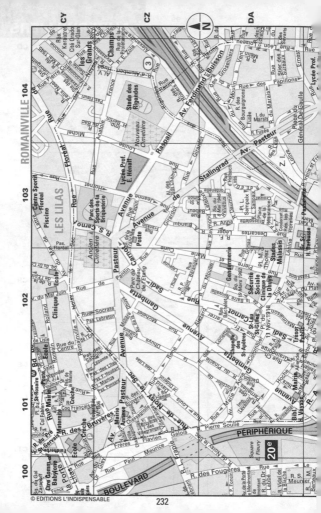

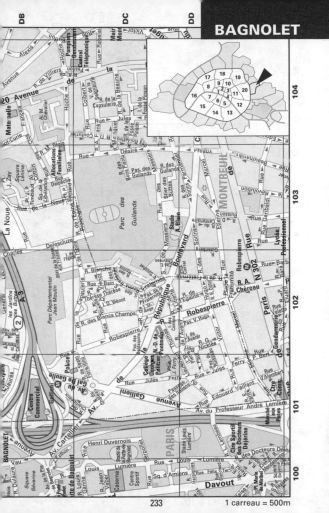

1 carreau = 500m

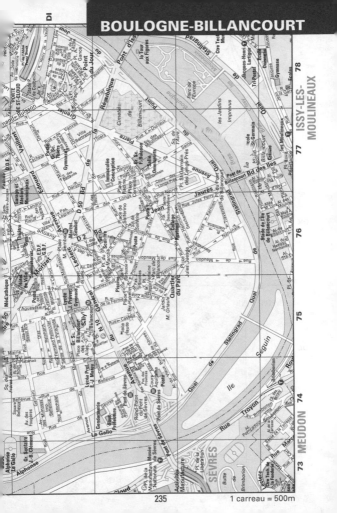

BOULOGNE-BILLANCOURT

1 carreau = 500m

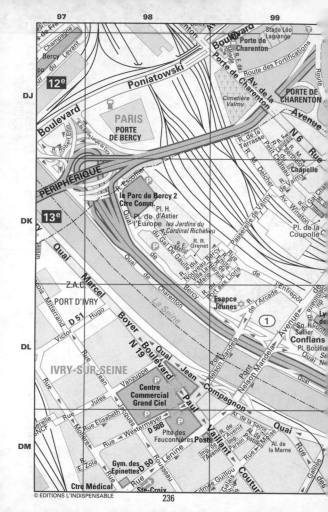

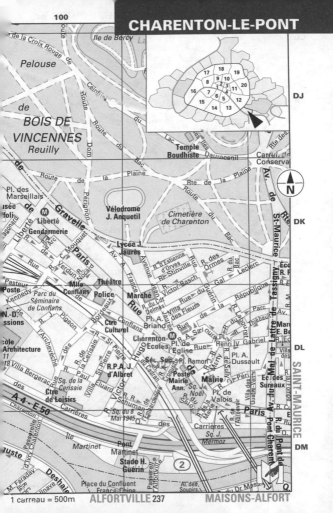

CHARENTON-LE-PONT

100

de la Croix Rouge
Ile de Bercy

Pelouse

de

BOIS DE

VINCENNES
Reuilly

Ile de Bercy

17 18 19
8 9 10
16 4 3 2 20
7 5 11
15 14 6 13 12

DJ

Temple
Boudhiste

Daumesnil

Carref. de
Conserva

Rte des

Route du Lac des

N

Pl. des
Marseillais

Route de la Plaine

Rte de la Plaine

Route de

DK

isée
folie

Gravelle

Liberté
Gendarmerie

Vélodrome
J. Anquetil

Cimetière
de Charenton

Av. de

St-Maurice

Paris

Liberté

Mouquet

Lycée J.
Jaurès

Av. A. France

R. d'Estienne
d'Orves

R. des
Ormes

Eco

Verdun

Av.

Stinville

Gal.

Leclerc

R. F.
R.

Pasteur
Poste
Kennedy

Théâtre

Police

Marché

Victor-Basch

République

N.-D.-
ssions

Mlle.
Conflans

Parc du
Séminaire
de Conflans

Bordeaux

Pigeon

Rue

R. du Gal
Delmas

Conflans

Pl. A.
Briand

Villa
des Fleurs

Rue de

Guérin

R. B. Sav oure

Parc

E. B.
R.Ed

Marc

DL

cole
Architecture
11
18 Villa Bergerac

L'Archevêché

des

R. de
la Cerisaie

St-Pierre

R. P. Brian

Hugo

Charenton-
Ecoles

Pl. de
l'Eglise

R. A.

Henri IV

Gabriel

Villa
des

R. Paul

Sq. de la
Cerisaie

Villa Eluard

Victor

R.P.A.J.
d'Albret

du Caddan

Sér. Soc. Pl. Ramon

Poste
Mairie
Ann.

Rue

de Stilly

Pl. A.
Dussault

R. de la

Mairie

Sq. J.
Noël

Périt

Villa de

DL

des

Cité
de Loisirs

R. du 8
Mai 1945

R. R.
Schuman

Sq. J.
Sérurat

Pl. de
Valois

Paris

Av. Pont

SAINT-MAURICE

A 4 · E 50
Charenton

Ile

Martinet

Pont
Martinet

Carrières
Sq. J.
Mermoz

R. du Pont Charen

DM

uste

Deshaie

Stade H.
Guérin

2

Al. des
Soupirs

Au Dr Mas

O.

F. Faraday

Place du Confluent
France-Chine

Passerelle
d'Alfortville

1 carreau = 500m

ALFORTVILLE 237

MAISONS-ALFORT

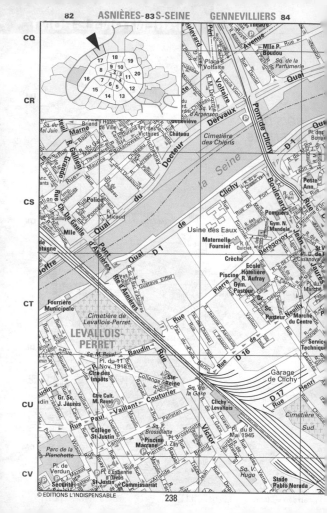

CQ

CR

CS

CT

CU

CV

18
9 10
8 2 3 19
7 4 11 20
5 6
16 1
15 14 13 12

Sq. du Mal Juin
R. Grande
Briand
Hôtel de Ville
Pl. des Victoires
Château
Marne
Ch. du Gal
Geneviève
Dervaux
Cimetière des Chiens
Pl. des Bons

R. Gallieni
Maurice
Château
du Docteur
la Seine
D 1

Rue
Police
Quai
Micaud
Clichy
Boulevard
Poste Ann.
R. G. Péri

de Gaulle
Mille
Pont d'Asnières
Usine des Eaux
Pompiers
Gym. N. Mandela

Joffre
Quai
D 1
Maternelle Fournier
Beregovoy
St V

Fourrière Municipale
Cimetière de Levallois-Perret
Crèche
Ecole Hôtelière R. Auffray
Piscine Gym. Pasteur
Casanova

LEVALLOIS-PERRET
Rue
Baudin
Rue
Gr. Sc Pasteur
Neuilly
Marché du Centre
Service Technique

Sq. M. Revel
Pl. du 11 Nov. 1918
Ctre des Impôts
Ste-Reine
Sq. de la Gare
Garage de Clichy
D 17
Henri

Gr. Sc. J. Jaurès
Ctre Cult. M. Revel
Paul
Vaillant
Couturier
Clichy Levallois
Pl. du 8 Mai 1945
Cimetière Sud

Rue
Collège St-Justin
Piscine Marrane
Victor
Pl. Brossolette
Sq. V. Hugo
Stade Pablo Neruda

Parc de la Planchette
Pl. de Verdun
Sécurité
Pl. d'Estienne d'Orves St-Justin
Commissariat

© EDITIONS L'INDISPENSABLE

1 carreau = 500m

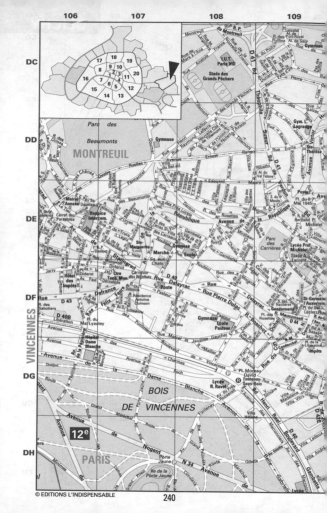

NEUILLY-PLAISANCE

DC

DD

DE

DF

DG

DH

1 carreau = 500m

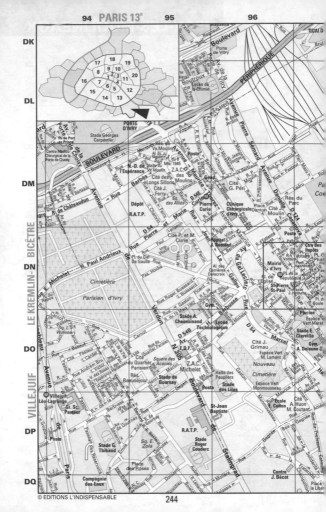

IVRY-SUR-SEINE

1 carreau = 500m

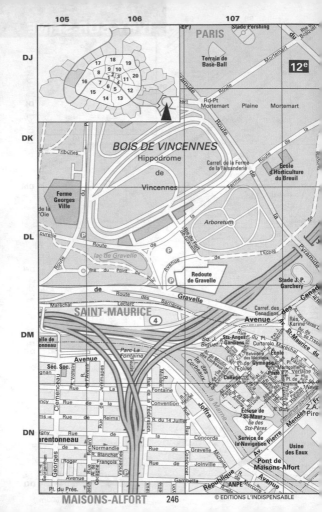

DJ

PARIS

Stade Pershing

Terrain de
Base-Ball

12e

Rd-Pt
Mortemart   Plaine   Mortemart

17   18   19
9   10
8
16   7   3   11   20
4
6   5
15   14   13   12

DK

Tribunes

BOIS DE VINCENNES

Hippodrome

Carref. de la Ferme
de la Faisanderie

Ferme
Georges
Ville

de

Vincennes

École
d'Horticulture
du Breuil

de la
Oie

l'Arboretum

DL

ourelle

Route

Rte de la Gravelle

P

lac de Gravelle

de

l'École

P

P

Rte du Point de Vue

Avenue

Pyramide

Redoute
de Gravelle

Stade J.P.
Garchery

de

Route

de

la

Barrière

Gravelle

Carref. des
Canadiens

des

Ceinture

DM

lle de
onneau

Maréchal

Leclerc

4

SAINT-MAURICE

Avenue

Rés.
Karine

St-Maurice

de Presles

Carref. des
Canadiens

Séc. Soc.

gnan

Parc La
Fontaine

Sq. J.
Biguet

Sta-Anges
Gardiens

du Pl.
Curtarolo

Rue

Maréchal

École

Belvédere
des Marronn

de Presles

Avenue

Voltaire

Jemmapes

Rue

Pl. du Mont
de Chaumont

Pl. du
l'Écluse

Gymnase

Mongolfier
Verlaine

Poste

Clemenceau

de

la

Fontaine

Molière

Corbeaux

Collège

de la Marne

Pl. de

So. H.Keim

DN

igny
ms

Rue

Fédération

Convention

R. du 14 Juillet

la

Joffre

Écluse de
St-Maur

Île des
Sts-Pères

Mendès

Pire

Z.A.

ncy

Rue

de

la

Reims

Rue

Concorde

Z.A.

Carentonneau

Georges

Normandie
R. Blanchet
françois

Renard

Rue

Gravelle

Condorcet

Michel

Gravelle

Joinville

Service de
la Navigation
des Eaux

Usine
des Eaux

Roger

Avenue

Vincennes

Pont de
Maisons-Alfort

Pl. du Prés.

Gambetta

Republique

ANPE

JOINVILLE-LE-PONT

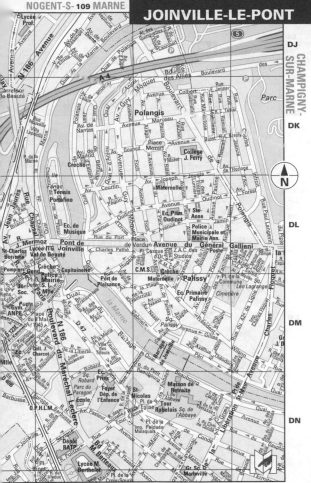

CHAMPIGNY-SUR-MARNE

DJ

DK

DL

DM

DN

N

Polangis

Place Mozart

College J. Ferry

Maternelle

Ste-Anne

Ec. Prim. Oudinot

Police Municipale et Mairie Ann.

Avenue du Général Galliéni

Z.A.C. des Studios

C.M.S.

Palissy

Maternelle

Ec. Primaire Palissy

Cimetière

Pl. de la Commune

Léo Lagrange

Pont de Joinville Val de Beauté

Pont de Plaisance

la Marne

Maison de Retraite

St-Nicolas

Tour Rabelais

Foyer Dép. de l'Enfance

Sq. de l'Abbaye

O.P.H.L.M.

Dépôt RATP

Lycée M. Berthelot

1 carreau = 500m

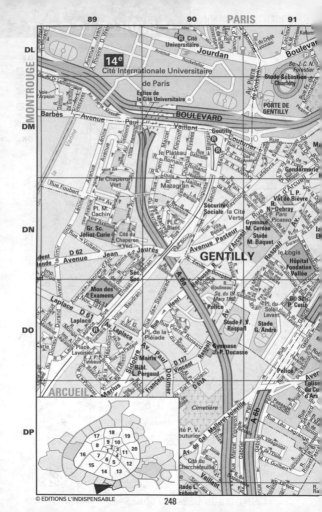

DL

DM

DN

DO

DP

MONTROUGE

14ᵉ

Cité Internationale Universitaire

de Paris

Eglise de
la Cité Universitaire

Cité
Universitaire
Jourdan

Boulevard

So J.C.N.
Forestier

Stade Sébastien
Charléty

**PORTE DE
GENTILLY**

BOULEVARD

Paul Vaillant

Barbès   Avenue

Gentilly
Couturier

Gendarmerie

le Plateau
Romain Rolland

Vanne

le Chaperon
Vert

Rue Foubert

PL. M.
Cachin

Gr. Sc.
Joliot-Curie

Cité du
Chaperon
Vert

Louis
Gaillet
Mazagran

Sécurité
Sociale

la Cité
Verte

Vât de Bièvre

L.P.

N-Debray
Parc
Picasso

Gymnase
M. Cerdan

Stade
M. Baquet

le Logis

Hôpital
Fondation
Vallée

D 62   Avenue   Jean   Jaurès

Avenue

Voltaire

GENTILLY

Avenue Pasteur

Mon des
R. Examens

Laplace

Laplace

D 61

Av. Laplace

Gr. Sc.
P. Curie

PL. du
Soleil
Levant

Henri

Police

Sq. du 18
Mars 1962

PL. de la
Pléiade

Place
Lavoisier

Mairie

Bibl.
L. Pergaud

Paul Doumer

Vincent

D 127

Stade F. Y.
Raspail

Stade
G. André

Gymnase
J.-P. Ducasse

Police

ARCUEIL

Marius

Francis

D 61A

Eglise
du Cu
d'Ars

Cimetière

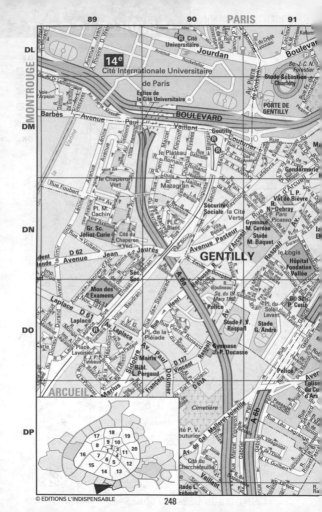

17   18   19

8   9   10
  11
16   7   6   20
  5
15   14   13   12

Cité P. V.
Couturier

Cité du
Chercheuille

A 6b

Stade L.
Thébault

Vaillant

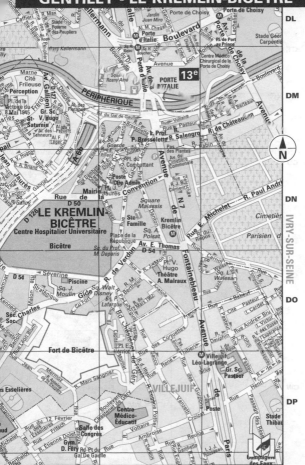

1 carreau = 500m

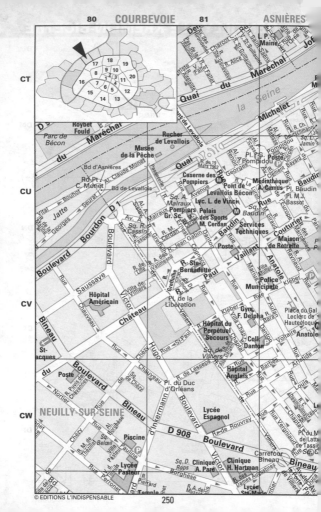

CT

CU

CV

CW

Roybet
Fould
Parc de
Bécon

Musée
de la Pêche

Rucher
de Levallois

Caserne des
Pompiers

Lyc. L. de Vinci

Palais
des Sports
M. Cerdan

Services
Techniques

Médiathèque
A. Camus
PL. M. J.
Bassot

Maison
de Retraite

Poste

Ste-
Bernadette
Paul

Police
Municipale

Hôpital
Américain

Pl. de la
Libération

Hôpital du
Perpétuel
Secours

Coll
Danton

Gym.
F. Delpha

Place du Gal
Leclerc de
Hauteclocque
Anatole

St-
Jacques

Poste

Pl. du Duc
d'Orléans

Hôpital
Anglais

NEUILLY-SUR-SEINE

Piscine

Lycée
Espagnol

D 908 Boulevard

Lycée
Pasteur

Clinique
A. Paré

Clinique
H. Hartman

Carrefour
Bineau

LEVALLOIS-PERRET

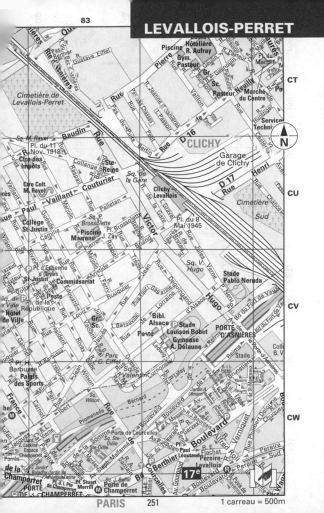

CT

CU

CV

CW

Cimetière de
Levallois-Perret

Piscine
Pierre

École
Hôtelière
R. Aufray
Gym.
Pasteur

Gr.
Sc.
Pasteur

Neuilly

Marché
du Centre

Service
Techni

N

Sq. M. Ravel
Baudin
Rue
Pl. du 11
Nov. 1918
Ctre des
Impôts

Ste-
Reine

Collange

Vaillant
Couturier

Sq. de
la Gare

Clichy
Levallois

D 16

CLICHY

Garage
de Clichy

D 17
Henri

Rue

Ctre Cult.
M. Ravel

Paul

Collège
St-Justin
Piscine
Marranne
J. Zay

Sq. P.
Brossolette

Victor

Pl. du 8
Mai 1945

Cimetière
Sud

Pl. d'Estienne
d'Orves
St-Justin
Commissariat

Poste

Sq. V.
Hugo

Stade
Pablo Neruda

Hôtel
de Ville

Pl. de la
République

Gr.
Sc.

Bibl.
Alsace

Poste

Stade
Louison Bobet
Gymnase
A. Délaune

Hugo

PORTE
D'ASNIÈRES

Coll
B. V

Pl. H.
Barbusse
Palais
des Sports

Parc
G. Eiffel

Sq.
Valentin Cournonsky

Stade

France

Rue

Wilson

Promenade

Bernard

Boulevard

Somme
Porte de Courcelles
Sq. Ste-
Odile

Jardin A.
Ullmann

P

de la
Champerret

PORTE
CHAMPERRET

Espace
Champerret

Stenne-Mallarmé

Porte de
Champerret

Berthier

Pl.
Paul
Léautaud

17e

Pereire-
Levallois

Boulevard

Pereire
Sud

1 carreau = 500m

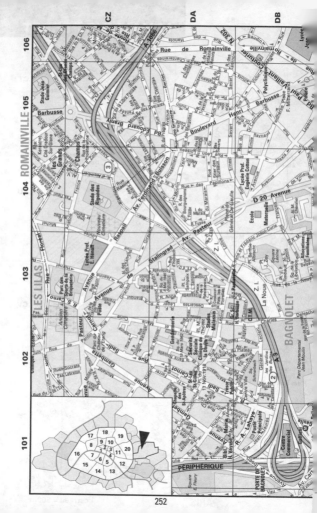

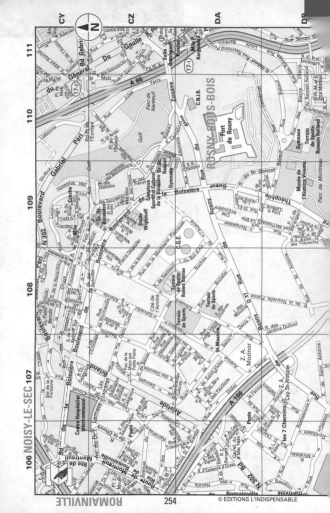

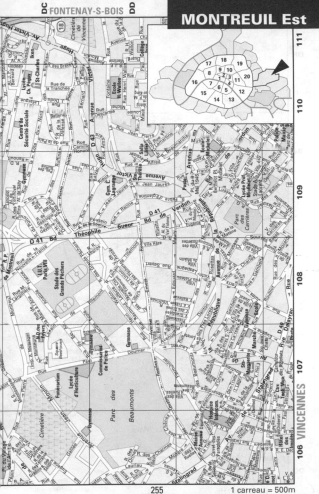

1 carreau = 500m

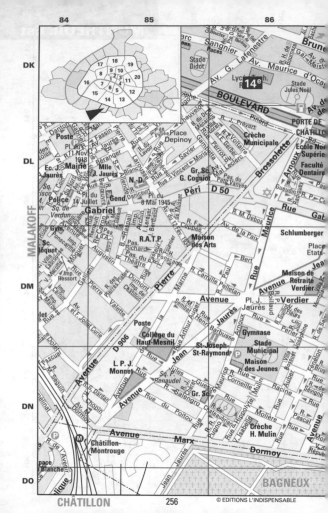

© EDITIONS L'INDISPENSABLE

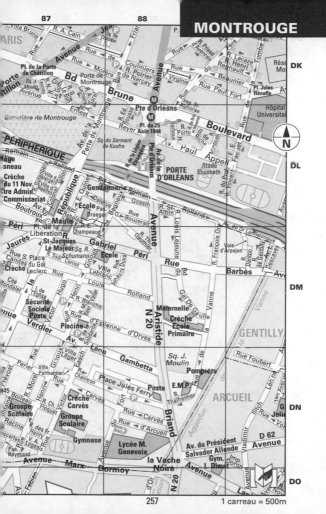

1 carreau = 500m

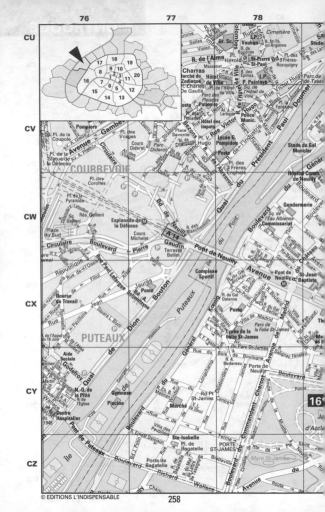

NEUILLY-SUR-SEINE

LEVALLOIS-PERRET

CU

CV

CW

CX

CY

CZ

N

17e

PORTE MAILLOT

Place de la Porte Maillot

Palais des Congrès

PARIS

Musée National des Arts et Traditions Populaires

Longchamp

1 carreau = 500m

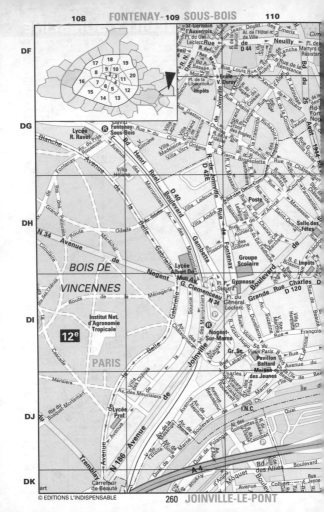

DF

DG

DH

DI

DJ

DK

BOIS DE

VINCENNES

12e

PARIS

Institut Nat.
d'Agronomie
Tropicale

Lycée
R. Ravel

David
Fontenay-
Sous-Bois

Lycée
Albert De
Mun Av.
G. Clemenceau

Groupe
Scolaire

Gymnase

Poste

Salle des
Fêtes

Nogent-
Sur-Marne

Joinville

Pavillon
Baltard
Maison
des Jeunes

I.N.C.

Carrefour
de Beauté

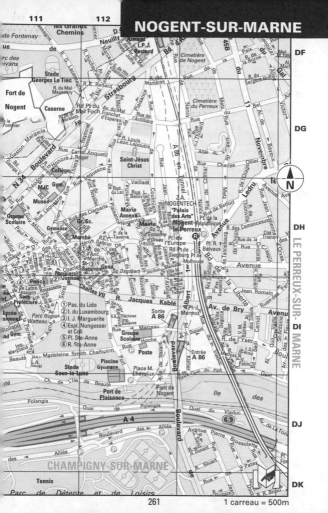

111 112

DF

DG

DH

LE PERREUX-SUR-MARNE

DI

DJ

DK

N 34

Fort de
Nogent

Caserne

Stade
Georges Le Tiec

les Grands
Chemins

Neuilly

Armand
L.P.J.
Bastard

Cimetière
de Nogent

Strasbourg

Cimetière
du Perreux

Boulevard

Collège

MJC

Musée

Groupe
Scolaire

Gymnase

Marché

Police

Lycée
sionnel

Parc Gugnon
Watteau

Gym.

Saint-Jésus
Christ

Mairie
Annexe
Nogenta

Mairie

Gr. Sc.

Justice

Charles VII

R. Jacques Kablé

① Pas. du Lido
② l. du Luxembourg
③ J. Marguerite
④ Espl. Nungesser
   et Coli
⑤ Pl. Ste-Anne
⑥ R. Ste-Anne

Madeleine Smith Champion

Piscine
Gymnase

Poste

Stade
Sous-la-Lune

Port de
Plaisance

Polangis

Tennis

NOGENTECH
"Palais
des Arts"

Pl. de la
Nogent-République
Le Perreux

Pl. R.
Belvaux

Avenue

Av. de Bry

Groupe
Scolaire Hoche

Place M.
Chevalier

Pont de
Nogent

Quai du

Ile

Boulevard

Av. de La Fon

A 4

Boulevard   des   Alliés

Alliés

CHAMPIGNY-SUR-MARNE

Parc   de   Détente   et   de   Loisirs

Sortie
A 86

Entrée
A 86

1 carreau = 500m

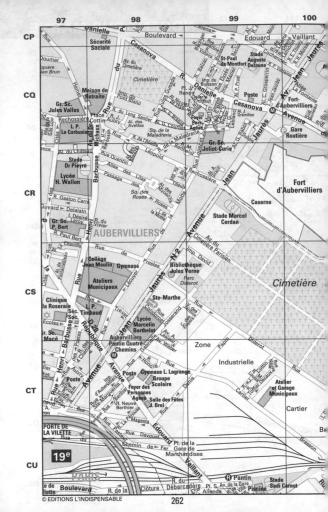

© EDITIONS L'INDISPENSABLE

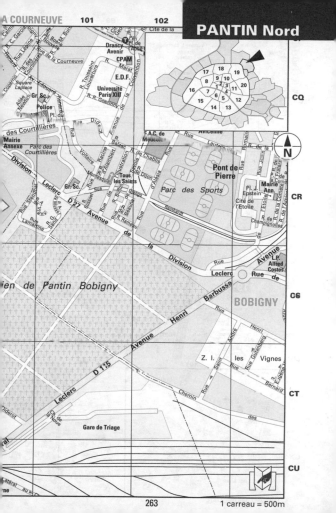

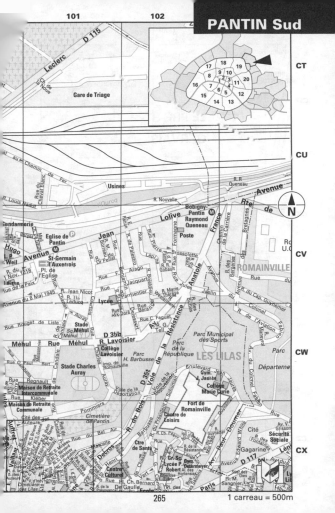

1 carreau = 500m

CW

CX

CY

CZ

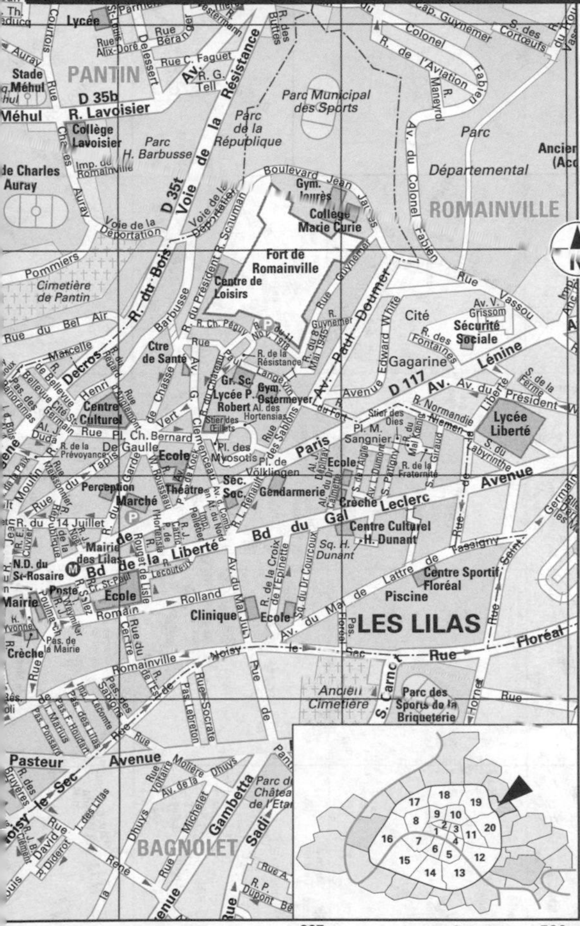

PANTIN

ROMAINVILLE

LES LILAS

BAGNOLET

Lycée

Stade
Méhul

Méhul

D 35b

R. Lavoisier

Collège
Lavoisier

de Charles
Auray

Cimetière
de Pantin

Ctre
de Santé

Centre
Culturel

Perception

N.D. du
St-Rosaire

Mairie

Crèche

Parc Municipal
des Sports

Parc
de la
République

Parc de la Résistance

Parc
H. Barbusse

Voie de la Déportation

Boulevard

Gym.
Jean Jaurès

Collège
Marie Curie

Fort de
Romainville
Centre
de Loisirs

Gr. Sc.
Lycée P.
Robert Doisneau

Ecole

Théâtre

Marché

Mairie
des Lilas

Poste

Ecole

Clinique

Pl. Ch. Bernard
De Gaulle

Pl. des
Myosotis

Séc.
Sec.

Bd de la Liberté

Ecole

Romain
Rolland

Parc
Départemental

Parc

Ancien
(Ac

Cité

Sécurité
Sociale

Gagarine

D 117

Av. du Président W

Lycée
Liberté

Pl. M.
Sangnier

Gendarmerie

Bd du Gal Leclerc

Crèche

Centre Culturel
H. Dunant

Sq. H.
Dunant

Centre Sportif
Floréal

Piscine

Ecole

Rue Floréal

Ancien
Cimetière

Parc des
Sports de la
Briqueterie

Pasteur

Avenue

Parc du
Château
de l'Etang

```
        17   18   19
      8    9 10 3      20
   16   4  0 1 11
      15   7  5  12
        14   13
```

CZ

1 carreau = 500m

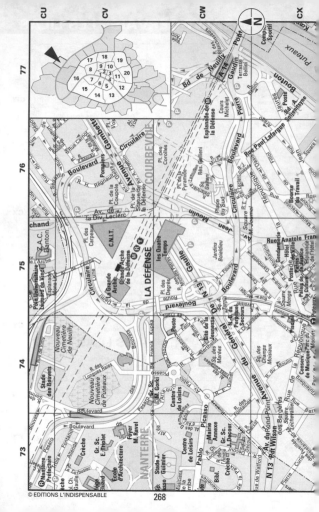

1 carreau = 500m

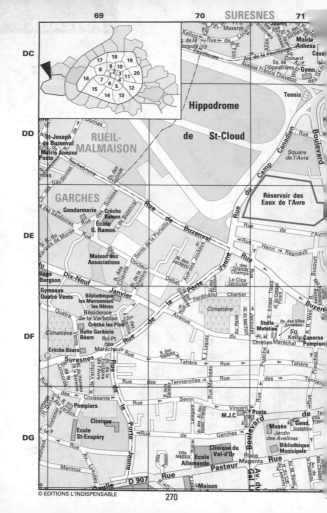

DC

DD

DE

DF

DG

18
19
17
9 10
8
2 3
3 1 11 20
16 7 5 4
15 14 13 12

Kellog
de la
norde
Copillause
Av. de la Fouilleuse
Avenue Francis Chaveton

P. H.
Masaryk
Jaures
Mairie
Annexe
Sq.
Goinard
Sq. de
l'Hippodrome
Gym.
Tennis

Hippodrome

de St-Cloud

St-Joseph
de Buzenval
Mairie Annexe
Poste
RUEIL-MALMAISON
Rochebrune

Dumas

Canadien
Boulevard
Square
de l'Avre

GARCHES
Gendarmerie
Crèche
Ramon
École
G. Ramon
Rue de Buzenval
Rue de Buzenval

**Réservoir des
Eaux de l'Avre**

Rue
de
l'Avre

Maison des
Associations
llège Bergson
Dix-Neuf
du
Docteur
Sente de la Portaille
Al. des
Jockeys
Av. des Jockeys
Debat
Rue
Jaune
Henri Régnault

Gymnase
Quatre Vents
Bibliothèque
les Marronniers
les Hêtres
Résidence
de la Verboise
Crèche les Pins
Halte Garderie
Béarn
Cimetière
Crèche Béarn
Suresnes
Janvier
Rue
de
la
Porte
Avenue
Ferdinand
Rd-Pt
des
Maréchaux
Tahère
I. des
Grands
Champs
Le Clos
Jacoulet
Chartier
Cimetière
Jacquet
Stella
Matutina
Av. des Villes
Jumelées
Sq.
Kelly
Caserne
Pompiers
Buzen
P. H.
Chrétien
Maréchal

Rue
des
Tennerolles
Rue
des
Tennere

Pompiers
Croissants
Rue
Sevin
Vincent
M.J.C.
Poste
Musée
Joséphine
Rue
Gend.
Jardin
des Avelines
Bibliothèque
Municipale
de
Boulevard

Clinique
Ecole
St-Exupéry
Mermoz
Rue
Porte
Jaune
de
Garches
Villa
Médicis
Clinique du
Val-d'Or
Ecole
Allemande
Pasteur
Rue
Magenta
Maison

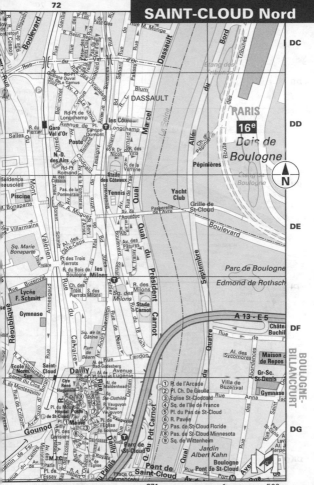

DC

DD

PARIS
16e
*Bois de
Boulogne*

DE

DF

BOULOGNE-
BILLANCOURT

DG

1 R. de l'Arcade
2 Pl. Ch. De Gaulle
3 Église St-Clodoald
4 Sq. de l'Île de France
5 Pl. du Pas de St-Cloud
6 R. Pavée
7 Pas. de St-Cloud Floride
8 Pas. de St-Cloud Minnesota
9 Sq. de Wittenheim

1 carreau = 500m

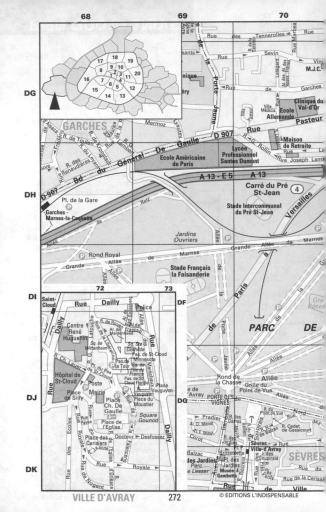

DG

18
17
9 10 19
8 3 1 11 20
2 5 4
16 6 7
15 14 13 12

GARCHES

Mermoz

Rue des Tennerolles

Rue Marbeau

M.J.C.

Villa Médicis

Clinique du Val-d'Or

Ecole Allemande

Pasteur

R. de Toulon

R. de Kronstadt

D 907

Rue

Lycée Professionnel Santes Dumont

Maison de Retraite

Rue Joseph Lamb

Ecole Américaine de Paris

Général De Gaulle

Bd du

A 13 - E 5

A 13

Carré du Pré St-Jean

4

DH

D 907

Pl. de la Gare

Garches - Marnes-la-Coquette

Retz

Stade Intercommunal du Pré St-Jean

Versailles

Jardins Ouvriers

Allée

de Marnes

Grande

Allée

Rond Royal Allée

Marnes

de Paris

Grande

Allée

Stade Français la Faisanderie

de

PARC DE

DI

Saint-Cloud

Rue Dailly

Police

DF

Gra Rase

72 73

Centre René Huguenin

R. de Rouen

Sq. Ste Wittenheim

Al. de Maidenhead

Sq. de Clothilde

Minnesota

Sq. de St-Cloud

Pas. de St Pas. de France Cloud Floride

Porte

Jaune

DJ

Hôpital de St-Cloud

R. Ch. Lauer

R. du Pas de St-Cloud

Poste

Place de Silly

Mairie

Place Ch. De Gaulle

Place Vauguyon

Vauguyon

Place du Moustier

Square Gounod

Rond de la Chasse

Allée

Grille du Point de Vue

de

Nord

R. du Point de Vue

R. des Dames

Pradier

R. Cadet de Gassicourt

DG

PORTE DES VIGNES

Al. Cl. Monet

Al. F. Millet

Balzac

St-Balzac

Sèvres

Place Payen

Place de l'Eglise

Rue Docteur Desfossez

Dailly

Corot

R. des Jardies

Ville-d'Avray

SÈVRES

DK

Rue des Ecoles

Rue Royale

Rue des Cerisiers

Rue Jeanne

Rue de Nogent

Rue d'Orléans

Rue de l'Eglise

Rue Royale

Balzac des Jardies

Grossoterie

Parc Lesser

Pl. des Jardies Musée Gambetta

de

Rue de la Ville

Rue de la Cerisaie

R. Souplrais

Ville

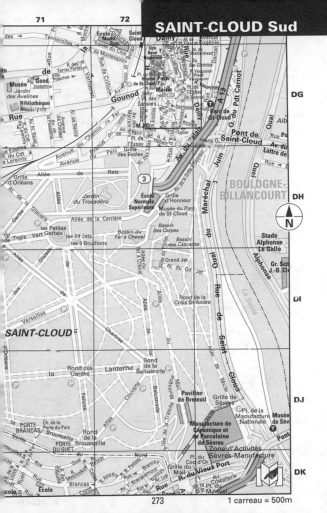

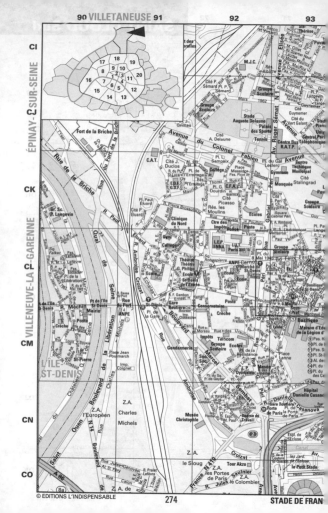

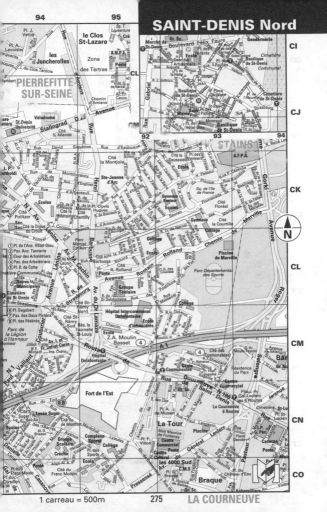

CI

CJ

CK

CL

CM

CN

CO

PIERREFITTE-SUR-SEINE

STAINS

le Clos St-Lazare

les Joncherolles

N

1 carreau = 500m

LA COURNEUVE

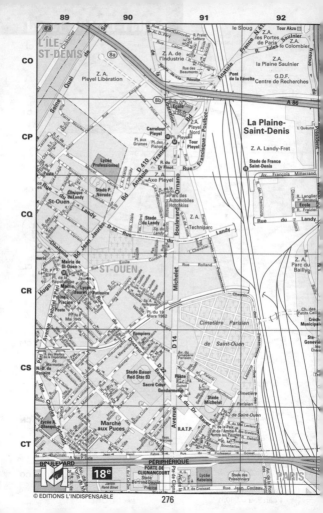

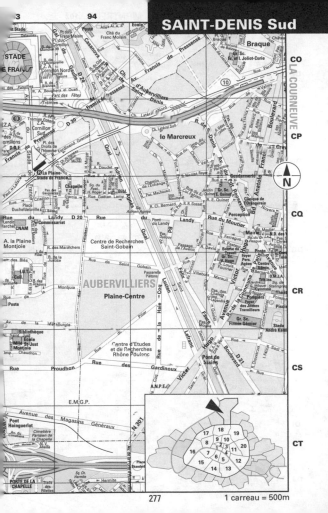

CO
LA COURNEUVE
CP
CQ
CR
CS
CT

Braque

le Marcreux

AUBERVILLIERS
Plaine-Centre

PORTE DE LA
CHAPELLE

1 carreau = 500m

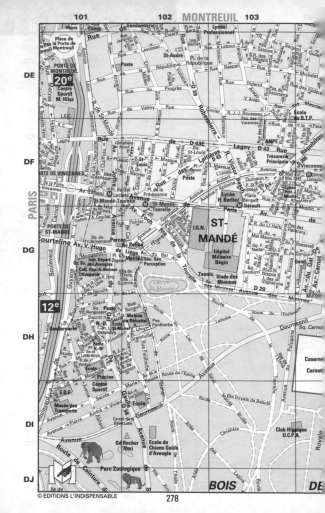

1 carreau = 500m

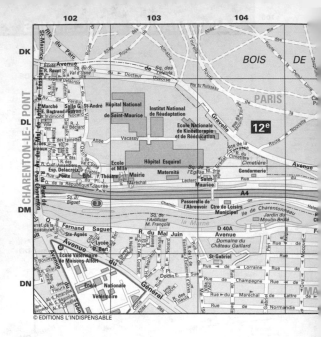

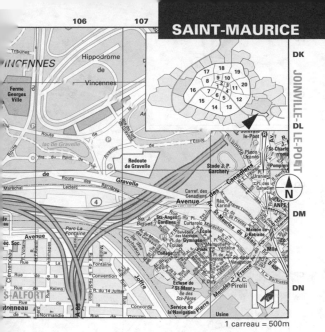

SAINT-MAURICE

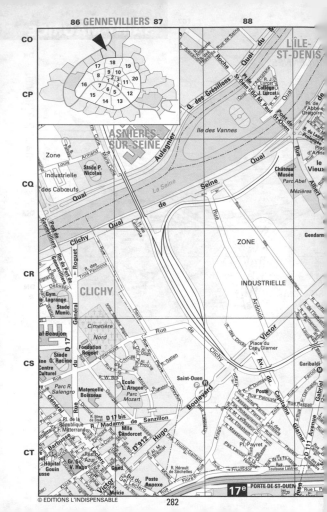

CO

CP

CQ

CR

CS

CT

L'ILE-ST-DENIS

18
17   10 9 19
16 8 3 2 20
    7 4 1 11
15 6 5 12
   14 13

ASNIÈRES-SUR-SEINE

Ile des Vannes

Zone
Industrielle

des Cabœufs

La Seine

Quai de Seine

ZONE

INDUSTRIELLE

CLICHY

Cimetière
Nord

Fondation
Roguet

Saint-Ouen

Boulevard

Mairie

PORTE DE ST-OUEN

17e

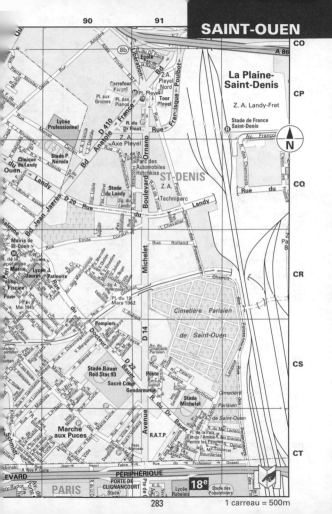

90   91

CO
CP
CQ
B
CR
CS
CT

A 86

8b

La Plaine-Saint-Denis

Z. A. Landy-Fret

Stade de France
Saint-Denis

Av. Franço

Rue du Dr Finot

Z.A.
Axe Pleyel

Lycée
Professionnel

Clinique
du Landy
Stade P.
Néruda

Stade
du Landy

Sq. du
Landy

Parc des
Automobiles
Hotchkiss

ST-DENIS

Z. A.
Techniparc

Z. A.
Landy

Rue du

Rue des Cheminots

Mairie
de St-Ouen

Lycée
Jaurès

Patinoire
Piscine

Pl. du 19
Mars 1962

Rue Rolland

Michelet

Cimetière Parisien

de Saint-Ouen

Chemin

Pompiers

Stade Bauer
Red Star 93

Sacré Cœur

Poste

Gendarmerie

**Stade
Michelet**

Cimetière
Parisien

Av. de Saint-Ouen

**Marché
aux Puces**

R.A.T.P.

Pl. de la Paix
Pl. de l'Amitié
entre les Peuples

Lycée
Rabelais

PÉRIPHÉRIQUE

PARIS

**PORTE DE
CLIGNANCOURT**

18e

Stade des
Poissonniers

283   1 carreau = 500m

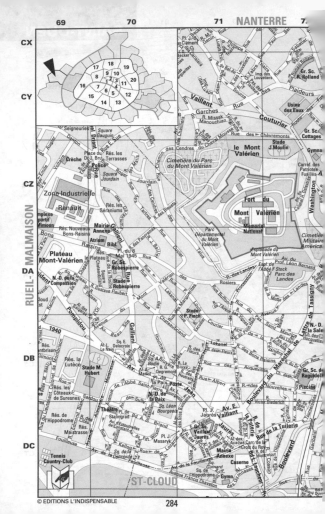

CX

CY

Vaillant

Garches

Couturier

Seigneuries

Square
Gauguin

Crèche

Place du
Dr J. Bru
Police

Rés. les
Terrasses

Square
Jourdain

le Mont
Valérien

Cimetière du Parc
du Mont Valérien

Stade
J.Moulin

Gymna

Gr. Sc.
R. Rolland

Plaideurs

Usine
des Eaux

Gr. Sc.
Cottages

Stade

CZ

Zone Industrielle

Renault

Rés. les
Géraniums

Mairie
Annexe

Atrium
Bibl.

Fort du

Mont Valérien

Mémorial
National

Carref. des
Patriotes
Fusillés

Washington

Cimetière
Militaire
América.

RUEIL - MALMAISON

Plateau
Mont-Valérien

N.D. de la
Compassion

Rés. Nouveaux
Bons-Raisins

Pl. du 8
Mai 1945
Gr. Sc.
Robespierre

Stade
Robespierre

Parc
Départemental
du Mont
Valérien

Esplanade du
Mont Valérien

Av. du
Prof. Léon Bernard
Espl. de
l'Abbé F. Stock

Parc des
Landes

DA

Pompidou

1940

Stade
F. Finch

Galliéni

Rés.
la Lutèce

Stade M.
Hubert

DB

Rés. les
Côteaux
de Suresnes

Poste
Jean

N.-D. de
la Paix

Piscine

DC

Théâtre

Stalingrad

Mairie
Annexe

Caserne

Tennis
Country-Club

ST-CLOUD

Gymn.

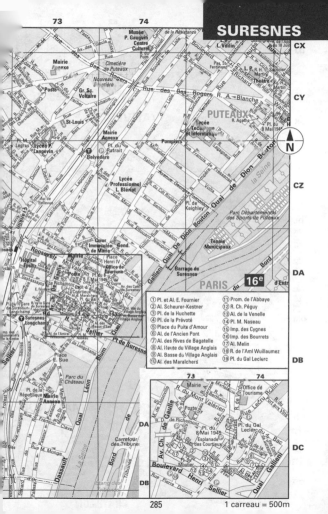

SURESNES

73 **74**

CX

CY

PUTEAUX

CZ

la Seine

PARIS **16e**

DA

① Pl. et Al. E. Fournier
② Al. Scheurer-Kestner
③ Pl. de la Huchette
④ Pl. de la Prévôté
⑤ Place du Puits d'Amour
⑥ Al. de l'Ancien Pont
⑦ Al. des Rives de Bagatelle
⑧ Al. Haute du Village Anglais
⑨ Al. Basse du Village Anglais
⑩ Al. des Maraîchers

⑪ Prom. de l'Abbaye
⑫ R. Ch. Péguy
⑬ Al. de la Venelle
⑭ Pl. M. Naseau
⑮ Imp. des Cygnes
⑯ Imp. des Bourrets
⑰ Al. Melin
⑱ R. de l'Aml Wuillaumez
⑲ Pl. du Gal Leclerc

DB

73 **74**

DA

DC

DB

285   1 carreau = 500m

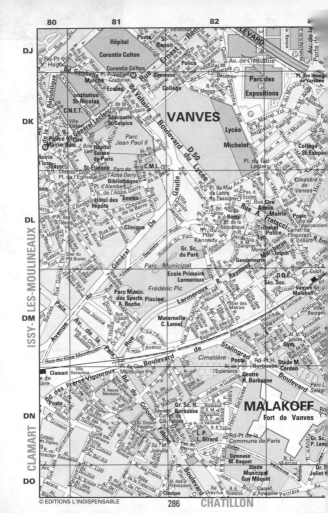

l'Ecluse

Canal

St

Tour
Akzo

R. de la
Couture
St-Quentin

*les Jard.
de l'Ecluse*

Av.

P2

P3

le Petit Stade

P2

Henri   Delaunay

R.

P1   P0

L   K   J

N

H

Avenue

Avenue

A 1

Mail de l'Ellipse

du

R

STADE
DE FRANCE

G

E

D

C

S

T

B

U

P1   P2

X   Y   P3   Z

A

Mail des   Aiguilles

R.

Av. du

A 86

P0

P1   (9)

Trémie

Z.A.

I. Queune

Prés.   Wilson

Prés.   Wilson

V. des Puits

R. des Gazomètres

R. des
Bretons

Rue des
des   Corpillons

R. de
la Chimie

Stade de
France

Z

Cor

S

Pr

A 16 - Cergy - A 14 - A13

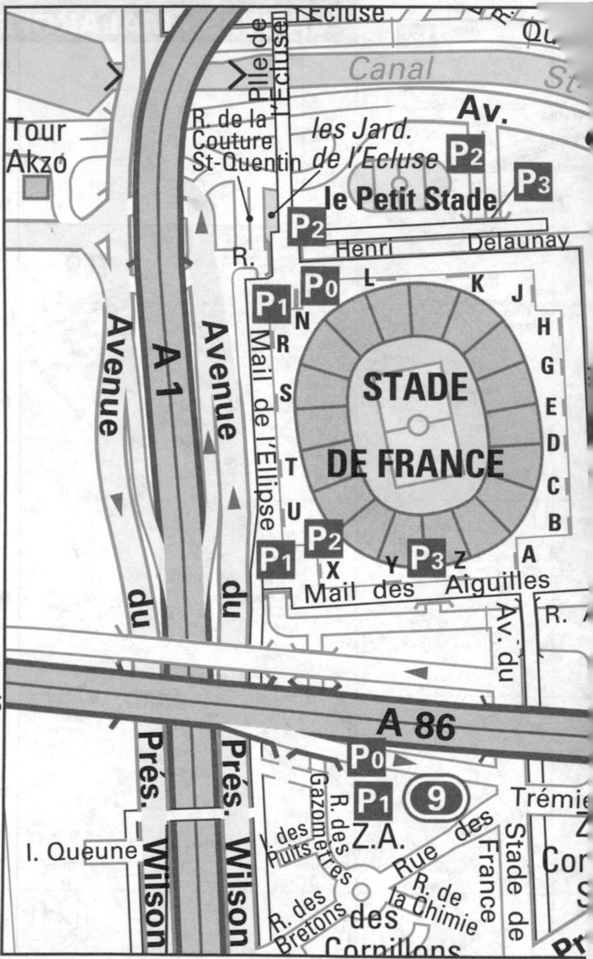

Scolaire

Crèche

du

Allée Al. A. de St-Exup

Cité du
Franc Moisin

Rue de Lorraine

R. du Clos
St-Quentin

R. B.
Palissy

Ch. du Ht

R. A. Walter

R.P. Curie

Av. Francis de Pressensé

St-Denis

No...
V. Gal...
R.C. Cro...
V.
du Bel Air
R. du Progrès
Villa Thierry

R. Danielle

du
Canal

Cours du Ru de...

Poste

Pt du
Franc Moisin

Pl. du
Cornillon

du
...ondial 98

R. de
...Olympisme

Z. A.
...ornillon Nord
...du Tournoi
...es Cinq Nations

R. de
...rennus

...Boughera el Ouafi

R. des
...rémies

...t. de la
...okerie

...on

...ensé

Gal de Gaulle

Saint Denis

Casanova

D 24

Quai

P 4

Parc des Fêtes

Owens

D 30

D 30

R. P.
Lafargue

R. P.

Bobigny - A 4 - Créteil
A 1 Ch. de Gaulle - Lille

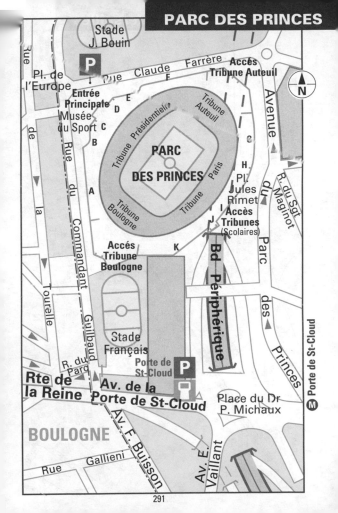

PARIS EXPO porte de Versailles

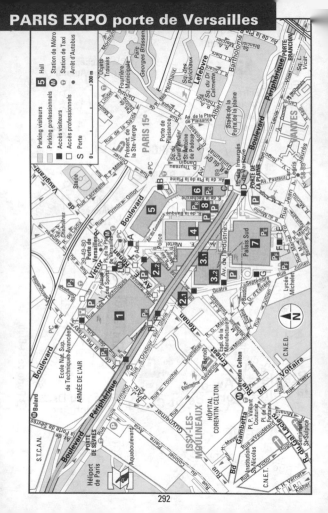

292

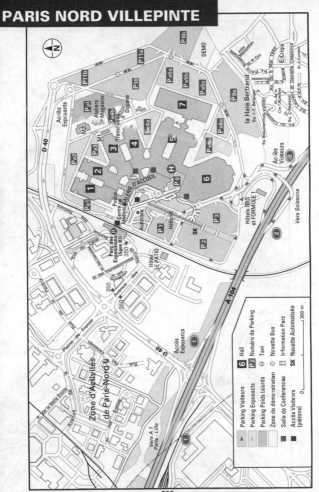

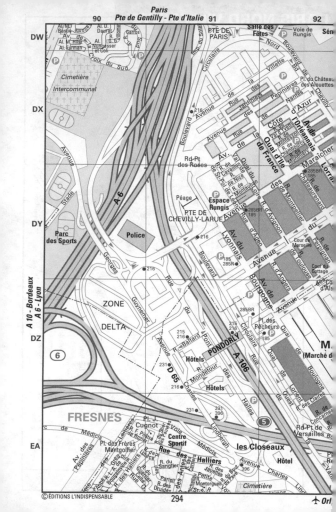

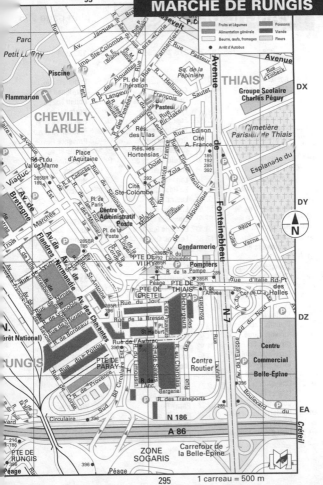

Légende:
- Fruits et Légumes
- Alimentation générale
- Beurre, œufs, fromages
- Poissons
- Viande
- Fleurs
- ● Arrêt d'Autobus

93

Parc Petit Le Roy

Piscine

Flammarion

CHEVILLY-LARUE

Parc
Av. Jacques
R. Pierre-Curie
Imp. Ste-Colombe
Rue Pasteur
Rue Parmentier
Sq. de la Pépinière
R. des Alouettes
Pl. de la Libération
R. P. Langevin
R. des Pensées
R. P. Brossolette
François
Pasteur
R. Bir-Hakeim
Rés. des Lilas
Rue Edison
Cité A. France
Place d'Aquitaine
Rés. les Hortensias
R. F. Dolet
Cité Ste-Colombe
Rue Anatole Zola
Rue Élisée-Reclus
Rue de la République

THIAIS
Rue d'Einbeck
Avenue
Groupe Scolaire Charles Péguy
Cimetière Parisien de Thiais
Esplanade du

DX

DY

Av. de Bretagne
Viaduc
285BR 185
Marchés
Pl. de Paris
Centre Administratif Poste
Pl. de la Poste
285BR 185
Av. de Flandres
Av. de Normandie
Rue St-Antoine
PTE DE VITRY
285BR 192 Languedoc
Pompiers
R. de la Pompe
PTE DE CRETEIL
Rue du Jour
Rue de la Bresse
Pl. St-Hubert
Rue de l'Aubrac
PTE DE PARAY
Rue du Poitou
R. de Bordeaux
Rue de Provence
R. de Case
Bd Circulaire Sud
R. des Limousins
R. Anc.
Bergerie
R. des Transports
N 186
Circulaire
216 3.186
PTE DE RUNGIS
Péage

N.
(Forêt National)
RUNGIS

Gendarmerie
PTE DE THIAIS
Rue des Déchargeurs
Rue de l'Arrivée
Rue d'Italie Rd-Pt des Halles
Rond de Clos Halles
Rue des Routiers
Rue du Nord
N 7
Centre Commercial Belle-Épine
Centre Routier
Av. de l'Europe
Boulevard de Créteil

DZ

EA

A 86
ZONE SOGARIS
Carrefour de la Belle-Épine
Péage

295

1 carreau = 500 m

N

Bus : 185-192-215-216-285-258B-285R-285BR-292-396

Rues

Secteur	Plan	Nom	Secteur	Plan	Nom	Secteur	Plan	Nom
3	B4	Alsace Av. d'	Puteaux	D4	Dion-Bouton Q.	7	B3	Prothin Av. A.
1	C4	Ancre Voie de l'	4-6	B2	Division-Leclerc Av.	Puteaux	C3	Pyat Rue Félix
Puteaux	D3	Arago Rue	7	B2	Dôme Pl. du	2	C3	Pyramide Pl. la
7	B2	Arche Allée de l'	1	C4	Domino Pl. des	2	C3	Reflets Pl. des
7	B2	Arche Pass. de l'	7	B1	Ellipse Pl. de l'	2	C3	Reflets Terr. des
1	C4	Audran Rue du Gal	Courbevoie	B4	Essling Rue d'	6	B3	Regnault Pl. H.
2	C3-C4	Bâtisseurs Voie des	7	B1	Ferry Rue Jules	6	B3	Regnault Sq. H.
11	D4	Bellini Rue	9	C3	Gallieni Sq.	6	B3	Regnault Rue H.
11	C4	Bellini Terr.	5	B3	Gambetta Av.	7	B1	Ronde Pl.
Courbevoie	B4-C4	Blanc Rue Louis	10-11	C3-C4	Gaudin Bd P.	1	B1	Saisons Pl. des
8	C2	Boieldieu Terr.	6	B3	Gleizes Av. A.	1	C4	Saisons Sq. des
8	C2	Boieldieu Jardin	7	B1	Hémicycle Pl. l'	9	C3-C4	Sculpteurs V. des
7	B1	Bouvets Pl. des	8	C2	Horlogerie V. d. l'	2	A3	Ségoffin Rue
4	B2	Carpeaux Rue	2	C3	Iris Pl. de l'	1	C4	Seine Pl. de
4	B2	Carpeaux Pl.	2	C3	Iris Terr. de l'	6	B3	Serpentine Rue
2	B3	Corolles Pl. des	7	B1	Kupka Rue Frank	Courbevoie	C3	Strasbourg Rue de
2	C3	Corolles Sq. des	10	C3	Lafargue Rue Paul	9	C3	Sud Pl. du
6	B3	Coupole de la	7	B1	Longues-Raies R.	7	C2	Turpin Sq. André
2	C4	Damiers Gal. des	10	C3	Michelet Rue	7	B1	Valmy Cours
2 - 9 - 10	C3-C4	De-Gaulle Espl. Gal	10	C3	Michelet Cours	4-7	B2	Valmy Rue de
7	C2	De-Gaulle Av. Gal	7	C2	Michels-Pétray A.	7	B1	Valmy Terr.
4	B2-B3	Défense Pl. de la	8	C2-C3	Moulin Av. Jean	9	C3	Villon Rue J.
4	C3	Degrés Pl. des	8	B1	Neuilly Bd de	2	C3	Vivaldi Sq.
7	C2	Delariv.-Lefoul. R.	9	C3	Paradis Rue	5	B3	Vosges Pl. des
9	C3	Demi-Lune Rte la	4	B2	Parvis le	5	B3	Vosges Allée des
Courbevoie	B4	Diderot Parc	4	B2	Perronet-Nord Av.			
5	B4	Diderot Cours	4	B2	Perronet-Sud Av.			
			8	B2	Pouey Rue Louis			

Administrations, Sociétés

Secteur	Plan	Nom	Secteur	Plan	Nom	Secteur	Plan	Nom
2	C3	A.I.G.	2	C3	EDF - GDF	4	B2	Mairie-Annexe
7	B1	Alicante	6	B3	Elf	2	C4	Manhattan
6	B3	Ampère	7	C2	Elys.-la-Défense	2	C3	Manhattan-Square
9	B2	Ariane	7	B1	Espace 21	10	C3	Michelet Le
1	C4	Assur	2	A3	Europe	7	B2	Minist.-Equipement
10	C4	Athéna	9	C3	Europlaza	3	C4	Miroirs Les
7	B2	Atlantique	9	C3	Eve Tour	2	C3	Monge
9	C3	Atociam	2	B3	Exxon-Chemical	1	C4	Neptune
2	C3	Aurore	7	B1	Framatome	Puteaux	C3	Olivetti-Logabax
7	B1	Belvédère Le	7	C2	Franklin	7	B1	Pacific
Courbevoie	A3	Berkeley-Building	2	C3	Galion Le	5	B3	Pascal
2	C3-C4	Bureau-Véritas	Puteaux	C3	G.A.N.	5	B4	Péchiney-Balzac
2	C3	C.B.C.	10	C3	Galilée	Courbevoie	B4	Poissons Les
Courbevoie	B4	C.E.S.	7	B2	Grande-Arche La	3	C4	Prisma
6	B2	Cegetel	7	C1	Guillaumet Le	8	C2	Scor
8	C2	Centre-de-Gestion	2	C3	Haworth	2	C3	Société-Générale
7	B1	Chassagne	11	C4	H.-Marrion-Roussel	6	B3	Technip
10	C3	Coface	2	C4	Ile-de-France	5	B4	Thomson-TCE
7	B2	Coll.-de-l'Arche Les	2	C4	Iris L'	10	C3	Total
6	B2	Crédit-Lyonnais	5	B3	Jean-Monnet	8	C2	Utopia
9	C3	Delalande	7	B1	Kupka	7	C2	Voltaire
5	B3	Descartes	5	B3	La-Fayette	8	C2	Winterthur
Puteaux	C3	Diamant Le	Courbevoie	B3	Lotus			
10	C4	E.D.F.- P.T.						

Services, Hôtels, Loisirs

Secteur	Plan	Nom	Secteur	Plan	Nom	Secteur	Plan	Nom
11	D4	Bellini	10	C4	Métro Espl. la Déf.	7	B1	Renaissance
4	B3	Commissariat	4	B2	Métro G. A. la Déf.	4	B2	RER
4	B2	Cœur-Transports	10	C3	Michelet Le	4	B2	SNCF
4	C3	Cœur-Transports	8	B2	Musée-de-l'Auto.	4	B2	Sofitel-C.N.I.T.
8	B2	C.N.I.T.	6	B3	Novotel	10	B3	Sofitel-Défense
8	B2	Colline-de-la-Déf. La	7	B2	Pompiers Caserne	5	B3	Station service
7	B2	Dome-IMAX	2	B3	Poste	8	C2	Station service
4	B2	Info D. Parvis (piétons)	4	B2	Poste	6	B3	Taxis
7	B1	Info Déf. (véhicules)	7	C2	Poste	4	C1	Taxis
1	C4	Ibis	7	C2	Quatre-Temps Les	7	C4	Taxis
2	C4	Iris L'	9	C3	Relais-Jean-XXIII	4	B2	Tramway-T2

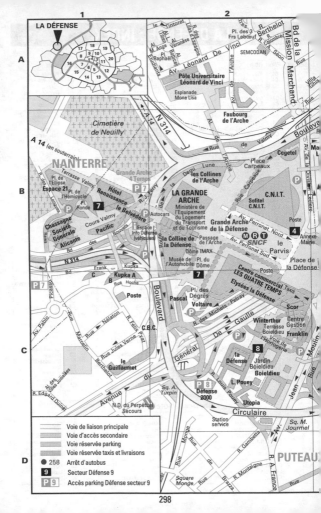

LA DÉFENSE

Légende:

- Voie de liaison principale
- Voie d'accès secondaire
- Voie réservée parking
- Voie réservée taxis et livraisons

● 258 Arrêt d'autobus

9 Secteur Défense 9

P 9 Accès parking Défense secteur 9

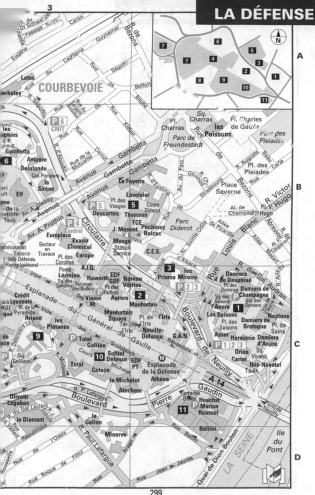

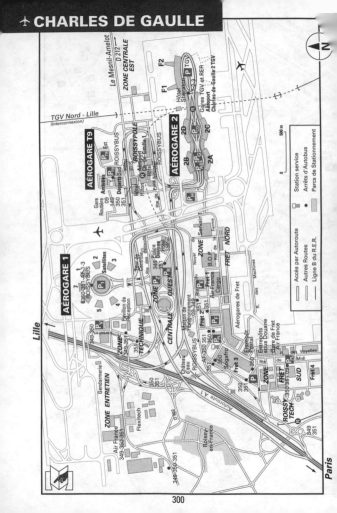

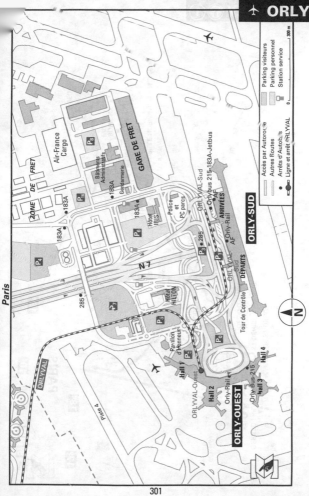

Parking visiteurs
Parking personnel
Station service

Accès par Autoroute
Autres Routes
Arrêts d'Autobus
Ligne et arrêt ORLYVAL

0   300 m

Paris

ZONE DE FRET

Air-France Cargo

GARE DE FRET

Bâtiments Administratifs

183A

Gendarmerie

183A

Hôtel IBIS

Police et PC parcs

183A

P4

P5

P6

P7

P8

N 7

285

285

ORLYVAL-Sud

Orlybus 215-183A-Jetbus

ARRIVÉES

Orly-Rail AF

ORLYVAL-Sud

DÉPARTS

ORLY-SUD

Hôtel HILTON

P3

P2

P1

Pavillon d'Honneur

Tour de Contrôle

Hall 1

Hall 2

Orly-Rail

Hall 3

Hall 4

Orly-Bus-215

ORLYVAL-Ouest

ORLY-OUEST

ORLYVAL

Piste 4

N

301

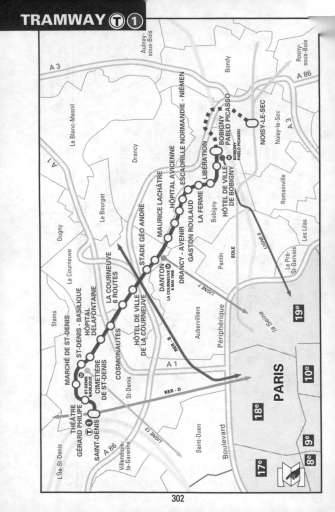

TRAMWAY Ⓣ①

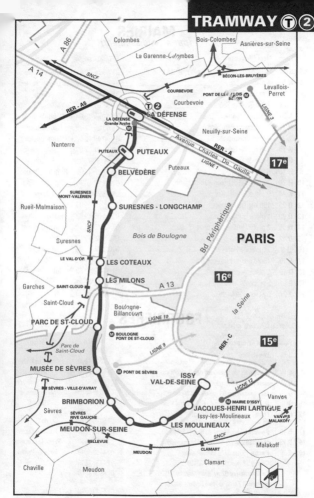

MAIRIES
(par arrondissement)

Arr.	Plan	Nom / Adresse	Téléphone	Métro
4	K 20	Mairie de Paris, place de l'Hôtel-de-Ville	01 42 76 40 40	Hôtel-de-Ville
1	K 18	4 place du Louvre	01 44 50 75 01	M. Louvre - Pt-Neuf
2	I 18	8 rue de la Banque..........	01 42 61 55 02	Bourse
3	J 21	2 rue Eugène Spuller	01 53 01 75 03	Temple
4	L 20	4 place Baudoyer	01 44 54 75 04	Hôtel-de-Ville
5	N 19	21 place du Panthéon	01 43 29 21 75	Luxembourg
6	M 17	78 rue Bonaparte	01 40 46 75 06	Saint-Sulpice
7	K 15	116 rue de Grenelle	01 45 51 07 07	Solférino
8	G 15	3 rue de Lisbonne	01 44 90 75 08	Europe
9	H 18	6 rue Drouot..........	01 42 46 72 09	Richelieu-Drouot
10	H 20	72 rue du Faubourg Saint-Martin	01 53 72 10 10	Château-d'Eau
11	K 24	9 place Léon Blum	01 53 27 11 11	Voltaire
12	O 25	130 rue Daumesnil	01 44 68 12 12	Dugommier
13	Q 20	1 place d'Italie	01 44 08 13 13	Place d'Italie
14	Q 16	2 place Ferdinand Brunot	01 45 45 67 14	Mouton-Duvernet
15	O 12	31 rue Péclet	01 55 76 75 15	Vaugirard
16	J 9	71 avenue Henri Martin	01 40 72 16 16	La Pompe
17	E 15	16-20 rue des Batignolles	01 44 69 17 00	Rome
18	D 19	1 place Jules Joffrin	01 42 52 42 00	Jules Joffrin
19	F 24	5 place Armand Carrel	01 44 52 29 19	Bolivar
20	J 27	6 place Gambetta	01 43 58 20 20	Gambetta

FOURRIÈRES

Arr.	Plan	**Nom / Adresse**	Téléphone	Métro
1	J 19	**Les Halles** Parc public Saint-Eustache - 4e sous-sol	01 40 39 12 20	Chât.-Les Halles
8	F 15	**Europe** 43 bis boulevard des Batignolles	01 42 93 51 30	Rome
12	R 26	**Bercy** Sous échangeur de la Porte de Bercy	01 53 46 69 20	Pte de Charenton
14	O 15	**Montparnasse** 33 rue du Cdt Mouchote - 2e ss-sol	01 40 47 42 00	M. Bienvenüe
15	P 9	**Balard** 51 boulevard du Gal Martial Valin	01 45 58 70 30	Balard
16	H 11	**Foch** Parc public Etoile / Foch 2e ss-sol vis à vis 8 avenue Foch	01 53 64 10 80	Ch. de G.-Etoile
17	B 15	**Pouchet** 8 boulevard du Bois le Prêtre	01 53 06 67 68	Porte de Clichy
19	B 23	**Macdonald** 221 boulevard Macdonald	01 40 37 79 20	Pte de la Chapelle
19	E 26	**Pantin** 15 rue de la Marseillaise	01 44 52 52 10	Porte de Pantin
		Clichy 32 quai de Clichy 92110	01 47 31 22 15	
		La Courneuve 92 av. Jean Mermoz 93120	01 48 38 31 63	
		Bonneuil Z.I. de la Haie Griselle 94380 Angle RN 19	01 45 13 61 40	

BUREAUX DE POSTE

Du lundi au vendredi de 8 h à 18 h, le samedi de 8 h à 12 h.

Arr.	Plan	Adresse
1	J 18	**Direction de la Poste de Paris Centre**
		57 rue Jean-Jacques Rousseau
		Tél. : 01 40 28 26 00
11	K 23	**Direction de la Poste de Paris Est**
		21 rue Breguet
		Tél. : 01 43 14 14 14
14	O 18	**Direction de la Poste de Paris Sud**
		140 bd du Montparnasse
		Tél. : 01 43 35 60 00
15	N 13	**Direction de la Poste de Paris Ouest**
		6 rue François Bonvin
		Tél. : 01 44 49 14 02
17	G 12	**Direction de la Poste de Paris Nord**
		112 avenue de Wagram
		Tél. : 01 40 54 37 37
1	J 20	19 rue Beaubourg
1	I 16	13 rue des Capucines
1	K 18	34 quai du Louvre
1	J 19	52 rue du Louvre **(24 h sur 24)**
1	J 17	Pyramide du Louvre
1	J 19	27 rue des Lavand. Ste-Opportune
1	J 17	8 rue Molière
1	I 17	32 rue des Petits Champs
1	J 19	1 rue Pierre Lescot, Niveau 4
1	J 19	90 rue Saint-Denis
2	I 19	8 place de la Bourse
2	I 19	54 rue d'Aboukir
3	J 21	67 rue des Archives
3	I 21	14 rue Perrée
3	I 20	259 rue Saint-Martin
3	I 22	64 rue de Saintonge
3	I 21	160 rue du Temple
4	L 22	12 rue Castex
4	M 20	16 rue des Deux Ponts
4	K 21	27 rue des Francs Bourgeois
4	K 20	Place de l'Hôtel de Ville
4	K 20	10 rue de Moussy
4	L 19	1 boulevard du Palais
5	M 20	30 bis rue du Cardinal Lemoine
5	M 19	13 rue Cujas
5	O 19	10 rue de l'Épée de Bois
5	O 19	47 rue d'Ulm
6	M 16	3 rue Dupin
6	N 16	22 rue Littré
6	M 17	53 rue de Rennes
6	M 15	4 rue Saint-Romain
6	L 19	118 boulevard Saint-Germain
6	M 15	111-117 rue de Sèvres
6	M 17	24 rue de Vaugirard

Arr.	Plan	Adresse
7	L 13	56 rue Cler
7	J 15	3 rue de Courty
7	K 15	103 et 162-168 rue de Grenelle
7	K 12	07 avenue Rapp
7	L 16	3 boulevard Raspail
7	K 17	22 rue des Saints-Pères
7	M 13	5 avenue de Saxe
7	K 11	Tour Eiffel - 1er étage
7	K 16	126-128 rue de l'Université
8	G 16	15 rue d'Amsterdam
8	H 15	13 rue d'Anjou
8	H 12	10 rue Balzac
8	H 15	71 avenue des Champs-Elysées
8	H 13	14 rue du Colisée
8	H 14	49 rue La Boétie
8	I 13	24 rue de La Trémoille
8	F 14	101 boulevard Malesherbes
8	G 15	10 rue de Vienne
9	A 16	8 rue Aubert
9	G 19	14 rue Bleue
9	H 19	2 rue du Conservatoire
9	H 19	19 rue Chauchat
9	F 17	47 boulevard de Clichy
9	F 17	61-63 rue de Douai
9	H 19	7 boulevard Haussmann
9	H 17	Le Printemps 64 bd Haussmann
9	G 19	4 rue Hippolyte Lebas
9	G 18	20 rue Rodier
9	H 18	78 rue Taitbout
9	F 19	20 rue Turgot
9	H 16	38 rue Vignon
10	G 20	2 Square Alban Satragne
10	H 19	18 boulevard Bonne Nouvelle
10	I 21	56 rue René Boulanger
10	E 21	18-20 boulevard de la Chapelle
10	H 22	11 rue Léon Jouhaux
10	G 21	22-158-228 rue du fbg St-Martin
10	F 21	107 ter-173 bis r. du fbg St-Denis
10	G 23	46 rue de Sambre et Meuse
10	H 20	38 boulevard de Strasbourg
11	M 25	41 rue des Boulets
11	K 23	21 rue Bréguet
11	I 23	5 rue des Goncourt
11	K 24	80 rue Léon Frot
11	I 25	113 rue Oberkampf
11	I 24	103 avenue de la République
12	M 27	31 rue Crozatier
12	O 26	168 bis avenue Daumesnil
12	N 23	25 boulevard Diderot
12	M 23	80 avenue Ledru Rollin

BUREAUX DE POSTE

Du lundi au vendredi de 8 h à 18 h, le samedi de 8 h à 12 h.

Arr.	Plan	Adresse	Arr.	Plan	Adresse
12	P 26	29 rue des Meuniers	16	J 9	37-39 rue de la Pompe
12	N 27	90 boulevard de Picpus	16	M 6	46 rue Poussin
12	M 25	30 rue de Reuilly	16	K 9	40 rue Singer
12	P 27	15 bis rue de Rottembourg	16	O 7	155 avenue de Versailles
12	N 28	137 boulevard Soult	16	I 9	123 rue Victor Hugo
13	Q 22	128 rue du Chevaleret	17	E 11	79 rue Bayen
13	P 19	9 rue Corvisart	17	C 15	81 boulevard Bessières
13	N 22	7 bis boulevard de l'Hôpital	17	G 11	58 avenue de la Grde Armée
13	K 20	23 avenue d'Italie	17	E 14	23 bis rue Legendre
13	Q 22	38 place Jeanne d'Arc	17	D 15	96 bis rue Lemercier
13	T 21	129 boulevard Masséna	17	T 15	9 rue Mariotte
13	R 23	26 rue de Patay	17	F 11	13 avenue Niel
13	P 20	21 rue de la Reine Blanche	17	F 12	27 rue des Renaudes
13	R 22	19 rue Simone Weil	17	G 10	CIP - Porte Maillot
13	R 19	216 rue de Tolbiac	17	G 10	44 bis rue Saint-Ferdinand
14	R 16	114 bis rue d'Alésia	17	D 16	57 avenue de Saint-Ouen
14	S 19	78 rue de l'Amiral Mouchez	17	D 13	132 rue de Saussure
14	R 15	105 et 115 boulevard Brune	17	F 12	110-112 avenue de Wagram
14	Q 17	15 bis avenue du Général Leclerc	18	E 19	8 place des Abbesses
14	T 17	19 boulevard Jourdan	18	C 19	32 rue Boinod
14	O 17	140 boulevard du Montparnasse	18	E 21	18 boulevard de la Chapelle
14	P 15	50-52 rue Pernety	18	B 21	91-93 rue de la Chapelle
14	R 13	3 place de la Porte de Vanves	18	D 19	70 rue de Clignancourt
14	S 16	1 place du 25 Août 1944	18	D 19	19 rue Duc
15	O 12	19 rue d'Alleray	18	C 19	97 rue Duhesme
15	N 9	27 rue Balard	18	D 17	204 rue Marcadet
15	O 10	102 rue de la Convention	18	D 21	2 rue Ordener
15	P 12	128 rue de Cronstadt	18	B 22	7 av. de la Porte d'Aubervilliers
15	L 11	27 rue Desaix	18	B 17	11 av. de la Porte Montmartre
15	P 10	72 rue Desnouettes	18	C 21	29 rue Tristan Tzara
15	N 13	4-6 rue François Bonvin	19	G 24	339 bis rue de Belleville
15	N 12	2 rue Joseph Liouville	19	G 24	8 rue Clavel
15	Q 12	113 boulevard Lefebvre	19	G 26	48 rue Compans
15	M 10	36 rue Linois	19	D 23	67 rue de Flandre
15	N 13	77 rue Lecourbe	19	E 24	118 avenue Jean Jaurès
15	M 11	38 rue de Lourmel	19	E 26	129 rue Manin
15	N 15	Tour Montparnasse - Av. du Maine	19	D 25	3 av. du Nouveau Conservatoire
15	O 15	42 boulevard de Vaugirard	19	D 24	62 rue de l'Ourcq
15	P 10	26 boulevard Victor	20	L 27	56 rue de Buzenval
15	P 13	21 rue de Vouillé	20	I 24	11 rue Etienne Dolet
16	K 10	2 rue André Pascal	20	I 27	7 place Gambetta
16	J 8	2 rue Beethoven	20	H 29	73 boulevard Mortier
16	I 12	1 bis rue de Chaillot	20	L 29	37 rue Mouraud
16	J 11	1 avenue d'Iéna	20	J 27	48 rue Pelleport
16	I 9	3 rue La Fontaine	20	I 26	250 rue des Pyrénées
16	H 11	73 rue Lauriston	20	H 24	30 rue Ramponeau
16	I 10	51 rue de Longchamp	20	H 27	28 rue du Télégraphe
16	I 9	19 rue de Montevideo			
16	O 6	35 et 109 boulevard Murat			
16	I 9	Centre Univ. Av. de Pologne			

HÔPITAUX DE PARIS

Paris hospitals
Hospitales de París

Arr.	Plan	Nom / Adresse / Téléphone	Métro	Autobus	RER / SNCF
		SAMU Service d'aide médicale d'urgence **15** ou le 01 45 67 50 50			
		Recherche d'un proche hospitalisé Tél: 01 40 27 37 81			
18	B 17	**Bichat-Claude Bernard** 46 rue Henri Huchard Tél: 01 40 25 80 80	Porte de Saint-Ouen	81-60-95-PC Pte de Saint-Ouen, Pte de Montmartre	
15	O 10	**Boucicaut** 78 rue de la Convention Tél: 01 53 78 80 00	Boucicaut, Charles Michels	62-42 Boucicaut	
13	P 19	**Broca** 54-56 rue Pascal Tél: 01 44 08 30 00	Gobelins, Corvisart, Glacière	91-27-47-83 Gobelins	
14	R 14	**Broussais** 96 rue Didot Tél: 01 43 95 95 95	Plaisance	62-58-PC Alésia-Didot, Hôpital Broussais	
14	P 19	**Cochin** 27 rue du Fbg Saint-Jacques Tél: 01 42 34 12 12	Saint-Jacques	21-38-83-91 Observatoire, Port-Royal	B Port-Royal
15	N 14	**Enfants malades-Necker** 149-161 rue de Sèvres Tél: 01 44 49 40 00	Duroc, Falguière Sèvres-Lecourbe, Pasteur	28-39-70-82-89-92 Enfants Malades	
10	F 21	**Fernand Widal** 200 rue du Fbg Saint-Denis Tél: 01 40 05 45 45	Gare du Nord, La Chapelle	26-42-43-46-47-48 49-65-350 Cail-Demarquay	B Gare du Nord
16	O 6	**Henri Dunant** (Croix Rouge) 95 rue Michel Ange Tél: 01 40 71 24 24	Porte de Saint-Cloud	62-22-32-PC Michel-Ange	
4	L 19	**Hôtel-Dieu** 1 place du Parvis Notre-Dame Tél: 01 42 34 82 34	Cité, St-Michel, Châtelet, Hôtel de ville	21-38-96-81-47 Cité, Palais de Justice	B-C St-Michel N. Dame
7	M 15	**Laënnec** 42 rue de Sèvres Tél: 01 44 39 69 99	Vaneau, Sèvres-Babylone	39-70-87 Bac-Saint Placide, Vaneau-St Romain	
10	F 20	**Lariboisière** 2 rue Ambroise Paré Tél: 01 49 95 65 65	Gare du Nord, Barbès-Rochechouart	30-31-42-48-54-57 Gare du Nord, Barbès-Rochechouart	B Gare du Nord
14	P 15	**Léopold Bellan** 19 rue Vercingétorix Tél: 01 40 48 68 68	Gaîté	28-58-91	Gare Montparn.

HÔPITAUX DE PARIS

Arr.	Plan	**Nom** / Adresse / Téléphone	Métro	Autobus	**RER** / *SNCF*
14	U 19	**Maternités Baudelocque et Port-Royal** 123 bd Port-Royal Tél: 01 42 34 12 12	Saint-Jacques	38-83-91 Observatoire, Port-Royal	B Port-Royal
6	O 17	**Pavillon Tarnier** 89 rue d'Assas Tél: 01 42 34 15 91	N-D des Champs	38-91-83 Observatoire	B Port-Royal
13	O 21	**Pitié-Salpêtrière** 47-83 boulevard de l'Hôpital Tél: 01 42 16 00 00	Austerlitz, Saint-Marcel, Chevaleret	24-27-63-71-89-91 St-Marcel-La Pitié, Jardin des Plantes	*Gare d'Austerlitz*
12	M 23	**Quinze-Vingts** 28 rue de Charenton Tél: 01 40 02 15 20	Ledru-Rollin, Bastille	20-29-65-69-76 86-87-91 Bastille	
19	F 27	**Robert Debré** 48 boulevard Sérurier Tél: 01 40 03 20 00	Porte des Lilas, Pré St-Gervais	61-96-105-115-170-PC Porte des Lilas, Robert Debré	
12	N 27	**Rothschild** 33 boulevard de Picpus Tél: 01 40 19 30 00	Picpus, Bel Air	29-56 Picpus-Square, Courteline	
14	Q 19	**Sainte-Anne** 1 rue Cabanis Tél: 01 45 65 80 00	Glacière	21-62 Glacière	B Denfert Rocher.
12	M 24	**Saint-Antoine** 184 rue du Faubourg St-Antoine Tél: 01 49 28 20 00	Faidherbe-Chaligny, Reuilly Diderot	46-76-86 Ledru-Rollin, Saint-Antoine	
14	Q 14	**Saint-Joseph** 185 rue Raymond Lausserand Tél: 01 44 12 33 33	Plaisance Pte de Vanves	62-58-PC Alésia Didot	*Gaîté*
10	G 20	**Saint-Lazare Lariboisière** 107 bis rue du Faubourg St Denis Tél: 01 48 00 55 55	Gare de l'Est	30-31-32-38-39 46-47 Gare de l'est	
10	H 22	**Saint-Louis** 1 avenue Claude Vellefaux Tél: 01 42 49 49 49	Goncourt	46-75 Hôpital Saint-Louis, Pl. du Col Fabien	
15	P 12	**Saint-Michel** 33 rue Olivier de Serres Tél: 01 40 45 63 63	Convention	62-89 Convention, Charles Vallin	
16	N 7	**Gr. Hospitalier Ste–Périne** 11 rue Chardon Lagache Tél: 01 44 96 31 31	Ch. Lagache	22-62-72-52 Pont Mirabeau, Wilhem	
14	P 17	**Saint-Vincent-de-Paul** 82 avenue Denfert-Rochereau Tél: 01 40 48 81 11	Port Royal D.-Rochereau	38-68-91-83 St-Vincent-de-Paul, Victor Considérant,	B Port-Royal

HÔPITAUX DE PARIS

Paris hospitals
Hospitales de París

Arr.	Plan	Nom / Adresse / Téléphone	Métro	Autobus	RER / SNCF
20	I 27	**Tenon** 4 rue de la Chine Tél: 01 56 01 70 00	Gambetta Pelleport Pte de Bagnolet	26-61-69-102-PC Place Gambetta, Porte de Bagnolet	
12	O 29	**Trousseau** 26 av. Docteur A. Netter Tél: 01 44 73 74 75	Bel Air, Picpus, Pte de Vincennes, Daumesnil	62-29-56 Hôpital Trousseau, Avenue Dr Mandé	
14	S 17	**Universitaire** 42 boulevard Jourdan Tél: 01 40 78 21 21	Porte d'Orléans	PC Porte d'Arcueil	
5	O 19	**Val de Grâce** 74 boulevard Port-Royal Tél: 01 40 51 40 00	Les Gobelins	21-38-83-91 Port-Royal, Observatoire	B Port- Royal
15	P 11	**Vaugirard** 10 rue Vaugelas Tél: 01 40 45 80 00	Convention, Porte de Versailles	39-49-PC Hôpital de Vaugirard, Porte de Versailles	

HÔPITAUX DE BANLIEUE

Suburban hospitals
Hospitales del extrarradio

Dép.	Nom / Adresse / Téléphone	Métro	Autobus	RER / SNCF
91	**Joffre** 1 rue Louis Camatte <u>Draveil</u> Tél: 01 69 83 63 63		17	*Juvisy,* *Ris Orangis*
91	**Dupuytren** 1 rue Eugène Delacroix <u>Draveil</u> Tél: 01 69 83 63 63		17	*Juvisy,* *Ris Orangis*
91	**Georges Clémenceau** <u>Champcueil</u> Tél: 01 69 23 20 20			*Mennecy,* *Ballancourt*
92	**Ambroise Paré** 9 av. Charles de Gaulle <u>Boulogne</u> Tél: 01 49 09 50 00	Porte d'Auteuil, Boulogne, Jean Jaurès	123-482 Ambroise Paré, Eglise de Boulogne	
92	**Antoine Béclère** 157 r. de la Pte de Trivaux <u>Clamart</u> Tél: 01 45 37 44 44		189-190-195-295-390 Antoine Béclère, La Cavée	
92	**Beaujon** 100 bd du Général Leclerc <u>Clichy</u> Tél: 01 40 87 50 00	Mairie de Clichy, Pte de Clichy	74-138 A Hôpital Beaujon, Cimetière Nouveau	

HÔPITAUX DE BANLIEUE

Arr.	Plan	**Nom** / Adresse / Téléphone	Métro	Autobus	**RER** / *SNCF*
92		**Celton** 37 bd Gambetta <u>Issy-les-Moulineaux</u> Tél: 01 46 29 40 00	Corentin- Celton	123-126-189-190 Corentin Celton, Mairie d'Issy	C Issy Ville, Issy Plaine
92		**Louis Mourier** 178 rue des Renouillers <u>Colombes</u> Tél: 01 47 60 61 62		235 B-304 Louis Mourier, Ile Marante	A -Nanterre Université *Colombes*
92		**Raymond Poincaré** 104 bd Raymond Poincaré <u>Garches</u> Tél: 01 47 10 79 00		26-360-460 Raymond Poincaré	*Garches- Marne la Coquette*
93		**Avicenne** 125 rue de Stalingrad <u>Bobigny</u> Tél: 01 48 95 55 55	La Courneuve, Bobigny-Pablo Picasso	Tramway Hôpital Avicenne	
93		**Jean Verdier** Avenue du 14 Juillet <u>Bondy</u> Tél: 01 48 02 66 66		147-247-616 Jean Verdier, Pasteur	*Gare de Bondy*
93		**René Muret-Bigottini** 52 av. du Dr Schaeffner <u>Sevran</u> Tél: 01 41 52 59 99		618 Cité Rougemont, René Muret	
93		**Bigottini** 3 av. du Clocher <u>Aulnay-sous-Bois</u> Tél: 01 41 52 59 99			B Aulnay- s/s-Bois
94		**Albert Chenevier** 40 rue de Mesly <u>Créteil</u> Tél: 01 49 81 31 31	Créteil- Université	14 -217 Albert Chenevier Eglise ou Château	
94		**Bicêtre** 78 r. du Gal Leclerc <u>Le Kremlin-Bicêtre</u> Tél: 01 45 21 21 21	Le Kremlin- Bicêtre	47-125-131-323 Bicêtre Convention Jaurès	
94		**Charles Foix** 7 av. de la République <u>Ivry-sur-Seine</u> Tél: 01 49 59 40 00	Mairie d'Ivry	182 Hôpital Ch. Foix	C - Vitry
94		**Emile Roux** 1 av. de Verdun <u>Limeil Brévannes</u> Tél: 01 45 95 80 80	Créteil-l'Echat	STRAV . K Place le Naoures	A2 Boissy- Saint-Léger
94		**Henri Mondor** 51 av. du Mal de Lattre de Tassigny <u>Créteil</u> Tél: 01 49 81 21 11	Créteil l'Echat	104-172-217-281 Henri Mondor, Créteil Eglise	
94		**Jean Rostand** 39-41 r. J. Le Galleu <u>Ivry-sur-Seine</u> Tél: 01 49 59 40 00	Pierre Curie	125-323 Berthelot	

HÔPITAUX DE BANLIEUE

Suburban hospitals
Hospitales del extrarradio

Arr.	Plan	**Nom** / Adresse / Téléphone	Métro	Autobus	**RER** / *SNCF*
94		**Paul Brousse** 12-14 av. P. Vaillant Couturier <u>Villejuif</u> Tél: 01 45 59 30 00	P. Vaillant Couturier	162-185 Hôpital Paul Brousse	
95		**Charles Richet** Av. Charles Richet <u>Villiers-le-Bel</u> Tél: 01 34 29 23 00		268 Hôpital Charles Richet	D Villiers le Bel
95		**La Roche Guyon** 1 rue de l'Hospice <u>La Roche Guyon</u> Tél: 01 30 63 83 30			*Mantes- la-Jolie*

ÉGLISES

Churches
Iglesias

Arr.	Plan	**Nom** / Adresse	Métro
8	H 15	**Archevêché** 8 rue de la Ville l'Evêque.....	Madeleine
11	K 25	**Bon Pasteur** 177/181 rue de Charonne	Charonne
12	N 27	**Immaculée Conception** 34 rue du Rendez-Vous	Picpus
8	I 16	**Madeleine** Place de la Madeleine	Madeleine
19	F 27	**Notre-Dame de Fatima** 48 boulevard Sérurier	Porte des Lilas
4	L 19	**Notre-Dame de Paris** Place du Parvis Notre-Dame	Cité
6	N 15	**Notre-Dame des Anges** 102 rue de Vaugirard	Saint-Placide
16	L 7	**Notre-Dame de l'Assomption** 88 rue de l'Assomption	Ranelagh
16	M 8	**Notre-Dame d'Auteuil** 2 place d'Auteuil	Eglise d'Auteuil
12	P 25	**Notre-Dame de Bercy** Place Lachambeaudie	Dugommier
4	K 21	**N.D. des Blancs-Manteaux** 12 r. des Blan. Manteaux.....	Rambuteau
18	C 19	**Notre-Dame du Bon Conseil** 140 rue de Clignancourt	Simplon
2	I 19	**N.D. de Bonne-Nouvelle** 19 bis rue de Beauregard.....	Bonne-Nouvelle
6	N 16	**Notre-Dame des Champs** 91 bd du Montparnasse.....	M.-Bienvenue
11	J 25	**Notre-Dame Perpétuel Secours** rue R. Villermé	Père-Lachaise
18	C 19	**Notre-Dame de Clignancourt** 2 place Jules Joffrin	Jules Joffrin
8	I 13	**Notre-Dame de Consolation** 23 rue Jean Goujon	Alma-Marceau
20	I 25	**Notre-Dame de la Croix** 2 bis rue Julien Lacroix	Ménilmontant
11	L 23	**Notre-Dame de l'Espérance** 2-4 rue du Cdt Lamy	Bréguet-Sabin
13	Q 22	**Notre-Dame de la Gare** Place Jeanne d'Arc	Nationale
16	K 9	**N.D. de Grâce de Passy** 10 rue de l'Annonciation	Passy
9	G 18	**Notre-Dame de Lorette** 18 rue de Châteaudun	N.-D. de Lorette
20	H 27	**Notre-Dame de Lourdes** 113 rue de Pelleport	Pelleport
10	F 21	**Notre-Dame des Malades** 15 rue Ph. de Girard	Louis Blanc

Arr.	Plan	Nom / Adresse	Métro
14	Q 13	**N.-D. du Rosaire de Plaisance** 174 rue R. Losserand	Porte de Vanves
15	P 12	**Notre-Dame de la Salette** 27 rue de Dantzig	Convention
14	P 15	**N.-D. du Travail de Plaisance** 59 rue Vercingétorix	Gaîté
2	I 18	**Notre-Dame des Victoires** Place des Petits Pères	Bourse
18	E 18	**Sacré-Cœur** 37 rue du Chevalier de la Barre	Anvers
11	J 23	**St-Ambroise de Popincourt** 71 bis boulevard Voltaire	Saint-Ambroise
13	R 19	**St-Anne de la Maison Blanche** 186 rue de Tolbiac	Tolbiac
8	F 16	**St-André de l'Europe** 24 bis rue Saint-Petersbourg	Place de Clichy
15	Q 11	**St-Antoine de Padoue** 52 boulevard Lefebvre	Porte de Versailles
12	M 23	**St-Antoine des Quinze-Vingts** 66 avenue Ledru Rollin	Ledru-Rollin
8	G 15	**St-Augustin** 46 boulevard Malesherbes	Saint-Augustin
18	E 20	**St-Bernard de la Chapelle** 11 rue Affre	La Chapelle
4	L 19	**Ste-Chapelle** Boulevard du Palais	Cité
17	F 14	**St-Charles de Monceau** 22 bis rue Legendre	Malesherbes
15	N 9	**St-Christophe de Javel** 28 rue de la Convention	Javel
19	D 26	**Ste-Claire** Boulevard Serurier	Porte de Pantin
7	K 15	**Ste-Clotilde** 23 bis rue Las Cases	Solférino
18	D 21	**St-Denis de la Chapelle** 76 rue de la Chapelle	Marx-Dormoy
3	K 22	**St-Denis du St-Sacrement** 68 bis rue de Turenne	Saint-Sébastien
14	Q 17	**St-Dominique** 18 rue de la Tombe Issoire	Saint-Jacques
3	I 21	**Ste-Elisabeth** 195 rue du Temple	Temple
12	N 25	**St-Eloi** 36 rue de Reuilly	Reuilly-Diderot
12	P 26	**St-Esprit** 7 rue Cannebière	Daumesnil
5	N 19	**St-Etienne du Mont** 1 place Sainte-Geneviève	Cardinal Lemoine
9	H 19	**St-Eugène** 4 rue du Conservatoire	Bonne Nouvelle
1	J 19	**St-Eustache** 2 rue du Jour	Châtelet-Les Halles
17	F 11	**St-Ferdinand des Ternes** 27 rue d'Armaillé	Argentine
19	F 25	**St-François d'Assise** 7 rue de la Mouzaïa	Botzaris
17	E 13	**St-François de Salles** 15 rue Ampère	Wagram
7	M 14	**St-François Xavier** Place du Président Mithouard	St-François-Xavier
20	M 28	**St-Gabriel** 5 rue des Pyrénées	Pte de Vincennes
18	C 17	**Ste-Geneviève des Gdes Carrières** 174 r. Championnet	Porte de St-Ouen
19	F 23	**St-Georges** 114 avenue Simon Bolivar	Bolivar
1	K 18	**St-Germain l'Auxerrois** 2 place du Louvre	Louvre
20	K 27	**St-Germain de Charonne** 4 place Saint-Blaise	Gambetta
6	L 17	**St-Germain des Prés** 3 place Saint-Germain-des-Prés	St-Germain-des-Prés
4	L 20	**St-Gervais** 2 rue François Miron	Hôtel-de-Ville
18	C 18	**Ste-Hélène** 102 rue du Ruisseau	Pte de Clignancourt
13	S 21	**St-Hippolyte** 27 avenue de Choisy	Porte de Choisy

ÉGLISES

Churches
Iglesias

Arr.	Plan	Nom / Adresse	Métro
16	I 10	**St-Honoré d'Eylau** 9 place Victor Hugo	Victor Hugo
5	N 18	**St-Jacques du Haut Pas** 252 bis rue Saint-Jacques	Luxembourg
19	D 24	**St-Jacques St-Christ. de la Villette** 158 bis r. de Crimée	Crimée
19	G 25	**St-Jean Baptiste de Belleville** 139 rue de Belleville	Jourdain
15	N 11	**St-Jean Baptiste de Grenelle** Place Etienne Pernet	Félix-Faure
15	O 14	**St-Jean Baptiste de la Salle** 9 rue du Docteur Roux	Pasteur
20	L 26	**St-Jean Bosco** 18 rue Monte Cristo	Alexandre Dumas
18	E 18	**St-Jean de Montmartre** 19 rue des Abbesses	Abbesses
3	J 21	**St-Jean St-François** 6 bis rue Charlot	Filles du Calvaire
18	D 21	**Ste-Jeanne d'Arc** Rue de la Chapelle	Marx-Dormoy
16	O 6	**Ste-Jeanne de Chantal** Rue Lieutenant Colonel Deport	Porte de St-Cloud
11	I 23	**St-Joseph** Rue Saint Maur	Goncourt
10	F 22	**St-Joseph Artisan** 214 rue La Fayette	Louis-Blanc
6	M 16	**St-Joseph des Carmes** 70 rue de Vaugirard	Saint-Placide
17	C 15	**St-Joseph des Epinettes** 40 rue Pouchet	Brochant
5	L 19	**St-Julien le Pauvre** Rue Saint-Julien le Pauvre	Saint-Michel
15	O 12	**St-Lambert de Vaugirard** Rue Gerbert	Vaugirard
10	G 21	**St-Laurent** 68 bis boulevard de Strasbourg	Gare de l'Est
15	M 12	**St-Léon** 6 place Cardinal Amette	Dupleix
1	J 19	**St-Leu** 92 rue Saint-Denis	Etienne Marcel
9	G 16	**St-Louis d'Antin** 63 rue Caumartin	Havre-Caumartin
4	M 20	**St-Louis en l'Ile** 19 bis rue Saint-Louis en l'Ile	Pont-Marie
7	L 14	**St-Louis des Invalides** 2 avenue de Tourville	Varenne
13	P 21	**St-Marcel de la Salpêtrière** 82 boulevard de l'Hôpital	Saint-Marcel
11	L 24	**Ste-Marguerite** 36 rue Saint-Bernard	Faidherbe-Chaligny
17	E 15	**Ste-Marie des Batignolles** 63 rue Legendre	Rome
10	H 21	**St-Martin des Champs** 36 rue Albert Thomas	Jacques Bonsergent
5	O 19	**St-Médard** 141 rue Mouffetard	Censier-Daubenton
4	K 19	**St-Merri** 78 rue Saint-Martin	Hôtel-de-Ville
17	D 16	**St-Michel des Batignolles** 12 bis rue Saint Jean	La Fourche
3	I 20	**St-Nicolas des Champs** 254 rue Saint-Martin	Arts-et-Métiers
5	M 19	**St-Nicolas du Chardonnet** 39 bd Saint-Germain	Maubert-Mutualité
17	E 11	**Ste-Odile** 2 avenue Stéphane Mallarmé	Porte Champerret
4	L 21	**St-Paul St-Louis** 99 rue Saint-Antoine	Saint-Paul
8	H 14	**St-Philippe-du-Roule** 154 Faubourg Saint-Honoré	St-Philippe-du-Roule
16	I 12	**St-Pierre-de-Chaillot** Rue de Chaillot	Alma-Marceau
7	K 13	**St-Pierre du Gros Caillou** 92 rue Saint-Dominique	Latour-Maubourg
18	E 18	**St-Pierre de Montmartre** 2 rue du Mont Cenis	Abbesses

ÉGLISES

Arr.	Plan	Nom / Adresse	Métro
14	R 16	**St-Pierre du Petit Montrouge** 82 av. du Gal Leclerc......	Alésia
15	N 13	**Ste-Rita** 27 rue François Bonvin..................................	Volontaires
1	J 17	**St-Roch** 296 rue Saint-Honoré....................................	Pyramides
5	L 19	**St-Séverin** 1 rue des Prêtres Saint-Séverin...................	Saint-Michel
6	M 17	**St-Sulpice** Place Saint-Sulpice...................................	Saint-Sulpice
7	K 16	**St-Thomas d'Aquin** Place Saint-Thomas d'Aquin............	Rue du Bac
10	G 20	**St-Vincent de Paul** Place Franz Liszt.........................	Poissonnière
9	G 17	**Trinité** Place d'Estiennes d'Orves..............................	Trinité
5	O 19	**Val-de-Grâce** 277 bis rue Saint-Jacques......................	Port-Royal

CULTE CATHOLIQUE ÉTRANGER

Arr.	Plan	Nom / Adresse	Métro
6	M 16	**Eglise Diocésaine des Etrangers** 33 rue de Sèvres	Sèvres Babylone
8	I 13	**Apostolique Arménienne** 15 rue Jean Goujon	Alma-Marceau
6	M 17	**Aumônerie Africaine et Asiatique** 6 rue Madame	Saint-Sulpice
6	N 15	**Aumônerie Japonaise**	
		16 rue Saint-Jean-Baptiste-de-la-Salle......................	Duroc
14	N 17	**Aumônerie Suisse** 32 avenue de l'Observatoire	Denfert-Rochereau
16	I 9	**Chapelle Albert le Grand** (allemande) 38 rue Spontini ...	Porte Dauphine
8	H 12	**Chapelle du Corpus Christi** (espagnole)	
		23 avenue Friedland..	George-V
11	M 25	**Chapelle Italienne** 46 rue de Montreuil......................	Avron
8	I 12	**Eglise américaine de la Ste Trinité** 23 av. George-V......	Alma-Marceau
16	J 9	**Eglise Espagnole** 51 bis rue de la Pompe....................	La Pompe
10	F 22	**Mission Belge** 228 rue Lafayette	Louis-Blanc
10	H 19	**Mission Chinoise** 12 rue de l'Echiquier	Strasbourg-St-Denis
6	O 17	**Mission Coréenne** 8 rue Joseph Bara.........................	Vavin
17	D 16	**Mission Hollandaise** 39 rue du Docteur Heulin.............	La Fourche
10	H 21	**Mission Hongroise** 42 rue Albert Thomas....................	République
1	I 16	**Mission Polonaise** 263 bis rue Saint-Honoré................	Madeleine
10	F 22	**Saint-Joseph Luxembourgeoise** 214 rue Lafayette..........	Louis Blanc
8	G 12	**St-Joseph's Church** (anglaise) 50 avenue Hoche	Ch. de Gaulle-Etoile

ÉGLISES BAPTISTES

Baptist churches
Baptistas Iglesias

Arr.	Plan	Nom / Adresse	Métro
7	K 16	**Evangile Baptiste** 48 rue de Lille	Bac
8	F 15	**Association Evangélique** 22 rue de Naples	Villiers
14	P 16	**Eglise Maine** 123 avenue Maine	Alésia
18	C 17	**Eglise Tabernade** 163 bis rue Belliard	Porte de St-Ouen
7	M 16	**Eglise Paris Centre** 72 rue de Sèvres	Duroc
14	S 16	**Eglise Baptiste du Centre** 123 rue Beaunier	Pte d'Orléans

CULTE ORTHODOXE ÉTRANGER

Foreing orthodox churches
Culto ortodoxo extranjero

Arr.	Plan	Nom / Adresse	Métro
8	G 12	**Saint-Alexandre Newsky (russe)** 12 rue Daru	Courcelles
19	E 24	**Saint-Serge (russe)** 93 rue de Crimée	Botzaris
13	Q 19	**Sainte-Irénée (russe)** 96 boulevard Auguste Blanqui	Glacière
9	G 18	**Saints Constantin et Hélène (grec)** 2 bis rue Laferrière	Saint-Georges
16	I 12	**Saint-Etienne (grec)** 7 rue Georges Bizet	Alma-Marceau
5	M 19	**Saints-Archanges (roumain)** 9 bis rue Jean de Beauvais	Maubert-Mutualité

CULTE PROTESTANT ÉTRANGER

Foreign prostestant churches
Culto protestante extranjero

Arr.	Plan	Nom / Adresse	Métro
7	J 13	**American Church** 65 quai d'Orsay	Alma-Marceau
9	F 17	**Eglise Allemande** 25 rue Blanche	Trinité - Blanche
8	H 12	**Eglise Danoise** 17 rue Lord Byron	George-V
8	I 13	**Eglise Ecossaise** 17 rue Bayard	F. Roosevelt
13	G 19	**Eglise Hollandaise** 172 bd Vincent Auriol	Place d'Italie
9	E 17	**Eglise Malgache** 47 rue de Clichy	Place de Clichy
17	F 13	**Eglise Suédoise** 9 rue Médéric	Courcelles
11	K 25	**Saint-Georges** (anglaise) 7 rue La Vacquerie	Voltaire

ÉGLISES ÉVANGÉLIQUES

Arr.	Plan	Nom / Adresse	Métro
2	K 16	**Eglise de Pendecôte** 10 rue du Sentier	Sentier-B. Nouvelle
11	N 20	**Bonne Nouvelle** 44 rue de la Roquette	Bastille
11	N 23	**Centre Evangélique** 9 passage du Bureau	Alexandre Dumas
14	T 10	**Eglise ADD** 105 rue Raymond Losserand	Pernety
15	O 7	**Assemblée de Dieu** 25 rue Fondary....................	Emile Zola
14	G 20	**Eglise de Pendecôte** 14 rue de Clovis Hugues	Jaurès
13	R 17	**Evangélique** 3bis rue des Gobelins	Les Gobelins
14	T 12	**Evangélique Libre** 85 rue d'Alésia	Alésia - Plaisance

ÉGLISES RÉFORMÉES

Arr.	Plan	Nom / Adresse	Métro
16	N 6	**Auteuil** 53 rue Erlanger....................	Michel-Ange-Auteuil
17	F 15	**Batignolles** 44 boulevard des Batignolles....................	Rome
20	H 24	**Belleville** 97 rue Julien Lacroix	Belleville
20	J 27	**Béthanie** 185 rue des Pyrénées	Gambetta
10	G 21	**Centre de Foi** 30 rue des Vinaigriers	Jacques Bonsergent
10	G 20	**Chapelle du Nord** 17 rue des Petits Hôtels	Gare du Nord
12	N 26	**Communauté des Diaconesses** 95 rue de Reuilly....................	Montgallet
7	K 13	**Eglise Lutherienne** 147 rue de Grenelle	Ecole Militaire
17	G 10	**L'Etoile** 54 avenue de la Grande Armée	Argentine
19	E 23	**Jaurès** 14 rue Clovis Hugues....................	Jaurès
11	L 22	**Le Foyer de l'Ame** 7 bis rue du Pasteur Wagner	Bréguet-Sabin
15	M 12	**Le Foyer de Grenelle** 19 rue de l'Avre	La Motte-P. Grenelle
6	M 17	**Luxembourg** 58 rue Madame	Saint-Sulpice
5	O 19	**Maison Fraternelle** 37 rue Tournefort	Monge
16	J 9	**Passy-Annonciation** 19 rue Cortambert	Rue de la Pompe
7	K 15	**Pentemont** 106 rue de Grenelle....................	Rue du Bac
11	K 26	**Philadelphia** 9 passage du Bureau	Alexandre Dumas
14	P 15	**Plaisance** 32 rue Olivier Noyer	Gaîté
13	P 19	**Port-Royal** 18 boulevard Arago	Les Gobelins
13	R 20	**Port-Royal** 180 rue de Tolbiac	Tolbiac
8	H 15	**Saint-Esprit** 5 rue Roquépine	Saint-Augustin
4	L 22	**Sainte-Marie** 17 rue Saint-Antoine	Bastille

CULTE ISRAÉLITE

Jewish religious centers
Culto israelita

Arr.	Plan	Nom / Adresse	Métro
9	G 18	**Consistoire Central** 44 rue de la Victoire	Le Peletier
9	G 18	**Association Consistoriale Israélite de Paris** 17 rue Saint-Georges	N.-D.-de-Lorette
3	I 21	**Synagogue** 15 rue Notre-Dame de Nazareth	Temple
4	L 22	**Synagogue** 21 bis rue des Tournelles	Chemin-Vert
4	L 21	**Synagogue** 10 rue Pavée	Saint-Paul
4	L 22	**Synagogue** 14 place des Vosges	Saint-Paul
5	O 20	**Synagogue** 9 rue Vauquelin	Censier-Daubenton
9	G 18	**Synagogue** 44 rue de la Victoire	Le Peletier
9	G 19	**Synagogue** 6 rue Ambroise Thomas	Poissonnière
9	G 18	**Synagogue** 18 rue Saint-Lazare	N.-Dame-de-Lorette
9	G 18	**Synagogue** 28 rue Buffault	Cadet
11	K 24	**Synagogue** 84 rue de la Roquette	Voltaire-Léon Blum
15	M 13	**Synagogue** 14 rue Chasseloup Laubat	Cambronne
16	I 10	**Synagogue** 24 rue Copernic	Victor-Hugo
18	C 19	**Synagogue** 13 rue Sainte-Isaure	Jules Joffrin
18	D 18	**Synagogue** 42 rue des Saules	L. Caulaincourt
19	F 23	**Synagogue** 70 avenue Secrétan	Bolivar
20	I 25	**Synagogue** 75 rue Julien Lacroix	Couronnes
20	G 25	**Synagogue** 120 boulevard de Belleville	Jourdain

AUTRES CULTES

Other religious centers
Otros cultos

Arr.	Plan	Nom / Adresse	Métro
18	E 20	**Eglise du Nazaréen** 36 rue Myrha	Château Rouge
11	I 24	**Juifs Messianiques** 1 rue Ormes	Saint-Maur
12	N 24	**Juifs Messianiques** 11 rue Crozatier	Reuilly - Diderot
5	O 20	**Mosquée de Paris** Place du Puits de l'Ermite	Place Monge
11	I 22	**Mission Philippins** 54 rue du Fg du Temple	Goncourt
12	P 26	**Paris Daumesnil** 3 rue Wattignies	Daumesnil
6	N 15	**Quakers** Société religieuse, 114 rue de Vaugirard	Saint-Placide
12	P 28	**Rencontre Espérance** 275 avenue Daumesnil	Porte Dorée
10	H 23	**Sans Logis** 22 rue Sainte-Marthe	Belleville
11	L 24	**Synagogue Messianiques** 120 Bd Voltaire	Voltaire

Arr.	Plan	Nom / Adresse	Métro
16	O 6	**Auteuil** 57 rue de Claude Lorrain	Exelmans
		Bagneux 44 avenue Marx Dormoy 92220	Châtillon-Montrouge
17	B 14	**Batignolles** 8 rue Saint Just..................	Porte de Clichy
20	G 27	**Belleville** 40 rue du Télégraphe	Télégraphe
12	Q 26	**Bercy** 329 rue de Charenton	Porte de Charenton
	Q 5	**Boulogne-Billancourt** Rue Pierre Grenier 92100	Marcel Sembat
20	K 27	**Charonne** 119 rue de Bagnolet (place Saint-Blaise)	Gambetta
	C 13	**Clichy** Rue Henri Barbusse 92110..................	Place de Clichy
13	T 20	**Gentilly** 7 rue Sainte-Hélène	Porte d'Italie
15	O 9	**Grenelle** 174 rue Saint-Charles	Charles-Michels
	T 22	**Ivry** 44 avenue de Verdun 94200	Porte de Choisy
	A 21	**La Chapelle** 38 av. Président Wilson 93210 La Plaine-Saint-Denis	Pte de La Chapelle
19	E 25	**La Villette** 46 rue d'Hautpoul	Ourcq
	F 28	**Lilas** Avenue Faidherbe 93260	Mairie des Lilas
	B 11	**Levallois** Rue Baudin 92300	
18	E 18	**Montmartre le Calvaire** 2 rue du Mont Cenis	L.-Caulaincourt
18	E 17	**Montmartre Nord** 20 avenue Rachel	Blanche
14	O 16	**Montparnasse** 3 boulevard Edgar Quinet	Raspail
14	S 15	**Montrouge** Avenue de la Porte de Montrouge	Porte d'Orléans
19	E 25	**La Villette** 46 rue d'Hautpoul	Ourcq
	F 28	**Lilas** Avenue Faidherbe 93260	Mairie des Lilas
	F 7	**Neuilly** Rue Victoir Noir 92200	Les Sablons
	A 28	**Pantin-Bobigny** Avenue du Général Leclerc 93500	Fort d'Aubervilliers
16	J 10	**Passy** 2 rue du Commandant Schoesing	Trocadéro
20	J 25	**Père Lachaise** Boulevard de Ménilmontant	Père Lachaise
12	N 27	**Picpus** 35 rue de Picpus	Picpus
	E 28	**Pré-Saint-Gervais** Rue Gabriel Péri 93310..................	Eglise de Pantin
12	M 29	**Saint-Mandé** Rue Général Archinard	Porte Dorée
	A 19	**Saint-Ouen** 69 avenue Michelet 93400	Pte de La Chapelle
18	D 18	**Saint-Vincent** 6 rue Lucien Gaulard	L.-Caulaincourt
		Thiais Route de Fontainebleau 94320	
12	Q 27	**Valmy** Avenue de la Porte de Charenton	Pte de Charenton
	S 11	**Vanves** Avenue Marcel Martinié 92170	Malakoff
15	P 10	**Vaugirard** 320 rue Lecourbe	Lourmel

MONUMENTS

Arr.	Plan	Nom / Adresse	Métro / R.E.R.
8	H 11	**Arc-de-Triomphe** Place Charles de Gaulle	Ch. de Gaulle-Etoile
1	J 17	**Arc-du-Carrousel** Place du Carrousel	Palais-Royal
3	K 21	**Archives Nationales** 60 rue des Francs-Bourgeois	Rambuteau
5	N 20	**Arènes de Lutèce** 49 rue Monge	Place Monge
7	J 15	**Assemblée Nationale** (Palais Bourbon)	
		29 à 35 quai d'Orsay	Ass. Nationale
11	L 22	**Bastille** (Colonne de Juillet) Place de la Bastille	Bastille
4	K 20	**Beaubourg** (Centre G. Pompidou) Place Beaubourg	Arts-et-Métiers
13	P 23	**Bibliothèque Nationale de France** Quai F. Mauriac	Biblio. F. Mitterrand
2	I 18	**Bourse** Place de la Bourse	Bourse
14	P 17	**Catacombes** 1 place Denfert-Rochereau	Denfert-Rochereau
16	J 10	**Chaillot** (Palais de) Place du Trocadéro	Trocadéro
8	H 16	**Chapelle Expiatoire** 59 boulevard Haussmann	Saint-Lazare
1	I 19	**Conciergerie** (Palais de Justice) 1 bd du Palais	Cité
8	I 15	**Concorde** (Obélisque) Place de la Concorde	Concorde
7	I 13	**Ecole Militaire** 1 à 23 place Joffre	Ecole Militaire
8	J 12	**Egouts** Place de la Résistance, à l'extrémité Rive	
		gauche du Pont de l'Alma, angle Quai d'Orsay	Alma-Marceau
8	H 15	**Elysée** (Palais de l') 55-57 faubourg Saint-Honoré	Champs-Elysées
1	J 19	**Forum des Halles** Rue Pierre Lescot	Châtelet-Les-Halles
19	C 25	**Géode** 26 avenue Corentin-Cariou	Porte de la Villette
13	P 20	**Gobelins** (Manufacture des) 42 avenue des Gobelins	Les Gobelins
		Grande Arche de la Défense Parvis de la Défense	La Défense
	I 14	**Grand Palais** Avenue Churchill	Champs-Elysées
4	K 20	**Hôtel de Ville** Place de l'Hôtel de Ville	Hôtel-de-Ville
6	K 18	**Hôtel des Monnaies** 11 Quai de Conti	Pont-Neuf
6	K 18	**Institut** 23 quai de Conti	Pont-Neuf
5	M 20	**Institut du Monde Arabe** Rue des Fossés St-Bernard	Cardinal Lemoine
7	K 14	**Invalides** 2 avenue de Tourville, place des Invalides	St-François-Xavier
19	E 22	**La Villette** (Rotonde de) Place Stalingrad	Jaurès
1	J 17	**Louvre** (Pyramide du) Palais du Louvre	Louvre
8	I 16	**Madeleine** Place de la Madeleine	Madeleine
16	L 9	**Maison de la Radio** 116 avenue du Président Kennedy ..	Passy
5	O 20	**Mosquée** Place du Puits de l'Ermite	Jussieu
4	L 19	**Notre Dame** Place du Parvis Notre-Dame	Cité
14	P 17	**Observatoire** 61 avenue de l'Observatoire	Port-Royal
12	L 22	**Opéra Bastille** 11 bis avenue Daumesnil	Bastille
7	K 16	**Orsay** 1 Rue de Bellechasse	Musée d'Orsay

MONUMENTS

Arr.	Plan	Nom / Adresse	Métro / R.E.R.
9	H 17	**Palais Garnier** Place de l'Opéra	Opéra
1	L 19	**Palais de Justice** 1 boulevard du Palais	Cité
1	J 17	**Palais-Royal** Place du Palais-Royal	Palais-Royal
5	N 19	**Panthéon** Place du Panthéon	Luxembourg
20	K 25	**Père Lachaise** 16 rue du Repos	Père Lachaise
4	L 22	**Place des Vosges**	Chemin-Vert
18	E 19	**Sacré Cœur** R. Chevalier de la Barre Butte Montmartre............	Anvers
1	I 19	**Sainte-Chapelle** (Palais de Justice) 1 bd du Palais	Cité
6	M 18	**Sénat** (Palais du Luxembourg) 15 -19 r. de Vaugirard	Luxembourg
5	M 18	**Sorbonne** 47 rue des Ecoles	Cluny
7	K 11	**Tour Eiffel** Champs-de-Mars	Bir-Hakeim
14	O 15	**Tour Montparnasse** 56e et 59e étage	M. Bienvenüe
4	K 19	**Tour Saint-Jacques** 41 rue de Rivoli	Châtelet-Les-Halles
16	J 10	**Trocadéro** Place du Trocadéro	Trocadéro
7	M 13	**UNESCO** 9 place Fontenoy	Ségur
5	O 18	**Val-de-Grâce** 277 bis, rue Saint-Jacques	Saint-Michel
1	I 16	**Vendôme** (Colonne) Place Vendôme	Opéra

MUSÉES

Arr.	Plan	Nom / Adresse	Téléphone	Métro / R.E.R.
1	J 17	**Arts décoratifs** *(Mode et Textile)* 107 rue de Rivoli	01 44 55 57 50	Palais-Royal
8	G 11	**Arc de Triomphe** Place Charles de Gaulle	01 55 37 73 77	Ch.-de-G.-Étoile
7	K 14	**Armée** (Hôtel des Invalides) 6 place Vauban	01 44 42 37 72	La-Tour-Maubourg
16	I 12	**Art Moderne de la Ville de Paris** 11 avenue du President Wilson	01 53 67 40 00	Iéna, **C Pont-de-l'Alma**
12	P 28	**Arts d'Afrique et d'Océanie** 293 av. Daumesnil	01 44 74 84 80	Porte Dorée
16	G 7	**Arts et Traditions Populaires** 6 av. du Mahatma Ghandi	01 44 17 60 00	Les Sablons
5	L 20	**Assistance Publique** *(Hôpitaux de Paris)* 47 quai de la Tournelle	01 40 27 50 05	M.-Mutualité
16	L 7	**Atelier Bouchard** 25 rue de l'Yvette	01 46 47 63 46	Jasmin

MUSÉES

Arr.	Plan	Nom / Adresse	Téléphone	Métro / R.E.R.
10	G 19	**Baccarat** 30bis rue du Paradis	01 47 70 64 30	Cadet
15	N 15	**Bourdelle** 16 rue Antoine Bourdelle	01 49 54 73 73	M.-Bienvenüe
1	H 18	**Cabinet des médailles et antiques** *(Bibliothèque Nationale)* 58 r. Richelieu	01 47 03 81 10	Rich.-Drouot
3	K 21	**Carnavalet** 23 rue de Sévigné	01 42 72 21 13	St-Paul
8	F 14	**Cernuschi** 7 avenue Vélasquez	01 45 63 50 75	Villiers
3	K 21	**Chapelle de l'Humanité** 5 rue Payenne	01 44 78 01 07	Saint-Paul
4	k 20	**Chasse et Nature** 60 rue des Archives	01 42 72 86 42	Hôtel-de-Ville
16	J 10	**Cinéma Henri Langlois** Palais de Chaillot Place du Trocadéro	01 45 53 74 39	Trocadéro
19	B 25	**Cité des Sciences et de l'Industrie** Parc de la Villette	01 40 05 70 00	Pte de la Villette
16	J 10	**Clemenceau** 8 rue Benjamin Franklin	01 45 20 53 41	Passy
3	K 21	**Cognacq-Jay** 8 rue Elzévir	01 40 27 07 21	Saint-Paul
4	K 19	**Conciergerie** 1 quai de l'Horloge	01 53 73 78 50	Cité
3	I 20	**Conservatoire National des Arts et Métiers** *(Musée National des Techniques)* 292 rue Saint-Martin	01 40 27 20 00	Arts-et-Métiers, Réaumur-Sébastopol
16	H 9	**Contrefaçon** 16 rue de la Faisanderie	01 45 01 51 11	Pte Dauphine
4	L 19	**Crypte archéologique du Parvis Notre-Dame** 1 place Parvis Notre-Dame	01 43 29 83 51	Cité
4	L 21	**Curiosité et Magie** 11 rue Saint-Paul	01 42 72 13 26	St-Paul
16	H 11	**Dapper** 50 avenue Victor Hugo	01 45 00 01 50	Ch.-de-G.-Étoile
16	G 11	**Ennery** 59 avenue Foch	01 45 05 00 98	Victor Hugo
6	M 15	**Ernest Hébert** 87 rue du Cherche-Midi	01 42 22 23 82	Duroc
6	K 18	**Espace Albert Dubout** 5 rue Jacques Callot	01 46 33 05 09	Mabillon
18	D 18	**Espace Montmartre** 11 rue Poulbot	01 42 64 40 10	Château-Rouge
6	K 17	**Eugène Delacroix** 6 r. de Furstenberg	01 44 41 86 50	St-Germ.-des-Prés
10	H 20	**Eventail** 2 bd de Strasbourg	01 42 08 90 20	Strasbourg-St-Denis
16	I 12	**Galliéra** *(Musée de la Mode et du Costume)* 10 avenue Pierre-1er-de-Serbie	01 47 20 85 23	Iéna
9	G 19	**Grand-Orient** 16 rue Cadet	01 45 23 20 92	Cadet
8	I 14	**Grand-Palais** 3 av. du Gal Eisenhower	01 44 13 17 30	Ch.-Él.-Clemenceau
9	H 18	**Grévin** 10 boulevard Montmartre	08 36 68 33 23	Gds Boulevards
8	I 11	**Guimet** 6 place d'Iéna	01 45 05 00 98	Iéna, Boissière
9	F 17	**Gustave Moreau** 14 r. La Rochefouc.	01 48 74 38 50	Trinité
18	E 19	**Halle Saint-Pierre** *(Art naïf Max Fourny)* 2 rue Ronsard	01 42 58 72 89	Anvers
3	K 21	**Histoire de France** *(Archives Nationales)* 60 rue des Francs-Bourgeois	01 40 27 60 96	St-Paul
6	L 18	**Histoire de la médecine** *(Université Descartes)* 12 rue de l'Ecole de Médecine	01 40 46 16 93	Odéon

MUSÉES

Arr.	Plan	Nom / Adresse	Téléphone	Métro / R.E.R.
16	**J** 10	**Homme** Palais de Chaillot, 17 pl. du Trocadéro	01 44 05 72 72	Trocadéro
16	**I** 12	**Institut des Arts de l'Ecriture** 5 rue de Chaillot	01 47 20 87 05	Iéna
5	**M** 20	**Institut du Monde Arabe** 1 rue des Fossés Saint-Bernard	01 40 51 38 38	Jussieu
5	**L** 19	**Institut Océanographique** 195 rue St-Jacques	01 44 32 10 90	Cluny-La-Sorbone
8	**G** 15	**Jacquemart André** 158 bd Haussmann .	01 42 89 04 91	St-Augustin
17	**E** 13	**Jean-Jacques Henner** 43 av. de Villiers .	01 47 63 42 73	Malesherbes
15	**N** 15	**Jean Moulin** Gare Montparnasse Jardin Atlantique 23 allée de la 2e DB .	01 40 64 39 44	M.-Bienvenüe
1	**I** 16	**Jeu de Paume** *Galerie Nationale*, 5 rue Cambon	01 47 03 00 45	Madeleine
7	**J** 16	**Légion d'Honneur** 2 rue de Bellechasse .	01 40 62 84 25	Solférino
1	**J** 18	**Louvre** Cour du Carrousel Palais-Royal Entrée par la Pyramide	01 40 20 51 51	Louvre
6	**M** 18	**Luxembourg** 19 rue de Vaugirard	01 40 13 46 46	Saint-Sulpice
6	**L** 16	**Maillol** 61 rue de Grenelle	01 42 22 59 58	Rue du Bac
16	**K** 10	**Maison de Balzac** 47 rue Raynouard . .	01 42 24 56 38	Passy
19	**D** 26	**Maison de la Villette** Parc de la Villette .	01 40 03 75 10	Pte de la Villette
20	**H** 25	**Maison de l'Air** parc de Belleville, 27 rue Piat	01 43 28 47 63	Pyrénées
3	**K** 22	**Maison de Victor Hugo** 6 pl. des Vosges .	01 42 72 10 16	Chemin Vert
4	**K** 21	**Maison Européenne de la Photographie** 5 rue de Fourcy	01 44 78 75 00	St-Paul
13	**P** 20	**Manufacture des Gobelins** 42 avenue des Gobelins	01 44 08 52 00	Les Gobelins
16	**J** 10	**Marine** *Palais de Chaillot*, Place du Trocadéro	01 53 65 69 69	Trocadéro
16	**J** 7	**Marmottan** *Claude Monet*, 2 rue Louis Boilly	01 42 24 07 02	La Muette
4	**K** 21	**Mémorial du Martyr Juif Inconnu** 17 rue Geoffroy-l'Asnier	01 42 77 44 72	St-Paul
6	**N** 18	**Minéralogie de l'Ecole des Mines** 60 bd St-Michel	01 40 51 91 45	B Luxembourg
5	**M** 20	**Minéralogie de l'Université Curie** 34 rue Jussieu		Jussieu
5	**N** 20	**Minéralogie du Muséum** *Jardin des Plantes* 36 rue Geoffroy-St-Hilaire	01 40 79 30 00	Jussieu
6	**K** 18	**Monnaie** 11 quai de Conti	01 40 46 55 35	Pt-Neuf, Odéon
18	**D** 18	**Montmartre** 12 rue Cortot	01 46 06 61 11	Lamarck-C., Anvers
15	**O** 15	**Montparnasse** 21 avenue du Maine . . .	01 42 22 91 96	M.-Bienvenüe

MUSÉES

Arr.	Plan	Nom / Adresse	Téléphone	Métro / R.E.R.
16	J 10	**Monuments Français** Palais de Chaillot Place du Trocadéro	01 44 05 39 10	Trocadéro
5	L 19	**Moyen Age : Thermes de Cluny** 6 place Paul Painlevé	01 53 73 78 00	B St-Michel, Odéon
5	N 20	**Muséum National d'Histoire Naturelle** 57 rue Cuvier	01 40 79 30 00	Place Monge, Jussieu
19	D 26	**Musique** 221 avenue Jean-Jaurès	01 44 84 44 24	Pte de Pantin
8	F 14	**Nissim de Camondo** 63 rue de Monceau	01 53 89 06 40	Villiers
4	L 20	**Notre-Dame** 10 r. du Cloître Notre-Dame	01 43 25 42 92	Cité
9	H 17	**Opéra de Paris** Palais Garnier, Place de l'Opéra	01 40 01 22 63	Opéra
8	I 15	**Orangerie des Tuileries** Place de la Concorde	01 42 97 48 16	Concorde, Tuileries
7	J 16	**Orsay** 1 rue Bellechasse	01 40 49 48 14	Musée d'Orsay
8	I 14	**Palais de la Découverte** 4 avenue Franflin D. Roosevelt	01 43 59 18 21	Fr.-D.-Roosevelt
15	O 14	**Pasteur** 25 rue du Dr Roux	01 45 68 82 82	Pasteur
12	L 21	**Pavillon de l'Arsenal** 21 bd Morland ..	01 42 76 33 97	Sully-Morland
7	I 14	**Petit-Palais** Avenue Winston Churchill	01 42 65 12 73	Ch.-El.-Clem.
3	J 21	**Picasso** Hôtel de Juigné-Salé, 5 rue de Thorigny	01 42 71 25 21	St-Séb.-Froissart
6	L 15	**Plans-reliefs** Hôtel des Invalides, 129 rue de Grenelle	01 45 51 95 05	Varenne
5	M 19	**Police** 1bis rue des Carmes	01 44 41 52 50	M.-Mutualité
4	J 20	**Pompidou** (Centre Georges) Musée d'Art Moderne 19 rue Beaubourg	01 44 78 12 33	Hôtel-de-Ville, Ch.-les-Halles
3	J 20	**Poupée** impasse Berthaud	01 42 72 73 11	Rambuteau
8	I 14	**Proust** Banque Varin-Bernier, 102 bd Haussmann		St-Ph.-du-Roule
16	L 9	**Radio-France** 160 avenue du Pdt Kennedy	01 42 30 15 16	Kennedy-R.-France
7	9 15	**Rodin** 77 rue de Varenne	01 47 05 01 34	Varenne
5	M 21	**Sculpture en plein air** Quai Saint-Bernard	Gare d'Austerlitz	
7	J 14	**Seita** 12 rue Surcouf	01 45 56 60 17	Invalides
16	N 5	**Sport** Parc des Princes, 24 rue du Cdt Guilbaud	01 40 45 99 17	Pte de St-Cloud
9	F 17	**Vie Romantique** (Renan Scheffer), 16 rue Chaptal	01 48 74 95 38	St-Georges
16	K 10	**Vin** 5 square Charles Dickens	01 45 25 63 26	Passy
6	N 17	**Zadkine** 100bis rue d'Assas	01 43 26 91 90	Vavin

AÉROPORTS

Arr.	Plan	Nom / Adresse	Téléphone	Métro/**R.E.R.**/*Cars*
17	**F 9**	**Air France Maillot**....................	01 44 09 51 00	Porte Maillot
		Renseignements Air France....................	08 02 80 28 02	
		Aéroport de Roissy-Charles-de-Gaulle......	01 48 62 22 80	B - *Roissybus*
		Aéroport d'Orly....................	01 49 75 15 15	B - *Orlybus*
		Aéroport du Bourget....................	01 48 62 12 12	
		AOM	01 49 79 12 34	
		Air Liberté	08 03 80 58 05	

POUR SE RENDRE AUX AÉROPORTS

Roissy
Cars Air-France: Etoile - Porte Maillot - Roissy
Roissybus: Opéra - Gare du Nord - Roissy
Autobus 350: Gare de l'Est - Gare du Nord - Porte de la Chapelle - Roissy
Autobus 351: Nation - Porte de Bagnolet - Roissy
RER B: Roissy Rail

Orly
Cars Air France: Invalides - Montparnasse - Orly
Autobus 183A : Porte de Choisy - Aéroport Orly-Sud
Orlybus : Denfert Rochereau - Pte de Gentilly - Orly
Noctambus Ligne I Pte d'Italie Orly Sud
RER B4: Antony - *Orlyval :* Orly

PARCS DE LOISIRS

Arr.	Plan	Nom / Adresse	Téléphone	Métro / R.E.R.
16	**G 7**	**Jardin d'acclimatation** Bois de Boulogne	01 40 67 90 82	Les Sablons
12		**Parc Floral de Paris** Esplanade du Château		Château de
		(voir bois de Vincennes **B7**)	01 43 43 92 95	Vincennes
	E 23	**Parc de la Villette** 221 avenue Jean Jaurès ...	01 44 84 44 84	Pte de Pantin
		Astérix Autoroute A1 60128 Plailly	08 36 68 30 10	
		Disneyland Paris		A - Marne-la-
		Paris par A4, sortie n°14	01 60 30 60 30	Vallée-Chessy

LOCATION DE VOITURES

Entreprise	Téléphone	Entreprise	Téléphone
A.D.A	01 45 54 63 63	**Europcar**	0 803 352 352
Avis	01 46 10 60 60	**Hertz**	01 39 38 38 38
Budget	08 00 10 00 01	**Six**	01 43 42 90 90
Citer	01 44 38 61 61		

PHARMACIES DE NUIT

Pharmacies open at night
Farmacias nocturnas

Arr.	Plan	Adresse	Fermeture à	Téléphone
4	K 19	**Châtelet-Les Halles** 10 bd de Sébastopol....................	24 h	01 42 72 03 23
8	H 14	**Franklin-Roosevelt** 2 rue Jean Mermoz....................	2 h	01 43 59 86 55
8	H 13	**Franklin-Roosevelt** av. des Champs-Elysées	24 / 24	01 45 62 02 41
8	H 19	**George V** 133 av. des Champs-Élysées....................	2 h	01 47 20 39 25
9	F 18	**Pigalle** 5 place Pigalle....................	24 h	01 48 78 38 12
9	H 17	**Opéra** 6 boulevard des Capucines....................	0h30	01 42 65 88 29
9	E 16	**Place Clichy** 6 place Clichy....................	24 / 24	01 48 74 65 18
9	F 19	**Barbès-Rochechouart** 17 bis bd Rochechouart.......	1 h	01 48 78 03 01
10	H 20	**Strasbourg-Saint-Denis** 2 fg Saint-Denis....................	21 h	01 47 70 06 70
11	G 20	**Nation** 13 place de la Nation....................	24 h	01 43 73 24 03
12	N 28	**Forum Santé Porte de Vincennes** 86 bd Soult....	2 h	01 43 43 13 68
14	O 16	**Pharmacie des Arts** 106 bd Montparnasse..............	24 h	01 43 35 44 88
17	F 10	**Neuilly, Porte Maillot, Palais des Congrès** 2 place du Général Kœnig....................	24 h	01 45 74 31 10

AUTOBUS - NOCTAMBUS

Cars parks
Aparcamientos

voir plan page 185

Lignes	Départ // Terminus
	(NOCTAMBUS : toutes les nuits de 1 h à 5 h, départ toutes les heures)
A	**Châtelet - Bezons-Grand Cerf**
B	**Châtelet - Gare d'Argenteuil RER**
C	**Châtelet - Mairie d'Épinay-sur-Seine**
D	**Châtelet - Pierrefitte-Stains RER**
E	**Châtelet - Blanc-Mesnil Garonor**
F	**Châtelet - Gare de Chelles RER**
G	**Châtelet - Noisy-le-Grand Mont d'Est RER**
H	**Châtelet - Nogent-Le Perreux SNCF**
J	**Châtelet - Massy-Palaiseau RER/SNCF**
K	**Châtelet - Clamart-Georges Pompidou**
L	**Châtelet - Mairie de l'Haÿ-les-Roses**
M	**Châtelet - Sucy-Bonneuil RER**
R	**Châtelet - Rungis M.I.N.**
I	**Porte d'Italie Métro - Juvisy Pyramides**
P	**Pantin 4 chemins Métro - Gare de Garges-Sarcelles**
S	**Porte d'Orléans Métro - Clamart Georges Pompidou**
T	**Pont de Neuilly Métro - Centre Bus de Nanterre**
V	**Mairie de Pantin - Gare de Sevran-Livry**

Bus de soirée derniers départs de 23 h 30 à 0 h 30 environ :
21-26-27-31-38-52-62-63-72-74-80-85-91-92-95-96-PC-Orlybus-Roissybus

Objets trouvés : 36 rue des Morillons - Téléphone : 01 55 76 20 20

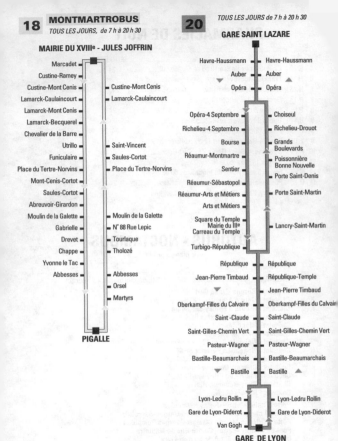

18 MONTMARTROBUS
TOUS LES JOURS, de 7 h à 20 h 30

MAIRIE DU XVIIIe - JULES JOFFRIN

Marcadet
Custine-Ramey
Custine-Mont Cenis — Custine-Mont Cenis
Lamarck-Caulaincourt — Lamarck-Caulaincourt
Lamarck-Mont Cenis
Lamarck-Becquerel
Chevalier de la Barre
Utrillo — Saint-Vincent
Funiculaire — Saules-Cortot
Place du Tertre-Norvins — Place du Tertre-Norvins
Mont-Cenis-Cortot
Saules-Cortot
Abreuvoir-Girardon
Moulin de la Galette — Moulin de la Galette
Gabrielle — N° 88 Rue Lepic
Drevet — Tourlaque
Chappe — Tholozé
Yvonne le Tac
Abbesses — Abbesses
— Orsel
— Martyrs

PIGALLE

20
TOUS LES JOURS de 7 h à 20 h 30

GARE SAINT LAZARE

Havre-Haussmann — Havre-Haussmann
Auber — Auber
Opéra — Opéra

Opéra-4 Septembre — Choiseul
Richelieu-4 Septembre — Richelieu-Drouot
Bourse — Grands Boulevards
Réaumur-Montmartre — Poissonnière Bonne Nouvelle
Sentier — Porte Saint-Denis
Réaumur-Sébastopol — Porte Saint-Martin
Réaumur-Arts et Métiers
Arts et Métiers
Square du Temple Mairie du IIIe Carreau du Temple — Lancry-Saint-Martin
Turbigo-République
République — République
Jean-Pierre Timbaud — République-Temple
— Jean-Pierre Timbaud
Oberkampf-Filles du Calvaire — Oberkampf-Filles du Calvaire
Saint -Claude — Saint-Claude
Saint-Gilles-Chemin Vert — Saint-Gilles-Chemin Vert
Pasteur-Wagner — Pasteur-Wagner
Bastille-Beaumarchais — Bastille-Beaumarchais
Bastille — Bastille

Lyon-Ledru Rollin — Lyon-Ledru Rollin
Gare de Lyon-Diderot — Gare de Lyon-Diderot
Van Gogh

GARE DE LYON

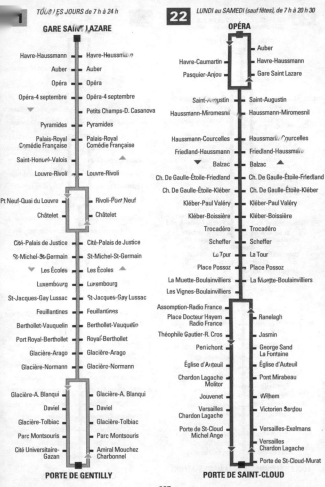

1 TOUS LES JOURS de 7 h à 24 h

GARE SAINT LAZARE

Havre-Haussmann	Havre-Haussmann
Auber	Auber
Opéra	Opéra
Opéra-4 septembre	Opéra-4 septembre
	Petits Champs-D. Casanova
Pyramides	Pyramides
Palais-Royal Comédie Française	Palais-Royal Comédie Française
Saint-Honoré-Valois	
Louvre-Rivoli	Louvre-Rivoli
Pt Neuf-Quai du Louvre	Rivoli-Pont Neuf
Châtelet	Châtelet
Cité-Palais de Justice	Cité-Palais de Justice
St-Michel-St-Germain	St-Michel-St-Germain
Les Écoles	Les Écoles
Luxembourg	Luxembourg
St-Jacques-Gay Lussac	St-Jacques-Gay Lussac
Feuillantines	Feuillantines
Berthollet-Vauquelin	Berthollet-Vauquelin
Port Royal-Berthollet	Royal-Berthollet
Glacière-Arago	Glacière-Arago
Glacière-Normann	Glacière-Normann
Glacière-A. Blanqui	Glacière-A. Blanqui
Daviel	Daviel
Glacière-Tolbiac	Glacière-Tolbiac
Parc Montsouris	Parc Montsouris
Cité Universitaire-Gazan	Amiral Mouchez Charbonnel

PORTE DE GENTILLY

22 LUNDI au SAMEDI (sauf fêtes), de 7 h à 20 h 30

OPÉRA

	Auber
Havre-Caumartin	Havre-Haussmann
Pasquier-Anjou	Gare Saint Lazare
Saint-Augustin	Saint-Augustin
Haussmann-Miromesnil	Haussmann-Miromesnil
Haussmann-Courcelles	Haussmann-Courcelles
Friedland-Haussmann	Friedland-Haussmann
Balzac	Balzac
Ch. De Gaulle-Étoile-Friedland	Ch. De Gaulle-Étoile-Friedland
Ch. De Gaulle-Étoile-Kléber	Ch. De Gaulle-Étoile-Kléber
Kléber-Paul Valéry	Kléber-Paul Valéry
Kléber-Boissière	Kléber-Boissière
Trocadéro	Trocadéro
Scheffer	Scheffer
La Tour	La Tour
Place Possoz	Place Possoz
La Muette-Boulainvilliers	La Muette-Boulainvilliers
Les Vignes-Boulainvilliers	
Assomption-Radio France	
Place Docteur Hayem Radio France	Ranelagh
Théophile Gautier-R. Cros	Jasmin
Perichont	George Sand La Fontaine
Église d'Auteuil	Église d'Auteuil
Chardon Lagache Molitor	Pont Mirabeau
Jouvenet	Wilhem
Versailles Chardon Lagache	Victorien Sardou
Porte de St-Cloud Michel Ange	Versailles-Exelmans
	Versailles Chardon Lagache
	Porte de St-Cloud-Murat

PORTE DE SAINT-CLOUD

24

LUNDI au SAMEDI (sauf fêtes), de 7 h à 20 h 30
DIMANCHES et FÊTES de 7 h à 20 h 30 de
"Gare d'Austerlitz" à "Maisons Alfort"

26

TOUS LES JOURS de 7 h à 24 h

GARE SAINT-LAZARE

Havre-Haussmann	Havre-Haussmann
Madeleine	Madeleine
Concorde	Concorde
Concorde-Q. des Tuileries	Assemblée Nationale
Pont de Solférino	Musée d'Orsay
Quai des Tuileries	Pont Royal-Quai Voltaire
Pont Royal	
Quai des Tuilleries	
Pont du Carrousel	Pont du Carrousel
Quai du Louvre	Quai Voltaire
Pont des Arts	Pont des Arts
Quai du Louvre	Quai de Conti
Pont Neuf	Pont Neuf
Quai du Louvre	Q. des Grands Augustins
Pont Neuf	
Quai des Orfèvres	
Pont St-Michel	
Quai des Orfèvres	
Petit Pont	Saint-Michel
Dante	Notre Dame
	Quai de Montebello
	Pont de l'Archevêché
Maubert-Mutualité	Pont de l'Archevêché
St-Germain	Pt de la Tournelle
Cardinal Lemoine	Cardinal Lemoine
Université Paris VI	Université Paris VI
Cuvier	Cuvier
Jardin des Plantes	
Gare d'Austerlitz	Gare d'Austerlitz
Van Gogh	Pt d'Austerlitz
	Quai de la Rapée
Gare de Lyon	Gare de Lyon
Ministère de l'Économie et des Finances	Ministère de l'Économie et des Finances
	Gare de Bercy-T.A.C.
Gare de Bercy-T.A.C.-POPB	Gare de Bercy-T.A.C.-POPB
Dijon-Lachambeaudie	Lachambeaudie
Baron Le Roy	Baron Le Roy
Terroirs de France	Terroirs de France
Parc de Bercy	Parc de Bercy
Port aux Lions	Port aux Lions
Pont Nelson Mandela	Pont Nelson Mandela
Les Bordeaux	Les Bordeaux
Victor Hugo	Victor Hugo
Écoles-Métro	Écoles-Métro
	Edmond Nocard
Pont de Charenton	Pont de Charenton

ÉCOLE VÉTÉRINAIRE DE MAISONS-ALFORT

GARE SAINT-LAZARE

Havre-Caumartin	
Provence-Mogador	
Trinité	Trinité
St-Georges-Châteaudun	St-Georges-Châteaudun
Carrefour de Châteaudun	Carrefour de Châteaudun
Cadet	Maubeuge-Rochechoua
Square Montholon	Condorcet
Place Franz Liszt	Magenta-Maubeuge
La Fayette-St Quentin Gare du Nord	Gare du Nord
La Fayette-Dunkerque	La Fayette-Dunkerque
Château Landon	Château Landon
Louis Blanc	Louis Blanc
Jaurès-Stalingrad	Jaurès-Stalingrad
Marché Secrétan	Marché Secrétan
Mathurin Moreau Simon Bolivar	Mathurin Moreau Simon Bolivar
Atlas	Atlas
Botzaris-Buttes Chaumont	Botzaris-Buttes Chaumont
Pyrénées-Belleville	Pyrénées-Belleville
Jourdain	Jourdain
l'Ermitage	l'Ermitage
Pyrénées-Ménilmontant	Pyrénées-Ménilmontant
Villiers de L'Isle Adam	Villiers de L'Isle Adam
Gambetta-Mairie du XXe	Gambetta-Mairie du XXe
Ramus	Ramus
Pyrénées-Bagnolet	Pyrénées-Bagnolet
Orteaux	Orteaux
Maraîchers	Maraîchers
La Plaine	La Plaine

COURS DE VINCENNES

7

TOUS LES JOURS de 7 h à 20 h 30
TOUS LES SOIRS de 20 h 30 à 24 h de "Pont
Neuf" à "Porte de Vitry"

GARE SAINT-LAZARE

Havre-Haussmann	Havre-Haussmann
Auber	Auber
Opéra	Opéra
Opéra-4 Septembre	Opéra-4 Septembre
	Petits Champs-D. Casanova
Pyramides	Pyramides
Palais-Royal Comédie Française	Palais-Royal Comédie Française
	Musée du Louvre
Pont du Carrousel Quai du Louvre	Pont du Carrousel Quai Voltaire
Pont des Arts Quai du Louvre	Pont des Arts Quai de Conti
Pont Neuf Quai du Louvre	
Pont Neuf Quai des Orfèvres	Pont Neuf Q. des Grands Augustins
Pont St-Michel Quai des Orfèvres	Saint-Michel
Saint-Michel Saint-Germain	Saint-Michel Saint-Germain
Les Écoles	Les Écoles
Luxembourg	Luxembourg
Saint-Jacques Gay Lussac	Saint-Jacques Gay Lussac
Feuillantines	Feuillantines
Berthollet-Vauquelin	Berthollet-Vauquelin
Monge-Claude Bernard	Monge-Claude Bernard
Les Gobelins	Les Gobelins
Banquier	Banquier
Pl. d'Italie-Mairie du XIIIe	
Place d'Italie	Place d'Italie
Les Alpes	Les Alpes
Nationale	Nationale
Clisson	Clisson
Jeanne d'Arc-Égl. de la Gare	Jeanne d'Arc-Égl. de la Gare
Patay-Tolbiac	Patay-Tolbiac
Oudine	Oudine
Regnault	Regnault
Porte de Vitry	Porte de Vitry
	Masséna-Darmesteter

**CLAUDE REGAUD
PORTE DE VITRY**

GARE SAINT-LAZARE

Saint-Augustin	Saint-Augustin
La Boétie-Miromesnil	Haussmann-Miromesnil
Saint-Philippe du Roule	Matignon-Saint-Honoré
Rd-Pt des Ch.-Élysées Roosevelt	Rd-Pt des Ch.-Élysées Matignon
Rd-Pt des Champs-Élysées	Rd-Pt des Champs-Élysées
Palais de la Découverte	Palais de la Découverte
Pont des Invalides Quai d'Orsay	Pont des Invalides Quai d'Orsay
La Tour Maubourg Saint-Dominique	La Tour Maubourg Saint-Dominique
Invalides-La Tour Maubourg	Invalides-La Tour Maubourg
Rue Cler	
École Militaire	École Militaire
Duquesne-Lowendal	Duquesne-Lowendal
El Salvador	El Salvador
Breteuil	Breteuil
Hôp. des Enfants Malades	Hôp. des Enfants Malades
Maine-Vaugirard	Maine-Vaugirard
Place du 18 Juin 1940	
	Place du 18 Juin 1940 Rue de l'Arrivée
Place du 18 Juin 1940 Rue du Départ	Place du 18 Juin 1940 Rue du Départ
Gare Montparnasse	Gare Montparnasse
Gaîté	Gaîté
Losserand-Maine	Losserand-Maine
Mairie du XIVe	Mairie du XIVe
Moulin Vert	
Alésia-Général Leclerc	Alésia-Général Leclerc
La Tombe Issoire	
Marie Davy	

PORTE D'ORLÉANS

29

LUNDI au SAMEDI (sauf fêtes), de 7 h à 20 h 30
DIMANCHES et FÊTES de 7 h à 20 h 30 de
"Centre G. Pompidou" à "Porte Montempoivre"

30

LUNDI au SAMEDI (sauf fêtes), de 7 h à 20

GARE SAINT-LAZARE

Havre-Haussmann — Havre-Haussmann
Auber — Auber
Opéra — Opéra

Opéra-4 Septembre — Opéra-4 Septembre
Richelieu-4 Septembre — Richelieu-4 Septembre
Bourse — Petits Champs-D. Casanova
Pl. des Petits Pères — Bibliothèque Nationale
Mairie du IIe

Victoires — Victoires

— Louvre-Etienne Marcel
E. Marcel-Montmartre — Etienne Marcel-Montmartre
Turbigo-E. Marcel — Turbigo-Etienne Marcel
Sébastopol-Etienne Marcel — Sébastopol-Etienne Marcel
Grenier Saint-Lazare — Grenier Saint-Lazare
Quartier de l'Horloge — Quartier de l'Horloge

Centre G. Pompidou
Archives-Rambuteau — Archives-Haudriettes
Rue Vieille du Temple — Rue Vieille du Temple
Payenne — Turenne-Saint Gilles
Place des Vosges — Tournelles-Saint Gilles

Pasteur Wagner — Pasteur Wagner
Bastille-Beaumarchais — Bastille-Beaumarchais
Bastille — Bastille
Lyon-Ledru Rollin — Daumesnil-Ledru Rollin
Gare de Lyon-Diderot
Daumesnil-Diderot — Daumesnil-Diderot
Rambouillet — Rambouillet
Charles Bossut — Charles Bossut
Mairie du XIIe — Mairie du XIIe
Dubrunfaut — Dubrunfaut

Daumesnil-Félix Éboué — Daumesnil-Félix Éboué
Dr Goujon-Reuilly — Dr Goujon-Reuilly
Picpus-Reuilly — Picpus-Reuilly
Picpus-Santerre — Picpus-Santerre
Fabre d'Églantine — Fabre d'Églantine
Square Courteline — Square Courteline
Hôpital Rothschild — Hôpital Rothschild
Docteur Netter — Docteur Netter
Porte de Saint-Mandé — Porte de Saint-Mandé
J. Lemaitre-M. Ravel

PORTE DE MONTEMPOIVRE

GARE DE L'EST

La Fayette-Magenta- — La Fayette-Magenta-
Gare du Nord — Gare du Nord

Magenta-Maubeuge- — Magenta-Maubeuge-
Gare du Nord — Gare du Nord

Barbès-Rochechouart — Barbès-Rochechouart
Rochechouart-Clignancourt — Rochechouart-Clignancourt

Anvers-Sacré Cœur — Anvers-Sacré Cœur

Rochechouart-Martyrs — Rochechouart-Martyrs

Pigalle — Pigalle

Blanche — Blanche

Clichy-Caulaincourt

Place de Clichy — Place de Clichy

Turin-Batignolles — Turin-Batignolles

Rome-Batignolles — Rome-Batignolles

Villiers — Villiers

Malesherbes-Courcelles — Malesherbes-Courcelles

Monceau — Monceau

Courcelles — Courcelles

Ternes — Ternes

Charles De Gaulle- — Charles De Gaulle-
Étoile-Wagram — Étoile-Wagram

Charles De Gaulle- — Charles De Gaulle-
Étoile-Kléber — Étoile-Kléber

Kléber-Paul Valéry — Kléber-Paul Valéry

Kléber-Boissière — Kléber-Boissière

TROCADÉRO

GARE DE L'EST

La Fayette-Magenta-Gare du Nord	La Fayette-Magenta-Gare du Nord
Magenta-Maubeuge-Gare du Nord	Magenta-Maubeuge-Gare du Nord
Barbès-Rochechouart	Barbès-Rochechouart
Château-Rouge	Château-Rouge
Marcadet-Poissonniers	Marcadet-Poissonniers
Mairie du XVIIIe-Jules Joffrin	Mairie du XVIIIe-Jules Joffrin
Duhesme-le-Ruisseau	Duhesme-le-Ruisseau
Damrémont-Ordener	Damrémont-Ordener
Vauvenargues	Vauvenargues
Guy Môquet	Guy Môquet
Moines-Davy	Moines-Davy
Brochant-Cardinet	Brochant-Cardinet
Batignolles-Gare des Marchandises	Batignolles-Gare des Marchandises
Pont-Cardinet	Pont-Cardinet
Jouffroy-Tocqueville	Jouffroy-Tocqueville
Jouffroy-Malesherbes	Jouffroy-Malesherbes
Jouffroy d'Abbans-Villiers	Jouffroy d'Abbans-Villiers
Wagram-Prony	Wagram-Prony
Wagram-Courcelles	Wagram-Courcelles
Ternes	Ternes
Hoche-Saint-Honoré	Charles De Gaulle Étoile-Wagram

CHARLES DE GAULLE-ÉTOILE

GARE DE L'EST

Faubourg St-Denis	Chabrol Magenta
Hauteville	Place Franz Liszt
Square Montholon	Square Montholon
Cadet	Cadet
Carrefour de Châteaudun	Carrefour de Châteaudun
St-Georges-Châteaudun	St-Georges-Châteaudun
Trinité	Trinité
Gare St-Lazare-Budapest	
Gare St-Lazare	Gare St-Lazare
Pasquier-Anjou	
Saint-Augustin	Saint-Augustin
La Boétie-Miromesnil	Haussmann-Miromesnil
St-Philippe du Roule	Matignon-Saint Honoré
	Rd Point des Champs Élysées-Matignon
La Boétie-Ch. Élysées	La Boétie-Ch. Élysées
Pierre Charon-François 1er	Pierre Charon-François 1er
Marceau-Pierre 1er de Serbie	Marceau-Pierre 1er de Serbie
Iéna	Iéna
Albert de Mun	Albert de Mun
Trocadéro	Trocadéro
Scheffer	Scheffer
La Tour	Passy-La Tour
	Jean Bologne
Place Possoz	Place de Passy
	Passy-Boullainvilliers
La Muette-Boulainvilliers-RER	La Muette-Boulainvilliers-RER
Ranelagh	Louis Boilly
Porte de Passy	Porte de Passy
Raffet	Raffet
Alfred Capus	Alfred Capus
	Gare d'Auteuil

PORTE D'AUTEUIL

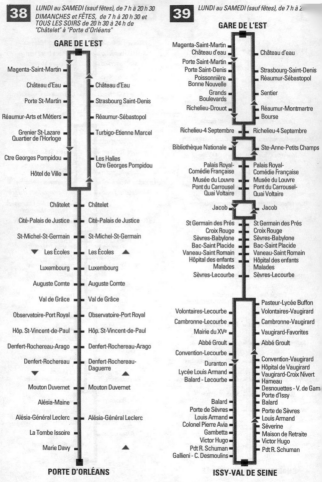

38 LUNDI au SAMEDI (sauf fêtes), de 7 h à 20 h 30
DIMANCHES et FÊTES, de 7 h à 20 h 30 et
TOUS LES SOIRS de 20 h 30 à 24 h de
"Châtelet" à "Porte d'Orléans"

39 LUNDI au SAMEDI (sauf fêtes), de 7 h à 2

GARE DE L'EST

Magenta-Saint-Martin

Château d'Eau   Château d'Eau

Porte St-Martin   Strasbourg Saint-Denis

Réaumur-Arts et Métiers   Réaumur-Sébastopol

Grenier St-Lazare
Quartier de l'Horloge   Turbigo-Etienne Marcel

Ctre Georges Pompidou   Les Halles
                           Ctre Georges Pompidou

Hôtel de Ville

Châtelet   Châtelet

Cité-Palais de Justice   Cité-Palais de Justice

St-Michel-St-Germain   St-Michel-St-Germain

▼ Les Écoles   Les Écoles ▲

Luxembourg   Luxembourg

Auguste Comte   Auguste Comte

Val de Grâce   Val de Grâce

Observatoire-Port Royal   Observatoire-Port Royal

Hôp. St-Vincent-de-Paul   Hôp. St-Vincent-de-Paul

Denfert-Rochereau-Arago   Denfert-Rochereau-Arago

Denfert-Rochereau   Denfert-Rochereau-
                           Daguerre
▼   ▲

Mouton Duvernet   Mouton Duvernet

Alésia-Maine

Alésia-Général Leclerc   Alésia-Général Leclerc

La Tombe Issoire

Marie Davy   ▲

PORTE D'ORLÉANS

GARE DE L'EST

Magenta-Saint-Martin
Château d'eau   Château d'eau
Porte Saint-Martin
Porte Saint-Denis   Strasbourg-Saint-Denis
Poissonnière   Réaumur-Sébastopol
Bonne Nouvelle
Grands   Sentier
Boulevards
Richelieu-Drouot   Réaumur-Montmartre
                       Bourse

Richelieu-4 Septembre   Richelieu-4 Septembre

Bibliothèque Nationale   Ste-Anne-Petits Champs

Palais Royal-   Palais Royal-
Comédie Française   Comédie Française
Musée du Louvre   Musée du Louvre
Pont du Carrousel-   Pont du Carrousel-
Quai Voltaire   Quai Voltaire

Jacob   Jacob

St Germain des Prés   St Germain des Prés
Croix Rouge   Croix Rouge
Sèvres-Babylone   Sèvres-Babylone
Bac-Saint Placide   Bac-Saint Placide
Vaneau-Saint Romain   Vaneau-Saint Romain
Hôpital des enfants   Hôpital des enfants
Malades   Malades
Sèvres-Lecourbe   Sèvres-Lecourbe

                       Pasteur-Lycée Buffon
Volontaires-Lecourbe   Volontaires-Vaugirard
Cambronne-Lecourbe   Cambronne-Vaugirard
Mairie du XVe   Vaugirard-Favorites
Abbé Groult   Abbé Groult
Convention-Lecourbe   Convention-Vaugirard
Duranton   Hôpital de Vaugirard
Lycée Louis Armand   Vaugirard-Croix Nivert
Balard - Lecourbe   Hameau
                       Desnouettes - V. de Gam
                       Porte d'Issy
Balard   Balard
Porte de Sèvres   Porte de Sèvres
Louis Armand   Louis Armand
Colonel Pierre Avia   Séverine
Gambetta   Maison de Retraite
Victor Hugo   Victor Hugo
Pdt R. Schuman   Pdt R. Schuman
Gallieni - C. Desmoulins

ISSY-VAL DE SEINE

2

LUNDI au SAMEDI (sauf fêtes), de 7 h à 20 h 30

43

LUNDI au SAMEDI (sauf fêtes), de 7 h à 20 h 30
DIMANCHES et FÊTES, de 7 h à 20 h 30 de
"Gare St Lazare" à "Place de Bagatelle"

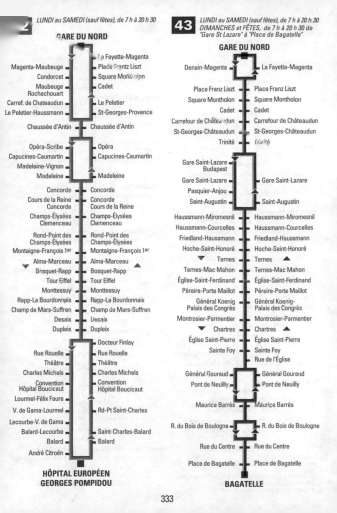

Ligne 2 — GARE DU NORD → HÔPITAL EUROPÉEN GEORGES POMPIDOU

	La Fayette-Magenta
Magenta-Maubeuge	Place Frantz Liszt
Condorcet	Square Montholon
Maubeuge-Rochechouart	Cadet
Carref. de Chateaudun	Le Peletier
Le Peletier-Haussmann	St-Georges-Provence
Chaussée d'Antin	Chaussée d'Antin
Opéra-Scribe	Opéra
Capucines-Caumartin	Capucines-Caumartin
Madeleine-Vignon	
Madeleine	Madeleine
Concorde	Concorde
Cours de la Reine Concorde	Cours de la Reine
Champs-Élysées Clemenceau	Champs-Élysées Clemenceau
Rond-Point des Champs-Élysées	Rond-Point des Champs-Élysées
Montaigne-François 1er	Montaigne-François 1er
Alma-Marceau	Alma-Marceau
Bosquet-Rapp	Bosquet-Rapp
Tour Eiffel	Tour Eiffel
Monttessuy	Monttessuy
Rapp-La Bourdonnais	Rapp-La Bourdonnais
Champ de Mars-Suffren	Champ de Mars-Suffren
Desaix	Desaix
Dupleix	Dupleix
	Docteur Finlay
Rue Rouelle	Rue Rouelle
Théâtre	Théâtre
Charles Michels	Charles Michels
Convention Hôpital Boucicaut	Convention Hôpital Boucicaut
Lourmel-Félix Faure	
V. de Gama-Lourmel	Rd-Pt Saint-Charles
Lecourbe-V. de Gama	
Balard-Lecourbe	Saint-Charles-Balard
Balard	Balard
André Citroën	

HÔPITAL EUROPÉEN GEORGES POMPIDOU

Ligne 43 — GARE DU NORD → BAGATELLE

Denain-Magenta	La Fayette-Magenta
Place Frantz Liszt	Place Frantz Liszt
Square Montholon	Square Montholon
Cadet	Cadet
Carrefour de Châteaudun	Carrefour de Châteaudun
St-Georges-Châteaudun	St-Georges-Châteaudun
Trinité	Trinité
Gare Saint-Lazare Budapest	
Gare Saint-Lazare	Gare Saint-Lazare
Pasquier-Anjou	
Saint-Augustin	Saint-Augustin
Haussmann-Miromesnil	Haussmann-Miromesnil
Haussmann-Courcelles	Haussmann-Courcelles
Friedland-Haussmann	Friedland-Haussmann
Hoche-Saint-Honoré	Hoche-Saint-Honoré
Ternes	Ternes
Ternes-Mac Mahon	Ternes-Mac Mahon
Église-Saint-Ferdinand	Église-Saint-Ferdinand
Péreire-Porte Maillot	Péreire-Porte Maillot
Général Koenig-Palais des Congrès	Général Koenig-Palais des Congrès
Montrosier-Parmentier	Montrosier-Parmentier
Chartres	Chartres
Église Saint-Pierre	Église Saint-Pierre
Sainte Foy	Sainte Foy
	Rue de l'Église
Général Gouraud	Général Gouraud
Pont de Neuilly	Pont de Neuilly
Maurice Barrès	Maurice Barrès
R. du Bois de Boulogne	R. du Bois de Boulogne
Rue du Centre	Rue du Centre
Place de Bagatelle	Place de Bagatelle

BAGATELLE

Route 46

GARE DU NORD

La Fayette-Dunkerque	Valenciennes
Gare de l'Est	Gare de l'Est
Verdun	Verdun
Château Landon	Château Landon
	Louis Blanc
Canal Saint-Martin	Canal Saint-Martin
	Colonel Fabien
Grange aux Belles-	Sambre et Meuse
Juliette Dodu	
Hôpital Saint-Louis	Hôpital Saint-Louis
Alibert	
Goncourt	Goncourt
Fontaine au Roi	Fontaine au Roi
Parmentier-République	Parmentier-République
Saint-Ambroise	Saint-Ambroise
Chemin Vert	Chemin Vert
Voltaire-Léon Blum	Voltaire-Léon Blum
Gymnase Japy	Godefroy-Cavaignac
Charonne-Chanzy	Charonne-Chanzy
Faidherbe-Chaligny	Faidherbe-Chaligny
Reuilly-Diderot	Reuilly-Diderot
Montgallet	Montgallet
R. de la Gare de Reuilly	R. de la Gare de Reuilly
Daumesnil-Félix Éboué	Daumesnil-Félix Éboué
Sidi Brahim	Sidi Brahim
Michel Bizot	Michel Bizot
Porte Dorée	Porte Dorée
	Place Édouard Renard
Parc Zoologique	Parc Zoologique
Alphand	Alphand
Ste-Marie-République	

**ST MANDÉ-DEMI LUNE-
PARC ZOOLOGIQUE**

Tourelle-Daumesnil	*Tourelle-Daumesnil*
Parc Floral	*Parc Floral*

CHÂTEAU DE VINCENNES

Section desservie :
- les après midi du lundi au vendredi pendant les
* vacances d'été*
- les mercredis après midi du 1er mai au 30 septembre,
- les samedis après midi toute l'année
- les dimanches et fêtes toute la journée.

Route 47

GARE DU NORD

La Fayette-Dunkerque	Valenciennes
Gare de l'Est	Gare de l'Est
Magenta-Saint-Martin	
Château d'eau	Château d'eau
Porte Saint-Martin	
Réaumurs-	Strasbourg-Saint-Denis
Arts et Métiers	
Grenier Saint Lazare	Réaumur-Sébastopol
Quartier de l'Horloge	Turbigo-Étienne Marcel
Ctre Georges Pompidou	Les Halles
	Ctre Georges Pompidou
Châtelet-Hôtel de Ville	Châtelet
Cité-Parvis Notre Dame	Hôtel de Ville
	Cité-Palais de Justice
Petit Pont	Notre Dame
Dante	Quai de Montbello
	Lagrange
Maubert-Mutualité	Maubert-Mutualité
Cardinal Lemoine	Cardinal Lemoine
Monge	Monge
Censier-Daubenton	Censier-Daubenton
Monge-Claude Bernard	Monge-Claude Bernard
Les Gobelins	Les Gobelins
Banquier	Banquier
Pl. d'Italie-Mairie du XIIIe	Place d'Italie
Ctre Commercial Italie II	
Vandrezanne	Vandrezanne
Italie-Tolbiac	Italie-Tolbiac
Maison Blanche	Maison Blanche
Porte d'Italie	Porte d'Italie
Porte d'Italie	Porte d'Italie
Hélène Boucher	Hélène Boucher
Roger Salengro	Roger Salengro
Fontainebleau	Fontainebleau
Convention	Convention
Fontainebleau	Fontainebleau
Métro	Métro
Hôpital du	Hôpital du
Kremlin-Bicêtre	Kremlin-Bicêtre
Barnufles	Barnufles
Benoît Malon-Martinets	Benoît Malon
	Lycée Darius Milhaud

FORT DU KREMLIN-BICÊTRE

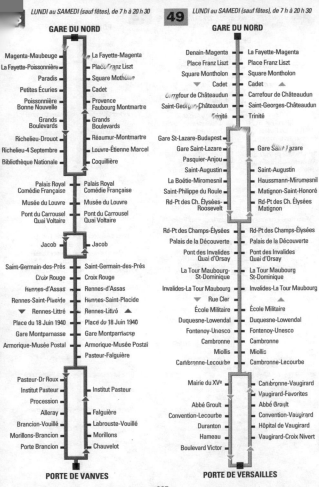

GARE DU NORD

Magenta-Maubeuge	La Fayette-Magenta
La Fayette-Poissonnière	Place Franz Liszt
Paradis	Square Montholon
Petites Écuries	Cadet
Poissonnière Bonne Nouvelle	Provence Faubourg Montmartre
Grands Boulevards	Grands Boulevards
Richelieu-Drouot	Réaumur-Montmartre
Richelieu-4 Septembre	Louvre-Étienne Marcel
Bibliothèque Nationale	Coquillière
Palais Royal Comédie Française	Palais Royal Comédie Française
Musée du Louvre	Musée du Louvre
Pont du Carrousel Quai Voltaire	Pont du Carrousel Quai Voltaire
Jacob	Jacob
Saint-Germain-des-Prés	Saint-Germain-des-Prés
Croix Rouge	Croix Rouge
Rennes-d'Assas	Rennes-d'Assas
Rennes-Saint-Placide	Rennes-Saint-Placide
Rennes-Littré	Rennes-Littré
Place du 18 Juin 1940	Place du 18 Juin 1940
Gare Montparnasse	Gare Montparnasse
Armorique-Musée Postal	Armorique-Musée Postal
	Pasteur-Falguière
Pasteur-Dr Roux	
Institut Pasteur	Institut Pasteur
Procession	
Alleray	Falguière
Brancion-Vouillé	Labrouste-Vouillé
Morillons-Brancion	Morillons
Porte Brancion	Chauvelot

PORTE DE VANVES

49

GARE DU NORD

Denain-Magenta	La Fayette-Magenta
Place Franz Liszt	Place Franz Liszt
Square Montholon	Square Montholon
Cadet	Cadet
Carrefour de Châteaudun	Carrefour de Châteaudun
Saint-Georges-Châteaudun	Saint-Georges-Châteaudun
Trinité	Trinité
Gare St-Lazare-Budapest	
Gare Saint-Lazare	Gare Saint-Lazare
Pasquier-Anjou	
Saint-Augustin	Saint-Augustin
La Boétie-Miromesnil	Haussmann-Miromesnil
Saint-Philippe du Roule	Matignon-Saint-Honoré
Rd-Pt des Ch. Élysées-Roosevelt	Rd-Pt des Ch. Élysées Matignon
Rd-Pt des Champs-Élysées	Rd-Pt des Champs-Élysées
Palais de la Découverte	Palais de la Découverte
Pont des Invalides Quai d'Orsay	Pont des Invalides Quai d'Orsay
La Tour Maubourg-St-Dominique	La Tour Maubourg St-Dominique
Invalides-La Tour Maubourg	Invalides-La Tour Maubourg
Rue Cler	
École Militaire	École Militaire
Duquesne-Lowendal	Duquesne-Lowendal
Fontenoy-Unesco	Fontenoy-Unesco
Cambronne	Cambronne
Miollis	Miollis
Cambronne-Lecourbe	Cambronne-Lecourbe
	Cambronne-Vaugirard
	Vaugirard-Favorites
Mairie du XVe	
Abbé Groult	Abbé Groult
Convention-Lecourbe	Convention-Vaugirard
Duranton	Hôpital de Vaugirard
Hameau	Vaugirard-Croix Nivert
Boulevard Victor	

PORTE DE VERSAILLES

52

TOUS LES JOURS, de 7 h à 20 h 30
TOUS LES SOIRS, de 20 h 30 à 24 h de
"Charles De Gaulle-Étoile" à "Porte d'Auteuil"

OPÉRA

	Rue de la Paix
Capucines-Caumartin	Capucines-Caumartin
Madeleine-Vignon	
Madeleine	Madeleine
Concorde	Boissy d'Anglas
Grand Palais	d'Aguesseau
Rd-Pt des Ch. Élysées	Beauvau
Matignon-Saint-Honoré	Matignon-Saint-Honoré
La Boétie-Percier	
Saint-Philippe du Roule	Saint-Philippe du Roule
Haussmann-Courcelles	Haussmann-Courcelles
Friedland-Haussmann	Friedland-Haussmann
Balzac	Balzac
Charles De Gaulle-Étoile	Charles De Gaulle-Étoile
Friedland	Friedland
Charles De Gaulle-Étoile	Charles De Gaulle-Étoile
Victor Hugo	Victor Hugo
Victor Hugo-Paul Valéry	Victor Hugo-Paul Valéry
Victor Hugo-Poincaré	Victor Hugo-Poincaré
Bugeaud	
Place Jean Monnet	Place Jean Monnet
Lycée Janson De Sailly	Lycée Janson De Sailly
Pompe-Mairie du XVIᵉ	Pompe-Mairie du XVIᵉ
Nicolo-Jean Richepin	Nicolo-Jean Richepin
La Muette-	La Muette-
Boulainvilliers	Boulainvilliers
Les Vignes	
Boulainvilliers	Ranelagh
Assomption	Rodin
Radio France	
Léopold II	Radio France-La Fontaine
G. Sand-La Fontaine	Perrichont
Mozart-La Fontaine	Église d'Auteuil
Michel Ange-Auteuil	Michel Ange-Auteuil
Gare d'Auteuil	Gare d'Auteuil
Porte d'Auteuil	Porte d'Auteuil
Porte Molitor	Porte Molitor
La Tourelle	La Tourelle
Denfert Rochereau	Denfert Rochereau
Rue de l'Est	Rue de l'Est
Jean Jaurès	Jean Jaurès
Rue de Billancourt	Rue de Billancourt
Rue de Silly	Rue de Silly
Rhin et Danube-Métro	Rhin et Danube-Métro
Quai du 4 Septembre	Pt de St-Cloud-Rive Gauche
	La Colline

PARC DE SAINT-CLOUD

53

LUNDI au SAMEDI (sauf fêtes), de 7 h à 2...

PONT DE LEVALLOIS

Pompidou	
Thierry Le Luron	Thierry Le Luron
Citroën	Citroën
Baudin	Baudin
Vaillant Couturier	Vaillant Couturier
Aristide Briand	Aristide Briand
Rouquier-Rivay	
Marjolin	Marjolin
Trézel	Trézel
Victor Hugo-Jean Jaurès	Victor Hugo-Jean Jaurès
Alsace	Alsace
Porte d'Asnières	Porte d'Asnières
Juliette Lamber	Juliette Lamber
Péreire-Tocqueville	Péreire-Tocqueville
Jouffroy-Tocqueville	Jouffroy-Tocqueville
Pont Cardinet	Pont Cardinet
Legendre	Legendre
Rome-Batignolles	Rome-Batignolles
Europe	Europe
Gare Saint-Lazare	Gare Saint-Lazare
Havre-Haussmann	Rome-Haussmann
Auber	Havre-Caumartin
	Glück-Haussmann

OPÉRA

ASNIÈRES - GENNEVILLIERS
GABRIEL PÉRI-MÉTRO

PORTE DE CLIGNANCOURT

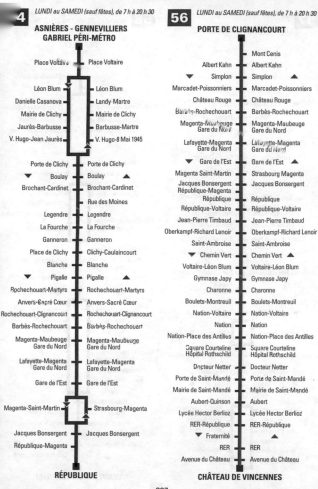

Place Voltaire	Place Voltaire
Léon Blum	Léon Blum
Danielle Casanova	Landy-Martre
Mairie de Clichy	Mairie de Clichy
Jaurès-Barbusse	Barbusse-Martre
V. Hugo-Jean Jaurès	V. Hugo-8 Mai 1945
Porte de Clichy	Porte de Clichy
▼ Boulay	Boulay ▲
Brochant-Cardinet	Brochant-Cardinet
	Rue des Moines
Legendre	Legendre
La Fourche	La Fourche
Ganneron	Ganneron
Place de Clichy	Clichy-Caulaincourt
Blanche	Blanche
▼ Pigalle	Pigalle ▲
Rochechouart-Martyrs	Rochechouart-Martyrs
Anvers-Sacré Cœur	Anvers-Sacré Cœur
Rochechouart-Clignancourt	Rochechouart-Clignancourt
Barbès-Rochechouart	Barbès-Rochechouart
Magenta-Maubeuge Gare du Nord	Magenta-Maubeuge Gare du Nord
Lafayette-Magenta Gare du Nord	Lafayette-Magenta Gare du Nord
Gare de l'Est	Gare de l'Est
Magenta-Saint-Martin	Strasbourg-Magenta
Jacques Bonsergent	Jacques Bonsergent
République-Magenta	

RÉPUBLIQUE

	Mont Cenis
Albert Kahn	Albert Kahn
▼ Simplon	Simplon ▲
Marcadet-Poissonniers	Marcadet-Poissonniers
Château Rouge	Château Rouge
Barbès-Rochechouart	Barbès-Rochechouart
Magenta-Maubeuge Gare du Nord	Magenta-Maubeuge Gare du Nord
Lafayette-Magenta Gare du Nord	Lafayette-Magenta Gare du Nord
▼ Gare de l'Est	Gare de l'Est ▲
Magenta Saint-Martin	Strasbourg Magenta
Jacques Bonsergent République-Magenta	Jacques Bonsergent
République	République
République-Voltaire	République-Voltaire
Jean-Pierre Timbaud	Jean-Pierre Timbaud
Oberkampf-Richard Lenoir	Oberkampf-Richard Lenoir
Saint-Ambroise	Saint-Ambroise
▼ Chemin Vert	Chemin Vert ▲
Voltaire-Léon Blum	Voltaire-Léon Blum
Gymnase Japy	Gymnase Japy
Charonne	Charonne
Boulets-Montreuil	Boulets-Montreuil
Nation-Voltaire	Nation-Voltaire
Nation	Nation
Nation-Place des Antilles	Nation-Place des Antilles
Square Courteline Hôpital Rothschild	Square Courteline Hôpital Rothschild
Docteur Netter	Docteur Netter
Porte de Saint-Mandé	Porte de Saint-Mandé
Mairie de Saint-Mandé	Mairie de Saint-Mandé
Aubert-Quinson	Aubert
Lycée Hector Berlioz	Lycée Hector Berlioz
RER-République	RER-République
▼ Fraternité	▲
RER	RER
Avenue du Château	Avenue du Château

CHÂTEAU DE VINCENNES

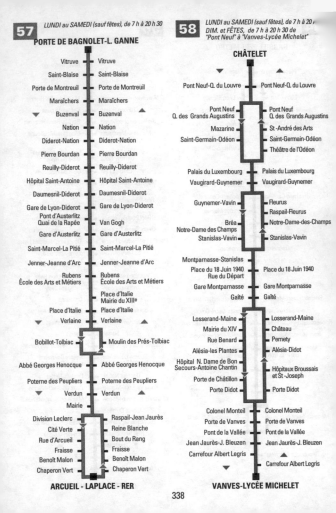

57

PORTE DE BAGNOLET-L. GANNE

Vitruve — Vitruve
Saint-Blaise — Saint-Blaise
Porte de Montreuil — Porte de Montreuil
Maraîchers — Maraîchers
Buzenval — Buzenval
Nation — Nation
Diderot-Nation — Diderot-Nation
Pierre Bourdan — Pierre Bourdan
Reuilly-Diderot — Reuilly-Diderot
Hôpital Saint-Antoine — Hôpital Saint-Antoine
Daumesnil-Diderot — Daumesnil-Diderot
Gare de Lyon-Diderot — Gare de Lyon-Diderot
Pont d'Austerlitz
Quai de la Rapée — Van Gogh
Gare d'Austerlitz — Gare d'Austerlitz
Saint-Marcel-La Pitié — Saint-Marcel-La Pitié
Jenner-Jeanne d'Arc — Jenner-Jeanne d'Arc
Rubens — Rubens
École des Arts et Métiers — École des Arts et Métiers
— Place d'Italie
— Mairie du XIIIe
Place d'Italie — Place d'Italie
Verlaine — Verlaine
Bobillot-Tolbiac — Moulin des Prés-Tolbiac
Abbé Georges Henocque — Abbé Georges Henocque
Poterne des Peupliers — Poterne des Peupliers
Verdun — Verdun
Mairie
Division Leclerc — Raspail-Jean Jaurès
Cité Verte — Reine Blanche
Rue d'Arcueil — Bout du Rang
Fraisse — Fraisse
Benoît Malon — Benoît Malon
Chaperon Vert — Chaperon Vert

ARCUEIL - LAPLACE - RER

58

LUNDI au SAMEDI, de 7 h à 20 h
DIM. et FÊTES, de 7 h à 20 h 30 de
"Pont Neuf" à "Vanves-Lycée Michelet"

CHÂTELET

Pont Neuf-Q. du Louvre — Pont Neuf-Q. du Louvre
Pont Neuf
Q. des Grands Augustins — Pont Neuf
Q. des Grands Augustins
Mazarine — St-André des Arts
Saint-Germain-Odéon — Saint-Germain-Odéon
— Théâtre de l'Odéon
Palais du Luxembourg — Palais du Luxembourg
Vaugirard-Guynemer — Vaugirard-Guynemer
Guynemer-Vavin — Fleurus
— Raspail-Fleurus
Bréa — Notre-Dame-des-Champs
Notre-Dame des Champs
Stanislas-Vavin — Stanislas-Vavin
Montparnasse-Stanislas
Place du 18 Juin 1940
Rue du Départ — Place du 18 Juin 1940
Gare Montparnasse — Gare Montparnasse
Gaîté — Gaîté
Losserand-Maine — Losserand-Maine
Mairie du XIV — Château
Rue Benard — Pernety
Alésia-les Plantes — Alésia-Didot
Hôpital N. Dame de Bon
Secours-Antoine Chantin — Hôpitaux Broussais
et St-Joseph
Porte de Châtillon — Porte Didot
Porte Didot — Porte Didot
Colonel Monteil — Colonel Monteil
Porte de Vanves — Porte de Vanves
Pont de la Vallée — Pont de la Vallée
Jean Jaurès-J. Bleuzen — Jean Jaurès-J. Bleuzen
Carrefour Albert Legris — Carrefour Albert Legris

VANVES-LYCÉE MICHELET

PORTE DE MONTMARTRE

GARE D'AUSTERLITZ

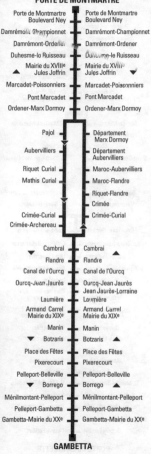

Porte de Montmartre
Boulevard Ney

Porte de Montmartre
Boulevard Ney

Damrémont-Championnet

Damrémont-Championnet

Damrémont-Ordener

Damrémont-Ordener

Duhesme-le Ruisseau

Duhesme-le Ruisseau

Mairie du XVIIIe
Jules Joffrin

Mairie du XVIIIe
Jules Joffrin

Marcadet-Poissonniers

Marcadet-Poissonniers

Pont Marcadet

Pont Marcadet

Ordener-Marx Dormoy

Ordener-Marx Dormoy

Pajol

Département
Marx Dormoy

Aubervilliers

Département
Aubervilliers

Riquet Curial

Maroc-Aubervilliers

Mathis Curial

Maroc-Flandre

Riquet-Flandre

Crimée

Crimée-Curial

Crimée-Curial

Crimée-Archereau

Cambrai

Cambrai

Flandre

Flandre

Canal de l'Ourcq

Canal de l'Ourcq

Ourcq-Jean Jaurès

Ourcq-Jean Jaurès
Jean Jaurès-Lorraine

Laumière

Laumière

Armand Carrel
Mairie du XIXe

Armand Carrel
Mairie du XIXe

Manin

Manin

Botzaris

Botzaris

Place des Fêtes

Place des Fêtes

Pixerecourt

Pixerecourt

Pelleport-Belleville

Pelleport-Belleville

Borrego

Borrego

Ménilmontant-Pelleport

Ménilmontant-Pelleport

Pelleport-Gambetta

Pelleport-Gambetta

Gambetta-Mairie du XXe

Gambetta-Mairie du XXe

GAMBETTA

Pont d'Austerlitz
Quai de la Rapée

Pont d'Austerlitz
Place de la Rapée

Gare de Lyon-Diderot

Gare de Lyon-Diderot

Daumesnil-Ledru Rollin

Daumesnil-Ledru Rollin

Ledru Rollin
Faubourg Saint Antoine

Ledru Rollin
Faubourg Saint Antoine

Charonne-Keller

Charonne-Keller

Basfroi

Basfroi

Voltaire-Léon Blum

Voltaire-Léon Blum

Saint-Maur-Servan

Saint-Maur-Servan

Roquette-Père Lachaise

Roquette-Père Lachaise

Folie Regnault
Chemin Vert

Auguste Métivier

Auguste Métivier

Muriers

Muriers

Martin Nadaud

Martin Nadaud

Gambetta-Maire du XXe

Gambetta-Maire du XXe

Pelleport-Gambetta

Pelleport-Gambetta

Saint-Fargeau

Saint-Fargeau

Piscine des Tourelles

Piscine des Tourelles

Porte des Lilas

Porte des Lilas

René Fonck

René Fonck

Jean Jaurès-Belvédère

Jean Jaurès-Belvédère

Place Séverine

Place Séverine

LE PRÉ-SAINT-GERVAIS
PLACE JEAN JAURÈS

COURS DE VINCENNES

Av. de Saint-Mandé	Av. de Saint-Mandé
Hôpital Trousseau	Hôpital Trousseau
Bel-Air	Bel-Air
Picpus-Reuilly	Picpus-Reuilly
Dr Goujon-Reuilly	Dr Goujon-Reuilly
Daumesnil-Félix Eboué	Daumesnil-Félix Eboué
Charenton-Wattignies	Charenton-Wattignies
	Lachambeaudie
Dijon-Lachambeaudie	Dijon-Lachambeaudie
Tolbiac-Bibliothèque Nationale de France	Tolbiac-Bibliothèque Nationale de France
Tolbiac-Chevaleret	Tolbiac-Chevaleret
Patay-Tolbiac	Patay-Tolbiac
Tolbiac-Nationale	Tolbiac-Nationale
Tolbiac-Baudricourt	Tolbiac-Baudricourt
Choisy-Tolbiac	Choisy-Tolbiac
Italie-Tolbiac	Italie-Tolbiac
Moulin des Prés	Moulin des Prés
Bobillot-Tolbiac	Bobillot-Tolbiac
Vergniaud	Vergniaud
Glacière-Tolbiac	Glacière-Tolbiac
René Coty	René Coty
La Tombe Issoire	La Tombe Issoire
Alésia-Général Leclerc	Alésia-Général Leclerc
	Alésia-Jean Moulin
Les Plantes	Les Plantes
Alésia-Didot	Alésia-Didot
Plaisance	Plaisance
Hôpital St-Joseph	Hôpital St-Joseph
Vercingétorix	Vercingétorix
Labrouste	Labrouste
Brancion-Vouillé	Brancion-Vouillé
Place Charles Vallin	Place Charles Vallin
Convention-Vaugirard	Convention-Vaugirard
Convention-Lecourbe	Convention-Lecourbe
Félix Faure	Félix Faure
Hôpital Boucicaut	Hôpital Boucicaut
Convention-Saint-Charles	Convention-Saint-Charles
Javel	Javel
Pont Mirabeau	Pont Mirabeau
	Wilhem-Versailles
Église d'Auteuil	Église d'Auteuil
Chardon Lagache-Molitor	Michel Ange-Auteuil
	Michel Ange-Molitor
Jouvenet	Exelmans
Versailles Chardon Lagache	Michel Ange-Varize
Porte de St Cloud	Porte de St Cloud
Michel Ange	Michel Ange

PORTE DE SAINT-CLOUD

GARE DE LYON

Pont d'Austerlitz Quai de la Rapée	Van Gogh
Gare d'Austerlitz	Gare d'Austerlitz
	Jardin des Plantes
Cuvier	Cuvier
	Université Paris VI
Saint-Germain Cardinal Lemoine	Saint-Germain Cardinal Lemoine
Monge-Mutualité	Maubert-Mutualité
Collège de France	Dante
Cluny	Cluny
Saint-Germain-Odéon	Saint-Germain-Odéon
Église Saint-Sulpice	
Croix Rouge	Seine-Buci
Sèvres-Babylone	Saint-Germain-des-Prés
Varenne-Raspail	Saint-Guillaume
Bac-Saint-Germain	Bac-Saint-Germain
Solférino-Bellechasse	Solférino-Bellechasse
Lille-Université	Lille-Université
Assemblée Nationale	Assemblée Nationale
Invalides	Invalides
Pont des Invalides Quai d'Orsay	Pont des Invalides Quai d'Orsay
Jean Nicot Église Américaine	Jean Nicot Église Américaine
Bosquet Rapp	Bosquet Rapp
Alma-Marceau	Alma-Marceau
Iéna	Iéna
Albert de Mun	Albert de Mun
Trocadéro	Trocadéro
G. Mandel-Trocadéro	G. Mandel-Trocadéro
Sablons-Cortambert	Sablons-Cortambert
Pompe-Mairie du XVIe	Pompe-Mairie du XVIe
Victor Hugo-Henri Martin	Victor Hugo-Henri Martin
Octave Feuillet	Octave Feuillet

PORTE DE LA MUETTE

65

LUNDI au SAMEDI (sauf fêtes), de 7 h à 20 h 30
DIMANCHES et FÊTES, de 7 h à 20 h 30 de
"Mairie d'Aubervilliers" à "Gare de l'Est"

MAIRIE D'AUBERVILLIERS

Villebois Mareuil	Villebois Mareuil
Félix Faure-Victor Hugo	Félix Faure-Victor Hugo
Gardinoux	Gardinoux
La Haie Coq	La Haie Coq
Skanderberg	Skanderberg
Porte d'Aubervilliers	Porte d'Aubervilliers
Émile Bertin	Émile Bertin
Porte de la Chapelle Métro	Porte de la Chapelle Métro
Boucry	Boucry
Les Roses	Les Roses
Ordener-Marx Dormoy	Ordener-Marx Dormoy
Dépt.-Marx Dormoy	Dépt.-Marx Dormoy
Place de la Chapelle	Place de la Chapelle
Cail-Demarquay	Cail-Demarquay
Gare du Nord	Gare du Nord
La Fayette-Dunkerque	Valenciennes
Gare de l'Est	Gare de l'Est
Magenta-Saint Martin	Strasbourg-Magenta
Jacques Bonsergent	Jacques Bonsergent
République-Magenta	
République	République
	République-Temple
Jean-Pierre Timbaud	Jean-Pierre Timbaud
Oberkampf	Oberkampf
Filles du Calvaire	Filles du Calvaire
Saint-Claude	Saint-Claude
Saint-Gilles-Chemin Vert	Saint-Gilles-Chemin Vert
Pasteur-Wagner	Pasteur-Wagner
Bastille-Beaumarchais	Bastille-Beaumarchais
Bastille	Bastille
Lyon-Ledru Rollin	Lyon-Ledru Rollin
Gare de Lyon-Diderot	Gare de Lyon-Diderot
Pont d'Austerlitz	Pont d'Austerlitz
Quai de la Rapée	Quai de la Rapée

GARE D'AUSTERLITZ

66

LUNDI au SAMEDI (sauf fêtes), de 7 h à 20 h 30

CLICHY-BOULEVARD VICTOR HUGO

Victor Hugo-Morel	Gal Leclerc-Victor Hugo
Floréal	Floréal
Bois le Prêtre	Bois le Prêtre
Porte Pouchet	Porte Pouchet
	Navier
La Jonquière	La Jonquière
Brochant-Cardinet	Brochant-Cardinet
Batignolles-Gare des Marchandises	Batignolles-Gare des Marchandises
Square des Batignolles	Square des Batignolles
La Condamine	Legendre
Mairie du XVIIe	Mairie du XVIIe
Boulevard des Batignolles	Boulevard des Batignolles
Bucarest	Bucarest
Europe	Europe
Gare Saint-Lazare	Gare Saint-Lazare
Havre-Haussmann	Rome-Haussmann
Auber	Havre-Caumartin
	Glück-Haussmann

OPÉRA

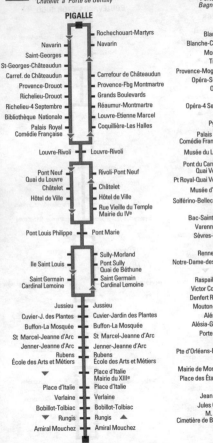

67

LUNDI au SAMEDI (sauf fêtes), de 7 h à 20 h 30
DIMANCHES et FÊTES, de 7 h à 20 h 30 de
"Châtelet" à "Porte de Gentilly"

PIGALLE

	Rochechouart-Martyrs
Navarin	Navarin
Saint-Georges	
St-Georges-Châteaudun	
Carref. de Châteaudun	Carrefour de Châteaudun
Provence-Drouot	Provence-Fbg Montmartre
Richelieu-Drouot	Grands Boulevards
Richelieu-4 Septembre	Réaumur-Montmartre
Bibliothèque Nationale	Louvre-Etienne Marcel
Palais Royal Comédie Française	Coquillière-Les Halles
Louvre-Rivoli	Louvre-Rivoli
Pont Neuf	Rivoli-Pont Neuf
Quai du Louvre	
Châtelet	Châtelet
Hôtel de Ville	Hôtel de Ville
	Rue Vieille du Temple
	Mairie du IVe
Pont Louis Philippe	Pont Marie
	Sully-Morland
Ile Saint Louis	Pont Sully
	Quai de Béthune
Saint Germain	Saint Germain
Cardinal Lemoine	Cardinal Lemoine
Jussieu	Jussieu
Cuvier-J. des Plantes	Cuvier-Jardin des Plantes
Buffon-La Mosquée	Buffon-La Mosquée
St Marcel-Jeanne d'Arc	St Marcel-Jeanne d'Arc
Jenner-Jeanne d'Arc	Jenner-Jeanne d'Arc
Rubens	Rubens
École des Arts et Métiers	École des Arts et Métiers
	Place d'Italie
	Mairie du XIIIe
Place d'Italie	Place d'Italie
Verlaine	Verlaine
Bobillot-Tolbiac	Bobillot-Tolbiac
Rungis	Rungis
Amiral Mouchez	Amiral Mouchez

PORTE DE GENTILLY

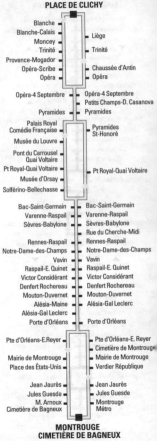

68

LUNDI au SAMEDI (sauf fêtes), de 7 h à 20 h 3?
DIMANCHES et FÊTES, de 7 h à 20 h 30 de
"Porte d'Orléans" à "Montrouge-Cimetière de Bagneux"

PLACE DE CLICHY

Blanche	
Blanche-Calais	Liège
Moncey	
Trinité	Trinité
Provence-Mogador	
Opéra-Scribe	Chaussée d'Antin
Opéra	Opéra
Opéra-4 Septembre	Opéra-4 Septembre
	Petits Champs-D. Casanova
Pyramides	Pyramides
Palais Royal	Pyramides
Comédie Française	St-Honoré
Musée du Louvre	
Pont du Carrousel	
Quai Voltaire	
Pt Royal-Quai Voltaire	Pt Royal-Quai Voltaire
Musée d'Orsay	
Solférino-Bellechasse	
Bac-Saint-Germain	Bac-Saint-Germain
Varenne-Raspail	Varenne-Raspail
Sèvres-Babylone	Sèvres-Babylone
	Rue du Cherche-Midi
Rennes-Raspail	Rennes-Raspail
Notre-Dame-des-Champs	Notre-Dame-des-Champs
Vavin	Vavin
Raspail-E. Quinet	Raspail-E. Quinet
Victor Considérant	Victor Considérant
Denfert Rochereau	Denfert Rochereau
Mouton-Duvernet	Mouton-Duvernet
Alésia-Maine	Alésia-Gal Leclerc
Alésia-Gal Leclerc	
Porte d'Orléans	Porte d'Orléans
Pte d'Orléans-E. Reyer	Pte d'Orléans-E. Reyer
	Cimetière de Montrouge
Mairie de Montrouge	Mairie de Montrouge
Place des États-Unis	Verdier République
Jean Jaurès	Jean Jaurès
Jules Guesda	Jules Guesde
M. Arnoux	Montrouge
Cimetière de Bagneux	Métro

MONTROUGE
CIMETIÈRE DE BAGNEUX

GAMBETTA

Martin-Nadaud	Martin-Nadaud
Muriers	Muriers
Auguste Métivier	Auguste Métivier
Folie Regnault Chemin Vert	
Roquette-Père Lachaise	Roquette-Père Lachaise
Saint-Maur-Sevran	Saint-Maur-Sevran
Voltaire-Léon Blum	Voltaire-Léon Blum
Ch. Vert-Parmentier	
Popincourt	Popincourt
Richard Lenoir	Commandant Lamy
Beaumarchais	Bréguet-Sabin
Pasteur-Wagner	Bastille-Fbg St-Antoine
Bastille-R. Saint-Antoine	Bastille-R. Saint-Antoine
Birague	Birague
Saint-Paul	Saint-Paul
Rue Vieille du Temple Mairie du IVe	R. du Pt Louis Philippe
Hôtel de Ville	Hôtel de Ville
Châtelet	Châtelet
Rivoli-Pont Neuf	
Louvre-Rivoli	
Palais-Royal Comédie Française	Pont Neuf-Q. du Louvre
Musée du Louvre	Pt des Arts-Q. du Louvre
Pont du Carrousel Quai Voltaire	Pont du Carrousel Quai du Louvre
	Pont Royal Quai des Tuilleries
Pont Royal-Quai Voltaire	Pont Royal-Quai Voltaire
Musée d'Orsay	
Solférino-Bellechasse	Bac-Saint-Germain
Bac-Saint-Germain	Solférino-Bellechasse
Grenelle-Bellechasse	
Bourgogne	Bourgogne
Esplanade des Invalides	Esplanade des Invalides
Invalides	La Tour Maubourg Saint-Dominique
La Tour Maubourg	
St-Pierre du Gros Caillou	St-Pierre du Gros Caillou
Bosquet-Grenelle	
Champs de Mars La Bourdonnais	Bosquet Saint-Dominique
Rapp-La Bourdonnais	Rapp-La Bourdonnais

CHAMP DE MARS

HÔTEL DE VILLE

Châtelet	Châtelet
Pont Neuf-Quai du Louvre	Pont Neuf-Quai du Louvre
Pont Neuf Q. des Gds Augustins	Pont Neuf Q. des Gds Augustins
	Saint-André-des-Arts
Mazarine	Seine-Buci
St-Germain-Odéon	Bonaparte-St-Germain
Église Saint-Sulpice	
Croix Rouge	Croix Rouge
Sèvres-Babylone	Sèvres-Babylone
Bac-Saint-Placide	Bac-Saint-Placide
Vaneau-Saint-Romain	Vaneau-Saint-Romain
Hôp. des Enfants Malades	Hôp. des Enfants Malades
Sèvres-Lecourbe	Sèvres-Lecourbe
	Pasteur-Lycée Buffon
	Volontaires-Vaugirard
Volontaires-Lecourbe	Cambronne-Vaugirard
Cambronne-Lecourbe	Vaugirard- Favorites
Mairie du XVe	Mairie du XVe
Péclet	Péclet
Félix Faure	Félix Faure
Violet	Violet
Charles Michels	Charles Michels
Pont de Grenelle Place Fernand Forest	Pont de Grenelle Place Fernand Forest
Pont de Grenelle Maurice Bourdet	Pont de Grenelle Maurice Bourdet
	Place du Dr Hayem Radio France
	Raynouard-Ranelagh

RADIO FRANCE

71 Balabus

*DIMANCHES et FÊTES (uniquement),
de 7 h à 20 h 30 du 02 avril au 24 septembre*

GARE DE LYON

Gare de Lyon-Diderot	Daumesnil-Ledru Rollin
Daumesnil-Ledru Rollin	Ledru Rollin-Fg St-Antoine
Ledru Rollin-Fg St-Antoine	La Boule Blanche
La Boule Blanche	Bastille-Fg St-Antoine
Bastille-Fg St-Antoine	Bastille-Beaumarchais
Bastille-R. St-Antoine	Pasteur-Wagner
Birague	Place des Vosges
Saint-Paul	Saint-Paul
Île Saint-Louis	Rue du Pont Louis Philippe
	Hôtel de Ville
Pont de l'Archevêché	Châtelet
N.-D.-Q. de Montébello	Cité-Parvis Notre-Dame
	Pont Saint-Michel
	Quai des Orfèvres
Saint-Michel	Pt Neuf-Quai des Orfèvres
Pont Neuf	Pt Neuf-Quai du Louvre
Q. des Gds Augustins	Louvre-Rivoli
Pt des Arts-Q. de Conti	Saint-Honoré-Valois
Pont du Carrousel	Palais Royal
Quai Voltaire	Comédie Française
Pont Royal-Quai Voltaire	Musée du Louvre
Musée d'Orsay	Pt Royal-Quai des Tuileries
Assemblée Nationale	Pont de Solférino
	Quai des Tuileries
Concorde	Concorde-Q. des Tuileries
	Invalides
Cours la Reine	Grand Palais
Chevaux de Marly	
Champs-Élysées	Champs-Élysées
Clemenceau	Clemenceau
Rond-Point des	Rond-Point des
Champs-Élysées	Champs-Élysées
La Boétie-Champs-Élysées	La Boétie-Champs Élysées
Georges V	Georges V
Charles de Gaulle-Étoile	Charles De Gaulle-Etoile
Champs Élysées	Champs Élysées
Charles De Gaulle-Étoile	Charles De Gaulle-Etoile
Grande Armée	Grande Armée
Argentine	Argentine
Porte Maillot	Porte Maillot
Palais des Congrès	Palais des Congrès
Montrosier	André Maurois
Marché	Marché
Les Sablons	Les Sablons
Rue de l'Hôtel de Ville	Rue de l'Hôtel de Ville
Les Graviers	Les Graviers
Pont de Neuilly-Métro	Pont de Neuilly-Métro
Pt de Neuilly-Rive Gauche	Pt de Neuilly-Rive Gauche
	Bellini
	Gallieni
Alsace	Boieldieu

**PUTEAUX - LA DEFENSE -
GRANDE ARCHE**

72

*LUNDI au SAMEDI (sauf fêtes), de 7 h à 20 h
DIMANCHES. et FÊTES, de 7 h à 20 h 30
de "Concorde" à Pont de St Cloud
TOUS LES SOIRS, de 20 h à 24 h
de "Porte de St Cloud" à "Pont de St Cloud"*

HÔTEL DE VILLE

Châtelet	Châtelet
Rivoli-Pont Neuf	
Louvre-Rivoli	Pt Neuf-Q. du Louvre
Palais Royal	Pt des Arts-Q. du Louvre
Musée du Louvre	
Pyramides-Tuileries	Pont du Carroussel
	Quai du Louvre
Castiglione	Pont Royal
	Quai des Tuileries
	Pont de Solférino
	Quai des Tuileries
Concorde	Concorde
	Quai des Tuileries
Cours la Reine	
Chevaux de Marly	
Grand Palais	Grand Palais
Palais de la Découverte	Palais de la Découverte
Alma-Marceau	Alma-Marceau
Musée d'Art Moderne	Musée d'Art Moderne
Palais de Tokyo	Palais de Tokyo
Albert de Mun	
Le Nôtre	Pont d'Iéna
Pont de Bir-Hakeim	Pont de Bir-Hakeim
Lamballe-Ankara	Lamballe-Ankara
Radio France	Radio France
Radio France	Radio France
Pont de Grenelle	Pont de Grenelle
	Degas
Degas	
Pont Mirabeau	Pont Mirabeau
Wilhem-Versailles	Wilhem
Victorien Sardou	Victorien Sardou
Versailles-Exelmans	Versailles-Exelmans
Versailles-Ch. Lagache	Versailles-Ch. Lagache
Porte de Saint-Cloud	Porte de Saint-Cloud
Michel Ange	Murat
Porte de Saint Cloud	Porte de Saint Cloud
La Tourelle	La Tourelle
Victor Hugo	Victor Hugo
Route de la Reine	Route de la Reine
Jean Jaurès	Jean Jaurès
Ancienne Marie	Ancienne Marie
Rhin et Danube-Métro	Rhin et Danube-Métro
Quai du 4 Septembre	Rhin et Danube-Métro
	Pont de Saint Cloud
	Rive Gauche
	La Colline

PARC DE SAINT-CLOUD

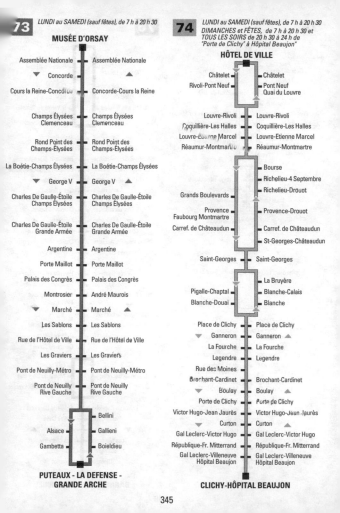

73 | *LUNDI au SAMEDI (sauf fêtes), de 7 h à 20 h 30*

MUSÉE D'ORSAY

Assemblée Nationale	Assemblée Nationale
▼ Concorde	Concorde ▲
Cours la Reine-Concorde	Concorde-Cours la Reine
Champs Élysées Clemenceau	Champs Élysées Clemenceau
Rond Point des Champs-Élysées	Rond Point des Champs-Élysées
La Boétie-Champs Élysées	La Boétie-Champs Élysées
▼ George V	George V ▲
Charles De Gaulle-Étoile Champs Élysées	Charles De Gaulle-Étoile Champs Élysées
Charles De Gaulle-Étoile Grande Armée	Charles De Gaulle-Étoile Grande Armée
Argentine	Argentine
Porte Maillot	Porte Maillot
Palais des Congrès	Palais des Congrès
Montrosier	André Maurois
▼ Marché	Marché ▲
Les Sablons	Les Sablons
Rue de l'Hôtel de Ville	Rue de l'Hôtel de Ville
Les Graviers	Les Graviers
Pont de Neuilly-Métro	Pont de Neuilly-Métro
Pont de Neuilly Rive Gauche	Pont de Neuilly Rive Gauche
	Bellini
Alsace	Gallieni
Gambetta	Boieldieu

PUTEAUX - LA DEFENSE - GRANDE ARCHE

74 | *LUNDI au SAMEDI (sauf fêtes), de 7 h à 20 h 30 DIMANCHES et FÊTES, de 7 h à 20 h 30 et TOUS LES SOIRS de 20 h 30 à 24 h de "Porte de Clichy" à Hôpital Beaujon"*

HÔTEL DE VILLE

Châtelet	Châtelet
Rivoli-Pont Neuf	Pont Neuf Quai du Louvre
Louvre-Rivoli	Louvre-Rivoli
Coquillière-Les Halles	Coquillière-Les Halles
Louvre-Étienne Marcel	Louvre-Etienne Marcel
Réaumur-Montmartre	Réaumur-Montmartre
	Bourse
	Richelieu-4 Septembre
	Richelieu-Drouot
Grands Boulevards	
Provence Faubourg Montmartre	Provence-Drouot
Carref. de Châteaudun	Carref. de Châteaudun
	St-Georges-Châteaudun
Saint-Georges	Saint-Georges
	La Bruyère
Pigalle-Chaptal	Blanche-Calais
Blanche-Douaï	Blanche
Place de Clichy	Place de Clichy
▼ Ganneron	Ganneron ▲
La Fourche	La Fourche
Legendre	Legendre
Rue des Moines	
Brochant-Cardinet	Brochant-Cardinet
▼ Boulay	Boulay ▲
Porte de Clichy	Porte de Clichy
Victor Hugo-Jean Jaurès	Victor Hugo-Jean Jaurès
▼ Curton	Curton ▲
Gal Leclerc-Victor Hugo	Gal Leclerc-Victor Hugo
République-Fr. Mitterrand	République-Fr. Mitterrand
Gal Leclerc-Villeneuve Hôpital Beaujon	Gal Leclerc-Villeneuve Hôpital Beaujon

CLICHY-HÔPITAL BEAUJON

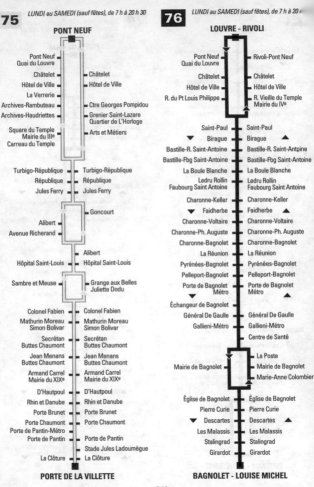

75 — PONT NEUF

PONT NEUF
Quai du Louvre

Châtelet — Châtelet
Hôtel de Ville — Hôtel de Ville
La Verrerie
Archives-Rambuteau — Ctre Georges Pompidou
Archives-Haudriettes — Grenier Saint-Lazare
Quartier de L'Horloge
Square du Temple — Arts et Métiers
Mairie du IIIe
Carreau du Temple

Turbigo-République — Turbigo-République
République — République
Jules Ferry — Jules Ferry

— Goncourt
Alibert
Avenue Richerand

— Alibert
Hôpital Saint-Louis — Hôpital Saint-Louis

Sambre et Meuse — Grange aux Belles
Juliette Dodu

Colonel Fabien — Colonel Fabien
Mathurin Moreau — Mathurin Moreau
Simon Bolivar — Simon Bolivar
Secrétan — Secrétan
Buttes Chaumont — Buttes Chaumont
Jean Menans — Jean Menans
Buttes Chaumont — Buttes Chaumont
Armand Carrel — Armand Carrel
Mairie du XIXe — Mairie du XIXe
D'Hautpoul — D'Hautpoul
Rhin et Danube — Rhin et Danube
Porte Brunet — Porte Brunet
Porte Chaumont — Porte Chaumont
Porte de Pantin-Métro
Porte de Pantin — Porte de Pantin
— Stade Jules Ladoumègue
La Clôture — La Clôture

PORTE DE LA VILLETTE

76 — LOUVRE - RIVOLI

LOUVRE - RIVOLI

Pont Neuf — Rivoli-Pont Neuf
Quai du Louvre

Châtelet — Châtelet
Hôtel de Ville — Hôtel de Ville
R. du Pt Louis Philippe — R. Vieille du Temple
Mairie du IVe

Saint-Paul — Saint-Paul
▼ Birague — Birague ▲
Bastille-R. Saint-Antoine — Bastille-R. Saint-Antoine
Bastille-Fbg Saint-Antoine — Bastille-Fbg Saint-Antoine
La Boule Blanche — La Boule Blanche
Ledru Rollin — Ledru Rollin
Faubourg Saint Antoine — Faubourg Saint Antoine
Charonne-Keller — Charonne-Keller
▼ Faidherbe — Faidherbe ▲
Charonne-Voltaire — Charonne-Voltaire
Charonne-Ph. Auguste — Charonne-Ph. Auguste
Charonne-Bagnolet — Charonne-Bagnolet
La Réunion — La Réunion
Pyrénées-Bagnolet — Pyrénées-Bagnolet
Pelleport-Bagnolet — Pelleport-Bagnolet
Porte de Bagnolet — Porte de Bagnolet
Métro — Métro
▼
Échangeur de Bagnolet
Général De Gaulle — Général De Gaulle
Gallieni-Métro — Gallieni-Métro
— Centre de Santé
— La Poste
Mairie de Bagnolet — Mairie de Bagnolet
— Marie-Anne Colombier
Église de Bagnolet — Église de Bagnolet
Pierre Curie — Pierre Curie
▼ Descartes — Descartes ▲
Les Malassis — Les Malassis
Stalingrad — Stalingrad
Girardot — Girardot

BAGNOLET - LOUISE MICHEL

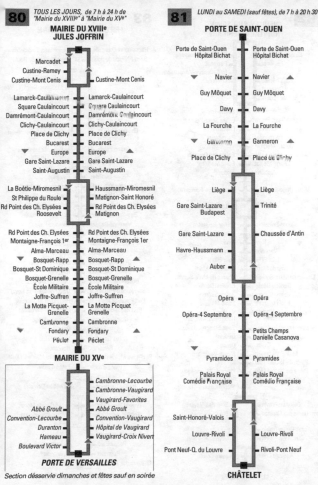

80

MAIRIE DU XVIIIᵉ
JULES JOFFRIN

Marcadet
Custine-Ramey
Custine-Mont Cenis — Custine-Mont Cenis

Lamarck-Caulaincourt — Lamarck-Caulaincourt
Square Caulaincourt — Square Caulaincourt
Damrémont-Caulaincourt — Damrémont-Caulaincourt
Clichy-Caulaincourt — Clichy-Caulaincourt
Place de Clichy — Place de Clichy
Bucarest — Bucarest
Europe — Europe
Gare Saint-Lazare — Gare Saint-Lazare
Saint-Augustin — Saint-Augustin

La Boétie-Miromesnil — Haussmann-Miromesnil
St Philippe du Roule — Matignon-Saint Honoré
Rd Point des Ch. Elysées — Rd Point des Ch. Elysées
Roosevelt — Matignon

Rd Point des Ch. Elysées — Rd Point des Ch. Elysées
Montaigne-François 1ᵉʳ — Montaigne-François 1ᵉʳ
Alma-Marceau — Alma-Marceau
Bosquet-Rapp — Bosquet-Rapp
Bosquet-St Dominique — Bosquet-St Dominique
Bosquet-Grenelle — Bosquet-Grenelle
École Militaire — École Militaire
Joffre-Suffren — Joffre-Suffren
La Motte Picquet-Grenelle — La Motte Picquet-Grenelle
Cambronne — Cambronne
Fondary — Fondary
Péclet — Péclet

MAIRIE DU XVᵉ

Cambronne-Lecourbe
Cambronne-Vaugirard
Vaugirard-Favorites
Abbé Groult — Abbé Groult
Convention-Lecourbe — Convention-Vaugirard
Duranton — Hôpital de Vaugirard
Hameau — Vaugirard-Croix Nivert
Boulevard Victor

PORTE DE VERSAILLES

Section désservie dimanches et fêtes sauf en soirée

81

PORTE DE SAINT-OUEN

Porte de Saint-Ouen — Porte de Saint-Ouen
Hôpital Bichat — Hôpital Bichat

Navier — Navier
Guy Môquet — Guy Môquet
Davy — Davy
La Fourche — La Fourche
Ganneron — Ganneron
Place de Clichy — Place de Clichy

Liège — Liège
Gare Saint-Lazare — Trinité
Budapest
Gare Saint-Lazare — Chaussée d'Antin
Havre-Haussmann
Auber

Opéra — Opéra
Opéra-4 Septembre — Opéra-4 Septembre
Petits Champs
Danielle Casanova
Pyramides — Pyramides
Palais Royal — Palais Royal
Comédie Française — Comédie Française

Saint-Honoré-Valois
Louvre-Rivoli — Louvre-Rivoli
Pont Neuf-Q. du Louvre — Rivoli-Pont Neuf

CHÂTELET

TOUS LES JOURS, de 7 h à 20 h 30

NEUILLY-SUR-SEINE
HÔPITAL AMÉRICAIN

LUNDI au SAMEDI (sauf fêtes), de 7 h à 20 h 30

FRIEDLAND-HAUSSMANN

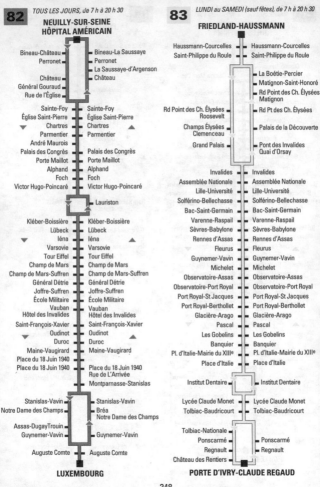

Ligne 82	Ligne 82
Bineau-Château	Bineau-La Saussaye
Perronet	Perronet
Château	La Saussaye-d'Argenson
Général Gouraud	Château
Rue de l'Église	
Sainte-Foy	Sainte-Foy
Église Saint-Pierre	Église Saint-Pierre
Chartres	Chartres
Parmentier	Parmentier
André Maurois	
Palais des Congrès	Palais des Congrès
Porte Maillot	Porte Maillot
Alphand	Alphand
Foch	Foch
Victor Hugo-Poincaré	Victor Hugo-Poincaré
	Lauriston
Kléber-Boissière	Kléber-Boissière
Lübeck	Lübeck
Iéna	Iéna
Varsovie	Varsovie
Tour Eiffel	Tour Eiffel
Champ de Mars	Champ de Mars
Champ de Mars-Suffren	Champ de Mars-Suffren
Général Détrie	Général Détrie
Joffre-Suffren	Joffre-Suffren
École Militaire	École Militaire
Vauban	Vauban
Hôtel des Invalides	Hôtel des Invalides
Saint-François-Xavier	Saint-François-Xavier
Oudinot	Oudinot
Duroc	Duroc
Maine-Vaugirard	Maine-Vaugirard
Place du 18 Juin 1940	Place du 18 Juin 1940
Place du 18 Juin 1940	Rue de L'Arrivée
	Montparnasse-Stanislas
Stanislas-Vavin	Stanislas-Vavin
Notre Dame des Champs	Bréa
	Notre Dame des Champs
Assas-DugayTrouin	
Guynemer-Vavin	Guynemer-Vavin
Auguste Comte	Auguste Comte

LUXEMBOURG

Ligne 83	Ligne 83
Haussmann-Courcelles	Haussmann-Courcelles
Saint-Philippe du Roule	Saint-Philippe du Roule
	La Boétie-Percier
	Matignon-Saint-Honoré
	Rd Point des Ch. Élysées Matignon
Rd Point des Ch. Élysées Roosevelt	Rd Pt des Ch. Élysées
Champs Élysées Clemenceau	Palais de la Découverte
Grand Palais	Pont des Invalides Quai d'Orsay
Invalides	Invalides
Assemblée Nationale	Assemblée Nationale
Lille-Université	Lille-Université
Solférino-Bellechasse	Solférino-Bellechasse
Bac-Saint-Germain	Bac-Saint-Germain
Varenne-Raspail	Varenne-Raspail
Sèvres-Babylone	Sèvres-Babylone
Rennes d'Assas	Rennes d'Assas
Fleurus	Fleurus
Guynemer-Vavin	Guynemer-Vavin
Michelet	Michelet
Observatoire-Assas	Observatoire-Assas
Observatoire-Port Royal	Observatoire-Port Royal
Port Royal-St Jacques	Port Royal-St Jacques
Port Royal-Berthollet	Port Royal-Berthollet
Glacière-Arago	Glacière-Arago
Pascal	Pascal
Les Gobelins	Les Gobelins
Banquier	Banquier
Pl. d'Italie-Mairie du XIIIe	Pl. d'Italie-Mairie du XIIIe
Place d'Italie	Place d'Italie
Institut Dentaire	Institut Dentaire
Lycée Claude Monet	Lycée Claude Monet
Tolbiac-Baudricourt	Tolbiac-Baudricourt
Tolbiac-Nationale	
Ponscarmé	Ponscarmé
Regnault	Regnault
Château des Rentiers	

PORTE D'IVRY-CLAUDE REGAUD

PORTE DE CHAMPERRET

Porte de Courcelles

Péreire-Le Châtelier — Péreire-Le Châtelier

Péreire

Péreire-Maréchal Juin — Péreire-Maréchal Juin

Wagram-Courcelles — Wagram-Courcelles

Courcelles — Courcelles

▼ Murillo — Murillo ▲

Ruysdæl-Parc Monceau — Ruysdæl-Parc Monceau

Haussmann-Miromesnil — Haussmann-Miromesnil

Saint-Augustin — Saint-Augustin

Anjou-Chauveau Lagarde — Anjou-Chauveau Lagarde

▼ Madeleine — Madeleine ▲

Concorde — Concorde

Assemblée Nationale — Assemblée Nationale

Lille-Université — Musée d'Orsay

Solférino-Bellechasse — Solférino-Bellechasse

Bac-Saint-Germain — Bac-Saint-Germain

Varenne-Raspail — Varenne-Raspail

Sèvres-Babylone — Sèvres-Babylone

Croix Rouge — Croix Rouge

Saint-Sulpice — Saint-Sulpice

Vaugirard-Guynemer — Vaugirard-Guynemer

Palais du Luxembourg — Palais du Luxembourg

▼ Luxembourg — Luxembourg ▲

Mairie du Ve-Panthéon — Mairie du Ve-Panthéon

PLACE DU PANTHÉON

85

LUNDI au SAMEDI (sauf fêtes), de 7 h à 20 h 30
DIMANCHES et FÊTES, de 7 h à 20 h 30 de "Mairie de St-Ouen" à "Mairie du XVIIIe"
TOUS LES JOURS, de 20 h 30 à 24 h de "Mairie de St-Ouen" à "Porte de Clignancourt"

ST-OUEN - MAIRIE DE ST-OUEN

Mairie de St Ouen-Métro

Ernest Renan — Ernest Renan

E. Lumeau-Les Écoles — E. Lumeau-Les Écoles

▼ Paul Bert — Paul Bert ▲

Marché aux Puces — Marché aux Puces

Michelet Rosiers — Michelet Rosiers

Porte de Clignancourt — Porte de Clignancourt

Albert Kahn — Albert Kahn

Mairie du XVIIIe — Mairie du XVIIIe

Jules Joffrin — Jules Joffrin

Marcadet — Eugène Sue

Custine-Ramey — Labat

Muller — Muller

Barbès-Rochechouart

Rochechouart Clignancourt — Rochechouart Clignancourt

Trudaine — Condorcet-Trudaine

La Tour d'Auvergne — Maubeuge Rochechouart

Hippolyte Lebase

Carrefour de Châteaudun — Cadet

Provence-Drouot — Provence Faubourg Montmartre

Richelieu-Drouot

Richelieu-4 Septembre — Grands Boulevards

Bourse

Réaumur-Montmartre — Réaumur-Montmartre

Louvre-Étienne Marcel — Louvre-Étienne Marcel

Coquillière-Les Halles — Coquillière-Les Halles

Louvre-Rivoli — Louvre-Rivoli

Pt Neuf-Quai du Louvre — Rivoli-Pont Neuf

Châtelet — Châtelet

Cité-Palais de Justice — Cité-Palais de Justice

Saint-Michel Saint-Germain — Saint-Michel Saint-Germain

Les Écoles — Les Écoles

LUXEMBOURG

349

SAINT-GERMAIN-DES-PRÉS

CHAMP DE MARS

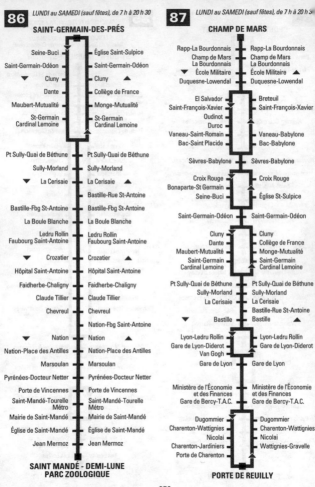

86	
Seine-Buci	Église Saint-Sulpice
Saint-Germain-Odéon	Saint-Germain-Odéon
Cluny	Cluny
Dante	Collège de France
Maubert-Mutualité	Monge-Mutualité
St-Germain Cardinal Lemoine	St-Germain Cardinal Lemoine
Pt Sully-Quai de Béthune	Pt Sully-Quai de Béthune
Sully-Morland	Sully-Morland
La Cerisaie	La Cerisaie
	Bastille-Rue St-Antoine
Bastille-Fbg St-Antoine	Bastille-Fbg St-Antoine
La Boule Blanche	La Boule Blanche
Ledru Rollin Faubourg Saint-Antoine	Ledru Rollin Faubourg Saint-Antoine
Crozatier	Crozatier
Hôpital Saint-Antoine	Hôpital Saint-Antoine
Faidherbe-Chaligny	Faidherbe-Chaligny
Claude Tillier	Claude Tillier
Chevreul	Chevreul
	Nation-Fbg Saint-Antoine
Nation	Nation
Nation-Place des Antilles	Nation-Place des Antilles
Marsoulan	Marsoulan
Pyrénées-Docteur Netter	Pyrénées-Docteur Netter
Porte de Vincennes	Porte de Vincennes
Saint-Mandé-Tourelle Métro	Saint-Mandé-Tourelle Métro
Mairie de Saint-Mandé	Mairie de Saint-Mandé
Église de Saint-Mandé	Église de Saint-Mandé
Jean Mermoz	Jean Mermoz

SAINT MANDÉ - DEMI-LUNE PARC ZOOLOGIQUE

87	
Rapp-La Bourdonnais	Rapp-La Bourdonnais
Champ de Mars La Bourdonnais	Champ de Mars La Bourdonnais
École Militaire	École Militaire
Duquesne-Lowendal	Duquesne-Lowendal
El Salvador	Breteuil
Saint-François-Xavier	Saint-François-Xavier
Oudinot	
Duroc	
Vaneau-Saint-Romain	Vaneau-Babylone
Bac-Saint Placide	Bac-Babylone
Sèvres-Babylone	Sèvres-Babylone
Croix Rouge	Croix Rouge
Bonaparte-St Germain	
Seine-Buci	Église St-Sulpice
Saint-Germain-Odéon	Saint-Germain-Odéon
Cluny	Cluny
Dante	Collège de France
Maubert-Mutualité	Monge-Mutualité
Saint-Germain Cardinal Lemoine	Saint-Germain Cardinal Lemoine
Pt Sully-Quai de Béthune	Pt Sully-Quai de Béthune
Sully-Morland	Sully-Morland
La Cerisaie	La Cerisaie
	Bastille-Rue St-Antoine
Bastille	Bastille
Lyon-Ledru Rollin	Lyon-Ledru Rollin
Gare de Lyon-Diderot	Gare de Lyon-Diderot
Van Gogh	
Gare de Lyon	Gare de Lyon
Ministère de l'Économie et des Finances	Ministère de l'Économie et des Finances
Gare de Bercy-T.A.C.	Gare de Bercy-T.A.C.
Dugommier	Dugommier
Charenton-Wattignies	Charenton-Wattignies
Nicolaï	Nicolaï
Charenton-Jardiniers	Wattignies-Gravelle
Porte de Charenton	

PORTE DE REUILLY

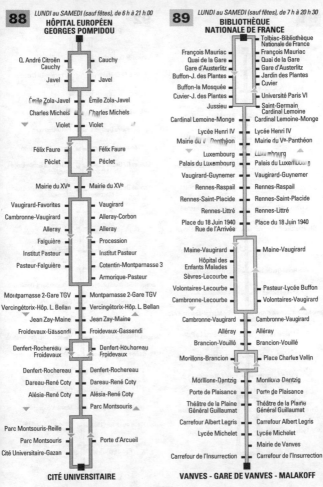

Q. André Citroën
Cauchy — Cauchy

Javel — Javel

Émile Zola-Javel — Émile Zola-Javel

Charles Michels — Charles Michels

Violet — Violet

Félix Faure — Félix Faure

Péclet — Péclet

Mairie du XVe — Mairie du XVe

Vaugirard-Favorites — Vaugirard

Cambronne-Vaugirard — Alleray-Corbon

Alleray — Alleray

Falguière — Procession

Institut Pasteur — Institut Pasteur

Pasteur-Falguière — Cotentin-Montparnasse 3

— Armorique-Pasteur

Montparnasse 2-Gare TGV — Montparnasse 2-Gare TGV

Vercingétorix-Hôp. L. Bellan — Vercingétorix-Hôp. L. Bellan

Jean Zay-Maine — Jean Zay-Maine

Froidevaux-Gassendi — Froidevaux-Gassendi

Denfert-Rochereau
Froidevaux — Denfert-Rochereau
Froidevaux

Denfert-Rochereau — Denfert-Rochereau

Dareau-René Coty — Dareau-René Coty

Alésia-René Coty — Alésia-René Coty

— Parc Montsouris

Parc Montsouris-Reille

Parc Montsouris — Porte d'Arcueil

Cité Universitaire-Gazan

CITÉ UNIVERSITAIRE

Tolbiac-Bibliothèque
Nationale de France

François Mauriac — François Mauriac

Quai de la Gare — Quai de la Gare

Gare d'Austerlitz — Gare d'Austerlitz

Buffon-J. des Plantes — Jardin des Plantes

Buffon-la Mosquée — Cuvier

Cuvier-J. des Plantes — Université Paris VI

Jussieu — Saint-Germain
Cardinal Lemoine

Cardinal Lemoine-Monge — Cardinal Lemoine-Monge

Lycée Henri IV — Lycée Henri IV

Mairie du Ve-Panthéon — Mairie du Ve-Panthéon

Luxembourg — Luxembourg

Palais du Luxembourg — Palais du Luxembourg

Vaugirard-Guynemer — Vaugirard-Guynemer

Rennes-Raspail — Rennes-Raspail

Rennes-Saint-Placide — Rennes-Saint-Placide

Rennes-Littré — Rennes-Littré

Place du 18 Juin 1940
Rue de l'Arrivée — Place du 18 Juin 1940

Maine-Vaugirard — Maine-Vaugirard

Hôpital des
Enfants Malades

Sèvres-Lecourbe

Volontaires-Lecourbe — Pasteur-Lycée Buffon

Cambronne-Lecourbe — Volontaires-Vaugirard

Cambronne-Vaugirard — Cambronne-Vaugirard

Alléray — Alléray

Brancion-Vouillé — Brancion-Vouillé

Morillons-Brancion — Place Charles Vallin

Morillons-Dantzig — Morillons-Dantzig

Porte de Plaisance — Porte de Plaisance

Théâtre de la Plaine
Général Guillaumat — Théâtre de la Plaine
Général Guillaumat

Carrefour Albert Legris — Carrefour Albert Legris

Lycée Michelet — Lycée Michelet

— Mairie de Vanves

Carrefour de l'Insurrection — Carrefour de l'Insurrection

VANVES - GARE DE VANVES - MALAKOFF

91 *TOUS LES JOURS, de 7 h à 24 h*

MONTPARNASSE II GARE TGV

	Place de Catalogne
Armorique Musée Postal	Cdt Réné Mouchottte
Gare Montparnasse	Gare Montparnasse
Place du 18 juin 1940	Place du 18 juin 1940 Rue du Départ
	Montparnasse-Stanislas
▼ Vavin	Vavin ▲
Campagne Première	Campagne Première
Observatoire-Port Royal	Observatoire-Port Royal
Port Royal-St Jacques	Port Royal-St Jacques
Port Royal-Berthollet	Port Royal-Berthollet
▼ Les Gobelins	Les Gobelins ▲
Saint-Marcel-Jeanne d'Arc	Saint-Marcel-Jeanne d'Arc
Saint-Marcel-La Pitié	Saint-Marcel-La Pitié
Gare d'Austerlitz	Gare d'Austerlitz
Pont d'Austerlitz Quai de la Rapée	Pont d'Austerlitz Quai de la Rapée
Gare de Lyon-Diderot	Gare de Lyon-Diderot
Lyon-Ledru Rollin	Lyon-Ledru Rollin

BASTILLE

92 *TOUS LES JOURS, de 7 h à 24 h*

PORTE DE CHAMPERRET

Porte de Courcelles	
Péreire-Le Châtelier	Péreire-Le Châtelier
	Péreire
Péreire-Maréchal Juin	Péreire-Maréchal Juin
Pierre Demours	Pierre Demours
Ternes-Mac Mahon	Ternes-Mac Mahon
Charles De Gaulle-Étoile Mac Mahon	Charles De Gaulle-Étoile Mac Mahon
Charles De Gaulle-Étoile Marceau	Charles De Gaulle-Étoile Marceau
Bassano	Bassano
Marceau Pierre 1er de Serbie	Marceau Pierre 1er de Serbie
Alma-Marceau	Alma-Marceau
Bosquet-Rapp	Bosquet-Rapp
Bosquet-Saint-Dominique	Bosquet-Saint-Dominique
Bosquet-Grenelle	Bosquet-Grenelle
École Militaire	École Militaire
Vauban-Hôtel des Invalides	Vauban-Hôtel des Invalides
Saint-François-Xavier	Saint-François-Xavier
Oudinot	Oudinot
Duroc	Duroc
Maine-Vaugirard	Maine-Vaugirard
Place du 18 Juin 1940	Place du 18 Juin 1940 Rue de l'Arrivée
Place du 18 Juin 1940 Rue de l'Arrivée	Place du 18 Juin 1940

GARE MONTPARNASSE

93

SURESNES - DE GAULLE

	R. des Bourets
Mairie de Suresnes	Pont de Sèvres
	Pont de Sèvres
Henri IV	Henri IV
Perronet	
Jean Macé	Jean Macé
Pompidou	Pompidou
De Pressensé	De Pressensé
Bas Roger	Bas Roger
Wallace-J. Jaurès	Wallace-J. Jaurès
Hôpital-Pont de Puteaux	Hôpital-Pont de Puteaux
	Place de Bagatelle
Rue du Centre	Rue du Centre
R. du Bois de Boulogne	R. du Bois de Boulogne
Maurice Barrès	Maurice Barrès
Pont de Neuilly	Pont de Neuilly
Château	Château
Centre Hospitalier	Collège A. Maurois
Pt de la Grande Jatte	Pt de la Grande Jatte
Centre des Impôts	
Villiers	Villiers
Hôpital Américain	Hôpital Américain
Pl. de la Libération	Pl. de la Libération
Voltaire-Villiers	Voltaire-Villiers
Louis Rouquier	Louis Rouquier
Villiers-Bineau	Villiers-Bineau
l'Yser et la Somme	l'Yser et la Somme
Porte de Champerret	Porte de Champerret
Péreire-Le Châtelier	Péreire-Le Châtelier
	Péreiro
Péreire-Maréchal Juin	Péreire-Maréchal Juin
Pierre Demours	Pierre Demours
Ternes-Mac Mahon	Ternes-Mac Mahon
Ternes	Ternes
Hoche-Saint-Honoré	Hoche-Saint-Honoré
Friedland-Haussmann	Friedland-Haussmann
Haussmann-Courcelles	Haussmann-Courcelles
Saint-Philippe du Roule	Saint-Philippe du Roule
	La Boétie-Percier
	Matignon-Saint-Honoré
Rd-Pt des Ch. Élysées Roosevelt	Rd-Pt des Ch. Élysées Matignon
Ch. Élysées-Clemenceau	Rd-Pt des Ch. Élysées
	Palais de la Découverte
Grand Palais	Pont des Invalides
	Quai d'Orsay
Invalides	Invalides

ESPLANADE DES INVALIDES

94

LEVALLOIS-PERRET
LOUISON BOBET

	Curnonsky
Alsace	Reims-Hôtel des Impôts
Porte d'Asnières	Porte d'Asnières
Juliette Lamber	Juliette Lamber
Wagram-Péreire	Wagram-Péreire
Jouffroy-Malesherbes	Jouffroy-Malesherbes
Pl. du Général Catroux	Pl. du Général Catroux
Malhesberbes-Courcelles	Malhesberbes-Courcelles
Lisbonne-Mairie du VIIIe	Lisbonne-Mairie du VIIIe
Saint-Augustin	Saint-Augustin
Gare Saint Lazare	Pasquier-Anjou
Havre-Haussmann	Havre-Haussmann
Madeleine	Madeleine
Concorde	Concorde
Assemblée Nationale	Assemblée Nationale
Lille-Université	Lille-Université
Solférino-Bellechasse	Solférino-Bellechasse
Bac-Saint Germain	Bac-Saint Germain
Varenne-Raspail	Varenne-Raspail
Sèvres-Babylone	Sèvres-Babylone
	Rue du Cherche Midi
Rennes-Raspail	Rennes-Raspail
Rennes-Saint Placide	Rennes-Saint Placide
Rennes-Littré	Rennes-Littré
Place du 18 Juin 1940	Place du 18 Juin 1940
Rue de l'Arrivée	

GARE MONTPARNASSE

95 *LUNDI au SAMEDI (sauf fêtes), de 7 h à 20 h 30*

96 *LUNDI au SAMEDI (sauf fêtes), de 7 h à 20 h 30*
TOUS LES SOIRS, de 20 h 30 à 24 h de
"Châtelet" à "Porte des Lilas"

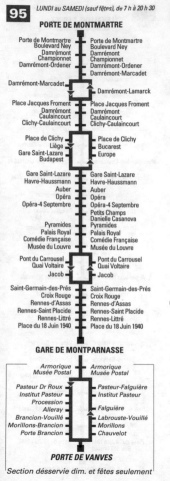

95

PORTE DE MONTMARTRE

Porte de Montmartre	Porte de Montmartre
Boulevard Ney	Boulevard Ney
Damrémont	Damrémont
Championnet	Championnet
Damrémont-Ordener	Damrémont-Ordener
	Damrémont-Marcadet
Damrémont-Marcadet	
	Damrémont-Lamarck
Place Jacques Froment	Place Jacques Froment
Damrémont	Damrémont
Caulaincourt	Caulaincourt
Clichy-Caulaincourt	Clichy-Caulaincourt
Place de Clichy	Place de Clichy
Liège	Bucarest
Gare Saint-Lazare	Europe
Budapest	
Gare Saint-Lazare	Gare Saint-Lazare
Havre-Haussmann	Havre-Haussmann
Auber	Auber
Opéra	Opéra
Opéra-4 Septembre	Opéra-4 Septembre
	Petits Champs
	Danielle Casanova
Pyramides	Pyramides
Palais Royal	Palais Royal
Comédie Française	Comédie Française
Musée du Louvre	Musée du Louvre
Pont du Carrousel	Pont du Carrousel
Quai Voltaire	Quai Voltaire
Jacob	Jacob
Saint-Germain-des-Prés	Saint-Germain-des-Prés
Croix Rouge	Croix Rouge
Rennes-d'Assas	Rennes-d'Assas
Rennes-Saint Placide	Rennes-Saint Placide
Rennes-Littré	Rennes-Littré
Place du 18 Juin 1940	Place du 18 Juin 1940

GARE DE MONTPARNASSE

Armorique	*Armorique*
Musée Postal	*Musée Postal*
Pasteur Dr Roux	*Pasteur-Falguière*
Institut Pasteur	*Institut Pasteur*
Procession	*Falguière*
Alleray	
Brancion-Vouillé	*Labrouste-Vouillé*
Morillons-Brancion	*Morillons*
Porte Brancion	*Chauvelot*

PORTE DE VANVES

Section désservie dim. et fêtes seulement

96

PORTE DES LILAS

Piscine des Tourelles	Piscine des Tourelles
Saint-Fargeau	Saint-Fargeau
Ménilmontant - Pelleport	Ménilmontant - Pelleport
Pyrénées - Ménilmontant	Pyrénées - Ménilmontant
Henri Chevreau	Henri Chevreau
Julien Lacroix	Julien Lacroix
Belleville - Ménilmontant	Belleville - Ménilmontant
Saint-Maur - Jean Aicard	Saint-Maur - Jean Aicard
Parmentier - République	Parmentier - République
J. P. Timbaud - R. Lenoir	Oberkampf - R. Lenoir
Oberkampf	Oberkampf
Filles du Calvaire	Filles du Calvaire
Bretagne	Bretagne
Saint-Claude	Saint-Claude
Place des Vosges	Place des Vosges
Saint-Paul	Saint-Paul
Rue Vieille du Temple	Rue du
Mairie du IVe	Pont Louis Philippe
Hôtel de Ville	Hôtel de Ville
Châtelet - Hôtel de Ville	Châtelet
Cité - Palais de Justice	Cité - Palais de Justice
Saint-Michel	St-Michel - St-Germain
Saint-Germain - Odéon	Saint-Germain - Odéon
Église Saint-Suplice	Seine - Buci
	Bonaparte-St-Germain
Croix Rouge	Croix Rouge
Rennes - d'Assas	Rennes - d'Assas
Rennes - Saint Placide	Rennes - Saint-Placide
Rennes - Littré	Rennes - Littré
Place du 18 Juin 1940	Place du 18 Juin 1940

GARE MONTPARNASSE

Porte des Poissonniers	Porte des Poissonniers	Porte de la Chapelle	Porte de la Chapelle
Porte de Clignancourt	Porte de Clignancourt	Emile Bertin	Emile Bertin
Camille Flammarion	Camille Flammarion	Porte d'Aubervilliers	Porte d'Aubervilliers
Porte de Montmartre	Porte de Montmartre	Entrepot Macdonald	Entrepot Macdonald
Faculté Xavier Bichat	Faculté Xavier Bichat	Bd Macdonald N° 140-141	Bd Macdonald N° 140-141
Pte de St-Ouen-Hôpital Bichat	Pte de St-Ouen-Hôpital Bichat	Porte de la Villette	Porte de la Villette
Louis Loucheur	Louis Loucheur	Corentin Cariou	
Porte Pouchet	Porte Pouchet	Porte de la Villette	Porte de la Villette
Lycée Honoré de Balzac	Lycée Honoré de Balzac	La Clôture	La Clôture
Porte de Clichy	Porte de Clichy	Stade Jules Ladoumègue	
Porte d'Asnières	Porte d'Asnières	Porte de Pantin	Porte de Pantin
Gourgaud-Paul Adam	Gourgaud-Paul Adam		Marseillaise-Cheminets
Porte de Courcelles	Porte de Courcelles	Porte de Chaumont	Porte de Chaumont
Porte de Champerret	Porte de Champerret	Porte Brunet	Porte Brunet
Porte de Villiers	Porte de Villiers	Mouzaia	Mouzaia
Place du Gal Kœnig	Place du Gal Kœnig	Porte du Pré-St-Gervais	Porte du Pré-St-Gervais
Palais des Congrès	Palais des Congrès	Hôpital Robert Debré	Hôpital Robert Debré
Pte Maillot-Palais des Congrès	Pte Maillot-Palais des Congrès	Porte des Lilas	Porte des Lilas
Porte Maillot-Malakoff	Porte Maillot-Malakoff	Caserne Mortier	Caserne Mortier
Marbeau	Marbeau	Porte de Ménilmontant	Porte de Ménilmontant
Pte Dauphine-Maréchal-de Lattre de Tassigny	Pte Dauphine-Maréchal-de Lattre de Tassigny	Capitaine Ferber	Capitaine Ferber
Longchamp	Longchamp	Porte de Bagnolet	Porte de Bagnolet
Dufrenoy	Dufrenoy	Vitruve	Vitruve
Porte de la Muette	Porte de la Muette	Saint-Blaise	Saint-Blaise
Ernest Hébert	Ernest Hebert	Porte de Montreuil	Porte de Montreuil
Porte de Passy	Porte de Passy	Paganini	Paganini
Raffet	Raffet	Porte de Vincennes	Porte de Vincennes
Alfred Capus	Alfred Capus	Porte de St-Mandé	Porte de St-Mandé
Porte d'Auteuil	Porte d'Auteuil	Sahel	Sahel
Porte Molitor	Porte Molitor	Nouvelle Calédonie	Nouvelle Calédonie
Lycée Claude Bernard	Lycée Claude Bernard	Porte Dorée (Parc Zoologique)	Porte Dorée (Parc Zoologique)
Pte de St-Cloud		Claude Decaen	Claude Decaen
Pte de St-Cloud-Murat	Pte de St-Cloud-Murat	Porte de Charenton	Porte de Charenton
	Pte de St-Cloud-Michel Ange		Bercy-Poniatowski
Versailles-Chardon Lagache	Versailles-Chardon Lagache	Pont National-Quai de Bercy	Pont National-Quai de Bercy
Versailles-Exelmans	Versailles-Exelmans	Porte de la Gare	Porte de la Gare
Victor-Pont du Garigliano	Victor-Pont du Garigliano	Bd Masséna-SNCF	Bd Masséna-SNCF
Bassin d'Essai	Bassin d'Essai	Porte de Vitry	Porte de Vitry
Place Balard	Place Balard	Château des Rentiers	Château des Rentiers
Porte d'Issy	Porte d'Issy	Porte d'Ivry	Porte d'Ivry
Porte de Versailles-Bd Victor	Porte de Versailles	Porte de Cholsy	Porte de Choisy
Pte de Versailles-Bd Lefèbvre		Porte d'Italie	Porte d'Italie
Porte de la Plaine	Porte de la Plaine	Damesme	Damesme
Porte de Plaisance	Porte de Plaisance	Poterne des Peupliers	Poterne des Peupliers
Porte Brancion	Porte Brancion	Porte de Gentilly	Porte de Gentilly
Porte de Vanves	Porte de Vanves	Cité Universitaire	Cité Universitaire
Colonel Monteil	Colonel Monteil	Porte d'Arcueil	Porte d'Arcueil
Porte Didot	Porte Didot	Jourdan-Tombe Issoire	Jourdan-Tombe Issoire
Porte de Châtillon	Porte de Châtillon	Porte d'Orléans	Porte d'Orléans
		Achille Luchaire	Achille Luchaire

PARIS
BANLIEUE

Renseignements indispensables

© ÉDITIONS L'INDISPENSABLE 16-18 rue de l'Amiral Mouchez 75014 Paris • Tel : 01 45 65 48 48
Dépôt légal : Juillet 1997 • Reproduction même partielle interdite • Modèle déposé • Plans IKEN
Imprimé par Maury-Eurolivres S.A. - 45300 Manchecourt

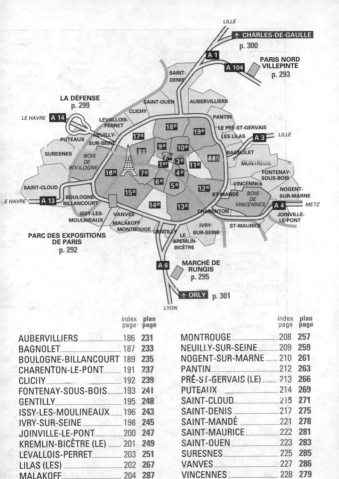

LILLE

✈ CHARLES-DE-GAULLE
p. 300

A 1

A 104   PARIS NORD
VILLEPINTE
p. 293

SAINT-
DENIS

LA DÉFENSE
p. 299

SAINT-OUEN   AUBERVILLIERS

LE HAVRE   A 14

CLICHY   PANTIN

LEVALLOIS-
PERRET   LE PRÉ-ST-GERVAIS

PUTEAUX   NEUILLY-
SUR-SEINE   LES LILAS

17e   18e   19e   BAGNOLET   A 3   LILLE

SURESNES   BOIS
DE
BOULOGNE   9e   10e   MONTREUIL

1er   3e   11e

SAINT-CLOUD   16e   7e   4e   FONTENAY-
SOUS-BOIS

6e   5e   VINCENNES   NOGENT-
SUR-MARNE

E HAVRE   A 13   12e   BOIS
DE
VINCENNES   A 4   METZ

BOULOGNE-
BILLANCOURT   15e   ST-MANDÉ

14e   13e   JOINVILLE-
LE-PONT

VANVES   CHARENTON

ISSY-LES-
MOULINEAUX   MALAKOFF
MONTROUGE   IVRY-
SUR-SEINE   ST-MAURICE

PARC DES EXPOSITIONS
DE PARIS
p. 292   GENTILLY   LE
KREMLIN-
BICÊTRE

A 6   MARCHÉ DE
RUNGIS
p. 295

✈ ORLY   p. 301

LYON

PARIS, GRANDS AXES